Groningen
• Groningen

• Leeuwarden

Friesland

• Assen

Drenthe

• Emmen

lystad
Flevo-
land

• Zwolle

Overijssel

Apeldoorn •

Enschede •

Gelderland

• Arnhem

Nijmegen •

Eindhoven

Limburg

• Maastricht

Friesland

Groningen

Drenthe

Flevoland

Gelderland

Overijssel

D1732189

Limburg

0 Kilometer   20

VIS-À-VIS

NIEDERLANDE

VIS-À-VIS

NIEDERLANDE

Hauptautor **Gerard M. L. Harmans**

DK

London • New York • München
Melbourne • Delhi

DK | Penguin Random House

www.dorlingkindersley.de

Produktion Van Reemst Uitgeverij/Unieboek bv, Houten, Niederlande

Text Gerard M. L. Harmans, Amsterdam

Fotografien Max Alexander, ANWB Audiovisuele Dienst (Thijs Tuurenhout), George Burggraaff, Jurjen Drenth, Rubert Horrox, Kim Sayer, Herman Scholten

Illustrationen Hilbert Bolland, Jan Egas, Gieb van Enckevort, Nick Gibbard, Mark Jurriëns, Maltings Partnership, Derrick Stone, Khoobie Verwer, Martin Woodward

Kartografie Jane Hanson, Armand Haye, Lovell Johns Limited (Oxford, UK), Phil Rose, Jennifer Skelley, Peter de Vries

Gestaltung und Redaktion
Van Reemst Uitgeverij/Unieboek bv, Houten: Studio Putto, De Rijp, Dick Polman, *de Redactie,* boekverzorgers, Amsterdam
Dorling Kindersley, London: Douglas Amrine, Helen Townsend, Jane Ewart, Jason Little, Conrad van Dyke

Aktualisierte Neuauflage 2017 / 2018

Programmleitung Dr. Jörg Theilacker, DK Verlag
Projektleitung Stefanie Franz, DK Verlag
Projektassistenz Sonja Baldus, DK Verlag
Übersetzung Karina Erhard und Peter Kreibich
Redaktion Brigitte Maier, München
Schlussredaktion Philip Anton, Köln
Umschlaggestaltung Ute Berretz, München
Satz und Produktion DK Verlag
Druck L. Rex Printing Co. Ltd., China

ISBN 978-3-7342-0133-2
11 12 13 14   19 18 17 16

Dieser Reiseführer wird regelmäßig aktualisiert. Angaben wie Telefonnummern, Öffnungszeiten, Adressen, Preise und Fahrpläne können sich jedoch ändern. Der Verlag kann für fehlerhafte oder veraltete Angaben nicht haftbar gemacht werden. Für Hinweise, Verbesserungsvorschläge und Korrekturen ist der Verlag dankbar. Bitte richten Sie Ihr Schreiben an:

Dorling Kindersley Verlag GmbH
Redaktion Reiseführer
Arnulfstraße 124 • 80636 München
travel@dk-germany.de

◀◀ Niederländische Landschaftsimpression: Tulpenfeld mit Windmühlen
◀◀ Umschlag: Windmühlen im Freilichtmuseum Zaanse Schans *(siehe S. 179)*

Inhalt

Benutzerhinweise **6**

Wappen von Zeeland
(siehe S. 246 – 259)

Die Niederlande stellen sich vor

Das Mädchen mit der Perle (1665) von Jan Vermeer, Mauritshuis *(siehe S. 227)*

Koppelpoort (15. Jh.) in Amersfoort *(siehe S. 210)*

Ganz in Orange: niederländische
Fans im Thialfstadion *(siehe S. 304)*

Sint-Jan in
's-Hertogenbosch
(siehe S. 364f)

Benutzerhinweise

Dieser Reiseführer soll Ihren Besuch im Land der Blumen und Deiche mit hilfreichen Informationen und Tipps zu einem unvergesslichen Erlebnis machen. Der Abschnitt *Die Niederlande stellen sich vor* beschreibt Land und Leute und stellt historische Zusammenhänge her. In den Kapiteln zu Amsterdam, den einzelnen Provinzen und den Wadden-

eilanden werden Sehenswürdigkeiten in Text und Bild erläutert. Empfehlenswerte Restaurants, Hotels, Läden sowie Unterhaltungsmöglichkeiten finden Sie im Kapitel *Zu Gast in den Niederlanden*. Nützliche Hinweise in den *Grundinformationen* helfen Ihnen sowohl bei der Reiseplanung als auch beim Zurechtfinden vor Ort.

Amsterdam

Amsterdam ist in fünf Areale eingeteilt. Am Anfang der Kapitel steht eine Liste mit nummerierten Sehenswürdigkeiten. Die Nummern finden Sie auf der *Stadtteilkarte* wieder. Sie geben die Reihenfolge der Beschreibungen vor.

Sehenswürdigkeiten auf einen Blick listet das Wichtigste auf: Kirchen und Synagogen, Museen und Sammlungen, historische Gebäude, Straßen und Grachten.

Alle Seiten über Amsterdam haben eine rote Griffmarke.

1 Stadtteilkarte
Die im jeweiligen Kapitel besprochenen Sehenswürdigkeiten sind auf der Karte durchnummeriert und im *Stadtplan* auf den Seiten 154–163 eingetragen.

Eine Orientierungskarte zeigt die Lage des Stadtteils, in dem man sich befindet.

Die Routenempfehlung führt durch die interessantesten Straßen eines Viertels.

2 Detailkarte
Aus der Vogelperspektive wird der Kern des jeweiligen Stadtteils gezeigt.

Sterne markieren Sehenswürdigkeiten, die Sie nicht versäumen sollten.

3 Detaillierte Informationen
Alle Sehenswürdigkeiten werden einzeln beschrieben, mit Adresse, Telefonnummer, Öffnungszeiten sowie Informationen über Eintritt, Führungen, Zugang für Rollstuhlfahrer etc.

Einleitung

1 Hier werden Landschaft, Geschichte und Charakter der einzelnen Provinzen skizziert. Sie erfahren, wie der Landstrich früher ausgesehen hat und was er seinen Gästen heute zu bieten hat.

Die Provinzen der Niederlande

Die Niederlande sind in zwölf Provinzen eingeteilt. Diesen sowie Amsterdam und den Waddeneilanden sind eigene Kapitel gewidmet. Die interessantesten Städte, Dörfer und Sehenswürdigkeiten finden Sie auf der *Regionalkarte*.

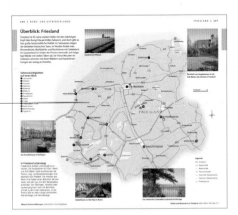

Regionalkarte

2 Diese Karte zeigt eine Übersicht der Region. Alle Sehenswürdigkeiten sind nummeriert. Die Seite gibt auch Tipps für die Erkundung des Gebiets mit dem Auto oder mit öffentlichen Verkehrsmitteln.

Jede Provinz hat ihre eigene Farbcodierung.

Detaillierte Informationen

3 Die Reihenfolge der Einträge entspricht der Nummerierung auf der *Regionalkarte*. Zu jedem Ort findet man genaue Informationen über die wichtigsten Sehenswürdigkeiten.

Kästen behandeln spezielle Themen und liefern Hintergrundinformationen.

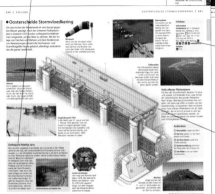

Die Infobox enthält alle praktischen Informationen, die für einen Besuch hilfreich sind.

Hauptsehenswürdigkeiten

4 Den Highlights der Niederlande werden zwei oder mehr Seiten gewidmet. Historische Gebäude sind im Aufriss zu sehen. Durch Museen und Sammlungen führen farbig markierte Grundrisse.

DIE NIEDERLANDE STELLEN SICH VOR

Themen- und Tagestouren

Die folgenden Touren durch die Niederlande sind so konzipiert, dass Sie möglichst viele Highlights sehen, ohne allzu lange Wege zurücklegen zu müssen. Zunächst stellen wir Ihnen die wichtigsten Städte in zweitägigen Touren vor: Amsterdam, Den Haag und Utrecht. Man kann alle drei Städte auch zu einer Sechs-Tage-Tour kombinieren, indem man einfach den Zug zur nächsten Stadt nimmt – die Verbindungen sind exzellent. Es folgen vier Sieben-Tage-Touren. Die erste Route führt Sie zu den Städten und Orten im Süden, die zweite verläuft im Norden durch das ländliche Friesland und die Inselwelt mit dem Wattenmeer. Der dritte Tourenvorschlag ist eine Rundreise, die in der Hauptstadt beginnt und auch dort wieder endet. Diese Tour führt Sie zu den ruhigen Orten im Osten des Landes. Die vierte Tour ist eine einwöchige Fahrradtour zu den Orten und Landschaften entlang der IJssel, man kann die Strecke auch im Auto zurücklegen. Suchen Sie die Ihnen genehme Tour aus, kombinieren Sie Touren, oder folgen Sie Ihrem ganz eigenen Weg.

Eine Woche im Süden

- Wunderbare Meisterwerke aus dem 17. Jahrhundert im **Frans Hals Museum** in Haarlem.
- Ein Treffen mit den alten Ägyptern im **Rijksmuseum van Oudheden** in Leiden.
- Überwältigende Blütenpracht im **Keukenhof** in der Nähe von **Lisse**.
- Entzückend: die Speicherhäuser von **Delfshaven**, Rotterdams altem Hafen.
- Exquisites mittelalterliches Kunsthandwerk: die Bleiglasfenster von **St.-Janskerk** in Gouda.
- Nicht versäumen: die 19 alten Windmühlen bei **Kinderdijk**.

Keukenhof, Lisse
Frühlingsblumen so weit das Auge reicht – der Gartenpark Keukenhof in der Nähe von Lisse in Zuid-Holland ist ein Besuchermagnet.

◀ *Ansicht von Delft* (1660) – ein Meisterwerk von Jan Vermeer

Eine Woche im Norden und auf den Inseln

- Faszinierend: die Ge-
  schichte der Zuiderzee
  im **Zuiderzeemuseum**
  in Enkhuizen.
- Unvergessliche Sicht auf
  Nordsee und IJsselmeer:
  Fahrt auf dem **Afsluitdijk** (32 km), der von
  1927 bis 1933 entstand.

- Entspannung im winzi-
  gen **Hindeloopen**, dem
  hübschesten Dorf.
- Fahrradtour auf den
  ruhigen Straßen von
  Vlieland.
- Innen und außen se-
  henswert: **Groninger
  Museum** in Groningen.

Rundtour von und nach Amsterdam

- Tiefe Einblicke in die holländische Seefahrtsgeschichte
  gibt es im hübschen **Urk**.
- Die Geschichte der einstigen
  Insel Schokland und ihr Untergang durch die Trockenlegung der Zuidersee erzählt
  das **Schokland Museum**.
- Bootsfahrt auf den Kanälen
  des bezaubernden **Giethoorn**.
- Gut erhaltene Festungsstadt
  der Zuidersee: **Elburg**.
- Das **Mondriaanhuis**, heute
  ein Museum, war das
  Geburtshaus des Malers
  Piet Mondriaan.

Rottu-
meroog

Schiermonnikoog

...anden   Ameland   Nes
  Hollum
Terschelling   Lauwersoog   Pieterburen   Uithuizen
West-Terschelling   Holwerd

Waddenzee   Dokkum

...arlingen   **G r o n i n g e n**

             Leeuwarden   Groningen

       F r i e s l a n d

          Sneek

   Hindeloopen   **D r e n t h e**

...sselmeer

        De Weerribben   Giethoorn
Zuiderzeemuseum
Enkhuizen   Vollenhove
   Urk
...arkermeer   Schokland   Staphorst
               Museum
          Kampen   Vecht
Lelystad   Zwolle

F l e v o l a n d   Elburg   **O v e r i j s s e l**

                              IJssel

                  Sallandse Heuvelrug

                  Deventer

       G e l d e r l a n d

...mersfoort   Zutphen
   Kröller-Müller
      Museum   Bronkhorst
  Nationaal Park
  De Hoge Veluwe
       Nederrijn   Arnhem
      (Niederrhein)

          Waal

Legende

— Eine Woche im Süden

— Eine Woche im Norden
  und auf den Inseln

— Rundtour von und
  nach Amsterdam

— Radtour entlang der IJssel

Radtour entlang der IJssel

- Sumpfland, Heide und
  Wälder: Der **Nationaal
  Park De Hoge Veluwe** ist
  ein Naturparadies.
- Van Gogh, Mondriaan
  u. a. – das **Kröller-Müller
  Museum** bei Arnhem ist
  ein Muss.

- **Zutphen**, die einstige
  Hansestadt, brilliert mit
  der mittelalterlichen
  Bibliothek von **St.-Wal-
  burgskerk**.
- Das Flair der alten Hansestadt **Zwolle** ist noch
  immer spürbar.

Zwei Tage in Amsterdam

Mit ihren vielen Grachten ist die Stadt Anne Franks, Rembrandts und van Goghs ein faszinierender Ort.

- **Anreise** Der Flughafen Schiphol liegt nur eine 20-minütige Zugfahrt von der Innenstadt entfernt. Der Hauptbahnhof (Centraal Station) ist Knotenpunkt des Nah- und Fernverkehrs.

Prinsengracht im Jordaan-Viertel, Amsterdam

Erster Tag

Vormittags Starten Sie Ihre Besichtigung am Dam, dem offenen Platz im Zentrum, und bestaunen Sie das **National Monument** (S. 90) von 1956. Betreten Sie dann die **Nieuwe Kerk** (S. 90), Amsterdams spätgotische Basilika. Als Nächstes kommen Sie zum **Koninklijk Paleis** (S. 92f), das im 17. Jahrhundert, dem Goldenen Jahrhundert Amsterdams, als Stadhuis (Rathaus) errichtet wurde. Anschließend geht es nach Süden zum **Begijnhof** (S. 91), einer typischen mittelalterlichen Beginen-Wohnanlage.

Nachmittags Spazieren Sie am mittelalterlichen Singel entlang, der ältesten Gracht des **Grachtengürtels** (S. 99; Grachtengordel). Das Areal um den Kern des alten Amsterdam mit der ältesten Bogenbrücke gehört zu den schönsten der Stadt. Im **Museum Van Loon** (S. 119) erhalten Sie einen Einblick in das Leben flämischer Kaufleute im 17. Jahrhundert. Dann geht es weiter zur **Westerkerk** (S. 114), einem Renaissance-Bau mit dem höchsten Kirchturm der Stadt. Anschließend besichtigen Sie die meistbesuchte Sehenswürdigkeit: das **Anne Frank Huis** (S. 112f).

Zweiter Tag

Vormittags Machen Sie diesen Tag zum Museumstag. Für das **Rijksmuseum** (S. 126–129), Amsterdams unvergleichliches Museum für niederländische Kunst, sollten Sie mehrere Stunden einplanen. Ein weiteres Muss ist das **Van Gogh Museum** (S. 130f), das einem der größten Maler der Niederlande gewidmet ist. Nach diesem Übermaß an Kunstgenuss entspannen Sie in einem der nahen Cafés, oder Sie spazieren zur grünen Lunge des nahen **Vondelpark** (S. 124f).

Nachmittags Nach dem Mittagessen besichtigen Sie das dritte der großen Museen, das **Stedelijk Museum** (S. 132f), dessen exzellente Sammlung moderner Kunst in einem hochmodern umgestalteten Renaissance-Bau liegt. Falls Sie museumsmüde sind, erkunden Sie die malerischen Gassen des **Jordaan-Viertels** (S. 110f), oder Sie legen bei einer **Grachtenfahrt** (S. 117) die Beine hoch.

Die Nieuwe Kerk (15. Jh.) am Dam in Amsterdam

Zwei Tage in Den Haag

Seit dem 13. Jahrhundert war Den Haag ein politisches Zentrum. Noch heute strahlt der Regierungssitz aristokratisches Flair aus.

- **Anreise** Den Haag bietet gute Zugverbindungen zum Rest der Niederlande. Der nächste Flughafen ist Rotterdam (21 km entfernt), der Flughafen Schiphol liegt weiter weg (48 km entfernt).

Erster Tag

Vormittags Bummeln Sie durch die Straßen **Den Haags** (S. 222f) mit Halt am Lange Vijverberg. Von dort sehen Sie auf den **Binnenhof** (S. 223), einen jahrhundertealten Komplex aus Giebelhäusern, der heute das Parlament und Regierungsbüros beherbergt. Gehen Sie erst dann zum Binnenhof, und machen Sie eine Führung im **Ridderzaal** (S. 224), einem gotischen Rittersaal (13. Jh.). Nächster Halt ist das **Mauritshuis** (S. 226f) mit seiner hervorragenden Sammlung niederländischer Kunst, darunter Meisterwerke von Jan Vermeer.

Nachmittags Der Besuch im **Museum Bredius** (S. 224) macht Sie mit Werken Rembrandts und Steens bekannt sowie schönen Silberarbeiten und antiken Möbeln. Die baumbestandene Lange

Weitere Infos zu Verkehrsmitteln in den Niederlanden siehe S. 442–449

Voorhout wird von einigen prächtigen Stadtpalais gesäumt, eines ist heute ein Museum: **Escher in Het Paleis** *(S. 225)* stellt Werke von M. C. Escher aus. Richtung Norden kommen Sie zum **Panorama Mesdag** *(S. 228)*, einem Rundgemälde aus dem 19. Jahrhundert, das das alte Fischerdorf Scheveningen zeigt. Echter Sand und Treibgut verstärken die Illusionsmalerei.

Zweiter Tag

Vormittags Verbringen Sie den Vormittag im **Gemeentemuseum Den Haag** *(S. 228)*, es besitzt die größte Mondriaan-Sammlung sowie eine schöne Sammlung von altem Delfter Steingut. Teil des Gementeemuseums ist das **Fotomuseum** *(S. 228)*, das für seine Sonderausstellungen niederländischer und internationaler Fotokünstler international bekannt ist.

Nachmittags Wenn das Wetter gut ist, nehmen Sie die Tram nach **Scheveningen** *(S. 229)*. Der Badeort ist wegen seiner langen Sandstrände ein beliebtes Ferienziel. Sie können hier das Casino besuchen oder sich zum Tee im **Kurhaus** *(S. 229)*, einem Luxushotel von 1885 im Empire-Stil, einfinden. Spazieren Sie am Pier entlang, und bewundern Sie die Skulpturen des **Museum Beelden aan Zee** *(S. 229)* in den Dünen.

Zwei Tage in Utrecht

Utrecht ist eine attraktive Stadt mit Grachtenhäusern und exzellenten Museen.

- **Anreise** Nach Utrecht gelangt man via Flughafen Schiphol, ebenso gibt es gute Zug- und Straßenanbindungen. Apeldoorn ist per Zug nur 40 Minuten entfernt (Abfahrt alle 20 bis 30 Min.). Vom Bahnhof Apeldoorn fahren Busse zum Paleis Het Loo.

Erster Tag

Vormittags Starten Sie eine Besichtigung **Utrechts** *(S. 204f)* am **Domtoren** *(S. 206)*. Der mit 112 Metern höchste Glockenturm des Landes ist das Wahrzeichen der Domstadt. Der Ausblick lohnt den Aufstieg. Als Nächstes besichtigen Sie die **Domkerk** *(S. 206)* mit ihrem schönen gotischen Maßwerk. Richtung Westen geht es zum **Museum Speelklok** *(S. 207)*, das eine außergewöhnliche Sammlung mechanischer Musikautomaten zeigt – von Drehorgeln bis zu Musikboxen.

Nachmittags Spazieren Sie den hübschesten Abschnitt der **Oudegracht** *(S. 204)* beim Stadhuis entlang. Hier gibt es Bars, Cafés und Restaurants in

Blick zum Gewölbe der Domkerk in Utrecht

den alten Kellern. Das Straßenlevel liegt eine Etage höher. Richtung Süden kommen Sie zum **Museum Catharijneconvent** *(S. 206)* mit Sammlungen mittelalterlicher Kunst sowie sakralen Skulpturen. Das **Centraal Museum** *(S. 206)* zeigt Kunst und Kunsthandwerk ab dem 16. Jahrhundert.

Zweiter Tag

Vormittags Ein Muss ist das **Rietveld Schröderhuis** *(S. 208f)*. Das UNESCO-Welterbe, ein Bau von Gerrit Rietveld, Mitglied der Gruppe De Stijl, hat Architekturgeschichte geschrieben. Nehmen Sie sich eine Stunde Zeit, um die Details, etwa die Eckfensterkonstruktionen, zu bewundern.

Nachmittags Mit dem Zug gelangen Sie von Utrecht nach **Apeldoorn** *(S. 340)*, an dessen nordwestlichem Rand das **Paleis Het Loo** *(S. 338f)* liegt. Das einstige Königsschloss, die Sommerresidenz der Oranjes, wurde Ende des 17. Jahrhunderts errichtet und von der Königsfamilie bis in die 1970er Jahre genutzt. Im barocken Schloss stechen das extravagante Schlafzimmer von Willem III und die Bilder der Gemäldegalerie hervor. Bekannt ist das Schloss allerdings für seinen Schlosspark. Über u-förmige Wandelterrassen kommt man in den Barockgarten mit streng geometrischer Anlage.

Barocke Gartenanlage des Palais Het Loo in Apeldoorn

Eine Woche im Süden

- **Anreise** Starten Sie in Haarlem (ab Flughafen Schiphol leicht erreichbar).

- **Weiterreise** Mit Zügen oder Bussen können Sie den Großteil der Strecke dieser Tour zurücklegen – mit Auto sind Sie natürlich flexibler. Die Windmühlen bei Kinderdijk sind nur per Auto oder Fahrrad erreichbar.

Windmühlen bei Kinderdijk in Dordrecht

Erster Tag: Haarlem

Erkunden Sie das Zentrum des hübschen **Haarlem** (S. 186f), dort stehen sehenswerte alte Bauten am weitläufigen Grote Markt. Die gotische **Grote Kerk** (S. 188) ist riesig. Sie besitzt ein schönes Schiff sowie eine berühmte Orgel. Bestaunen Sie dann die Sammlungen des **Teylers Museum** (S. 189), es war das erste große Museum der Niederlande. Hauptattraktion der Stadt ist das **Frans Hals Museum** (S. 190f), das die Werke des berühmten Porträtmalers zeigt.

Zweiter Tag: Leiden und Keukenhof

Spazieren Sie durch die hübschen Straßen und Kopfsteinpflastergassen der blühenden Universitätsstadt **Leiden** (S. 218f). Sehenswert ist das **Rijksmuseum van Oudheden** (S. 221), das u. a. eine umfangreiche ägyptische Sammlung beherbergt – von Mumien bis zum Tempel von Taffeh. Juwele der besonderen Art sind die gotische **Pieterskerk** (S. 221), die überdachte Brücke **Korenbeursbrug** (S. 219) und Leidens schon 1590 angelegter **Hortus Botanicus** (S. 220), dessen Bäume und Sträucher teilweise ebenso alt sind. Am Nachmittag fahren Sie per Bus oder Auto zum nahen **Keukenhof** (S. 217), dem größten Blumenpark der Welt, der insbesondere für seine Tulpenblüte im Frühjahr bekannt ist.

Dritter Tag: Den Haag

Wählen Sie einen Tag aus der Stadttour auf Seite 12f aus.

Vierter Tag: Delft

Delft (S. 230 – 233) ist eine charmante Kleinstadt mit einem sehenswerten Grote Markt. Am einen Ende steht das Stadhuis, am anderen die dominante **Nieuwe Kerk** (S. 231). Erkunden Sie das Straßengewirr des Zentrums mit der **Oude Kerk** (S. 232) und dem **Stedelijk Museum Het Prinsenhof** (S. 232). Hier wurde 1584 Willem von Oranje ermordet – die Einschüsse sind noch in der Wand zu sehen.

Fünfter Tag: Rotterdam

Lassen Sie das Flair der Hafenstadt **Rotterdam** (S. 234f) mit ihren Bars, grandiosen Restaurants und dem bunten Straßenleben auf sich wirken. Bewundern Sie die Architektur der kubistischen Häuser, der **Kubus-paalwoningen** (S. 235), entdecken Sie das Areal des alten Hafens von **Delfshaven** (S. 236), und pilgern Sie zum Wahrzeichen **Euromast** (S. 236), von dem aus Sie das Panorama genießen können. Fast ein Muss ist das **Museum Boijmans Van Beuningen** (S. 238f) mit seinen exquisiten Gemälden.

Sechster Tag: Gouda

Bummeln Sie durch die Käsestadt **Gouda** (S. 243) mit ihren Gassen, den kleinen Grachten und dem Marktplatz, wo das mit Ziertürmchen und Pinakeln geschmückte **Stadhuis** (S. 243) steht – ein Paradebeispiel der flämischen Gotik. Im Sommer wird am Donnerstagvormittag der Käsemarkt abgehalten – auf traditionelle Weise und in Trachten. Die gotische **St.-Janskerk** (S. 242) glänzt mit ihren grandiosen Bleiglasfenstern aus dem 16. Jahrhundert.

Siebter Tag: Dordrecht

Schlendern Sie durch die alte Hafenstadt **Dordrecht** (S. 244) mit ihren Patrizier- und Speicherhäusern sowie die *hofjes*, die von einer glorreichen Vergangenheit zeugen. Die **Grote Kerk** (S. 244) ist im Stil der Brabanter Gotik ausgestattet. Das **Museum Simon van Gijn** (S. 244) zeigt alte Möbel, Stiche sowie Brüsseler Tapisserien. Außerhalb von Dordrecht (per Rad oder Auto erreichbar) liegen die Windmühlen von **Kinderdijk** (S. 245). Die 19 Mühlen am Kanal hielten in früheren Jahrhunderten die Alblasserwaard trocken.

Farbenfrohe Bauten im hübschen Haarlem

Weitere Infos zu Verkehrsmitteln in den Niederlanden *siehe S. 442 – 449*

Eine Woche im Norden und auf den Inseln

- **Anreise** Von Amsterdam aus fahren Sie nach Alkmaar.
- **Weiterreise** Hoorn, Enkhuizen, Leeuwarden, Harlingen und Groningen sind per Zug leicht erreichbar. Tägliche Fährverbindungen gibt es von Harlingen nach Vlieland, von Holwerd nach Ameland und von Harlingen und Vlieland nach Terschelling. Für das Ende der Tour brauchen Sie allerdings ein Auto.

Erster Tag: Alkmaar

Sie verlassen Amsterdam in nördlicher Richtung und halten in **Alkmaar** *(S. 185)*, dessen Kern von grünen Grachten umringt ist. Von April bis September findet am Freitagvormittag auf dem Marktplatz der berühmte Käsemarkt statt. Danach besuchen Sie **Hoorn** *(S. 182)*, einen Hafen an der Zuiderzee mit geschichtsträchtigen Häusern und dem **Westfries Museum** *(S. 182)*. Wenn Sie weiter an der Küste entlangfahren, erreichen Sie **Enkhuizen** *(S. 182)*, einen weiteren Hafen des Goldenen Jahrhunderts mit dem imposanten **Zuiderzeemuseum** *(S. 180f)*.

Zweiter Tag: Friesland

Nördlich von Enkhuizen überqueren Sie auf dem **Afsluitdijk** *(S. 174)* die Waddenzee. Nahe dem hübschen Fischerdorf **Hindeloopen** *(S. 302)* gelangen Sie nach **Friesland** *(S. 295–305)*. Weiter nordöstlich liegen **Sneek** *(S. 303)*, das für seine Segelwettbewerbe bekannt ist, und die alte Residenzstadt **Leeuwarden** *(S. 300)*. **Het Princessehof** *(S. 300)* zeigt eine kostbare Porzellansammlung, das **Fries Museum** *(S. 300)* informiert umfassend über die Geschichte Frieslands.

Dritter Tag: Von Harlingen bis Vlieland

Schnuppern Sie Seeluft in **Harlingen** *(S. 301)* mit seinem alten Hafen. Dann nehmen Sie die Fähre nach **Vlieland** *(S. 277)*, die schmalste Insel der Waddeneilanden. Ihre Stranddünen erstrecken sich im Norden. Hier können Sie eine Wanderung oder Radtour unternehmen. Sehenswert: **Oost-Vlieland** *(S. 277)*, der einzige Ort der Insel mit einem Museum im alten **Tromp's Huys** *(S. 277)*.

Vierter Tag: Terschelling

Von Harlingen oder Vlieland aus nehmen Sie die Fähre nach **Terschelling** *(S. 278)*. Erster Halt ist **West Terschelling** *(S. 278)*, ein hübsches Dorf mit dem **Museum 't Behouden** *(S. 278)*. Bummeln Sie durch den beliebten Sommerferienort. Dann können Sie die Insel per Rad erkunden – entweder die Dünen und Strände der Nordküste oder die Wälder und Poldergebiete im Süden.

Fünfter Tag: Ameland

Von Holwerd gibt es eine Fährverbindung nach **Ameland** *(S. 278f)*, Anlegestelle ist in **Nes** *(S. 278)*. Im Norden der Insel liegen Dünen, im Süden die Polder, im Osten ein Vogelreservat. Sehenswert: das kleine **Hollum** *(S. 279)*, ein Besuchermagnet mit reetgedeckten Häusern, altem Leuchtturm und Kirche.

Sechster Tag: Von Dokkum bis Pieterburen

In der alten Festungsstadt **Dokkum** *(S. 300)* nahm der Missionar Bonifatius einst ein grausames Ende. Im Stadtzentrum gibt es hübsche Grachten und alte Häuser zu

Folkloristisches Spektakel: Käsemarkt in Alkmaar, Noord-Holland

sehen. Weiter geht es nach **Lauwersoog** *(S. 290)*, einem Dorf beim Naturschutzgebiet, und **Uithuizen** *(S. 291)*, wo geführte Wattwanderungen *(wadlopen)* angeboten werden. In Pieterburen liegt das Zentrum für Seehunde, das **Zeehondencrèche** *(S. 291)*.

Siebter Tag: Groningen

Groningen *(S. 284–289)* bietet exzellente Restaurants und ein vibrierendes Nachtleben. Highlights im Stadtzentrum sind die gotische **Martinikerk** *(S. 286)* und die wundervollen Gartenanlagen des **Prinsenhoftuin** *(S. 287)*. Größte Attraktion ist das **Groninger Museum** *(S. 288f)*, das in einem modernen Bau von Alessandro Mendini eine breite Sammlung von Rembrandt über Kunsthandwerk bis zu zeitgenössischen Werken zeigt.

Skûtsjes, traditionelle Lastboote – ein Wahrzeichen Frieslands

Rundtour von und nach Amsterdam

- **Dauer** Sieben Tage – wenn Sie die Rundtour per Rad machen wollen, können Sie sie durch Extrastopps auf zehn Tage verlängern.
- **Anreise** Die Tour startet und endet in Amsterdam.
- **Weiterreise** Die Orte der Route sind per Zug leicht erreichbar. Da die Regionalbusse nicht alles abdecken, brauchen Sie für kleine Dörfer ein Auto. Sportliche können die Rundreise auch mit dem Rad machen.

Erster Tag: Von Marken bis Volendam

In **Marken** *(S. 178)*, einem lange Zeit isolierten Dorf auf einer Insel im Markermeer, stehen hölzerne Pfahlhäuser. In sechs historischen Häusern liegt das **Marker Museum** *(S. 178)*, das über die Geschichte der Insel informiert. Im Fischerdorf **Volendam** *(S. 178)* am IJsselmeer schützt ein Deich den Hafen.

Zweiter Tag: Edam und Enkhuizen

Edam *(S. 178)* bietet hübsche alte Häuser, Grachten und Drehbrücken. Weiter geht es nach **Enkhuizen** *(S. 182)*, der alten Hafenstadt mit dem **Drommedaris** *(S. 182)*, einem Bau von 1540, der die Einfahrt zum Hafen bewacht. Unbedingt sehenswert ist das **Zuiderzeemuseum** *(S. 180f)*.

Dritter Tag: Urk

Überqueren Sie den Markerwaarddijk bei Enkhuizen, um nach **Lelystad** *(S. 331)* zu gelangen. Hauptattraktion ist die **Bataviawerf** *(S. 331)* mit einem Nachbau des Segelschiffs *Batavia* (17. Jh.). Nach kurzer Fahrt erreicht man **Urk** *(S. 330)*. Das einstige Inseldorf lockt nach der Einpolderung viele Urlauber an. Stärken Sie sich mit Seafood, bevor Sie zum **Museum Schokland** *(S. 330)* weiterfahren. Wie Urk war Schokland einst eine Insel. Die restaurierten Bauten sind malerisch.

Vierter Tag: Vollenhove und Giethoorn

Durch die Polderlandschaft geht es nach **Vollenhove** *(S. 321)*, einst ein wichtiger Hafen mit hübschen Häusern. Östlich des Orts liegt **Giethoorn** *(S. 322f)*, ein höchst ungewöhnliches Dorf. Aufgrund der Torfgewinnung liegen die Bauernhöfe an einem großen und vielen kleinen Kanälen (Bootsfahrten möglich). Das unberührte Naturgebiet **De Weerribben** *(S. 321)* kann man per Rad oder Kanu erkunden.

Bootstour auf den Kanälen von Giethoorn, Overijssel

Fünfter Tag: Von Staphorst bis Zwolle

Südlich von Giethoorn liegt **Staphorst** *(S. 324)* mit seinen reetgedeckten Bauernhäusern. Am Sonntagmorgen gehen die Einwohner in Tracht zur Kirche (bitte keine Fotos machen). Die einstige Festungsstadt **Zwolle** *(S. 320)* besitzt ein attraktives historisches Zentrum. Empfehlenswert sind die **Grote Kerk** *(S. 320)*, das **Stedelijk Museum Zwolle** *(S. 320)* mit Wohnkultur aus dem Goldenen Jahrhundert und das **Paleis aan de Blijmarkt** *(S. 320)* mit moderner Kunst (Picasso, van Gogh, Mondriaan). Am Hafen sind noch alte restaurierte Kanalboote zu sehen.

Sechster Tag: Elburg

Entdecken Sie den Charme von **Elburg** *(S. 340)*. Der einstige Hafen an der Zuiderzee liegt nun am Veluwemeer, dem lang gestreckten Binnensee, der das Festland vom Poldergebiet trennt. Das mittelalterliche Zentrum von Elburg ist gut erhalten. Sehenswert sind die gotische Nicolaaskerk und das **Gemeentemuseum Elburg** *(S. 340)*, das u. a. eine Sammlung an Silberwaren zeigt, die einst im Besitz der Schiffergilde waren.

Siebter Tag: Amersfoort

Südwestlich am Veluwemeer entlang geht es nach **Amersfoort** *(S. 210)*, dessen altes Zentrum noch von Wasserwegen durchzogen ist. Die Hauptattraktionen sind die mächtige Koppelpoort, eines von drei mittelalterlichen Stadttoren, der Onze Lieve Vrouwetoren (der Turm einer ehemaligen Kirche, auch De Lange Jan genannt) und das **Mondriaanhuis** *(S. 210)*, das Geburtshaus des Malers Piet Mondriaan, das heute ein Museum ist.

Von Amersfoort fahren Sie in etwa einer Stunde die 50 Kilometer zurück zum Ausgangspunkt Amsterdam.

Die mittelalterliche Koppelpoort in Amersfoort

Weitere Infos zu Verkehrsmitteln in den Niederlanden *siehe S. 442–449*

Radtour entlang der IJssel

- **Dauer** Sieben Tage.
- **Anreise** Start ist in Arnhem, das man per Zug, Bus oder Auto leicht erreicht. Gleiches gilt für Kampen, den Endpunkt der Tour.
- **Weiterreise** In Arnhem können Sie Fahrräder mieten. Ihr eigenes Rad können Sie auch im Zug transportieren.

Radweg im Nationaal Park De Hoge Veluwe, Gelderland

Erster Tag: Arnhem

Bummeln Sie durch das Zentrum von **Arnhem** (S. 344). Es wurde 1944 in der Schlacht von Arnhem zerstört, dann wiederaufgebaut. Heute gibt es hier gute Restaurants und Clubs. Bewundern Sie die imposante **Eusebiuskerk** (S. 344), die ebenfalls zerstört wurde. Gleiches gilt für **Stadhuis** (S. 344) und **Duivelshuis** (S. 344), beide Beispiele der niederländischen Renaissance. Fahren Sie die Rijnkade hinunter, dort gibt es auch einen Radweg entlang dem Rhein.

Zweiter Tag: Nationaal Park De Hoge Veluwe

Per Rad gelangen Sie zum **Nationaal Park De Hoge Veluwe** (S. 343), ein Areal aus Wald, Heide, Marschland und Sanddünen nördlich von Arnhem. Durch den Nationalpark verlaufen viele Radwege. Sehenswert ist **Museonder** (S. 343), ein Museum unter dem Besucherzentrum, das die Natur unter dem Boden zeigt – von den Wurzeln bis zu den Tieren, die hier leben. Highlight des Parks ist das **Kröller-Müller Museum** (S. 342f) mit seinen Werken moderner Kunst und dem Beeldentuin (Skulpturengarten). Für die Nacht kehren Sie nach Arnhem zurück.

Dritter Tag: Von Bronkhorst bis Zutphen

Von Arnhem fahren Sie nach **Bronkhorst** (S. 345), einem hübschen Ort mit renovierten Bauernhöfen. Dann geht es weiter nach **Zutphen** (S. 345) mit seinen vielen erhaltenen historischen Häusern und den Resten der mittelalterlichen Stadtmauer. Sehenswert sind der **Drogenapstoren** (S. 345), ein Wehrturm aus dem 15. Jahrhundert, und die **St.-Walburgskerk** (S. 345), eine schöne gotische Kirche mit einer einmaligen Bibliothek. Die Bücher sind an den Tischen festgekettet.

Vierter Tag: Deventer

Fahren Sie weiter, und entspannen Sie dann in **Deventer** (S. 324), einer einstigen Hansestadt an der IJssel. Beobachten Sie die beladenen Lastkähne, spazieren Sie zum Hauptplatz, der Brink, mit der Stadtwaage, der Waag, heute das **Historisch Museum de Waag** (S. 324). Bevor Sie weiterfahren, sollten Sie unbedingt die Spezialität der Stadt probieren: Kruidkoek, ein Gewürzkuchen.

Die Skyline von Deventer – aus der Perspektive jenseits der IJssel

Fünfter Tag: Sallandse Heuvelrug

Von Deventer aus fahren Sie nach Nordosten zum teilweise bewaldeten, teilweise sandigen Heideland von **Sallandse Heuvelrug** (S. 324f). Die hügelige Landschaft ist mittlerweile Nationalpark. Im Bezoekerscentrum gibt es eine informative Ausstellung, Andenken und Karten der unzähligen Radwege im Park. Während Sie durch den Park wandern oder fahren, sollten Sie nach Birkhühnern Ausschau halten – hier sind die letzten Brutplätze der Art in den Niederlanden.

Sechster Tag: Zwolle

Radtour nach Zwolle (Details zu Zwolle siehe S. 16).

Siebter Tag: Kampen

Nähern Sie sich **Kampen** (S. 320f) von Osten, also von jenseits der IJssel, um so die schöne Lage der Stadt und die Silhouette mit den Türmen zu genießen. In der Stadt selbst besuchen Sie am besten gleich das ungewöhnliche **Ikonenmuseum** (S. 321), das in einem ehemaligen Kloster eine schöne Sammlung russischer und griechischer Ikonen zeigt. Das **Stedelijk Museum** (S. 321) gibt Einblick in die wechselvolle Geschichte der Stadt. Beenden Sie den Tag mit einem Bummel durch das Stadtzentrum, mit seinen vielen denkmalgeschützten Häusern, darunter dem Oude Raadhuis und den drei erhaltenen Stadttoren aus dem 14. Jahrhundert.

Die Niederlande auf der Karte

Die Niederlande nehmen in Westeuropa eine Fläche von 41 548 Quadratkilometern ein. Sie grenzen im Süden an Belgien, im Osten an Deutschland und im Norden und Westen an die Nordsee. Seit der Vollendung der Deltawerke ist die Küstenlinie des Landes ungefähr 800 Kilometer lang. Dank der großen Flüsse, des guten Straßen- und Eisenbahnnetzes und der günstigen Lage am Meer sind die Niederlande ein wichtiger Güterumschlagplatz für den Rest Europas. Fast 17 Millionen Menschen leben in den Niederlanden. Ungefähr ein Sechstel der Oberfläche des Landes ist von Wasser bedeckt.

Westeuropa

NORWEGEN
SCHWEDEN
Nordsee
DÄNEMARK
IRLAND
GROSS-BRITANNIEN
NIEDERLANDE
○ Amsterdam
DEUTSCH-LAND
BELGIEN
LUX.
TSCHECH. REP.
Atlantischer Ozean
FRANK-REICH
SCHWEIZ
ÖSTER-REICH
ITALIEN
SPANIEN

Legende

- ☐ Großraum Amsterdam
- ▨ Land unter Normalnull
- — Autobahn
- — Hauptstraße
- — Eisenbahn
- ▨ Staatsgrenze

W a d d
Terschelling
Vlieland
W a d d e n z
Texel
Den Helder
Nordsee
NOORD-HOLLAND
IJsselme
N9
N242 Enkhuizen
Hoorn
N30
Alkmaar
Markermeer
Lelyst
← Newcastle
Siehe Karte unten
Haarlem ○ **AMSTERDAM**
Almer
Schiphol ✈
Amersfoort
Leiden
ZUID-HOLLAND
Utrecht
DEN HAAG
A44
UTRECH
A12 Gouda
Delft ○ ✈ *Rotterdam*
Lek
Le
Hoek van Holland
Rotterdam
A27
A2
A15
Barendrecht
Dordrecht
Hull, Harwich ←
A29
A16
's-Hertogenbosch
N59
A17
A59
NOORD-BRA
Hull ←
Zierikzee
Breda A27
Tilburg
ZEELAND
A58
Bergen op Zoom
A58
Middelburg A58
Eindhover
Ramsgate ←
Zeebrugge
A12
A1
Turnhout
A6
Oostende
Antwerpen
Albertkanaal
Brugge (Brügge)
N49
✈ *Antwerpen*
A13
Nieuwpoort
A10
A14
A1
Mechelen
Demer
A17
Gent
B E L G I E N
A2
Zaventem ✈
Hass
Kortrijk
A10
Leuven/Luik (Löwen)
Sint-Truiden
Ieper (Ypern)
A25
Oudenaarde
BRUXELLES/BRÜSSEL (BRÜSSEL)
A3

Großraum Amsterdam

Weitere Zeichenerklärungen *siehe hintere Umschlagklappe*

Ein Porträt der Niederlande

Von Cadzand in Zeeland bis zur Insel Schiermonnikoog besteht die niederländische Küste aus prächtigem Sandstrand. Dahinter liegen Tulpenfelder, pittoreske Dörfer und wohlhabende Städte mit schönen Bauten und Museen sowie zukunftsorientierten, meist mehrsprachigen Bewohnern. Die Deltalandschaft und das Polderland bieten überall weite Ausblicke.

Die Form der Niederlande hat sich in den letzten 2000 Jahren stark verändert. Seit der Römerzeit sind große Stücke des Landes im Meer verschwunden, beispielsweise in Zeeland und im Zuiderzee- und Wattengebiet. Andererseits ist auf historischen Karten zu sehen, dass die Provinzen Noord- und Zuid-Holland im Mittelalter fast zur Hälfte aus Wasser bestanden. Seither wurden dem Meer große Gebiete wieder abgerungen. Die Niederländer haben gewissermaßen die Niederlande erschaffen. Der ewige Kampf gegen das Wasser erreichte mit dem Deltaplan einen vorläufigen Höhe- und Schlusspunkt. Dieses wasserbaukundliche Megaprojekt soll den südwestlichen Teil des Landes vor Überschwemmungen schützen. Begonnen wurde damit nach der Flutkatastrophe von 1953 *(siehe S. 250f)*, 1997 wurden die Deltawerke fertiggestellt.

Mit fast 17 Millionen Einwohnern hat das Land eine Bevölkerungsdichte von über 400 Einwohnern pro Quadratkilometer. Damit ist es nach Monaco und Malta das am dichtesten besiedelte Land Europas. Besucher merken davon etwas allenfalls durch die Staus auf den Straßen der Randstad. Das flache Land mit seinen nahezu endlosen Ebenen erweckt keineswegs einen übervollen Eindruck.

Gezähmte Natur

Die niederländische Landschaft ist eine Kulturlandschaft. Nirgends ist sie wild oder ungezähmt, vielmehr ziemlich »ordentlich«, lieblich, hier und da auch ein wenig verträumt. Imposant wird sie erst

Pier von Scheveningen – ein Zentrum des Strandlebens

◄ Blumenpracht im Keukenhof bei Lisse, dem größten Blumenpark der Welt *(siehe S. 217)*

Dünenlandschaft: natürliche Küstenbefestigung und wichtiges Trinkwasserreservoir

im Zusammenspiel mit dem weiten Himmel. Eine Kuhweide mit Graben und Kopfweiden kann dann ein Ehrfurcht gebietendes Panorama sein, so wie viele niederländische Maler es gemalt haben. Die Tiefmoorlandschaft in Noord- und Zuid-Holland, das Gelderse Stromgebiet, die Moorsiedlungen in Drenthe oder das Limburgische Mergelland sind allesamt das Ergebnis menschlicher Aktivität.

Selbst die Dünen, auf den ersten Blick ein natürlicher Schutz gegen das Meer, sind zum Teil von Menschenhand geformt. Man wird hier fast immer an die Gefährdung dieses Landes erinnert: Ungefähr die Hälfte der Niederlande liegt weniger als einen Meter über, rund ein Viertel des Landes unterhalb des Meeresspiegels.

Ein demokratisches Königreich

Die Niederlande sind eine parlamentarische Monarchie und eines von vier autonomen Teilen des Königreichs der Niederlande (hinzu kommen Gebiete in der Karibik). Man kann die (europäischen) Niederlande in einen protestantischen nördlichen und einen katholischen südlichen Teil gliedern. Die drei größten Städte sind Amsterdam, Rotterdam und Den Haag, alle liegen im verstädterten Westen, der Randstad *(siehe S. 170f)*. Besonders kosmopolitisch zeigt sich die Hauptstadt Amsterdam, Den Haag ist Regierungssitz, Rotterdam mit einem der weltgrößten Häfen das Industriezentrum des Landes. Die Rivalität zwischen Amsterdam und Rotterdam erreicht ihren Höhepunkt bei den Fußballspielen zwischen Ajax und Feyenoord.

Gesellschaft und Politik

Das gesellschaftliche Leben der Niederlande war im 20. Jahrhundert zum großen Teil durch *verzuiling* (»Versäulung«) geprägt – so genannt nach den vier weltanschaulichen »Säulen«, auf denen die Gesellschaft ruhte: Protestan-

Hochbetrieb auf dem Albert Cuypmarkt in Amsterdam

tismus, Katholizismus, Liberalismus und Sozialismus. Die verschiedenen Bevölkerungsgruppen hatten lange Zeit überraschend wenig Kontakt miteinander. Ein Katholik wählte die Katholische Volkspartei, wurde Mitglied der katholischen Gewerkschaft und katholischer Vereine, seine Kinder gingen in eine katholische Schule.

Blick auf den Yachthafen von Dordrecht

Während die katholische »Säule« eine Einheit bildete, war die protestantische mehrteilig. Die zwei Hauptströmungen (Nederlandse Hervormde Kerk und Gereformeerde Kerken in Nederland) hatten jeweils ihre eigene Partei, Gewerkschaften, Schulen und Vereine. Bei Sozialismus und Liberalismus zeigte sich die »Versäulung« weniger ausgeprägt, doch die Kluft zwischen Arbeitern und Unternehmern war tief.

Bockwindmühle in der Polderlandschaft

Ein Schritt zur »Entsäulung« wurde 1973 getan, als die drei größten konfessionellen politischen Parteien in der CDA aufgingen, einer christlich-demokratischen Partei, die in den folgenden 20 Jahren die Regierungskoalitionen beherrschte. Die Kluft zwischen den beiden großen nichtkonfessionellen Parteien schloss sich 1994, als die sozialdemokratische PvdA und die D66 eine Koalition mit der liberalen VVD eingingen. Das sogenannte »lila Kabinett« war sehr erfolgreich, in der ersten Legislaturperiode blühte die Wirtschaft auf. Doch dass in der multikulturellen Gesellschaft der Niederlande nicht alles zum Besten stand, zeigte die Ermordung des rechtspopulistischen Politikers Pim Fortuyn (2002) und des Filmregisseurs und Publizisten Theo van Gogh (2004).

Das Flüsschen Geul bei Epen in Zuid-Limburg

Oranjefans in voller Pracht

2002 errang die CDA ihre Position als stärkste Partei zurück. Jan Balkenende wurde Ministerpräsident. Bei vorgezogenen Neuwahlen 2006 konnte die CDA ihre Mehrheit nur knapp behaupten. 2010 verloren PvdA und CDA viele Sitze. Gewinner des veränderten politischen Klimas waren VVD und Geert Wilders' rechtspopulistische Partij voor de Vrijheid (PVV, Partei für die Freiheit). Bei vorgezogenen Neuwahlen im September 2012 erlangten allerdings die pro-europäischen Parteien wieder eine Mehrheit: Mark Rutte (VVD) und Diederik Samsom (PvdA) waren die Wahlgewinner.

2013 dankte Königin Beatrix ab, die seit 1980 regierte, und gab ihr Amt an ihren Sohn Willem-Alexander weiter. Der König ist seit 2002 mit der Argentinierin Máxima verheiratet. Die beiden haben drei Töchter: Amalia, Alexia und Ariane.

Heringstand in Amsterdam

Sprache und Kultur

Mehr als 20 Millionen Menschen sprechen Niederländisch (Nederlands), das zu den indogermanischen Sprachen gehört. Der niederländische Sprachraum umfasst außer den Niederlanden auch Flandern, ein kleines Stück Nordfrankreichs und Teile der ehemaligen Kolonien.

Das dem Niederländischen eng verwandte Afrikaans ist allerdings eine selbstständige Sprache. Das Gleiche gilt für das Friesische, das von über 400 000 Menschen in der Provinz Friesland gesprochen wird. Im Niederländischen gibt es mehrere Dialekte, die offizielle Sprache nennt man »Algemeen Beschaafd Nederlands«.

In kultureller Hinsicht können sich die Niederlande sehen lassen. Das Angebot auf den Theaterbühnen des Landes ist vielfältig. Es gibt mehrere international höchst renommierte Orchester. Auch Ballett und modernes Tanztheater genießen internationalen Ruf. Beim Sprechtheater hat sich in jüngster Zeit der Schwerpunkt weg vom Experimentellen und mehr zum Konventionellen verlagert.

Frisch gezapftes Bier

Die reiche Geschichte der Niederlande findet ihren Ausdruck in den vielen alten Gebäuden und in den zahlreichen großartigen Museen. Das Spektrum reicht von regionalen Sammlungen bis hin zu den weltberühmten Sammlungen holländischer Alter Meister im Amsterdamer Rijksmuseum *(siehe S. 126–129)* oder im Den Haager Mauritshuis *(siehe S. 226f)*. Anziehungspunkte sind das Van Gogh Museum *(siehe S. 130f)* und das Stedelijk Museum *(siehe S. 132f)*. Spannende zeitgenössische Kunst findet man auch in vielen Galerien.

Niederländische Lebensart

Zwar hat der deutsche Dichter Heinrich Heine die Niederlande einmal als das Land beschrieben, »in dem alles 50 Jahre später passiert«, bewohnt von behäbigen, obrigkeitstreuen Bürgern, denen angst und bang ist vor Veränderungen. Doch wenn man einen Blick auf die niederländische Drogenpolitik wirft, auf die Gay Games in Amsterdam oder den Widerstand der Bevölkerung gegen die Stationierung von Atomwaffen in ihrem Land, ergibt sich ein ganz anderes Bild. Die fröhlichen Oranjefans, die ihren Idolen zu jedem Fußballereignis folgen, liefern noch einen Farbtupfer dazu.

In den vergangenen Jahrzehnten hat sich die niederländische Lebensart stark verändert. Genügsamkeit und Sparsamkeit, die zwei klassischen calvinistischen Tugenden, sind nicht mehr so hoch angesehen wie einst. Ein eher burgundisches Lebensgefühl macht sich breit. Die Niederländer gehen heute gern und oft aus, an schönen Tagen trifft man sich auf den Terrassen der Cafés, um den Arbeitstag mit einem Bier oder einem Weißwein ausklingen zu lassen. Der berühmte niederländische Gin, der Jenever *(siehe S. 420)*, ist zwar noch beliebt, doch jüngere Leute bevorzugen Cocktails. Allerdings hält sich der Pro-Kopf-Verbrauch an Alkohol im Rahmen. In Europa liegen die

Ein Dauerbrenner als Musical: *Die drei Musketiere*

Niederlande hinter Ländern wie Portugal, Dänemark, Deutschland, Spanien, Belgien, Frankreich und Italien im Mittelfeld.

Die neue Lust der Niederländer am Genuss folgt einem Trend, der auch in anderen westeuropäischen Ländern festzustellen ist: Eine spaßorientierte Freizeitkultur lässt wenig Zeit für Beschaulichkeit, sondern favorisiert Aktivitäten, Sport und Spektakel. In ihrer Freizeit sind die Niederländer alles andere als Stubenhocker, die Zahl der Ausflugsziele wächst jährlich. Es gibt immer mehr Freizeit- und Themenparks, an allen Ecken werden Fahrrad- und Wandertouren organisiert.

Zahllose Festivals, Volksfeste und andere Veranstaltungen stehen auf dem Programm *(siehe S. 36–39)*. Außerdem findet im Umkreis von zehn Kilometern immer irgendwo ein Jahrmarkt, ein Stadtfest oder auch ein Flohmarkt statt. Solche Veranstaltungen sprechen die zwei niederländischen Ureigenschaften an: Geselligkeit und Handel.

Uferpromenade an der Waal bei Nijmegen

Kampf gegen das Wasser

Die Überschwemmungen im Gebiet der großen Flüsse, vor allem die von 1995, bei der
200 000 Menschen evakuiert werden mussten,
zeigen, welche Bedrohung das Wasser für die
Niederlande heute und auch in Zukunft dar-
stellt. Deiche und große Wehre können vielleicht das Meer in Schach halten, für das
Zähmen der Flüsse setzt man heute auf »kon-
trollierte Überschwemmungen«.

Überschwemmtes Gehöft in Gelderland (1995)

**Seit dem 11. Jahrhun-
dert** wird in den Niederlanden stetig mehr Land
gewonnen. Unzählige
Deiche wurden angelegt.
Dies geschah jahrhunder-
telang mit den einfachs-
ten Werkzeugen, mit dem
Spaten und der *burrie*,
einer Art Tragbahre. Auf
diesem Stich wird gerade
ein Deichbruch repariert.

Bei Hoek van Holland wird
das Meer nicht wie sonst
entlang der holländischen
Küste durch Dünen, sondern
durch einen Deich begrenzt.

Der tiefste Punkt
der Niederlande
liegt im Prins
Alexanderpolder
bei Rotterdam
(6,2 m unter dem
Meeresspiegel).

Bei Krimpen mün-
det die IJssel in die
Nieuwe Maas.

Die Krimpenerwaard zwi-
schen Hollandse IJssel und
Lek besteht aus Futter- und
Weideland erster Güte.

Fluss Lek

**Ein großer Teil
der Niederlande**
liegt unterhalb des
Meeresspiegels.
Diese auf der Karte
blau dargestellten
Gebiete werden
»laag Nederland«
genannt und sind
erst in den letzten
10 000 Jahren ent-
standen.

Legende

Über dem Meeresspiegel

Unter dem Meeresspiegel

Schnitt durch die Niederlande

Der Querschnitt durch die Niederlande entlang
einer Linie zwischen Hoek van Holland und
dem Achterhoek (rote Linie auf der Karte
rechts) zeigt, wie tief ein großer Teil des Landes liegt. Erst ungefähr 65 Kilometer landeinwärts, auf Höhe der Neder-Betuwe, steigt das
Land über den Meeresspiegel an. Der tiefste
Punkt der Niederlande, der Prins Alexanderpolder, liegt über sechs Meter unter dem Meeresspiegel. Ein relativ hoch liegendes Gebiet wie
die Betuwe hat vom Meer nichts zu fürchten,
aber das heißt nicht, dass hier keine Über-
schwemmungsgefahr droht: Bei starkem
Regen kann die Waal, deren Bett ungefähr
parallel zu diesem Querschnitt verläuft, über
ihre Ufer treten.

Die Überschwemmungen von 1993 und 1995 waren der Anlass für groß angelegte Deichverstärkungen, dem sogenannten »Deltaplan für die großen Flüsse« *(siehe auch S. 250f)*.

Hans Brinker

Die Geschichte vom Jungen, der mit dem Finger ein Loch im Deich abdichtete und so eine Überschwemmung verhinderte, hat ihren Ursprung nicht in den Niederlanden, sondern im 1881 erschienenen Buch der Amerikanerin Mary Mapes Dodge, *Hans Brinker oder Die silbernen Schlittschuhe*. Darin kommt der Sohn eines Schleusenwächters aus Halfweg vor, der »das Meer abwehrte«.

Statue Hans Brinkers in Spaarndam

Die Neder-Betuwe gilt als das wichtigste Obstanbaugebiet der Niederlande.

Die Over-Betuwe ist ein Gebiet mit Obst- und Gemüseanbau und Viehzucht. Der Name Betuwe stammt vom Wort »Batavi« oder »Bataven«.

Der Pannerdens Kanaal bildet heute die Verbindung zwischen Bovenrijn und Nederrijn.

Montferland ist ein waldreiches Moränengebiet. Die Moränen wurden durch Gletscher geformt.

67,1 m über NN

Merwede Kanaal

Meeresspiegel (NN)

6,74 m unter NN

Zur Orientierung

Querschnitt durch einen modernen Flussdeich

Tonige Kleiböden schützen den Deich vor dem Wellenschlag des Flusses. Das Wasser sickert nur langsam durch die schwer durchlässige Lehmlage und fließt danach durch den Sand schnell ab. Dadurch bleibt der Deichkörper trocken und stabil.

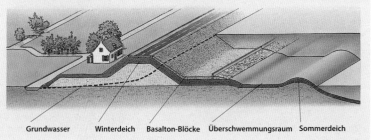

Grundwasser   Winterdeich   Basalton-Blöcke   Überschwemmungsraum   Sommerdeich

Bauernhöfe und Windmühlen

Bauernhöfe liegen in der flachen niederländischen Landschaft oft windgeschützt zwischen Bäumen. Mühlen hingegen müssen genügend Wind bekommen und stehen darum meistens frei. Beide werden wegen ihres malerischen Aussehens geschätzt, man ist allerdings geneigt zu vergessen, dass ihre Architektur eigentlich eine funktionale ist. Wie eine Windmühle funktioniert, wird auf Seite 183 illustriert.

Beim Gulfhaus in Noord-Holland sind Stall, Tenne und Wohnhaus unter einem Dach.

Dieser Bauernhof in Drenthe ist eine moderne Version des seit dem Mittelalter bekannten *los hoes*.

Im Innenhof eines südlimburgischen Bauernhofs tummelten sich früher zahlreiche Haustiere.

Wohnhaus

Stall

Vierseithof in Zuid-Limburg

Beim traditionellen Bauernhof in Zuid-Limburg waren das Wohnhaus und die Ställe im Viereck gebaut. Im Innenhof liefen Ziegen, Hühner und und Ferkel herum, in der Mitte befand sich meist der Misthaufen. Der Hygiene war diese Anordnung nicht besonders zuträglich.

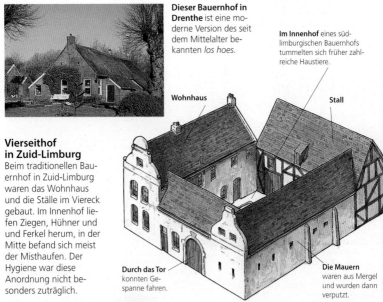

Durch das Tor konnten Gespanne fahren.

Die Mauern waren aus Mergel und wurden dann verputzt.

Das Hockerhaus gehört zum Hallenhaustyp. Es besitzt ein quer vor der Scheune stehendes Wohnhaus.

Beim Hallenhaus wird das tief heruntergezogene Dach durch miteinander verbundene Pfosten getragen. Die Wände wurden oft in Fachwerkweise errichtet.

Kopf-Hals-Rumpf-Bauernhöfe

sieht man vor allem in Friesland. Bei diesem Bauernhof sind die große, oft lang gestreckte Scheune und das Wohnhaus durch ein Zwischengebäude verbunden.

Langgiebel-Bauernhöfe findet man auf den Sandböden Peels und Kempens. Bei diesem Typ sind Wohnhaus und Stallungen längs aneinandergebaut.

Paltrokmühle

Die Paltrokmühle wurde um 1600 im Zaan-Gebiet als Sägemühle entwickelt. Der Name kommt von der Ähnlichkeit ihrer Form mit dem *paltrok*, einer in dieser Zeit gebräuchlichen Jacke. Bei dieser Mühle kann der ganze Korpus einschließlich der Säge auf einer runden Laufbahn gedreht werden. Normalerweise wurden in diesen Mühlen längs gespaltene Eichenstämme verarbeitet, sogenannte *wagenschot*.

Mühlenflügel

Unter der Haube setzt die Flügelachse das schwere Oberrad in Bewegung.

Firstsäule

Unter diesem Vordach steht ein Kran, mit dem die Baumstämme aus dem Wasser gehievt werden.

Das Mühlenhaus formt mit den zwei Seitenflügeln eine Einheit.

Zaagvloer

Auf dem Drehboden laufen die Rollen, auf denen sich die Mühle dreht.

Die *beltmolen* (Bergmühle) hat wegen der umliegenden Bebauung oder Bäume einen extra hohen Rumpf. Um den unteren Teil ist ein Hügel (»Berg«) aufgeschüttet, damit die Flügel einfach zu erreichen sind.

Turmmühlen haben einen gemauerten, zylindrischen Rumpf und ein von innen drehbares Dach. Es gibt in den Niederlanden nur noch vier Mühlen dieser Art, die älteste steht bei Zeddam im Achterhoek.

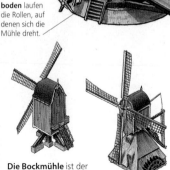

Die Bockmühle ist der älteste Mühlentyp in den Niederlanden. Der ganze hölzerne Mühlenkörper dreht sich um eine Holzachse. Die meisten Bockmühlen sind Kornmühlen.

Die Bockwindmühle ist eine Weiterentwicklung der Bockmühle – zum Wasserschöpfen. Das verkleinerte Mühlenhaus kann sich auf einem festen, pyramidenförmigen Unterbau drehen.

Die Holländermühle hat, wie die Bergmühle, einen längeren Rumpf. Er dient der Produktion von Farbe, Öl oder Papier. Vom Umlauf auf halber Höhe kann man die Segel der Flügel einholen.

Der *tjasker* wurde zum Regulieren von kleinen Gewässern benutzt. Er besteht aus einer schräg stehenden Achse mit Flügeln an der einen Seite und einer Wasserschnecke an der anderen.

Holländische Meister

Die enorme Blüte der niederländischen Malerei im 17. Jahrhundert hing mit der großen Nachfrage nach Bildern durch die vielen unvermittelt reich gewordenen Bürger zusammen. Durch das Fehlen von großen königlichen oder kirchlichen Auftraggebern entwickelte sich kein offizieller Malstil. Den Künstlern stand es frei, sich auf Historienmalerei, Porträts, Landschaften, Stillleben oder Genrestücke zu spezialisieren.

Willem Heda (1594–1680) war einer der Großmeister des Stilllebens. Seine Farben sind schlicht, seine Kompositionen einfach.

Frans Hals (um 1580–1666) hinterließ ein Œuvre mit ungefähr 200 Porträts und über 50 Genrebildern. Er malte nicht nur Regenten und reiche Bürger, sondern auch Bauern, Soldaten, Fischer, Dirnen und Trinker. Von ihm sind keine Zeichnungen erhalten geblieben, man nimmt an, dass er ohne Vorstudien *alla prima* auf die Leinwand malte. Das hier gezeigte Bild *Der Narr* entstand um 1623.

Rembrandt van Rijn

Rembrandt van Rijn ist für viele der größte niederländische Maler aller Zeiten. Er wurde 1606 in Leiden geboren und wohnte von 1632 bis zu seinem Tod 1669 in Amsterdam. Rembrandt war ein Meister im Gebrauch von Licht und Schatten. *Die jüdische Braut* (um 1665) gilt als eines der besten Porträts aus seiner letzten Schaffensperiode.

Jacob van Ruisdael (1628–1682) war als Landschaftsmaler unerreicht. In der *Ansicht von Haarlem* lässt der niedrige Horizont dem Wolkenhimmel Raum.

Der Silberschmied Adam van Vianen (1569–1627) war für sein Silberge- schirr im *kwabstijl* bekannt, einem durch fließende Ornamente und den Gebrauch von allerlei fan- tastischen Elementen gekenn- zeichneten Stil. Diese Deckelkanne aus vergoldetem Silber ist beispiel- haft. Viele Silberarbeiten aus dieser Zeit gingen durch Umschmelzen und Verkauf des Materials verloren.

Jan Steen (1625–1679) war ein ebenso vielsei- tiger wie fruchtbarer Maler (von ihm sind rund 800 Bilder erhalten). Sein Œuvre umfasste alles, von Altarbildern bis zu Landschaften und my- thologischen Darstellungen. Bekannt ist er aber vor allem für seine Genregemälde, die ein ge- naues Bild des niederländischen Lebens im 17. Jahrhundert zeigen. Das oben abgebildete Bild *Familietafereel* (1660) hängt im Amster- damer Rijksmuseum.

Gerard van Honthorst (1590–1656) wurde stark durch Caravaggios Werk beeinflusst. Außer Historienbildern und Porträts malte er auch Genrebilder wie *Der fröhliche Spiel- mann (oben)*. Seine nächtlichen Szenen bei Kerzenschein trugen ihm in Italien den Bei- namen »Gherardo delle Notte« ein.

Jan Vermeer (1632–1675) verbrachte sein ganzes Leben in Delft. Man kennt weniger als 40 Bilder von ihm, doch dieses kleine Œuvre nimmt einen wichti- gen Platz in der Entwicklung der Malerei ein. Seine ausgewogenen Kompositionen wirken auffallend modern. Lange vor den Impressionisten gelang es Vermeer, Licht durch Farbe auszudrücken. Diese *Ansicht von Häusern in Delft* (um 1658) ist bekannt als »Die Straße von Vermeer«.

Keramik und Fliesen

Als um 1620 durch Unruhen in China der Export von chinesischem Porzellan nach Europa zurückging, erkannten holländische Töpfer ihre Chance und brachten in großen Mengen auf chinesische Art gefertigte Imitate auf den Markt. Die Qualität dieses blau-weißen Steinguts war exzellent. Die Stadt Delft entwickelte sich zu einem der wichtigsten europäischen Fayence-Zentren und erlebte zwischen 1660 und 1725 ihre Blütezeit. In der Zeit von Jugendstil und Art déco erwarben sich die niederländischen Keramiker internationalen Ruhm. Der bekannteste war Th. A. C. Colenbrander.

Tulpenvase

Stilisierte Blumen gehen auf die italienische Majolika-Tradition zurück.

Koninklijke Porceleyne Fles ist die einzige Delfter Fayencefabrik, die nicht im Lauf der Zeit untergegangen ist. Die Firma wurde 1876 von Joost Thooft gekauft, dessen Initialen noch heute im Firmenzeichen zu sehen sind. Es werden zwar nach wie vor manche der Stücke von Hand bemalt, in der Regel arbeitet man heute jedoch nicht mehr mit den zeitaufwendigen Techniken.

Delfter Keramik

Außer in Delft wurde im 17. und 18. Jahrhundert auch anderswo in den Niederlanden bleiglasiertes Steingut hergestellt. »Delfter« wurde zur Bezeichnung für beinahe alles niederländische Steingut aus dieser Zeit. Nach 1650 ist auf den Stücken oft ein Firmenzeichen zu finden, später wurden auch die Initialen des Malers, ein Jahrescode und eine Artikelnummer angebracht.

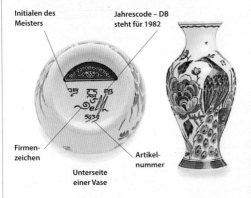

Initialen des Meisters

Jahrescode – DB steht für 1982

Firmenzeichen

Unterseite einer Vase

Artikelnummer

Dieses Feld aus vier Fliesen besitzt ein Muster aus Granatäpfeln, Trauben, Rosetten und Lilien.

Das erste niederländische Porzellan wurde ab 1759 in Weesp hergestellt. Es war damals, nach dem Meißner, das beste europäische Porzellan. Dennoch wurde die Produktion nach zehn Jahren aus Geldmangel eingestellt. 1774 gründete man in Loosdrecht eine neue Fabrik und verlegte sie 1784 nach Ouder-Amstel. Diese große Vase von 1808 ist ein typisches Beispiel für das dort produzierte Amstelporzellan.

Delfter Blau dient hier als Flugzeugdekor. Der Amsterdamer Künstler Hugo Kaagman schmückte die Heckruder von vier British-Airways-Flugzeugen damit.

Fliesen

Majolika-Wandfliesen – Steingut mit Verzierungen auf einem Bleiglasur-Untergrund – wurden in den Niederlanden seit 1600 hergestellt, doch erst im 17. Jahrhundert begann die Produktion zu florieren. Bis 1625 wurden die Fliesen in der Regel polychrom bemalt, später meist blau-weiß. Bedeutende Produktionsstätten waren Harlingen, Delft, Gouda, Amsterdam, Utrecht, Haarlem und Makkum, wo im 17. Jahrhundert der noch bestehende Familienbetrieb Tichelaar gegründet wurde. Die hier gezeigten Fliesen kommen aus Haarlem (*siehe S. 419*).

Die Lilie findet man häufig als Eckmotiv auf niederländischen Fliesen.

Th. A. C. Colenbrander

Einer der bekanntesten Namen auf dem Gebiet der Jugendstil-Keramik ist Th. A. C. Colenbrander (1841–1930). Er war eigentlich Architekt, bekannt wurde er jedoch durch seine verspielten, von Blumen inspirierten Entwürfe (Vasen, Wandteller, Möbelverzierungen) für die Den Haager Porzellanfabrik Rozenburg, deren künstlerischer Direktor er 1884–89 war. So berühmt seine Kreationen waren – der kommerzielle Erfolg blieb ihnen versagt. 1912–13 arbeitete Colenbrander für die Fayencefabrik Zuid-Holland in Gouda. Außer Keramik entwarf er auch Teppiche und arbeitete als Designer und Innenarchitekt.

Der Jugendstil-Teller von W. P. Hartgring entstand 1904, im selben Jahr erhielt der Künstler auf der Weltausstellung in St. Louis eine Goldmedaille. Er arbeitete 20 Jahre für die Den Haager Firma Rozenburg, danach zehn Jahre bei der Fayencefabrik Zuid-Holland. Seine Entwürfe wirken oft japanisch.

Kommodenaufsätze von Colenbrander, 1885

Blumenland Niederlande

Die niederländische Blumenliebe begann sehr unpoetisch als Mittel gegen den Gestank in den Häusern des 17. Jahrhunderts. Die Ästhetik kam von selbst. Heute sind die Niederlande einer der wichtigsten Blumenproduzenten der Welt. Hier gibt es ein konkurrenzloses Verteilungssystem, wodurch andere Wettbewerber wie Israel, Spanien, Kolumbien, Kenia, Simbabwe und Sambia das Nachsehen haben. Die Position als Blumenzwiebelproduzent ist mit einem Weltmarktanteil von 92 Prozent unangefochten.

Nicht nur im Westen kann man Blumenfelder sehen. Diese Rosenfelder liegen bei Lottum, im Norden der Provinz Limburg, wo jedes Jahr ein Blumenkorso stattfindet, der ganz im Zeichen der Rose steht.

Tulpen kamen im 17. Jahrhundert aus der Türkei in die Niederlande, wo sie bald zum Objekt eines nie da gewesenen Spekulationshandels wurden: Eine wahre Tulpenmanie brach aus. Heute gilt die Tulpe als typisch niederländisch, zahllose Sorten werden gezüchtet.

Der jährliche Blumenkorso *(bloemencorso)* in der »Bollenstreek« ist eine spektakuläre Veranstaltung *(siehe S. 36).*

Schnittblumen aus niederländischen Gärtnereien

Weil die Konsumenten stets anspruchsvoller werden, wächst auch die Zahl der Varietäten der einzelnen Sorten. Die Wünsche der Kunden sind überall sehr unterschiedlich: In Frankreich liebt man Gladiolen, in England Lilien und Nelken. In Asien und in Deutschland ist man verrückt nach Tulpen. Hier können Sie einen Teil des Angebots sehen.

Die Chrysantheme *(Chrysanthemum)* stammt aus China.

Die Iris *(Iris)* wird als Schnittblume und Zwiebel exportiert.

Die Sandböden hinter den holländischen Dünen, die so-genannten *geestgronden*, eignen sich sehr gut zum Anbau von Blumenzwiebeln.

Nicht alle Narzissen-zwiebeln überleben den Winter.

Krokus-zwiebeln kommen im September in den Boden.

Die Zwiebeln der Hyazinthen sind violett bis weiß.

Tulpenzwiebeln sind kaum anfäl-lig für Krankhei-ten und Parasiten.

Iriszwiebeln gräbt man nach der Blüte aus.

Blumenstände

Der Blumenstand ist aus dem niederländi-schen Straßenbild nicht wegzudenken. Man findet ihn auch in Bahnhofshallen, Bürohäu-sern oder Einkaufszentren. In den meisten Ländern werden Blumen als Luxus betrachtet, in den Niederlanden gehören sie sozusagen zum täglichen Einkauf. Auch darum sind die Niederlande das Blumenland schlechthin.

Flieder *(Syringa)* wird wegen seines Dufts gern gekauft.

Die Nelke *(Dianthus)* ist als Ansteckblume beliebt.

Die Rose *(Rosa)* gilt als »Königin der Blumen«.

Von der Dahlie *(Dahlia)* gibt es 20 000 Varianten.

Das Jahr in den Niederlanden

Das ganze Jahr hindurch finden in den Niederlanden alle möglichen Feste, Festivals und Events statt. Im Sommer ist das Angebot am größten, vor allem auf kulturellem Gebiet. So veranstalten die Städte Amsterdam, Den Haag, Rotterdam und Utrecht im Monat Juni jeweils ihr eigenes Theaterfestival. Einige Feste, etwa das Fest zum 3. Oktober in Leiden, sind historischen Ursprungs, andere, beispielsweise der multikulturelle Sommer-

karneval in Rotterdam, sind erst im Lauf der letzten Jahre entstanden. In Den Haag findet im Januar ein internationales Literaturfestival statt, in Rotterdam ein Internationales Filmfestival. Im Süden der Niederlande wird der Karneval mit Umzügen und Masken gefeiert. Einen ganz besonderen Reiz haben die Feste rund um die Schifffahrt und die Fischerei, beispielsweise der Vlaggetjesdag (»Fähnchentag«) in Scheveningen.

Frühling

Der März lässt überall in den Städten und Dörfern die Narzissen und Krokusse sprießen. Ab Mitte April, wenn die Tulpen blühen, bieten die Tulpenfelder entlang der Küste von Noord- und Zuid-Holland einen unvergesslichen Anblick.

März

Meezing Matthäus *(Ostern)*, Amsterdam und andere Orte. Konzertbesucher werden bei zahlreichen Aufführungen der *Matthäuspassion* von Bach zum Mitsingen eingeladen.
Keukenhof *(Ende März – Mitte Mai)*, bei Lisse. Das Schönste, was die Niederlande an Blumen zu bieten haben, kann man ab Ende März in den Beeten dieses 32 Hektar großen Landschaftsgartens bewundern.

April

1-Aprilfeesten *(1. Apr)*, Brielle. Jedes Jahr spielen die Bewohner von Brielle (Den Briel), gekleidet in Trachten des 16. Jahrhunderts, die Befrei-

Blühender Obstbaum in der Betuwe

ung von den Spaniern im Jahr 1572 nach.
Foto Biënnale *(Apr – Juli)*, Amsterdam und andere Städte. Die internationale Fotografie-Ausstellung findet in Jahren mit ungeraden Zahlen statt.
Bloemencorso *(Ende Apr)*, Bollenstreek. Wagen mit Blumenskulpturen fahren einen 40 Kilometer langen Korso, vorbei an Haarlem, Hillegom, Lisse und Noordwijk.
Koningsdag *(27. Apr)*. Der Geburtstag von König Willem-Alexander wird im ganzen Land mit Festlichkeiten begangen. Am meisten feiert man in Amsterdam.

Mai

Landelijke Fietsmaand (nationaler Fahrradmonat) *(ganzer Mai)*. Im ganzen Land finden unterschiedliche Fahrradaktivitäten statt.
Nationale Moldendag *(2. Sa im Mai)*. An diesem Tag stehen ca. 600 der 1000 niederländischen Mühlen dem Publikum offen.

Vlaggetjesdag *(meist 3. Sa im Mai)*, Scheveningen. Die Rückkehr der Heringsflotte wird mit Auftritten und Vorführungen alter Fischereiberufe gefeiert. Es gibt Musik sowie ein Bootsrennen.
Aspergerie Primeur *(Christi Himmelfahrt)*, Venlo. Den ersten hiesigen Spargel genießen Einheimische und Besucher in festlicher Atmosphäre auf einem nachgebauten alten Dorfplatz.
Keidagen *(um Christi Himmelfahrt)*, Lochem. Fünf Tage lang geht es hoch her mit Musik,

Straßenmusik am Koningsdag *(27. Apr)* in Amsterdam

Vlaggetjesdag zu Beginn der neuen Heringssaison *(Mai)*

Kirmes, Jahrmarkt und Auftritten bekannter Künstler.

Sloepenrace (Regatta). Hunderte von Booten nehmen am Rettungsbootrennen von Harlingen nach Terschelling teil.

Jazz in Duketown *(um Pfingsten)*, 's-Hertogenbosch. Vier Tage lang gibt es Open-Air-Konzerte mit Jazz und Blues überall in der Innenstadt. Das Bier fließt in Strömen.

Das beliebte Rettungsbootrennen nach Terschelling *(Mai)*

Sommer

Sommer in den Niederlanden ist die Zeit der kulturellen Großveranstaltungen, etwa des Holland Festival in Amsterdam, des Theater an der Werf in Utrecht, der Parade (Amsterdam, Utrecht, Den Haag, Rotterdam) und des Haagse Zomer in Den Haag. Wer sich nicht für das Theater interessiert, kann alternativ viele andere Events besuchen.

Juni

Holland Festival *(3 Wochen im Juni)*, Amsterdam und in anderen großen Städten. Viele Konzerte, Theater-, Opern- und Ballettaufführungen.

Aaltjesdag *(2. Sa im Juni)*, Harderwijk. Großes Fischereifest im ehemaligen Zuiderzeehafen.

Oerol Festival *(Mitte Juni)*, Terschelling. Zehn Tage andauerndes alternatives Kulturfestival mit Clowns, Straßentheater, Akrobaten und viel Musik.

Poetry International *(Mitte Juni)*, Rotterdam. Anspruchsvolles Poesiefestival mit internationalem Programm im Viertel De Doelen.

Pasar Malam Besar *(2. Junihälfte)*, Den Haag. Das Festival der indonesischen Musik und Tanzkunst mit Wajang-Vorstellungen, Kochkursen und einem farbenfrohen Markt findet auf dem Malieveld von Den Haag statt.

Nationale Vlootdage *(Ende Juni oder Anfang Juli)*, Den Helder. Zu sehen gibt es zahlreiche moderne Fregatten, U-Boote, Torpedoboote und Minenräumer der niederländischen Marine sowie Darbietungen des niederländischen Marinekorps mit lautstarker Musikuntermalung.

Hering aus der Hand

Juli

Oud Limburgs Schuttersfeest *(1. So im Juli)*. Das jährliche Schützenturnier der Limburger Schützenvereine ist ein traditionelles buntes Ereignis, das im Heimatort des jeweiligen Vorjahressiegers stattfindet.

North Sea Jazz *(Mitte Juli)*, Rotterdam. Dreitägiges Musikspektakel – wohl das größte Jazzfestival der Welt – mit Auftritten internationaler Jazz-Musiker.

Tilburgse Kermis (Kirmes) *(Ende Juli)*. Einer der größten Jahrmärkte der Niederlande mit dem schwul-lesbischen Pink Monday.

Zomercarnaval *(letzter Sa im Juli)*, Rotterdam. Karibisches Fest, mit exotischer Musik, viel Essen und einem mitreißenden Karnevalsumzug.

August

Gay Pride *(1. Wochenende)*, Amsterdam. Eine der schönsten Gay-Pride-Paraden. Höhepunkt ist die Grachtenparade.

Mosselfeesten, Yerseke *(3. Sa im Aug)* und Philippine *(letztes Wochenende)*. Festliche Präsentation der neuen Zeeuwsen Muscheln.

Preuvenemint *(letztes Wochenende)*, Maastricht. Burgundisches Ess- und Trinkfest auf dem historischen Vrijthof.

Uitmarkt *(letztes Wochenende)*, Amsterdam. Festliche Eröffnung der Theatersaison mit Aufführungen und vielen Informationsständen. Es gibt auch einen Büchermarkt, auf dem sich Literaturverlage mit eigenen Ständen präsentieren.

North Sea Jazz, eines der wichtigsten Jazzfestivals der Welt *(Juli)*

Kirmes in Nijmegen *(Sep)*, seit Jahrhunderten eine geliebte Tradition

Herbst

Wird es langsam kälter, zieht es die Menschen wieder in die Häuser. Im Herbst sind die Museen gut besucht, abends sind die Theater voll. Doch auch jetzt gibt es noch Veranstaltungen im Freien, die durch die goldene Herbstsonne und den imposanten Wolkenhimmel oft eine ganz besondere Stimmung haben.

September

Monumentendag *(2. Sa im Sep)*. Öffnung historischer Monumente, die sonst für die Öffentlichkeit geschlossen sind.
Fruitcorso *(2. Wochenende im Sep)*, Tiel. Spektakulärer Umzug von Prunkwagen mit Riesenskulpturen aus Früchten.

Kunstwerk aus Früchten beim Obstkorso in Tiel *(Sep)*

Vliegerfeest *(Mitte Sep)*, Scheveningen. Über dem Strand kann man zwei Tage lang Hunderte der unglaublichsten Drachenkonstruktionen schweben sehen.
Jordaanfestival *(2. und 3. Woche im Sep)*, Amsterdam. Kirmes, Talentschuppen und Live-Musik im südlichen Teil des Jordaan-Viertels.
Prinsjesdag *(3. Di im Sep)*, Den Haag. Begleitet von Würdenträgern und einer Militäreskorte fährt der König in einer Kutsche vom Palast Noordeinde zum Binnenhof, wo er die Thronrede hält. In dieser Rede gibt er die Regierungspläne für das kommende Parlamentsjahr bekannt. Am Prinsjesdag wird auch der Haushaltsplan vorgestellt.
Nijmeegse Kermis *(Ende Sep/ Anfang Okt)*. Die Kirmes von Nijmegen findet seit dem 13. Jahrhundert jedes Jahr statt. Wie ein langes Band ziehen sich Stände und Fahrgeschäfte durch die Innenstadt. Besonders beliebt sind die »Piekendagen«, an denen Kinder bei allen Fahrgeschäften nur einen Euro (früher einen Gulden oder *piek*) zahlen.

Oktober

3-Oktoberfeesten, Leiden. Großes Volksfest, bei dem die Befreiung Leidens am 3. Oktober 1574 gefeiert wird. Fester

Bestandteil der Feiern sind u. a. das Austeilen von Hering und Weißbrot an die Bürger der Stadt, ein großer Umzug und der Lunapark.
Eurospoor *(Mitte bis Ende Okt)*, Utrecht. Europas größte Modelleisenbahnmesse findet auf dem Messegelände Jaarbeurs statt.

Soldaten paradieren, bevor der König die Thronrede hält *(Sep)*

November

Sint-Maarten *(11. Nov)*, West- und Nordniederlande. Bei Dämmerung ziehen die Kinder mit Laternen von Tür zu Tür, singen Lieder und wollen mit Süßigkeiten belohnt werden.
Intocht van Sinterklaas (Nikolaus) *(2. oder 3. Sa im Nov)*. In jedem größeren Ort wird

Sinterklaas mit seinem Helfer Zwarte Piet (Schwarzer Peter) festlich empfangen. Er kommt mit einem Dampfer an und reitet dann auf seinem Schimmel durch die Stadt. Von diesem Tag bis zum 5. Dezember singen die Kinder jeden Abend Weihnachtslieder. Am Abend des 5. Dezember finden sie dann Süßigkeiten in ihren Schuhen.

Leidens Befreiung wird mit der Verteilung von Weißbrot gefeiert *(3. Okt)*

Winter
Außer im Dezember finden im Winter nicht so viele Veranstaltungen statt. Nach dem Nikolausabend am 5. Dezember, Weihnachten und Silvester ist der Januar wohl auch für die umtriebigen Niederländer die richtige Zeit, sich zu erholen.

Dezember
Sinterklaasavond *(5. Dez)*. Höhepunkt und Ende der Nikolauszeit ist der traditionelle *pakjesavond* (Päckchenabend) am 5. Dezember: Geschenke und Gedichte für Groß und Klein, manchmal vom (angeheuerten) Nikolaus persönlich gebracht.
Cirque d'Hiver *(zwischen Weihnachten und Silvester)*, Roermond. Vier Tage lang kann man Zirkusvorstellungen auf Weltniveau im Theater-Hotel De Oranjerie sehen.
Silvesterabend *(31. Dez)*. Den letzten Abend des Jahres begeht man festlich, entweder zu Hause oder bei Freunden. Es gibt *oliebollen* (Schmalzgebäck) und Apfelküchlein, in vielen Häusern knallen um Mitternacht die Champagnerkorken. Danach geht man auf die Straße, um das neue Jahr mit Feuerwerk zu begrüßen.

Januar
Nieuwjaarsduik *(1. Jan)*, Scheveningen. Alljährlich erklingt am Neujahrstag um 12 Uhr der Startschuss am Pier. Danach rennen einige Hundert Men-

Ausstellung neuester Boote auf der Hiswa *(Feb oder März)*

schen in Badekleidung über den Strand und tauchen ins eiskalte Wasser.
Leidse Jazzweek *(Mitte Jan)*, Leiden. Auf vielen Bühnen und in vielen Cafés in der alten Innenstadt kann man eine Woche lang alle möglichen Jazzstile hören.

Februar
Hiswa *(Feb oder März)*, Amsterdam. Ausstellung von Booten und Yachten in der RAI *(siehe S. 145)*.
Karneval *(Feb oder März)*. Offiziell drei, in Wirklichkeit fünf Tage vor der Fastenzeit steht der katholische Süden auf dem Kopf. Es gibt Umzüge mit Prunkwagen und fantasievoll Maskierte, die auf Straßen und in Cafés singen und tanzen.

Ankunft von Sinterklaas (heiliger Nikolaus) im November

Klima

Die Niederlande haben Meeresklima, das durch kühle Sommer und milde Winter gekennzeichnet ist. Im Sommer bewegt sich die maximale Durchschnittstemperatur um 20 °C, im Winter liegt die minimale Durchschnittstemperatur um den Gefrierpunkt. Südlich der großen Flüsse ist es etwas wärmer als im Norden, an der Küste gibt es mehr Sonnenstunden als im Landesinneren. Wegen des Temperaturunterschieds zwischen Küste und Landesinnerem weht im Sommer an der Küste oft Westwind.

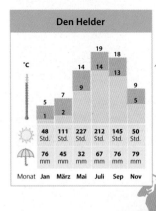

Den Helder

°C

	5	7	14	19	18	9
			14		13	
			9			5
	1	2				

☀	48 Std.	111 Std.	227 Std.	212 Std.	145 Std.	50 Std.
☂	76 mm	45 mm	32 mm	67 mm	76 mm	79 mm
Monat	Jan	März	Mai	Juli	Sep	Nov

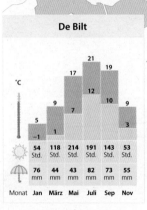

De Bilt

°C

	5	9	17	21	19	9
		7	12		10	
	−1	1				3

☀	54 Std.	118 Std.	214 Std.	191 Std.	143 Std.	53 Std.
☂	76 mm	44 mm	43 mm	82 mm	73 mm	55 mm
Monat	Jan	März	Mai	Juli	Sep	Nov

Durchschnittliche Höchsttemperatur

Durchschnittliche Tiefsttemperatur

Durchschnittliche monatliche Sonnenstunden

Durchschnittliche monatliche Niederschläge

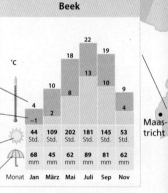

Beek

°C

	4	10	18	22	19	9
		8	13		10	
	−1	2				4

☀	44 Std.	109 Std.	202 Std.	181 Std.	145 Std.	53 Std.
☂	68 mm	45 mm	62 mm	89 mm	81 mm	62 mm
Monat	Jan	März	Mai	Juli	Sep	Nov

Groningen

• Groningen

Assen •

Drenthe

• Zwolle

Overijssel

Enschede •

eldoorn •

Gelderland

hem

mburg

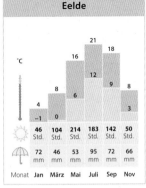

Eelde

°C					
			21	18	
		16			
	8	12		9	8
4	6				
−1	0				3

☀	46 Std.	104 Std.	214 Std.	183 Std.	142 Std.	50 Std.
☂	72 mm	46 mm	53 mm	95 mm	72 mm	66 mm
Monat	Jan	März	Mai	Juli	Sep	Nov

Frühling

Sommer

Herbst

Winter

Die Geschichte der Niederlande

Die Geschichte der Niederlande beginnt im Grunde erst mit der Neuzeit. Davor waren die Gebiete des heutigen Staats auf verschiedene Reiche verteilt.

Die Römer eroberten das südliche Gebiet 12 v. Chr., um 50 n. Chr. erklärten sie den Rhein zur Nordgrenze ihres Reichs. Gegen Ende des 4. Jahrhunderts zogen sich die Römer endgültig zurück. In der Folgezeit wurde das Gebiet von Friesen, Franken und Sachsen bewohnt. Seit dem 8. Jahrhundert herrschten die Franken allein. Die 695 unter Willibrord begonnene Christianisierung wurde unter Karl dem Großen vollendet.

Nach der Aufteilung des Frankenreichs kam das Gebiet zunächst zum ostfränkischen Königreich, dann zum Heiligen Römischen Reich. Die Macht lag offiziell bei den Lehensmännern des deutschen Kaisers, doch neben dem Bischof von Utrecht nahmen verschiedene Herzöge und Herrscher von Grafschaften eine starke Position ein. Der größte Teil der heutigen Niederlande und auch Belgiens wurde unter dem Herzog von Burgund vereinigt. Im späten 15. Jahrhundert kam das Gebiet durch Erbschaft zur Habsburger Dynastie unter Karl V.

Nachdem die nördlichen Niederlande sich 1579 mit Gründung der Republik der Sieben Vereinigten Niederlande von den Habsburgern losgesagt hatten, erlebte das Land eine wirtschaftliche und kulturelle Blütezeit. Doch erst 1648 wurde die Unabhängigkeit der Niederlande von Spanien im Westfälischen Frieden anerkannt. Die südlichen Niederlande – das heutige Belgien – blieben unter spanischer Herrschaft. Bis zur Mitte des 17. Jahrhunderts hatten sich die Niederlande zur größten See- und Handelsmacht der Welt entwickelt. Erst im Verlauf des 18. Jahrhunderts kam diese Entwicklung zum Stillstand.

Die bis dahin selbstständigen Gaue der Republik wurden unter Napoléon zu einem einheitlichen Staat umgeformt. 1813 erlangten die Niederlande ihre Unabhängigkeit zurück. 1815 wurde Willem I König. 1830 erfolgte der Zusammenschluss mit Belgien, der jedoch schon 1839 beendet wurde.

Im 20. Jahrhundert blieben die Niederlande im Ersten Weltkrieg neutral, dennoch wurden sie im Zweiten Weltkrieg von den Deutschen besetzt. Seit Kriegsende entwickelten sich die Niederlande zu einem der wohlhabendsten Länder Europas.

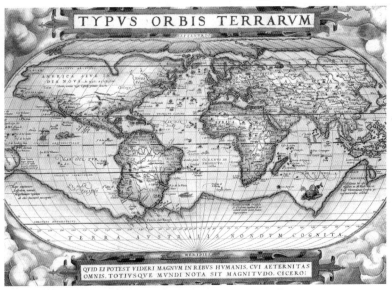

Weltkarte des Antwerpener Kartografen Ortelius aus dem Jahr 1564

◀ *Het IJ vor Amsterdam, vom Muschelpier aus gesehen* (1673) von Ludolf Bakhuyzen (1630–1708)

Herrscher der Niederlande

Feudalfürsten wie die Grafen von Holland und die Bischöfe von
Utrecht regierten die Niederlande im Mittelalter. Formell waren
sie Lehensmänner des deutschen Kaisers. Im 15. Jahrhundert
fiel das Gebiet durch Heirat an das Haus Burgund und wurde
später Teil des Habsburger Reichs, von dem sich die nördlichen
Niederlande 1581 lossagten. Seither herrschen Mitglieder des
Hauses Oranien – mit wenigen Unterbrechungen – über das
Gebiet der heutigen Niederlande, anfangs als Statthalter, ab
1815 als Könige.

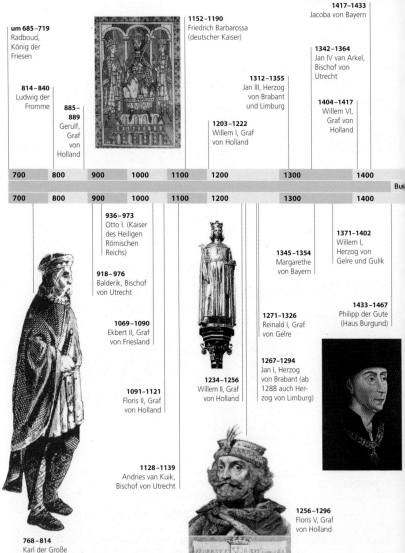

um 685–719
Radboud,
König der
Friesen

814–840
Ludwig der
Fromme

885–889
Gerulf,
Graf
von
Holland

1152–1190
Friedrich Barbarossa
(deutscher Kaiser)

1203–1222
Willem I, Graf
von Holland

1312–1355
Jan III, Herzog
von Brabant
und Limburg

1342–1364
Jan IV van Arkel,
Bischof von
Utrecht

1417–1433
Jacoba von Bayern

1404–1417
Willem VI,
Graf von
Holland

| 700 | 800 | 900 | 1000 | 1100 | 1200 | 1300 | 1400 | Bu |

| 700 | 800 | 900 | 1000 | 1100 | 1200 | 1300 | 1400 | |

936–973
Otto I. (Kaiser
des Heiligen
Römischen
Reichs)

918–976
Balderik, Bischof
von Utrecht

1069–1090
Ekbert II, Graf
von Friesland

1091–1121
Floris II, Graf
von Holland

1128–1139
Andries van Kuik,
Bischof von Utrecht

1234–1256
Willem II, Graf
von Holland

1267–1294
Jan I, Herzog
von Brabant (ab
1288 auch Her-
zog von Limburg)

1271–1326
Reinald I, Graf
von Gelre

1345–1354
Margarethe
von Bayern

1371–1402
Willem I,
Herzog von
Gelre und Gulik

1433–1467
Philipp der Gute
(Haus Burgund)

1256–1296
Floris V, Graf
von Holland

768–814
Karl der Große

1585–1625
Maurits

1559–1567 und 1572–1584
Willem van Oranje, »der
Schweiger« (unter Philipp II.
tatthalter von Holland, Zeeland und Utrecht bis 1581)

1806–1810
Louis Napoléon, französi-
scher Vizekönig, König
von Holland

seit 2013
Willem-Alexander
(König)

1567–1573
Ferdinand, Herzog
von Alba (Landvogt
unter Philipp II.)

1815–1840
Willem I (König)

1467–1477
Karl der Kühne

1625–1647
Frederick-Hendrik

1477–1482
Maria von Burgund

1647–1650
Willem II van Oranje

1672–1702
Willem III

1482–1506
Philipp der Schöne
(Haus Habsburg)

1687–1711
Johan Willem
Friso, Statthalter
von Friesland
(1696), Prinz von
Oranien (1702)

1898–1948
Wilhelmina

1890–1898
Emma (Regentin)

1500	1600	1700	1800	1900	2000
Habsburg	Huis van Oranje				
1500	1600	1700	1800	1900	2000

1849–1890
Willem III

1840–1849 Willem II

1795–1806
Batavische Republik

1751–1795
Willem V

1948–1980
Juliana

1559–1567
Margarethe von Parma
(Statthalterin unter Philipp II.)

1980–2013
Beatrix

1506–1555
Karl V.

1555–1581
Philipp II.

1747–1751
Willem IV

Niederländische Monarchie

Die niederländische Königsfamilie ist sehr beliebt.
Die frühere Monarchin Beatrix war die vierte
Königin in Folge. Nachdem sie 2013 die Krone an
ihren Sohn Willem-Alexander (hier mit seiner
Frau Máxima) übergab, hat das Land zum ersten
Mal seit 1890 einen männlichen Monarchen.

Vorgeschichte und Römerzeit

Vor 13 000 Jahren schmolzen im Gebiet der heutigen Niederlande die Gletscher der letzten Eiszeit. Mit dem Anstieg der Temperatur verwandelte sich die Tundra in eine Landschaft mit Wäldern und Sümpfen, bevölkert von nomadischen Jägern. In der Jungsteinzeit (4500–2000 v. Chr.) entstanden Ackerbaugemeinschaften. Die bekanntesten dieser ersten sesshaften Bewohner sind die Erbauer der Hünengräber. Um 600 v. Chr. siedelten sich germanische und keltische Stämme in dem Gebiet an. Sie wohnten hier noch, als die Römer den Süden des Landes eroberten. Der Norden wurde nie erobert, um 50 n. Chr. wurde der Rhein endgültig zur Nordgrenze des Römischen Reichs erklärt.

Niederlande 50 v. Chr.

▨ Germanen (u. a. Friesen)

▨ Römisches Gebiet

— Küstenlinie um 3000 v. Chr.

Hünengräber
Zwischen 3400 und 3200 v. Chr. errichteten die Bewohner des Drenther Plateaus ca. 100 Hünengräber. Davon sind 54 erhalten geblieben *(siehe S. 310f)*. Ursprünglich waren diese beeindruckenden Grabkammern unter einem Sandhügel versteckt.

Urnen
Sie stammen aus der Zeit von 1150 bis 800 v. Chr.

Die dunklen Ringe auf diesem Foto sind Gräben, die ursprünglich die Urnenhügel umgaben. Die Gräben hatten an der Südostseite eine Öffnung. Vielleicht war dies der (symbolische) Eingang zum Grab.

55 000 v. Chr. Spuren von Neandertalern in der Gegend um Hijken und Hoogersmilde. Es wurden einige Faustbeile und zwei Lagerstätten gefunden

4500 v. Chr. Auf den Lössböden Südlimburgs siedeln Ackerbauern, die nach ihrem typischen Steingut Bandkeramiker genannt werden

1900 v. Chr. Beginn der Br[...] zezeit in den Niederlanden

10 000 v. Chr.	7500 v. Chr.	5000 v. Chr.	2500 v. Chr.	2000 v. Chr.

11 000 v. Chr. In Drenthe wohnen Rentierjäger der Hamburgerkultur

3400–3200 v. Chr. Ackerbauern der Trichterbecherkultur bauen Hünengräber in Drenthe, Overijssel und Groningen

Rad, 2700 v. Chr.

Sarkophag von Simpelveld
In den 1930er Jahren wurde im limburgischen Simpelveld ein römischer Sarg gefunden, dessen Innenwände
mit Reliefs geschmückt sind. Sie zeigen das Äußere
und die Inneneinrichtung eines römischen Hauses.

Urnenfeld

*1991 wurde bei Someren
in Brabant ein Urnenfeld
aus dem Jahre 600 v. Chr.
entdeckt. Das Einäschern
von Toten war in den Süd-
niederlanden seit etwa
1500 v. Chr. üblich, seit
1000 v. Chr. auch im Nor-
den. Die Grabhügel von
Someren lagen dicht
nebeneinander, in jedem
befand sich eine Urne.*

Prähistorie und Römerzeit

Außer den Drenther Hünen-
gräbern und dem Urnenfeld
bei Someren fand man bei
Hilversum, Vaassen, Lunte-
ren, Goirle und Rolde prähistorische Grabfelder. In
Toterfout/Halfmijl in Brabant
wurden 16 Grabhügel kom-
plett mit Ringgräbern und
Pfahlkränzen restauriert.
Das Urnenfeld auf der Boso-
verheide, das einige Kilometer westlich von Weert
liegt, war um 800 v. Chr.
einer der größten Friedhöfe
Nordwesteuropas.

Funde aus prähistorischer
und Römerzeit kann man
u. a. im Rijksmuseum van
Oudheden in Leiden *(siehe
S. 221)* und im Museum
Valkhof in Nijmegen *(siehe
S. 347)* besichtigen. Spannend, lehrreich und insbesondere bei Kindern beliebt
ist der archäologische Themenpark Archeon in Alphen
a/d Rijn *(siehe S. 426)*.

Gläserne Rebenflaschen
Diese römischen Flaschen
(2. Jh. n. Chr.) wurden bei
Heerlen gefunden.

Römische Maske
Die Maske wurde in der
Gegend von Nijmegen ge-
funden, wo eine römische
Legion stationiert war.

Bauer mit Pflug
Pflüge gab es schon
in der Eisenzeit.

		450 v. Chr. Beginn der jüngeren Eisenzeit, auch La-Tène-Zeit	**55–10 v. Chr.** Bataven siedeln im Gebiet der Flüsse, Cananefaten an der Küste. Im Norden und Nordwesten wohnen die Friesen	*Römischer Tempel in Elst*
Opfermesser, Bronzezeit	**750–400 v. Chr.** Erste Eisenzeit in den Niederlanden			

?00 v. Chr.	**1000 v. Chr.**	**750 v. Chr.**	**500 v. Chr.**	**250 v. Chr.**	**1 n. Chr.**

				69–70 n. Chr. Batavenauf-stand, danach Wiederherstel-lung der römi-schen Macht
1300 v. Chr. Die Halskette von Exloo wird mit Zinnperlen aus England, Bernstein aus dem Ostseegebiet und Porzellanperlen aus Ägypten gefertigt		**300–100 v. Chr.** Germanen breiten ihre Siedlungen nach Süden über den Rhein hin aus, dabei kommt es zu Kämpfen mit keltischen Stämmen	**57 v. Chr.** Caesar unterwirft die Belgae, die im heutigen Belgien wohnen	

Friesen, Franken und Sachsen

Als sich die Römer Ende des 4. Jahrhunderts zurückzogen, wurden die Niederlande, wie der Rest Europas, zur Bühne einer großen Völkerwanderung. Um 500 hatten die Friesen ihr Gebiet nach Süden bis an die großen Flüsse erweitert, die Sachsen siedelten östlich der IJssel, die Franken im Gebiet südlich der großen Flüsse. Rund zwei Jahrhunderte später eroberten die Franken das ganze Land bis zur Lauwerszee. Mit großem Elan verbreiteten sie das Christentum. Unter Karl dem Großen wurde die Christianisierung des Gebiets vollendet. Nach seinem Tod gehörten die heutigen Niederlande erst zum Mittelreich von Lothar I. und ab 925 zum Heiligen Römischen Reich.

Niederlande 700 n. Chr.
Friesen
Franken
Sachsen

Widukind
Karl der Große besiegte 785 die Sachsen unter ihrem Anführer Widukind. Hierdurch wurden die östlichen Niederlande endgültig seinem Reich einverleibt.

Aus dem Leben des heiligen Bonifatius
Zwei Episoden aus dem Leben des angelsächsischen Missionars Bonifatius, der als »Apostel der Deutschen« gilt: Links sieht man ihn bei der Taufe von Konvertiten, rechts wird sein Martertod gezeigt. 716 und 719 missionierte Bonifatius in Friesland. Danach wurde er Erzbischof in Deutschland. 753 ging er wieder auf Missionsreise nach Friesland, wo er ein Jahr später ermordet wurde.

Der Stab ist ein Attribut von Bonifatius. Nach einer Legende ließ er damit eine Quelle entspringen.

Ein Konve
wird getau

Frühmittelalterliches Steingut
Für die Friesen war Steingut neben Vieh und Tuch ein wichtiges Handelsgut.

Fibel aus Dorestad

295 Constantius I. Chlorus besiegt die Franken an der Rheinmündung, lässt sie aber in der Betuwe wohnen, wo sie bei der Grenzverteidigung eingesetzt werden

Relief einer römischen Galeere

600–700 Dorestad entwickelt sich zur wichtigen Handelsniederlassung

| 200 n. Chr. | 400 | 500 | 550 | 600 | 650 |

350–400 Die Römer verlassen die Niederlande

500 Das friesische Siedlungsgebiet reicht vom Zwin in Zeeuws-Vlaanderen bis an die Mündung der Weser im heutigen Deutschland

Fränkische Denare (Silbermünzen)

Radboud, König der Friesen

Der Friesenkönig Radboud musste sich 689 bei Dorestad dem fränkischen Hofmeier Pippin II. ergeben. Später eroberte er das verlorene Gebiet wieder zurück und führte sein Heer bis nach Köln. 734 wurden die Friesen unter Herzog Bubo am Fluss Boorne erneut geschlagen. Karl Martell erweiterte die fränkische Herrschaft bis an die Lauwerszee.

Mit dem Evangeliar
versucht Bonifatius das Schwert abzuwehren.

Kultaxt

Dorestad

Dorestad, am Zusammenfluss von Kromme Rijn und Lek beim heutigen Wijk bij Duurstede *(siehe S. 211)*, war zu Beginn des Mittelalters die wichtigste Handelsniederlassung in den heutigen nördlichen Niederlanden. Der Ort war im 7. Jahrhundert und danach unter den Merowingern und Karolingern das Zentrum des friesischen Handels. Im 9. Jahrhundert wurde Dorestad mehrmals durch Wikinger, die in ihren Drachenschiffen die Flüsse befuhren, geplündert. Doch nicht diese waren schuld am Untergang der Stadt. Der Verfall kam erst, als der Rhein zum Schutz vor Überschwemmungen eingedämmt wurde. Nach dem Jahr 863 wird Dorestad in der Literatur nicht mehr erwähnt. Im 10. Jahrhundert nahmen schließlich die Städte Tiel, Deventer und Utrecht seinen Platz als Handelszentrum ein.

In Wijk bij Duurstede bekommt man im Museum Dorestad (www.museum dorestad.nl; Tel. 0343-571 448) anhand von Ausgrabungen, Modellen von Hafengebäuden und einer Diashow einen guten Eindruck vom Leben in einer Stadt im frühen Mittelalter.

Wikingerschwert
Das »Schwert von Adalfrid« wurde in der Waal gefunden.

9 Pippin II. besiegt den Friesenkönig ..dboud bei Dorestad und erobert das ..biet der großen Flüsse bei Utrecht

768–814 Herrschaft Karls des Großen. Die Niederlande werden in *pagi* (Gaue) geteilt, jeder Gau wird von einem *comes* (Grafen) regiert

925 Das Gebiet kommt zum Heiligen Römischen Reich

1007 Letzte Wikingerzüge in den Niederlanden

700	750	800	900	1000

695 Willibrord wird Bischof der Friesen und lässt sich in Utrecht nieder

754 Bonifatius wird bei Dokkum von heidnischen Plünderern ermordet

834–837 Dorestad wird mehrere Male von den Wikingern geplündert

Wikingerschiff

Entstehung der Städte

Die Städte entwickelten sich im 13. Jahrhundert zu wichtigen Wirtschaftszentren. Zu dieser Zeit standen die Niederlande formal noch unter der Herrschaft des deutschen Kaisers, tatsächlich hatten jedoch niederländische Adlige das Sagen. Im Norden waren die Grafen von Holland am mächtigsten. Ihr Gebiet fiel Mitte des 14. Jahrhunderts an Margarethe von Bayern, eine Tochter von Graf Willem II von Holland. Der Streit mit ihrem Sohn Willem stand am Anfang der *Hoekse en Kabeljauwse twisten*, die eineinhalb Jahrhunderte die Städte und den Adel entzweiten und das Ende des Feudalsystems einläuteten.

Niederlande um 1300

▨ Heiliges Römisches Reich

▨ Frankreich

Tuchmacherei
Im 15. Jahrhundert kam in Leiden und 's-Hertogenbosch die Tuchmacherei auf. Dieses Bild von I. C. Swanenburgh zeigt Walker und Färber bei der Arbeit. Im Hintergrund rechts kontrollieren die sogenannten Staalmeester die Qualität der Stoffe.

Münzschläger
Das Münzrecht lag nicht nur beim Souverän. Auch regionale Autoritäten, weltliche und kirchliche, ließen Münzen schlagen.

Pilger, die in Santiago de Compostela gewesen waren, trugen an ihrer Mütze eine Jakobsmuschel, das Zeichen des heiligen Jakobus.

Der Schulze, zu erkennen an seinem silbernen Schellenband, war der Statthalter des Landesherrn. An den roten Stange, der »Rute der Justiz«, die der Henker trägt, kann man sehen, dass er unterwegs ist, ein Todesurteil zu vollstrecken.

um 1050
Die ersten Deiche werden angelegt

Wappen von 's-Hertogenbosch

1185
's-Hertogenbosch erhält Stadtrechte

1247 Willem II von Holland wird (als Gegenkönig zu Friedrich II.) Herrscher des Hl. Römischen Reichs Deutscher Nation

| 1000 | 1050 | 1100 | 1150 | 1200 | 1250 |

1076–1122 Investiturstreit zwischen dem deutschen Kaiser und dem Papst über das Recht, Bischöfe zu ernennen

1165 Friedrich Barbarossa stellt Friesland unter die gemeinsame Verwaltung des Bischofs von Utrecht und des Grafen von Holland

Grausame Strafen
Im Mittelalter wurden oft grausame Strafen verhängt. In diesem Bottich an der Waage von Deventer wurde ein Falschmünzer in siedendes Öl getaucht.

Das Getreide, das die Bauern in die Stadt brachten, wurde durch Beamte geprüft. Auch die Waren in der Fleischhalle und auf dem Fischmarkt wurden täglich kontrolliert. Bei diesen Prüfungen wurde zugleich die Lebensmittelsteuer erhoben.

Mittelalterliche Stadt
Durch die Forderungen von Handel und Handwerk bekamen die Städte seit dem 13. Jahrhundert allerlei Privilegien. Oft waren sie für den Fürsten auch wichtige Verbündete gegen den Lehensadel. In den Niederlanden wurden die Städte mangels einer starken Zentralgewalt noch mächtiger als anderswo.

Spätmittelalter
Sehenswürdigkeiten aus spätmittelalterlicher Zeit sind in Amsterdam die Oude Kerk (14. Jh., *siehe S. 80f*) und der Begijnhof mit dem ältesten Haus der Stadt (1420, *siehe S. 91*), der Domturm (1382) und der Catharijneconvent (15. Jh.) in Utrecht *(siehe S. 206)*, die Onze-Lieve-Vrouwebasiliek (11./12. Jh.) und die St.-Servaasbasiliek (11.– 15. Jh.) in Maastricht *(siehe S. 381)*, der Rittersaal (13. Jh.) und die Gevangenpoort (14. Jh.) in Den Haag *(siehe S. 224)*, die Pieterskerk (15. Jh.) und der Ringwall der Burg aus dem 12. Jahrhundert in Leiden *(siehe S. 221)*, der Lange Jan (14. Jh., *siehe S. 253*) und die restaurierte Abtei (11.–15. Jh.) in Middelburg *(siehe S. 254)*, das Zentrum Deventers mit dem ältesten Steinhaus der Niederlande *(siehe S. 324)* und der Martiniturm in Groningen (1469, *siehe S. 284*).

Silberner Kelch
Ihren zunehmenden Reichtum stellten die Gilden stolz zur Schau. Der abgebildete Kelch zeigt den heiligen Joris (Georg), der eine Jungfrau vor dem Drachen rettet.

Die Schützenmahlzeit (1533)
Das Bild von Cornelis Antoniszoon zeigt eine Schützengilde beim Mahl. Ursprünglich musste jede Gilde ein Stück der Stadtmauer verteidigen, später entstanden die Schützengilden.

6 Floris V d von gen ordet	*Willem Beukelsz.*	**um 1380** Willem Beukelsz. entdeckt das Haltbarmachen von Heringen	**1421** Entstehung des Biesbosch infolge der St.-Elisabeth-Flut	**1477** Durch die Heirat von Maria von Burgund und Maximilian I. von Habsburg fallen Holland und Zeeland an Habsburg	**1550** Karl V. belegt alle Formen von Ketzerei mit der Todesstrafe
00	**1350**	**1400**	**1450**	**1500**	**1550**
306 msterdam hält adtrechte	**1345** Beginn der *Hoekse en Kabeljauwse twisten*, ursprünglich über die Nachfolge von Willem IV, der sich zum Streit zwischen den Feudalherren und den Städten ausweitet		**1428** Philipp der Gute von Burgund zwingt Jacoba von Bayern zum Verzicht auf Holland, Zeeland und das Hennegau	**1517** Luther schlägt seine 95 Thesen an	*Martin Luther*

Niederländisches Handelsreich

Am Anfang des 17. Jahrhunderts begann in den nördlichen Niederlanden eine Zeit weltweiter Expansion. Innerhalb weniger Jahrzehnte wurden die Levante, die Bucht von Guinea, das karibische Gebiet, Nord- und Südamerika, Ostindien, Persien, Arabien, Japan, Indien und China Stationen auf den holländischen Handelsrouten. Die Kauffahrtsflotte der Republik wurde die größte der Welt. Die mächtige Vereenigde Oost-Indische Compagnie (VOC, gegründet im Jahr 1602) beherrschte den Handel mit Asien, während die West-Indische Compagnie (1621) in der Neuen Welt und im Sklavenhandel aktiv war.

Kaufleute in der Börse
Mit seiner Handelsbörse und seiner Wechselbank war Amsterdam das unangefochtene Handelszentrum Europas.

Der Kauf Manhattans
Pieter Minnewit kaufte 1625 die Insel Manhattan von den Delaware-Indianern für 60 Gulden, zehn Gewehre und eine kupferne Bratpfanne.

Holländer auf Desjima
Die niederländische Manufaktur auf der Insel Desjima war bis 1854 Verbindung zwischen Japan und dem Rest der Welt.

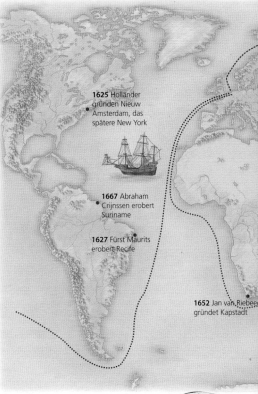

1625 Holländer gründen Nieuw Amsterdam, das spätere New York

1667 Abraham Crijnssen erobert Suriname

1627 Fürst Maurits erobert Recife

1652 Jan van Riebeec gründet Kapstadt

Legende

.... **1595–97** De Houtman und Keyzer

--- **1596–97** Barentsz. und Heemskerck

.... **1616** Le Maire und Schouten

--- **1642–43** Abel Tasman

VOC-Giebelstein
Die Vereenigde Oost-Indische Compagnie erhielt von der Republik das Alleinrecht zum Handel mit Asien. Sie konnte Verträge mit anderen Mächten schließen und diesen sogar den Krieg erklären.

Silberflotte
1628 kaperte Piet Hein die spanische Silberflotte vor der Nordküste Kubas.

Überwinterung auf Nova Zembla (1596/97)
Bei der Suche nach der Nordroute nach Indien strandete eine Expedition von W. Barentszoon und J. van Heemskerck an der Küste von Nova Zembla. Die Gruppe überwinterte im »Behouden Huys«, einer aus Schiffsteilen errichteten Hütte.

Achtzigjähriger Krieg

In der zweiten Hälfte des 16. Jahrhunderts gehörten die Niederlande offiziell zum Besitz der spanischen Habsburger. Als Philipp II. im Jahr 1567 Truppen schickte, um nach protestantischen Unruhen in Flandern Ordnung zu schaffen, führte dies in den nördlichen Niederlanden zu einem Aufstand gegen die Spanier. Dieser Aufstand, der Achtzigjährige Krieg, endete im Jahr 1648 mit dem Westfälischen Frieden. Der Staatsmann Johan van Oldenbarnevelt und der Feldherr Fürst Maurits van Oranje spielten Anfang des 17. Jahrhunderts wichtige Rollen im Konflikt mit den spanischen Herrschern.

1596–1597
Überwinterung auf Nova Zembla

1641 Holländer lassen sich auf Desjima nieder

1624 Holländer lassen sich auf Formosa nieder

1658 Holländer lassen sich auf Ceylon nieder

1619 J. P. Coen gründet Batavia

1606 Willem Janszoon entdeckt Australien

1642 Abel Tasman entdeckt Tasmanien

Johan van Oldenbarnevelt

Fürst Maurits

Große Seereisen

Während Willem Barentszoon die nördlichen Weltmeere erkundete, unternahmen de Houtman und Keyzer ihre erste Fahrt nach Java. 1606 entdeckte Willem Janszoon die Nordküste Australiens, 1616 umrundeten Jacob le Maire und Willem Schouten als Erste Kap Hoorn. Abel Tasman entdeckte 1642/43 Tasmanien und Neuseeland.

Flötenschiff
Die Fleute, das niederländische Handelsschiff des 17. Jahrhunderts schlechthin, kam mit kleiner Besatzung aus.

Goldenes Jahrhundert

Auf den Gebieten Handel, Kunst *(siehe S. 30f)* und Wissenschaft erlebten die nördlichen Niederlande im 17. Jahrhundert eine nie da gewesene Blütezeit. Während im Rest Europas die Wirtschaft stagnierte, sorgte die Handelsflotte der Republik für großen Wohlstand – vor allem im verstädterten Holland und in Utrecht. Dank der 1609 gegründeten Amsterdamer Wechselbank wurde Amsterdam zum Finanzzentrum der Welt. Der Handel wurde durch eine starke Kriegsflotte beschützt, die unter Michiel de Ruyter große Siege errang.

Niederlande um 1650

▨ Republik

▨ Spanischer Besitz

▨ »Deutsches Gebiet«

Johan de Witt
Während der Ersten Statthalterlosen Periode (1650–72) beherrschte der Ratspensionär Johan de Witt die politische Bühne. Der brillante, unbestechliche Staatsmann wurde 1672 zusammen mit seinem Bruder Cornelis von Oranje-Anhängern ermordet.

Gobelins und kostbare Goldledertapeten schmückten die Wohnräume.

Blick auf die Waage in Haarlem
Holland wurden im 17. Jahrhundert zum Umschlagplatz Europas, mit unübertroffenen logistischen und finanziellen Einrichtungen. Waren aus dem Ostseeraum, Südeuropa, der Levante und Asien fanden hier ihren Weg in die Frachtschiffe von Händlern aus der ganzen Welt.

Orientalische Teppiche waren zu teuer, um sie auf den Boden zu legen. Sie wurden auf Tischen oder Bänken drapiert.

Farbenprächtige Stoffe kamen ab Mitte des 17. Jahrhunderts in Mode und waren auch für Porträtmaler ein dankbares Objekt.

1559 Philipp II. ernennt Margarethe von Parma zur Statthalterin der Niederlande

1572 Watergeuzen erobern Den Briel

1574 Befreiung von Leiden

Spanischer Eintopfkessel, gefunden nach der Befreiung Leidens

1584 Ermordung Willems van Oranje

1585 Fall von Antwerpen

1602 Gründung der Vereinigten Ostindischen Compagnie

1550	1565	1580	1595	1610

Karikatur des Papstes: Doppelkopf Papst/Teufel

1566 Bildersturm

1567 Der Herzog von Alba kommt in die Niederlande

1581 Die nördlichen Niederlande erklären ihre Unabhängigkeit von Spanien

1588 Die Allgemeine Ständevertretung ruft die Republik der Sieben Vereinigten Niederlande aus

Antonie van Leeuwenhoek

Aufklärung

Das »Zeitalter der Vernunft« hatte seinen Ursprung im 17. Jahrhundert, u. a. in Werken der niederländischen Naturforscher Swammerdam und van Leeuwenhoek sowie den Arbeiten Spinozas. Der Jurist Hugo de Groot formulierte als Erster eine rational statt theologisch fundierte Grundlage für das »Naturrecht« (Recht, das immer und überall für alle Menschen gilt), eines der Themen im Denken der Aufklärung.

Goldenes Jahrhundert

Gute Beispiele für die Baukunst in den Niederlanden im 17. Jahrhundert sind das Trippenhaus in Amsterdam *(siehe S. 82)*, die Lakenhal in Leiden *(siehe S. 220)* und das Mauritshaus in Den Haag *(siehe S. 226f)*. Vlissingen hat sein Arsenal *(siehe S. 255)* und Haarlem den Grote Markt *(siehe S. 186)*. Schöne Kaufmannshäuser kann man in den Handelsstädten sehen, etwa in Delft *(siehe S. 230–233)* und Utrecht, beispielsweise an der Oudegracht *(siehe S. 204)*.

Vase aus Wan-Li-Porzellan, auch Sprungporzellan genannt, war ein Vorbild für das Delfter Blau.

Michiel de Ruyter

Der niederländische Flottenführer während des Zweiten und Dritten Englisch-Niederländischen Kriegs war ein Taktiker und bei der Schiffsbesatzung beliebt. Er hatte den Spitznamen »Bestevaer« (»Großvater«).

Muiderkring
Die Künstler und Gelehrten, die sich bei dem Dichter P.C. Hooft im Muiderschloss trafen, zählten zum sogenannten Muiderkring (Muider-Zirkel).

Einrichtung einer Patrizierwohnung

Pieter de Hoochs Gemälde Musizierende Familie (1663) zeigt den Reichtum einer Patrizierwohnung in der zweiten Hälfte des 17. Jahrhunderts. Um 1660 fand auch in der Malerei eine Wandlung von der Schlichtheit zum Luxus statt, eine Folge der wirtschaftlichen Blüte in dieser Zeit.

Dichterfürst
Joost van den Vondel (1587–1679), hier von H. G. Pot als Schäfer gemalt, gilt vielen als der größte Dichter der niederländischen Literatur.

Mikroskop (17. Jh.)
Antonie van Leeuwenhoek machte mit seinen selbst gebauten Mikroskopen viele wichtige Entdeckungen.

1642 Rembrandt vollendet *Die Nachtwache*

1650–1672 Erste Statthalterlose Periode, da die Stände nach dem Tod von Willem II keinen Nachfolger ernennen

1672–1702 Regierung von Statthalter Willem III

1698 Zar Peter der Große besucht Amsterdam und Zaandam

1625 **1640** **1655** **1670** **1685** **1700**

1625 Frederik-Hendrik wird Statthalter von Holland, Zeeland, Utrecht, Gelderland und Overijssel

1648 Der Westfälische Friede beendet den Achtzigjährigen Krieg

1665–1667 Zweiter Englischer Krieg. Michiel Adriaanszoon de Ruyter erringt legendären Sieg (viertägige Seeschlacht, Fahrt nach Chatham)

1689 Willem III van Oranje-Nassau wird König von England

Calvinismus

Der Calvinismus festigte sich in den Niederlanden des ausgehenden 16. Jahrhunderts als Protestbewegung gegen die katholische spanische Herrschaft. Die reformierte Lehre agierte von kleinen Widerstandsgruppen aus und sollte die niederländische Wesensart stark beeinflussen. Strenge und Nüchternheit wurden zu Charakterzügen sowohl von Calvinisten und Katholiken als auch von Agnostikern. Der von Calvin gepredigte Fleiß war ein wichtiger Faktor in der Zeit nach dem Goldenen Jahrhundert.

Gold, Statuen und Gemälde schmückten früher alle Kirchen.

Bilderstürmer reißen mit vereinten Kräften ein großes Heiligenbildnis aus der Mauer.

Die Statenbijbel (Staatenbibel) war die von der Synode zu Dordrecht (1618–1619) verordnete Bibelübersetzung. Ihre Sprache vereinheitlichte das Niederländische. Erst 1957 erschien eine neue Übersetzung.

Die Schäden des Bildersturms sind mancherorts bis heute sichtbar, etwa bei diesem Utrechter Altaraufsatz.

Bildersturm

»Du sollst dir kein Bild von mir machen«, sagt Gott in den Geboten, die er Moses offenbarte, und: *»Du sollst dich vor diesen nicht beugen noch zu ihnen beten.«* Mit diesen Bibelzitaten wiegelten die im Untergrund tätigen calvinistischen Prediger Fantatiker zum Bildersturm (1566) auf, bei dem die niederländischen katholischen Kirchen mit roher Gewalt ihrer Ausschmückungen beraubt wurden. Sakrale Kunst von unschätzbarem Wert ging dadurch verloren. Das Innere der niederländischen Kirchen erhielt nie mehr das barocke Aussehen, das man von Kirchen in anderen Teilen Europas kennt.

Pieter Saenredam (1597–1665) schuf unübertroffene Bilder der schlichten calvinistischen Kirchen wie hier die *Innenansicht der Sint-Odolphuskerk in Assendelft.*

Calvinismus in den Niederlanden

Der strenge Calvinismus lebt teilweise noch in einem *bible belt* von Zeeland und dem südöstlichen Zuid-Holland über die Veluwe bis zum Kop van Overijssel und Drenthe fort. Strenge Sonntagsruhe, schwarze Kleidung und Kopfbedeckung beim Kirchgang und die Ablehnung von modernen Errungenschaften (etwa Impfungen) nehmen jedoch langsam ab. Beachten Sie, dass man Fotografieren und sonntägliches Autofahren in reformierten Dörfern verurteilt. Es sind geschlossene Gemeinschaften mit starker Sozialkontrolle und ausgeprägter Nachbarschaftshilfe. Sehenswerte calvinistische Dörfer sind u. a. Goedereede *(siehe S. 245)* in Zuid-Holland, Staphorst *(siehe S. 324)* in Overijssel und die ehemalige Zuiderzee-Insel Urk *(siehe S. 330)*, wo Ältere die traditionelle Tracht bis heute tragen.

Kostbare Bleiglasfenster wurden Stück für Stück in Scherben geschlagen.

Die Bilderstürmer kamen aus allen Bevölkerungsschichten. Außer überzeugten Calvinisten machten auch bezahlte Helfer und viele Mitläufer mit, von denen sich einige zu Plünderungen hinreißen ließen.

Früh zur Kirche von A. Allebé

»Verborgene Kirchen«

Ons' Lieve Heer op Solder

Obwohl 1597 die Union von Utrecht den Calvinismus zur Staatsreligion in Holland und Zeeland erklärte, ließ man andere Glaubensrichtungen mehr oder weniger – oft gegen Bezahlung – gewähren. In Geheimkirchen, die von außen nicht als solche erkennbar sein durften, übten Katholiken, Remonstranten und Wiedertäufer ihren Glauben aus. Oft waren dies Wohnhäuser in der Stadt, wenngleich später auch spezielle Geheimkirchen erbaut wurden (in Amsterdam z. B. »De Zon« und »De Rode Hoed«). Die St.-Gertrudiskapelle (1645) in Utrecht und »Ons' Lieve Heer op Solder« (1663; seit 1888 Museum) in Amsterdam sind die schönsten frühen Beispiele.

Von der Republik zur Monarchie

Nach dem Tod des Statthalters Willem III im Jahr 1702
spielte die Republik in Europa keine große Rolle mehr.
England war jetzt die wichtigste See- und Handelsmacht.
Ende des 18. Jahrhunderts wurde der lange Streit zwischen Anhängern des Hauses Oranien und demokratisch
gesinnten Patrioten mit der Gründung der Batavischen
Republik (1795) zugunsten der Letzteren entschieden.
Nach der Napoleonischen Zeit kamen die Oranier wieder
an die Macht – diesmal nicht als Statthalter, sondern als
Könige. 1839 waren die Grenzen der heutigen Niederlande festgelegt.

Niederlande um 1800

▦ Batavische Republik

▦ Französisches Gebiet

An der britischen Flagge kann man sehen, dass
Willem an Bord eines englischen Kriegsschiffs, der
Warrior, in die Niederlande zurückkehrte.

Willem I landet bei Scheveningen

*Erst 1813, fast 20 Jahre nachdem das
Haus Oranien von Patrioten vertrieben
worden war, kehrte Prinz Willem in die
Niederlande zurück. Er landete am Strand
von Scheveningen, wo sich sein Vater
1795 nach England eingeschifft hatte.
Zwei Tage später wurde er als Fürst-
souverän eingesetzt. 1815 erhob er
Ansprüche auf das heutige Belgien
und ernannte sich selbst zum König
der Niederlande.*

Goejanverwellesluis

1785 ergriffen die Patrioten die Macht,
Statthalter Willem V und seine Frau Wilhelmina von Preußen mussten aus Den Haag
fliehen. Wilhelmina wollte 1787 zurückkehren, wurde aber an der Goejanverwellesluis
aufgehalten. Hierauf beschloss der preußi-
sche König, Truppen zu schicken, um die
Macht des Statthalters wiederherzustellen.

Der Prinz geht in einem Beiboot von Bord, aber schon
bald kommt ihm vom Strand aus ein Bauernwagen entgegen, der ihn durch die Brandung an Land bringt.

1702–1747 Zweite Statthalterlose Periode	**1747** Willem IV, der »Frie-sische Statthalter«, wird Erbstatthalter aller Provinzen	**1756–1763** Die großen euro-päischen Mächte sind in den Siebenjährigen Krieg verwickelt. Die Republik bleibt neutral	**1791** Ende der Westindischen Compagnie	
1700	**1720**	**1740**	**1760**	**1780**
1713 Der Friede von Utrecht markiert das Ende der Republik als Großmacht	*Das Rathaus von Utrecht, in dem der Friede von Utrecht besiegelt wurde*	**1786** Machtübernahme der Patrioten in mehreren Städten. Die Macht des Statthalters Willem V wird mit preu-ßischer Hilfe wiederhergestellt	**1795–180..** Batavisch.. Republi..	

Belagerung von Bergen op Zoom
Während des Österreichischen Erbfolgekrieges besetzten die Franzosen die südlichen Niederlande, die zu den österreichischen Erblanden gehörten. Um gegenüber der Republik bei den Friedensverhandlungen eine bessere Ausgangsposition zu haben, nahmen sie 1747 Zeeuws-Vlaanderen und die Festungsstadt Bergen op Zoom ein.

Schulstreit

Der Schulstreit zwischen Liberalen und Konfessionellen im 19. Jahrhundert hatte die Gleichstellung des konfessionellen und des öffentlichen Unterrichts zum Thema. Unter H. J. A. M. Schaepman und A. Kuyper vereinten Katholiken und Protestanten ihre Kräfte, 1889 wurde der erste Schritt in Richtung Staatssubvention für konfessionellen Unterricht getan.

Dr. Schaepman **Abraham Kuyper**

Im Hintergrund sieht man die Kirche des Fischerdorfs Scheveningen.

Kinderarbeit
Die industrielle Revolution führte zu sozialen Missständen in den Städten. So wurde 1874 das Kindergesetz van Houtens angenommen, das Fabrikarbeit von Kindern unter zwölf Jahren verbot.

Den Haags Bevölkerung geriet durch die Rückkehr des Prinzen völlig aus dem Häuschen. In der ganzen Stadt wurde gefeiert. Die Zeit, da das Haus Oranien als eine »Clique von Tyrannen« galt, war endgültig vorbei.

1806 Louis Napoléon, Bruder von Napoléon I., wird König von Holland

1830 Belgische Revolution. Neun Jahre später folgt die Trennung von den Niederlanden

1848 Verfassungsänderung: Einführung des parlamentarischen Systems

Domela Nieuwenhuis

1885 Van Gogh malt *Die Kartoffelesser*

1888 Als erster Sozialist kommt Domela Nieuwenhuis ins Parlament

1800   1820   1840   1860   1880   1900

798 Ende der ostindischen Kompagnie

1815 Nördliche und südliche Niederlande werden unter König Willem I vereint

1839 Eröffnung der Eisenbahnlinie Haarlem – Amsterdam

Dampflok

1870 Abschaffung der Todesstrafe

1863 Abschaffung der Sklaverei

1886 Parlamentarische Enquete bringt Missstände in Fabriken ans Licht

Kolonialismus

Die Kolonialgeschichte der Niederlande begann im 17. Jahrhundert mit der Gründung von Handelsniederlassungen in Asien, Afrika und Amerika. Viele Kolonien gingen im Lauf der Zeit verloren, doch Niederländisch-Indien (Indonesien), Suriname und die Antillen waren bis weit ins 20. Jahrhundert niederländisches Hoheitsgebiet. Im Indonesischen Archipel beschränkte sich die Hoheit lange auf Java und die Molukken. Erst nach 1870 begann man, die anderen Inseln zu unterwerfen. Indonesien wurde 1949 selbstständig, Suriname 1975. Aruba, Curaçao und Sint Maarten sind heute gleichrangige Landesteile des Königreichs der Niederlande.

Gefolterter Sklave
Aufstände wurden grausam bestraft.

Jan Pieterszoon Coen
Der 1618 zum Generalgouverneur ernannte Jan Pieterszoon Coen verwüstete 1619 die javanische Siedlung Jakarta und gründete am selben Ort das neue Verwaltungszentrum Batavia. Er festigte die Position der VOC auf den Gewürzinseln (Molukken) und gilt als einer der Begründer des niederländischen Kolonialismus.

In den prüden Niederlanden
sprach man voll Abscheu über die Tatsache, dass Sklavinnen halb nackt versteigert wurden.

Sklavenmarkt in Suriname
Mehr als 300 000 Sklaven wurden nach Suriname verschifft, um dort auf den Plantagen zu arbeiten. Ab 1818 wurde der Sklavenhandel verboten, doch erst 1863 schafften die Niederlande, als letzter Staat in Westeuropa, die Sklaverei ab.

Sitzung des Landraad
Vorsitzender dieses Landrats auf Java war der sogenannte Assistent-Resident. Der Landrat war in Niederländisch-Indien das einfache Gericht für zivilrechtliche Angelegenheiten der Indonesier. Strafsachen wurden hier nur verhandelt, wenn der Angeklagte ein nichteuropäischer Ausländer war.

Batavia im 17. Jahrhundert
Dieses Bild von Andries Beeckman zeigt den Fischmarkt und im Hintergrund das Kastell, von dem aus die Holländer die Sunda-Straße kontrollierten.

Multatuli
In seinem 1860 erschienenen Roman *Max Havelaar* verurteilte der Autor Multatuli die Kolonialregierung in Niederländisch-Indien. Im Schlusskapitel wendet er sich direkt an König Willem III, in dessen Namen die indonesische Bevölkerung ausgebeutet wurde.

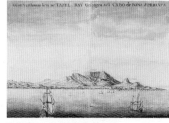

Gründung von Kapstadt
1652 errichtete Jan van Riebeeck am Kap der Guten Hoffnung eine Proviantstation für VOC-Schiffe. Bald wuchs sie sich zu einer niederländischen Kolonie aus, bevölkert von Einwanderern aus der Republik und, in geringerer Zahl, aus Frankreich (Hugenotten) und Deutschland. Manche ließen sich tiefer im Landesinneren nieder, die späteren Buren oder Afrikaaner. 1806 fiel die Kapkolonie an die Briten.

Kris aus Java
Viele »Ostindienfahrer« brachten exotische Dinge nach Hause: *Kris*, Dolche aus Java, waren ein beliebtes Souvenir.

Der Auktionator sitzt schreibend an einem Tisch. Die Sklaven, die er versteigert, sind durch selbstständige Händler geliefert worden. Bis 1734 geschah dies durch die Westindische Compagnie, die das Monopol auf den Sklavenhandel hatte.

Kolonialwaren
Ende des 19. Jahrhunderts begann ein Teil der niederländischen Lebensmittelhändler sich auf »Kolonialwaren« zu spezialisieren. Dies waren Produkte wie Kaffee, Tee, Reis, Zucker sowie exotische Kräuter und Gewürze.

Die modernen Niederlande

Da die Niederlande im Ersten Weltkrieg neutral blieben, ging es dem Land in den ersten Jahrzehnten des 20. Jahrhunderts relativ gut, aber die Wirtschaftskrise der 1930er Jahre und vor allem der Zweite Weltkrieg trafen das Land schwer. 1957, in der Zeit des Wiederaufbaus, waren die Niederlande eines der sechs Gründungsländer der EWG. Die 1960er und 1970er Jahre waren die Blütezeit des niederländischen Versorgungsstaats. Bei Untersuchungen der Vereinten Nationen 2009 kamen die Niederlande bei den Ländern, in denen es sich am besten lebt, auf den siebten Platz.

Niederlande heute

1917 Die Zeitschrift *De Stijl* wird von Theo van Doesburg, Piet Mondriaan, J. J. P. Oud u. a. gegründet

1930–1940 Während der Wirtschaftskrise in den 1930er Jahren sind Hunderttausende auf »Stütze« angewiesen

1949 Die Niederlande erkennen die Unabhängigkeit der ehemaligen Kolonie Indonesien an

1953 Am 1. Februar verursacht eine Sturmflut große Überschwemmungen in Zeeland und Zuid-Holland. Über 1800 Menschen ertrinken

| 1910 | 1920 | 1930 | 1940 | 1950 | 1960 |

| 1910 | 1920 | 1930 | 1940 | 1950 | 1960 |

1918 Der deutsche Kaiser Wilhelm II. flüchtet in die Niederlande, wo ihm Asyl gewährt wird

1926 Einführung der Kfz-Steuer. Zu dieser Zeit fahren auf den Straßen 10 000 Lkw und 30 000 Pkw

1948 Willem Drees sen. wird Ministerpräsident des ersten von vier aufeinanderfolgenden »römischroten« Drees-Kabinetten. In dieser Zeit wird die Basis des niederländischen Wohlfahrtsstaats geschaffen

1934 Die KLM gewinnt mit dem Flugzeug *Uiver*, einer DC-2, die Handicapklasse im Rennen London–Melbourne

1962 Durch Jan Vrijmans Film *Die Wirklichkeit von Karel Appel* kann ein großes Publikum dem niederländischen Maler der Nachkriegszeit bei der Arbeit zusehen. Karel Appel (1921–2006) erregte Aufsehen mit der Aussage: »Ik rotzooi maar wat aan.« (»Ich mach halt irgendwas.«)

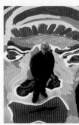

1940 Am 10. Mai marschieren deutsche Truppen in den Niederlanden ein. Am 14. Mai kapituliert Rotterdam, aber die Stadt wird dennoch bombardiert

1985 Der Beschluss der Regierung, auf niederländischem Boden 48 NATO-Marschflugkörper zu stationieren, erregt großen Widerstand. Ein Protestkomitee überreicht Ministerpräsident Lubbers im Oktober 3,5 Millionen Unterschriften gegen diesen Beschluss

2000 Die Niederlande gewinnen 25 Medaillen bei den Olympischen Spielen in Sydney, davon zwölf Goldmedaillen

1995 Paul Crutzen erhält den Nobelpreis für Chemie für seine bahnbrechenden Forschungsarbeiten über die Ozonschicht

2002 Am 2. Februar heiratet Kronprinz Willem-Alexander die Argentinierin Máxima Zorreguieta in Amsterdams Beurs van Berlage

1975 Unabhängigkeit der ehemaligen Kolonie Suriname

2010 Geert Wilders' rechtspopulistische PVV erhält die Mehrheit

2012 Mark Rutte (VVD) und Diederik Samsom (PvdA) gewinnen die vorgezogenen Parlamentswahlen

| 1970 | 1980 | 1990 | 2000 | 2010 | 2020 |

| 1970 | 1980 | 1990 | 2000 | 2010 | 2020 |

1980 KVP, ARP und CHU verschmelzen zur großen christlich-demokratischen Partei CDA

1992 Unter dem Vorsitz der Niederlande unterzeichnen die europäischen Partner im Dezember den Vertrag von Maastricht, wodurch die Europäische Gemeinschaft in die Europäische Union übergeht

2004 Am 2. November wird Filmemacher Theo van Gogh von einem radikalen Islamisten ermordet, was eine Debatte über Immigration anstößt. Tod von Prinz Bernhard am 1. Dezember

2013 Abdankung von Königin Beatrix, Inthronisation von Willem-Alexander

2002 Der rechtsgerichtete Politiker Pim Fortuyn wird am 6. Mai ermordet. Tod von Prinz Claus von Amsberg am 6. Oktober

2001 Die Niederlande legalisieren als erstes Land die gleichgeschlechtliche Ehe

1980 Die Thronbesteigung von Königin Beatrix am 30. April wird von schweren Kämpfen zwischen der Polizei und antimonarchistischen Demonstranten und Unruhestiftern begleitet

1971 Mit Johan Cruijff als Starspieler gewinnt Ajax den Europapokal der Landesmeister im Londoner Wembley. Der Club kann die Trophäe auch 1972 und 1973 erobern

AMSTERDAM

Highlights: Grachten und Wasserwege

Die Grachten und Wasserwege Amsterdams bilden das Herz der Stadt, von der Keizersgracht mit ihren eleganten Herrenhäusern bis zur Brouwersgracht mit ihren umgebauten Speicherhäusern und der ruhigen Reguliersgracht. Über die Wasserwege führen zahlreiche Brücken, darunter die Magere Brug *(siehe S. 118f)*, eine doppelte Zugbrücke über die Amstel. Von den Cafés am Ufer aus kann man in aller Ruhe den vorbeifahrenden Booten zuschauen.

Brouwersgracht
Hausboote, gemütliche Cafés und Speicherhäuser säumen die Ufer dieser reizvollen Gracht.

Bloemgracht
An der baumgesäumten Gracht im Jordaan-Viertel stehen viele interessante Häuser, darunter einige mit Treppengiebel.

Prinsengracht
Vom Fahrrad aus lassen sich die schönen Bauten an der längsten Gracht (17. Jh.) am besten bestaunen.

Grachten gürtel

Museumsviertel

Leidsegracht
Viele einladende Cafés säumen die exklusive Leidsegracht.

Keizersgracht
Jede der Brücken bietet einen schönen Blick auf die Gracht. Wenn sie im Winter zugefroren ist, wird sie von den Amsterdamern als Eislauf- arena genutzt.

◀ **Häuserfassaden an der Damrakgracht**

Singel
Das *Poezenboot*, ein alter Kahn für streunende Katzen, liegt fest am Singel, der hufeisenförmig um das Zentrum herum verläuft.

Entrepotdok
Die Speicherhäuser am Entrepotdok *(siehe S. 138)* wurden in den 1980er Jahren in Wohnungen umgebaut. Am Ufer locken im Sommer Terrassencafés mit Blick auf die Haus- und Ausflugsboote.

Nieuwe Zijde

Oude Zijde

Herengracht
Die beiden mit Halsgiebeln versehenen Häuser Nr. 409 und 411, »Zwillinge« genannt, zählen zu den schönsten Grachtenhäusern.

0 Meter   500

Reguliersgracht
Viele schiefe Backsteinhäuser säumen die hübsche, 1664 angelegte Gracht. Die Storchenstatue (Nr. 92) erinnert an das 1571 erlassene Gesetz zum Schutz dieser Vogelart.

Amstel
Auf der Amstel fahren heute hauptsächlich Ausflugsboote und Ruderer, nur noch selten Frachtkähne.

Goldenes Zeitalter

Das Goldene Jahrhundert (17. Jh.) war auch für Amsterdam ein Goldenes Zeitalter. Die Einwohnerzahl stieg rapide, drei prächtige Grachten wurden ringförmig um die Amstel angelegt. Zahllose Maler und Architekten wirkten in der Stadt. Der Reichtum kam und ging. Karitative Einrichtungen, eine absolute Neuerung, nahmen sich der vielen Armen an, die Opfer des frühen Kapitalismus geworden waren. 1648 endete der Krieg gegen Spanien. Es folgten Spannungen zwischen der calvinistischen Stadtregierung Amsterdams und dem etwas weltlicher gesinnten Haus Oranien.

Gewürzhandel
Auf diesem Stich legt ein VOC-Schiff in Bantam an.

Selbstbildnis als Apostel Paulus **(1661)**
Rembrandt *(siehe S. 82)* war einer der Künstler, die im 17. Jahrhundert in Amsterdam lebten und arbeiteten.

Das neue Stadhuis
(heute Koninklijk Paleis) wurde mithilfe eines Holzgerüstes errichtet.

Nieuwe Kerk von 1395
(siehe S. 90)

Vieh- und Getreidehandel

Die Briefleserin **(1666)**
Genrebilder wie dieses von Vermeer (1632–1675) kamen mit zunehmendem Reichtum in Mode. Andere berühmte Genremaler waren Jan Steen, Honthorst und ter Borch.

Der Dam 1656

Die unangefochtene Vormachtstellung Amsterdams führte auch zu Erfolgen in Übersee: Indonesien wurde kolonialisiert, der Gewürzhandel füllte die Schatzkiste des Landes. Die Vereenigde Oost-Indische Compagnie (VOC; Niederländische Ostindien-Kompanie) florierte durch ihre großen, schnellen Handelsschiffe, in Amsterdam verdiente man dank der VOC Geld im Überfluss. Jan Lingelbach (1622–1674) malte den Dam als einen geschäftigen Markt mit Händlern aus vielen Ländern.

Delfter Fliesen
Blumen waren im 17. Jahrhundert beliebte Motive auf den Fliesen, die die Häuser betuchter Familien schmückten *(siehe S. 32f)*.

Floras Wagen (1636)
Die »Tulpomanie« bot Anlass zu Allegorien. Das Bild von H. G. Pot spielt auf die Spekulanten an, die für seltene Tulpenzwiebeln deren Gewicht in Gold zahlten und die Preise hochtrieben, bis der Markt zusammenbrach.

...bwiegen
...er Waren in
...er Waage

Segelschiffe auf dem Damrak

Gewürze
Eine Ladung Gewürze war im 17. Jahrhundert ein Vermögen wert. Die VOC brachte viele Gewürze ins Land, darunter Pfeffer, Nelken, Muskat und Zimt. Schon 1611 war sie der weltgrößte Gewürzimporteur.

Kräne laden Frachtgut ab

Türkische Händler

Pfeffer, Muskatnuss, Nelken, Muskatblüte, Zimt

VOC
Im Schifffahrtsmuseum am Hafen ist ein Saal der Niederländischen OstindienKompanie (VOC) gewidmet.

Armenspeisung
Auf dem Gemälde von Willem van Valckerts erhalten die Armen Almosen. Im 17. Jahrhundert wurden Maßnahmen zur sozialen Absicherung eingeführt.

17. Jahrhundert
Der neue Reichtum ermöglichte den Bau vieler öffentlicher Gebäude. Hendrick de Keyser entwarf 1620 die Westerkerk *(siehe S. 114)*, auf deren Spitze die Krone von Maximilian von Habsburg prangt. 1671 errichtete Adriaan Dortsman die erste runde Kirche, die Lutherse Kerk *(siehe S. 94)*. Für die sephardischen Juden erbaute Elias Bouman 1675 die Portugese Synagoge *(siehe S. 81)*.

Apollo (um 1648)
Die Statue von Artus Quellinus steht im Koninklijk Paleis auf dem Dam *(siehe S. 92f)*. Der Bau dieses Meisterwerks aus Sandstein von Jacob van Campen begann 1648.

Rembrandthuis (1606)
Jacob van Campen entwarf 1636 das Tympanon über dem Eingang *(siehe S. 82)*.

Highlights: Museen und Sammlungen

Für eine relativ kleine Stadt besitzt Amsterdam eine erstaunliche Anzahl an Museen und Sammlungen. Sie sind oft in interessanten Gebäuden untergebracht. Das weltberühmte Rijksmuseum mit seiner neogotischen Fassade beherbergt Meisterwerke der niederländischen Kunst bis zum 19. Jahrhundert, das Werk Rembrandts ist teilweise in seinem eigenen Haus ausgestellt.

Anne Frank Huis
Das tragische Leben von Anne Frank ist im Versteck ihrer Familie dokumentiert *(siehe S. 112f).*

Amsterdam Museum
Das ehemalige Waisenhaus birgt eine Vielzahl historischer Stücke, so auch das Gemälde *Die Erzieherinnen des Bürger-Waisenhauses* (1683) von Adriaen Backer *(siehe S. 96f).*

Rijksmuseum
Im größten Staatsmuseum des Landes *(siehe S. 126–129)* hängen viele niederländische Meister, darunter Jan van Huysums *Stillleben mit Blumen und Früchten* (um 1730).

Grachtengürtel

Museumsviertel

Stedelijk Museum
Gerrit Rietvelds Steltman-Stuhl (1963) ist eines von vielen Exponaten in diesem Museum für moderne und zeitgenössische Kunst *(siehe S. 132f).*

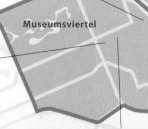

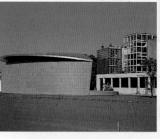

Van Gogh Museum
Dies ist das meistbesuchte Museum Amsterdams. Der neue Flügel (1999) wurde von Kisho Kurokawa entworfen *(siehe S. 130f).*

Koninklijk Paleis
Das ehemalige Rathaus auf dem Dam wurde 1648 von Jacob van Campen entworfen und wird zu offiziellen Anlässen vom Königshaus genutzt *(siehe S. 92f)*.

Science Center NEMO
In dem Gebäude, dessen Schiffsform 30 Meter über dem Wasser emporragt, dreht sich alles um Wissenschaft und Technik – auch für junge Besucher *(siehe S. 140f)*.

ieuwe
Zijde

Oude
Zijde

Het Scheepvaartmuseum
Die Reliefs in der Fassade des Schifffahrtsmuseums zeigen die Geschichte der Amsterdamer Seefahrt. Am Steg hinter dem Museum liegt der Nachbau des Ostindienfahrers *Amsterdam (siehe S. 136f)*.

0 Meter   500

Joods Historisch Museum
Vier nebeneinanderliegende Synagogen bilden das imposante Museum *(siehe S. 83)*.

Verzetsmuseum
Das Museum im Plancius-Gebäude erinnert an die Widerstandsbewegung in der Zeit der deutschen Besetzung während des Zweiten Weltkriegs *(siehe S. 145)*.

Highlights: Cafés und Bars

Amsterdam hat etwa 1500 Cafés. Das Spektrum reicht vom ruhigen, gemütlichen *bruine café*, in dem vor allem die Bewohner eines Viertels verkehren, bis zur internationalen Szenebar. Jedes Lokal ist besonders, jedes hat seine Attraktion: eine unglaublich große Auswahl an verschiedenen Bieren, Live-Musik, eine Terrasse mit Grachtenblick, eine Ausstellung moderner Kunst, Brettspiele, Billardtische oder einfach die typisch holländische *gezelligheid*. Kurzum, für jeden ist das Richtige dabei.

De Drie Fleschjes
In einer der ältesten Probierstuben (1650) von Amsterdam gibt es eine Vielzahl verschiedener Jenever zu kosten.

Café Chris
Das beliebte *bruine café* im Jordaan-Viertel wird hauptsächlich von Künstlern und Studenten besucht.

Walem
Design ist Trumpf: Das Café, eines der ältesten Amsterdams, hat eine Sonnenterrasse am Wasser und bewirtet eine vorwiegend internationale Gästeschar.

Grachtengürtel

Museumsviertel

Groot Melkhuis
Der einstige Bauernhof von 1874 ist nun ein modernes Café, das vor allem an warmen Sommertagen beliebt ist.

Hoppe
Das typische *bruine café* am lebhaften Spui ist vor allem nach Arbeitsschluss ein beliebter Treff.

Karpershoek
Die gemütliche Café-Bar, die
älteste der Stadt, wurde schon
1606 eröffnet. Sie liegt nicht
weit vom Hauptbahnhof und
ist damit ideal für Reisende,
die gern noch etwas
trinken wollen.

Kapitein Zeppos
Das Café ist bei den tren-
digen Amsterdamern be-
liebt. Sonntags kann man
hier oft Konzerte hören.

**uwe
jde**

**Oude
Zijde**

0 Meter   500

De Jaren
In das Café mit Terrasse
kommen viele Studenten
zur Zeitungslektüre und
wegen dem schönen
Blick über die Amstel.

Grand Café Soccerworld
Im Café der ArenA kann man die
Fußballtrikots der berühmten
Ajax-Spieler bewundern.

0 Kilometer   3

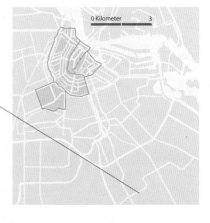

Oude Zijde

Oude Zijde (»Alte Seite«) heißt der östliche
Teil Amsterdams. Früher bestand dieser
Stadtteil aus einem schmalen Streifen Land
am Ostufer der Amstel zwischen Damrak und
Oudezijds Voorburgwal. Im Herzen des Viertels wurde die Oude Kerk errichtet, die älteste
Kirche der Stadt. Vom 15. Jahrhundert bis
zum 17. Jahrhundert vergrößerte sich die
Oude Zijde nach Osten, u. a. wegen des Zustroms jüdischer Flüchtlinge aus Portugal.

Aus dieser Zeit stammen vier Synagogen,
von denen die älteste das Joods Historisch
Museum beherbergt. Während des Goldenen
Jahrhunderts *(siehe S. 54f)* der Niederlande
herrschte im Viertel reges Treiben. Schiffe
konnten damals noch die Geldersekade bis
zum Nieuwmarkt hinauffahren, wo die Waren
in der Waag gewogen und dann verkauft
wurden. Heute findet man hier viele Cafés
und Restaurants.

Sehenswürdigkeiten auf einen Blick

Historische Gebäude und Denkmäler
2 Waag
5 Agnietenkapel
6 Oudemanhuispoort
7 Oost-Indisch Huis
8 Trippenhuis
16 Pintohuis
17 Montelbaanstoren
18 Scheepvaarthuis
19 Schreierstoren

Opernhaus
11 Stadhuis-Muziektheater

Museen und Sammlungen
4 Hash Marihuana & Hemp Museum
10 Rembrandthuis
14 Joods Historisch Museum

Kirchen und Synagogen
9 Zuiderkerk
13 Mozes en Aäronkerk

15 Portugese Synagoge
21 *Oude Kerk S. 80f*

Straßen und Märkte
1 Rotlichtviertel
3 Nieuwmarkt
12 Waterlooplein
20 Zeedijk

Stadtplan 2, 5

**Restaurants
in der Oude Zijde**
siehe S. 406

0 Meter   250

◀ **Oude Kerk, Amsterdams ältester Bau** *(siehe S. 80f)*   **Zeichenerklärung** *siehe hintere Umschlagklappe*

Im Detail: Universitätsviertel

Die seit 1877 bestehende Universität der Stadt Amsterdam liegt im ruhigen Südwesten der Oude Zijde und geht auf das 1632 in der Agnietenkapel gegründete Athenaeum Illustre zurück. Jenseits der Damstraat grenzen Rotlichtviertel und Nieuwmarkt aneinander. Letzterer steht ganz im Zeichen der mittelalterlichen Waag aus dem 15. Jahrhundert. Ein Stück weiter südlich kommt man zum Rembrandthuis, in dem der bekannteste Künstler der Stadt 20 Jahre seines Lebens verbracht hat.

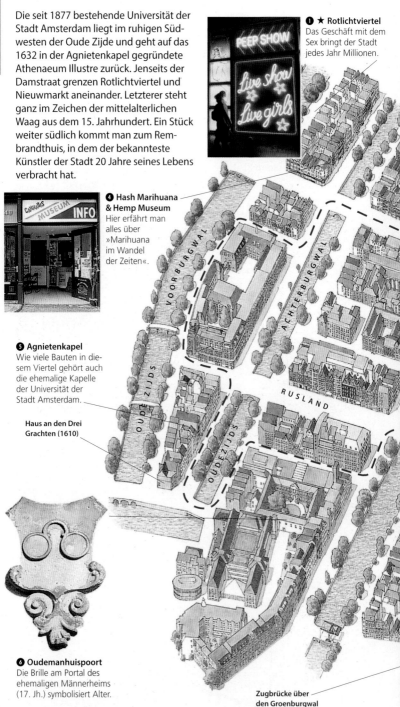

❶ ★ Rotlichtviertel
Das Geschäft mit dem Sex bringt der Stadt jedes Jahr Millionen.

❹ Hash Marihuana & Hemp Museum
Hier erfährt man alles über »Marihuana im Wandel der Zeiten«.

❺ Agnietenkapel
Wie viele Bauten in diesem Viertel gehört auch die ehemalige Kapelle der Universität der Stadt Amsterdam.

Haus an den Drei Grachten (1610)

VOORBURGWAL

ACHTERBURGWAL

OUDE ZIJDS

OUDEZIJDS

RUSLAND

❻ Oudemanhuispoort
Die Brille am Portal des ehemaligen Männerheims (17. Jh.) symbolisiert Alter.

Zugbrücke über den Groenburgwal

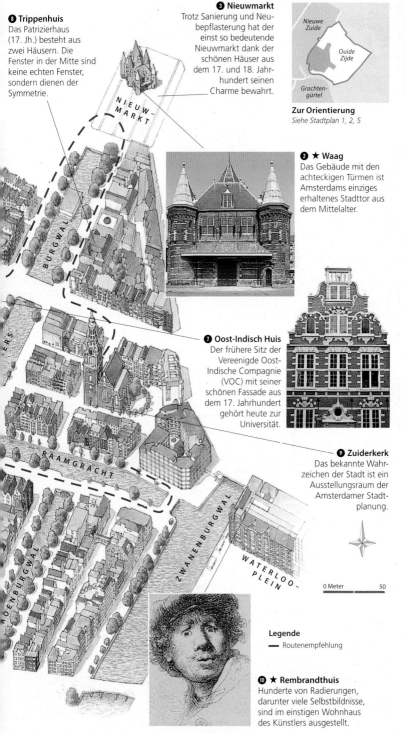

❽ Trippenhuis
Das Patrizierhaus (17. Jh.) besteht aus zwei Häusern. Die Fenster in der Mitte sind keine echten Fenster, sondern dienen der Symmetrie.

❸ Nieuwmarkt
Trotz Sanierung und Neubepflasterung hat der einst so bedeutende Nieuwmarkt dank der schönen Häuser aus dem 17. und 18. Jahrhundert seinen Charme bewahrt.

Zur Orientierung
Siehe Stadtplan 1, 2, 5

❷ ★ Waag
Das Gebäude mit den achteckigen Türmen ist Amsterdams einziges erhaltenes Stadttor aus dem Mittelalter.

❼ Oost-Indisch Huis
Der frühere Sitz der Vereenigde Oost-Indische Compagnie (VOC) mit seiner schönen Fassade aus dem 17. Jahrhundert gehört heute zur Universität.

❾ Zuiderkerk
Das bekannte Wahrzeichen der Stadt ist ein Ausstellungsraum der Amsterdamer Stadtplanung.

0 Meter   50

Legende
— Routenempfehlung

❿ ★ Rembrandthuis
Hunderte von Radierungen, darunter viele Selbstbildnisse, sind im einstigen Wohnhaus des Künstlers ausgestellt.

Stadtplan Amsterdam *siehe Seiten 154–163*

➊ Rotlichtviertel

Stadtplan 5 A1.
🚋 4, 9, 14, 16, 24, 25.

Aufreizend gekleidete Prostituierte, die unter Neonlicht in Schaufenstern sitzen und auf Freier warten, gehören zu Amsterdam wie die Grachten. Das Rotlichtviertel – von Einheimischen »de Walletjes« (»die dünnen Wände«) genannt – liegt nahe der Oude Kerk *(siehe S. 80f)*, erstreckt sich aber im Westen noch bis zur Warmoesstraat, im Norden bis zum Zeedijk und im Osten bis zum Kloveniersburgwal. Die südliche Grenze bildet die Damstraat.

Die Geschichte der Amsterdamer Prostitution reicht bis zur Entstehung des Hafens im 13. Jahrhundert zurück. Infolge der wachsenden Zahl liebeshungriger Matrosen nahm die Prostitution solche Ausmaße an, dass man 1478 überlegte, ihr Einhalt zu gebieten. Prostituierte, die den »Sperrbezirk« verließen, wurden mit Pfeifen und Trommeln zurückgetrieben.

100 Jahre später, nach der Alteratie, versuchten die Calvinisten, Prostitution zu verbieten, doch Mitte des 17. Jahrhunderts wurde sie wieder

Eingang zu einem Club im Rotlichtviertel

toleriert. Um 1850 zählte Amsterdam bei 200 000 Einwohnern über 200 Bordelle.

Heute prägen Sexshops und schummrige Clubs das Bild des Viertels, in dem man nachts lieber nicht von den Hauptstraßen abweichen sollte. Tagsüber sorgen schaulustige Besucher für regen Betrieb. Sieht man von zwielichtigen Gestalten ab, gibt es hier gemütliche Cafés, Bars, Restaurants und hübsche Grachtenhäuser zu entdecken. Zudem ist die Stadtverwaltung bemüht, das Viertel aufzuwerten, indem sie die schäbigsten Lokale schließt und die Ansiedlung von Nicht-Sex-Gewerbe fördert.

➋ Waag

Nieuwmarkt 4. **Stadtplan 2 E5.** 🚋
4, 9, 16, 24, 25. **M** Nieuwmarkt.
⬤ obere Räume für Besucher.

Die 1488 errichtete Waag, damals wie heute auch St. Antoniespoort genannt, ist Amsterdams ältestes noch erhaltenes Stadttor. Früher fanden hier öffentliche Hinrichtungen statt. 1617 wurde aus St. Antoniespoort die offizielle Waage *(waaggebouw)*. Man ließ hier seine Waren wiegen und zahlte entsprechend Steuern.

Verschiedene Gilden zogen in die oberen Räume. Ab 1619 hatten die Chirurgen hier ihre Kammer und ihr »Theatrum Anatomicum«. 1691 fügten sie den mittleren Turm hinzu. Rembrandts *Die Anatomievorlesung des Dr. Nicolaes Tulp*, heute im Mauritshuis *(siehe S. 226f)*, und *Die Anatomievorlesung des Dr. Jan Deijman*, heute im Amsterdam Museum *(siehe S. 96f)*, entstanden in ihrem Auftrag und hingen damals in der Waag.

Seit dem frühen 19. Jahrhundert wird das Gebäude nicht mehr als Waage genutzt, sondern diente als Feuerwehrstation und Stadtmuseum. Heute befindet sich hier das Restaurant In de Waag.

Der mächtige Bau der Waag beherrscht den Nieuwmarkt, auf dem im Sommer ein Antiquitätenmarkt stattfindet

Hotels und Restaurants in Amsterdam *siehe Seiten 396f und 406–409*

Ein Teil der Fotoausstellung in der Metro-Station Nieuwmarkt

❸ Nieuwmarkt

Stadtplan 2 E5. 🚋 4, 9, 16, 24, 25. Ⓜ Nieuwmarkt. **Antiquitätenmarkt** Ⓞ Mai–Sep: So 9–17 Uhr. 🅱 Biomarkt Sa 9–17 Uhr.

Der turbulente Nieuwmarkt grenzt im Westen an das Rotlichtviertel und im Norden an die Geldersekade, dem Beginn des Amsterdamer Chinesenviertels. Der Platz wird von der Waag beherrscht, deren Bau im 15. Jahrhundert den Markt entstehen ließ. Seine heutige Größe bekam der Platz bei der Stadterweiterung im 17. Jahrhundert. Fortan hieß er Nieuwmarkt. Er ist von schönen Patrizierhäusern (17. und 18. Jh.) umgeben. Im Sommer gibt es sonntags einen Antiquitätenmarkt. Vom Nieuwmarkt führt die St. Antoniesbreestraat ins Judenviertel.

In den 1970er Jahren mussten viele Häuser der neuen U-Bahn-Linie weichen, was zu Auseinandersetzungen zwischen Demonstranten und der Polizei führte. Diese Aktionen konnten den Stadtrat dazu bewegen, künftig zu renovieren statt abzureißen. Zur Erinnerung an die »Retter des Stadtgesichts« hängen ihre Fotos in der U-Bahn-Station.

❹ Hash Marihuana & Hemp Museum

Oudezijds Achterburgwal 148. **Stadtplan** 2 D5. 📞 (020) 624 8926. 🚋 4, 9, 14, 16, 24. Ⓜ Nieuwmarkt. Ⓞ tägl. 10–22 Uhr. ⓞ 27. Apr. 🏛 📷 🌐 **hashmuseum.com**

Das Museum mit einer Filiale in Barcelona informiert über die Geschichte von Hanf. Bereits vor 8000 Jahren diente Hanf in Asien zur Herstellung von Kleidung und Heilmitteln. In einem Herbarium von 1554 heißt es, dass Hanf gegen Ohrenschmerzen hilft. Bis Ende des 19. Jahrhunderts importierte die Schiffbauindustrie große Mengen Hanf als Rohstoff für Taue. Besucher erfahren einiges über die Wirkung der Pflanze, über Schmuggel und Rauchmethoden (Letzteres anhand einer Vielzahl von Pfeifen für Haschisch und Marihuana). In einer kleinen Pflanzung wächst unter starkem Kunstlicht echtes Marihuana.

Die Polizei beschlagnahmt ab und an ein Ausstellungsstück, daher kann es vorkommen, dass die Sammlung vorübergehend nicht komplett ist.

❺ Agnietenkapel

Oudezijds Voorburgwal 231. **Stadtplan** 2 D5. 🚋 4, 9, 14, 16, 24. ◉ für Besucher.

Das Agnietenkloster wurde 1578 nach der Alteratie geschlossen, 1632 übernahm das Athenaeum Illustre, ein Vorläufer der Universität, das Kloster. Bis in die 1830er Jahre war hier die Stadtbibliothek untergebracht, später die Historische Sammlung der Universität.

Die Agnietenkapel (1470) ist eine der wenigen gotischen Kapellen, die den Bildersturm von 1566 überstanden. Bei der Restaurierung 1919 kamen architektonische Elemente der Amsterdamer Schule *(siehe S. 146f)* hinzu. Trotz Veränderungen und Zweckentfremdung blieb der Charakter der Franziskanerkapelle erhalten.

Der Hörsaal im ersten Stock des Klosters ist der älteste der Stadt. Die Decke schmücken Renaissance-Motive und ein Porträt der Minerva, der römischen Göttin des Handwerks und der schönen Künste. Die 40 Porträts europäischer Humanisten an den Wänden sind eine Schenkung des Kaufmanns Gerardus van Papenbroeck.

Die Kapelle wurde in ein Konferenzzentrum umgebaut und ist für Besucher leider nicht mehr zugänglich. Die Historische Sammlung der Universität kann jetzt im Gebäude Oude Turfmarkt 129 (neben dem Allard Pierson Museum) besichtigt werden.

Eingang zur Agnietenkapel, nun ein Konferenzzentrum der Universität

❻ Oudemanhuispoort

Zwischen Oudezijds Achterburgwal und Kloveniersburgwal. **Stadtplan** 2 D5. 🚋 4, 9, 14, 16, 24. **Büchermarkt** Ⓞ Mo–Sa 10–17 Uhr.

Die Oudemanhuispoort war einst die Einfahrt zu einem 1754 errichteten Altmännerheim *(Oudemannenhuis).* Heute ist das Gebäude Teil der Universität von Amsterdam.

Oberhalb des Portals am Oudezijds Achterburgwal symbolisiert eine Brille das Alter. Seit 1757 wird hier Handel betrieben, noch heute werden jeden Tag im Arkadengang antiquarische Bücher verkauft.

Obwohl das Haus nicht öffentlich zugänglich ist, kann man den schönen Hof vom Arkadengang aus sehen.

Amsterdamer Wappen, Oudemanhuispoort

㉑ Oude Kerk

Die Ursprünge der Oude Kerk gehen auf das frühe 13. Jahrhundert zurück, als auf dem Friedhofsgelände eine hölzerne Kapelle errichtet wurde. Der heutige gotische Bau stammt aus dem 14. Jahrhundert. Die anfangs einschiffige Kirche wurde bald zu einer Basilika ausgebaut, die Händler und Arme gleichermaßen anzog. Bilder und Statuen fielen dem Bildersturm von 1566 zum Opfer, die vergoldete Decke und die Glasfenster blieben erhalten. Die Große Orgel kam 1726 hinzu. Es gibt noch weitere Orgeln, hier befindet sich auch das Grab von Rembrandts Frau Saskia.

Oude Kerk
Die alte Kirche ist trotz ihrer Lage im Herzen des hektischen Rotlichtviertels ein Ort der Besinnung geblieben.

★ Große Orgel (1724)
Christian Vaters reich mit Statuen verzierte Orgel hat acht Blasebälge und 4000 Pfeifen. Die vorderen sind vergoldet.

1412 Fertigstellung des nördlichen Querschiffs	**1462** Erste Seitenkapelle weicht dem südlichen Querschiff		**1658** Glockenspiel		**1955–99** Beginn der Restaurierung		**1979** Wiedereröffnung der Kirche	
1330 Weihe (hl. Nikolaus)		**1552** Liebfrauenkapelle		**1724** Große Orgel	**1951** Schließung der Kirche		**2014** Erneuerung von Ein- und Ausgang	
1300	**1400**	**1500**	**1600**	**1700**	**1800**	**1900**	**2000**	**2100**
	1500 Bau der Seitenkapellen		**1578** Calvinisten überfallen Katholiken			**1912–14** Teilrestaurierung des nordwestlichen Teils		
1340 Kirchenvergrößerung	**1566** Turm (13. Jh.) erhält Spitze		*Bleiglasfenster mit Wappen, Liebfrauenkapelle*				**2011/12** Restaurierung des Bodens	
1300 Bau einer kleinen Steinkirche								

★ Golddecke
Die Deckenmalereien (15. Jh.) hatten einen goldenen Untergrund, der 1755 blau übermalt und erst 1955 wieder freigelegt wurde.

Infobox

Information
Oudekerksplein. **Stadtplan** 2 D4. 📞 (020) 625 8284.
Kirche ◯ Mo–Sa 10–18, So 13–17.30 Uhr. ✝ So 11 Uhr.
🔔 ♿ **Turm** ◯ Apr–Okt: Mo–Sa 12–18 Uhr (Aufstiegsbeginn jede halbe Stunde).
🌐 oudekerk.nl

Anfahrt
🚋 4, 9, 16, 24, 25.

★ Liebfrauen-kapelle (1552)
Der Tod der Jungfrau Maria von Dirck Crabeth ist das Motiv eines der drei restaurierten Bleiglasfenster.

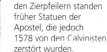

Zierpfeiler
In den Nischen zwischen den Zierpfeilern standen früher Statuen der Apostel, die jedoch 1578 von den Calvinisten zerstört wurden.

Außerdem

① **Grab von Admiral Abraham van der Hulst (1619–1666)**

② **Taufkapelle**

③ **Die Turmspitze** wurde 1566 von Joost Bilhamer erbaut. François Hemony schuf 1658 die 47 Glocken des Glockenspiels.

④ **Grab von Rembrandts Frau Saskia** *(siehe S. 82)*

⑤ **Grab von Admiral Jacob van Heemskerk (1567–1607)**

⑥ **Häuser (17./18. Jh.)**

⑦ **Ehemalige Sakristei**

Rote Tür
Der Türsturz der ehemaligen Sakristei warnte die eintretenden Paare in alten Zeiten unmissverständlich mit der Inschrift: »Schnell getraut, lang bereut.«

Stadtplan *Amsterdam siehe Seiten 154–163*

❼ Oost-Indisch Huis

Kloveniersburgwal 48. **Stadtplan**
2 D5. 🎫 (020) 525 2258. 🚊 4, 9,
14, 16, 24. Ⓜ Nieuwmarkt. ◯
Mo–Do 9–19.30, Fr 9–17 Uhr. ⬤
bei universitären Veranstaltungen.

Das 1605 errichtete Oost-Indisch Huis war Sitz der Verei-
nigde Oost-Indische Compagnie *(siehe S. 52f)* und diente
der Lagerung von Gewürzen,
Porzellan und Seide aus Ostindien. 1798 wur-
de die VOC
aufgehoben,
das Gebäu-
de von Zoll
und Finanz-
amt ge-

**Dekor am
Oost-Indisch Huis**

nutzt. Heute gehört das Haus
zur Universität, der Versammlungssaal ist restauriert.

❽ Trippenhuis

Kloveniersburgwal 29. **Stadtplan**
2 E5. 🚊 4, 9, 14, 16, 24. Ⓜ Nieuwmarkt. ⬤ für Besucher.

Das reich verzierte klassizistische Herrenhaus wurde 1662
von Justus Vingboons entworfen. Hinter der Fassade mit
den acht korinthischen Säulen
liegen eigentlich zwei Häuser.
Die Fenster in der Mitte sind
deshalb auch nur Attrappen.
Das Haus wurde für die Waf-
fenhändler Lodewijk und Hendrik Trip erbaut, die Schornsteine haben die Form von
Kanonenläufen. Hier befand
sich die städtische Kunstsammlung vor dem Umzug ins Rijksmuseum *(siehe S. 126–129)*.
Heute ist hier die Königlich
Niederländische Akademie der
Wissenschaften zu Hause.

❾ Zuiderkerk

Zuiderkerkhof 72. **Stadtplan** 2 E5.
🎫 (020) 308 0399. 🚊 9, 14.
Ⓜ Nieuwmarkt. ⬤ für Besucher.
🌐 zuiderkerkamsterdam.nl

Die 1603 von Hendrick de Keyser entworfene Renaissance-
Kirche war die erste, die die
Calvinisten nach dem Bildersturm in Amsterdam gründeten. Der Turm ist eines der
Wahrzeichen der Stadt. Seit

Turm der Zuiderkerk, eines der Wahrzeichen der Stadt

1929 wird die Zuiderkerk nicht
mehr als Gotteshaus genutzt.
Sie wurde 1988 restauriert, ist
für Veranstaltungen zu mieten
und steht inmitten von modernen Bauten, darunter dem
Wohnkomplex »Pentagon«
von Theo Bosch.

❿ Rembrandthuis

Jodenbreestraat 4–6. **Stadtplan**
2 E5. 🎫 (020) 520 0400. 🚊 9, 14.
Ⓜ Nieuwmarkt. ◯ tägl.
10–18 Uhr. ⬤ 27. Apr, 25. Dez. 🎫
🎫 🎫 🎫 🌐 rembrandthuis.nl

Rembrandt wirkte hier 1639–
58. Er bewohnte die Räume im
Erdgeschoss mit seiner Frau
Saskia. Sie starb 1642 und ließ
Rembrandt mit dem kleinen
Sohn Titus zurück.
  Viele von Rembrandts bekanntesten Werken entstanden im Atelier im ersten Stock,
obwohl man annimmt, dass
die *Nachtwache* nicht hier ge-

schaffen wurde. Das Haus
wurde 1907–11 restauriert
und als Museum konzipiert.
Die Radierungen und Zeichnungen zeigen Selbstbildnisse
des Künstlers, Landschaften,
Akte, biblische Szenen und
Zeichnungen von Rembrandts
Frau. Im neuen Flügel sind auch
persönliche Hinterlassenschaf-
ten Rembrandts zu sehen.

**Selbstbildnis Rembrandts mit seiner
Frau Saskia (1636)**

⓫ Stadhuis-Muziektheater

Waterlooplein 22. **Stadtplan** 5 B2.
🚊 4, 9, 14. Ⓜ Waterlooplein.
Stadhuis 📞 (020) 624 1111. 🕐
Mo–Fr 8.30–16 Uhr (kostenlose
Konzerte Sep–Mai: Di 12.30 Uhr).
Muziektheater 📞 (020) 625 5455
(Kasse). Siehe auch **Unterhaltung**
S. 150. ♿ 📷 🌐 operaballet.nl

Nur wenige Gebäude in Amsterdam waren so umstritten
und hart umkämpft wie das
neue Rathaus mit Opernhaus.
Dem Projekt, »Stopera« genannt, mussten Dutzende mittelalterliche Häuser weichen.
Mit ihnen verschwanden auch
die letzten Reste des alten jüdischen Viertels, das hier früher
stand. Der Koloss aus rotem
Backstein, Marmor und Glas
wurde 1986/88 vollendet.

Sehenswert ist die Installation des niederländischen
Wasserpegels, des »Normaal
Amsterdams Peil«, im Säulengang des Komplexes. Das
Opernhaus ist Stammbühne
des Nationalballetts und der
Niederländischen Oper. Sein
Zuschauersaal, der größte der
Niederlande, hat 1689 Plätze.
Das Gebäude kann bei einer
Führung besichtigt werden.

⓬ Waterlooplein

Stadtplan 5 B2. 🚊 9, 14. Ⓜ Waterlooplein. **Markt** 🕐 Mo–Fr 9–17,
Sa 8.30–17 Uhr.

Der Waterlooplein entstand
1882, als zwei Kanäle für den
Markt im Judenviertel zugeschüttet wurden. Davor hieß
die Gegend Vlooyenburg. Der
Markt verschwand während
des Zweiten Weltkriegs, als
man die Juden in Konzentrationslager deportierte. Nach
dem Krieg entwickelte sich an
der Nordseite des Waterlooplein ein Flohmarkt, auf dem
bis heute alles Mögliche und
Unmögliche angeboten wird.

⓭ Mozes en Aäronkerk

Waterlooplein 205. **Stadtplan** 5 B2.
📞 (020) 622 1305. 🚊 9, 14.
Ⓜ Waterlooplein. ⬤ für Besucher,
außer bei Ausstellungen.

Die Mozes en Aäronkerk, vom
flämischen Architekten T. Suys
d. Ä. entworfen und 1841 fertiggestellt, steht an der Stelle
einer früheren katholischen
Geheimkirche, die nach Moses
und Aaron benannt war. Deren
Bildnis befand sich auf dem

Giebelstein des ursprünglichen
Bauwerks, der Stein wurde an
der Rückseite des Neubaus
wieder eingemauert. Bei der
Restaurierung 1990 bemalte
man die Holztüren so, dass sie
wie aus Sandstein gefertigt
aussehen. Heute finden hier
Konzerte und Ausstellungen
statt.

Der zentrale Raum der Großen
Synagoge (1671)

⓮ Joods Historisch Museum

Nieuwe Amstelstraat 1. **Stadtplan**
5 B2. 📞 (020) 531 0310. 🚊 9, 14.
🚇 Muziektheater. Ⓜ Waterlooplein.
🕐 tägl. 11–17 Uhr. ⬤ 27. Apr,
Jom Kippur, Jüd. Neujahr. 📷 🏛
auf Anfrage, auch für Sehbehinderte. 📗 📷 ♿ 🌐 jhm.nl

Der Komplex aus vier Synagogen (17. und 18. Jh.) dient seit
1987 als Museum. Die Synagogen waren Mittelpunkt des jüdischen Lebens, bis sie nach
den Zerstörungen im Zweiten
Weltkrieg leer blieben. In den
1980er Jahren wurden sie restauriert und miteinander verbunden.

Um den zentralen Raum der
Großen Synagoge (von Elias
Bouman) läuft ein Balkon. Gitter trennen den Frauenbereich
ab. Zu den Highlights gehört
der Thora-Schrein (1791) aus
Enkhuizen *(siehe S. 182)*. Er
enthält zwei silberne Platten
und drei Samthüllen sowie die
Handschrift von Haggada aus
dem Jahr 1734. Eine Thora-Hülle aus dem 18. Jahrhundert
ist reich mit Gold- und Silberfäden verziert.

2007 wurde das Museum
erweitert. Neu ist das Kindermuseum. Außerdem finden
hier viele Wechselausstellungen statt.

Auf dem Waterloopleinmarkt findet man auch ausgefallene Dinge

Stadtplan Amsterdam siehe Seiten 154–163

⓰ Portugese Synagoge

Mr. Visserplein 3. **Stadtplan** 5 B2.
📞 (020) 531 0380. 🚊 9, 14.
Ⓜ Waterlooplein. 🕐 Feb–Nov:
So–Do 10–17, Fr 10–16 Uhr; Dez,
Jan: So–Do 10–16, Fr 10–14 Uhr.
⬤ jüdische Feiertage, 27. Apr. 📷
✂ für Gruppen nach Vereinbarung.
🏠 ♿ 🌐 portugesesynagoge.nl

Elias Bouman ließ sich beim
Entwurf dieser klassizistischen,
1675 eingeweihten Synagoge
vom Salomontempel in Jerusalem inspirieren. Auftraggeber
war die portugiesische Sephar-
dim-Gemeinde Amsterdams.
Der Bau besitzt einen rechteckigen Grundriss. Der Thora-
Schrein steht in der südöstlichen Ecke mit der Vorderfront
Richtung Jerusalem, am anderen Ende des Raums steht die
tebah, das Pult, von dem der
Gottesdienst geleitet wird.

Das hölzerne Tonnengewölbe
ruht auf vier ionischen Säulen.
Über 1000 Kerzen und das
Licht, das durch 72 Fenster
fällt, erhellen den schön restaurierten Saal. In der Synagoge ist die Bibliothek Ets
Haim untergebracht.

Fassade des Pintohuis aus dem
17. Jahrhundert

⓱ Pintohuis

Sint Antoniesbreestraat 69. **Stadtplan** 2 E5. 📞 (020) 624 3184.
🚊 9, 14. Ⓜ Nieuwmarkt. 🕐 für
Besucher.

Isaac de Pinto, ein reicher por-
tugiesischer Kaufmann, erwarb
das Haus 1651 für die stattliche Summe von 30 000 Gul-
den. Zehn Jahre lang ließ er es

nach einem Entwurf von Elias
Bouman umbauen. So wurde
es zu einem der wenigen Amsterdamer Wohnhäuser im italienischen Stil. Die cremefarbe-
ne Fassade entstand 1675–80.
Sie wird von sechs vorstehen-
den Pilastern aufgelockert. Die
Blendbalustrade auf dem Ge-
sims verbirgt das Dach. Im Inneren ist die Originaldecke mit
Vögeln und Cherubim bemalt.

In den 1970er Jahren sollte
das Haus abgerissen werden,
weil es einer geplanten Straße
im Weg stand. Demonstrationen verhinderten den Abriss.
Bis 2012 war das Pintohuis Sitz
einer Filiale der Stadtbücherei.

⓲ Montelbaans-toren

Oude Waal/Oudeschans 2. **Stadtplan** 5 B1. 🚊 9, 14. Ⓜ Nieuwmarkt. 🕐 für Besucher.

Der untere Teil des Montelbaanstoren wurde 1512 erbaut
und war Teil der Stadtbefestigung. Der Turm stand etwas
außerhalb der Stadtmauern
und diente der Verteidigung
der Ufer am neu angelegten
St. Antoniesdijk (heute Oude-
schans) gegen Überfälle aus
Utrecht und Gelderland.

Hendrick de Keyser baute
1606 den achteckigen Oberteil
und die offene Turmspitze an.
Die Spitze ähnelt derjenigen
der Oude Kerk, die von Jost
Bilhamer entworfen und
40 Jahre vorher erbaut wurde
(siehe S. 80f). Schon 1611 begann der Turm abzusacken,
worauf die praktischen Amsterdamer ein Seil an der Spitze
befestigten und ihn wieder
gerade zogen.

Matrosen der VOC trafen
sich am Montelbaanstoren.
Von hier aus setzten sie in kleinen Booten über das IJ, einst
ein Arm der Zuiderzee, zu den
großen Ostindienfahrern über,
die dort vor Anker lagen. Der
Turm ist auf einigen Radierungen Rembrandts zu sehen und
immer noch ein beliebtes
Motiv. Im Montelbaanstoren
waren früher Büros der Was-
serbehörde, seit 2014 ist er an
Private Boat Tours vermietet.

Kopf einer Meerjungfrau an der
Fassade des Scheepvaarthuis

⓳ Scheepvaarthuis

Prins Hendrikkade 108. **Stadtplan**
2 E4. 🚊 1, 2, 4, 5, 9, 13, 16, 17, 24.
Ⓜ Centraal Station. 📞 (020) 552
0000 (Hotel), 552 0552 (Restaurant).
🌐 amrathamsterdam.com/de

Das 1916 errichtete »Schiff-
fahrtshaus« ist der älteste Bau
der Amsterdamer Schule *(siehe
S. 146f)*. Piet Kramer (1881–
1961), Johan van der Mey
(1878–1949) und Michel de
Klerk (1884–1923) entwarfen
das Gebäude für Reedereien,
die ihre Geschäfte nicht am Kai
abwickeln wollten.

Der an der Vorderseite spitz-
winklige Bau ist einem Schiffs-
rumpf nachempfunden. Das
Dach des Hauses zieren Statu-
en von Neptun, dessen Gattin
und vier Figuren, welche die

Der Montelbaanstoren mit seiner
schönen Turmspitze

vier Himmelsrichtungen symbolisieren. Am Interieur wurde nicht gespart. Für die Werftarbeiter war das Gebäude der Inbegriff des Kapitalismus. Türen, Treppen, Fensterrahmen und Wände sind mit maritimen Motiven wie Seepferdchen, Delfinen oder Ankern verziert. Segelschiffe, Kompasse und Karten standen Pate bei der Gestaltung der bunten Oberlichter.

Im renovierten Scheepvaarthuis eröffnete 2007 das Grand Hôtel Amrâth. Einen Eindruck von den Räumlichkeiten bekommt man bei einem Besuch des Hotelrestaurants Seven Seas oder bei gelegentlichen Führungen des Hotels.

⓳ Schreierstoren

Prins Hendrikkade 94–95. **Stadtplan 2 E4.** 🚊 1, 2, 4, 5, 9, 11, 13, 16, 17, 24. Ⓜ Centraal Station.

Der Schreierstoren von 1480 war Teil der Stadtbefestigung. Er gehört zu den wenigen Befestigungsanlagen, die bei der Ausdehnung des Stadtgebiets im 17. Jahrhundert nicht abgerissen wurden. Heute beherbergt er unten eine Bar, andere Räume kann man für Veranstaltungen buchen.

Es heißt, der Turm sei nach den Seemannsfrauen benannt, die hier beim Abschied ihrer Männer weinten (*schreien* = weinen). Wahrscheinlich ist der Name jedoch auf die Tatsache zurückzuführen, dass der Turm an einer spitzen Kante oder Ecke (*screye* oder *scherpe*) der einstigen Stadtmauer stand. Auch der älteste der vier Giebelsteine (1569) trägt zur Verwirrung bei: Er zeigt eine weinende Frau neben der Inschrift *scrayer hovck* (»spitzer Winkel«).

Von hier aus segelte 1609 Henry Hudson gen Westen, um eine kürzere Route nach Indien zu entdecken. Stattdessen erreichte er Nordamerika, wo er an der Mündung des nach ihm benannten Hudson River landete. Seit 1927 erinnert eine Bronzetafel an die geschichtsträchtige Reise.

Schreierstoren, Teil der früheren Stadtbefestigung

⓴ Zeedijk

Stadtplan 2 E4. 🚊 1, 2, 4, 5, 9, 13, 16, 17, 24. Ⓜ Nieuwmarkt, Centraal Station.

Der »Seedeich« war neben dem Nieuwendijk und dem Haarlemmerdijk Teil der Stadtbefestigung. Er wurde Anfang des 14. Jahrhunderts angelegt, 30 Jahre nachdem Amsterdam die Stadtrechte erhalten hatte. Den Stadtgraben verstärkte zusätzlich ein Palisadenzaun. Bei der Erweiterung des Stadtgebiets wurden die Gräben zugeschüttet, die Deiche somit nutzlos und die Wege am Fuß der Deiche zu Straßen, die heute noch ihren Namen tragen. Das Haus Nr. 1 ist eines der beiden letzten Gebäude mit Holzfassade in Amsterdam. Es wurde Mitte des 16. Jahrhunderts als Hospital für Matrosen gebaut, heute findet man darin die Café-Bar In 't Aepjen. Gegenüber liegt die nach den ersten christlichen König Norwegens und Dänemarks benannte St. Olofskapel von 1445.

Um 1600 war die Gegend ein Elendsviertel. In den 1970er Jahren war sie wegen Drogenhandel berüchtigt, in den 1990er Jahren wurde der Bezirk saniert, sodass er heute mit Läden und Lokalen wieder einladend wirkt. Der Architekt Fred Greves errichtete hier den buddhistischen Tempel Fo Kuang Shan. Die Giebel der Häuser erzählen von ihrer früheren Nutzung. So verrät der Stiefel von Nr. 17, dass hier ein Schuster seine Werkstatt hatte.

Zeedijk, heute wieder eine schöne Straße mit Läden und Lokalen

Stadtplan Amsterdam *siehe Seiten 154–163*

Nieuwe Zijde

Der westliche Teil des mittelalterlichen Amsterdam, die Nieuwe Zijde (»Neue Seite«), bildet zusammen mit der Oude Zijde (»Alte Seite«) den Stadtkern. Bis heute sind einige der alten Straßenzüge sehr gut erhalten. Die belebte Shopping-Meile Nieuwendijk ist eigentlich einer der ältesten Deiche der Stadt. Da die Ausdehnung des Stadtgebiets im Wesentlichen nach Osten erfolgte, verwahrloste die westliche Nieuwe Zijde zusehends. 1452 brannten viele der Holzhäuser, die sich auf diesem Areal befanden, ab. Beim Wiederaufbau des Stadtteils wurde auch ein breiter Kanal, der Singel, angelegt, an dessen Ufern Speicher- und Patrizierhäuser entstanden. Im

Amsterdam Museum, das in einem ehemaligen Waisenhaus untergebracht ist, dokumentieren historische Stiche und Karten die Entwicklung der Stadt von damals bis heute. Ein Raum des Museums widmet sich zudem dem Amsterdamer Hostienwunder, dem Ereignis, das die Stadt zum Wallfahrtsort machte und dem Handel in der Nieuwe Zijde großen Aufschwung brachte. Ganz in der Nähe liegt auch die Kalverstraat, die Hauptgeschäftsstraße Amsterdams, und der ruhige, von schmalen Häusern des 17. Jahrhunderts gesäumte Begijnhof, eine Wohnanlage der Beginen. Hier steht das älteste noch erhaltene Holzhaus der Stadt aus dem 15. Jahrhundert.

Sehenswürdigkeiten auf einen Blick

Historische Gebäude, Denkmäler und Brücken

❷ Koninklijk Paleis S. 92f
❹ Nationaal Monument
❾ Torensluis
❿ Magna Plaza
⓬ Centraal Station
⓯ Beurs van Berlage

Straßen und Plätze

❺ Nes
❼ Begijnhof

Kirchen

❶ Nieuwe Kerk
⓫ Lutherse Kerk
⓭ Sint-Nicolaaskerk

Museen und Sammlungen

❸ Madame Tussauds
❻ Amsterdam Museum S. 96f
❽ Allard Pierson Museum
⓮ Ons' Lieve Heer op Solder

Restaurants in der Nieuwe Zijde
siehe S. 406

Stadtplan 1, 2, 5

0 Meter   250

◀ Besucher im Amsterdam Museum *(siehe S. 96f)*   **Zeichenerklärung** *siehe hintere Umschlagklappe*

Im Detail: Nieuwe Zijde

Auch wenn viele mittelalterliche Bauten der Nieuwe Zijde nicht mehr stehen, gibt es genug architektonische Zeugnisse der Vergangenheit. Am Dam liegen nicht nur der Koninklijk Paleis und die Nieuwe Kerk, sondern auch viele Häuser aus dem 15. bis 20. Jahrhundert. Die engen Gassen um die Kalverstraat folgen dem Muster der alten Deiche und Fußwege. Heute sind hier in den meisten Häusern Cafés oder Läden untergebracht. Am Rokin und am Nes haben sich wegen der Nähe zur Börse viele Geldinstitute angesiedelt. Der Nes ist zudem als Theaterstraße bekannt. Rokin und Damrak werden künftig aufgewertet werden, wenn im Juli 2018 die neue Noord-Zuidlijn-Metro eröffnet.

Kalverstraat
Die beliebte Shopping-Meile wurde nach dem Viehmarkt benannt (*kalvern* = Kälber), der hier im 15. Jahrhundert stattfand.

❻ ★ Amsterdam Museum
In einem ehemaligen Waisenhaus aus dem 16. Jahrhundert sind Reliefmodelle und Karten des mittelalterlichen Stadtgebiets ausgestellt.

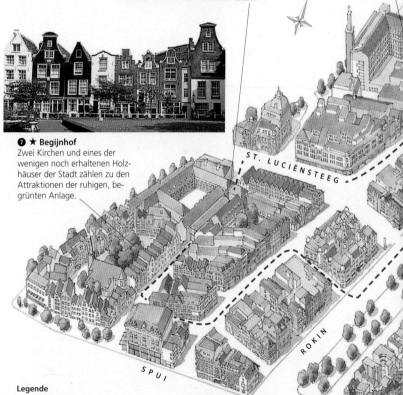

❼ ★ Begijnhof
Zwei Kirchen und eines der wenigen noch erhaltenen Holzhäuser der Stadt zählen zu den Attraktionen der ruhigen, begrünten Anlage.

ST. LUCIËNSTEEG

ROKIN

SPUI

Legende
— Routenempfehlung

Hotels und Restaurants in Amsterdam *siehe Seiten 396f und 406–409*

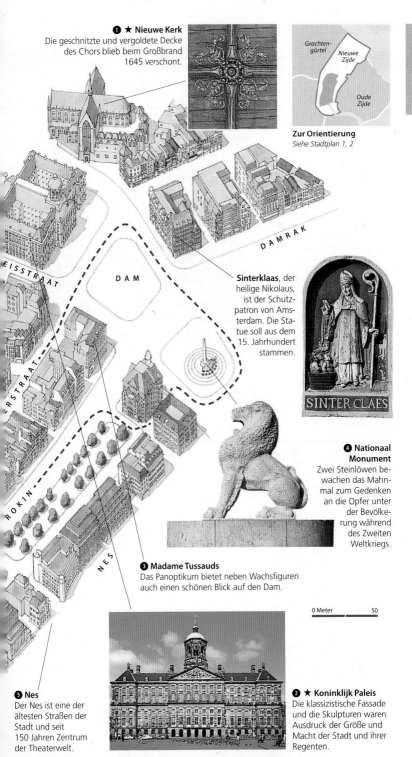

❶ ★ Nieuwe Kerk
Die geschnitzte und vergoldete Decke des Chors blieb beim Großbrand 1645 verschont.

Grachten-gürtel
Nieuwe Zijde
Oude Zijde

Zur Orientierung
Siehe Stadtplan 1, 2

Sinterklaas, der heilige Nikolaus, ist der Schutzpatron von Amsterdam. Die Statue soll aus dem 15. Jahrhundert stammen.

SINTER CLAES

❹ Nationaal Monument
Zwei Steinlöwen bewachen das Mahnmal zum Gedenken an die Opfer unter der Bevölkerung während des Zweiten Weltkriegs.

❸ Madame Tussauds
Das Panoptikum bietet neben Wachsfiguren auch einen schönen Blick auf den Dam.

0 Meter   50

❺ Nes
Der Nes ist eine der ältesten Straßen der Stadt und seit 150 Jahren Zentrum der Theaterwelt.

❷ ★ Koninklijk Paleis
Die klassizistische Fassade und die Skulpturen waren Ausdruck der Größe und Macht der Stadt und ihrer Regenten.

Stadtplan Amsterdam *siehe Seiten 154–163*

❶ Nieuwe Kerk

Dam. **Stadtplan** 1 C4. 📞 (020) 638 6909. 🚊 1, 2, 4, 5, 9, 13, 14, 16, 17, 24. ⏻ nur bei Ausstellungen, dann tägl. 10–17 Uhr. ⬤ 27. Apr, 25. Dez. 🅿️ 🖥️ ♿ 🌐 nieuwekerk.nl

Die aus dem 14. Jahrhundert stammende Kirche wurde gebaut, als die wachsende Gemeinde in der Oude Kerk *(siehe S. 80f)* keinen Platz mehr fand. Im Lauf der Zeit wurde sie mehrere Male durch Brände zerstört und wiederaufgebaut. Während des Bildersturms beraubte man sie all ihres Schmucks. Um 1600 erhielt sie schließlich ihr heutiges Äußeres. Mittelpunkt des Innenraums ist nicht der Altar, sondern die Kanzel. Sie wurde in 15-jähriger Arbeit von Albert Vinckenbrink handgeschnitzt und ist nach protestantischen Maßstäben prächtig. Das gilt auch für die vergoldeten Cherubim, die die Ecken des hölzernen Rippengewölbes in der Vierung unterstützen.

Das bemalte Fenster auf der rechten unteren Seite des südlichen Querschiffs schuf Otto Mengelberg 1898. Es zeigt die Krönung Königin Wilhelminas. In der Apsis steht ein Gedenkstein, den Rombout Verhulst zu Ehren von Admiral Michiel de Ruyter (1607–1676) anfertigte. Zu den Sehenswürdigkeiten zählt auch die Große Orgel (1645), deren vergoldeter Umbau mit Putten, Blumen und Vögeln überaus reich verziert ist.

Detail eines Bleiglasfensters in der Nieuwe Kerk

❷ Koninklijk Paleis

Siehe S. 92f.

Szene nach Vermeer bei Madame Tussauds

❸ Madame Tussauds

Gebouw Peek & Cloppenburg, Dam 20. **Stadtplan** 2 D5. 📞 (020) 522 1010. 🚊 4, 9, 14, 16, 24. ⏻ tägl. 10–22 Uhr (Juli, Aug und in Ferien: 9–22 Uhr). ⬤ 27. Apr. 🅿️ 🖥️ ♿ 🌐 madametussauds.com

Madame Tussaud zeigt uns ihre Version der Geschichte der Niederlande und riskiert dabei auch einen Blick in die Zukunft. Manche Figuren mögen etwas eigenartig sein, aber man bekommt beispielsweise auch einen guten Eindruck vom Leben im Goldenen Jahrhundert *(siehe S. 68f)*. Wer es zeitgenössischer mag, kann sich hier mit Justin Bieber fotografieren lassen.

❹ Nationaal Monument

Dam. **Stadtplan** 2 D5. 🚊 4, 9, 14, 16, 24.

Der 1956 enthüllte Obelisk wurde vom Architekten J. J. P. Oud entworfen und vom Bildhauer John Raedecker aus Travertin gearbeitet. Das 22 Meter hohe Werk erinnert an die Opfer in der niederländischen Bevölkerung während des Zweiten Weltkriegs. In der Mauer hinter der Säule stehen Urnen mit Erde aus den Provinzen und den ehemaligen Kolonien. Der Text auf dem Monument stammt von Adriaan Roland Holst (1888–1976).

❺ Nes

Stadtplan 2 D5. 🚊 4, 9, 14, 16, 24.

In der mittelalterlichen Gasse stehen viele Theater und gute Restaurants. 1614 wurde im Haus Nr. 57 die erste Pfandleihe eröffnet. Daran erinnert eine Gedenktafel, nicht ausgelöste Wertgegenstände sind im Fenster zu sehen. Nachts sollte man hier nicht unbedingt allein unterwegs sein.

❻ Amsterdam Museum

Siehe S. 96f.

❼ Begijnhof

Spui (Zugang: Gedempte Begijnensloot). **Stadtplan** 1 C5. 🚊 1, 2, 5, 9, 14, 16, 24. 🕐 tägl. 9–17 Uhr. Ⓦ begijnhofamsterdam.nl

Der Begijnhof wurde 1346 als Stift für die *Begijntjes* (Laienschwestern, Beginen), die kein Keuschheitsgelübde abgelegt hatten, errichtet. Als Gegenleistung für die Unterbringung im Damenstift widmeten sie sich der Pflege von Armen und Kranken. Von der originalen Anlage ist nichts mehr erhalten, doch der Begijnhof wirkt auch heute noch wie eine Oase der Ruhe und Besinnung in der Hektik der Stadt. Unter den Häusern rings um den gepflegten begrünten Hof befindet sich auch das älteste Holzhaus Amsterdams (Nr. 34). An der Mauer des Nachbarhauses sieht man eine Giebelsteinsammlung mit biblischen Motiven.

An der Südseite des Hofs steht die Engelse Kerk (Englische Kirche) aus dem 15. Jahrhundert. In der Begijnhof-Kapelle, einer Geheimkirche westlich davon, hielten die Begijntjes und andere Katholiken ihre Gottesdienste ab, bis 1795 die Glaubensfreiheit wiederhergestellt wurde. Früher waren hier Reliquien des Hostienwunders untergebracht.

Manche Bewohner des Begijnhof plädieren dafür, diesen für die Öffentlichkeit zu schließen. Verhalten Sie sich deshalb rücksichtsvoll und vermeiden Sie Lärm.

Giebelstein, Engelse Kerk

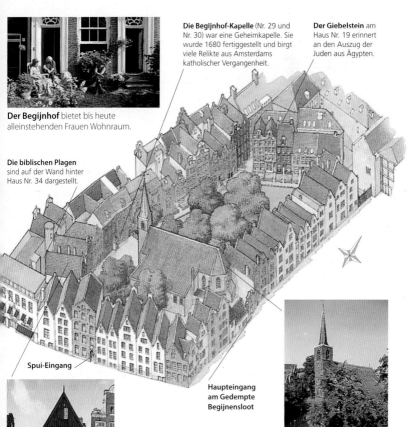

Die Begijnhof-Kapelle (Nr. 29 und Nr. 30) war eine Geheimkapelle. Sie wurde 1680 fertiggestellt und birgt viele Relikte aus Amsterdams katholischer Vergangenheit.

Der Giebelstein am Haus Nr. 19 erinnert an den Auszug der Juden aus Ägypten.

Der Begijnhof bietet bis heute alleinstehenden Frauen Wohnraum.

Die biblischen Plagen sind auf der Wand hinter Haus Nr. 34 dargestellt.

Spui-Eingang

Haupteingang am Gedempte Begijnensloot

Houten Huis
Nr. 34 ist Amsterdams ältestes Haus (um 1420). Es gibt nur noch zwei Holzhäuser in der Stadt, da Holz nach mehreren Großbränden 1521 als Baumaterial verboten wurde. Die heutigen Häuser des Begijnhof wurden überwiegend nach dem 16. Jahrhundert gebaut.

Engelse Kerk
Die Kirche wurde 1419 für die *Begijntjes* gebaut. Nach der Alteratie 1578 übernahmen die Calvinisten die Kirche und überließen sie 1607 den Presbyterianern. Auch die Pilgerväter sollen hier gebetet haben.

Stadtplan Amsterdam *siehe Seiten 154–163*

❷ Koninklijk Paleis

Das ehemalige Rathaus wird vom Königshof regelmäßig für offizielle Anlässe genutzt. Mit dem Bau wurde 1648, am Ende des Achtzigjährigen Kriegs *(siehe S. 53)*, begonnen. Die Fundamente des riesigen Sandsteingebäudes ruhen auf 13 600 Rammpfählen. Der stolze, klassizistische Entwurf von Jacob van Campen (1595–1657) ist auch ein Ausdruck des Selbstbewusstseins der Stadt Amsterdam nach dem Sieg über die Spanier.

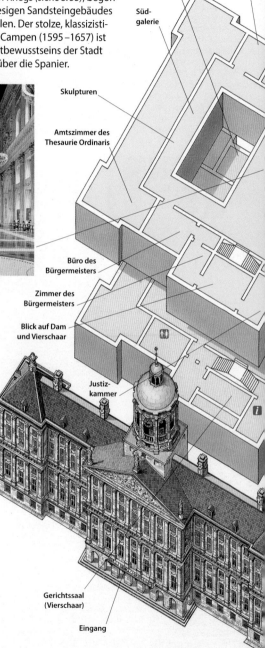

Zimmer der Commissarissen van Kleine Zaken

Innenhof

Süd-galerie

Skulpturen

Amtszimmer des Thesaurie Ordinaris

Büro des Bürgermeisters

Zimmer des Bürgermeisters

Blick auf Dam und Vierschaar

Justiz-kammer

Gerichtssaal (Vierschaar)

Eingang

★ Burgerzaal
Im Marmorboden des »Bürgersaals« sieht man Karten der westlichen und der östlichen Hemisphäre als Einlegearbeiten.

★ Skulpturen
Das ganze Palais ist mit allegorischen Figuren geschmückt.

Legende
▨ Erdgeschoss
▨ Obergeschoss

Schöffensaal

Innenhof

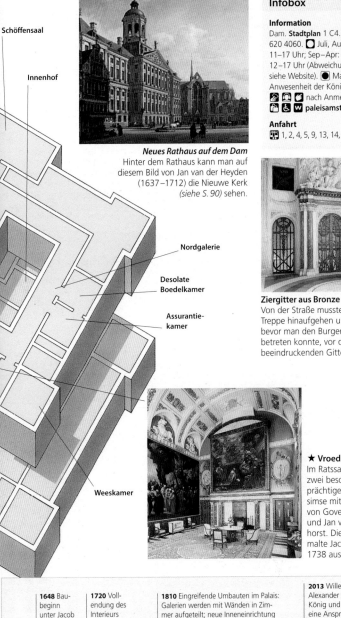

Neues Rathaus auf dem Dam
Hinter dem Rathaus kann man auf diesem Bild von Jan van der Heyden (1637–1712) die Nieuwe Kerk *(siehe S. 90)* sehen.

Nordgalerie

Desolate Boedelkamer

Assurantie-kamer

Weeskamer

Ziergitter aus Bronze
Von der Straße musste man eine Treppe hinaufgehen und stand, bevor man den Burgerzaal betreten konnte, vor diesen beeindruckenden Gittern.

★ Vroedschapszaal
Im Ratssaal stehen zwei besonders prächtige Kaminsimse mit Aufsätzen von Govert Flinck und Jan van Bronckhorst. Die Grisaille malte Jacob de Wit 1738 aus.

1648 Baubeginn unter Jacob van Campen	**1720** Vollendung des Interieurs	**1810** Eingreifende Umbauten im Palais: Galerien werden mit Wänden in Zimmer aufgeteilt; neue Inneneinrichtung im Empire-Stil		**2013** Willem-Alexander wird König und hält eine Ansprache auf dem Balkon

1600	1700	1800	1900	2000

1655 Festliche Einweihung des Gebäudes	**1665** Vollendung des Baus	**1808** Louis Napoléon baut das Rathaus zum Palast um	**1960** Mit mehreren Restaurierungen wird im 20. Jahrhundert der Originalzustand der Zeit vor Louis Napoléon wiederhergestellt	**2002** Auf dem Balkon küsst Kronprinz Willem-Alexander seine Braut Máxima

Stadtplan *Amsterdam siehe Seiten 154–163*

❽ Allard Pierson Museum

Oude Turfmarkt 127. **Stadtplan** 5 A2. 📞 (020) 525 2556. 🚋 4, 9, 14, 16, 24. 🕐 Di–Fr 10–17, Sa, So 13–17 Uhr. 🔴 1. Jan, 27. Apr, 25. Dez. 🎒 📷 ♿
🌐 allardpiersonmuseum.nl

Das 1934 gegründete archäologische Museum der Stadt ist nach dem Theologen, Philosophen und Archäologen Allard Pierson (1831–1896) benannt und gehört zur Universität. Seit 1976 ist es in einem klassizistischen Gebäude beheimatet. Das Museum besitzt ägyptische, griechische, römische, zypriotische und koptische Kunstschätze.

❾ Torensluis

Singel, zwischen Torensteeg und Oude Leliestraat. **Stadtplan** 1 C4. 🚋 1, 2, 5, 13, 14, 17.

Die Torensluis ist eine der breitesten Brücken Amsterdams. Sie liegt an der Stelle einer Schleuse aus dem 17. Jahrhundert und verdankt ihren Namen den zwei Türmen, die hier bis 1829 zu beiden Seiten des Singel standen. Umrisse sind auf das Pflaster gezeichnet. Unter der Brücke liegen noch alte Kerker.

Detail aus Bentheimer Sandstein am Gebäude des Allard Pierson Museum

❿ Magna Plaza

Nieuwezijds Voorburgwal 182. **Stadtplan** 1 C4. 📞 (020) 626 9199. 🚋 1, 2, 5, 13, 14, 17. 🕐 Mo 11–19, Di–Sa 10–19 (Do bis 21), So 12–19 Uhr. 🔴 1. Jan, 27. Apr, 25. Dez. Siehe auch **Shopping** S. 148. ♿ 🌐 magnaplaza.nl

Seit 1748 stand hier ein Postamt. Das heutige Gebäude wurde 1899 von C. P. Peters entworfen und diente zunächst als Post. Seit 1990 beherbergt es Magna Plaza, das erste überdachte Shopping-Center der Stadt.

⓫ Lutherse Kerk

Kattengat 2. **Stadtplan** 2 D3. 📞 (020) 621 2223. 🕐 nur bei Konzerten. 🚋 1, 2, 5, 13, 17.

Die Kirche wurde 1671 von Adriaan Dortsman (1625–1682) entworfen. Sie war der erste runde protestantische Kirchenbau des Landes – die

Idee war, dass alle Gläubigen die Kanzel gut sehen sollten. Im Jahr 1882 brannte die Kirche beinahe völlig ab, nur die Außenmauern blieben stehen. Beim Wiederaufbau wurden der Innenraum und das Portal nach der damaligen Mode umgestaltet. Nach einem weiteren Brand 1893 wurde das Dach durch eine kupferbeschlagene Kuppel ersetzt.

Der Rückgang der Zahl von Gläubigen führte 1935 zur Schließung der Kirche. Heute wird sie vom Amsterdam Renaissance Hotel als Tagungs- und Bankettsaal genutzt. An Sonntagnachmittagen finden im Winter manchmal Konzerte statt.

⓬ Centraal Station

Stationsplein. **Stadtplan** 2 E3. 📞 0900 9292 (Zugauskunft). 🚋 1, 2, 4, 5, 9, 13, 16, 17, 24. Ⓜ Centraal Station. 🕐 tägl. ♿ 🌐 ns.nl

Seit seiner Eröffnung 1889 bildet der Hauptbahnhof den Abschluss der Innenstadt zum IJ. Das neogotische Gebäude wurde von P. J. H. Cuypers entworfen, dem Architekten des Rijksmuseum *(siehe S. 126–129)*, und aus rotem Backstein auf einer künstlichen Insel errichtet. Die prächtige Fassade

Straßencafé an der Torensluis mit Aussicht über den Singel

Hotels und Restaurants in Amsterdam *siehe Seiten 396f und 406–409*

mit ihrem Zierrat ist beeindru-ckend. Heute nutzen täglich 250 000 Reisende den Bahn-hof. Viele Tram- und Busver-bindungen enden am Stations-plein. Amsterdam Centraal wird derzeit umgebaut, die Arbeiten sollen 2017 abgeschlossen sein.

Die Neorenaissance-Fassade der Sint-Nicolaaskerk

⑬ Sint-Nicolaaskerk

Prins Hendrikkade 73. **Stadtplan** 2 E4. ☎ (020) 624 8749. 🚋 1, 2, 4, 5, 9, 13, 16, 17, 24. Ⓜ Centraal Station. ◑ Mo, Sa 12–15, Di–Fr 11–16 Uhr. ✝ Mo–Sa 12.30, So 10.30, 13 Uhr (auf Spanisch). 🌐 nicolaas-parochie.nl

Sint Nicolaas ist der Schutzhei-lige der Matrosen. Viele Kir-chen in den Niederlanden sind ihm geweiht, und am Abend des 5. Dezember wird ihm zu Ehren der »Sinterklaasavond« gefeiert, ein wichtiger Feiertag in den Niederlanden. Die Sint-Nicolaaskerk wurde von A. C. Bleys (1842–1912) entworfen, 1887 war sie vollendet. Sie er-setzte die vielen katholischen Geheimkirchen, die in Amster-dams streng protestantischen Jahren entstanden waren.
Von außen wirkt der Bau ab-weisend, innen beeindruckt die Monumentalität. Die bei-den Bleiglasfenster wurden unlängst erneuert.

Ons' Lieve Heer op Solder (17. Jh.)

⑭ Ons' Lieve Heer op Solder

Oudezijds Voorburgwal 40. **Stadt-plan** 2 E4. ☎ (020) 624 6604. 🚋 4, 9, 16, 24. ◑ Mo–Sa 10–17, So 13–17 Uhr. ◉ 27. Apr. 🌐 opsolder.nl

Am Rand des Rotlichtviertels steht ein unscheinbares Grach-tenhaus, hinter dem sich zwei kleinere Gebäude verbergen. In den verbundenen Dachbö-den, den *zoldern*, befindet sich die 1663 erbaute katholische Geheimkirche »Unser Lieber Herr auf dem Dachboden«. Die Kirche wurde 1735 erwei-tert, bis zur Vollendung der Sint-Nicolaaskerk Ende des 19. Jahrhunderts fanden hier Messen statt.

Zu den Highlights gehört der Altaraufsatz. Über dem Altar hängt *Die Taufe Christi* (1716) von Jacob de Wit. In den unte-ren Etagen ist seit 1888 ein Museum mit Silberschmiede-arbeiten, religiösen Gegenstän-den und Gemälden. Bei einem Umbau wurde das Oude Huis unlängst mit einem Nieuwe Huis auf der anderen Straßen-seite verbunden, um mehr Ausstellungsraum zu schaffen.

⑮ Beurs van Berlage

Damrak 243. **Stadtplan** 2 D4. ☎ (020) 530 4141 (Tickets). 🚋 4, 9, 16, 24. ◑ nur für Ausstellungen. 🌐 beursvanberlage.nl

Die Effektenbörse, ein Entwurf Hendrik Berlages, wurde 1903 fertiggestellt. Die Geradlinig-keit des Baus bedeutete einen Bruch mit der Architektur des 19. Jahrhunderts und beein-flusste die Amsterdamer Schu-le *(siehe S. 146f)*. Ein Fries zeigt die Evolution des Menschen von Adam bis zum Börsen-händler.
Heute dient der Bau für Kon-zerte, Ausstellungen, Kongres-se und verschiedene Events. So wurden hier im Jahr 2002 Kronprinz Willem-Alexander und Máxima Zorreguieta stan-desamtlich getraut.

Beurs van Berlage, vom Beursplein aus gesehen

Stadtplan Amsterdam *siehe Seiten 154–163*

❻ Amsterdam Museum

Das St.-Luciënkloster wurde zwei Jahre nach der Alteratie 1578 als Waisenhaus eröffnet. Der ursprüngliche Bau aus rotem Backstein wurde im Lauf der Jahre mit Anbauten von Hendrick de Keyser und Jacob van Campen erweitert. Das heutige Gebäude mit seinem kopfsteingepflasterten Hof und der klassizistischen Fassade stammt großteils aus dem 18. Jahrhundert. Es beherbergt das 1975 eröffnete Museum zur Stadtgeschichte.

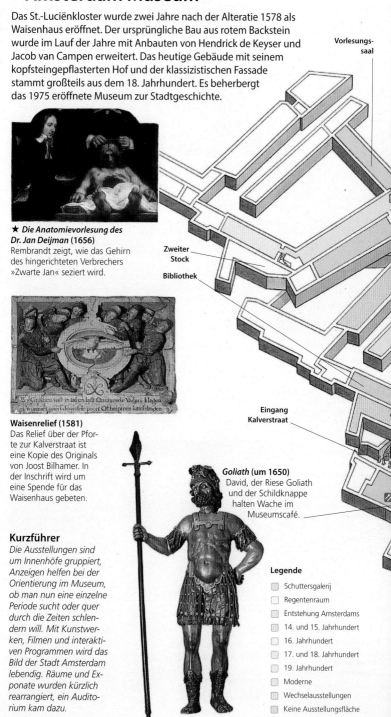

★ Die Anatomievorlesung des Dr. Jan Deijman (1656)
Rembrandt zeigt, wie das Gehirn des hingerichteten Verbrechers »Zwarte Jan« seziert wird.

Waisenrelief (1581)
Das Relief über der Pforte zur Kalverstraat ist eine Kopie des Originals von Joost Bilhamer. In der Inschrift wird um eine Spende für das Waisenhaus gebeten.

Kurzführer
Die Ausstellungen sind um Innenhöfe gruppiert, Anzeigen helfen bei der Orientierung im Museum, ob man nun eine einzelne Periode sucht oder quer durch die Zeiten schlendern will. Mit Kunstwerken, Filmen und interaktiven Programmen wird das Bild der Stadt Amsterdam lebendig. Räume und Exponate wurden kürzlich rearrangiert, ein Auditorium kam dazu.

Vorlesungssaal

Zweiter Stock

Bibliothek

Eingang Kalverstraat

Goliath (um 1650)
David, der Riese Goliath und der Schildknappe halten Wache im Museumscafé.

Legende
- ☐ Schuttersgalerij
- ☐ Regentenraum
- ☐ Entstehung Amsterdams
- ☐ 14. und 15. Jahrhundert
- ☐ 16. Jahrhundert
- ☐ 17. und 18. Jahrhundert
- ☐ 19. Jahrhundert
- ☐ Moderne
- ☐ Wechselausstellungen
- ☐ Keine Ausstellungsfläche

★ De Nieuwezijds Vorburgwal (1673)
Wo heute die Linie 5 über den Nieuwezijds Voorburgwal fährt, lag im 17. Jahrhundert der alte Blumenmarkt an der
noch offenen Gracht, im Schatten des
alten Rathauses. Das Gemälde stammt
von Gerrit Berckheijde (1638–1698).

Infobox

Information
Kalverstraat 92
(Postadresse: Nieuwezijds
Voorburgwal 359).
Stadtplan 1 C5.
📞 (020) 523 1822.
⏰ tägl. 10–17 Uhr.
⏺ 27. Apr, 25. Dez.
🗿🗿🖥🖊🏠♿
🌐 amsterdammuseum.nl

Anfahrt
🚋 1, 2, 4, 5, 9, 13, 14, 16,
17, 24.

Schlüssel der Stadt Amsterdam (1810)
Die vergoldeten Silberschlüssel bekam
Napoléon 1811 bei seinem Einzug in
Amsterdam überreicht.

Erster
Stock

**★ Schutters-
galerij**
Die 17 Mann der
Rotte F der Klove-
niersgilde stehen
seit 1557 in Reih
und Glied.

Erdgeschoss

Backstein-
fassade aus
dem 17. Jahr-
hundert

Zugang zum
Mädchenhof

Eingang vom
Nieuwezijds
Voorburgwal

Eingang Sint
Luciënsteeg

Hartjesdag (1926)
Johan Braakensieks Ölgemälde
fängt die lebhafte Karnevals-
atmosphäre ein, die während
des »Herzchentags« im August
auf dem Zeedijk herrschte.

Stadtplan Amsterdam *siehe Seiten 154–163*

Grachtengürtel

Die zu Beginn des 17. Jahrhunderts ausge-
hobenen drei großen Grachten Amsterdams
wurden noch im selben Jahrhundert erweitert. In den 1660er Jahren ließen die Kaufleute vornehme Häuser vor allem an dem Stück
der Herengracht errichten, das später die
Gouden Bocht (»Goldkurve«) genannt wurde.
Heute haben hier vor allem Büros und Kanz-
leien ihren Sitz. An den westlichen Grachten

liegt das Jordaan-Viertel, das einst für Arbeiter und Einwanderer errichtet wurde und
seit einigen Jahren chic und teuer ist. Berühmt ist es für seine *hofjes*. Architektonische
Glanzlichter des Grachtengürtels sind das
Westerkerk, das Huis met de Hoofden (»Haus
mit den Köpfen«) und das American Hotel am
Leidseplein. 2010 wurde der Grachtengürtel
UNESCO-Welterbestätte.

Restaurants im Grachtengürtel *siehe S. 406–409*

Sehenswürdigkeiten auf einen Blick

Historische Gebäude und Denkmäler
2 Homomonument
4 Huis met de Hoofden
6 Haarlemmerpoort
10 American Hotel
15 Stadsarchief Amsterdam
18 Magere Brug
21 Munttoren

Museen und Sammlungen
1 *Anne Frank Huis S. 112f*
13 Bijbels Museum
17 Museum Willet-Holthuysen
19 Museum Van Loon

Kirchen
3 Westerkerk
5 Noorderkerk
12 De Krijtberg

Märkte
5 Noordermarkt
14 Antiekcentrum

Theater
11 Stadsschouwburg
20 Pathé Tuschinski

Plätze, Viertel und Grachten
7 Brouwersgracht
8 Westelijke Eilanden
9 Leidseplein
16 Rembrandtplein

Stadtplan *1, 2, 4, 5*

0 Meter 500

◄ **Blick auf eine der Grachten**

Zeichenerklärung *siehe hintere Umschlagklappe*

Architektur der Grachtenhäuser

Amsterdam gilt als die Stadt der »zurückhaltenden« Architektur, da der Reiz der Häuser mehr in den Details als in großangelegten Effekten liegt. Seit dem 15. Jahrhundert lassen Bauvorschriften, Grundstücksgröße und der weiche Boden fast nur den gleichen Typ von Häusern zu. Sie sind aus leichten Baumaterialien wie Sandstein oder Backstein errichtet und mit vielen Fenstern versehen, die das Gewicht zusätzlich verringern. Die Besitzer verleihen ihren Häusern im Wesentlichen durch Giebel, Simse, Türeinfassungen und Fensterformen ihre persönliche Note.

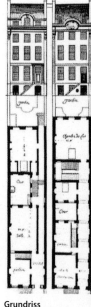

Grundriss
Steuern bemaßen sich nach der Fassadenbreite, also baute man die Häuser lang und schmal. Im *achterhuis* (Hinterhaus) waren Büro und Lager.

Gebrochenes Fronton   **Fenstereinfassung**

Bartolotti-Haus (1617)
Die Kombination von Backstein und Sandstein, der Treppengiebel und die Voluten sind typisch für Hendrick de Keysers Renaissance-Häuser.

Skulpturelemente im Typanon symbolisieren Kunst und Wissenschft.

Felix-Meritis-Gebäude (1778)
Klassizistische Elemente wie die korinthischen Säulen und der Dreiecksgiebel prägen das Erscheinungsbild dieses von Jacob Otten Husly entworfenen Hauses.

Simse

Dekorative Dachsimse wurden ab 1690 sehr beliebt, als Giebel gerade aus der Mode kamen. Im 19. Jahrhundert setzte sich eine schlichte Gestaltung durch.

Louis-XV-Stil mit Rokoko-Balustrade (1739)

Sims (19. Jh.) mit Mansardendach

Sogenannte Zahnleiste (19. Jh.)

Giebel

Giebel sollten anfänglich nur die Lagerböden unter dem Dach kaschieren. Später wurden sie mehr und mehr mit geschwungenen Ornamenten, Vasen und sogar mit Familienwappen dekoriert.

Speicherhaus mit Schnabelgiebel

Einfacher Spitzgiebel

Niederländische Renaissance

Begijnhof 34 (um 1420) ist eines der letzten noch erhaltenen Holzhäuser.

Der Schnabelgiebel, Leliegracht 213 (um 1620), ist typisch für Lagerhäuser.

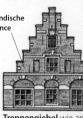

Treppengiebel wie an der Brouwersgracht 2 waren von 1600 bis et² 1665 in Mode.

Gouden Bocht

Der Teil der Herengracht zwischen Leidse- und Vijzelstraat wurde seit dem 17. Jahrhundert Gouden Bocht (»Goldkurve«) genannt, hier wohnten die reichen Werftbesitzer, Kaufleute und Politiker. Die Fassaden bestanden oft aus Sandstein, der teurer als Backstein war und importiert werden musste. Schön ist Haus Nr. 412, das 1664 von Philips Vingboons entworfen wurde. Er konstruierte auch das Witte Huis (Herengracht 168) und das Bijbels Museum (Herengracht 366). Bis ins 18. Jahrhundert wurden hier Häuser gebaut, meist im Louis-XIV-Stil. Das Haus Herengracht 475 ist ein gutes Beispiel für diesen Stil. Es wurde 1730 errichtet und gilt mit seinen beiden Frauenfiguren über dem Eingang und der eleganten Sandsteinfassade als wahres Juwel unter den vornehmen Häusern an der Gracht.

Grundriss und Ansicht des Witte Huis, Herengracht 168

rgeneigte Fassaden
rgeneigte Fassaden verhindern, ss beim Hochziehen der Waren den Speicher die Fenster zerstört erden. Seit 1565 darf der Nei-ngswinkel gesetzlich maximal 25 betragen, damit die Häuser ht »umkippen«.

·jes
·ltäter ließen im 17. und Jahrhundert im ganzen Land enhäuser *(hofjes)* bauen. se *hofjes*, in denen Alte und nke Unterkunft fanden, waren erste Schritt auf dem Weg Sozialstaat.

Giebelstein eines Matrosenheims

Giebelstein eines Milchladens

Arche Noah – Zufluchtsort der Armen

Giebelsteine

Bis zur Einführung der Hausnummern im 16. Jahrhundert zeigten behauene und bemalte Giebelsteine, wer in dem Haus wohnte und oft auch dessen Beruf.

·Halsgiebel, hier Singel 419, war chen 1640 und 0 modern.

Oudezijds Voorburg-wal 119 besitzt einen reich verzierten Hals-giebel (17. Jh.).

Glocken-giebel

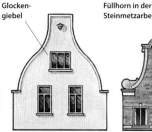

Leliegracht 57 zeigt einen einfachen Glockengiebel, wie er im 17. Jahrhundert beliebt war.

Füllhorn in der Steinmetzarbeit

Oudezijds Voorburgwal 298 hat einen verzierten Glockengiebel aus dem 18. Jahrhundert.

·schel-·tiv   **Delfin-ornament**

Vom Dam zur Herengracht 487

Start ist am Dam *(siehe S. 88f)*. Folgen Sie der grau gepunkteten Route auf der Karte rechts zum Koninklijk Paleis *(siehe S. 92f)*, überqueren Sie Nieuwezijds Voorburgwal und Spuistraat, biegen Sie am Ende der Paleisstraat links ab zum linken Singelufer (lila Punkte). Von hier aus folgen Sie der Route dieses Grachtenspaziergangs.

Zur Orientierung

Singel

Singel 239
A. L. van Gendt entwarf das große Bürohaus für den Kaufmann Julius Carle Bunge. Das sogenannte Bungehuis wurde 1934 vollendet.

Das Haus Singel 265 mit der symmetrischen Fassade aus dem 17. Jahrhundert wurde mehrmals umgebaut.

Der Treppengiebel von Haus Nr. 279 stammt dem 19. Jahrhundert. Die ten Häuser am Singel ents zwischen 1600 und 1665.

Die Halsgiebel der Häuser Nr. 353–357 an der Keizersgracht stammen aus dem frühen 18. Jahrhundert.

Huidenstr

Das schmale Haus in der Keizersgracht 345a teilt sich den Sims mit dem Nachbarhaus.

1708 wurde das Haus Nr. 333 an der Keizersgracht für den Steuereintreiber Jacob de Wilde umgebaut. Heute ist es ein Wohnhaus.

Der Sämann (1888)
Im März 1878 besuchte Vincent van Gogh *(siehe S. 130f)* seinen Onkel, der eine Buch- und Kunsthandlung (Keizersgracht 453) besaß.

Jan Six II
Bürgermeister und Kunst-
kenner Jan Six ließ
1739 die Fassade des
Hauses Herengracht
495 von Jean Coulon
umgestalten und
einen Balkon
anfügen.

**Aufstände
von 1696**
In der Heren-
gracht 507 wohn-
te Bürgermeister
Jacob Boreel. Aus
Unmut über die
von ihm einge-
führte Begräbnis-
steuer plünderten
aufgebrachte
Bürger sein Haus.

Vijzelstraat

...e drei Halsgiebelhäuser,
...guliersgracht 17, 19 und
..., sind heute als vornehme
...hnadressen beliebt.

De Nieuwe Amsterdammer
Die Wochenzeitschrift für linksgerichtete
Intellektuelle wurde von 1914 bis 1920 im
Haus Reguliersgracht 19 herausgegeben.

...peicherhäuser mit
...belgiebel *(siehe S. 100)*
...em 16. Jahrhundert,
...ersgracht 11 und 13,
...1 »Sonne« und »Mond«.

...afé Marcella, Prinsen-
...t 1047a, lädt im Som-
...it Tischen im Freien ein.

**Hausboote
auf der Prinsengracht**
Amtlich registrierte Hausboote haben eine Post-
adresse und sind ans
Stromnetz angeschlossen.

Utrechtsestraat

Keizersgracht
Das von der Leidsegracht aus aufgenommene Foto zeigt die Keizersgracht am Abend mit der Westerkerk *(siehe S. 114)* im Hintergrund.

Hinter der Fassade (18. Jh.) des Hauses am Singel 319 befindet sich ein interessantes Antiquariat.

Wegweiser: Keizersgracht
Am Raamsteg gehen Sie über die Brücke, dann in die Oude Spiegelstraat, über die Herengracht und an der Wolvenstraat entlang zur Keizersgracht.

Keizersgracht

Keizersgracht 399 wurde 1665 gebaut, die Fassade im 18. Jahrhundert umgestaltet. Das *achterhuis* *(siehe S. 100)* ist im Originalzustand erhalten.

Keizersgracht 409
Das 1671 auf einem dreieckigen Grundstück errichtete Haus hat eine reich verzierte Golddecke.

Huis Marseille heißt das Haus Nr. 401, weil eine Tafel an der Fassade den Hafen von Marseille aus der Vogelperspektive zeigt.

Das einfache H
Schnabelgiebel
S. 100), Keizers
403, war frühe
Lagerhaus, was
dieser Wohnge
eher selten wa

Herengracht 469
K. L. Sijmons Büroblock ersetzte 1971 die Originalbebauung aus dem 18. Jahrhundert.

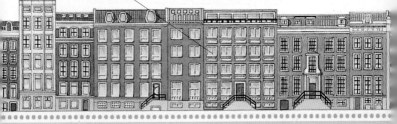

Das Bürohaus in der Keizersgracht 313 wurde 1914 von C.N. van Goor gebaut.

Peter der Große (1716)
Der russische Zar segelte bis zur Keizersgracht 317, dem Haus seines Freundes Christoffel Brants. Es heißt, der Zar habe zu viel getrunken und den Bürgermeister beim Empfang warten lassen.

Keizersgracht 319 wurde 1639 von Philips Vingboons (1608–1678) errichtet. Es besitzt eine reich verzierte Fassade mit vielen Voluten, Vasen und Girlanden.

Leidsegracht
Daniel Stalpaerts Stadterweiterungsplan von 1664 sah als neue Außengrenze diese Gracht vor, die Häuser aus dem 17. und 18. Jahrhundert säumen.

Das Haus im Louis-XIV-Stil, Keizersgracht 323, wurde 1728 erbaut. Es hat einen erhöhten Sims und zwei Lastbalken, von denen einer nur aus Gründen der Symmetrie angebracht wurde.

Der Kunstmäzen Jan Gildemester kaufte 1792 das Jacob Otten Husly zugeschriebene Haus Herengracht 475 mit der reich dekorierten Eingangshalle.

Jan Corver
Der Bürgermeister von Amsterdam ließ 1665 das Haus Herengracht 479 bauen.

Fortsetzung des Spaziergangs *siehe Seiten 106–109*

Von der Herengracht 489 zur Amstel

Der zweite Teil des Spaziergangs führt entlang der Heren-, Reguliers- und Prinsengracht, wo im 17. und 18. Jahrhundert reiche Amsterdamer wohnten, zur Amstel. Viele der prächtigen Grachtenhäuser sind heute der Sitz von Firmen oder Banken.

Zur Orientierung

Herengracht

Herengracht 491
wurde 1671 gebaut. Die im 18. Jahrhundert umgestaltete Fassade ist mit Voluten, Vasen und Wappen verziert.

Herengracht 493
Anthony van Hemert setzte vor das Haus aus dem 17. Jahrhundert 1767 eine Louis-XV-Fassade.

Das Kattenkabinet
Herengracht 497 wurde 1984 vom Bankier B. Meijer gegründet.

Wegweiser: Reguliersgracht
Am Thorbeckeplein überqueren Sie die Brücke rechts. Hier beginnt die Reguliersgracht. Gehen Sie am linken Ufer weiter.

Reguliersgracht

Amstelveld im 1. Jahrhundert
Die Radierung zeigt den Bau einer hölzernen Kirche auf dem Amstelveld. Vor der Kirche weiden Schafe.

Restaurant Nel
Die Amstelkerk beherbergt heute Büros und ein Restaurant. Auf dem Platz davor spielen die Kinder des Viertels.

Wegweiser: Prinsengracht
Biegen Sie an der Kirche links ab, folgen Sie dann dem linken Prinsengrachtufer zur Amstel.

Prinsengracht

Singel 289–293
Die Häuser stehen an einer Gasse, die früher Schoorsteenvegersteeg hieß, weil hier viele eingewanderte Schornsteinfeger wohnten.

Yab Yum
Im Haus Nr. 295 am Singel verbarg sich früher ein Bordell mit prunkvoller Ausstattung.

Keizersgracht 365
Das Portal stammt von einem *hofje* am Oudezijds Voorburgwal und wurde hier aufgebaut.

Jacob de Wit
Der Künstler kaufte Nr. 383 und 385 an der Keizersgracht. Hier lebte er bis zu seinem Tod 1754.

...estraat 32–34
...bergt den ersten nie-dischen Laden von ...ombie and Fitch.

Gerrit Rietveld
Rietveld, ein Designer der De-Stijl-Gruppe, entwarf die Glaskuppel des Hauses.

De Vergulde Ster
(»Der goldene Stern«) an der Keizersgracht 387 bauten die Steinmetzen der Stadt 1668. Er hat einen länglichen Halsgiebel (*siehe S. 101*) und schmale Fenster.

Wegweiser: Herengracht
Biegen Sie links in die Leidsestraat, gehen Sie dann zum Koningsplein. Am linken Ufer der Herengracht wenden Sie sich ostwärts zum Thorbeckeplein.

Herengracht

Zar Peter logierte 1716 im Haus Herengracht 527 beim russischen Botschafter, nachdem er die Nacht zuvor im Haus eines Freundes in der Keizersgracht 317 durchgezecht hatte.

Herengracht (1790)
Das Aquarell von J. Prins zeigt die Herengracht vom Koningsplein aus.

Das asymmetrische Haus in der Herengracht 533–537 wurde 1910 erbaut. Davor standen hier vier Häuser. Von 1968 bis 1988 war hier das Standesamt.

Schiefe Häuser *(siehe S. 101)*, so wie Reguliersgracht 37–39, sind manchmal absichtlich so gebaut, manchmal aber auch im weichen Boden abgesackt.

Keizersgracht

Brücken der Reguliersgracht
Sieben Steinbrücken überspannen die Gracht, die eigentlic als Straße geplant w

Prinsengracht 1059 und 1061 haben ihre Eingänge im Tiefparterre, was im Grachtengürtel, wo hohe Treppen ein Statussymbol waren, sehr selten ist.

Meine Mitbewohner (1916)
Der Porträtmalerin Thérèse van Duyl Schwartze (1851–1918) gehörten die Häuser Prinsengracht 1087, 1089 und 1091, die sie mit ihrer Familie bewohnte.

Das schlichte Schnabelgiebelhaus in der Prinsengracht 1075 wurde 1690 als Speicherhaus gebaut.

Herengracht (um 1670)

..Berckheijdes Radierung zeigt, dass ein ...fer unbepflanzt war. Die Ulmen wurden ...st später zur Festigung des Bodens und ...icherung der Fundamente angepflanzt.

...engracht 543 wurde 1743 unter Leitung des Besitzers Sibout ...ard erbaut. Das Haus hat eine ...metrische Fassade mit ver... ...er Balustrade und Balkon.

Die kleinen Häuser Ecke Herengracht/Thorbeckeplein heben sich von den größeren Nachbarhäusern ab.

Isaac Gosschalk
Der Architekt entwarf 1879 die Häuser Reguliersgracht 57, 59 und 63 mit ihren schönen Fassaden aus Backstein und Holz.

Regulierskloster
Der Stich (1760) von J. Wagenaar zeigt das Kloster, dem die Gracht ihren Namen verdankt.

Amstel
Biegen Sie links ab, folgen Sie der Amstel vorbei an der Magere Brug zum Rokin und dann zurück zum Dam, dem Ausgangspunkt des Spaziergangs.

Im Detail: Jordaan-Viertel

Den westlichen Grachtengürtel nimmt das Jordaan-Viertel mit seinen malerischen engen Gassen und Kanälen ein. In den kleinen Arbeiterhäusern aus dem 17. Jahrhundert findet man zahlreiche Läden, die von Designermode bis zum alten Krempel alles verkaufen, außerdem nette Lokale, von denen viele im Sommer Tische ins Freie stellen. Ein Spaziergang an den Grachten des Viertels führt an einigen der schönsten Häuser der Stadt vorbei.

Egelantiersgracht
Die baumgesäumte Gracht bietet eine interessante Mischung alter und moderner Architektur. Schön ist der Blick von einer der Brücken.

An der Bloemgracht waren früher viele Färbereien angesiedelt.

❸ ★ **Westerkerk**
In Hendrick de Keysers Kirche soll Rembrandts bisher unentdecktes Grab liegen. Hier heiratete Königin Beatrix 1966 Prinz Claus.

❶ ★ **Anne Frank Huis**
Zwei Jahre lang konnten sich die Franks und vier weitere Personen in den Zimmern hinter einem drehbaren Bücherregal verstecken (siehe S. 112f).

Hotels und Restaurants in Amsterdam *siehe Seiten 396f und 406–409*

❹ Huis met de Hoofden
Der Name »Haus mit den Köpfen« bezieht sich auf die sechs Büsten am Eingang. Sie zeigen Apollo, Ceres, Mars, Minerva, Bacchus und Diana.

Zur Orientierung
Siehe Stadtplan 1

PRINSENGRACHT

KEIZERSGRACHT

Das Gebäude der Eerste Hollandsche Levensverzekeringsbank ist ein seltenes Beispiel des niederländischen Jugendstils. Gerrit van Arkel entwarf es 1905.

KEIZERSGRACHT

LELIEGRACHT

Legende
— Routenempfehlung

0 Meter — 75

❷ ★ Homomonument
Das 1987 enthüllte Denkmal am Westermarkt greift den rosa Winkel auf, den Homosexuelle während der deutschen Besatzung tragen mussten.

Stadtplan Amsterdam *siehe Seiten 154–163*

❶ Anne Frank Huis

Um der Verfolgung durch die Nationalsozialisten zu entgehen, zog die Familie Frank am 6. Juli 1942 vom Merwedeplein ins Rückgebäude des Hauses Prinsengracht 263. Hier wohnten Anne, ihre Mutter Edith, Vater Otto und Schwester Margot mit der Familie Pels und Fritz Pfeffer. Hier schrieb Anne ihr berühmtes Tagebuch. Nachdem sie verraten worden waren, wurden alle hier versteckten Menschen am 4. August 1944 von der Gestapo verhaftet und in Vernichtungslager deportiert.

Geheimeingang
Hinter dem Bücherregal liegen die Zimmer, in denen sich die Familie Frank versteckte.

Anne im Mai 1942
Das Foto stammt vom Mai 1942. Kurz darauf begann Anne mit ihrem Tagebuch, das sie zu ihrem 13. Geburtstag am 12. Juni 1942 bekam. Einen Monat später musste die Familie Frank im Rückgebäude untertauchen.

Außerdem

① Badezimmer
② Annes Schlafzimmer
③ Schlafzimmer der Familie Frank
④ Zimmer der Familie Pels
⑤ Dachboden
⑥ Anbau
⑦ Vorderseite Prinsengracht 263
⑧ Büros im Wohnhaus

Rückansicht des Hauses
Das »Achterhuis« liegt an der Rückseite der Büros von Otto Frank an der Prinsengracht. Die Büros wurden zur Tarnung von den Angestellten weiterbenutzt. Die Kastanie im Hof, die in Annes Tagebuch so oft erwähnt wird, stürzte 2010 um. Auf der Website des Museums gibt es eine 3-D-Tour zu den Räumen.

Infobox

Information
Prinsengracht 263–267. **Stadt-plan** 1 B4. 📞 (020) 556 7105.
🕐 Apr–Okt: tägl. 9–22 Uhr;
Nov–März: tägl. 9–19 Uhr (Sa
bis 21 Uhr). ● Yom Kippur.
🎟 9–15.30 Uhr Zutritt nur mit
Online-Ticket (Zeitfenster). ♿
🖥 📷 ✉ Ⓦ annefrank.org

Anfahrt
🚊 13, 14, 17. 🚌 170, 172, 174.

Schlafzimmer von Anne Frank und Fritz Pfeffer
Im ersten Stock lag das Schlafzimmer von Anne und
Fritz. An der Wand über Annes Bett hängen die Bilder von Filmstars, die sie sammelte. An dem Tisch
schrieb Anne den größten Teil ihres Tagebuchs.

Die Helfer
Die Untergetauchten im Rückgebäude waren zum Überleben auf
ihre Helfer angewiesen. Alle waren
enge Mitarbeiter von Otto Frank.
Von links nach rechts: Miep Gies,
Johannes Kleiman, Otto Frank, Vic-
tor Kugler und Bep Voskuijl.

Kurzführer
*Über die rekonstruierten Büroräume von Otto
Frank gelangt man ins Rückgebäude. Im Neubau
neben dem Anne Frank Huis zeigt die Anne-Frank-
Stiftung Wechselausstellungen. Hier sind ein Café
und der Museumsshop. Von 9 bis 15.30 Uhr ist
das Museum nur für Besucher zugänglich, die ein
online gebuchtes Ticket mit Zeitfenster besitzen.*

Das Tagebuch der Anne Frank
1945 kehrte Otto Frank nach Amsterdam zurück.
Seine ganze Familie war umgekommen: seine
Frau Edith in Auschwitz, Anne und Margot in
Bergen-Belsen. Miep Gies, eine der Helferinnen
in der Prinsengracht, hatte Annes Tagebuch aufbewahrt. 1947 wurde es gedruckt. Das Buch erreichte eine Auflage von 20 Millionen Exemplaren
und wurde in 55 Sprachen übersetzt. Für viele
wurden Anne und ihr ergreifendes Tagebuch zum
Symbol für die sechs Millionen von den Nationalsozialisten ermordeten Juden.

Stadtplan Amsterdam *siehe Seiten 154–163*

Schulklasse bei der Besichtigung des Homomonument

❷ Homomonument

Westermarkt (zw. Westerkerk und Keizersgracht). **Stadtplan** 1 B4. 🚋 13, 14, 17. 🚌 Prinsengracht, Keizersgracht. 🆆 homomonument.nl

Das Denkmal auf dem Westermarkt ist den homosexuellen Männern und Frauen gewidmet, die während der nationalsozialistischen Besatzung ihr Leben verloren. Der rosa Winkel, den sie in den Konzentrationslagern tragen mussten, wurde später zum Emblem der Schwulenbewegung und inspirierte den Entwurf von Karin Daan.

Das 1987 enthüllte Denkmal besteht aus drei großen rosafarbenen Granit-Dreiecken. Auf einem ist eine Inschrift aus einem Gedicht von Jacob Israël de Haan (1881–1924) zu sehen. Am Bevrijdingsdag, dem »Tag der Befreiung« (5. Mai), legen Politiker, Polizei, Militär und soziale Organisationen zusammen mit Hunderten von Schwulen und Lesben hier Kränze und Blumen nieder.

❸ Westerkerk

Prinsengracht 281. **Stadtplan** 1 B4. 📞 (020) 624 7766. 🚋 13, 14, 17. **Kirche** ⭘ Mo–Fr 11–13, Sa 11–15 Uhr. **Turm** 🚫 🎟 Apr–Sep: Mo–Sa 10–20 Uhr (Juli, Aug: bis 20 Uhr) stündlich; Okt: Mo–Sa 10–18 Uhr (Termin vereinbaren: 020-689 2565). ⬤ Nov–Märes. 🆆 westerkerk.nl

Bei der Bebauung des Grachtengürtels entstand auch die Westerkerk (1620–31). Die Kirche besitzt den höchsten Turm Amsterdams (85 m). Auf der Turmspitze prangt die Krone Kaiser Maximilians.

Von allen Kirchen Hollands hat die Westerkerk das höchste Mittelschiff. Hendrick de Keyser entwarf den Renaissance-Bau. Rembrandt soll hier begraben liegen, doch sein Grab wurde nie gefunden. Gerard de Lairesse bemalte die Flügel der Orgel. Den Turmaufstieg belohnt die Aussicht.

❹ Huis met de Hoofden

Keizersgracht 123. **Stadtplan** 1 C4. 🚋 13, 14, 17. ⬤ für Besucher. 🆆 huismetdehoofden.nl

Das 1622 erbaute »Haus mit den Köpfen« war eines der größten Doppelhäuser seiner Zeit. Es besitzt einen schönen Treppengiebel und ist nach den sechs Köpfen auf den Fassadenpilastern benannt. Es heißt, ein Dienstmädchen habe einst im Haus sechs Einbrecher auf frischer Tat ertappt, die dann verurteilt und geköpft worden seien. In Wirklichkeit jedoch stellen die Köpfe (von links nach rechts) die römischen Gottheiten Apollo, Ceres, Mars, Minerva, Bacchus und Diana dar.

Westerkerk im 18. Jahrhundert, gemalt von Jan Ekels d. J. (1759–1793)

Hotels und Restaurants in Amsterdam *siehe Seiten 396f und 406–409.*

Der Entwurf des Hauses stammt von Pieter de Keyser (1595–1676), dem Sohn des Baumeisters Hendrick de Keyser. 2006 wurde das Haus an den Sammler Joost R. Ritman verkauft, der hier seit 2016 einen Teil der Bibliotheca Philosophica Hermetica unterbringt und das Haus dann wieder für Besucher öffnet (Infos unter www.ritmanlibrary.nl).

❺ Noorderkerk und Noordermarkt

Noordermarkt 44–48. **Stadtplan** 1 C3. 📞 (020) 626 6436. 🚇 3, 10, 13, 14, 17. 🕐 Mo 10.30–12.30, Sa 11–13 Uhr. 🕐 So 10, 19 Uhr.
Flohmarkt 🕐 Mo 9–13 Uhr.
Bauernmarkt 🕐 Sa 9–17 Uhr.

Die Noorderkerk wurde als ein Gotteshaus für die Armen des Jordaan-Viertels erbaut und war die erste Kirche Amsterdams, deren Grundriss die Form eines koptischen Kreuzes hatte. Für die Gemeinde gut sichtbar steht die Kanzel in der Mitte. Hendrick de Keyser plante die Kirche, starb aber 1621, ein Jahr nach Baubeginn. Am Eingang steht ein Denkmal, das drei gefesselte Frauen zeigt und die Inschrift »Einheit durch Kraft«. Das Monument erinnert an den Aufstand 1934 im Jordaan-Viertel.

In der Südfassade der Kirche weist ein Giebelstein auf den Februarstreik gegen die Nationalsozialisten im Jahr 1941 hin. Jedes Jahr am 4. Mai kommen viele Menschen in der Noorderkerk zusammen, um der ermordeten Juden zu gedenken. Eine Restaurierung der Kirche wurde 1999 abgeschlossen.

Seit 1627 wird auf dem Platz um die Noorderkerk Markt gehalten. Früher wurden Töpfe und Pfannen verkauft, nun gibt es hier montags einen Flohmarkt.

Jeden Samstagmorgen kann man auf dem *vogeltjesmarkt* Hühner, Tauben, Geflügel und Kaninchen kaufen, ab 9 Uhr werden auf dem *boerenmarkt* frische Produkte aller Art angeboten.

Giebelstein des 1616 vom Tuchhändler Anslo gestifteten *hofje*

❻ Haarlemmerpoort

Haarlemmerplein 50. **Stadtplan** 1 B1. 🚇 3. ⬤ für Besucher.

Das ursprüngliche Stadttor, das an dieser Stelle stand, markierte den Anfang der viel befahrenen Straße von Amsterdam nach Haarlem. Der heutige Bau wurde 1840 als Triumphbogen für König Willem II errichtet. Der offizielle Name lautet Willemspoort, doch das Volksmund nennt das Tor Haarlemmerpoort.

Der von Cornelis Alewijn (1788–1839) entworfene neoklassizistische Bau diente im 19. Jahrhundert als Zollamt, 1986 wurde er zur Wohnanlage umgebaut. Nach dem Bau einer Brücke über den Westerkanaal fließt der Verkehr jetzt um das Tor herum.

Gleich hinter der Haarlemmerpoort liegt der Eingang zum schönen und ruhigen Westerpark.

❼ Brouwersgracht

Stadtplan 1 B2. 🚇 3.

Die Brouwersgracht, eine der charmantesten Grachten der Stadt, verdankt ihren Namen den vielen Brauereien, die es früher hier gab. In den Speicherhäusern wurden Gewürze, Kaffee und Zucker gelagert und verarbeitet. Heute sind diese Lager zu teuren Wohnungen mit prächtigem Ausblick auf die schöne Gracht umgebaut.

❽ Westelijke Eilanden

Stadtplan 1 C1. 🚇 3.

Die »Westlichen Inseln« sind drei im 17. Jahrhundert angelegte IJ-Inseln, auf denen Speicherhäuser und Schiffswerften errichtet wurden. Viele Häuser und selbst einige der Werften existieren noch, an der Ostseite stehen neue Wohnblöcke.

Eine der malerischsten Ecken Amsterdams ist der Zandhoek auf dem Realeneiland. Die Häuser, die der frühere Besitzer Jacobsz. Reaal im 17. Jahrhundert hier bauen ließ, grenzen an das Westerdok. Auf der kleinsten Insel, dem Prinseneiland, sind die Speicherhäuser zu Wohnungen umgebaut worden.

Das »Haus mit der schreibenden Hand« (um 1630), Claes Claeszhofje

Niederländische »Hofjes«

Vor dem Bildersturm errichtete die katholische Kirche viele Armenhäuser, vor allem für Frauen. Im 17. und 18. Jahrhundert wurde diese Aufgabe von reichen Kaufleuten und der protestantischen Kirche übernommen. Die Ruhe dieser *hofjes* (wörtlich »kleiner Hof«) macht die Wohnanlagen zu Oasen inmitten des hektischen Stadttreibens. Manche *hofjes* können besichtigt werden – es versteht sich von selbst, dass bei einer Besichtigung auf die Bewohner Rücksicht zu nehmen ist. Viele *hofjes*, von denen einige bis heute ihren ursprünglichen Zweck erfüllen, findet man im Jordaan-Viertel.

Stadtplan Amsterdam *siehe Seiten 154–163*

Kulturzentrum De Melkweg

❾ Leidseplein

Stadtplan 4 E2. 🚋 1, 2, 5, 7, 10.

Der belebteste Platz Amsterdams ist Knotenpunkt vieler Straßenbahnlinien und der Nachtbusse. Tagsüber unterhalten Feuerschlucker, Musiker und Straßenkünstler die Passanten, auch bei Taschendieben ist der Platz beliebt. Abends trifft sich hier die Jugend, angezogen von den vielen Kneipen und Kinos. Wenn sich die Spieler des Amsterdamer Fußballclubs Ajax auf dem Balkon der Stadsschouwburg den Fans zeigen, platzt der Leidseplein aus allen Nähten.

Der Platz entstand im 17. Jahrhundert als Parkplatz für die Karren der Bauern, die mit ihren Waren nach Amsterdam kamen. Bis 1862 stand hier die Leidsepoort, ein Stadttor auf der Straße nach Leiden.

Am Ostrand des Leidseplein liegt der moderne **Max Euweplein** mit Läden und Lokalen. Wer sein Glück versuchen will, der findet hier den Eingang zum Spielcasino.

❿ American Hotel

Leidsekade 97. **Stadtplan** 4 E2. 📞 (020) 556 3000. 🚋 1, 2, 5, 7, 10. ▨ ▤

Als 1881 am Rand des Leidseplein das American Hotel gebaut wurde, war der Platz schon eines der beliebtesten Ausgehviertel der Stadt. Das Hotel verdankt seinen Namen dem Architekten C. A. A. Steinigeweg, der in den Vereinigten Staaten studiert hatte und seinen neugotischen Entwurf mit einem Adler, hölzernen Indianerfiguren und amerikanischen Landschaften schmückte. Das heutige Gebäude

wurde von Willem Kromhout (1864–1940) entworfen und 1902 fertiggestellt. Sein Entwurf, eine niederländische Variante des Jugendstils, gilt als Vorläufer der Amsterdamer Schule *(siehe S. 146f)*. Viele Elemente, etwa die Türme und das fantasiereiche Mauerwerk, weisen in diese Richtung.

Im Café Americain mit seinem originalen Art-déco-Interieur kann man in edler Atmosphäre Kaffee trinken.

⓫ Stadsschouwburg

Leidseplein 26. **Stadtplan** 4 E2. 📞 (020) 624 2311. 🚋 1, 2, 5, 6, 7, 10. **Tickets** ⭘ Mo–Sa 12–18 Uhr. Siehe auch **Unterhaltung** S. 425. ▨ ▤ ▨ Ⓦ stadsschouwburg amsterdam.nl

Der Neorenaissance-Bau ist das dritte Stadttheater Amsterdams, seine beiden Vorgänger sind abgebrannt. Der Bau des Theaters war ein Gemein-

schaftsprojekt der Architekten Jan Springer, der auch das Frascati-Haus in London entwarf, und A. L. van Gendt, nach dessen Plänen das Concertgebouw *(siehe S. 124)* und Teile der Centraal Station *(siehe S. 94f)* entstanden. Der ursprünglich geplante reiche Fassadenschmuck wurde jedoch aus Sparsamkeit nie verwirklicht. Wegen der Kritik der Öffentlichkeit an seinem Entwurf gab der desillusionierte Springer seinen Beruf auf.

Bis zur Vollendung des Opernhauses 1986 *(siehe S. 83)* war die Stadsschouwburg die Stammbühne des Nationalballetts und der Staatsoper. Heute bieten hier verschiedene Amsterdamer Theatergruppen einen abwechslungsreichen Spielplan. 2009 eröffnete zwischen Stadsschouwburg und dem Kulturzentrum De Melkweg *(siehe S. 151)* eine neue Bühne, der Rabozaal.

Blick von der Singelgracht auf das American Hotel

⓬ De Krijtberg

Singel 448. **Stadtplan** 4 F1. 📞
(020) 623 1923. 🚋 1, 2, 5. ⏰
Di–Do, So 13–17 Uhr. ✝ Mo–Fr
12.30, 17.45, Sa 12.30, 17.15, So
9.30, 11, 12.30, 17.15 Uhr. ♿
🌐 **krijtberg.nl**

Die mächtige neogotische Kirche wurde 1884 an der Stelle
einer jesuitischen Geheimkapelle errichtet. De Krijtberg
heißt offiziell Franciscus Xave-
riuskerk, nach einem der ersten Mönche des Jesuitenordens.

Für den Entwurf von Alfred
Tepe mussten drei alte Häuser
weichen, von denen eines
einem Kreidehändler gehört
hatte – so kam die Kirche zu
ihrem Beinamen Krijtberg (*krijt*
= Kreide). Die Fassade ist sehr
schmal, was durch die zwei
besonders hohen Türme noch
betont wird.

Im reich ausgestatteten Innenraum finden sich viele
schöne Beispiele neugotischer
Sakralkunst. Die Bleiglasfenster, die in hellen Farben gehal-
tenen Wände und der groß-
zügige Gebrauch von Gold
bilden einen starken Kontrast
zu den eher nüchternen protestantischen Kirchen Amsterdams.

Links neben dem Hauptaltar
steht die Statue des Franciscus
Xaverius, rechts die Statue des
heiligen Ignatius, Gründer des
Jesuitenordens. Neben der
Kanzel sieht man eine Holz-
skulptur der Unbefleckten
Empfängnis aus dem 18. Jahr-

hundert. Sie zeigt
Maria, die die Schlan-
ge unter ihrem Fuß
zertritt.

⓭ Bijbels Museum

Herengracht 366–368.
Stadtplan 4 E1. 📞 (020)
624 2436. 🚋 1, 2, 5.
🚊 Herengracht/Leidse-
gracht. ⏰ Di–Sa
10–17, So, Feiertage
11–17 Uhr. ⏹ 1. Jan, 27. Apr. 🅿
♿ 🌐 **bijbelsmuseum.nl**

Das Museum wurde 1860 von
Pfarrer Leendert Schouten
gegründet, der seine Privatsammlung von sakralen Ge-
genständen der Öffentlichkeit
zugänglich machte. 1975
bezog das Museum das heu-
tige Gebäude. Das »Bibel-
museum« steht voller Vitrinen
mit Gegenständen, zudem
werden Modelle biblischer
Stätten und archäologische
Funde aus Ägypten gezeigt.

⓮ Antiekcentrum

Elandsgracht 109. **Stadtplan** 4 D1.
📞 (020) 624 9038. 🚋 7, 10, 17.
⏰ Mo–Fr 11–18 Uhr. ⏹ Feiertage.
♿ 🅿 🌐 **antiekcentrum
amsterdam.nl**

Ein wahres Labyrinth von Räu-
men im Erdgeschoss eines
Häuserblocks bildet den Kunst-
und Antiquitätenmarkt (früher:
De Looier), der die größte
Sammlung von Kuriosa in den

Fassade des Stadsarchief (1926)

Niederlanden anbietet. An
72 Ständen findet man allerlei
Seltenes – vom Bierglas bis zur
alten Puppe.

⓯ Stadsarchief Amsterdam

Vijzelstraat 32. **Stadtplan** 4 F2.
📞 (020) 251 1511. 🚋 16, 24.
⏰ Di–Fr 10–17, Sa, So 12–17 Uhr.
⏹ Feiertage. ♿ Fotos nur mit
Genehmigung. 🌐 **stadsarchief.
amsterdam.nl**

Vom Amsteldijk ist das Archiv
der Stadt Amsterdam in dieses
Gebäude gezogen, das K. P. C.
de Bazel ursprünglich für die
Netherlands Trading Company
entworfen hatte. Fertig war
der Bau 1926, nach dem Zweiten Weltkrieg und in den
1970er Jahren erfolgten größere Renovierungen, doch
viele Originaldetails sind noch
erhalten. Den Mosaikboden
entwarf de Bazel selbst. In den
Gewölben ist eine sehenswerte
Dauerausstellung mit Schätzen
des Archivs zu sehen.

Grachtenfahrten

Einst dienten Amsterdams Kanäle dem Gütertrans-
port. Heute ermöglichen sie vor allem interessante
Ansichten der Sehenswürdigkeiten, aber auch des
städtischen Alltags. Zahlreiche Unternehmen bieten
Grachtenfahrten in mehreren Sprachen an. Die
wichtigsten Anlegestellen finden Sie gegenüber der
Centraal Station sowie am Ufer von Prins Hendrikkade, Damrak und Rokin. Für eine Grachtenfahrt
eignen sich zudem der Canalbus und das Museumsboot. Ersterer befährt drei Linien mit 14 Haltestellen unweit der wichtigsten Museen, Shopping-
Malls und anderer Attraktionen. Das Museumsboot
fährt so gut wie alle Sehenswürdigkeiten der Stadt
an. Etwas mehr Energie erfordert eine Fahrt mit
einem zwei- oder viersitzigen Tretboot, das man an
vielen Stationen im Stadtzentrum mieten kann.

Stadtplan Amsterdam *siehe Seiten 154–163*

🔞 Rembrandtplein

Stadtplan 5 A2. 🚊 4, 9, 14.

Der Platz war bis zur Mitte des 19. Jahrhunderts der Buttermarkt. Seinen heutigen Namen verdankt er der Aufstellung der Statue Rembrandts im Jahr 1876. Schon bald entwickelte sich der Rembrandtplein zu einem Magneten für Nachtschwärmer. Das Hotel Mast, heute das Mille Colonnes Hotel, datiert von 1889, das Schiller Karena und das Café Schiller stammen von 1892. Die Kroon, ein typisches Grandcafé, öffnete ihre Pforten 1898. Der Rembrandtplein ist bis heute beliebt, im Sommer sind die Terrassen voller Menschen, die das bunte Treiben an sich vorbeiziehen lassen. Auch am benachbarten **Thorbeckeplein** gibt es viele Cafés, Restaurants und Clubs.

🔞 Museum Willet-Holthuysen

Herengracht 605. **Stadtplan** 5 A2.
📞 (020) 523 1822. 🚊 4, 9, 14.
🕐 Mo–Fr 10–17, Sa, So 11–17 Uhr. ⬤ 1. Jan, 27. Apr, 25. Dez. 🔲 🏛 🅿 🅦 willetholthuysen.nl

Das Museum zeigt, wie die reichen Patrizierfamilien am Grachtengürtel wohnten. Das Haus, 1685 erbaut und nach seinen letzten Bewohnern benannt, gehörte seit 1855 dem Kohlemagnaten Pieter Holthuysen (1788–1858), der es seiner Tochter Louisa und ihrem Mann, dem Kunstkenner Abraham Willet, vermachte.

Interieur des Museums Willet-Holthuysen an der Herengracht

Sehen und gesehen werden am Rembrandtplein

Das Paar sammelte leidenschaftlich Gemälde, Glas, Silber und Porzellan. Als Louisa 1895 kinderlos starb, ging das Haus mitsamt den Kunstschätzen an die Stadt über. Nach und nach werden die Räume restauriert und – wie etwa die Küche – wieder ganz mit Mobiliar und Gegenständen aus dem 18. Jahrhundert eingerichtet. Im Blauen Salon, einem mit blauem Damast verkleideten Raum, steht ein prächtiger Kaminsims von Jacob de Wit.

Sehenswert ist auch das Speisezimmer, in dem eine originalgetreue Kopie der Seidentapete aus dem 18. Jahrhundert die Wände schmückt. Das 275-teilige Meißner Service, mit dem der Tisch gedeckt ist, reichte für 24 Gäste.

Vom Gartenzimmer, in dem den Gästen der Tee gereicht wurde, genießt man die Aussicht auf einen eleganten französischen Ziergarten.

🔞 Magere Brug

Amstel. **Stadtplan** 5 B3. 🚊 4.

Unter den rund 1400 Brücken Amsterdams ist die Magere Brug die bekannteste. Schon 1670 wurde an dieser Stelle die erste Zugbrücke errichtet. Ihren Namen verdankt sie wahrscheinlich ihrer schmalen Form. Es gibt allerdings auch eine Theorie, dass sie nach den Schwestern Mager benannt wurde, von denen jede an

Magere Brug, eine typische doppelte Zugbrücke

Hotels und Restaurants in Amsterdam siehe Seiten 396f und 406–409

einem anderen Ufer der Amstel wohnte. Die heutige Brücke stammt aus dem Jahr 1969. Sie ist breiter als das Original, doch sonst gleicht sie der alten Brücke. Die Holzkonstruktion kann ungefähr 50 Jahre ohne Erneuerung überdauern.

Die Brücke wird ein paarmal pro Tag hochgezogen. Sie war bereits Schauplatz vieler Filme, darunter wurden hier 1970 Szenen des James-Bond-Films *Diamantenfieber (Diamonds Are Forever)* gedreht.

⓲ Museum Van Loon

Keizersgracht 672. **Stadtplan** 5 A3. 📞 (020) 624 5255. 🚃 16, 24. ⭕ Mi–Mo 11–17 Uhr. ⬤ Feiertage.
🅿 📷 🌐 museumvanloon.nl

Die Familie van Loon spielte schon im 17. Jahrhundert eine wichtige Rolle in Amsterdam. 1884 zog sie in das Haus an der Keizersgracht 672. Das von Adriaan Dortsman entworfene Gebäude war eines aus einer Reihe von identischen Häusern, die sich der flämische Kaufmann Jeremias van Raey 1672 bauen ließ. 1973 wurde das Haus nach einer elf Jahre dauernden Renovierung als Museum eröffnet.

Die Sammlung umfasst eine Porträtgalerie der Familie van Loon, die bis ins 16. Jahrhundert zurückreicht. Die Salons sind mit schönen Möbeln, Porzellan und Statuen eingerichtet. Im restaurierten Kutschenhaus aus dem 18. Jahrhundert kann man sich Kutschen aus jener Zeit sowie Gewänder der Bediensteten der van Loons ansehen.

⓴ Pathé Tuschinski

Reguliersbreestraat 26–28. **Stadtplan** 5 A2. 📞 0900 1458. 🚃 4, 9, 14. **Tickets** ⭕ tägl. 11.30–22 Uhr. 📷 ✉ 🌐
🌐 pathe.nl/bioscoop/tuschinski

Die Eröffnung des Film- und Varietétheaters von Abraham Tuschinski im Jahr 1921 war eine Sensation. Bis dahin waren die Kinos schlichte, eher düstere Säle – nun eröffnete eine exotische Mischung aus Art déco und Amsterdamer Schule *(siehe S. 146f)*. Der Entwurf von Heyman Louis de Jong stand in einem anrüchigen Viertel, das auch als *Duivelshoek* (»Teufelseck«) bekannt war. Marlene Dietrich und Judy Garland traten hier auf.

Heute beherbergt der Bau ein Kino mit sechs Sälen. Der Teppich im Foyer ist eine exakte Kopie des Originals. Es werden Führungen angeboten, aber am besten kann man das Ensemble bei einem Kinobesuch genießen – in einer exotischen Extra-Loge der hinteren Reihe.

Blick auf den Munttoren am Rand des Muntplein

ⓡ Munttoren

Muntplein. **Stadtplan** 4 F1. 🚃 4, 9, 14, 16, 24. **Turm** ⭕ für Besucher. **Laden** ⭕ Mo–Sa 10–18 Uhr.

Der Sockel des Munttoren (de Munt) war Teil der Regulierspoort in der Stadtmauer. Diese brannte 1618 ab, doch ein Teil blieb verschont. Ein Jahr später baute Hendrick de Keyser den achteckigen Glockenturm. Das Glockenspiel wurde 1699 von François Hemony entworfen und erklingt noch heute jede Viertelstunde.

Magere Brug

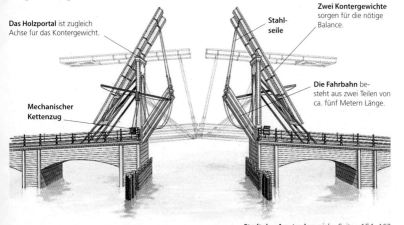

Das Holzportal ist zugleich Achse für das Kontergewicht.

Stahlseile

Zwei Kontergewichte sorgen für die nötige Balance.

Die Fahrbahn besteht aus zwei Teilen von ca. fünf Metern Länge.

Mechanischer Kettenzug

Stadtplan Amsterdam siehe Seiten 154–163

Museumsviertel

Bis weit ins 19. Jahrhundert hinein standen auf diesem Areal nur ein paar Bauernhöfe. Dann beschloss der Stadtrat, dass Kunst und Kultur hier ein Zuhause finden sollten. Darum finden sich heute einige der wichtigsten kulturellen Institutionen Amsterdams um den Museumplein: das Rijksmuseum, das Stedelijk Museum und das Concertgebouw. 1973 kam das Van Gogh Museum dazu. Ende der 1990er Jahre gestaltete man den Museumplein neu,

legte Terrassen an und baute darunter eine Tiefgarage. 1999 wurde der neue Flügel des Van Gogh Museum eröffnet. Die Nordseite des Museumplein, heute oft Schauplatz von Demonstrationen, wird von Häusern begrenzt, die um 1900 erbaut wurden. Im Westen lädt der Vondelpark zum Spazierengehen ein. Das Filmmuseum, das seinen Sitz im Vondelparkpaviljoen hatte, ist seit 2012 in ein neues Gebäude am IJ umgezogen.

Sehenswürdigkeiten auf einen Blick

Museen und Sammlungen

① Rijksmuseum S. 126–129
② Coster Diamonds
③ Van Gogh Museum S. 130f
④ Stedelijk Museum S. 132f
⑨ Vondelparkpaviljoen

Konzertsaal

⑤ Concertgebouw

Historische Gebäude

⑦ De Hollandsche Manege
⑧ Vondelkerk

Park

⑥ Vondelpark

Stadtplan *3, 4*

Restaurants im Museumsviertel *siehe S. 407f*

◄ Rembrandts *Nachtwache* im Rijksmuseum *(siehe S. 126–129)* **Zeichenerklärung** *siehe hintere Umschlagklappe*

Im Detail: Museumsviertel

Vor nicht allzu langer Zeit lief »die kürzeste Autobahn Europas« noch über den Museumplein. Bei der Neugestaltung des Platzes verschwand die Straße, unter dem Rasen entstanden eine Tiefgarage und ein Supermarkt. Hier liegen die wichtigsten Kulturinstitutionen Amsterdams. Auch eines der teuersten Viertel befindet sich hier, an breiten Straßen stehen edle alte Häuser. Wer museumsmüde geworden ist, kann in der P. C. Hooftstraat und der Van Baerlestraat shoppen gehen oder bei Coster Diamonds Edelsteine betrachten. Zudem gibt es auch viele exzellente Restaurants und Cafés.

❸ ★ Van Gogh Museum
Der neue Flügel des Van Gogh Museum dient für Wechselausstellungen. Der faszinierende Bau wurde von Kisho Kurokawa entworfen.

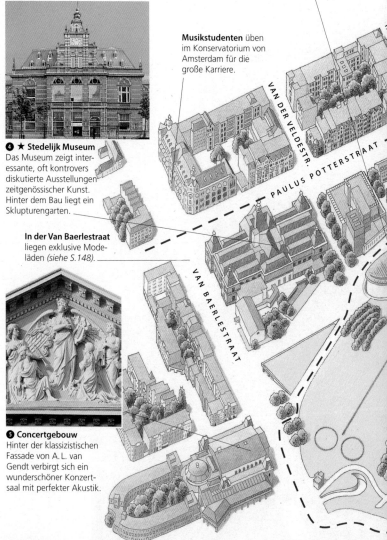

Musikstudenten üben im Konservatorium von Amsterdam für die große Karriere.

❹ ★ Stedelijk Museum
Das Museum zeigt interessante, oft kontrovers diskutierte Ausstellungen zeitgenössischer Kunst. Hinter dem Bau liegt ein Sklupturengarten.

In der Van Baerlestraat liegen exklusive Modeläden *(siehe S. 148).*

VAN DER VELDESTR.

PAULUS POTTERSTRAAT

VAN BAERLESTRAAT

❺ Concertgebouw
Hinter der klassizistischen Fassade von A. L. van Gendt verbirgt sich ein wunderschöner Konzertsaal mit perfekter Akustik.

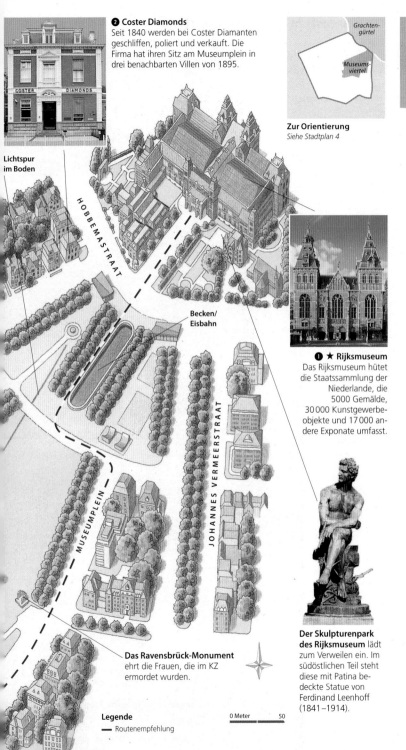

❷ Coster Diamonds
Seit 1840 werden bei Coster Diamanten geschliffen, poliert und verkauft. Die Firma hat ihren Sitz am Museumplein in drei benachbarten Villen von 1895.

Zur Orientierung
Siehe Stadtplan 4

Lichtspur im Boden

HOBBEMASTRAAT

Becken/ Eisbahn

❶ ★ Rijksmuseum
Das Rijksmuseum hütet die Staatssammlung der Niederlande, die 5000 Gemälde, 30 000 Kunstgewerbe-objekte und 17 000 an-dere Exponate umfasst.

JOHANNES VERMEERSTRAAT

MUSEUMPLEIN

Der Skulpturenpark des Rijksmuseum lädt zum Verweilen ein. Im südöstlichen Teil steht diese mit Patina be-deckte Statue von Ferdinand Leenhoff (1841–1914).

Das Ravensbrück-Monument ehrt die Frauen, die im KZ ermordet wurden.

Legende
— Routenempfehlung

0 Meter   50

❶ Rijksmuseum

Siehe S. 126–129.

❷ Coster Diamonds

Paulus Potterstraat 2–8. **Stadtplan** 4 E3. 📞 (020) 305 5555. 🚋 2, 5. ⭕ tägl. 9–17 Uhr. ⬤ 1. Jan, 25. Dez. 🎫 🖥 🌐 costerdiamonds.com 🌐 diamantmuseumamsterdam.nl

Coster Diamonds wurde 1840 gegründet und zählt zu den ältesten Diamantenschleifereien Amsterdams. Im Jahr 1852 erhielt Coster von Prinz Albert, dem Ehemann von Königin Victoria, den Auftrag, den riesigen *Koh-i-Noor* zu schleifen. Dieser blauweiße Diamant ist mit 108,8 Karat das Prunkstück der Kronjuwelen des englischen Königshauses. In der Empfangshalle von Coster ist eine Replik der englischen Krone ausgestellt, in der eine Kopie des berühmten Edelsteins funkelt.

Über 2000 Besucher kommen täglich hierher, um zu erleben, wie Diamanten klassifiziert, geschliffen und poliert werden. Goldschmiede und Diamantschleifer fertigen Stücke für jeden Geschmack und Geldbeutel, die man hier auch kaufen kann. Ein Museum im Haus Nr. 8 geht auf die Entstehung, Förderung, Verarbeitung von Diamanten und den Handel damit ein.

Glitzersteine bei Coster Diamonds

❸ Van Gogh Museum

Siehe S. 130f.

❹ Stedelijk Museum

Siehe S. 132f.

Fassade des Concertgebouw (1881) von A. L. van Gendt

❺ Concertgebouw

Concertgebouwplein 2–6. **Stadtplan** 4 D4. 📞 0900 671 8345. 🚋 2, 3, 5, 12, 16, 24. **Tickets** ⭕ Mo–Fr 13–19, Sa, So 10–19 Uhr. 🎫 📧 ♿ nach Anmeldung. 🎵 Mo 17, So 12.15 Uhr. 🌐 concertgebouw.nl

Als Gewinner eines 1881 ausgeschriebenen Wettbewerbs erhielt A. L. van Gendt (1835–1901) den Auftrag für einen neuen, großen Konzertsaal für Amsterdam. Er entwarf einen Neorenaissance-Bau mit einem reich verzierten Tympanon und einer Säulenfassade, hinter der zwei Konzertsäle liegen. Obwohl van Gendt nur wenig von Musik verstand, gelang es ihm, im Großen Saal eine beinahe perfekte Akustik zu schaffen, für die der Saal auf der ganzen Welt berühmt ist.

Das Eröffnungskonzert fand 1888 mit 120 Musikern und einem Chor von 600 Sängern statt. Sieben Monate später wurde das Concertgebouw-Orchester gegründet, das sich Weltruhm erspielt hat.

Das Gebäude wurde im Lauf der Jahre mehrfach renoviert, zuletzt 1983, als der Untergrund absank und damit die Fundamente des Bauwerks gefährdete. Der gesamte Oberbau musste angehoben werden: Die alten, 13 Meter langen Stützpfeiler aus Holz, auf denen das Haus stand, wurden durch 18 Meter lange Betonstützen ersetzt. 1988 fügte Pi de Bruijn einen Glasanbau und einen neuen Eingangsbereich an. Der Haupteingang des Gebäudes wurde auf die Seite verlegt. Zwar hat man das Concertgebouw als reine Konzerthalle entworfen, genutzt wird es jedoch multifunktional: Es ist Schauplatz von Ausstellungen, Kongressen und sogar Boxkämpfen.

Musikpavillon im Vondelpark

❻ Vondelpark

Stadhouderskade. **Stadtplan** 4 E2. 🚋 1, 2, 3, 5, 12. **Park** ⭕ tägl. 24 Std. **Open-Air-Bühne** ⭕ Juni–letzte Woche Aug: Mi–So.

1864 gründete eine Gruppe Amsterdamer Bürger ein Komitee zur Errichtung eines Stadtparks. Sie sammelten Geld, erwarben acht Hektar Grund und beauftragten Vater und Sohn Zocher, beide Landschaftsarchitekten, mit dem Entwurf der Grünanlage. Mitte 1865 wurde der Nieuwe Park eröffnet. Als 1867 ein Standbild des Dichters Joost van den Vondel (1587–1679) hier aufgestellt wurde, gab man dem Park seinen heutigen Namen.

Das Bürgerkomitee wollte seine Fläche erweitern und sammelte weiterhin Geld. So konnte 1877 der Park auf seine heutige Größe von

47 Hektar erweitert werden. Im Vondelpark wachsen über 100 Pflanzen- und 127 Baumarten. Auch leben hier viele Tiere, darunter Eichhörnchen, Kaninchen, Igel und große Vogelschwärme. Im ruhigeren Teil des Parks grasen auf der Vondelweide Kühe, Schafe, Ziegen und sogar Lamas.

Jährlich besuchen ungefähr acht Millionen Menschen den Park, die hier joggen, Hunde ausführen, musizieren oder einfach an einem der Teiche ausruhen. Im Sommer finden im *openluchttheater* (Freilichttheater) oder im Musikpavillon Gratiskonzerte statt.

Fassade der neoklassizistischen Hollandsche Manege

❼ De Hollandsche Manege

Vondelstraat 140. **Stadtplan** 3 C2. ☎ (020) 618 0942. 🚋 1. ⏰ Mo–Fr 9–23, Sa, So 9.30–18 Uhr. 📧 🌐 dehollandschemanege.nl

Die Holländische Reitschule befand sich ursprünglich an der Leidsegracht, zog aber 1882 in ein von A. L. van Gendt im Stil der Spanischen Reitschule in Wien entworfenes Gebäude um. Nur ein wahrer Proteststurm der Amsterdamer verhinderte den Abbruch des Baus in den 1980er Jahren. Die Reitschule wurde renoviert und 1986 von Prinz Bernhard in ihrer alten Pracht wiedereröffnet.

Vergoldete Spiegel und steinerne Pferdeköpfe schmücken die neoklassizistische Arena.

Einige der gusseisernen Boxen blieben erhalten, wie früher dämpfen Sägespäne das Geräusch der Hufe. Eine Treppe führt zu einem Balkon, der einen Blick auf die Reitbahn bietet. Hier im Obergeschoss ist auch ein Café.

❽ Vondelkerk

Vondelstraat 120. **Stadtplan** 3 C2. 🚋 1, 3, 12. ● für Besucher.

Architekt dieser Kirche war P. J. H. Cuypers, der auch die Centraal Station und das Rijksmuseum *(siehe S. 126–129)* entwarf. Die Bauarbeiten begannen 1872, doch schon 1873 ging das Geld aus. Mithilfe von Spenden und Lotterie-Einnahmen wurde der Bau 1880 fertiggestellt. 1904 brach Feuer aus – die Feuerwehr konnte nur das Kirchenschiff

retten, der Turm stürzte ein. Der Sohn des Architekten, J. T. Cuypers, errichtete einen neuen Turm. 1979 wurde die Kirche säkularisiert und 1985 in ein Bürogebäude umgewandelt.

❾ Vondelparkpaviljoen

Vondelpark 3. **Stadtplan** 4 D2. ☎ 035 671 7915. ⏰ bei Veranstaltungen des Kultur- und Medienzentrums VondelCS. 🌐 web.avrotros.nl/cultuur/vondelcs

Der Vondelparkpaviljoen wurde von den Architekten P. J. Hamer (1812–1887) und seinem Sohn W. Hamer (1843–1913), entworfen und 1881 als Café-Restaurant eröffnet. Nach dem Zweiten Weltkrieg war hier ein Kulturzentrum untergebracht. 1991 wurde das Art-déco-Interieur des Cinema Parisien, Amsterdams erstes Kino von 1910, in das Gebäude integriert. Sodann beherbergte der Bau das Nederlands Filmmuseum EYE, das jährlich gut 1000 Filmvorführungen veranstaltete. Seit April 2012 ist das EYE im spektakulären Bau auf dem Overhoek-Gelände nördlich des IJ neben dem Shell Tower angesiedelt (IJpromenade 1, 020-589 1400).

Der Vondelparkpaviljoen wurde danach umfassend renoviert und dient seit 2016 als Kultur- und Medienzentrum mit Café. Die umliegende Gartenanlage wurde neu gestaltet.

Die imposante Vondelkerk von 1880 beherbergt nun Büros

Stadtplan Amsterdam *siehe Seiten 154–163*

❶ Rijksmuseum

Das Rijksmuseum, ein Wahrzeichen Amsterdams, besitzt eine unvergleichliche Sammlung niederländischer Kunst. Bei der Eröffnung 1885 stieß der prächtige Bau wegen seines neogotischen, also als katholisch verdächtigen Stils auf Kritik bei den Protestanten. Das von P. J. H. Cuypers entworfene Gebäude wurde zehn Jahre lang restauriert und 2013 wiedereröffnet. Die Sammlung umfasst über eine Million Kunstobjekte.

Zweiter Stock

Winterlandschaft mit Eisläufern (1618)
Der Maler Hendrick Avercamp spezialisierte sich auf detailgetreue Winterszenen.

★ *Das Küchenmädchen* (1658)
Die meisterhafte Beherrschung des Lichts in dieser Szene ist typisch für Jan Vermeer.

Erster Stock

Die neogotische Fassade von P. J. H. Cuypers' Gebäude aus rotem Backstein ist mit farbigen Fliesen verziert.

Kurzführer

Man betritt das Hauptgebäude durch ein Atrium. Die Dauerausstellung umfasst rund 8000 Exponate, die chronologisch arrangiert sind. Gemälde, Skulpturen historische Objekte und Kunsthandwerk stehen Seite an Seite. In einem Pavillon zwischen Hauptgebäude und Philips-Flügel befindet sich die asiatische Sammlung.

Eingang

Legende

- ▦ Spezialsammlungen
- ▦ Mittelalter und Renaissance
- ▦ Goldenes Jahrhundert
- ▦ 18. Jahrhundert
- ▢ 19. Jahrhundert
- ▦ 20. Jahrhundert
- ▢ Asiatische Kunst
- ▦ Keine Ausstellungsfläche

★ *Überschwemmung an St. Elisabeth* (1500)
Ein unbekannter Meister malte dieses Altarbild. Es zeigt die verheerende Überschwemmung, die sich im Jahr 1421 ereignete. Damals gingen 22 Dörfer in den Fluten unter.

Eingang

Infobox

Information

Museumstraat 1. **Stadtplan** 4 E3.
📞 (020) 674 7000.
🆆 rijksmuseum.nl
🕐 tägl. 9–17 Uhr. 🖼 📷 🎧
🏛 ✉ ♿

Anfahrt

🚊 2, 5, 7, 10, 12. 🚌 197 von
Schiphol. 🚋 Stadhouderskade.

★ *Die Nachtwache* **(1642)**
Rembrandts Schaustück niederländischer Kunst des 17. Jahrhunderts wurde als Gruppenporträt einer Militärkompanie in Auftrag gegeben.

Ehren-
galerie

Heilige Barbara **(um 1470)**
Die Skulptur des Meisters von Koudewater zeigt die Heilige mit einer Männerfigur unter ihrem Fuß. Es ist ihr Vater Dioscurus, der verhindern wollte, dass sie sich zum Christentum bekannte.

Erd-
geschoss

Jan Steens *Frau bei der Toilette* entstand um 1660

Cuypers-
Bibliothek

Genremalerei

Die Zeitgenossen Jan Steens (1625–1679) entdeckten in diesem Bild Anspielungen, die uns heute verborgen bleiben. Der Hund steht für die Treue, die roten Strümpfe der Frau sind ein Symbol für Sexualität, wahrscheinlich war sie eine Prostituierte. Oft verstecken sich in diesen Bildern Anzüglichkeiten und beinahe immer eine moralische Botschaft. Häusliche Szenen von Künstlern wie ter Borch und Honthorst symbolisierten Bordelle, andere Werke Sprichwörter. Bildobjekte wie Kerzen oder Schädel weisen auf die Sterblichkeit hin.

Unter-
geschoss

Auditorium

Stadtplan Amsterdam *siehe Seiten 154–163*

Rijksmuseum: Sammlungen

Das Rijksmuseum ist mit seinen 80 Ausstellungsräumen und über 8000 Exponaten fast zu groß, um es an einem Tag zu besichtigen. Es beherbergt der Welt größte und schönste Sammlung niederländischer Kunstwerke, von der frühen religiösen Kunst bis zu den Meisterwerken des Goldenen Jahrhunderts. Doch auch das Kunstgewerbe, die Skulpturen und die Exponate asiatischer Kunst sind sehenswert. Wer wenig Zeit hat, sollte sich auf Gemälde des 17. Jahrhunderts konzentrieren und den Besuch mit Rembrandts *Nachtwache* abschließen.

Geschichte der Niederlande

Hier ist die wechselhafte Geschichte der Niederlande zu besichtigen. Im ersten Saal hängt das mittelalterliche Altarbild *Überschwemmung an St. Elisabeth (siehe S. 126)*, im mittleren sind Schiffsmodelle (17. Jh.), aus Wracks geborgene Gegenstände und Gemälde aus der Zeit des niederländischen Weltreichs zu sehen. Jüngere Exponate erinnern an große Seeschlachten und die Besetzung durch Frankreich, die 1815 nach den Napoleonischen Kriegen endete.

Frühe Malerei und ausländische Schulen

In dieser kleinen Sammlung flämischer und italienischer Werke finden sich die ersten echt »holländischen« Gemälde. Die meisten haben religiöse Themen, beispielsweise *Die sieben Werke der Barmherzigkeit* (1504) vom Meister von Alkmaar, *Maria Magdalena* (1528) von Jan van Scorel und das Triptychon *Die Anbetung des goldenen Kalbs* (1530) von Lucas van Leyden. Im Lauf des 16. Jahrhunderts kommen zunehmend weltlichere Themen in Mode, deren große Detailfülle und oft verblüffende Genauigkeit zum Markenzeichen der holländischen Malerei dieser Zeit wurden.

Speisung der Hungrigen (1504) vom Meister von Alkmaar

Malerei des 17. Jahrhunderts

Nach der Alteratie im Jahr 1578 wurden beinahe keine religiösen Werke mehr gemalt. Realistische Porträts, Landschaften, Stillleben, Seestücke und Genrebilder *(siehe S. 127)* wurden die hauptsächlichen Sujets. Rembrandt *(siehe S. 82)* war der bekannteste der vielen Künstler, die damals in Amsterdam wohnten und arbeiteten. Von ihm besitzt das Rijksmuseum u. a. *Rembrandts Sohn in Mönchskutte* (1660), *Selbstporträt als Apostel Paulus* (1661), *Die jüdische Braut (siehe S. 30f)* und natürlich das Meisterwerk *Die Nachtwache (siehe S. 127)*. Rembrandt hatte viele Schüler, darunter Nicolaas Maes (1634–1693), dessen düsteres Bild *Alte Frau beim Beten* (1655) so ganz anders wirkt als die lichtdurchfluteten Werke *Das Küchenmädchen* (1658) und *Die Briefleserin* (1662) von Jan Vermeer. Die schönsten Porträts von Frans Hals *(siehe S. 190f)* sind das *Hochzeitsporträt* und *Der fröhliche Trinker* (1630). Die *Mühle bei Wijk* von Jacob van Ruisdael (1628–1682) ist ein Werk des Künstlers auf dem Höhepunkt seines Schaffens. Zusätzlich zu diesen Highlights besitzt das Rijksmuseum Bilder von Pieter Saenredam *(siehe S. 57)*, Jan van der Heyden, Jan Steen *(siehe S. 127)* und Gerard ter Borch

Hochzeitsporträt (um 1622) von Frans Hals (1580–1666)

Malerei des 18. und 19. Jahrhunderts

Der Stil des 17. Jahrhunderts fand zu Anfang des 18. Jahrhunderts seine Fortsetzung, z. B. in Werken wie *Stillleben mit Blumen und Früchten* von Jan van Huysum (1682–1749). Später kamen satirische Bilder wie die von Adriaan van der Werff (1659–1722) und Cornelis Troost (1696–1750) in Mode. *Die Galerie von Jan Gildemeester Jansz.* (1794) von Adriaan de Lelie (1755–1820) zeigt einen Salon aus dem 18. Jahrhundert, der voller Meisterwerke des 17. Jahrhunderts ist. Malerei des 18. und 19. Jahrhunderts hängt im Südflügel, den man über einen eigenen Eingang erreicht.

Stillleben mit Blumen und Früchten (um 1730) von Jan van Huysum (1682–1749), eines der vielen Stillleben im Rijksmuseum

Den Haager Schule und Impressionisten

Die Künstler dieser Schule trafen sich um 1870 in Den Haag. Ihre Landschaftsbilder zeigen das sanfte, stimmungsvoll gedämpfte Licht der Niederlande. Eine der Kostbarkeiten des Rijksmuseum ist der in sanften Farben gehaltene *Morgenritt am Strand* (1876) von Anton Mauve (1838–1888). Daneben hängen die Polderlandschaften *Landschaft bei der Geestbrug* von Hendrik Weissenbruch (1824–1903), *Mühle am Polderkanal* von Paul Gabriël (1828–1903) und *Enten* von Willem Maris (1844–1910).

Der Einfluss der Den Haager Schule schwand mit dem Impressionismus. Ein Werk wie *Die Brücke über den Singel bei der Paleisstraat, Amsterdam* (1890) von George Hendrik Breitner (1857–1923) kann sich mit den französischen Impressionisten messen.

Skulpturen und Kunsthandwerk

Die Abteilung führt von religiösen Skulpturen des Mittelalters zur Pracht der Möbel aus der Renaissance. Zu den Prunkstücken des Goldenen Jahrhunderts gehören die Glassammlung, Delfter Fayencen *(siehe S. 32f)* und mit Diamanten besetzter Schmuck. Ein zwölfteiliger chinesischer Paravent zeigt auf der einen Seite »exotische« Europäer und auf der anderen einen Phönix. Zwei große Puppenhäuser sind detailgetreue Kopien damaliger Wohnhäuser. Meißener Porzellan (18. Jh.) und Jugendstil-Glasobjekte runden die Sammlung ab.

Stiche und Zeichnungen

Das Rijksmuseum besitzt ungefähr eine Million Stiche und Zeichnungen, darunter viele niederländische Werke, beispielsweise Radierungen von Rembrandt und seltene Werke von Hercules Seghers (1589–1638), aber auch Stiche von Dürer, Tiepolo, Toulouse-Lautrec, Goya und Watteau sowie farbige japanische Holzschnitte. Im Erdgeschoss werden kleinere Ausstellungen gezeigt. Wer interessiert ist und die Genehmigung dazu einholt, kann auch die Studiensammlung im Untergeschoss besichtigen.

Buddhakopf (7. Jh.), Kambodscha

Asiatische Kunst

Diese Abteilung, die durch einen eigenen Eingang an der Rückseite des Museums zugänglich ist, zeigt die Zeugnisse der kolonialen Vergangenheit der Niederlande. Die ältesten Werke sind zugleich die interessantesten: kleine Bronzestatuen aus der chinesischen Tang-Dynastie des 7. Jahrhunderts und Granitbilder aus Java aus dem 8. Jahrhundert. Jüngeren Datums sind eine anzügliche Figur aus Hindustan, *Himmlische Schönheit*, chinesische Pergamente, koreanische Intarsienarbeiten und mit Fischmotiven bemalte Teller aus Vietnam. Die Abteilung ist eine Schatzkammer, die die Kunstfertigkeit von Handwerkern und Künstlern früher fernöstlicher Kulturen zeigt.

❸ Van Gogh Museum

Das Van Gogh Museum entstand nach Plänen des De-Stijl-Architekten Gerrit Rietveld *(siehe S. 208f)*, entworfen kurz vor seinem Tod im Jahr 1963. Das Museum wurde 1973 eröffnet. 1999 kam der neue Flügel von Kisho Kurokawa hinzu. Als Vincent van Gogh 1890 starb, stand er an der Schwelle zum Durchbruch. Sein jüngerer Bruder Theo, Kunsthändler in Paris, sammelte die 200 Gemälde und 500 Zeichnungen, die zusammen mit etwa 850 Briefen van Goghs an Theo den Kern der Sammlung bilden.

★ *Schlafzimmer in Arles* (1888)
Eines seiner berühmtesten Bilder malte van Gogh in der kurzen Zeit der Ruhe im Gelben Haus in Arles. Er war mit dem Werk so zufrieden, dass er sogar zwei Versionen davon malte.

★ *Sonnenblumen* (1889)
Das leuchtende Gelb und Grün dieser Version der Sonnenblumen wird mit breiten roten und malvenfarbigen Strichen betont.

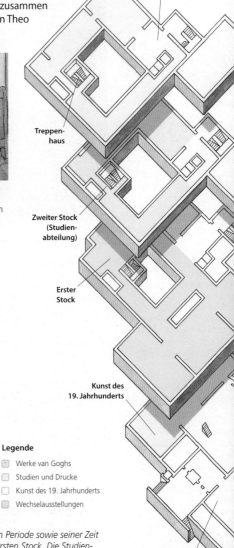

Dritter Stock

Treppenhaus

Zweiter Stock (Studienabteilung)

Erster Stock

Kunst des 19. Jahrhunderts

Erdgeschoss

Museumsshop

Legende

▪ Werke van Goghs
▫ Studien und Drucke
▫ Kunst des 19. Jahrhunderts
▪ Wechselausstellungen

Kurzführer

Werke van Goghs der niederländischen Periode sowie seiner Zeit in Paris und der Provence hängen im ersten Stock. Die Studiensammlung und van Goghs Zeichnungen sind im zweiten Stockwerk. Im Erdgeschoss und dritten Stock werden Arbeiten anderer Künstler des 19. Jahrhunderts gezeigt. Wechselausstellungen sind im neuen Flügel zu sehen. Freitagabends wird die Halle in eine Bar mit DJ-Musik umfunktioniert.

Künstlerleben

Vincent van Gogh (1853–1890) wurde in Zundert geboren. 1880 begann er zu malen. Fünf Jahre arbeitete er in den Niederlanden, zog dann nach Paris und später nach Arles. Nach einem Streit mit Gauguin schnitt er sich einen Teil des Ohrs ab. Wegen geistiger Verwirrung kam er in die Anstalt in Saint-Rémy. In Auvers schoss er sich in die Brust – zwei Tage später starb er.

Van Gogh 1871

Infobox

Information
Museumplein 6. **Stadtplan** 4 E3.
☎ (020) 570 5200. ◯ Sa–Do
9–17, Fr 9–22 Uhr (Mitte Juli–
Aug: bis 19, Sa bis 21 Uhr; Sep,
Okt: bis 18 Uhr).
🖼 🏛 💻 ⊘ 🎧 ♿ ✉
🅦 **vangoghmuseum.nl**

Anfahrt
🚊 2, 5, 12. 🚌 170, 172

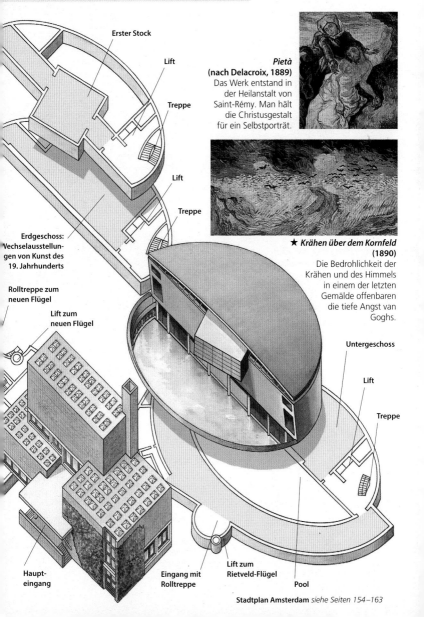

Erster Stock

Lift

Treppe

Pietà
(nach Delacroix, 1889)
Das Werk entstand in der Heilanstalt von Saint-Rémy. Man hält die Christusgestalt für ein Selbstporträt.

Lift

Treppe

★ *Krähen über dem Kornfeld*
(1890)
Die Bedrohlichkeit der Krähen und des Himmels in einem der letzten Gemälde offenbaren die tiefe Angst van Goghs.

Erdgeschoss: Wechselausstellungen von Kunst des 19. Jahrhunderts

Rolltreppe zum neuen Flügel

Lift zum neuen Flügel

Untergeschoss

Lift

Treppe

Haupt-eingang

Eingang mit Rolltreppe

Lift zum Rietveld-Flügel

Pool

Stadtplan Amsterdam *siehe Seiten 154–163*

❹ Stedelijk Museum

Das Stedelijk Museum wurde 1895 für die Sammlung erbaut, die Sophia de Bruyn der Stadt hinterlassen hatte. Seit 1938 ist es das Nationale Museum für moderne und zeitgenössische Kunst mit Werken von Künstlern wie Picasso, Matisse, Mondriaan, Cézanne und Monet. Nach vielen Jahren Umbau gibt es seit der Wiedereröffnung 2012 einen spektakulären Anbau (Spitzname:»De Badkuip« = Badewanne) und ein Café-Restaurant mit Terrasse.

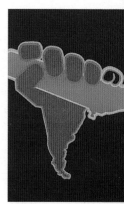

Selbstporträt mit sieben Fingern (1912)
Die sieben Finger in Marc Chagalls Selbstporträt verweisen auf die sieben Tage der Schöpfung und seine jüdische Abstammung. Paris und Rom, die Städte, in denen er lebte, stehen in Hebräisch über seinem Kopf geschrieben.

Solidaridad con América Latina (1970)
Zu den 17 000 seltenen Plakaten der Sammlung gehört auch dieses Werk des kubanischen Menschenrechtsaktivisten Asela Pérez.

Museumsgebäude
Der Neorenaissance-Bau wurde 1895 von A. W. Weissman (1858–1923) entworfen. In Nischen in der Fassade stehen Statuen von Künstlern und Architekten. Das Äußere des Museums lässt nicht vermuten, dass der Bau innen hochmodern umgebaut wurde. Das Äußere des Altbaus kontrastiert mit dem neuen Flügel von Benthem Crouwel.

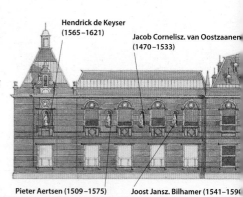

Hendrick de Keyser (1565–1621)

Jacob Cornelisz. van Oostzaanen (1470–1533)

Pieter Aertsen (1509–1575)

Joost Jansz. Bilhamer (1541–159(

Mondriaan und De Stijl
Die Kunstströmung *De Stijl* brachte einfache Designs in klaren Farben hervor, die Werke wurden zu Ikonen der abstrakten Kunst des 20. Jahrhunderts. Dazu gehören Gerrit Rietvelds berühmter *Rot-Blauer Stuhl* und Mondriaans *Komposition in Rot, Schwarz, Blau, Gelb und Grau* (1920). Die Bewegung wurde 1917 von einer Gruppe von Künstlern in Leiden gegründet. Sie setzten sich für äußerste Klarheit und auch Funktionalität in Werken der Malerei, Architektur, Bildhauerei, Literatur und des (Möbel-)Designs ein. In den 1920er Jahren beeinflusste *De Stijl* die neu entstehenden internationalen Richtungen der Moderne, u.a. auch das Bauhaus *(siehe S. 208f).*

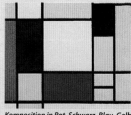

Gerrit Rietvelds Rot-Blauer Stuhl (1918)

Komposition in Rot, Schwarz, Blau, Gelb und Grau (1920) von Mondriaan

Tanzende (1911)
Ernst Ludwig Kirchners (1880–1938) Werke
verraten Einflüsse afrikanischer und asiatischer Kunst. Weibliche Akte sind ein
Hauptmotiv des Expressionisten.

Mensch und Tiere (1949)
Karel Appel (1921–2006), Mitbegründer
der Gruppe CoBrA, malte mit der Naivität
eines Kindes.

— Glockenturm

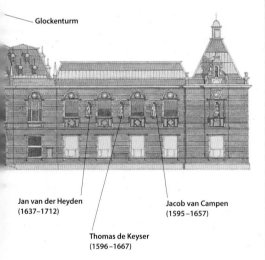

Jan van der Heyden
(1637–1712)

Jacob van Campen
(1595–1657)

Thomas de Keyser
(1596–1667)

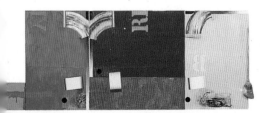

Ohne Titel (1965)
Jasper Johns (geb. 1930) lässt die Betrachter seiner Werke ihre
eigenen Schlüsse ziehen. Die riesige Leinwand mit dem Regen-
bogen aus roten, gelben und blauen Pinselstrichen lädt zum
Nachdenken über die Symbolik der Farben ein.

Infobox

Information
Museumplein 10. **Stadtplan** 4 D3.
☎ (020) 573 2911.
⏰ tägl. 10–18 Uhr (Fr bis
22 Uhr).
🖼 ✂ 🏛 ♿ ✉
🌐 stedelijk.nl

Anfahrt
🚋 2, 3, 5, 12.

★ Kazimir Malevič
(1878–1935)

Der russische Künstler Kazimir Severinovič Malevič gilt
als einer der Gründerväter
der abstrakten Kunst. Er
malte, bildhauerte und entwarf Möbel, Kostüme und
Plakate. Nach dem Studium
des Futurismus und des Ku-
bismus postulierte er 1915
seine eigene neue Kunstrich-
tung, den Suprematismus.
Zentrales Element der Theorie war die uneingeschränkte
Herrschaft der freien Erfindung im künstlerischen Pro-
zess. Bis Anfang der 1920er
Jahre malte Malevič abstrakte geometrische Formen mit
dem Quadrat als »supremem
Element«.

Das Stedelijk Museum be-
sitzt heute die weltweit
größte Sammlung von Wer-
ken aus der suprematisti-
schen Periode von Malevič.
Eines der wichtigsten Bilder,
Suprematismus 1920–1927,
wurde 1997 von einem Be-
sucher beschädigt.

1999 kam es zwischen
den Erben des Künstlers und
dem Museum zum Streit
über die Eigentumsrechte an
Werken des Malers. 2008
gab das Stedelijk Museum
vier suprematistische Bilder
an die Erben zurück.

Selbstporträt Malevičs

Stadtplan Amsterdam *siehe Seiten 154–163*

Osten und Süden

Nicht nur die Innenstadt Amsterdams ist ein Beispiel außergewöhnlicher Stadtarchitektur. In Amsterdam Zuid kann man die städtebaulichen Ideen der Amsterdamse School *(siehe S. 146f)* betrachten, Beispiele sind etwa der Häuserblock De Dageraad und das Stadionviertel. Die Plantage war früher ein ländliches Gebiet vor den Toren der Stadt, in dem die Amsterdamer schon im 17. Jahrhundert Erholung suchten, im 19. Jahrhundert wurde es zum Wohngebiet. Die baumbestandenen Straßen um den Artis Zoo sind heute eine

beliebte Wohngegend. Die Speicherhäuser des Entrepotdok beherbergen Wohnungen, Büros und Cafés. Das Werfmuseum 't Kromhout liegt an der Windmühle De Gooyer aus dem 18. Jahrhundert. Im Scheepvaartmuseum, einem ehemaligen Speicherhaus, ist die maritime Sammlung der Niederlande zu sehen. Ganz in der Nähe fasziniert das Science Center NEMO. Im Nordosten Amsterdams, von der Centraal Station nur durch das IJ getrennt, ist ein neues Viertel mit spannenden Bauten entstanden.

Sehenswürdigkeiten auf einen Blick

Historische Gebäude, Denkmäler und Viertel
- ❷ Entrepotdok
- ❸ Java-eiland und KNSM-eiland
- ❹ Muiderpoort
- ❺ Windmühle De Gooyer
- ❼ Koninklijk Theater Carré
- ❽ Amstelsluizen
- ⓫ Frankendael
- ⓮ Heineken Experience
- ⓯ Häuserblock De Dageraad
- ⓱ Amsterdam RAI

Markt
- ⓲ Albert Cuypmarkt

Museen, Sammlungen und Zoos
- ❶ *Het Scheepvaartmuseum S. 136f*
- ❻ Werfmuseum 't Kromhout
- ❾ *Science Center NEMO S. 140f*
- ❿ *Artis Zoo S. 142f*
- ⓬ Tropenmuseum
- ⓭ Hermitage Amsterdam
- ⓰ Verzetsmuseum

Restaurants im Osten und Süden
siehe S. 409

Legende

▦	Amsterdam Zentrum
═	Autobahn
▬	Hauptstraße
╌	Nebenstraße
—	Eisenbahn

0 Kilometer 1

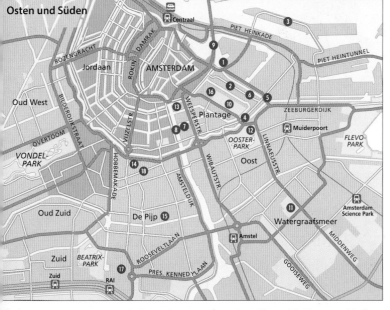

◀ Nachbau der *Amsterdam* von 1749 *(siehe S. 136f)*   Zeichenerklärung *siehe hintere Umschlagklappe*

❶ Het Scheepvaartmuseum

Das Sandsteingebäude des ehemaligen Arsenals wurde 1656 von Daniel Stalpaert errichtet. Der Bau mit seinem großen Innenhof ruht auf 18000 Pfählen, die in den Boden des Osterdocks gerammt wurden. Bis 1973 wurde das Gebäude von der niederländischen Marine benutzt. Die Sammlungen des Schifffahrtsmuseums bieten eine Übersicht über die Seefahrt der Niederlande. Vier Jahre wurde das Museum renoviert und umgestaltet, jetzt wölbt sich über dem (frei zugänglichen) Innenhof ein Glasdach.

★ Goldenes Jahrhundert
Sieben Persönlichkeiten begrüßen den Besucher zur Ausstellung über das Zeitalter der Entdeckungen und des Handels im 16. und 17. Jahrhundert.

Erster Stock

Ajax
Die Gallionsfigur eines 1832 gebauten Schiffs zeigt Ajax, den tragischen Helden des Trojanischen Kriegs.

Klassizistische Sandsteinfassade

Kurzführer
Hier erlebt man die Geschichte der Seefahrt hautnah, etwa auf einer virtuellen Reise an Bord des Ostindienfahrers Amsterdam. *Andere Abteilungen erzählen über den Walfang, das Goldene Jahrhundert oder den Amsterdamer Hafen. Außerdem zeigt das Museum seine Sammlung von Navigationsinstrumenten, Karten, Globen und Gemälden zur Seefahrt.*

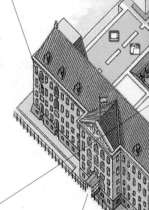

Glasdach
Beim Entwurf der Glasüberdachung des Innenhofs ließ sich Architekt Laurent Ney von den eingetragenen Schifffahrtswegen alter Seekarten und Globen inspirieren.

Haupteingang

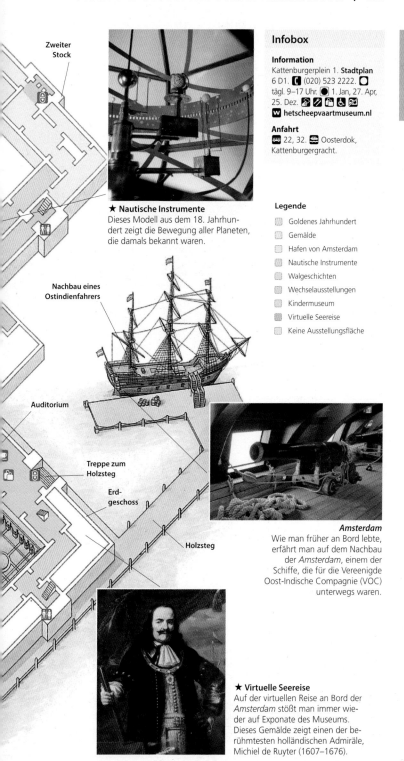

Zweiter Stock

★ **Nautische Instrumente**
Dieses Modell aus dem 18. Jahrhundert zeigt die Bewegung aller Planeten, die damals bekannt waren.

Nachbau eines Ostindienfahrers

Auditorium

Treppe zum Holzsteg

Erd-geschoss

Holzsteg

Infobox

Information
Kattenburgerplein 1. **Stadtplan**
6 D1. (020) 523 2222.
tägl. 9–17 Uhr. 1. Jan, 27. Apr,
25. Dez.
W hetscheepvaartmuseum.nl

Anfahrt
22, 32. Oosterdok,
Kattenburgergracht.

Legende

- Goldenes Jahrhundert
- Gemälde
- Hafen von Amsterdam
- Nautische Instrumente
- Walgeschichten
- Wechselausstellungen
- Kindermuseum
- Virtuelle Seereise
- Keine Ausstellungsfläche

Amsterdam
Wie man früher an Bord lebte, erfährt man auf dem Nachbau der *Amsterdam*, einem der Schiffe, die für die Vereenigde Oost-Indische Compagnie (VOC) unterwegs waren.

★ **Virtuelle Seereise**
Auf der virtuellen Reise an Bord der *Amsterdam* stößt man immer wieder auf Exponate des Museums. Dieses Gemälde zeigt einen der berühmtesten holländischen Admiräle, Michiel de Ruyter (1607–1676).

Stadtplan Amsterdam *siehe Seiten 154–163*

❷ Entrepotdok

Stadtplan 6 D2. 🚊 9, 14, 32. 🚌 22, 43.

Die Renovierung der Speicherhäuser der Vereenigde Oost-Indische Compagnie brachte frischen Wind in das Gebiet der alten Docks. 1827 war hier eine zollfreie Zone für Transitgüter errichtet worden, Mitte des 19. Jahrhunderts war dies Europas größter Speicherkomplex. Die renovierten Gebäude am Kai des Entrepotdok sind heute ein Mix aus Büros, Wohnungen, Cafés und Restaurants. Einige Originalfassaden der Lagerhäuser blieben erhalten. Am Kanal liegen bunte Hausboote.

❸ Java-eiland und KNSM-eiland

Stadtplan 6 D2. Java-eiland und KNSM-eiland 🚌 41, 42. 🚊 10.

Die beiden künstlichen Inseln am Ostrand des Zentrums waren Teil des alten Hafens der Stadt. Die Bebauung des lang gestreckten Java-eiland wurde in den 1990er Jahren von Sjoerd Soeters geplant. Durch die abwechslungsreiche Architektur und die Anlage einiger Quergrachten mit ungewöhnlich kleinen Brücken entstand ein typisches Amsterdamer Viertel, in dem sich Läden und Cafés ansiedelten. Jo Coenen plante das breitere KNSM-

De Gooyer, eine Mühle an der Nieuwe Vaart, nah beim Zentrum

eiland. Hier wurde in der Mitte der Insel ein großzügiger Boulevard angelegt, an beiden Seiten entstanden Wohnhäuser. Vor allem die Südseite mit ihren Cafés und Restaurants ist einen Besuch wert.

❹ Muiderpoort

Alexanderplein. **Stadtplan** 6 E3. 🚊 7, 9, 10, 14. ⬤ für Besucher.

Das ehemalige Stadttor wurde um 1770 von Cornelis Rauws entworfen. Der Mittelbogen des mächtigen klassizistischen Bauwerks wird von einer Kuppel mit Glockenturm gekrönt. Über den dorischen Säulen spannt sich ein Giebeldreieck, in dessen Tympanon der Bildhauer Anthonie Ziesenis das Wappen der Stadt Amsterdam meißelte.

❺ Windmühle De Gooyer

Funenkade 5. **Stadtplan** 6 F2. 🚊 10, 14. ⬤ für Besucher.

Von den sechs Mühlen, die es im Stadtgebiet noch gibt, steht De Gooyer, auch Funenmühle genannt, am nächsten beim Stadtzentrum. Die Mühle an der Nieuwe Vaart wurde 1725 als Getreidemühle gebaut. Sie war die erste Mühle in den Niederlanden mit den damals neuartigen stromlinienförmigen Flügeln.

Früher stand die Mühle weiter westlich, doch die 1814 erbaute Oranje-Nassaukaserne nahm ihr den Wind, und so setzte man sie an die Funenkade um. Der Holzaufbau wurde auf den Steinsockel einer alten Wassermühle gesetzt, die 1812 abgerissen worden war. Die Stadt kaufte 1925 die heruntergekommene Mühle und ließ sie restaurieren.

Der untere Teil ist heute in Privatbesitz und wird als Wohnung genutzt, doch manchmal kann man zusehen, wie sich die großen Segel bewegen.

Die ehemaligen Speicherhäuser am Entrepotdok wurden zu Wohnungen umgebaut

Hotels und Restaurants in Amsterdam *siehe Seiten 396f und 406–409*

Im Vordergrund KNSM-eiland, ganz hinten im Anschnitt Java-eiland

Direkt neben der Mühle liegt die kleine Brouwerij 't IJ. Zur Brauerei gehört ein Pub, in dem man vor Ort gebrautes Bier kosten kann (Infos: www.brouwerijhetij.nl).

❻ Werfmuseum 't Kromhout

Hoogte Kadijk 147. **Stadtplan** 6 E2. 📞 (020) 627 6777. 🚊 9, 10, 14. 🚌 Oosterdok oder Artis. ⏰ Di 10–15 Uhr; für Gruppen nach Vereinbarung. ⬤ Feiertage. 🖼️ ♿ 📷 🌐 machinekamer.nl

Die Werft 't Kromhout ist eine der ältesten Werften Amsterdams und zugleich ein Museum. Seit 1757 werden hier Schiffe gebaut. In der zweiten Hälfte des 19. Jahrhunderts, nach der Ära der Segelschiffe, begann in der Werft der Bau von Dampfern. Als Ozeandampfer immer größer wurden, stellte sich die Werft auf kleinere Binnenfahrtschiffe um. Heute werden hier Schiffe repariert, die Werft ist vor allem auf das Restaurieren historischer Boote spezialisiert.

1967 erwarb der Prince Bernhard Fund die Werft und machte sie in Zusammenarbeit mit dem Amsterdam Monuments Fund zum Museum. Es widmet sich der Geschichte des Schiffbaus, wobei der Werdegang der Werft 't Kromhout im Mittelpunkt steht. In den alten Werfthallen sind historische Dampfmaschinen sowie für den Schiffbau erforderliche Arbeitsgeräte ausgestellt. Fotos, Pläne und Objekte aus der Seefahrt vervollständigen das Bild. Am Kai liegen einige imposante alte Boote, die man teilweise besichtigen kann.

Das Werfmuseum 't Kromhout liegt unweit der Innenstadt

❼ Koninklijk Theater Carré

Amstel 115–125. **Stadtplan** 5 B3. 📞 0900 252 5255 (Callcenter). 🚊 4, 7, 9, 10. Ⓜ Weesperplein. **Tickets** ⏰ tägl. 12–18 Uhr. Siehe auch **Unterhaltung** S. 151. 🖼️ 📷 Sa 11 Uhr (bitte tel. anmelden). ♿ 📷 🖼️ 🌐 theatercarre.nl

Im 19. Jahrhundert freute sich ganz Amsterdam auf das jährliche Gastspiel des Zirkus Carré. 1868 baute Oscar Carré aufgrund der Popularität seiner Truppe am Amstelufer einen Pavillon. Der Stadtrat und die Feuerwehr fanden dies zu gefährlich, doch Carré überzeugte sie von der Notwendigkeit eines festen Spielplatzes in Amsterdam. J. P. F. van Rossem und W. J. Vuyk entwarfen ein Gebäude mit Manege und Bühne, das 1887 eröffnet wurde. In dem klassizistischen Bau stehen heute Konzerte, Shows und Musicals auf dem Programm – die Weihnachtsaufführung des Zirkus bleibt jedoch Höhepunkt der Saison.

Säulendekor, Koninklijk Theater Carré

❽ Amstelsluizen

Stadtplan 5 B3. 🚊 4, 7, 9, 10, 14. Ⓜ Weesperplein.

Die hölzernen Schleusen in der Amstel sind Teil eines ausgeklügelten Systems aus Pumpen und Schleusen der Stadt Amsterdam, das dafür sorgt, dass das Wasser in den Grachten immer in Bewegung bleibt. Viermal wöchentlich im Sommer (zweimal wöchentlich im Winter) werden die Schleusen geschlossen, danach strömt frisches Wasser in die Grachten Amsterdams. Die Schleusen am Westrand der Stadt werden geöffnet, und das alte Wasser wird Richtung Meer gepumpt. Die Amstelschleusen stammen aus dem Jahr 1673 und wurden bis 1994 noch von Hand bedient.

Stadtplan Amsterdam *siehe Seiten 154–163*

❾ Science Center NEMO

Das 1997 eröffnete Zentrum für Wissenschaft und Technik ist in einem innovativen Gebäude des italienischen Architekten Renzo Piano zu Hause. Der Bau erinnert an ein Schiff und ragt 30 Meter ins Wasser hinein. Die Aussicht von der Dachterrasse ist einzigartig. Auf fünf Stockwerken wechseln die Ausstellungen ständig, es gibt viele interaktive Exponate, Theater, Filme und Vorführungen aller Art – ein spannender Ort für Alt und Jung.

Architektur und Statik
Hier lernt man vieles über Bauwerke und sieht ein Modell der Rotterdamer Erasmusbrücke.

★ **Die Suche nach Leben**
Hier erfährt man, wie das Leben auf der Erde entstand und welche außerirdischen Lebensformen es geben könnte.

Seifenblasen
Mit Seifenschaum und Ringen können sich Besucher selbst mit Riesenseifenblasen umhüllen.

Außerdem

① **Die Zufahrt zum IJ-Tunnel** verläuft direkt unter dem Gebäude.

② **Im Maschinenpark** dreht sich alles um Technik und Technologie.

③ **In NEMOs Wonderlab** kann man mit echtem Laborgerät Versuche durchführen.

④ **In Little NEMOs Bamboehuis** wird erklärt, wie man ein Haus bauen kann.

⑤ **Brücke zur Centraal Station**

★ **Kettenreaktion**
Bei der Show geht es um Ursache und Wirkung, Aktion und Reaktion. Das Publikum darf kräftig mitmachen.

NEMO-Philosophie

»Nemo« ist das lateinische Wort für »niemand«, doch hier kann jeder Besucher auf Entdeckungsreise gehen. Die Figur Nemo wurde von mehreren berühmten Autoren verwendet. Alle Nemos standen im Spannungsfeld zwischen Realität und Fantasie. In der lateinischen Übersetzung von Homers mythologischem Epos *Odyssee* nimmt Odysseus den Namen Nemo an und täuscht damit den einäugigen, menschenfressenden Kyklopen Polyphem. In Jules Vernes Roman *20 000 Meilen unter dem Meer* steuert Kapitän Nemo sein U-Boot *Nautilus* durch alle Abenteuer und Schrecken der Meere. 1905 schuf der US-amerikanische Zeichner Winsor McCay die Figur des *Little Nemo*. In den Comics träumt ein Junge in seinem Bett von Abenteuern aller Art, wobei sich Realität, Fantasie und technische Zukunftsvisionen mischen.

Infobox

Information
Oosterdok 2. **Stadtplan** 5 C1.
📞 (020) 531 3233
(Gruppen: 020-531 3118).
🕐 Di–So 10–17.30 Uhr
(Schulferien: tägl. 10–17.30 Uhr).
⬤ 1. Jan, 27. Apr, 25. Dez.
🈂 📷 ✐ ♿
🆆 nemosciencemuseum.nl

Anfahrt
🚋 1, 2, 4, 5, 9, 13, 14, 16, 17, 24, 26. 🚌 22, 42, 43.

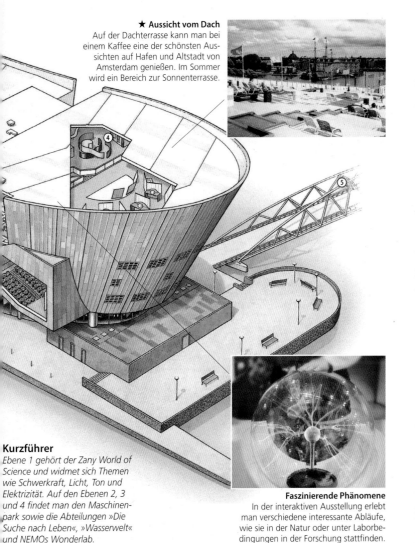

★ Aussicht vom Dach
Auf der Dachterrasse kann man bei einem Kaffee eine der schönsten Aussichten auf Hafen und Altstadt von Amsterdam genießen. Im Sommer wird ein Bereich zur Sonnenterrasse.

Faszinierende Phänomene
In der interaktiven Ausstellung erlebt man verschiedene interessante Abläufe, wie sie in der Natur oder unter Laborbedingungen in der Forschung stattfinden.

Kurzführer

Ebene 1 gehört der Zany World of Science und widmet sich Themen wie Schwerkraft, Licht, Ton und Elektrizität. Auf den Ebenen 2, 3 und 4 findet man den Maschinenpark sowie die Abteilungen »Die Suche nach Leben«, »Wasserwelt« und NEMOs Wonderlab.

Stadtplan Amsterdam *siehe Seiten 154–163*

⑩ Artis Zoo

Amsterdams Zoo wird Artis genannt, eine Abkürzung des alten lateinischen Namens Natura Artis Magistra. Er liegt in der Plantage, einem eleganten Viertel mit baumbestandenen Straßen und schönen alten Häusern. Im Zoo leben über 900 Tierarten. Zwei stolze vergoldete Adler begrüßen Besucher seit 1854 am Eingang des Zoos, der sein historisches Flair nicht verloren hat. Im Planetarium kann man einen Blick ins Weltall werfen, im neoklassizistischen Bau des Aquariums tummeln sich alle möglichen Wassertiere, von bunten Tropenfischchen bis zu großen Muränen und Haien.

Tigerpython
Das Weibchen in Artis kann Nachwuchs hervorbringen, indem es sich selbst »klont«.

★ Planetarium
Im Planetarium erfährt man viel über die Welt der Sterne. Große Sternkarten zeigen den nächtlichen Himmel. In einer interaktiven Ausstellung kann man auch den Bahnen der Planeten folgen. Vor dem Saal sind Modelle von Raumfahrzeugen aufgestellt. Eine Diashow ist speziell auf Kinder zugeschnitten.

Außerdem

① **Den Spielplatz** beim Restaurant Two Cheetahs mögen Kinder.

② **Der nördliche Teil** des Areals wird derzeit als Parkplatz genutzt, soll aber in Zukunft Teil des Zoos sein. Parken kann man dann in einer Tiefgarage.

0 Meter   100

Papageien
Der Zoo ist berühmt für sein Zuchtprogramm seltener Papageienarten, z. B. von Aras, die teilweise auf der Liste bedrohter Arten stehen.

★ Afrikanische Savanne
Das Gehege bietet Zebras, Gnus und Gazellen einen natürlichen Lebensraum, in dem sie sich wie zu Hause fühlen können.

Infobox

Information
Plantage Kerklaan 38–40. **Stadtplan** 6 D2. 📞 0900 278 4796. 🕐 März–Okt: tägl. 9–18 Uhr (Juni–Aug: Sa bis Sonnenuntergang); Nov–Feb: tägl. 9–17 Uhr. 🚇💻🚼♿🅆 artis.nl

Anfahrt
🚋 9, 10, 14.

Gorillas
Bwana, der Sohn des Gorillaweibchens Binti, wurde im Rahmen des Zuchtprogramms im Zoo geboren.

Seelöwen
Einer der Höhepunkte im Artis ist die tägliche Fütterung der Tiere.

★ Aquarium
Das neoklassizistische Gebäude von 1882 beherbergt Tausende Fischarten, darunter auch Fische aus den Grachten.

Stadtplan Amsterdam *siehe Seiten 154–163*

⓫ Frankendael

Middenweg 72. **Stadtplan** 6 F5.
🚋 9. 🚌 41, 65, 101, 136, 152,
157. **Park** ◯ tagsüber.

Zu Beginn des 18. Jahrhunderts ließen sich viele reiche Amsterdamer südlich der Plantage Middenlaan, im Polder Watergraafsmeer, große Landsitze erbauen. Frankendael, errichtet im Louis-XIV-Stil mit Remise und Stallungen, ist der einzige, der erhalten ist.

Der Bau selbst und der davorliegende Garten mit dem 1714 von Ignatius van Logteren entworfenen Brunnen sind Privatbesitz und können deshalb nicht besichtigt werden, doch vom Middenweg aus hat man einen guten Blick auf das Anwesen. Hier liegt auch eine Pforte, die in den frei zugänglichen, in den letzten Jahren sorgsam nach alten Vorlagen neu angelegten Teil des Parks führt. Gleich hinter dem Haus ist ein formaler Garten, dahinter ein Englischer Garten mit altem Baumbestand. Schrebergärten schließen sich an.

Fassade des Frankendael aus dem frühen 18. Jahrhundert

Ignatius van Logterens Brunnen im Park von Frankendael

⓬ Tropenmuseum

Linnaeusstraat 2. **Stadtplan** 6 E3.
🚋 9, 14. **Tropenmuseum** 📞 088
004 2800. ◯ Di–So 10–17 Uhr. ◉
1. Jan, 27. Apr, 25. Dez. 🚫 📷 📹
🛒 🏛 ♿ 🌐 tropenmuseum.nl
Tropenmuseum Junior 📞 (020)
568 8233. ◯ während der Schulferien: Sa, So; sonst für Veranstaltungen. 🌐 tropenmuseumjunior.nl

Der 1926 eröffnete Gebäudekomplex wurde von M. A. und J. van Nieuwkerken als Königliches Institut für die Tropen (Völkerkundemuseum) errichtet. Die Fassade ist mit Motiven aus der Kolonialzeit dekoriert, darunter Steinreliefs mit Reis pflanzenden Bauern.

Nach einem Umbau wurde ein Teil des Gebäudes 1978 als Tropenmuseum wiedereröffnet. Ziel des noch bestehenden Instituts ist die Verbesserung der Lebensqualität in tropischen Ländern.

Das Museum zeigt in einer großen Halle mit drei Galerien Vergangenheit und Gegenwart der Entwicklungen in anderen Ländern auf wirtschaftlichem, gesellschaftlichem und kulturellem Gebiet. Vor allem die Maskensammlung, darunter Feder-Fruchtbarkeitsmasken aus Zaire oder Holzmasken aus Mittelamerika, ist beeindruckend. Das Diorama (1819)

Balinesisches Tigerkostüm für zwei Personen aus dem Tropenmuseum

des surinamischen Künstlers Gerrit Schouten stellt mit Pappmaché und bemaltem Holz das Leben in Suriname dar.

⓭ Hermitage Amsterdam

Amstel 51. **Stadtplan** 8 E5.
📞 (020) 530 8755. 🚋 4, 9, 14.
Ⓜ Waterlooplein. 🚌 Muziektheater. ◯ tägl. 10–17 Uhr. 🚫 bis
16 Jahre frei. ◉ 27. Apr, 25. Dez.
♿ 📹 🛒 🌐 hermitage.nl

Die Staatlichen Museen der Eremitage in Sankt Petersburg wählten in den 1990er Jahren Amsterdam als erste Zweigstelle im Ausland aus. 2004 eröffnete die Hermitage Amsterdam im Amstelhof (einem Gebäudekomplex von 1681 für arme ältere Frauen) mit einer spektakulären Ausstellung über die Goldkunst der Griechen (6.–2. Jh. v. Chr.). Es gibt ein Auditorium sowie einen Bereich für Kinder im Flügel an der Nieuwe Herengracht. Dort werden auch Workshops angeboten. Das Restaurant Neva steht auch Nicht-Besuchern offen.

⓮ Heineken Experience

Stadhouderskade 78. **Stadtplan** 4 F3.
📞 (020) 523 9222. 🚋 7, 10, 16, 24.
🕐 tägl. 11–19.30 Uhr. ⬤ 1. Jan,
25. Dez. ⬛ ♿ 🏛 Jugendliche
unter 18 nur in Begleitung der Eltern. 🌐 heinekenexperience.com

Gerard Adriaan Heineken
kaufte 1864 die Hooiberg-
Brauerei am Nieuwezijds Voorburgwal und machte daraus
die Brauerei Heineken. Seit
1988 wird in dem Backsteinbau kein Bier mehr gebraut.
1991 eröffnete das Besucherzentrum, das nach der Führung Bier ausschenkt.

⓯ Huizenblok De Dageraad

Pieter Lodewijk Takstraat. 🚋 4, 12,
25. ⬤ für Besucher.

Das Wohnungsgesetz von
1901 zwang die Stadt zu einer
neuen Baupolitik, die Armenviertel konnten die neuen Normen nicht erfüllen. Der für
Arbeiterfamilien erbaute Block
De Dageraad ist eines der besten Beispiele für die Amsterdamse School (siehe S. 146f).
Der Architekt H. P. Berlage entwickelte einen Plan für den
Süden der Stadt, wo Reich und
Arm nebeneinander wohnen
sollten. Nach seinem Tod setzten Piet Kramer und Michel de
Klerk sein Werk fort. 1918–23
entwarfen sie für die Baugenossenschaft De
Dageraad
diesen
Wohnblock.

Häuserblock De Dageraad, ein Beispiel für die Amsterdamse School

In der RAI werden die großen Messen Amsterdams abgehalten

⓰ Verzetsmuseum

Plantage Kerklaan 61. **Stadtplan**
6 D2. 📞 (020) 620 2535. 🚋 9, 14.
🕐 Di–Fr 10–17, Sa–Mo 11–17 Uhr.
⬤ 1. Jan, 27. Apr, 25. Dez. ⬛ ♿
⬛ ♿ 🌐 verzetsmuseum.org

Das Widerstandsmuseum, das
im Haus Plancius beim Artis
Zoo zu Hause ist, erinnert an
den Widerstand in den Niederlanden während des Zweiten
Weltkriegs. Es wurde von ehemaligen Widerstandskämpfern
gegründet und ist dem Mut
der 25 000 Menschen gewidmet, die damals in verschiedenen Gruppen aktiv waren.

Das Museum zeigt gefälschte Ausweise, Waffen, illegale
Zeitungen und vieles mehr.
Gegen Ende des Zweiten
Weltkriegs waren mehr als
300 000 Niederländer untergetaucht, darunter viele Juden.
Wie das Verstecken dieser
Menschen organisiert wurde,
wird anhand von Einzelschicksalen gezeigt. Ein Besuch im
Verzetsmuseum ist eine

ideale Ergänzung zum Besuch
des Anne Frank Huis (siehe
S. 112f).

⓱ Amsterdam RAI

Europaplein. 📞 0900 267 8373.
🚋 4. Ⓜ 🚆 RAI. 🚌 62, 65.
🕐 je nach Ausstellung. **Information**
Mo–Fr 8.30–17.30 Uhr. ⬛ ♿ nur
mit Begleitung. 🌐 rai.nl

Die RAI ist einer der größten
Ausstellungs- und Konferenzkomplexe des Landes. Hier
werden jedes Jahr mehr als
1000 Veranstaltungen organisiert, von Shows bis zu Springturnieren und Handelsmessen.
Die erste Messe war 1893 eine
Fahrradausstellung. Bald entstand die RAI (Rijwiel- en Automobiel-Industrie), die Fahrradund Automobilindustriemesse.
Der heutige Komplex der
Messe wurde 1961 eröffnet.

⓲ Albert Cuypmarkt

Albert Cuypstraat. **Stadtplan** 5 A5.
🚋 4, 16, 24. 🕐 Mo–Sa 9–17 Uhr.

Der Albert Cuypmarkt wird im
Viertel De Pijp seit 1904 abgehalten und ist nach wie vor beliebt. An über 325 Ständen
werden Blumen, Kleidung, Geflügel, Fisch und vieles mehr
angeboten. De Pijp war einst
ein Arbeiterviertel, nun gehört
es zu den buntesten Stadtteilen Amsterdams. Ein Teil wurde
gentrifiziert und hat mittlerweile edle Bars, Restaurants
und Läden. Der Sarphatipark
ist eine Oase der Ruhe inmitten des städtischen Treibens.

Stadtplan Amsterdam siehe Seiten 154–163

Amsterdamse School

Ende des 19. Jahrhunderts explodierte als Folge der industriellen Revolution die Bevölkerung der Städte. Die Arbeiter brauchten Wohnungen. In Amsterdam entstanden damals ganze neue Viertel. Die Architekten der Amsterdamse School (Amsterdamer Schule) versuchten, ihre Ideen auch im Wohnungsbau für die Unterschicht durchzusetzen. Eines der schönsten Beispiele für ihren ganz unverwechselbaren Stil mit detailreichen, oft geschwungenen Fassaden ist das Scheepvaarthuis.

Rundungen in den Fassaden sind ein charakteristisches Element.

Das Scheepvaarthuis steht an der Stelle, wo Cornelis Houtman 1595 zu seiner ersten Reise nach Ostindien aufbrach.

In Betondorp, offiziell Tuindorp Watergraafsmeer genannt, wurde zum ersten Mal mit dem Einsatz von Beton experimentiert. Doch in diesem Viertel stehen auch viele Backsteingebäude im Stil der Amsterdamse School.

H. P. Berlage (1856–1934)

Berlage studierte von 1875 bis 1878 an der Technischen Hochschule in Zürich, wo er die Ideen der Architekten Semper und Viollet-le-Duc kennenlernte. Aus ihren Theorien entwickelte er seinen eigenen Stil, der zum Ausgangspunkt der Amsterdamse School wurde. Berlage entwarf nicht nur Gebäude, sondern auch Interieurs, Möbel und sogar das Design und Layout von Zeitungen. 1896 erhielt er den Auftrag zum Bau eines neuen Gebäudes für die Börse. Es wurde ein nüchterner Bau mit klar sichtbaren Konstruktionselementen. Berlage widmete sich auch der Stadtplanung. Sein Entwurf für den Süden Amsterdams, der sogenannte Plan Zuid, bestand aus großen Wohnblöcken mit einem Hochhaus, dem Wolkenkrabber von J. F. Staal, als Mittelpunkt.

Detail eines Fensters in der Zaanstraat

Het Schip von Michel de Klerk – monumentale Architektur für Arbeiter. Im früheren Postamt ist nun ein Museum der Amsterdamse School (www.hetschip.nl) untergebracht.

Fassade und Innenräume sind mit vielfältigen expressionistischen Verzierungen versehen.

Verschiedene Schmuckelemente der Fassaden bestehen ebenfalls aus Backstein.

Fassadenskulpturen

Typografie der Amsterdamse School

hitektur der Amsterdamse School

1911 bis 1923 bauten die Mitglieder der Amsterdamse School, eine Gruppe idealistischer Architekten, eine Vielzahl markanter Wohn- und Büroblöcke. Zu den wichtigsten Gebäuden zählt das Scheepvaarthuis (1913–16 und 1926–28), heute das Grand Hotel Amrâth Amsterdam, das auch Führungen anbietet. Es war das erste Gebäude im neuen Stil. Die Entwürfe stammten von den Brüdern van Gendt, J. M. van der Meij und Michel de Klerk, der 1921 auch für Het Schip *(oben)* verantwortlich war.

el de Klerk
84–1923)

Auch das »Straßenzubehör« wurde von den Architekten der Amsterdamse School gestaltet. Vor allem im Viertel Spaarndammerbuurt sieht man noch viele Beispiele: Feuermelder, Stromkästen und die Briefkästen der Gemeindepostbank.

Shopping

Amsterdam ist ein Shopping-Paradies – die Auswahl an Läden und Märkten ist riesig. Man kann hier gepflegt einkaufen gehen. Was immer man sucht, man wird es finden. Die meisten Kaufhäuser und Modeläden liegen in der Nieuwe Zijde, vor allem in der Kalverstraat, doch es gibt noch einige andere Shopping-Viertel. Vor allem in den kleinen Straßen zwischen den Grachten findet man viele Boutiquen und Fachgeschäfte, in denen man die ausgefallensten Dinge kaufen kann, von Zahnbürsten über Brillen bis hin zu Modeschmuck. In der edlen P.C. Hooftstraat und der Van Baerlestraat im Süden liegen die schicken und exklusiven Läden. Secondhand-Shops locken fast überall.

An der Nordseite des Waterlooplein liegt der berühmte Flohmarkt

Öffnungszeiten

Die Läden öffnen meistens zwischen 9 und 10 Uhr, am Montagvormittag bleiben viele geschlossen. Im Zentrum sind die Geschäfte am Donnerstag, dem sogenannten *koopavond*, bis 21 Uhr geöffnet. Viele Kaufhäuser und Supermärkte sind täglich bis 20 Uhr offen, auch viele kleine Läden in der Innenstadt haben ihre Öffnungszeiten angepasst und oft sogar sonntags geöffnet.

Bezahlung und Mehrwertsteuer

In sehr vielen Läden kann man mit Kredit- oder Debitkarte (z.B. girocard) bezahlen, doch bei Einkäufen auf Straßenmärkten ist immer Bargeld vonnöten. Die Mehrwertsteuer von derzeit 21 Prozent (ermäßigt: 6 %) ist eingeschlossen.

Schlussverkauf

Schlussverkäufe gibt es im Januar und Juli, doch kleinere Läden bieten fast immer Sales. *Uitverkoop* heißt Schlussverkauf (Ausverkauf), *korting* bedeutet lediglich Rabatt. *VA 40* oder *Vanaf 40* auf Preisschildern heißt: ab 40 Euro. Die Ware kann also teurer sein.

Kaufhäuser und Shopping-Center

Das berühmteste Amsterdamer Kaufhaus ist **De Bijenkorf**, der Bienenstock. Hier gibt es eine große Parfümerieabteilung, in fünf Stockwerken findet man Mode für Jung und Alt und alles Kaufhausübliche. Exklusiver und vor allem auf Mode spezialisiert ist die **Maison de Bonneterie**. Günstiger kauft man bei **Hema**, das vor allem für Haushaltswaren, Kinderkleidung und Unterwäsche unschlagbar ist. In derselben Kategorie liegt das Kaufhaus **Vroom & Dreesmann**. Die einzigen Shopping-Center im Zentrum sind Kalvertoren (Kalverstraat, beim Singel) und **Magna Plaza** *(siehe S. 94)* mit exklusiven Shops.

Märkte

Amsterdamer lieben es zu handeln. Am deutlichsten wird dies am Koningsdag *(siehe S. 36)*, wenn sich die Innenstadt in einen einzigen Flohmarkt verwandelt und die Einheimischen mit Leidenschaft ihren Trödel verkaufen – in der Regel aber beim Nachbarn ähnlichen Trödel sofort wieder erhandeln.

Hübsches, Verrücktes und Praktisches für die Küche

Jedes Viertel hat seinen eigenen Markt. Am bekanntesten ist der Albert Cuypmarkt *(siehe S. 145)*, doch es gibt viele Spezialmärkte. Vor allem der Bloemenmarkt am Singel ist zu

Trendige Mode für Damen und Herren in De Negen Straatjes

jeder Jahreszeit eine Augen- weide. Der Flohmarkt auf dem Waterlooplein *(siehe S. 83)* bietet viel Trödel, Antikes, Secondhand- und Vintage-Kleider sowie preiswerte aktuelle Mode.

Wer nach Antiquitäten sucht und dafür auch ein bisschen mehr ausgeben will, sollte das **Antiekcentrum** *(siehe S. 117)* besuchen. Hier findet man eine breite Palette von Kunstgegenständen bis zu edlen Antiquitäten. Mittwochs und samstags findet auf dem Nieuwezijds Voorburgwal ein Markt für Briefmarken und Münzen statt.

Der **Noordermarkt** *(siehe S. 115)* verwandelt sich samstags in einen Bauernmarkt mit großem Angebot.

De Beverwijkse Bazaar liegt zwar rund 25 Kilometer vor den Toren Amsterdams (in nordwestlicher Richtung), dafür ist er Europas größter überdachter Flohmarkt mit einem Riesenangebot und unschlag-

Jenever aus Amsterdam

bar günstigen Preisen. Gleich daneben haben sich Händler mit einem asiatischen Warenangebot niedergelassen.

Fachgeschäfte

Kleine Läden mit einem ganz speziellen Angebot findet man überall in der Stadt. So hat sich die in einem ehemaligen besetzten Haus gelegene **Condomerie Het Gulden Vlies** auf Kondome aus der ganzen Welt spezialisiert. **Christmas Palace** verkauft das ganze Jahr über Weihnachtsschmuck. Im **Party House** findet man allerlei an Papierdekorationen. **Capsicum Natuurstoffen** führt ein riesiges Sortiment an Seiden- und Leinenstoffen, **Coppenhagen 1001 Kralen** bietet Perlen und andere Schmuckstücke an.

Flugdrachen aller Art kann man in **Joe's Vliegerwinkel** erwerben. **Simon Levelt** ist der Spezialist für Tee und Kaffee, bei **De Kaaskamer** bekommt man Käse.

Bücher und Zeitschriften

Vor allem die Gegend um den Spui hat sich als Bücherecke entwickelt. **Waterstone's** bietet in der Kalverstraat Bücher in diversen Sprachen an. Der **Athenaeum Boekhandel** am Spui führt Zeitschriften und viel Belletristik, **The English Bookshop** Englischsprachiges. Antiquarische Bücher bekommt man bei **Polare** oder in einem der zahllosen Antiquariate. Wer nach Comics stöbern möchte, ist bei **Lambiek** richtig. Aktuelle Termine für Lesungen finden Sie unter www.iamsterdam.com.

Das Angebot des Bauernmarkts auf dem Noordermarkt ist groß

Auf einen Blick

Kaufhäuser und Shopping-Center

De Bijenkorf
Dam 1.
Stadtplan 2 D5.
📞 0900 0919.

Hema
Kalvertoren, Kalverstraat.
Stadtplan 4 F1.
📞 (020) 422 8988.
Nieuwendijk 174–176.
Stadtplan 2 D4.
📞 (020) 623 4176.

Magna Plaza
Nieuwezijds Voorburgwal 182.
Stadtplan 2 D4.
📞 (020) 626 9199.

Maison de Bonneterie
Rokin 140–142.
Stadtplan 4 F1.
📞 (020) 531 3400.

Vroom & Dreesmann
Kalverstraat 201.
Stadtplan 4 F1.
📞 0900 235 8363.

Märkte

Antiekcentrum
Elandsgracht 109.
Stadtplan 4 D1.
🚋 7, 10, 17.
⏰ Sa–Do 11–17 Uhr.

Boerenmarkt
⏰ Sommer: Sa
9–16 Uhr; Winter:
Sa 9–15 Uhr.

De Beverwijkse Bazaar
Montageweg 35,
Beverwijk.
📞 (0251) 262 666.

Noordermarkt
Noordermarkt.
Stadtplan 1 C3.
🚋 3, 10, 13, 14, 17.

Fachgeschäfte

Capsicum Natuurstoffen
Oude Hoogstraat 1.
Stadtplan 2 D5.
📞 (020) 623 1016.

Christmas Palace
Singel 508.
Stadtplan 4 F1.
📞 (020) 421 0155.

Condomerie Het Gulden Vlies
Warmoesstraat 141.
Stadtplan 2 D5.
📞 (020) 627 4174.

Coppenhagen 1001 Kralen
Rozengracht 54.
Stadtplan 1 B4.
📞 (020) 624 3681.

De Kaaskamer
Runstraat 7.
Stadtplan 4 E1.
📞 (020) 623 3483.

Joe's Vliegerwinkel
Nieuwe Hoogstraat 19.
Stadtplan 2 E5.
📞 (020) 625 0139.

Party House
Rozengracht 93a/b.
Stadtplan 1 B4.
📞 (020) 624 7851.

Simon Levelt
Prinsengracht 180.
Stadtplan 1 B4.
📞 (020) 624 0823.

Bücher und Zeitschriften

Athenaeum Boekhandel
Spui 14–16. **Stadtplan** 4 F1. 📞 (020) 625 5537.

The English Bookshop
Lauriergracht 71.
Stadtplan 1 B5.
📞 (020) 626 4230.

Lambiek
Kerkstraat 132.
Stadtplan 4 E1.
📞 (020) 626 7543.

Polare
Kalverstraat 48–52.
Stadtplan 2 D5.
📞 (020) 622 5933.

Waterstone's
Kalverstraat 152.
Stadtplan 4 F1.
📞 (020) 638 3821.

Stadtplan Amsterdam *siehe Seiten 154–163*

Unterhaltung

Amsterdam-Besucher erwartet ein äußerst vielfältiges Unterhaltungsangebot auf höchstem Niveau. Es gibt hier Hunderte von Bühnen – vom altehrwürdigen Concertgebouw *(siehe S. 124)* über das chic-moderne Muziekgebouw aan 't IJ bis hin zur Westergasfabriek, einem jungen Kulturzentrum am westlichen Rand der Innenstadt. Die Liebe der Niederländer zum Jazz lockte schon Größen wie B. B. King oder Pharoah Sanders zum Amsterdam Blues Festival in die Stadt. Dazu kommen all die Straßenkünstler, die rund ums Jahr ein kostenloses Programm liefern, und eine Vielzahl von Nachtbars und -cafés, in denen Live-Musik zu hören ist. Die meisten großen Festivals wie das Holland Festival und der Uitmarkt *(siehe S. 37)* finden im Sommer statt. Discos und Clubs gibt es in der Grachtenstadt in Massen, nicht selten legen hier auch weltbekannte DJs auf.

Säulenfassade des Concertgebouw

Information und Tickets

Amsterdams Tourismusbüros sind ideal, um einen Überblick zu bekommen, was in der Stadt los ist. Hier liegen kostenlose Veranstaltungsmagazine wie *AUB/Uitburo* oder der monatlich erscheinende *Uitkrant* aus – beide erfassen einen Großteil aller Veranstaltungen. Das kostenlose Heft *Time Out Amsterdam* erscheint monatlich in englischer Sprache. Die Amsterdamer Tageszeitung *Het Parool* enthält samstags eine Beilage mit Veranstaltungshinweisen sowie Theater- und Kinoprogramm. Auch *De Volkskrant* und *De Telegraaf* sind gute Informationsquellen. Die Website www.iamsterdam.com bietet aktuelle Infos.

AUB/Uitburo vertreibt im Ticketshop am Leidseplein 26 Karten und informiert aktuell im Internet. Ein gutes Angebot ist der Last-Minute-Schalter (Mo–Fr 12–19.30, Sa, So 12–18 Uhr), der Tickets für denselben Tag mit bis zu 50 Prozent Ermäßigung hat.

Klassische Musik, Oper und Tanz

Amsterdam ist das niederländische Zentrum für klassische Musik und Oper. Das musikalische Herz der Stadt schlägt im **Concertgebouw** *(siehe S. 124)*, dem Sitz des Koninklijk Concertgebouworkest (Königliches Concertgebouworchester). Im Großen Saal mit seiner weltberühmten Akustik treten internationale Orchester und Solisten von Weltrang ebenso auf wie das Nederlands Philharmonisch Orkest. Die Robeco Summer Concerts bieten eine Bühne für junge Talente. Das **Muziekgebouw aan 't IJ** ist der richtige Ort für Avantgarde- oder Kammermusik. Auch in der **Beurs van Berlage** *(siehe S. 95)*, ursprünglich die Börse, finden klassische Konzerte statt.

Im Open-Air-Theater im **Vondelpark** *(siehe S. 124f)* kann man kostenlos Konzerte hören. Während des sommerlichen Grachtenfestivals wird Klassisches auf schwimmenden Bühnen gespielt.

Vorstellungen von De Nederlandse Opera finden im **Muziektheater** *(siehe S. 83)* statt, das über ein stattliches klassisches und modernes Repertoire verfügt. Das Muziektheater ist auch die Heimat von Het Nationale Ballet, das sowohl klassische Ballette als auch zeitgenössische Choreografien in seinem Repertoire hat. Das Nederlands Dans Theater (NDT) tanzt vor allem Werke seines künstlerischen Leiters Jiří Kylián. Zu den modernen Ensembles gehören Introdans, das Jazz mit Flamenco und anderen Tanzstilen verbindet, und das Ensemble Conny Janssen Danst, das Theatralisches mit Körperkraft verbindet. Im **De Meervaart** erlebt man modernen Tanz, Konzerte und Theateraufführungen.

Jazz, Pop und World Music

Unter den Niederländern sind viele begeisterte Jazzfans, so treten hier regelmäßig bekann-

Bourbon Street, eines der Jazzcafés Amsterdams

Disco in der Heineken Music Hall

te Künstler wie Wayne Shorter, Branford Marsalis oder Nicholas Payton auf. Avantgarde-Jazz hört man im **Bimhuis**, einem eigens dafür gebauten Saal des Muziekgebouw, und manchmal auch im Concertgebouw. Gute Jazzcafés findet man am Zeedijk und um den Leidseplein, etwa das **Jazz Café Alto** und **Bourbon Street**.

Um internationalen Rock oder Pop zu hören, geht man in Amsterdam entweder ins **Paradiso**, eine umfunktionierte Kirche, in der schon die Rolling Stones aufgetreten sind, oder in **De Melkweg**, eine ehemalige Molkerei. Beide Veranstaltungsorte haben eine interessante Mischung aus Rock, Pop, Dance, Rap und World Music auf dem Programm.

Megakonzerte finden in der **Amsterdam ArenA** mit ihren 50 000 Plätzen statt, etwas kleinere Veranstaltungen in der **Heineken Music Hall**.

Im multikulturellen Amsterdam spielt natürlich World Music eine große Rolle. Man findet Musik aus Westafrika, Indonesien, Suriname, aus der Karibik oder der Türkei. **Akhnaton** ist ein Kulturzentrum, in dem sich afrikanische, karibische und arabische Stile mischen. In **De Badcuyp** im lebhaften De-Pijp-Viertel spielt man Salsa und Tango neben afrikanischen Rhythmen und vielen anderen Stilen.

Traditionelle holländische Volksmusik kann man im **Café Nol** und **De Twee Zwaantjes** hören.

Theater und Comedy

Amsterdams Stadttheater, die **Stadsschouwburg** *(siehe S. 116)*, ist Sitz der international bekannten Toneelgroep Amsterdam unter Leitung von Ivo van Hove. In der Stadsschouwburg findet auch jedes Jahr von Ende Mai bis Juni das Holland Festival für Oper, Theater und Tanz statt. Es überlappt sich mit dem International Theatre School Festival, dessen experimentelle Stücke im **De Brakke Grond** und im **Frascati** aufgeführt werden.

Das größte Musicaltheater ist das **Koninklijk Theater Carré** *(siehe S. 139)*, in dem immer wieder Bühnenerfolge gespielt werden. In **De Kleine Komedie**, einem schönen Bau aus dem 17. Jahrhundert an der Amstel, treten oft Kabarettisten auf.

Auch Comedy ist beliebt, eine der Bühnen ist **Boom Chicago** mit englischsprachigem Programm. Experimentelles Theater gibt es u. a. in der **Westergasfabriek**. Die Gruppe

De Dogtroep spielt vor allem Straßentheater, Hollandia füllt mit ihren Aufführungen oft Hallen und Flugzeughangars. Die Gruppe Orkater mit ihren von Musik geprägten Stücken tritt oft in der Stadsschouwburg, aber auch im **Bellevue Theater** auf.

Im Sommer findet im Vondelpark *(siehe S. 124f)* Freilichttheater statt, ebenso im Ams-

Das Pathé Tuschinski – Kinoerlebnis in Art-déco-Ambiente

terdamse Bos *(siehe S. 193)*, einem großen waldähnlichen Park am Stadtrand.

Kino

Es gibt mehr als 40 Kinos in Amsterdam. Ausländische Filme werden meist in Originalsprache mit niederländischen Untertiteln gezeigt. Donnerstags starten jeweils die neuen Filme. Das aktuelle Programm findet man mittwochs in den Tageszeitungen oder im Internet (unter www.filmladder.nl). *De Filmkrant* ist ein kostenloses Monatsmagazin mit dem kompletten Kinoprogramm.

Musiker beim Konzert im Vondelpark

Das schönste Kino Amsterdams ist das **Pathé Tuschinski**, (siehe S. 119). Im **Pathé de Munt** und im **City Theater** laufen Mainstream-Filme, das **Kriterion** macht Programmkino und zeigt am Wochenende Kinderfilme. **Uitkijk** ist ein kuscheliges Kino von 1913 mit nur 158 Plätzen, das meist Klassiker spielt.

Der bekannteste niederländische Regisseur ist der in Amsterdam geborene Paul Verhoeven, Regisseur von Basic Instinct, der 2005/2006 in den Niederlanden Black Book (Zwartboek) drehte.

Amsterdam ArenA – für Fußball und Konzerte

Clubs und Discos
Amsterdams Clubs sind bekannt für ihre Vielfalt. Das Nachtleben tobt am heftigsten um den Leidseplein, Rembrandtplein und die Reguliersdwarsstraat. Die meisten Clubs öffnen um 23 Uhr, voll wird es gegen 1 Uhr, die Lichter gehen während der Woche um 4 Uhr sowie freitags und samstags um 5 Uhr aus.

Jimmy Woo ist bekannt für seine strengen Türsteher. Innen orientiert man sich an Fernöstlichem, die Sound-Anlage ist vom Feinsten. Ins **Escape** am Rembrandtplein strömen vor allem junge Menschen, ein weiterer großer, sehr beliebter Club ist **AIR**. Auf der gegenüberliegenden Seite des Platzes spielt man im **Rain** Latin und World Music.

Der beste Club, in dem nicht House gespielt wird, ist die **Sugar Factory**, in der man Soul, Funk und Jazz-Dance

auflegt. Die anderen Discos um den Leidseplein sind im Wesentlichen Bars mit einer kleinen Tanzfläche. Im **Odeon** am Spui kann man sich vom Restaurant im Untergeschoss bis zum Dance Palace im dritten Stock vorarbeiten. In der einstigen Druckerei der Zeitungen Trouw, Het Parool, NRC und De Volkskrant bietet **Trouw-Amsterdam** ein Restaurant und einen der angesagtesten Clubs der Stadt, der Hipster und Studenten anzieht. Beliebt bei Studenten ist auch der Club im **Hotel Arena**, einem früheren Waisenhaus.

Amsterdams Schwulenszene liebt das Clubbing. Übrigens: Schwulenclubs weisen weder Frauen noch Hetero-Männer ab. In der Reguliersdwarsstraat gibt es eine Reihe von Schwulenbars, etwa das **NYX**, eine Bar auf drei Ebenen mit einem Balkon. **Prik** ist eine beliebte Bar, die nachts zum Club wird. **De Engel van Amsterdam** zieht einen Mix von Menschen an. Frauen lieben das **Vive La Vie**,

das **Saarein II** ist eine freundliche Bar im Jordaan-Viertel. Über aktuelle Schwulentreffs informiert der Pink Point Kiosk neben der Westerkerk (www.pinkpoint.org).

Sportevents
Niederländer sind sportbegeistert, nichts treibt den Puls höher als Fußball. Drei Teams spielen auch international:

Spiel von Ajax Amsterdam

Ajax Amsterdam, Feyenoord Rotterdam und PSV Eindhoven (siehe S. 368). Manchmal treffen zwei dieser Clubs in der Amsterdam ArenA aufeinander.

Etwas komplett anderes ist Korfbal, das der Amsterdamer Lehrer Nico Broekhuysen vor über 100 Jahren als Mischung von Basketball, Netzball und Volleyball erfand. Spiele der obersten Korfbal-Liga werden im Olympisch Stadion ausgetragen, das für die Spiele von 1928 gebaut wurde.

In Amsterdamer Clubs kann es recht lebhaft zugehen

Auf einen Blick

Information und Tickets

AUB Ticketshop
Leidseplein 26.
Stadtplan 4 E2.
📞 (020) 795 9950. 🌐 amsterdamsuitburo.nl

Klassische Musik, Oper und Tanz

Beurs van Berlage
Damrak 243.
Stadtplan 2 D4.
📞 (020) 530 4141.
🌐 beursvanberlage.nl

Concertgebouw
Concertgebouwplein
2–6. Stadtplan 4 D4.
📞 0900 671 8345.
🌐 concertgebouw.nl

De Meervaart
Meer en Vaart 300.
📞 (020) 410 7700.
🌐 meervaart.nl

Het Muziektheater
Amstel 3.
Stadtplan 5 B2.
📞 (020) 625 5455.
🌐 muziektheater.nl

Muziekgebouw aan 't IJ
Piet Heinkade 1.
Stadtplan 2 F3.
📞 (020) 788 2000.
🌐 muziekgebouw.nl

Vondelpark
Stadhouderskade.
Stadtplan 4 E2.
📞 (020) 788 2000.
🌐 vondelpark.nl

Jazz, Pop und World Music

Akhnaton
Nieuwezijds Kolk 25.
Stadtplan 2 D4.
📞 (020) 624 3396.
🌐 akhnaton.nl

Amsterdam ArenA
ArenA Boulevard 1,
Zuidoost.
📞 (020) 311 1333.
🌐 amsterdamarena.nl

Bimhuis
Muziekgebouw aan 't IJ,
Piet Heinkade 3.
Stadtplan 2 F3.
📞 (020) 788 2188.
🌐 bimhuis.nl

Bourbon Street
Leidsekruisstraat 6–8.
Stadtplan 4 E2.
📞 (020) 623 3440.
🌐 bourbonstreet.nl

Café Nol
Westerstraat 109.
Stadtplan 1 B3.
📞 (020) 624 5380.

De Badcuyp
Sweelinckstraat 10.
Stadtplan 5 A5.
📞 (020) 675 9669.
🌐 badcuyp.nl

De Melkweg
Lijnbaansgracht 234a.
Stadtplan 4 E2.
📞 (020) 5318181.
🌐 melkweg.nl

De Twee Zwaantjes
Prinsengracht 114.
Stadtplan 1 C3.
📞 (020) 675 2729.

Heineken Music Hall
ArenA Boulevard 590.
📞 0900 687 424 255.
🌐 heineken-music-hall.nl

Jazz Café Alto
Korte Leidsedwarsstraat
115. Stadtplan 4 E2.
📞 (020) 626 3249.
🌐 jazz-cafe-alto.nl

Paradiso
Weteringschans 6–8.
Stadtplan 4 E2.
📞 (020) 626 4521.
🌐 paradiso.nl

Theater und Comedy

Bellevue Theater
Leidsekade 90.
Stadtplan 4 D2.
📞 (020) 530 5301.
🌐 theaterbellevue.nl

Boom Chicago
Rozentheater, Rozen-
gracht 117. 📞 0900
BOOM CHICAGO.
Stadtplan 1 A5.
🌐 boomchicago.nl

De Brakke Grond
Vlaams Cultureel
Centrum, Nes 45.
Stadtplan 2 D5.
📞 (020) 626 6866.
🌐 brakkegrond.nl

De Kleine Komedie
Amstel 56–58.
Stadtplan 5 B3.
📞 (020) 624 0534.
🌐 dekleinekomedie.nl

Frascati
Nes 63. Stadtplan 2 D5.
📞 (020) 626 6866.
🌐 frascati.nl

Koninklijk Theater Carré
Amstel 115–125.
Stadtplan 5 B3.
📞 0900 252 5255.
🌐 theatercarre.nl

Westergasfabriek
Haarlemmerweg 8–10.
Stadtplan 1 A1.
📞 (020) 586 0710.
🌐 westergasfabriek.com

Kino

City Theater
Kleine Gartman-
plantsoen 15–19.
Stadtplan 5 C3.
📞 0900 1458.

Kriterion
Roetersstraat 170.
Stadtplan 5 C3.
📞 (020) 623 1708.

Pathé de Munt
Vijzelstraat 15.
Stadtplan 4 F1.
📞 0900 1458.

Pathé Tuschinski
Reguliersbreestraat
24–36. Stadtplan 5 A2.
📞 0900 1458.

Uitkijk
Prinsengracht 452.
Stadtplan 4 E2.
📞 (020) 623 7460.

Clubs und Discos

AIR
Amstelstraat 16.
Stadtplan 5 A2.
📞 (020) 820 0670.
🌐 air.nl

Club Roque
Amstel 178.
Stadtplan 5 A2.
🌐 clubroque.nl

De Engel van Amsterdam
Zeedijk 21. Stadtplan
2 E4. 📞 (020) 427 6381.
🌐 engelamsterdam.nl

Escape
Rembrandtplein 11.
Stadtplan 5 A2.
📞 (020) 622 1111.
🌐 escape.nl

Hotel Arena
's-Gravesandestraat 51.
Stadtplan 6 D4.
📞 (020) 850 2400.
🌐 hotelarena.nl

Jimmy Woo
Korte Leidsedwarsstraat
18. Stadtplan 4 E2.
📞 (020) 626 3150.
🌐 jimmywoo.com

NYX
Reguliersdwarsstraat 42.
Stadtplan 4 F1.
🌐 clubnyx.nl

Odeon
Singel 460. Stadtplan 4 F1.
📞 (020) 521 8555.
🌐 odeonamsterdam.nl

Prik
Spuistraat 109.
Stadtplan 1 C5.
📞 (020) 320 0002.
🌐 prikamsterdam.nl

Rain
Rembrandtplein 44
Stadtplan 5 A2.
📞 (020) 626 7078.
🌐 rain-amsterdam.com

Saarein II
Elandstraat 119.
Stadtplan 1 B5.
📞 (020) 623 4901.
🌐 saarein.nl

Sugar Factory
Lijnbaansgracht 238.
Stadtplan 4 E2.
📞 (020) 627 0008.
🌐 sugarfactory.nl

TrouwAmsterdam
Wibautstraat 127.
Stadtplan 5 C4.
📞 (020) 463 7788.
🌐 trouwamsterdam.nl

Vive La Vie
Amstelstraat 7. Stadt-
plan 5 A2. 📞 (020) 624
0114. 🌐 vivelavie.net

Sportevents

Ajax Amsterdam
🌐 ajax.nl

Olympisch Stadion
Oud Zuid.
📞 (020) 305 4400.
🌐 olympischstadion.nl

Stadtplan Amsterdam *siehe Seiten 154–163*

Stadtplan

Auf dieser Überblickskarte sehen Sie, welche Teile der Stadt auf welcher Karte des folgenden Stadtplans abgebildet sind. Die Verweise bei den Sehenswürdigkeiten, Hotels, Restaurants und Cafés in Amsterdam helfen Ihnen, die gesuchte Adresse leicht nachzuschlagen. Alle Sehenswürdigkeiten sind im Stadtplan eingezeichnet, außerdem Bus- und Tram-Haltestellen, Anlegestellen von Booten, Krankenhäuser, Tourismusinformationen und Polizei. Auf den Seiten 162f finden Sie ein Verzeichnis der Straßennamen. Die Legende unten gibt den Maßstab der Karten an, die Piktogramme helfen beim Auffinden wichtiger Stätten.

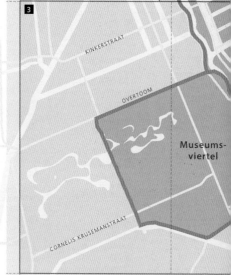

0 Meter · 500

Legende

- Hauptsehenswürdigkeit
- Sehenswürdigkeit
- Anderes Gebäude
- **M** Metro-Station
- Bahnhof
- Busbahnhof
- Tram-Haltestelle
- Bushaltestelle
- Anlegestelle für Rundfahrtboot
- Anlegestelle für Canalbus
- Anlegestelle für Museumsboot
- **i** Information
- Krankenhaus mit Notaufnahme
- Polizei
- Kirche
- Synagoge
- **C** Moschee
- Eisenbahn
- Fußgängerzone

Maßstab der Karten 1–6
1 : 11 250

0 Meter · 250

Obst und Gemüse
auf dem Noorder-
markt *(siehe S. 115)*

2

Haus mit hohem Halsgiebel
(siehe S. 101) **in der Geldersekade**

Het IJ

DAMRAK

Nieuwe
Zijde

5

Oude
Zijde

6

VALKENBURGERSTR.

4

PLANTAGE MIDDENLAAN

Amstel

MAURITSKADE

LINNAEUSSTRAAT

STADHOUDERSKADE

WIBAUTSTRAAT

Magere Brug, die
bekannteste Brücke
Amsterdams *(siehe S. 118f)*

Mehr über Amsterdam? Vis-à-Vis Amsterdam

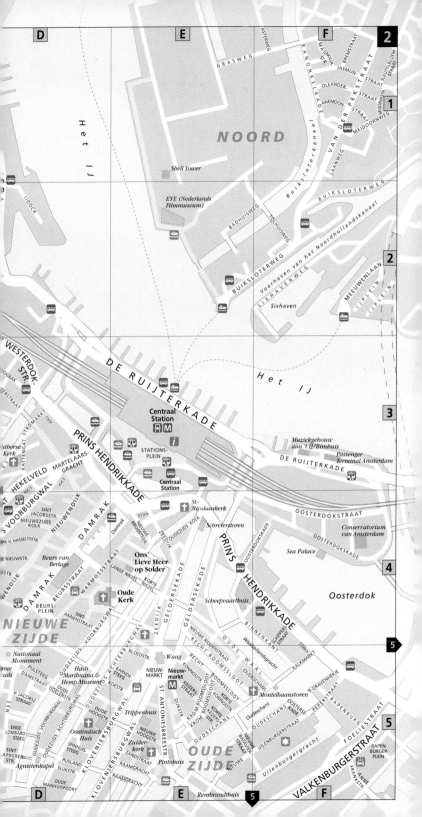

Kartenregister

WEST-NIEDERLANDE

Die Westniederlande im Überblick

Das Bild der Westniederlande wird vor allem durch die große Zahl der alten, geschichtsträchtigen Hafen- und Handelsstädte geprägt. Im 20. Jahrhundert sind die wichtigsten zur »Randstad« *(siehe S. 170f)* zusammengewachsen. Doch außerhalb der Städte kann man noch genug Ruhe und Raum finden: im größten Küstendünengebiet Europas mit seiner besonderen Flora und Fauna, entlang der Vecht mit ihren wunderschönen Landsitzen oder an den kleinen Flüssen wie Vlist oder Linge. In Zeeland, auf dem IJsselmeer und in den Moorseegebieten wird viel Wassersport betrieben.

Zur Orientierung

Die gotische Grote Kerk in Haarlem *(siehe S. 188)*, offiziell De Grote oder St. Bavokerk genannt, wurde zwischen 1400 und 1550 errichtet. Das mächtige Bauwerk dominiert den Grote Markt. In der St. Bavokerk steht eine der schönsten Orgeln Europas, gebaut von Christian Müller.

Das Mauritshuis in Den Haag *(siehe S. 226f)* wurde 1644 im Auftrag von Johan Maurits van Nassau durch Pieter Post im klassizistischen Stil der nördlichen Niederlande erbaut. Es beherbergt seit 1821 das Königliche Bilderkabinett. Die übersichtliche Sammlung umfasst erstklassige Werke von Alten Meistern wie Rembrandt, Jan Steen und Jan Vermeer.

DEN HA

Brielle

Goedereede

Hellev

Westenschouwen

Zierikzee

Middelburg

Vlissingen

Goes

Zeeland
Seiten 246–259

Der Bau des Oosterschelde Stormvloedkering (Wehr; *siehe S. 250f*) begann nach der Flutkatastrophe von 1953. Im Kampf gegen das Wasser errichtete man einen halb offenen Pfeilerdamm mit 62 Schiebetoren. Das einmalige Schlickgebiet der Oosterschelde blieb so erhalten.

Terneuzen

Hulst

Sluis

◀ **Blick vom Dom auf die Dächer von Utrecht** *(siehe S. 204–209)*

Das Zuiderzeemuseum in Enkhuizen *(siehe S. 180f)* widmet sich der Vergangenheit der Fischerstädtchen an der Zuiderzee. 1932 wurde die Zuiderzee durch den Afsluitdijk (Abschlussdeich) von der Nordsee abgeschlossen. Mit der Eröffnung des Museums und der Umwandlung des Fischereihafens in einen Yachthafen sind für Enkhuizen wieder bessere Zeiten angebrochen.

Gouda *(siehe S. 242f)* ist eine der vielen Handelsstädte der Westniederlande, die ihre Blüte einer günstigen Lage an den Wasserwegen zu verdanken hatten. Der liberale Geist, der in Gouda im 16. und 17. Jahrhundert herrschte, hat die prächtige St.-Janskerk vor dem Bildersturm bewahrt, sodass die Glasmalerei der »Goudse Glazen« vollkommen intakt erhalten blieb.

0 Kilometer   20

Das Rietveld Schröderhuis in Utrecht *(siehe S. 208f)* ist ein Beispiel für das »Nieuwe Bouwen« (»Neues Bauen«). Es war Rietvelds erstes architektonisches Gesamtwerk und verrät noch seine Ausbildung als Tischler. In den 1920er Jahren war dies ein Entwurf von radikaler Modernität. Heute fallen vor allem die Bescheidenheit sowie die menschenfreundlichen Proportionen und Details im Haus auf.

Landgewinnung

Die Niederlande wachsen. Schon seit dem 11. Jahrhundert wurde mit unterschiedlichen Techniken Land gewonnen. Eine einfache Methode war das Anlegen eines Deiches. Später wurden die Seen mit Mühlen trockengelegt. Mit Einpolderungstechnik entstanden nach dem Abschluss der Zuiderzee die riesigen IJsselmeerpolder. Auch heute gewinnt man neues Land, so das neue Amsterdamer Wohnviertel IJburg im IJmeer. Sieben künstliche Inseln mit 450 Hektar sind geplant, vier sind realisiert, drei davon (Steigereiland, Haveneiland, Rieteilanden) bereits bewohnt.

Um einen Polder anzulegen, baggerte man zuerst einen Graben. Das ausgebaggerte Material wurde zum Erhöhen des Deichs benutzt.

Stufenweise Entwässerung

Um den Höhenunterschied zwischen Polder und Ringkanal zu überwinden, wird das Wasser durch drei hintereinanderstehende Mühlen, dem *driegang*, jeweils um einen Meter nach oben gepumpt.

Weil ein Polder einige Meter unter dem Meeresspiegel liegt, steht das Grundwasser immer sehr hoch, der Polder muss ständig entwässert werden.

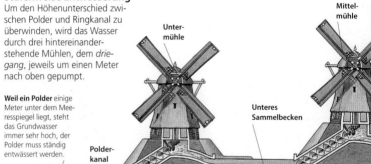

Mittelmühle

Untermühle

Unteres Sammelbecken

Polderkanal

Einpolderung

Vor 3000 Jahren bauten die Menschen ihre Häuser auf *terpen* (künstliche Hügel), damit ihnen die Flut nichts anhaben konnte. Schon im 4. bis 8. Jahrhundert wurden Deiche um Äcker und Häuser angelegt. Seit dem 11. Jahrhundert, als die Bevölkerung stark zunahm, wurde in großem Maßstab Land gewonnen. Im 17. und 18. Jahrhundert wurden tiefere Seen mithilfe von Reihen von Windmühlen trockengelegt. Die Dampfmaschine stand am Beginn einer neuen Phase des Einpolderns. Nun hatte man die Mittel, endlich auch das Haarlemmermeer zu bezwingen. Zu Leeghwaters Zeiten wären dafür mindestens 160 Windmühlen nötig gewesen. Schon 1891 legte der Ingenieur C. Lely einen Plan zur Eindämmung der Zuiderzee vor. Dies geschah aber erst 1932, als der Afsluitdijk fertiggestellt wurde. Danach konnte man die IJsselmeerpolder anlegen.

Durch die Erhöhung der Flussdeiche sind viele charakteristische Deichhäuser vom Abriss bedroht.

Wegen der begrenzten Wachstumsmöglichkeit des Flughafens Schiphol wurde vor 2000 erwogen, einen neuen Flughafen auf einer künstlichen Insel in der Nordsee zu bauen. Dieser Plan stieß jedoch auf technische und finanzielle Probleme.

Schoklands Hafen *(siehe S. 330)* liegt nun im Landesinneren

Blick auf den ältesten Polder in Noord-Holland (anonym, um 1600) – der Westfriesische Ringdeich um Het Grootslag ist 26 Kilometer lang und wurde schon 1250 vollendet. Nördlich des Deichs lag die Grenze Noord-Hollands.

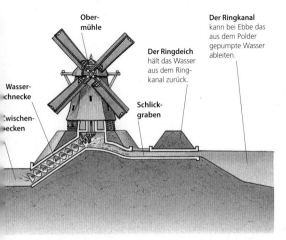

Obermühle

Der Ringkanal kann bei Ebbe das aus dem Polder gepumpte Wasser ableiten.

Der Ringdeich hält das Wasser aus dem Ringkanal zurück.

Wasserschnecke

Schlickgraben

Zwischenbecken

Jan Adriaanszoon Leeghwater erfand im 16. Jahrhundert ein System zur Entwässerung großer Flächen mithilfe von Windmühlen. Indem man einen Ringkanal anlegte, war das Wasser einfacher abzuleiten. So konnte man auch tiefere Flächen trockenlegen – erstes Polderland.

Dem Meer abgerungen

»Gott erschuf die Welt – außer Holland, denn das schufen die Holländer selbst.« Dieser Satz des französischen Dichters Voltaire trifft die Wahrheit: Seit dem 14. Jahrhundert ist die Fläche der Niederlande durch Landgewinnung um rund zehn Prozent gewachsen. Und das Wachstum geht weiter, etwa mit der Anlage von IJburg, einem neuen Stadtteil Amsterdams, der auf künstlichen Inseln im IJmeer erbaut wird. Geplant sind 18 000 Wohnungen, über 19 000 Menschen leben bereits dort.

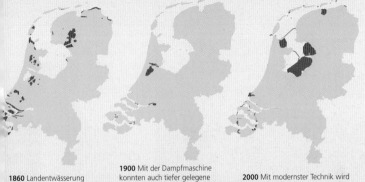

1860 Landentwässerung konnte nur mithilfe von Windmühlen geschehen.

1900 Mit der Dampfmaschine konnten auch tiefer gelegene Polder trockengelegt werden, z. B. der Zuidplaspolder (−6,74 m).

2000 Mit modernster Technik wird im IJmeer das neue Amsterdamer Wohnviertel IJburg gebaut.

Randstad

Es war wahrscheinlich Albert Plesman, Direktor der 1919 gegründeten KLM, der den Begriff Randstad prägte. Aus einem seiner Flugzeuge soll er seine Passagiere auf das von oben erkennbare hufeisenförmige Städteband aufmerksam gemacht haben, das aus Utrecht, Amsterdam, Haarlem, Leiden, Den Haag, Rotterdam und Dordrecht besteht. Das relativ leere Mittelgebiet wurde schon bald das Grüne Herz (Groene Hart) genannt.

In wenigen Jahren wurden in der Randstad 600000 neue Häuser gebaut.

Das Grüne Herz

Das »Groene Hart« (Grünes Herz) ist eine Kulturlandschaft, die im jahrhundertelangen Umgang mit dem Wasser geformt wurde – mit ausgedehntem Polderland, Moorseen und Flusslandschaften. Wichtigster Landwirtschaftszweig der Region ist die Milchviehzucht, der hier produzierte Käse ist weltberühmt. Umweltschützer setzten sich für den Erhalt und die Entwicklung der historischen und zugleich natürlichen Landschaft ein. Im Moorgebiet, das die Nieuwkoopse und Vinkeveense Moorseen umgibt, wurde ein Projekt gestartet, bei dem sanfte Landwirtschaft, Naturschutz und Freizeitnutzung verbunden werden sollen. Mit solchen Projekten hofft man, ein Gegengewicht zur Verstädterung ringsum schaffen zu können.

Wander- und Radwege durchziehen das Grüne Herz. Sie führen an Bauernhöfen, Windmühlen und alten Dörfern vorbei. Auskünfte über Ausflugsmöglichkeiten erteilen vor Ort die Tourismusbüros der VVV.

Volle Straßen sind ein Problem, vor allem während der Rushhour gibt es in der Randstad viele Staus. Die Regierung versucht u. a. durch Mautgebühren und Verbesserung des öffentlichen Nahverkehrs, die Straßen zu entlasten – bisher mit wenig Erfolg. Die Zahl der Autos in der Randstad nimmt stetig zu. Transferparkplätze, an denen Autofahrer auf öffentliche Verkehrsmittel umsteigen können, sollen die alten Stadtkerne entlasten.

Carsharing soll die Zahl der Autos verringern. In den letzten Jahren teilten sich jeden Tag rund 75000 Leute das Auto mit anderen.

IJburg ist ein neues Wohnviertel, das im IJmeer im Osten von Amsterdam angelegt wird. Ein anderer Stadterweiterungsplan im Wasser ist »Nieuw Holland«, eine lang gestreckte künstliche Insel vor der Küste zwischen Scheveningen und Hoek van Holland.

Entwicklung der Randstad (1900–2000)

Schon Ende des 15. Jahrhunderts war das Gebiet eines der meistverstädterten in Europa, doch erst im 20. Jahrhundert entstand mit dem Verschwimmen der Grenzen zwischen den Städten die Randstad. Heute wohnen hier 6,5 Millionen Menschen.

Randstad um 1900

Randstad um 1950

Randstad um 2000

Der Flughafen Schiphol war im letzten Jahrzehnt der am schnellsten wachsende Flughafen Europas. Er liegt zentral und hat gute Bahn- und Straßenverbindungen mit den großen Städten. Mit ca. 55 Millionen Passagieren im Jahr 2014 ist er der viertgrößte Flughafen Europas. Schiphol verfügt über ein Terminal mit den Hallen 1, 2 und 3 sowie über sechs Start- und Landebahnen.

Das Grüne Herz dagegen hat nur 600 000 Bewohner. Die Hälfte des Bruttosozialprodukts der Niederlande wird in der Randstad erwirtschaftet, vor allem mit Dienstleistungen. Amsterdam ist dabei das Finanzzentrum, Den Haag das Verwaltungszentrum, Hilversum das Zentrum der audiovisuellen Medien. Rotterdam-Rijnmond und Schiphol sind wichtige europäische See- und Lufthäfen.

Dünen

Dünen sind typisch für das niederländische Küstengebiet. Diese natürlichen Wasserbarrieren mit einer eigenen Pflanzenwelt wurden früher als Viehweiden benutzt (das sogenannte *oerol*, *siehe S. 278*), weil nicht genügend Wiesen verfügbar waren. Heute dienen sie vor allem zur Wassersäuberung. Daneben sind die Dünen auch ein beliebtes Freizeitgebiet. Was ist schöner, als im weißen Sand zu spielen, und wer sonnt sich nicht gern im Windschatten einer Dünenpfanne?

Katamaran am Strand

Das Meer spült den Sand an, aus dem die Dünen bestehen.

Am Strand verweht der trockene Sand und häuft sich auf.

Ein Priel entsteht, wenn das Meer du die Dünen bricht.

Strandhafer ist eine zähe Pflanze, die mit ihrem langen Wurzelgeflecht junge Dünen zusammenhält. Sie spielt eine wichtige Rolle bei der Entstehung und Erhaltung der Dünen.

Regenwasser wird in den Dünen in einer Süßwasserblase festgehalten. Schon seit dem 19. Jahrhundert gewinnt man so in den Dünen Noord- und Zuid-Hollands (hier in Meyendel bei Wassenaar) Trinkwasser. Dadurch konnten Seuchen wie Cholera in den dicht bevölkerten Städten ausgerottet werden.

Naturgebiete

Die Dünen werden immer weniger zur Wassergewinnung benutzt, wodurch der Grundwasserspiegel wieder steigt und sich die feuchten Dünentäler erholen. Sie werden auch vor Umweltschäden durch Industrie und Bebauung geschützt und sind heute ein wichtiges Naturgebiet – ideal für Wanderer und Fahrradfahrer. Die Pflanzenwelt ist mit Sanddorn, Pfaffenkäppchen, Kriechweide und Maidorn vertreten, hier leben Stand- und Zugvögel wie der Brachpieper, der Brachvogel und auch einige Seeadler. Im Zweiten Weltkrieg wurden in den Midden-Heerendünen (Teil des Nationalparks Kennemerduinen) Panzergräben mit steilen Böschungen angelegt, in denen sich heute sogar der seltene Eisvogel zu Hause fühlt.

Kaninchen sehen zwar niedlich aus, können mit ihren Bauten die Dünen aber gefährlich untergraben.

Entstehung von Dünen

Wie eine Düne entsteht, kann man an einem stürmischen Tag auf einem breiten Sandstrand gut beobachten. Der durchs Meer angespülte Sand trocknet an Land und wird dann durch den Wind wie ein feiner, weißer Schleier über den Strand geweht. Trifft der Sand auf ein Hindernis, bleibt er dahinter liegen und häuft sich weiter auf. Ist das Hindernis eine Pflanze, kann das die Geburt einer Düne sein. Die ersten Pflanzen, die bei der Dünenbildung eine Rolle spielen, heißen Pionierpflanzen. Die bekannteste ist das Binsengras. Später kommt der Strandhafer, der mit seinen starken Wurzeln die junge Düne zusammenhält. Auf diese Weise können Dünen bis zu zehn Meter hoch werden. Die Dünen an der niederländischen Küste sind junge Dünen, die nach 1200 entstanden sind. Wo das Meer durch die Reihe der Dünen bricht (wie auf dem Foto links bei Schoorl), entsteht ein sogenannter Priel, eine Art Rinne, um die herum sich eine ganz eigene Pflanzenwelt entwickelt. Auch viele verschiedene Vogelarten fühlen sich hier wohl und werden schnell heimisch.

turmschäden an der Küste

ie erste Dünenreihe erscheint urch ihren Bewuchs gelb und at auch höhere Kuppen.

Die Dünentäler beheimaten eine ganz eigene Flora.

Blaue Seedistel mit Biene   **Sanddorn**

Priel sind viele gelarten zu use.

Der Dünenbewuchs wird landeinwärts vielfältiger, weil der Kalkboden in Humus übergeht.

Der Strandräuber hält bei Camperduin, am Anfang der Hondsbossche Zeewering (Küstenbefestigung), Ausschau aufs Meer. Sie wurde angelegt, als im 19. Jahrhundert die Dünen unterspült wurden. Im Haus von Noord-Hollands Noorderkwartier (www.hhnk.nl) erfährt man mehr über die Hintergründe.

Blumenzwiebeln gedeihen auf dem Dünenboden sehr gut. Die kräftigen Farben der Blumenfelder bilden einen schönen Kontrast zu den Dünen.

Noord-Holland

Typisch für die Landschaft von Noord-Holland, eine der zwölf Provinzen der Niederlande, sind die flachen grünen Polder, die von zahllosen Gräben durchschnitten und von Deichen umgeben sind. Die Halbinsel zwischen Nordsee und IJsselmeer besteht zur Hälfte aus trockengelegtem Areal. Man sieht grasende Kühe und meist in der Ferne irgendwo einen Kirchturm. Der nördliche Teil dieser Provinz ist so gut wie leer, der Süden dagegen wirkt völlig zugebaut.

Das Aussehen Noord-Hollands ist durch Wasser geprägt, nicht umsonst heißt es »Holland – Wasserland«. An drei Seiten grenzt diese Provinz ans Wasser: an die Nordsee, das Wattenmeer und das IJsselmeer (die frühere Zuiderzee). Außerdem laufen quer durch die Provinz der Nordhollandkanal von Zaandam nach Den Helder und der Nordseekanal von Amsterdam nach IJmuiden. Im 14. Jahrhundert begann man mit der Landgewinnung, wodurch viele alte Städte, die früher auf Inseln im Meer lagen, ins Landesinnere rückten.

Die Landschaft ist abwechslungsreich. An der Nordseeküste findet man Dünengebiete mit einer ganz eigenen Flora und Fauna. Im Süden liegt die Bussumerheide, der höchstgelegene Teil der Provinz. Der Norden besteht vor allem aus tief liegenden Poldern mit intensivem Landbau und Blumenzwiebelfeldern.

Ausgrabungen zeigen, dass die Region schon im 5. Jahrhundert n. Chr. bewohnt war und Handelsbeziehungen unterhielt. Noord-Holland ist seither in wirtschaftlicher Hinsicht eines der wichtigsten Gebiete der Niederlande gewesen – dank Industrie, Fischerei und Handel. Die Häfen an der Zuiderzee ermöglichten Fahrten nach Südafrika, Asien und Amerika. Kaufleute kamen durch den Handel mit Getreide und tropischen Produkten zu Wohlstand. Sie ließen prächtige Häuser bauen und zu deren Ausschmückung Ölbilder malen. Die Zeugnisse dieser Zeit kann man in den Städten und Museen von Noord-Holland bis zum heutigen Tag sehen.

...khuizen, ein schöner historischer Fischerort am IJsselmeer

Blick auf den Afsluitdijk *(siehe S. 168)*, der das IJsselmeer von der Nordsee trennt

Überblick: Noord-Holland

Noord-Holland bietet neben schönen alten Bauten und prächtigen Museen auch eine abwechslungsreiche Landschaft. Man kann die ganze Provinz in Tagestouren von Amsterdam aus erkunden, doch Gebiete wie Westfriesland oder Het Gooi lohnen auch einen längeren Abstecher. Auf jeden Fall sollte man den Besuch der Sehenswürdigkeiten immer wieder mit Wanderungen in Naturgebieten wie den Kennemerduinen bei Zandvoort, einem Sonnenbad an einem der vielen Strände oder einem Segeltörn auf dem IJsselmeer unterbrechen. Auch bei einem Bootsausflug kann man die Provinz gut kennenlernen.

Die Mühlen an der Zaanse Schans sind noch in Betrieb

In Noord-Holland unterwegs

In den Stoßzeiten sind die Straßen rund um die großen Städte im Süden überfüllt. Weil es ohnehin in allen größeren Städten Parkplatzprobleme gibt und die Orte gut mit Bus oder Bahn zu erreichen sind, empfiehlt es sich, das Auto stehen zu lassen. Die Städte kann man am besten zu Fuß erkunden. Auch der Norden von Noord-Holland ist mit öffentlichen Verkehrsmitteln oder über die A7 und die A9 gut zu erreichen. Noord-Holland verfügt über zahllose Wander- und Radwege, oft sind die schönen Routen einem speziellen Thema gewidmet. Fahrräder kann man an fast allen Bahnhöfen mieten.

Sehenswürdigkeiten auf einen Blick

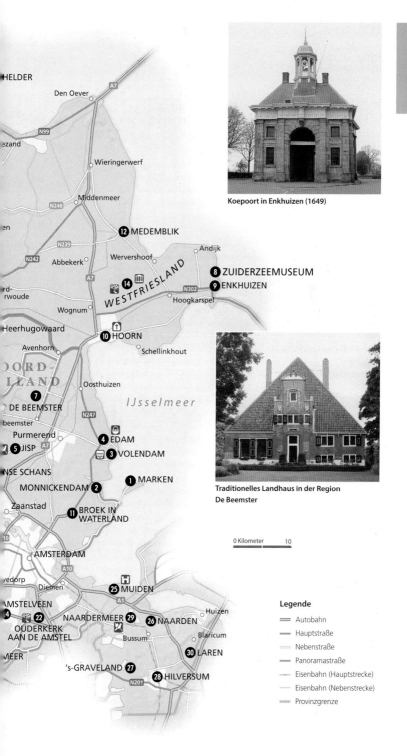

Koepoort in Enkhuizen (1649)

HELDER

Den Oever

N99

ezand

Wieringerwerf

N248

Middenmeer

en

12 MEDEMBLIK

N239

N242 Abbekerk

Werverhoof

Andijk

rwoude

WESTFRIESLAND

8 ZUIDERZEEMUSEUM

14

A7

N302

9 ENKHUIZEN

Wognum

Hoogkarspel

Heerhugowaard

10 HOORN

Avenhorn

Schellinkhout

NOORD-
HOLLAND

Oosthuizen

IJsselmeer

7

DE BEEMSTER

N247

beemster

Purmerend

5 JISP **A7**

4 EDAM

3 VOLENDAM

NSE SCHANS

1 MARKEN

MONNICKENDAM 2

Zaanstad

11 BROEK IN
WATERLAND

Traditionelles Landhaus in der Region
De Beemster

0 Kilometer   10

AMSTERDAM

A10

edorp

Diemen

25 MUIDEN

A1

MSTELVEEN

22

Huizen

NAARDERMEER 29

26 NAARDEN

OUDERKERK
AAN DE AMSTEL

Bussum

Blaricum

EER

30 LAREN

's-GRAVELAND **27**

28 HILVERSUM

N201

Legende

— Autobahn

— Hauptstraße

┄ Nebenstraße

— Panoramastraße

┈ Eisenbahn (Hauptstrecke)

— Eisenbahn (Nebenstrecke)

▰▰ Provinzgrenze

Hotels und Restaurants in Noord-Holland *siehe Seiten 397 und 409f*

❶ Marken

Straßenkarte C3. 🚹 2000. 🚌
🚢 von Volendam (Apr–Okt).
w vvv-waterland.nl

Marken lag fast acht Jahrhunderte lang auf einer Insel. 1957 beendete ein Deich zum Festland über Nacht diese Isolation. Das Dorf hat seinen alten Charakter behalten. Es ist von Holzhäusern geprägt, die zum Schutz gegen Überschwemmungen auf Pfählen erbaut sind. Markens Wahrzeichen ist der Leuchtturm Het Paard. Das in sechs historischen Häusern untergebrachte **Marker Museum** zeigt das Leben in Marken früher und heute. Zudem gibt es eine Käserei und einen Klompenmacher.

🏛 **Marker Museum**
Kerkbuurt 44–47. 📞 (0299) 601 904. 🔲 Apr–Okt: tägl. 🐾 ♿

❷ Monnickendam

Straßenkarte C3. 🚹 10 000. 🚌
ℹ Zuideinde 2, (0299) 820 046.
🍴 Sa.

Der alte von Mönchen gegründete Ort an der Gouwzee besitzt viele Gebäude aus dem 17. und 18. Jahrhundert, etwa das Rathaus und die Waage. Das **Waterlandsmuseum de Speeltoren** ist der Geschichte von Monnickendam gewid-

In Volendam sieht man viele Trachten

met. Es befindet sich im Glockenturm des Rathauses mit seiner hölzernen Spitze. Stündlich erscheint in der Nische an der Südseite eine Reitertruppe.

🏛 **Waterlandsmuseum de Speeltoren**
Noordeinde 4. 📞 (0299) 652 203. 🔲 Apr–Okt: Di–Sa 11–17 Uhr; Nov–März: Sa, So 11–17 Uhr. 🐾
w despeeltoren.nl

❸ Volendam

Straßenkarte C3. 🚹 21 000. 🚌
ℹ Zeestraat 37, (0299) 363 747.
🍴 Sa. **w** vvv-volendam.nl

Das alte Fischerdorf am IJsselmeer ist weltberühmt und deshalb auch immer voller Besucher. Es erstreckt sich am Deich und hat einen kleinen Hafen,

wo man noch immer Fisch kaufen kann. Hauptattraktion sind die Trachten: enge Leibchen, Spitzenhauben und bun gestreifte Röcke für die Frauen weite Hosen und Westen für die Männer. Wer will, kann sich darin fotografieren lassen Hinter dem Deich liegt ein ganz anderes Volendam: ein altes Labyrinth aus Gassen, Holzhäusern und Kanälen.

❹ Edam

Straßenkarte C3. 🚹 8000. 🚌
ℹ Damplein 1, (0299) 315 125.
🍴 Mi; Käsemarkt: Juli–Mitte Aug Mi 10.30–12.30 Uhr.
w vvv-edam.nl

Edam ist vor allem für seine runden, rot gewachsten Käse bekannt, die in alle Welt exportiert werden. Im Juli und August kann man am Mittwochvormittag beim Käsehandel auf dem **Käsemarkt** zu sehen. Die Stadt wurde im 12. Jahrhundert gegründet und hat viele alte Häuser, z. B die bunt bemalte **Waag**. Die Glasmalereien der Fenster in der **Grote Kerk** (17. Jh.) zähle zu den schönsten des Landes. Das **Edams Museum** ist in einem Kaufmannshaus aus der 16. Jahrhundert untergebrach das nichts von seiner Atmosphäre verloren hat. Hier hängen Porträts von Edamer Orig nalen wie Trijntje Kever, die a geblich 2,80 Meter groß war.

🏛 **Edams Museum**
Damplein 8. 📞 (0299) 372 644. 📞 Apr–Okt: Di–So. ⬤ 27. Apr. 🐾

Typische Holzhäuser aus dem 17. Jahrhundert in Marken

Hotels und Restaurants in Noord-Holland *siehe Seiten 397 und 409f*

ne der typisch holländischen Mühlen an der Zaanse Schans

Jisp

raßenkarte B3. 760.
(0299) 472 718.
laagholland.com

as alte Walfängerdorf Jisp
egt auf einer der früheren
uiderzee-Inseln und atmet
och immer den Geist des
7. Jahrhunderts. Vor allem
as Rathaus und die Dorfkirche
nd sehenswert.

Das Dorf liegt mitten im **Jis-
erveld**, einem Naturgebiet, in
em viele Vogelarten, darunter
ebitz, Rotschenkel, Kampf-
ufer und Löffelreiher, leben.
er kann man Rad fahren, ru-
ern und angeln oder an einer
kkursion teilnehmen.

❻ Zaanse Schans

Schansend 7, Zaandam. **Straßenkarte** C3. 50. (075) 681
0000. tägl. 9–17 Uhr, einige
Häuser sind im Winter wochentags
geschlossen. **zaanseschans.nl**

Zaanse Schans ist das touristische Herz der Zaanstreek. In
dem 1960 gegründeten Freilichtmuseum stehen typische
Zaanse-Häuser, Mühlen und
andere Gebäude. Wenn der
Wind weht, kann man die
Mühlen in Aktion sehen. Die
Erzeugnisse (Senf, Öl, Pigmen-
te) sind hier auch zu kaufen.

Alle Häuser wurden aus Holz
gebaut, Steinhäuser würden in
dem weichen Moorboden

wegsacken. Außer den Müh-
len gibt es ein Bäckereimu-
seum, eine Käserei und den
ersten Laden von **Albert Heijn**
aus dem Jahr 1887 – heute ist
Albert Heijn die größte Super-
marktkette der Niederlande.
Das **Zaans Museum** erzählt viel
über die Geschichte der Region. An der Senfmühle legen
Rundfahrtboote zur Fahrt über
die Zaan ab. Im Zentrum von
Zaandam kann man das Czaar
Peterhuisje besichtigen, in dem
Zar Peter der Große zweimal
zu Gast war *(siehe Kasten)*.

🏛 Zaans Museum
Schansend 7, Zaandam. (075) 681
0000. tägl. 10–17 Uhr. 1. Jan,
25. Dez. **zaansmuseum.nl**

Umgebung: Im **Molenmuseum**
in Koog aan de Zaan erfährt
man Interessantes über die
Windmühlen der Zaanstreek.
Es liegt in einem Holzhaus
(18. Jh.). **Haaldersbroek** gegenüber von Zaanse Schans ist
ein Grachtendorf mit schmalen
Kanälen, Klinkerwegen, Zaan-
se-Häusern und Bauernhöfen.

🏛 Molenmuseum
Museumlaan 18, Koog a/d Zaan.
(075) 628 8968. Di–So.
1. Jan, Ostersonntag, Pfingst-
sonntag.

❼ De Beemster

Straßenkarte B3. 🛈 VVV Middenbeemster, (0299) 621 826.
beemsterinfo.nl

De Beemster war einst ein See,
der 1612 von Jan Adriaan-
szoon Leeghwater *(siehe
S. 169)* trockengelegt wurde.
Die unzugängliche Region hat
sich seit dem 17. Jahrhundert
wenig verändert. 1999 wurde
sie von der UNESCO zur Welt-
erbestätte erklärt. Im **Museum
Betje Wolff** sind historische Gegenstände und Räume im Stil
jener Zeit zu besichtigen.

🏛 Museum Betje Wolff
Middenweg 178, Middenbeemster.
(0299) 681 968. Mai–Sep:
Di–Fr 11–17 Uhr (Sa, So ab 14 Uhr);
Okt–Apr: So. 1. Jan, 27. Apr,
25. Dez.

Czaar Peterhuisje

Zar Peter der Große von Russland besuchte Zaandam 1697, um
den Schiffsbau kennenzulernen. Er wohnte bei dem Arbeiter

Zar Peter war zweimal in
Zaandam zu Gast

Gerrit Kist, den er noch aus St. Petersburg kannte. 1717 besuchte
der Zar Kist ein weiteres Mal.
1780 wurde das »Häuschen von
Zar Peter« erstmals offiziell erwähnt. Später wurde das Holzhaus durch einen steinernen
Umbau und ein Fundament geschützt. Jedes Jahr kommen viele
Besucher hierher. Sie sind beeindruckt, dass der Zar sich mit der
bescheidenen Behausung begnüg-
te. (Krimp 23, Zaandam, (075)
681 0000. Di–So 10–17 Uhr.)

❽ Zuiderzeemuseum

Enkhuizen war eines der Dörfer an der Bucht der Zuiderzee, deren Einkommen aus dem Fischfang zerstört
wurde, als der Bau des Afsluitdijk 1932 den Zugang zur
Nordsee blockierte *(siehe S. 168)*. Die Restrukturierung
des Fischerei- in einen Yachthafen sowie die Eröffnung
des Museumskomplexes waren bedeutende Ereignisse
in der Geschichte der Dörfer. Das Museum besteht aus
einem großen Freilichtbereich in Form eines Museums-
parks und einem musealen Bereich mit vielen Räumlichkeiten für Dauer- und Wechselausstellungen.

★ **Urker Häuser**
Häuser von der früheren Insel Urk
(siehe S. 330) wurden hier wieder
aufgebaut. Akteure spielen das
Leben Anfang des 20. Jahrhunderts nach.

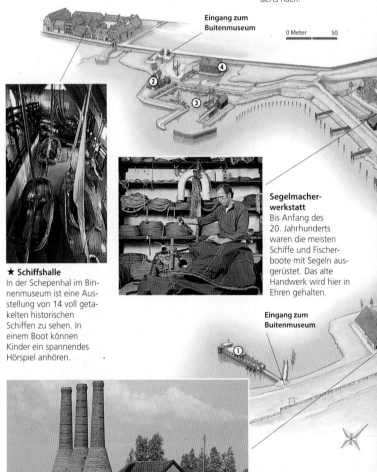

Eingang zum
Buitenmuseum

0 Meter   50

**Segelmacher-
werkstatt**
Bis Anfang des
20. Jahrhunderts
waren die meisten
Schiffe und Fischer-
boote mit Segeln aus-
gerüstet. Das alte
Handwerk wird hier in
Ehren gehalten.

★ **Schiffshalle**
In der Schepenhal im Bin-
nenmuseum ist eine Aus-
stellung von 14 voll geta-
kelten historischen
Schiffen zu sehen. In
einem Boot können
Kinder ein spannendes
Hörspiel anhören.

Eingang zum
Buitenmuseum

Kalköfen
In den flaschenförmigen Kalköfen
wurden Muschelschalen gebrannt.
Der so gewonnene ungelöschte K...
wurde als Mörtel bei Maurerarbeit...
verwendet. Diese Öfen stammen a...
Akersloot in Noord-Holland.

★ Modernes Delfter Blau
Hugo Kaagman vereint in seinen Gemälden traditionelle Delfter Motive mit modernen Sujets: Windmühlen, Tulpen und Fischer werden mit Porträts von heutigen Stars kombiniert.

Infobox

Information
Wierdijk 12–22, Enkhuizen.
📞 (0228) 351 111. **Binnen-museum** 🔲 tägl. 10–17 Uhr.
Buitenmuseum 🔲 Apr–Okt:
tägl. 10–17 Uhr. ⬤ 25. Dez.
🖼️📷🚻♿
W zuiderzeemuseum.nl

Anfahrt
🚆 Enkhuizen. 🚢 Museums-boot ab Bahnhof.

Kirche
Die Erbauer der Kirche aus dem 19. Jahrhundert, die Einwohner der Insel Wieringen, versteckten die Orgel in einem Schrank, um die damalige Kirchenorgelsteuer zu umgehen.

Fischräucherei

Die wichtigsten Fischarten der Zuiderzee waren Hering und Sprotten. Oft wurden sie gepökelt oder geräuchert. Hier räuchern Heringe über schwelenden Holzspänen.

Außerdem

① **Fährboote** bringen Besucher vom Bahnhof zum Buitenmuseum.

② **Räucherei aus Monnickendam**

③ **Rekonstruktion des Marker Hafens**

④ **VIS Museum für Kinder**

⑤ **Bau und Reparatur von Schiffen**

⑥ **Bei den Windmühlen** sieht man, wie die Polderentwässerung funktioniert *(siehe S. 168f)*.

⑦ **Diese Häuser** kommen aus Zoutkamp, einem Fischerdorf an der früheren Lauwerszee.

⑧ **Häuser aus dem Zuiderzeedorf Urk**

Hafen von Hoorn

❾ Enkhuizen

Straßenkarte C2. **👥** 18000. **🚌**
🚉 ℹ️ Tussen twee havens 1, (0228)
313 164. **🛍️** Mi. **🌐** enkhuizen.nl

Enkhuizens Hafen ist noch immer in Betrieb. Hier hat das Goldene Jahrhundert mit vielen prächtigen Gebäuden seine Spuren hinterlassen. Am bekanntesten sind der **Drommedaris** genannte Bau von 1540, der die Einfahrt des alten Hafens bewacht, und die Stadtmauer. Es gibt zwei schöne Kirchen, die **Wester-** und die **Zuiderkerk**, sowie ein Buddelschiff-Museum. Im Sommer kann man von hier aus Bootsfahrten nach Medemblik, Stavoren oder Urk unternehmen.

❿ Hoorn

Straßenkarte C3. **👥** 68000. **🚌**
🚉 ℹ️ Veemarkt 4, (0229) 218 343.
🛍️ Sa; Juni–Aug: Mi. **🌐** vvv-
hoorn.nl

Im geschichtsträchtigen Hoorn stehen viele schöne Häuser. Die spätgotische **Oosterkerk** und das St. Jans Gasthuis haben prächtige Renaissance-Fassaden. Im **Westfries Museum** lernt man die Geschichte der Stadt und der Region kennen. Ebenfalls sehenswert ist das **Museum van de Twintigste Eeuw** (Museum des 20. Jahrhunderts).

🏛️ Westfries Museum
Rode Steen 1. **☎** (0229) 280 028.
🕐 Di–Fr 11–17 Uhr (Apr–Okt:
auch Mo), Sa, So 13–17 Uhr. **⬛**
1. Jan, 27. Apr, 3. Mo im Aug,
25. Dez. **🌐** wfm.nl

🏛️ Museum van de Twintigste Eeuw
Krententuin 24. **☎** (0229) 214 001.
🕐 Mo–Fr 10–17, Sa, So 12–17 Uhr.
⬛ 1. Jan, 27. Apr, 25. Dez.
🌐 museumhoorn.nl

⓫ Broek in Waterland

Straßenkarte C3. **👥** 2350. **🚌**
ℹ️ (0229) 820 046.
🌐 vvv-waterland.nl

Broek in Waterland spielte im 17. Jahrhundert eine besondere Rolle: Hierher zogen die Kapitäne der Oost-Indische Compagnie, wenn sie in Ruhestand gingen. Sie wohnten in pastellfarbenen Villen, grau dagegen waren die Häuser der Menschen, die nicht zur See gefahren waren. Am **Havenrak**, der am See entlangführt, sieht man in einigen Gärten noch *kralentuinen*, Mosaiken mit bunten Glassteinen, die Kaufleute aus Asien mitbrachten.
Wer den Ort aus einer anderen Perspektive kennenlernen möchte, kann ein Paddel- oder Motorboot von **Kano & Electroboot Waterland** (Drs. J. van Disweg 4, 020-403 3209, www fluisterbootvaren.nl) mieten.

⓬ Medemblik

Straßenkarte C2. **👥** 8000. **🚌**
ℹ️ (0227) 547 997. **🛍️** Mo.
🌐 vvvhartvannoordholland.nl

Das gemütliche alte Städtchen Medemblik hat noch viele schöne Gebäude aus dem 17. Jahrhundert vorzuweisen, etwa die Hervormde Kerk, die Waag und das Waisenhaus.
Kasteel Radboud, das 1288 unter Graf Floris V erbaut wurde, beherbergt heute ein Museum. Am Ortsrand ist in einer alten Pumpenstation **Het Nederlands Stoommachinemuseum** untergebracht.

🏛️ Het Nederlands Stoommachinemuseum
Oosterdijk 4. **☎** (0227) 544 732.
🕐 Ende Feb–Anf. Nov: Di–So.
🌐 stoommachinemuseum.nl

Kasteel Radboud in Medemblik

⓭ Den Helder

Straßenkarte B2. **👥** 57000. **🚌**
🚉 ℹ️ Willemsoord 52a, (0223)
616 100. **🛍️** Juli, Aug: Di.
🌐 vvvkopvannoordholland.nl

Den Helder ist ein Flottenstützpunkt. Über die Geschichte der Marine seit 1488 informiert das **Marinemuseum**.
Im Nordsee-Aquarium (im alten Fort Kijkduin) führt ein Glastunnel durch die Unterwasserwelt.

🏛️ Marinemuseum
Hoofdgracht 3. **☎** (0223) 657 534.
🕐 Mai–Okt: tägl.; Nov–Apr:
Di–So. **⬛** 1. Jan, 25., 26. Dez. **♿**
♿ 🌐 marinemuseum.nl

Idylle am Wasser in Broek in Waterland

Hotels und Restaurants in Noord-Holland *siehe Seiten 397 und 409f*

Windmühlen

Windmühlen sind seit dem 13. Jahrhundert aus der holländischen Landschaft nicht wegzudenken. Sie dienten unterschiedlichen Zwecken: Getreidemahlen, Ölpressen und Holzsägen. Am wichtigsten waren sie für das Abpumpen von Wasser aus den Poldern *(siehe S. 168f).* Windmühlen bestehen aus einem Rumpf und einer Haube mit Flügeln. Die Haube ist drehbar, damit man die Flügel in den Wind stellen kann, was *kruijen* genannt wird. Dass die drehenden Flügel durchaus gefährlich sind, zeigt die Redewendung »einen Schlag von den Mühlenflügeln bekommen«. Früher gab es Tausende Mühlen, heute sind es nur noch etwa 950. Viele Mühlen sind im Einsatz und können besichtigt werden (Infos zu Besichtigungen: www.zaanschemolen.nl).

Wassermühle im Polder de Schermer

Moderne Windturbinen sind in den Niederlanden weitverbreitet. Sie liefern umweltfreundlichen Strom. Um den Horizont nicht zu sehr zu verschandeln, werden sie zunehmend auf offenem Meer gebaut.

Lattung und Tuchsegel

Poldermühlen dienen seit dem 17. Jahrhundert zur Entwässerung. Das mit Wasserschnecken hochgepumpte Wasser wurde hierbei in Mühlengruppen von Mühle zu Mühle weiterbefördert.

Antriebsachse

Wasserschnecke

Oberes Reservoir

Die Zahnräder werden durch die Flügel bewegt, durch Zahnräder wird die Wasserpumpe angetrieben.

Getreidemühlen

Getreidemühlen waren mit Reet (Ried) gedeckt und sahen wie riesige Pfeffermühlen aus. Die mit der Flügelachse verbundenen Mühlsteine mahlten Weizen, Gerste und Hafer – die Grundnahrungsmittel.

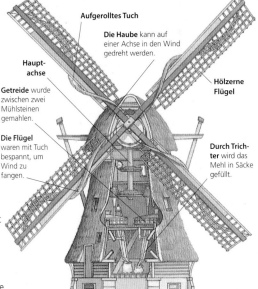

Aufgerolltes Tuch

Die Haube kann auf einer Achse in den Wind gedreht werden.

Hauptachse

Getreide wurde zwischen zwei Mühlsteinen gemahlen.

Die Flügel waren mit Tuch bespannt, um Wind zu fangen.

Hölzerne Flügel

Durch Trichter wird das Mehl in Säcke gefüllt.

⑭ Westfriesland

Westfriesland spielte als Zentrum von Handel und Schifffahrt im Goldenen Jahrhundert eine bedeutende Rolle. Heute wird das Landesinnere vor allem landwirtschaftlich genutzt, an der IJsselmeerküste sind Tourismus und Wassersport die wichtigsten Einnahmequellen. Wer unsere Route im Frühling fährt, den erwarten blühende Blumenfelder und Obstgärten. Im Sommer ist die IJsselmeerküste gut besucht. Die Route (oder Teile) eignet sich auch für Fahrradtouren.

Routeninfos

Länge: 80 km.
Rasten: In allen Dörfern und Orten am Weg gibt es Cafés oder Restaurants.
Straßen: Die Straßen in Westfriesland sind gut. Am IJsselmeer fährt man über einen schmalen, kurvigen Deich, auf dem bei schönem Wetter viele Radfahrer und Wanderer unterwegs sind.

⑤ **Twisk**
In dem lang gezogenen Dorf sind die schönen Bauernhöfe oft nur über eine Brücke zu erreichen.

④ **Het Regthuys Abbekerk**
Das Museum präsentiert eine Sammlung westfriesischer Trachten, Kuriosa und Spielzeug.

③ **Stoommachinemuseum**
Das alte Dampfschöpfwerk »Vier Noorder Koggen« bei Medemblik besitzt eine einmalige Sammlung von Dampfmaschinen.

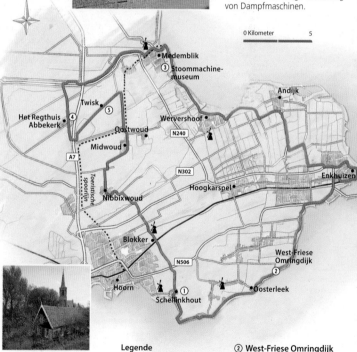

① **Schellinkhout**
Das malerische Dorf nahe Hoorn war schon in prähistorischen Zeiten bewohnt. Früher lag es an einem Priel der Zuiderzee.

Legende

▬ Routenempfehlung
▬ Andere Straße
— Eisenbahn
- - - Tourismus-Bahn
☼ Aussichtspunkt
🗼 Windmühle

② **West-Friese Omringdijk**
Im 13. Jahrhundert war Westfriesland zum Schutz vor Überschwemmungen von einem Deich umgeben. Durch Einpolderung liegt der größte Teil davon heute im Landesinneren. Am IJsselmeer gibt es noch zwei alte Wehlen, Spuren früherer Deichbrüche.

Käseträger auf dem traditionellen Käsemarkt in Alkmaar

❾ Alkmaar

Straßenkarte B3. 🏘 108.000. 🚌
🚆 🅹 Waagplein 2, (072) 511
284. 🛍 Wochenmarkt: Sa; Käsemarkt: Apr–Sep: Fr vorm.
🔗 vvvhartvannoordholland.nl

In der Altstadt von Alkmaar
stehen mindestens 400 historische Bauwerke. Es wirkt, als
hätte sich die Stadt mit ihren
Grachten seit Jahrhunderten
kaum verändert. Das **Stedelijk
Museum** widmet sich mit Gemälden, Videos und Modellen
der Geschichte Alkmaars. Hier
hängen auch Gemälde der
Bergen School aus den 1920er
und 1930er Jahren.

Alkmaar ist berühmt für seinen traditionellen **Kaasmarkt**
(Käsemarkt), der zwischen Anfang April und Anfang September jeden Freitagvormittag
abgehalten wird. Die großen
gelben Käselaibe kommen mit
dem Schiff an, weiß gekleidete
Träger holen sie dort auf Tragebahren ab. Sie bringen die
Laibe erst zum **Waaggebouw**
und dann zum Marktplatz, wo
sie aufgeschichtet werden.
Nach ausgiebigem Probieren
erfolgt die Versteigerung, das
Bieten und Verhandeln. Der
Kauf wird mit *handjeklap*
(Handschlag) besiegelt. Die Käseträger sind in Gilden organisiert, die Farbe des Huts verrät,
welcher Gilde sie angehören.
Das **Kaasmuseum** im Waaggebouw geht auf die traditionellen und modernen Methoden der Käseproduktion ein.

Nördlich vom Kaasmarkt findet man das **Nationaal Biermuseum De Boom** in einem
imposanten Gebäude (17. Jh.),
in dem früher die größte Brauerei der Stadt zu Hause war.
Das Museum widmet sich
einem Jahrtausend Biergeschichte und illustriert u. a.
auch Alkmaarer Braugeschichte im Mittelalter. Damals stand
in der Stadt kein
sauberes Trinkwasser zur Verfügung, sodass die
Brauer das Wasser per Schiff fassweise aus der Umgebung holen mussten. Unter
den Exponaten sind Kupferkessel, Fässer und Flaschen
ebenso wie 100 Jahre alte
Brauergeräte. Zu sehen ist auch
modernes Hightech-Equip-

Renaissance-Fassade der Stadtwaage

ment, das heute zum Brauen
eingesetzt wird. Im Gebäude
befindet sich ein rekonstruiertes altes Café, aber auch ein
Pub, in dem man unter 86 Bieren wählen kann.

Südlich vom Kaasmarkt, an
der Ecke Mient und Verdronkenoord, wurde vom 16. Jahrhundert bis 1998 der **Vismarkt**
(Fischmarkt) abgehalten. Die
niedrigen Arkaden, die man
heute sieht, stammen aus dem
18. Jahrhundert und weisen
immer noch die Steinbänke
auf, auf denen damals der
Fisch auslag.

Am Verdronkenoord steht
die Laurenskerk oder **Grote
Kerk**. Die im Stil der Brabanter
Gotik erbaute Kirche (15. Jh.)
hat eine Orgel, die 1639–46
vom deutschen Orgelbaumeister Franz Caspar Schnitger
gebaut wurde. Bemerkenswert ist das Fresko *Das
Jüngste Gericht* von Jacob
Cornelisz. van Oostsanen.
Die Szene wurde 1518–
1519 auf neun
Holztafeln gemalt.
Nach einem Wasserschaden 1885
wurden die Tafeln
ins Rijksmuseum
gebracht, während der deutschen Besetzung
kamen sie zurück.
Nach langjähriger Restaurierung sind sie seit 2011 wieder
hier zu sehen.

🏛 **Stedelijk Museum**
Canadaplein 1. 📞 (072) 5489 789.
🕐 Di–So 10–17 Uhr. 🔴 1. Jan,
27. Apr, 25. Dez. 🚫 ♿
🔗 stedelijkmuseumalkmaar.nl

🏛 **Waaggebouw
und Kaasmuseum**
Waagplein 2. 📞 (072) 511 4284.
🕐 März–Okt: tägl. 10–16 Uhr;
Nov–Feb: Sa 10–16 Uhr. 🚫 ♿

🏛 **Nationaal Biermuseum
De Boom**
Houttil 1. 📞 (072) 511 3801.
🕐 Mo–Sa. 🔴 Feiertage. ♿
🔗 biermuseum.nl

🔯 **Grote Kerk**
Koorstraat 2. 📞 (072) 514 0707.
🕐 Juni–Mitte Sep: Di–So 11–17
Uhr (bei Ausstellungen); sonst nach
tel. Anmeldung. 🔗 grotekerk-
alkmaar.nl

Im Biermuseum kann man
verschiedene Biere verkosten

Hotels und Restaurants in Noord-Holland *siehe Seiten 397 und 409f*

⑯ Im Detail: Haarlem

Haarlem ist die Hauptstadt der Provinz Noord-Holland. Sie ist Zentrum der Druck- und Pharmaindustrie sowie der Blumenzucht, doch in den autofreien Straßen der Innenstadt ist von Industrie nichts zu merken. Alle Sehenswürdigkeiten liegen in der Nähe des Grote Markt, eines belebten Platzes, der von alten Gebäuden, Cafés und Restaurants gesäumt wird. In den umliegenden Straßen findet man viele Buchläden und Antiquitätenhändler.

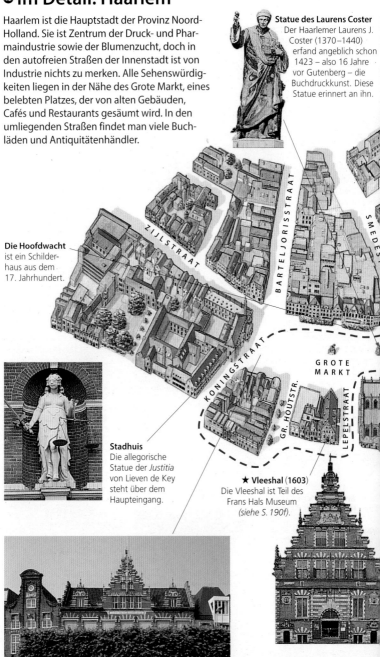

Statue des Laurens Coster
Der Haarlemer Laurens J. Coster (1370–1440) erfand angeblich schon 1423 – also 16 Jahre vor Gutenberg – die Buchdruckkunst. Diese Statue erinnert an ihn.

Die Hoofdwacht
ist ein Schilderhaus aus dem 17. Jahrhundert.

Stadhuis
Die allegorische Statue der *Justitia* von Lieven de Key steht über dem Haupteingang.

★ **Vleeshal** (1603)
Die Vleeshal ist Teil des Frans Hals Museum *(siehe S. 190f).*

Grote Markt
Unter den Bäumen des großen Platzes stehen die Stühle der Cafés. Der Grote Markt ist ein beliebter Treffpunkt der Haarlemer.

Hotels und Restaurants in Noord-Holland *siehe Seiten 397 und 409f*

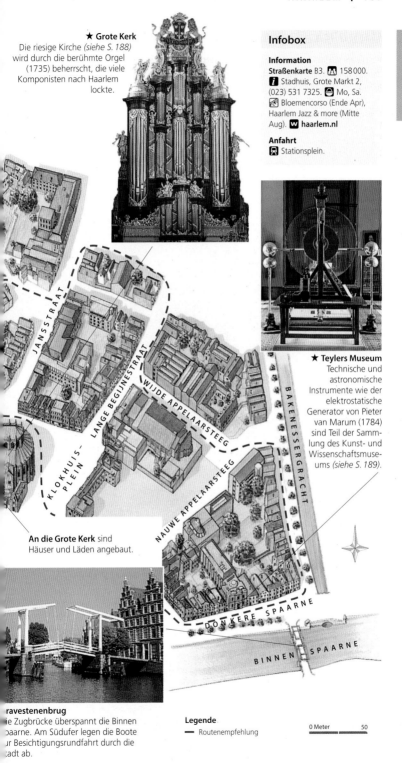

★ **Grote Kerk**
Die riesige Kirche *(siehe S. 188)*
wird durch die berühmte Orgel
(1735) beherrscht, die viele
Komponisten nach Haarlem
lockte.

Infobox

Information
Straßenkarte B3. 🚗 158 000.
🛈 Stadhuis, Grote Markt 2,
(023) 531 7325. 🛍 Mo, Sa.
🎪 Bloemencorso (Ende Apr),
Haarlem Jazz & more (Mitte
Aug). 🆆 haarlem.nl

Anfahrt
🚉 Stationsplein.

★ **Teylers Museum**
Technische und
astronomische
Instrumente wie der
elektrostatische
Generator von Pieter
van Marum (1784)
sind Teil der Samm-
lung des Kunst- und
Wissenschaftsmuse-
ums *(siehe S. 189)*.

J A N S S T R A A T

L A N G E B E G I J N E S T R A A T

WIJDE APPELAARSTEEG

B A K E N E S S E R G R A C H T

K L O K H U I S - P L E I N

NAUWE APPELAARSTEEG

An die Grote Kerk sind
Häuser und Läden angebaut.

D O N K E R E S P A A R N E

B I N N E N S P A A R N E

...ravestenenbrug
...ie Zugbrücke überspannt die Binnen
...paarne. Am Südufer legen die Boote
...ur Besichtigungsrundfahrt durch die
...adt ab.

Legende
━ Routenempfehlung

0 Meter   50

Straßenkarte *siehe hintere Umschlaginnenseiten*

Überblick: Haarlem

Haarlem erhielt 1245 die Stadtrechte und war im 15. Jahrhundert ein blühendes Textilzentrum. Die spanische Belagerung 1572–1573 und Brände im Jahr 1576 schwächten jedoch diese Stellung. Das 17. Jahrhundert wiederum war – wie für Amsterdam – auch für Haarlem eine Blütezeit. Lieven de Key (1560–1627) plante den größten Teil des Wiederaufbaus, seine Handschrift prägt die Innenstadt bis heute. Die Grote Kerk überragt noch immer die *hofjes* der Umgebung. Die hübschen gepflasterten Straßen um die Kirche haben sich seit den Zeiten de Keys kaum verändert.

Grote Markt, Haarlem (um 1668) von Gerrit Berckheijde, mit der Grote Kerk

🏛 Frans Hals Museum
Siehe S. 190f.

⛪ Grote Kerk
Grote Markt 22. 📞 (023) 553 2040. ⏱ Mo–Sa 10–16 Uhr (Apr–Okt: bis 17 Uhr). ● Ostern, Pfingsten, 27. Apr, 5. Mai, 25. Dez–2. Jan. 🖼 📷 ♿ 🌐 bavo.nl

Die gotische Kirche heißt offiziell De Grote oder St. Bavokerk (nicht zu verwechseln mit der katholischen Kathedrale St. Bavo: www.rkbavo.nl). Maler wie Pieter Saenredam (1597–1665) und Gerrit Berckheijde (1639–1698), beide aus der Haarlemer Schule, wählten die 1400–1550 erbaute Kirche oft als Motiv. Die Glockentürme überragen den Grote Markt. An die Südfassade ist eine Häuser- und Ladenreihe aus dem 17. Jahrhundert angebaut. Mit den Mieteinnahmen aus diesen Häuschen wurde der Unterhalt der Kirche bestritten.

Man betritt die Kirche durch einen dieser Läden, danach steht man direkt im Kirchenschiff. Die Decke aus Zedernholz ist mit Intarsien reich verziert. Die oberen Mauern sind weiß, die 28 Säulen grün, rot und golden bemalt. Jan Fyerens fertigte 1510 das Chorgitter und die kupferne Kanzel in Form eines Adlerkopfs an. Die Chorbänke (1575) sind mit Wappen bemalt, in die Lehnen und die Miserikordien (Vorsprünge an den Klappstühlen des Chors) sind Tier- und Menschenfratzen geschnitzt. Gleich daneben liegt, unter einer bescheidenen Grabplatte, der berühmteste Maler Haarlems, Frans Hals.

In der Grote Kerk steht eine der schönsten Orgeln Europas, die von Christian Müller im Jahr 1735 gebaut wurde. 1738 bespielte Händel das Instrument, 1766 der junge Mozart – beide waren begeistert. Die Orgel wird heute noch für Konzerte genutzt.

🏛 Stadhuis
Grote Markt 2. 📞 (023) 511 5115. ⭕ nur nach Absprache. ♿

Das Rathaus von Haarlem ist eine bunte architektonische Stilmischung, deren älteste Teile aus dem Jahr 1250 stammen. Im mittelalterlichen Bankettsaal kamen die Grafen von Holland zusammen, deshalb hieß dieser früher Grafensaal. Zwei Brände, 1347 und 1351, vernichteten den ältesten Teil beinahe völlig, doch die Porträts der Grafen auf Holztafeln aus dem 15. Jahrhundert blieben erhalten.

Der Teil des Rathauses, der an den Grote Markt grenzt, wurde 1622 von Lieven de Key entworfen. Er ist ein schönes Beispiel holländischer Renaissance-Architektur, mit zierlichen Giebeln, vielen bemalten Details und klassizistischen Elementen, wie den Frontons über den Fenstern. In einer Nische über dem Haupteingang steht eine Statue der Justitia. In den Händen hält sie ein Schwert und eine Waage, voll Mitgefühl schaut sie auf das Treiben zu ihren Füßen.

Durch die Koningstraat, links vom Rathaus, kommt man zu einem jahrhundertealten Schulgebäude mit einem Kreuzgang und einer Bibliothek aus dem 13. Jahrhundert.

🏛 De Hallen: Verweyhal und Vleeshal
Grote Markt 16. 📞 (023) 511 5775. ⏱ tägl. ● 1. Jan, 25. Dez. 📷 🌐 dehallen.nl

Die Verweyhal und die Vleeshal sind historische Gebäude am Grote Markt, die zum Frans Hals Museum *(siehe S. 190f)* gehören. In der Verweyhal befindet sich die Sammlung moderner Kunst: Werke von Impressionisten, von Mitgliedern der Gruppe CoBrA und zeitgenössischer Künstler. Die Vleeshal westlich der Kirche wurde 1602 von Lieven de Key entworfen. Das Dach wird durch einen Trep-

Detail der Fassade der Vleeshal

Westseite der 1355 erbauten Amsterdamse Poort

engiebel verdeckt. Die Fenster sind mit Pfeileraufsätzen, den sogenannten Pinakeln, verziert. Ein auf die Fassade gemalter Ochsenkopf erinnert an eine frühere Funktion des Gebäudes. Die Verweyhal ist nach Kees Verwey (1900–1995) benannt, einem Haarlemer Impressionisten, von dem zahlreiche Werke ausgestellt sind.

🏛 Amsterdamse Poort

Amsterdamsevaart. ● für Besucher.
Das imposante Tor nahe der Spaarne war einmal Teil der Stadtmauer. Früher gab es in und um Haarlem zwölf dieser Stadttore. Das Tor wurde 1355 errichtet, doch viele seiner Verzierungen wurden erst im 15. Jahrhundert angebracht. Als die Spanier 1573 unter Friedrich von Toledo Haarlem belagerten, wurden die Vertei-

digungsanlagen der Stadt auf die Probe gestellt. Die Regenten der Stadt wollten sich nur unter der Bedingung ergeben, dass Haarlems Bevölkerung verschont bliebe. Die Spanier willigten ein, doch als die Tore geöffnet waren, metzelten sie 2000 Soldaten nieder.

🏛 Teylers Museum

Spaarne 16. ☎ (023) 516 0960.
◯ Di–Fr 10–17, Sa, So 11–17 Uhr.
● 1. Jan, 5., 25. Dez. 🔲🔲🔲
🔲 🆆 teylersmuseum.nl
Dies war das erste große öffentliche Museum der Niederlande. Es wurde 1778 von dem Seidenhändler Pieter Teyler van der Hulst gegründet, der damit die Wissenschaften und die Künste fördern wollte. Die ungewöhnliche Sammlung von Fossilien, Zeichnungen und wissenschaftlichen Apparaten wird in prächtigen klassizistischen Sälen (18. Jh.) ausgestellt. Im Ovalen Saal stehen Glasvitrinen mit einer besonderen Sammlung erschreckender medizinischer Instrumente. Dazu sieht man Zeichnungen von niederländischen und italienischen Meistern, z. B. von Rembrandt und Michelangelo.

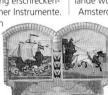

Fliesen im Bahnhof Haarlem

🏛 Historisch Museum Haarlem

Groot Heiligland 47. ☎ (023) 542 2427. ◯ Di–Sa 11–17, So, Mo 12–17 Uhr. ● 1. Jan, Ostern, Pfingsten, 25. Dez. 🆆 historisch museumhaarlem.nl

Haarlem ist für seine vielen hübschen *hofjes* berühmt, die für Alte und Kranke errichtet wurden *(siehe S. 115)*. Die ersten *hofjes* stammen aus dem 16. Jahrhundert und wurden von Gildemitgliedern verwaltet, die nach der Reformation die vorher von Klöstern erfüllte Aufgabe übernahmen.

Das St.-Elisabeths Gasthuis wurde 1610 um einen schönen Innenhof herum errichtet, es liegt gegenüber dem heutigen Frans Hals Museum. Auf dem Stein, der 1612 über der Tür eingemauert wurde, ist ein Kranker zu sehen, der in Begleitung der besorgten Familie ins Krankenhaus gebracht wird. Das *hofje* wurde gründlich renoviert und beherbergt heute das wichtigste historische Museum von Haarlem und Zuid-Kennemerland.

🚉 Haarlem Station

Stationsplein.
Die erste Bahnlinie der Niederlande wurde 1839 zwischen Amsterdam und Haarlem eröffnet. Der alte Bahnhof von 1842 wurde zwischen 1905 und 1908 im Jugendstil umgebaut. Das großzügige Backsteingebäude hat eine Fassade mit Bogen und eckigen Türmen. Das grün und beige gehaltene Interieur ist mit hellen Fliesen verziert, auf denen Transportmittel abgebildet sind. Sehr sehenswert sind außerdem die Holzarbeiten in den Büros und die prächtigen Schmiedeeisenarbeiten.

Häuser aus dem 17. Jahrhundert an der Spaarne im Zentrum von Haarlem

Haarlem: Frans Hals Museum

Der als erster »moderner« Künstler gefeierte Frans Hals (1580–1666) schenkte der Malerei einen neuen Realismus. Während seine Zeitgenossen nach der perfekten Wiedergabe strebten, fing Hals mit seiner impressionistischen Technik den Charakter seiner Modelle ein. Noch mit über 80 Jahren schuf er Porträts wie *Die Regentinnen des Oude Mannenhuis in Haarlem* (1664). Das Oude Mannenhuis wurde 1913 das Frans Hals Museum. Hier sind auch andere niederländische Kunstwerke sowie Exponate zur Stadtgeschichte zu sehen.

★ *Banket van de Officieren van de Sint-Jorisdoelen* (1616)
Die charakteristischen Gesichtszüge jedes einzelnen St.-Georgs-Schützen und der Reichtum ihres Speisesaals sind von Frans Hals in diesem Gruppenbild unnachahmlich festgehalten.

Legende

☐ Werke von Frans Hals
☐ Renaissance-Saal
▨ Alte Meister
▨ Stadtgeschichte (17. Jh.)
▨ Neuer Ausstellungssaal
▨ Keine Ausstellungsfläche

Militärbilder von Frans Hals

Mutter und Kind (1622)
Nach der Reformation *(siehe S. 56f)* malten Künstler wie Pieter de Grebber (1600–1653) weltliche Versionen von religiösen Themen. Dieses Bild einer Mutter, die ihr Kind stillt, verweist auf Maria mit dem Jesuskind.

Innenhof

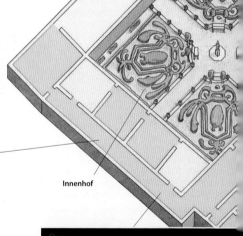

★ *Stillleben* (1613)
Genaue Details sind das Markenzeichen von Floris Claeszoon van Dyck (1575–1651).

★ Mercurius (1611)
Hendrick Goltzius (1558–1617) war berühmt für seine Studien der klassischen Antike. Dieses Werk aus einer Serie von drei Bildern war das Geschenk eines reichen Haarlemer Bürgermeisters.

Infobox

Information
Groot Heiligland 62, Haarlem.
(023) 511 5775.
Di–Sa 11–17, So, Feiertage 12–17 Uhr. 1. Jan, 25. Dez.
franshalsmuseum.nl

Der heilige Lukas malt die Madonna (1532)
Maerten Jacobsz van Heemskercks Bild zeigt den Apostel Lukas, den Schutzpatron der Maler. Einer mittelalterlichen Legende nach soll er Maria und Jesus tatsächlich porträtiert haben.

De Grote Markt in Haarlem (1696)
Gerrit Adriaensz Berckheijde schuf das Bild, auf dem man die Grote Kerk von der Westseite sehen kann.

Haupteingang

Delfter Teller (1662)
Der Porzellanteller von M. Eems zeigt den Grote Markt und die Grote Kerk in Haarlem *(siehe S. 188)*.

Kurzführer

Am besten erkundet man das Museum gegen den Uhrzeigersinn. Ausstellungen mit Werken von Frans Hals, Porträts, Stillleben und Genremalerei sind mehr oder weniger chronologisch angeordnet. In der Verweyhal und der Vleeshal (siehe S. 188f) finden Wechselausstellungen mit moderner und zeitgenössischer Kunst statt.

Der Leuchtturm von Egmond ist bei allen Schiffern bekannt

⓱ Egmond

Straßenkarte B3. 🔼 11 600. 🚌
ℹ️ Voorstraat 82a, Egmond aan Zee, (072) 507 0571. 🚢 Do.
🅦 vvvegmond.nl

Egmond besteht aus drei Teilen: Egmond aan de Hoef, Egmond-Binnen und dem gemütlichen Familienbadeort Egmond aan Zee.

In Egmond aan de Hoef lebten früher die Grafen von Egmond. Vom **Schloss** existieren nur noch Fundamente. Die **Abdij van Egmond** in Egmond-Binnen ist die älteste der zeeländisch-holländischen Abteien. Der Bau (10. Jh.) wurde vom Geusenhauptmann Sonoy zerstört. Erst 1934 errichtete man eine neue Abtei, in der noch immer Benediktinermönche leben. **Abdijmuseum** und Kerzenfabrik können besichtigt werden (Tel. 072-506 1415, www.abdijvanegmond.nl).

⓲ Heemskerk

Straßenkarte B3. 🔼 39 000. 🚌
📞 (020) 702 6000. 🚢 Fr.
🅦 vvvijmuidenaanzee.nl

Auf dem Friedhof der **Hervormde Kerk** (17. Jh.) steht eine Säule zu Ehren des Malers Maerten van Heemskerck. **Slot Assumburg** (15. Jh.) ist an der Stelle eines Wehrhauses (13. Jh.) erbaut. **Slot Marquette** ist genauso alt, erhielt jedoch sein heutiges Aussehen erst vor zwei Jahrhunderten. **Fort Veldhuis** ist Teil der Stelling van Amsterdam, einer Verteidigungslinie von 135 Kilometern, die einen Ring um Amsterdam bildete. Heute ist es ein Museum über die Opfer der Piloten im Luftkampf des Zweiten Weltkriegs.

🏛 Fort Veldhuis
Genieweg 1. 📞 (0251) 230 670.
🔵 Mai–Okt: So. 🅿️ ♿

⓳ Velsen/IJmuiden

Straßenkarte B3. 🔼 67 500. 🚉
🚌 🚢 ℹ️ Dudokplein 16, IJmuiden, (020) 702 6000. 🚢 Do.

Man merkt es am Fischgeruch, der über der Stadt hängt, und an den vielen Fischlokalen am Hafen: IJmuiden ist der größte Fischereihafen der Niederlande. Die **Noordersluis** im Nordseekanal ist eine der größten Schleusen der Welt. Wenn man sie überquert, kommt man zu den Hochöfen, von denen aus man mit einer Dampflok eine Rundfahrt machen kann.

Archäologische Funde aus der Römerzeit sind in der **Ruïne van Brederode** (13. Jh.) ausgestellt. Ebenfalls sehenswert ist die romanische **Engelmunduskerk**. **Slot Beeckestijn** ist eines der Landhäuser, die reiche Amsterdamer im 17. und 18. Jahrhundert an der Küste bauen ließen. Den Park und die Räume im Erdgeschoss kann man besichtigen.

🏰 Ruïne van Brederode
Velserenderlaan 2, Santpoort.
📞 (023) 537 8763.
🔵 März–Okt: Mi–So. 🅿️
🅦 heerlijkheidbrederode.nl

🏠 Slot Beeckestijn
Rijksweg 136. 📞 (0255) 522 877.
🔵 Mi–So.

⓴ Zandvoort

Straßenkarte B3. 🔼 15 500. 🚉
🚌 ℹ️ Bakkerstraat 2b, (023) 571 7947. 🚢 Mi. 🅦 vvvzandvoort.nl

Das einstige Fischerdorf Zandvoort ist heute ein Badeort, wo im Sommer halb Amsterdam am Strand liegt oder auf den Boulevards flaniert. Im Ortskern stehen allerdings noch einige alte Fischerhäuser.

Zandvoort ist auch für seine Rennstrecke berühmt, auf der früher Formel-1-Rennen gefahren wurden. Heute dürfen nur an einer limitierten Anzahl von Wochenenden Rennen ausgetragen werden. Wem es hier zu laut ist, der kann in Ruhe durch die **Amsterdamse Waterleidingduinen** wandern.

🏁 Circuit Park Zandvoort
Burg. van Alphenstraat 108. 📞
(023) 574 0740. 🔵 tägl. 🅿️ bei Veranstaltungen. 🅦 cpz.nl

㉑ Stoomgemaal De Cruquius

Straßenkarte B3. Cruquiusdijk 27.
🚌 📞 (023) 528 5704. 🔵
März–Okt: tägl.; Nov–Feb: Sa, So.
🅿️ ♿ 🅦 museumdecruquius.nl

Das Dampfschöpfwerk De Cruquius von 1849 ist eines von dreien, die zur Trockenlegung des **Haarlemmermeer** dienten. 1933 wurde es stillgelegt,

Schloss Assumburg in Heemskerk ist seit 1933 eine Jugendherberge

Stoomgemaal De Cruquius

heute ist es ein Museum. In der Maschinenhalle steht die originale Dampfmaschine mit acht Pumpen, die durch Balancearme bewegt wurden. Eine Ausstellung erklärt das System der Wasserwirtschaft in den Niederlanden.

㉒ Ouderkerk aan de Amstel

Straßenkarte B3. 🄼 8200. 🚌 Amstelveen.

Die hübsche Ortschaft am Zusammenfluss von Amstel und Bullewijk wird seit dem Mittelalter von den Amsterdamern geschätzt. Bis 1330 gab es hier keine Kirche, die Gläubigen mussten zur Ouderkerk aus dem 11. Jahrhundert pilgern, die dem Ort seinen Namen gab. 1674 wurde das alte Gotteshaus bei einem Unwetter zerstört. An seiner Stelle ent-

stand im 18. Jahrhundert eine neue Kirche. Heute kommen vor allem Fahrradfahrer nach Ouderkerk aan de Amstel und entspannen in den Cafés und Restaurants an der Promenade.

㉓ Aalsmeer

Straßenkarte B3. 🄼 22 900. 🚌 🚆 Di.

Aalsmeer ist das Zentrum der niederländischen Blumenindustrie *(siehe S. 34f)* und Veranstaltungsort der größten **Bloemenveiling** (Blumenauktion) der Welt. Pro Tag werden rund 20 Millionen Schnittblumen versteigert. Von der Besuchergalerie aus kann man zusehen. Rings um Alsmeer reihen sich die Gewächshäuser.

Museumtramlijn

🏛 **Bloemenveiling Flora Holland** Legmeerdijk 313. 📞 (0297) 397 000. ⭘ Mo–Mi, Fr 7–11, Do 7–9 Uhr. 📷 🌐 **floraholland.nl**

㉔ Amstelveen

Straßenkarte B3. 🄼 88 700. 🚌 🚆 Fr.

In Amstelveen gibt es mehrere Museen für moderne Kunst, darunter das **Museum Van der Togt** mit einer einzigartigen

Sammlung von Glasobjekten. Mit der **Electrische Museumtramlijn** (Tel. 020-673 7538) kann man eine nostalgische Fahrt in historischen Fahrzeugen von Amsterdam nach Amstelveen und zurück unternehmen (Apr–Okt: So; Juli, Aug: auch Mi).

Der **Amsterdamse Bos** bietet sich an, um spazieren zu gehen, Sport zu treiben oder zu picknicken. Das **Bosmuseum** widmet sich der Entstehung dieser Waldlandschaft.

Das **Cobra Museum voor Moderne Kunst** zeigt Werke der Gruppe CoBrA und verwandter Stilrichtungen. Die Gruppe wurde 1948 von belgischen, niederländischen und dänischen Künstlern gegründet (CoBrA = **Co**penhagen, **Br**ussels, **A**msterdam). Während ihres kurzen Bestehens etablierte sie die moderne Kunst in den Niederlanden.

🏛 **Museum Van der Togt** Dorpsstraat 50. 📞 (020) 641 5754. ⭘ Mi–Fr 11–16, Sa, So 13–17 Uhr. ⭘ 1. Jan, 27. Apr, 25. Dez. 📷 🌐 **jvdtogt.nl**

🏛 **Cobra Museum voor Moderne Kunst** Sandbergplein 1–3. 📞 (020) 547 5050. ⭘ Di–So 11–17 Uhr. 📷 ♿ 🌐 **cobra-museum.nl**

Frau, Kind, Tiere (1951) von Karel Appel im Cobra Museum voor Moderne Kunst

Straßenkarte *siehe hintere Umschlaginnenseiten*

Das sagenumwobene Muiderslot wurde 1280 erbaut

㉕ Muiden

Straßenkarte C3. 🗺 6700. 🚌

Muiden war im Mittelalter ein Vorhafen von Utrecht, später wurde es zusammen mit der **Festungsinsel Pampus** Teil des Verteidigungsrings **Stelling van Amsterdam**.

Seinen Ruhm verdankt der Ort vor allem dem mehr als 700 Jahre alten, unter Floris V erbauten **Muiderslot**. Nach Floris' Tod wurde es abgerissen und später wiederaufgebaut. Der bekannteste Bewohner des Schlosses war im 17. Jahrhundert der Dichter P. C. Hooft. Er gründete den Muider- kring, einen Freundes- kreis, der sich der Literatur und der Musik widmete. Die Ein- richtung ist im Stil des 17. und 18. Jahrhunderts gehalten. Auch der Park ist im alten Stil wieder angelegt worden. Vom Muiderslot aus fahren Boote zur Insel Pampus.

Ritter- rüstung

🏠 **Muiderslot**
Herengracht 1. 📞 (0294) 256 262. ⭕ Apr–Okt: tägl.; Nov–März: Sa, So. 🅿 🎫 🔗 muiderslot.nl

㉖ Naarden

Straßenkarte C3. 🗺 17 000. 🚌 🚉 🛳 Sa.

Hinter einer doppelten Reihe von Kanälen und Wällen liegt die malerische Festungsstadt Naarden. Die erste Siedlung wurde hier vermutlich im 10. Jahrhundert gegründet.

Nach ihrer Zerstörung wurde sie um 1350 wiederaufgebaut. Im 15. und 16. Jahrhundert war der Ort nacheinander von Spaniern und Franzosen be- setzt.

Als Erstes fällt der Turm der **Grote Kerk** ins Auge. Das Ge- wölbe der Kirche (14. Jh.) ist mit Szenen aus dem Alten und Neuen Testament ge- schmückt. Vor rund 400 Jahren flüchtete der tschechische Freiheits- kämpfer Komensky in die Niederlande. Er liegt in der **Waalse Kapel** begraben.

Das zur Stadtwaage um- gebaute Spaanse Huis beherbergt das **Comenius Museum**, das Leben und Werk des tschechischen Gelehrten Johann Amos Co- menius (1592–1670) beleuch- tet, der hier begraben ist. In einer der sechs wuchtigen Bastionen der Festung ist das **Nederlands Vestingmuseum** untergebracht. Hier ist u. a. eine Ausstellung über die

bewegte Geschichte der Stadt Naarden zu sehen. Kostümier- te Schützen führen die alten Artilleriegeschütze vor.

Auf Fuß- und Fahrradwegen, die entlang den Befestigungs- anlagen führen, kann man auf einer schönen Route die ganze Stadt umrunden.

🏛 **Comenius Museum**
Kloosterstraat 33. 📞 (035) 694 3045. ⭕ Di–So 12–17 Uhr. ⬤ 1. Jan, 27. Apr, 25., 31. Dez. 🅿 🔗 comeniusmuseum.nl

🏛 **Nederlands Vestingmuseum**
Westwalstraat 6. 📞 (035) 694 5459. ⭕ Di–Fr 10.30–17 Uhr (Sa, So ab 12 Uhr). ⬤ 1. Jan, 27. Apr, 25. Dez. 🅿 ♿ 🔗 vestingmuseum.nl

㉗ 's-Graveland

Straßenkarte C3. 🗺 9200. 🚌

Ein besonderer Ort in Het Gooi ist 's-Graveland. Er entstand im 17. Jahrhundert, als hier neun Landsitze für reiche Amsterda- mer gebaut wurden. Gegen- über den Villen stehen die klei- nen Häuser der Arbeiter. Heute residieren in den Landsitzen Firmen, ihr Unterhalt wäre für private Besitzer wohl zu teuer. Fünf der Parks gehören dem Bund für Naturmonumente und können besucht werden. (Infos im **Bezoekerscentrum**).

🚌 **Bezoekerscentrum Gooi en Vechtstreek**
Noordereinde 54b. 📞 (035) 656 3080. ⭕ Di–So 10–17 Uhr (Dez–März: Mi–So). 🔗 natuurmonumenten.nl

Von oben ist die Sternform von Naarden-Vesting gut zu erkennen

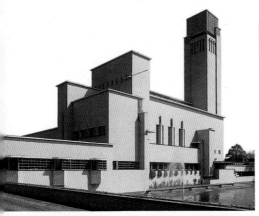

Das aus gelbem Backstein errichtete Rathaus von Hilversum

㉘ Hilversum

Straßenkarte C3. 🏙 84 500. 🚌
ℹ VVV Kerkbrink 6, (035) 544 6971.
🗓 Mi, Sa. 🅦 vvvhilversum.nl

Das dynamische Zentrum von Het Gooi gilt wegen der vielen hier ansässigen Radiosender und Fernsehproduktionsfirmen als »Medienhauptstadt« der Niederlande.

Hilversum hat neben schönen Geschäftsvierteln auch viele grüne Wohngegenden. Einige der Häuser dort wurden von Willem Dudok (1884– 1974), Architekt und Vertreter des »Neuen Bauens«, entworfen. Eines seiner bekanntesten Gebäude ist das **Raadhuis** von 1931 mit dem charakteristischen Turm und dem einzigartigen Interieur. Im Untergeschoss ist eine Ausstellung über den Architekten zu sehen. Sonntags werden Führungen veranstaltet.

Das **Museum Hilversum** vereint unter seinem Dach das Goois Museum und das Dudok Centrum. Es beleuchtet die Vergangenheit von Het Gooi und besitzt eine archäologische Sammlung.

Auch die neogotische **Sint-Vituskerk** von 1892 mit ihrem 98 Meter hohen Turm lohnt einen Besuch.

🏛 **Museum Hilversum**
Kerkbrink 6. 📞 (035) 533 9601.
🔲 Di–So. 🌑 1. Jan, 27. Apr,
25. Dez. 🅦 museumhilversum.nl

㉙ Naardermeer

Straßenkarte C3. ℹ Meerkade 2, Naarden, (035) 699 0000. 🅿 ♿
🅦 natuurmonumenten.nl

Das Naardermeer ist ein pflanzenreiches Sumpf- und Seengebiet. Es ist bekannt für die großen Brutkolonien von Kormoranen und Purpurreihern. Auch andere seltene Vögel wie die Rohrweihe, die Rohrdommel, der Schilfsänger und der Löffelreiher wurden hier gesichtet. Es gedeihen zudem besondere Orchideenarten sowie seltene Moose und Pilze.

Zusammen mit der Gründung dieses ältesten Naturschutzgebiets der Niederlande wurde auch die Vereniging Natuurmonumenten ins Leben gerufen. Die Gesellschaft organisiert im Gebiet Wanderexkursionen, von April bis November auch Bootstouren (Buchung unter Tel. 035-655 9955).

㉚ Laren

Straßenkarte C3. 🏙 11 100. 🚌
🗓 Fr.

In Laren sieht man neben schönen Villen und Landhäusern viele renovierte alte Bauernhöfe, die noch aus einer Zeit stammen, als Laren tatsächlich ein Bauerndorf war. Im 19. und Anfang des 20. Jahrhunderts ließen sich Landschaftsmaler von der Gegend inspirieren, darunter Mauve, die Israëls und der Amerikaner W. Singer. In Singers ehemaligem Haus zeigt das **Singer Museum** Werke von ihm und anderen Künstlern. Auch ein schöner Skulpturenpark kann besichtigt werden. Auf der Brink findet man viele Restaurants, oberhalb steht die **Sint-Jansbasiliek** von 1925.

🏛 **Singer Museum**
Oude Drift 1. 📞 (035) 539 3956.
🔲 Di–So. 🌑 1. Jan, 25. Dez. 🎨
♿ 🅦 singerlaren.nl

Erfgooiers

Im Mittelalter vereinigten sich die Bauern von Het Gooi zu einer *mark*, einem Bund, der den Gebrauch der Weiden und des Heidelands regelte. Ihre Rechte waren seit 1404 in sogenannten *schaarbrieven* festgelegt. Die Mitglieder des Bunds hießen *erfgooiers*, im Gooi ansässige Männer, die von diesen Bauern abstammten. Das Nutzungsrecht wandelte sich später zu Gemeineigentum. Die *erfgooiers* mussten ständig für ihre Rechte streiten, denn die Obrigkeit versuchte seit dem 19. Jahrhundert, den Bund aufzulösen. 1932 wurde das Heideland verkauft, 1965 folgten die Weiden. Der Bund der *erfgooiers* löste sich 1971 auf.

De Erfgooiers (1907) von F. Hart Nibbrig

Utrecht

Die Provinz Utrecht, die kleinste Provinz der Niederlande, zeichnet sich durch eine besonders abwechslungsreiche Landschaft mit schöner Natur aus, die zum Wandern und Radfahren einlädt. Man sieht pittoreske Dörfer, Mühlen und Bauernhöfe, Burgen und Schlösser. Inmitten dieser Landschaft liegt die lebendige Provinzhauptstadt und Universitätsstadt Utrecht.

In der Provinz Utrecht gibt es drei Bodenarten: Sand, Moor und Lehm. Durch das anhaltende Bevölkerungswachstum ist die ursprüngliche Landschaft allerdings beinahe verschwunden. Der Torf im Moor wurde abgegraben, das Land urbar gemacht, große Waldgebiete wichen Heideland und Sandverwehungen.

Durch ihre zentrale Lage hat die Provinzhauptstadt Utrecht in diesem Landstrich immer eine wichtige Rolle gespielt. Die Stadt entstand an einer Furt am ursprünglichen Flusslauf des Rheins, einer sogenannten *trecht*, an der die Römer 47 n. Chr. ein Heerlager errichteten. Im Jahr 695 ließ Bischof Willibrord sich in Utrecht nieder, um von hier aus das Land zu missionieren. Seit 1060 waren die Bischöfe nicht nur die

geistlichen, sondern zugleich auch die weltlichen Herren im Nedersticht, der heutigen Provinz Utrecht. In den folgenden unruhigen Jahrhunderten lösten sich abwechselnd die Grafen von Holland, die Herzöge von Burgund, die Spanier und die Franzosen als Machthaber in der Provinz ab.

Das 18. Jahrhundert ließ in Utrecht die Wirtschaft aufblühen, reiche Bürger errichteten sich an der Vecht prächtige Landsitze *(siehe S. 202)*. Im 20. Jahrhundert wuchs, einhergehend mit der unübersehbaren Verstädterung der Provinz, auch ihre Infrastruktur enorm. Utrecht und Amersfoort sind Dienstleistungszentren. Gleichzeitig spielt der Naturschutz in der Provinz eine immer wichtigere Rolle.

Schloss De Haar in Haarzuilens, ein neogotischer Bau (1892) von Pierre Cuypers

Die Koppelpoort, eines der Stadttore von Amersfoort aus dem 15. Jahrhundert *(siehe S. 210)*

Überblick: Utrecht

Die Stadt Utrecht ist Mittelpunkt der gleichnamigen Provinz – und ideale Ausgangsbasis für Besuche der Umgebung. Die Vinkeveense Plassen sind vor allem bei Wassersportlern beliebt, Naturfreunde lieben die Wälder des Hügellands um Utrecht. In Amerongen und Wijk bij Duurstede gibt es Schlösser, zahlreiche stattliche Häuser säumen die Vecht. Hin und wieder sieht man in der Landschaft eine Mühle oder einen alten Bauernhof. Die vielen Verteidigungsanlagen, etwa in Woerden, erinnern an die unruhige Vergangenheit der Provinz, die mehr als einmal im Zentrum heftiger Kämpfe stand.

De Vinkeveense Plassen entstanden durch das Torfstechen

Heksenwaag (Hexenwaage) in Oudewater

In der Provinz Utrecht unterwegs

Größere Orte haben einen Bahnhof, die kleineren sind mit dem Bus zu erreichen. Utrecht, die Provinzhauptstadt, ist der wichtigste Eisenbahnknotenpunkt der Niederlande, die Zugverbindungen von hier sind hervorragend. Am Bahnhof befindet sich auch der Busbahnhof für die Regionalbusse. Utrecht hat ein dichtes Straßennetz und wird von wichtigen Autobahnen wie der A2 (von Nord nach Süd) und der A12 (von Ost nach West) durchkreuzt. Außerdem gibt es viele Landstraßen, Ausflugsrouten und Fahrradwege.

Blick auf Rhenen mit den markanten Cuneraturm

Legende

⎓ Autobahn

— Hauptstraße

⠿ Nebenstraße

— Panoramastraße

⌁ Eisenbahn (Hauptstrecke)

— Eisenbahn (Nebenstrecke)

⎓ Provinzgrenze

Weitere Zeichenerklärungen *siehe hintere Umschlagklappe*

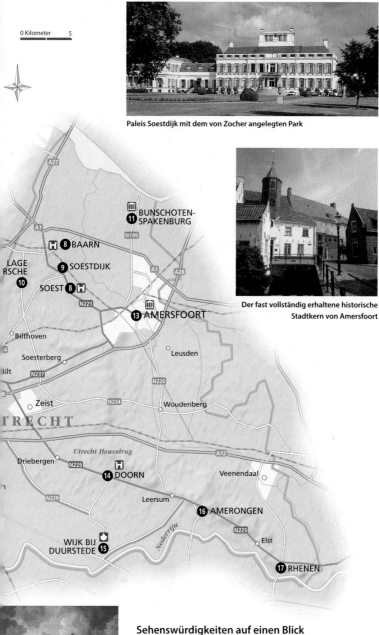

0 Kilometer 5

Paleis Soestdijk mit dem von Zocher angelegten Park

BUNSCHOTEN-SPAKENBURG ⑪

⑧ **BAARN**

⑨ **SOESTDIJK**

LAGE
RSCHE
⑩

SOEST ⑧

⑬ **AMERSFOORT**

Der fast vollständig erhaltene historische
Stadtkern von Amersfoort

Bilthoven

Soesterberg

Bilt N237

Zeist

UTRECHT

Driebergen N225

Leusden

N226

Woudenberg

N224

Utrecht Heuvelrug A12

⑭ **DOORN**

Veenendaal

N229

Leersum

⑯ **AMERONGEN**

WIJK BIJ
DUURSTEDE ⑮

Nederrijn

N225 Elst

⑰ **RHENEN**

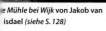

e Mühle bei Wijk von Jakob van
isdael *(siehe S. 128)*

Sehenswürdigkeiten auf einen Blick

① Vinkeveense Plassen
② Loenen
③ Slot Zuylen
④ Woerden
⑤ Oudewater
⑥ Nieuwe Hollandse Waterlinie
⑦ *Landsitze an der Vecht S. 202*
⑧ Baarn/Soest
⑨ Soestdijk

⑩ Lage Vuursche
⑪ Bunschoten-Spakenburg
⑫ *Utrecht S. 204 – 209*
⑬ Amersfoort
⑭ Doorn
⑮ Wijk bij Duurstede
⑯ Amerongen
⑰ Rhenen

Hotels und Restaurants in Utrecht *siehe Seiten 397 und 410*

❶ Vinkeveense Plassen

Straßenkarte C3.

Die Vinkeveense Plassen, eine Seenplatte, sind Menschenwerk. Früher erstreckte sich an dieser Stelle ein Sumpfgebiet. Die daraus entstandenen dicken Torflagen wurden im Lauf der Jahrhunderte abgegraben, denn in den großen Städten der Umgebung konnte man daran gut verdienen. Die fortgesetzte Abgrabung ließ dieses Seengebiet entstehen.

Die Vinkeveense Plassen sind bei Wassersportlern ebenso beliebt wie bei Fahrradfahrern und Wanderern. Außerhalb der Brutsaison kann man mit einem Boot in das Naturgebiet **Botshol** fahren, in dem Sumpf- und Graslandvögel leben.

❷ Loenen

Straßenkarte C3. 🏠 8500.
🚉 🚌 Di vorm.

Im 10. Jahrhundert hieß der Ort Lona, was »Wasser« oder »Schlamm« bedeutet. Loenen gehörte lange zu zwei Gerichtsbezirken, deshalb gibt es hier auch zwei Gerichtsgebäude, beide vom Anfang des 18. Jahrhunderts. Loenen an de Vecht ist bekannt für seine ländliche Atmosphäre und für die Schlösser und Landsitze,

die sich reiche Bürger im Lauf der Jahrhunderte errichten ließen, viele sind von Remisen, Teepavillons und Bootshäusern umgeben. Das Ortsbild steht unter Denkmalschutz.

Kasteel Loenersloot am Ufer der Angstel ist einer der ältesten Landsitze. Vom Bau aus dem 13. Jahrhundert ist nur der Verteidigungsturm erhalten. Der Rest wurde im 17. und 18. Jahrhundert errichtet. Das Schloss, das nicht besichtigt werden kann, ist von einem Wassergraben umgeben.

In Slot Zuylen wohnte im 18. Jahrhundert Belle van Zuylen

❸ Slot Zuylen

Tournooiveld 1, Oud-Zuilen. **Straßenkarte** C3. 🚌 📞 (030) 244 0255. 🕐 Apr–Okt: Di–So 11–17 Uhr; Nov–März: Sa, So 11–17 Uhr. ⬤ 1. Jan, 27. Apr, 25. Dez. 🎭 🎫 11.30–15.30 Uhr jede halbe Stunde. 🌐 slotzuylen.

Das ursprünglich u-förmige Schloss wurde auf den Resten eines mittelalterlichen Wohnturms errichtet. Anfang des 16. Jahrhunderts baute man auf den alten Fundamenten das neue Schloss mit seinem Tor. Bis ins 18. Jahrhundert fanden mehrere große Umbauten im jeweils zeitgenössischen Architekturstil statt.

Die Schriftstellerin Belle van Zuylen (1740–1805) wurde hier geboren, sie war eine der bekanntesten Bewohnerinnen des Schlosses. Ihr Briefwechsel, in dem sie mit viel Talent ihre oft sehr modernen Ansichten vertrat, machte sie international bekannt.

Eine Besonderheit von Slot Zuylen ist die sogenannte Schlangenmauer am Schloss, die durch ihre besondere Form so viel Schutz bietet, dass im eher kühlen Meeresklima der Niederlande sogar einige hier unübliche Früchte wie beispielsweise Pfirsiche und Trauben gedeihen.

Loenen an der Vecht ist noch immer ein vornehmer Ort

Hotels und Restaurants in Utrecht *siehe Seiten 397 und 410*

Woerden

traßenkarte C4. 34.800.
Sa vorm.

Voerden entstand auf den
Deichen des Rheins und der
ange Linschoten. Der Ort, der
372 das Stadtrecht erhielt,
wurde mehrmals in seiner Ge-
chichte belagert, aber niemals
erobert. 1575/76, im Achtzig-
ährigen Krieg, versuchten die
panier, Woerden zu stürmen.
672 bemühten sich die Fran-
osen, aber keinem der Heere
elang es, die Stadt einzuneh-
nen. 1405–15 wurde das
vehrhafte **Kasteel van Woer-
en** erbaut, das 1990 eine
ründliche Renovierung erfuhr.
Im 18. Jahrhundert wurde
ie **Oude Hollandse Waterlinie**,
ine Verteidigungslinie, ausge-
aut und dabei auch Woerden
efestigt.

Oudewater

traßenkarte C4. 9800.
euweringerstraat 10, (0348) 561
28. Mi. **visit-oudewater.nl**

er Ort, dem seine Lage an
er Holländischen IJssel und
er Linschoten schon früh eine
lütezeit bescherte, erhielt
265 die Stadtrechte. Holland
nd die Bischöfe von Utrecht
eferten sich heftige Kämpfe
m Oudewater, das Floris V zu

Brütende Störche in Oudewater

einer starken Grenzfestung
ausgebaut hatte. 1349 nahm
Jan van Arkel, Bischof von
Utrecht, den Ort ein. 1572
stellte sich Oudewater hinter
den Prinzen von Oranien und
wurde deswegen 1575 von
den Spaniern besetzt. Sie rich-
teten ein Blutbad unter der
Bevölkerung an und brannten
die Stadt nieder. Im Goldenen
Jahrhundert erblühte Oudewater wieder.

Die bekannteste Sehenswürdigkeit ist die Stadtwaage
(16. Jh.), besser bekannt als
Heksenwaag. Der Hexerei ver-
dächtige Frauen wurden hier
gewogen. Wenn ihr Gewicht
ihrem Äußeren entsprach, bekamen sie zum Beweis ihrer
Unschuld eine Urkunde. Oudewater war wohl der einzige
Ort, in dem sich vermeintliche

Hexen solch einem »fairen«
und öffentlichen Gewichtstest
unterziehen konnten.

Heksenwaag
Leeuweringerstraat 2. (0348)
563 400. Apr–Okt: Di–So
11–17 Uhr (Juni–Aug: auch Mo);
Nov–März: Fr–So 11–17 Uhr.
Erdgeschoss. **heksenwaag.nl**

❻ Nieuwe Hollandse Waterlinie

Straßenkarte C3–4.
hollandsewaterlinie.nl

Die Nieuwe Hollandse Waterlinie wurde zwischen 1815 und
1885, zum Teil sogar bis 1940
angelegt. Von Muiden und
Naarden in Noord-Holland bis
nach Werkendam in Noord-
Brabant reihen sich 68 Festungen und Gebäude aneinander.
Die gesamte Anlage ist seit
1995 UNESCO-Welterbestätte.
Utrecht allein besitzt 27 solcher Anlagen.

Die Waterlinie sollte das
Land vor angreifenden Armeen
schützen: Im Ernstfall wäre ein
großer Landstrich einfach ge-
flutet worden, was allerdings
nie geschah. Utrechts Erkun-
dungsposten und Geschütz-
stellungen werden instand gehalten. Die Anlagen stehen bei
Rijnauwen, Groenekan en Tull
und 't Waal.

»ombensichere« Bunkeranlagen der Nieuwe Hollandse Waterlinie (Fort Rijnauwen, Bunnik)

Straßenkarte *siehe hintere Umschlaginnenseiten*

❼ Landsitze an der Vecht

Entlang der Vecht, vor allem zwischen Maarssen und Loenen, liegt eine ganze Reihe von Landhäusern mit Pavillons, schmiedeeisernen Zäunen und großen Gärten. Sie wurden im 17. Jahrhundert von reichen Amsterdamern errichet, die im Sommer vor dem Gestank und dem Lärm aus der Stadt flüchteten. Diese Häuser waren Statussymbole, in denen die Städter sich ihren Leidenschaften, etwa der Jagd, der Malerei oder dem Gartenbau, widmeten.

Infobox

Straßenkarte C4. **Vechtstreek-museum** Diependaalsedijk 19, Maarssen. 📞 (0346) 554 440. 🕐 Mai–Sep: Mi–So 11–17 Uhr; Okt–Apr: Mi–So 14–17 Uhr. ♿ 🌐 vechtstreekmuseum.nl

Goudestein in Maarssen
Goudestein wurde 1628 von Joa Huijdecoper erbaut. Es war einer der ersten Landsitze im Gebiet der Vecht. Das heutige Gebäude von 1775 dient als Gemeindehaus, in der Remise ist ein interessantes Apothekenmuseum untergebracht.

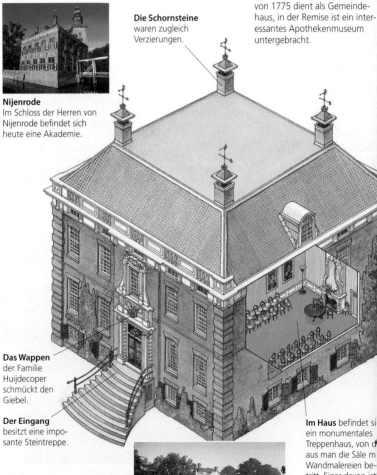

Die Schornsteine waren zugleich Verzierungen.

Nijenrode
Im Schloss der Herren von Nijenrode befindet sich heute eine Akademie.

Das Wappen der Familie Huijdecoper schmückt den Giebel.

Der Eingang besitzt eine imposante Steintreppe.

Im Haus befindet si ein monumentales Treppenhaus, von d aus man die Säle m Wandmalereien betritt. Einer davon ist heute für Hochzeitsfeiern zu mieten.

Vechtvliet
Zwischen Breukelen und Loenen gleicht die Vecht einem Architekturmuseum. Die Landsitze sind meist von wunderschönen alten Parks mit zierlichen Pavillons umgeben.

Hotels und Restaurants in Utrecht *siehe Seiten 397 und 410*

Baarn / Soest

Straßenkarte C4. 🚩 🚌 🏔 70 000.
🛈 Brinkstraat 12, Baarn, (035) 541
226. 🎪 Baarn: Di, Soest: Do.

Im Goldenen Jahrhundert ließen sich Regenten und reiche
Kaufleute großzügige Sommer-
sitze in Baarn und Umgebung
bauen. Der Ort hat seinen
ländlich-vornehmen Charakter
stets behalten. **Kasteel Groeneveld** (1710) liegt inmitten eines
prächtigen Parks.
Die Geschichte Soests reicht
bis ins 9. Jahrhundert zurück.
Im alten Ortskern mit der Kirche aus dem Jahr 1400 hat
sich wenig verändert. In der
Umgebung findet man schöne
Natur mit vielen Erholungs-
möglichkeiten.

🏛 **Kasteel Groeneveld**
Groeneveld 2. 📞 (035) 542 0446.
📧 🏠 🌐 kasteelgroeneveld.nl

Soestdijk

Straßenkarte C3. 🛈 Steenhoff-
straat 9b, (035) 601 2075. **Paleis
Soestdijk** Amsterdamsestraatweg 1,
Baarn, (035) 541 2841. ⏰ Mitte
Mai–Aug: Di–So 10–17 Uhr.
🌐 paleissoestdijk.nl

Außerhalb Baarns steht das
Paleis Soestdijk. Es wurde
1674 als Jagdschloss für Statthalter Willem III erbaut. 1815
fiel es an den Kronprinzen, den
späteren König Willem II, 1816
wurden zwei Flügel angebaut.
Der Park wurde im 17. Jahrhundert angelegt. Gegenüber
dem Palais entwarf Architekt
Abraham van der Hart 1815
das Monument **Naald van
Waterloo** zu Ehren von Willem
Frederik, Prinz von Oranje.

Lage Vuursche

Straßenkarte C3. 🏔 250. 🚌
🛈 Brinkstraat 12, Baarn, (035) 541
226.

Der Name Furs für Lage Vuursche war schon seit 1200 ge-
bräuchlich, das Dorf selbst
stammt allerdings aus dem
17. Jahrhundert. Der Ort liegt
in einer waldreichen Umgebung und ist vor allem bei

Bunschoten-Spakenburg ist stolz auf seine Fischereivergangenheit

Wanderern beliebt. Das kleine
achteckige Schlösschen **Dra-
kenstein**, das zwischen 1640–
43 erbaut wurde, ist die Residenz von Prinzessin Beatrix,
der einstigen Königin der Niederlande, die 2013 abdankte.

⓫ Bunschoten-Spakenburg

Straßenkarte C3. 🏔 19 500.
🚌 🛈 Oude Schans 90, (033) 298
2156. 🎪 Sa.

Die Ortschaften Spakenburg
und Bunschoten sind im Lauf
der Jahre zusammengewach-
sen. In Bunschoten lebten die
Einwohner schon immer von
Viehzucht. Einige schöne Bauernhöfe sind erhalten geblie-

ben. Der Ort ist älter als Spakenburg und erhielt 1383 die
Stadtrechte.
Spakenburg entstand im
15. Jahrhundert. Früher war es
ein wichtiger Fischerhafen.
Räuchereien, die historische
Werft und die Fischerwochen
erinnern noch an diese Zeit.
Als die Zuiderzee 1932 eingedämmt wurde, musste man
sich einen anderen Broterwerb
suchen. Im **Museum Spakenburg** wird der Fischerei-
geschichte gedacht.

🏛 **Museum Spakenburg**
Oude Schans 47–63. 📞 (033) 298
3319. ⏰ Apr–Okt: Mo 13.30–17,
Di–Sa 10–17 Uhr; Nov–März:
Mi–Sa 12–16 Uhr. 🎫 ♿
🌐 museumspakenburg.nl

Rast im Pannekoekenhuis von Lage Vuursche

Straßenkarte *siehe hintere Umschlaginnenseiten*

⑫ Im Detail: Utrecht

Südlich des Zentrums ist heute noch zu sehen, wie man früher in Utrecht lebte. Wohlhabende Bürger wohnten in den stattlichen Häusern an der Nieuwegracht mit ihren typisch Utrechter *werven* und ließen Armenhäuser für die weniger begünstigten Mitbürger bauen. Wegen der vielen Museen heißt dieses Viertel heute auch Museumsviertel. Die alten Stadtmauern mussten für einen vom Stadtarchitekten Zocher geplanten Park weichen.

KORTE SMEESTRAAT

OUDEGRACHT

NIEUWSTRAAT

VROUWJUTTENSTRAAT

LANGE

★ Oudegracht
Im 13. Jahrhundert war sie die Lebensader der Stadt. Als der Wasserspiegel sank, wurden entlang der Uferbefestigung Keller gebaut, die als Lager oder Werkstätten dienten. In einigen davon findet man heute Restaurants vor.

Centraal Museum
Der abwechslungsreiche Bestand des großen Museums reicht von Werken des Malers Jan van Scorel aus dem 16. Jahrhundert bis hin zur weltweit größten Sammlung von Rietveldmöbeln.

0 Meter   100

AG

Armenhäuser
1651 ließ Maria Pallaes diese zwölf kleinen Zweizimmerhäuschen bauen. Außer dem kostenlosen Wohnrecht erhielten die Bewohner auf Pallaes' Kosten auch jährlich ein Quantum an Speisen und Getränken.

Hotels und Restaurants in Utrecht *siehe Seiten 397 und 410*

BRIGITTENSTRAAT

NIEUWEGRACHT

BRUNTENHOF

SERVAASBOLWERK

Infobox

Infobox

Information
Straßenkarte C4.
🗺 340 000. ℹ Domplein 9,
0900 128 8732. 🏛 Mi, Fr, Sa.
🎉 Befreiungsfest (5. Mai),
Festival Oude Muziek (Ende
Aug), Nederlands Film Festival
(Ende Sep).
🌐 visit-utrecht.com

Anfahrt
🚉 Stationsplein.
🚌 Stationsplein.

★ Catharijneconvent
Das Museum Catharijneconvent
(Lange Nieuwstraat 38) zeigt religiöse Kunst. Es ist in einem ehemaligen Kloster von 1468 untergebracht. Die Kirche stammt zum
Teil aus dem Jahr 1529.

Het Spoorwegmuseum
Im ehemaligen Maliebaan-
Bahnhof aus dem 19. Jahr-
hundert gibt es alte Waggons
und (Dampf-)Lokomotiven,
aber auch Modellzüge sowie
Gemälde. Die Ausstellung
erläutert die Geschichte der
niederländischen Eisenbahn.

Legende
— Routenempfehlung

Sonnenborgh
In einem der vier Boll-
werke am Singel ist die
Volkssternwarte unter-
gebracht. Bis 1897
hatte das KNMI (König-
lich Niederländisches
Meteorologisches Insti-
tut) hier seinen Sitz.

Straßenkarte *siehe hintere Umschlaginnenseiten*

Überblick: Utrecht

Die Stadt Utrecht ist seit Jahrhunderten Sitz des Bischofs und auch Universitätsstadt. Ihr Flair verdankt die Hauptstadt der gleichnamigen Provinz vor allem ihrer zentralen Lage. Im 16. und 17. Jahrhundert blühten hier Handel und Wissenschaften. Aus dieser Zeit stammen auch viele der vornehmen Grachtenhäuser, die noch immer das Bild der Innenstadt prägen. Das kompakte, übersichtliche Zentrum kann man am besten bei einem Spaziergang erkunden.

Der 112 Meter hohe Domturm

🚋 Domtoren und Domkerk

Domplein. 🚋 **Kirche** ⬜ tägl. **Turm**
📞 (030) 236 0010. 🕐 Apr–Sep:
Di–Sa 11–16, So, Mo 12–14 Uhr
stündlich; Okt–März: So–Fr 14,
16 Uhr, Sa 11–16 Uhr stündlich (Führungen obligatorisch). ⬤ 1. Jan,
27. Apr, 25., 26. Dez. 🎫
🌐 domtoren.nl

Wer sich Utrecht nähert, sieht schon von Weitem den Domturm, das Wahrzeichen der Domstadt. Die Anfänge Utrechts liegen am Domplatz. An dieser Stelle gründeten im 1. Jahrhundert n. Chr. die Römer eine Siedlung. Im Jahr 695 ließ sich Bischof Willibrord hier nieder, 1040 gab Bischof Bernold den Auftrag zum Bau eines »Kreuzes von Kirchen«. Der Mittelpunkt dieses Kreuzes, das aus vier Kirchen bestehen sollte, war die spätere Domkirche. 1254 wurde mit ihrem Bau begonnen, von 1321–82 der Turm errichtet.

Stiftskirchen haben normalerweise zwei Türme, doch aus Platzmangel bekam der Dom nur einen. Weil das nahe gelegene Salvatorstift ein Wegerecht über den Platz hatte, wurde am Turm ein Durchgang gelassen. Das Mittelschiff der Kirche stürzte 1674 während eines Orkans ein, seither steht der Domturm frei.

Die Ausstattung der Kirche ist sehenswert: Glasmalerei, neogotische Orgel (1831) und prächtiges Chorgestühl.

🏛 Aboriginal Art Museum

Oudegracht 176. 🚋 📞 (030) 238
0100. ⬜ Di–Fr 10–17, Sa, So 11–
17 Uhr. ⬤ 1. Jan, 27. Apr, 25. Dez.
🎫🌐 aamu.nl

Das Museum widmet sich der traditionellen Kunst der australischen Ureinwohner, die als solches einzigartig in Europa ist. 500 Gemälde und Skulpturen sind zu besichtigen.

🏛 Museum Catharijneconvent

Lange Nieuwstraat 38. 🚋 📞 (030)
231 3835. ⬜ Di–Fr 10–17, Sa, So,
Feiertage 11–17 Uhr. 🎫🌐
🌐 catharijneconvent.nl

Ein Teil des Museums ist in einem Grachtenhaus untergebracht, ein anderer in einem Kloster (15. Jh). Die Sammlung vermittelt ein Bild der christlichen Kultur der Niederlande. Sie umfasst Skulpturen, reich verzierte Bücher, Messgewänder und Altaraufsätze. Auch werden Wechselausstellungen gezeigt. Vom Museum aus kann man die Catharijnekerk (1529) besuchen.

🏛 Centraal Museum

Nicolaaskerkhof 10. 🚋 📞 (030)
236 2362. ⬜ Di–So 11–17 Uhr.
1. Jan, 27. Apr, 25. Dez. 🎫🌐
🌐 centraalmuseum.nl

Das Centraal Museum ist das älteste städtische Museum der Niederlande. Es besitzt eine umfangreiche Sammlung von Kunst und Gebrauchsgegenständen, deren älteste Stücke aus dem Mittelalter stammen. Bei der Renovierung 1999 wurden alte und moderne Elemente geschickt miteinander verbunden.

Das Museum besitzt die weltweit größte Kollektion an Möbeln von Gerrit Rietveld, Werke von alten Utrechter Meistern wie van Scorel und Bloemaert und auch eine Sammlung zeitgenössischer Künstler wie Pyke Koch und Dick Bruna, dem Schöpfer der Kinderfigur Nijntje (Miffy). Brunas Arbeiten kann man im Brunahuis auf der anderen Straßenseite besichtigen. Regelmäßig werden Wechselausstellungen zu alter und neuer Kunst, Mode und historischer Kleidung, Kunstgewerbe und Design sowie zur Stadtgeschichte organisiert.

De Koppelaarster von Gerard van Honthorst im Centraal Museum

Hotels und Restaurants in Utrecht *siehe Seiten 397 und 410*

...rten im hübschen Klosterhof
...nter dem Dom

Het Spoorwegmuseum

...aliebaanstation. (030) 230
...06. ☐ Di–So 10–17 Uhr (in den
...ulferien auch Mo). ● 1. Jan,
... Apr. 🅿 🅲 🅳 🅶
🆆 spoorwegmuseum.nl

...ssenderweise ist das Eisen-
...ahnmuseum in einem ehema-
...en Bahnhof aus dem Jahr
...874 untergebracht, der noch
...s 1939 benutzt wurde. An
...en Bahnsteigen stehen nun
...e Lokomotiven und Wag-

gons. Manche kann man be-
sichtigen und sich ein Bild
davon machen, wie man vor
100 Jahren mit der Bahn reiste.
Für Kinder fährt eine Miniatur-
Eisenbahn. Zur Sammlung
gehören alte Plakate, Modell-
eisenbahnen und eine Eilpost-
kutsche.

Museum Speelklok

Steenweg 6. (030) 232 2789.
☐ Di–So 10–17 Uhr. ● 1. Jan,
27. Apr, 25. Dez. 🅿 🅲 jede halbe
Std. 🅳 🅶 🆆 museumspeelklok.nl

Das Museum nennt sich selbst
»das fröhlichste Museum der
Niederlande«. Es ist in der
Buurkerk, einer ehemaligen
Kirche, untergebracht und
widmet sich der Geschichte
der mechanischen Musikinstru-
mente und Musikautomaten.
Hier sieht man Spieldosen,
Jahrmarkt- und Drehorgeln
(pierementen), Leierkästen,
Glockenspiele und anderes mit
eingebauten Spielwerken. Im
Rahmen von Führungen kann
man viele Instrumente auch
hören. Highlight ist eine seltene Schellenspieluhr aus dem
15. Jahrhundert.

Universiteitsmuseum

Lange Nieuwstraat 106.
(030) 253 8008. ☐ tägl.
10–17 Uhr. ● 1. Jan, 27. Apr,
25. Dez. 🅿 🅲 🅳 🅸 🅶
🆆 universiteitsmuseum.nl

Die Sammlung des Universi-
tätsmuseums dokumentiert
den Unterricht seit der Gründung der Universität 1636 mit
Mess- und Wiegeapparatur,
anatomischem Material, einem
Raritätenkabinett und vielem
mehr. An der Rückseite des
Museums ist der 1753 angelegte botanische Garten (mit
Kräutergarten) der Universität
für Besucher geöffnet.

Märkte

Mittwochs und samstags findet ein großer Markt auf der
Vredenburg statt. Freitags wird
hier ein Biomarkt abgehalten.
Am Janskerkhof gibt es jeden
Samstag einen großen Blu-
men- und Pflanzenmarkt.
Auch entlang der Oudegracht
werden samstags Blumen angeboten. In der Breedstraat
findet, ebenfalls samstags, der
Stoffmarkt statt, hier lapjes-
markt genannt.

...entrum von Utrecht

- Museum Speelklok
- Domtoren und Domkerk
- Aboriginal Art Museum
- Museum Catharijneconvent

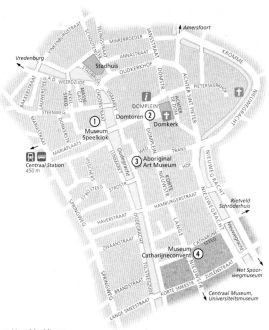

Legende

▦ Detailkarte (siehe S. 204f)

Zeichenerklärung siehe hintere Umschlagklappe

Rietveld Schröderhuis

Gerrit Rietveld entwarf das Haus in enger Zusammenarbeit mit der Auftraggeberin, Frau Schröder, die das
Haus von 1924 bis zu ihrem Tod 1985 bewohnte. Es
sollte »Modernität« ausstrahlen. Bei seinem Bau wurde
mit vielen architektonischen Normen gebrochen, ein
Beispiel dafür ist das Obergeschoss, das mit Schiebewänden den jeweiligen Bedürfnissen der Bewohner
angepasst werden kann. Das Haus ist heute als Monument der Moderne weltweit bekannt, seit 2001 ist es
UNESCO-Welterbe.

**Hänge-
leuchte**
Rietveld
entwarf die
ungewöhn-
liche Leuchte
um 1922.

★ **Schiebewände**
Mit Schiebewänden konnte man im
Obergeschoss nach Bedarf einzelne
Zimmer für die Kinder abteilen.

Telefonstuhl
Das Haus sollte ein Spiegel der
modernen Zeit sein, in der es
entworfen wurde. Darum bekamen
Dinge wie das Telefon oder Steckdosen einen prominenten Platz.

De Stijl

Die Bewegung De Stijl (»Der Stil«) wurde 1917 gegründet
und wollte Kunst stärker in den Alltag integrieren. Malerei
und Architektur sollten auf neue Weise miteinander verbunden werden. Der Gebrauch von Farbe in der Wohnung be-
ruhte auf diesen Ideen. Rietveld war seit 1919 Mitglied von
De Stijl, stand aber nicht hinter allen Ideen der Gruppe.

Das Stijl-Mitglied Theo van Doesburg bevorzugte gerade Linien
und klare Farben. Die geometrischen Flächen verweisen nicht auf
reale Gegenstände, sondern auf das Universelle.

BOODSCHAPPEN
EERST BELLEN BIJ GEEN GEHOOR SPREEKBUIS

Sprechanlage
Besucher konnten nach dem
Klingeln mit den Hausbewoh-
nern sprechen.

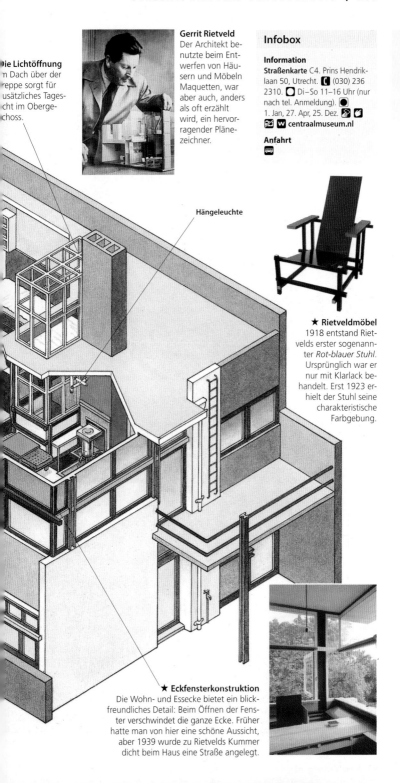

Die Lichtöffnung
im Dach über der
Treppe sorgt für
zusätzliches Tages-
licht im Oberge-
schoss.

Gerrit Rietveld
Der Architekt be-
nutzte beim Ent-
werfen von Häu-
sern und Möbeln
Maquetten, war
aber auch, anders
als oft erzählt
wird, ein hervor-
ragender Pläne-
zeichner.

Infobox

Information
Straßenkarte C4. Prins Hendrik-
laan 50, Utrecht. ((030) 236
2310. ⬤ Di–So 11–16 Uhr (nur
nach tel. Anmeldung). ⬤
1. Jan, 27. Apr, 25. Dez. ⬤ ⬤
⬤ ⬤ centraalmuseum.nl

Anfahrt
⬤

Hängeleuchte

★ Rietveldmöbel
1918 entstand Riet-
velds erster sogenann-
ter *Rot-blauer Stuhl*.
Ursprünglich war er
nur mit Klarlack be-
handelt. Erst 1923 er-
hielt der Stuhl seine
charakteristische
Farbgebung.

★ Eckfensterkonstruktion
Die Wohn- und Essecke bietet ein blick-
freundliches Detail: Beim Öffnen der Fenster verschwindet die ganze Ecke. Früher
hatte man von hier eine schöne Aussicht,
aber 1939 wurde zu Rietvelds Kummer
dicht beim Haus eine Straße angelegt.

⑬ Amersfoort

Straßenkarte C4. 🗺 153 800. 🚃
🚍 **ℹ** Breestraat 1, 0900 112
2364. 🛍 Do–Sa.
w vvvamersfoort.nl

Ein größerer Kontrast als der
zwischen dem alten Zentrum
von Amersfoort und den neu
erbauten Stadtteilen mit ihrer
modernen Architektur ist
schwer vorstellbar. Das Bild der
Altstadt wird durch schmale
Straßen und alte Häuser mit
Gärten geprägt. Auf den Resten der alten Stadtbefestigung
wurden die **Muurhuizen**
(»Mauerhäuser«) errichtet.

Als Erstes fällt der **Onze
Lieve Vrouwetoren**, auch
»De Lange Jan« genannt, ins
Auge. Im Pflaster sind noch die
Umrisse der alten Kapelle zu
sehen. Sie diente als Pulverla-
ger und flog 1787 in die Luft.

Der **Amersfoortse Kei**, ein
großer Findling, liegt seit 1661
in der Stadt. Ein Edelmann
hatte gewettet, dass er den
Stein von der Leusderheide in
die Stadt schleppen lassen
könne. Seitdem feiert Amersfoort dieses Ereignis jedes Jahr
mit dem Keistadfeest.

Das **Museum Flehite** vermittelt ein Bild der Geschichte
Amersfoorts vom Mittelalter
bis in moderne Zeiten.

Amersfoort ist der Geburtsort des Malers Piet Mondriaan
(1872–1944). Sein Elternhaus
wurde zum Museum umge-
staltet, dem **Mondriaanhuis
voor Constructieve en Concrete Kunst**. Hier sieht man
Erinnerungsstücke, aber auch
einige Gemälde des Künstlers.

Die wehrhafte Koppelpoort aus dem 15. Jahrhundert

Am Rand der Stadt stößt
man auf das imposante Eem-
huis, hier residiert die **Kunsthal
KAdE**. Das Kunstzentrum veranstaltet Sonderausstellungen
zeitgenössischer Kunst, Kultur,
Architektur und Design. An
das Zentrum angeschlossen
sind eine Kunstschule und ein
Laden, der u. a. Kunstbücher
verkauft. Auch die Amersfoort
Archives lohnen einen Besuch.

Umgebung: Vier Kilometer
außerhalb von Amersfoort, in
Leusden, wurde 1941 von den
deutschen Besatzern ein Lager
eingerichtet. **Kamp Amersfoort**
diente als Arbeitserziehungs-
lager der SS. Bis 1945 wurden
ca. 32 500 Häftlinge eingewie-
sen, darunter viele Juden, die
von hier weiter in Konzentrationslager deportiert wurden.
Kamp Amersfoort ist heute
eine Gedenkstätte mit Besucherzentrum und Gedenkareal.

🏛 **Museum Flehite**
Westsingel 50. **☎** (033) 247 1100.
⭕ Di–Fr 11–17, Sa, So 12–17 Uhr.
⭕ Feiertage. 🖼
w museumflehite.nl

🏛 **Mondriaanhuis voor
Constructieve en Concrete Kunst**
Kortegracht 11. **☎** (033) 460 0170.
⭕ Di–Fr 11–17, Sa, So 12–17 Uhr.
w mondriaanhuis.nl

🏛 **Kunsthal KAdE**
Eemplein 77. **☎** (033) 422 5030.
⭕ Di–Fr 11–17, Sa, So 12–17 Uhr.
🔲🏠🦽 **w** kunsthalkade.nl

🏛 **Kamp Amersfoort**
Loes van Overeemlaan 13, Leusden.
☎ (033) 461 3129. ⭕ Di–Fr.
w kampamersfoort.nl

Onze Lieve Vrouwetoren, der
Kirchturm in Amersfoort

⑭ Doorn

Straßenkarte C4. 🗺 10 000. 🚃
ℹ Amersfoortseweg 27a, (0343)
412 015. 🛍 Do vorm.
w vvvheuvelrug.nl

Doorn, ursprünglich Thorheim
(Wohnstatt des Thor), liegt in
waldreicher Umgebung. Die
größte Sehenswürdigkeit ist
Huis Doorn, in dem der deutsche Kaiser Wilhelm II. 1920–
41 mit Gefolge im Exil lebte. Er
war nach dem Ersten Welt-
krieg aus Deutschland geflüch-
tet und wurde in einem Mausoleum im Schlossgarten
bestattet.

In den **Kaapse Bossen**, einem Naherholungsgebiet östlich von Doorn, leben Rehwild
und Raubvögel.

Das **Von Gimborn Arbore-
tum** ist ein 27 Hektar großer
botanischer Garten, mit dessen
Anlage 1924 begonnen wur-
de. Ursprünglich war das Ge-

Von Gimborn Arboretum, einer der
größten Parks der Niederlande

Hotels und Restaurants in Utrecht *siehe Seiten 397 und 410*

inde in Besitz Max von Gimborns, eines leidenschaftlichen Hobbybotanikers, heute gehört es zur Universität Utrecht. Hier stehen zehn Riesenmammutbäume und viele Rhododendren, die im Frühsommer ihr volle Blütenpracht zeigen.

Huis Doorn
Langbroekerweg 10. ☎ (0343) 421 20. ☐ Mi 13–17 (Juli, Aug: auch), Sa, So 12–17 Uhr. ⊘ obligatosch. ♿ 🏠 🅿 **w** huisdoorn.nl

Von Gimborn Arboretum
elperengh 13. ☎ (0343) 412 144. ☐ Apr–Okt: tägl. 9–19 Uhr; ov–März: tägl. 10–16 Uhr. ♿
gimbornarboretum.nl

Wijk bij Duurstede

traßenkarte C4. 🔢 23000. 🚍 **i**
arkt 24, (0343) 575 995. 🎫 Mi.

orestad war in der Karolinzerzeit ein wichtiger Handelsatz. Plündernde Wikinger und eine Veränderung im usslauf des Rheins führten im . Jahrhundert zum Untergang er Stadt. Gleich daneben entand im 13. Jahrhundert Wijk ij Dorestad), wo sich um 450 die Utrechter Bischöfe ederließen. In ihrem Gefolge am der Wohlstand, bis 1528 er Bischof die weltliche lacht verlor. Das **Kasteel uurstede** stammt aus dem 3. Jahrhundert. Zur selben eit wurde ein Wehrturm geaut. Die Bischöfe residierten er bis 1580. Die Burgruine urde 1852 vom Landschaftschitekten Jan David Zocher einen Park integriert.

Kasteelpark Duurstede
angs de Wal 7. ☎ (088) 000 1510. rk ☐ tägl. **Burg** ☐ nach Vereinb.

Amerongen

traßenkarte C4. 🔢 7000. 🚍
☎ (0343) 412015.

m Niederrhein, den man an erschiedenen Stellen mit der 'hre überqueren kann, liegt as malerische Amerongen. rsprünglich befand es sich an er Via Regia, dem »Königli-

Burgturm in Wijk bij Duurstede

chen Weg« von Utrecht nach Köln. Vom 17. bis ins 19. Jahrhundert wurde hier Tabak angebaut. Im **Tabaksteelt Museum** kann man einen alten Tabakschuppen besichtigen.

Das **Kasteel Amerongen** wurde 1672 von den Franzosen zerstört und im klassizistischen Stil wiederaufgebaut. 1918 unterschrieb der deutsche Kaiser Wilhelm II. im Kasteel seine Abdankung und wohnte bis 1920 hier als Gast der Familie Bentinck.

Tabaksteelt Museum
Burg. Jhr van den Boschstraat 46. ☎ (0343) 456 500. ☐ Di–So 13–17 Uhr. ♿ 🅿
w tabaksteeltmuseum.nl

Kasteel Amerongen
Drostestraat 20. ☎ (0343) 563 766. ☐ Apr–Okt: Di–So 12–17 Uhr; Nov–März: Do–So 12–17 Uhr. ♿ ⊘ obligatorisch. **w** kasteelamerongen.nl

⓱ Rhenen

Straßenkarte C4. 🔢 19000. 🚍
🚍 **i** Markt 20, (0317) 612 333. 🎫 Do.

Rhenen liegt am Rhein, an der Grenze zwischen der flachen Betuwe und dem Utrechter Hügelrücken. Das Gebiet war schon in der Eisenzeit bewohnt. Im Zweiten Weltkrieg wurden viele historische Bauten zerstört, doch der spätgotische **Cuneratoren**, der von 1492 bis 1531 erbaut wurde, blieb verschont. Das **Raadhuis** stammt aus dem Mittelalter.

Im Mai 1940 wurde auf dem 53 Meter hohen Grebbeberg, einem seit alters strategisch wichtigen Punkt, heftig gekämpft. Die Gefallenen dieser Schlacht sind auf dem hiesigen Soldatenfriedhof begraben.

Östlich der Stadt, an der Straße nach Wageningen, liegt der **Ouwehands Dierenpark**. In dem Zoo gibt es neben Affen, Tigern, Elefanten und einem Tropenaquarium eine Besonderheit: Im 20000 Quadratmeter großen *berenbos* (Bärenwald) laufen Bären und Wölfe frei herum. Für Kinder bietet der Zoo viele Attraktionen – vom Abenteuerspielplatz RavotAapia mit Dschungelatmosphäre bis zu Lernwochenenden, bei denen man alles über eine bestimmte Tierart lernen kann.

Ouwehands Dierenpark
Grebbeweg 111. ☎ (0317) 650 200. ☐ tägl. **w** ouwehand.nl

In der Umgebung von Wijk bij Duurstede stehen prächtige Landsitze

Straßenkarte *siehe hintere Umschlaginnenseiten*

Zuid-Holland

Zuid-Holland (Südholland) ist die am dichtesten bevölkerte und industrialisierte Provinz der Niederlande. Von der reichen Vergangenheit der Städte zeugen die vielen Baudenkmäler. Zwischen den Städten und den großen Flüssen erstreckt sich die typisch holländische Landschaft mit weitläufigen Poldergebieten, Deichen, Mühlen und Kopfweiden. Den Haag ist Provinzhauptstadt und Regierungssitz.

Zur Römerzeit und in den darauf folgenden Jahrhunderten war Zuid-Holland ein unwegsames, dünn besiedeltes Sumpfdelta. Unter den Grafen von Holland (9.–13. Jh.), die in Den Haag ihren Sitz hatten, wuchsen die Siedlungen zu Städten heran. Der Handel mit Flandern, Spanien, England und Deutschland brachte ab dem 13. Jahrhundert Wohlstand in die Gegend. In Gouda und Delft blühten die Brauereien, in Leiden die Tuchmacherei und in Den Haag die Diplomatie sowie die Politik. Holländische Milchprodukte hatten im 16. Jahrhundert international eine beherrschende Marktposition.

Während des Goldenen Jahrhunderts wurde in der Mitte und im Osten der Provinz in großen Mengen Torf gestochen, der in der Gegend der meistgebrauchte Brennstoff war. So entstanden große Moorseen wie die Nieuwkoopse und die Reeuwijkse Plassen. Durch das Absacken des Bodens stieg der Grundwasserspiegel wieder an. Mit Tausenden Mühlen wurde das Wasser in die höher gelegenen Flüsse gepumpt. Bei Kinderdijk stehen diese Mühlen noch heute.

Rotterdam, das Tor nach Europa, ist der drittgrößte Hafen der Welt. In Den Haag, dem Regierungssitz, befinden sich die Regierung der Niederlande und der Internationale Gerichtshof, hier residiert auch König Willem-Alexander. Sowohl Den Haag als auch Rotterdam haben ein großes kulturelles Angebot, darunter zahlreiche herausragende Kunstmuseen.

Am Prinsjesdag, dem dritten Dienstag im September, fährt der König in einer goldenen Kutsche zum Parlament

Sonnenaufgang bei den Windmühlen von Kinderdijk *(siehe S. 245)*

Überblick: Zuid-Holland

Die farbenfrohen Blumenfelder und der Keukenhof liegen im Norden der Provinz. Südlich davon, in einem Halbkreis entlang der Küste und den großen Flüssen, findet man die alte Universitätsstadt Leiden, das vornehme Den Haag, das anheimelnde Delft und die Hafenstadt Rotterdam. Auf den Inseln Zuid-Hollands lebt in Hellevoetsluis und Brielle die Marinevergangenheit fort. Wanderer kommen in den Dünen bei Wassenaar oder in der Flusslandschaft der Linge bei Leerdam auf ihre Kosten. Linge ist außerdem für seine Glasindustrie bekannt. Von Gorinchem aus setzt die Personenfähre nach Slot Loevestein über.

Huis Dever (14. Jh.) bei Lisse

Panorama Mesdag in Den Haag

Gewächshäuser im Westland

SCHEVENINGEN **6**

DEN HAAG **5**

Rijswijk

Monster   Wateringen

DELFT

Hoek van
Holland   N220

Europoort

Oostvoorne   MAASSLUIS **8**   SCH
                                            A20
BRIELLE **18**   N15   Vlaardingen

                    N57   Spijkenisse

              19 HELLEVOETSLUIS
Goeree
GOEDEREEDE **21**   Haringvliet   Oud-Be

              N215
                    20 MIDDELHARNIS

                    Overflakkee

                            N59
            Oude-Tonge

In Zuid-Holland unterwegs

Zuid-Holland besitzt ein gutes Straßennetz, sowohl die großen als auch die kleinen Orte sind schnell zu erreichen. An Wochentagen muss man allerdings in den Stoßzeiten überall mit Staus rechnen. In den Innenstädten parkt man das Auto am besten in einem Parkhaus oder auf einem bewachten Parkplatz, andere Plätze sind schwierig zu finden. Mit dem Zug ist man genauso schnell am Ziel, denn alle Städte sind im Viertel- oder Halbstundentakt miteinander verbunden. Nur Lisse und die Blumenfelder, Nieuwpoort und die Orte auf den Inseln Zuid-Hollands sind ausschließlich mit Regionalbussen erreichbar. Bei der VVV und beim ANWB kann man sich über Fahrradrouten informieren.

Knotwilgen (Kopfweiden) im Groene Ha

Weitere Zeichenerklärungen *siehe hintere Umschlagklappe*

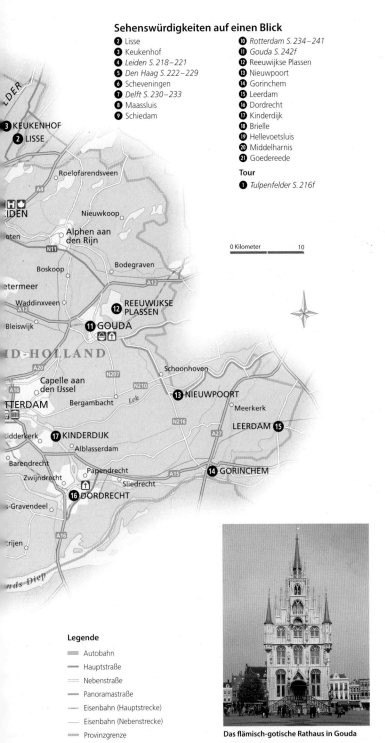

Sehenswürdigkeiten auf einen Blick

ELDER

3 KEUKENHOF
2 LISSE

Roelofarendsveen

A4

LEIDEN

Nieuwkoop

oten

Alphen aan
den Rijn

N11

Boskoop

Bodegraven

A12

etermeer

Waddinxveen

A12

Bleiswijk

12 REEUWIJKSE
PLASSEN

11 GOUDA

ID-HOLLAND

A20

Capelle aan
den IJssel

N207

N210

Schoonhoven

A16

TTERDAM

Bergambacht

Lek

13 NIEUWPOORT

Meerkerk

N216

idderkerk

17 KINDERDIJK

Alblasserdam

A27

LEERDAM **15**

Barendrecht

Zwijndrecht

Papendrecht

Sliedrecht

A15

14 GORINCHEM

16 DORDRECHT

s-Gravendeel

A16

rijen

nds Diep

0 Kilometer   10

Legende

▬▬ Autobahn
▬ Hauptstraße
⋯⋯ Nebenstraße
▬ Panoramastraße
– – Eisenbahn (Hauptstrecke)
— Eisenbahn (Nebenstrecke)
▬▬ Provinzgrenze

Das flämisch-gotische Rathaus in Gouda

Hotels und Restaurants in Zuid-Holland *siehe Seiten 397f und 410f*

❶ Tour durch die Tulpenfelder

Die Bollenstreek, ein 30 Kilometer langer Streifen zwischen Haarlem und Leiden, ist das wichtigste Blumenanbaugebiet der Niederlande. Ab Ende März entfaltet sich in den Poldern eine grandiose Farbenpracht. Als Erstes blühen Krokusse, Mitte April erreicht die Saison mit der Tulpenblüte ihren Höhepunkt. Den Abschluss bildet die Lilienblüte Ende Mai. Wer ohne Auto unterwegs ist, kann sich bei der VVV in Lisse *(siehe S. 217)* über Rundfahrten informieren. An den Bahnhöfen von Haarlem und Heemstede-Aerdenhout gibt es Leihräder.

Routeninfos

Start: Haarlem.
Länge: etwa 30 km.
Rasten: In den unten genannten Orten gibt es überall Restaurants und hübsche Cafés. Darüber hinaus lohnt sich für eine Pause auch ein Abstecher nach Noordwijk aan Zee. Die lebhafte Küstenstadt mit ihrem schönen Strand ist ein idealer Platz für ein Picknick in den Dünen.

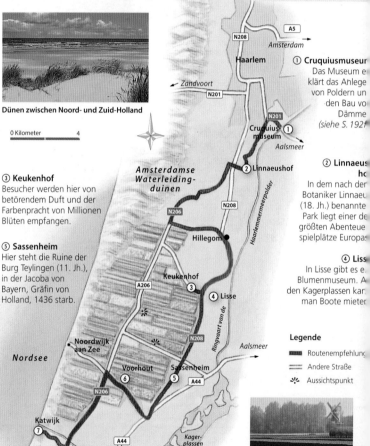

Dünen zwischen Noord- und Zuid-Holland

① **Cruquiusmuseum**
Das Museum erklärt das Anlegen von Poldern und den Bau von Dämmen *(siehe S. 192)*

② **Linnaeushof**
In dem nach dem Botaniker Linnaeus (18. Jh.) benannten Park liegt einer der größten Abenteuerspielplätze Europas.

③ **Keukenhof**
Besucher werden hier von betörendem Duft und der Farbenpracht von Millionen Blüten empfangen.

④ **Lisse**
In Lisse gibt es ein Blumenmuseum. An den Kagerplassen kann man Boote mieten.

⑤ **Sassenheim**
Hier steht die Ruine der Burg Teylingen (11. Jh.), in der Jacoba von Bayern, Gräfin von Holland, 1436 starb.

Legende

▦ Routenempfehlung
═ Andere Straße
✲ Aussichtspunkt

⑦ **Katwijk**
Nördlich der Küstenstadt an der Mündung des Oude Rhijn steht ein interessanter Leuchtturm (frühes 17. Jh.).

⑥ **Voorhout**
Das Tulpenland-Panorama ist ein Gemälde der Bollenstreek mit enormen Ausmaßen: Es ist 63 Meter breit und vier Meter hoch.

Tulpenfeld in der Bollenstreek

Blühende Tulpen im bewaldeten Landschaftspark Keukenhof

nenzwiebeln

r Bollenstreek werden
Gladiolen, Lilien, Narzis-
Iris, Krokusse und Dahlien
chtet. Am allerwichtigs-
ind jedoch die Tulpen,
rsprünglich aus der Türkei
eführt und 1593 von
lus Clusius zum ersten
auf niederländischem
en gezüchtet wurden.

in«-Tulpen

a Pink«-Tulpen

i«-Narzissen

ow«-Narzissen

Jacket«-Hyazinthen

❷ Lisse

Straßenkarte B3. 🚶 23 000. 🚌 50
bzw. 51 (von Leiden bzw. Haarlem),
59 (von Noordwijk). 🛈 Grachtweg
53, (0252) 414 262. 🌐 **vvvlisse.nl**

Die beste Zeit für einen Besuch
in Lisse, dem Ort der Blumen-
zwiebelzüchter, ist Ende April,
zur Zeit des farbenfrohen **Bloemencorso**. Eine lange Reihe
von Prunkwagen zieht von
Noordwijk nach Haarlem, wo
sie am Abend festlich beleuchtet werden und auch am Tag
darauf noch zu bewundern
sind. An den zwei Tagen zuvor
kann man in den Hobaho-Hal-
len in Lisse beim Schmücken
der Wagen zusehen.

Das **Museum De Zwarte Tulp**
erläutert die Geschichte der
Zucht und erklärt das Wachstum der Zwiebelpflanzen. Hier
erfährt man auch etwas über
den Tulpenwahnsinn der Jahre
1620–37 *(siehe S. 34f)*, als
Spekulanten das Gewicht von
seltenen Tulpenzwiebeln mit
Gold aufwogen.

🎎 **Bloemencorso**
🌐 **bloemencorsobollenstreek.nl**

🏛 **Museum De Zwarte Tulp**
Grachtweg 2a. 📞 (0252) 417 900.
🔵 Di–So 13–17 Uhr (März–Aug:
ab 10 Uhr). ⬤ Feiertage. 📷 🖥 🛗
🌐 **museumdezwartetulp.nl**

Umgebung: Gleich hinter der
Stadtgrenze von Lisse liegt das
Huys Dever, ein befestigter
Wohnturm aus der zweiten
Hälfte des 14. Jahrhunderts.
Die Ausstellung erzählt von
den Geschlechtern, die hier
lebten.

🏰 **Huys Dever**
Heereweg 349a. 📞 (0252) 411
430. 🔵 Mi–So 14–17 Uhr.
⬤ Feiertage. 📷 nach Anmeldung.
🌐 **kasteeldever.nl**

❸ Keukenhof

Straßenkarte B3. 🚌 854 (von Leiden, Centraal Station), 858 (vom
Flughafen Schiphol). 📞 (0252) 465
555. 🔵 Mitte/Ende März–Mitte/
Ende Mai: tägl. 8–19.30 Uhr. 📷 📸
🛗 🌐 **keukenhof.nl**

Der Keukenhof, der in einem
32 Hektar großen Park bei
Lisse liegt, ist einer der spektakulärsten Blumenparks der
Welt. 1949 wurde der Keukenhof als Ausstellungsareal für
Züchter eingerichtet, momen-
tan sprießen hier sechs Millionen Blumenzwiebeln. Von
Ende März bis Ende Mai sind
die Felder voller blühender
Narzissen, Hyazinthen und Tulpen. In der Frühsaison blühen
japanische Kirschbäume, später Lilien und Rhododendren.

❹ Im Detail: Leiden

Die Geschichte der blühenden Universitätsstadt reicht bis in die Römerzeit zurück. Begünstigt durch die Lage an einem Seitenarm des Rheins, war Leiden schon früh – und ist bis heute – ein wichtiges Wirtschaftszentrum. Mehrere hervorragende Museen erzählen von der bewegten Geschichte der Stadt und natürlich auch vom Goldenen Jahrhundert, als Leiden ein Zentrum des weltweiten Handels war *(siehe S. 52f)*. Rembrandt van Rijn *(siehe S. 30f)* wurde im Juni 1606 im Weddesteeg geboren. Heute ziert ein Gedenkstein sein Geburtshaus.

★ Rijksmuseum van Oudheden
Diese Statue eines hockenden Mannes ist eines von vielen ägyptischen Objekten im Museum.

★ Hortus Botanicus
Der Botanische Garten der Universität Leiden *(siehe S. 220)* wurde 1590 angelegt – »zur Belehrung aller, welche die Medizin studieren«.

0 Meter   50

Rapenburg
Patrizier, Textilfabrikanten und Professoren haben das Bild dieser Gracht geprägt.

Holländischen Klassizismus
sieht man an den Universitätsbauten am Rapenburg.

Het Gravensteen
Das ehemalige gräfliche Gefängnis wurde zwischen dem 13. und 17. Jahrhundert erbaut, es beherbergt heute einen Teil der Juristischen Fakultät.

Hotels und Restaurants in Zuid-Holland siehe Seiten 397f und 410f

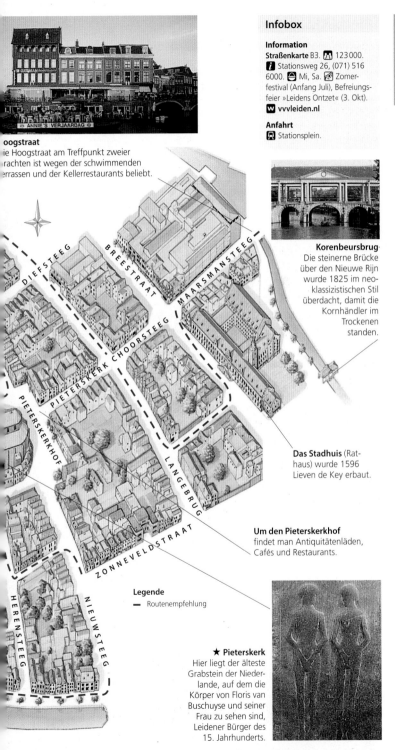

Infobox

Information
Straßenkarte B3. 🗺 123 000.
ℹ Stationsweg 26, (071) 516
6000. 🔄 Mi, Sa. 🎉 Zomer-
festival (Anfang Juli), Befreiungs-
feier »Leidens Ontzet« (3. Okt).
🆆 **vvvleiden.nl**

Anfahrt
🚉 Stationsplein.

oogstraat
ie Hoogstraat am Treffpunkt zweier
rachten ist wegen der schwimmenden
errassen und der Kellerrestaurants beliebt.

Korenbeursbrug
Die steinerne Brücke
über den Nieuwe Rijn
wurde 1825 im neo-
klassizistischen Stil
überdacht, damit die
Kornhändler im
Trockenen
standen.

Das Stadhuis (Rat-
haus) wurde 1596
Lieven de Key erbaut.

Um den Pieterskerkhof
findet man Antiquitätenläden,
Cafés und Restaurants.

Legende
— Routenempfehlung

★ Pieterskerk
Hier liegt der älteste
Grabstein der Nieder-
lande, auf dem die
Körper von Floris van
Buschuyse und seiner
Frau zu sehen sind,
Leidener Bürger des
15. Jahrhunderts.

Straßenkarte *siehe hintere Umschlaginnenseiten*

Überblick: Leiden

Leiden hat die älteste Universität der Niederlande. Sie wurde 1575 gegründet, ein Jahr nachdem die Watergeuzen *(siehe S. 245)* die Stadt von der spanischen Belagerung befreit hatten. Als Lohn für ihre Standhaftigkeit bot Willem van Oranje den Leidenern die Wahl zwischen der Abschaffung der Steuern und einer Universität. Die Bewohner trafen eine kluge Entscheidung, die Stadt entwickelte sich zum Zentrum der Lehre und Religionsfreiheit. Englische Puritaner durften sich hier im 17. Jahrhundert niederlassen, bevor sie ihre Reise in die Neue Welt antraten.

Einer von 35 *hofjes* in Leiden

🏛 Museum De Lakenhal
Oude Singel 28–32. 📞 (071) 516 5360. 🕐 Di–Fr 10–17 Uhr, Sa, So, 12–17 Uhr. ⬤ 1. Jan, 25. Dez. 🅿 📷 ♿ 🚻 🌐 lakenhal.nl

Die Lakenhal war im 17. Jahrhundert Zentrum der Tuchmacherei in Leiden. Arent van 's Gravesande entwarf das Gebäude 1640 im Stil des holländischen Klassizismus. Seit 1874 ist hier der Sitz des Museums. Highlight der Sammlung ist *Het Laatste Oordeel* (1526/27), ein Renaissance-Triptychon von Lucas van Leyden, das während der Glaubenskriege 1566 *(siehe S. 56f)* aus der Pieterskerk gerettet wurde. Auch andere Leidener Maler, von Rembrandt bis Theo van Doesburg, werden gezeigt. Außerdem umfasst die Sammlung Silber, Glas, Zinn und Fliesen. Man sagt, der große Bronzekessel

sei bei der Befreiung Leidens 1574 von den Spaniern zurückgelassen worden. Der Eintopf, der darin kochte, war der Vorläufer des Leidener *hutspot*, der hier am 3. Oktober gegessen wird.

🌿 Hortus Botanicus Leiden
Rapenburg 73. 📞 (071) 527 7249. 🕐 Apr–Okt: tägl. 10–18 Uhr; Nov–März: Di–So 10–16 Uhr. ⬤ 3. Okt, 24. Dez–1. Jan. 🅿 📷 ♿ teilweise. 🌐 hortusleiden.nl

Der Botanische Garten Leidens wurde 1590 als Teil der Universität angelegt. Einige Bäume und Sträucher sind sehr alt, etwa der Goldregen aus dem Jahr 1601. Carolus Clusius, der die Tulpe in die Niederlande brachte *(siehe S. 34f)*, wurde

1593 erster Professor der Botanik an der Universität. Im Hortus Botanicus wurde mit dem Clusiustuin ein Teil des von ihm angelegten Gartens rekonstruiert. Andere Attraktionen sind die tropischen Gewächshäuser, das Rosarium und der Von Siebold Gedenktuin im japanischen Stil.

🏛 Museum Boerhaave
Lange St. Agnietenstraat 10. 📞 (071) 751 9999. 🕐 geschlossen bis Mitte 2017; danach Di–So 10–17 Uhr (Schulferien: auch Mo). ⬤ 1. Jan, 27. Apr, 3. Okt, 25. Dez. 🅿 📷 🚻 ♿ 🌐 museumboerhaave.nl

Das Niederländische Nationalmuseum für die Geschichte der Naturwissenschaften und Medizin ist im ehemaligen Caecilienhospital untergebracht. Seinen Namen

Triptychon *Das Jüngste Gericht* von Lucas van Leyden im Museum De Lakenhal

Hotels und Restaurants in Zuid-Holland *siehe Seiten 397f und 410f*

erdankt es dem berühmten
iederländischen Medizinpro-
essor Herman Boerhaave
1668–1738). Hier kann man
ie Entwicklung von Mathe-
atik, Physik, Chemie und na-
ürlich auch Medizin bestau-
en. Die Ausstellungsstücke
eichen von einem Sternhöhen-
esser (15. Jh.) und Pendel-
hren von Christiaan Huygens
629–1695) bis zu chirurgi-
chen Instrumenten und frü-
en Elektronenmikroskopen.

Museum Volkenkunde

eenstraat 1. (071) 516 8800.
Di–So 10–17 Uhr. 1. Jan,
7. Apr, 3. Okt, 25. Dez.
volkenkunde.nl

as 1837 gegründete
ölkerkundemuseum
esitzt Sammlungen
on vielen nichtwestli-
en Kulturen, etwa
ie Ethnographica,
ie von Siebold im
9. Jahrhundert aus
apan mitbrachte.
egelmäßig
erden Wech-
elausstellun-
en gezeigt. Die Dauerausstel-
ng widmet sich den Kulturen
nd ihren Kontakten mit den
iederlanden. Von der Arktis
is Ozeanien kann man hier
ie ganze Welt »bereisen«.

Naturalis

arwinweg 2. (071) 568 7600.
tägl. 10–17 Uhr. 1. Jan,
7. Apr, 3. Okt, 25. Dez.
naturalis.nl

as Naturhistorische National-
useum konnte schon im Er-
ffnungsjahr 1998 einen Besu-
eransturm vermelden. Mit
oßem Erfolg wird hier mithil-
e von Jahrmillionen alten Fos-
lien, ausgestopften Tieren
nd Mineralien die Geschichte
er Evolution der Erde und
rer Bewohner erzählt. Für
nder wurden besondere
usstellungen eingerichtet.

Pieterskerk

eterskerkhof 1a, Eingang: Klok-
eeg16. (071) 512 4319.
gl. 11–18 Uhr. 3. Okt und bei
rmietung. pieterskerk.com

der Mitte eines schattigen
atzes, auf dem man sich in

Pilgerväter

Im 17. Jahrhundert waren die
Niederlande ein Zufluchtsort für englische Puritaner. Der
Pfarrer John Robinson (1575–
1625) gründete 1609 in Leiden
eine Kirche, in der er seine Gemeinde für den Traum von einer
neuen Welt begeisterte. Die Pilgerväter verließen Delfshaven 1620
auf der *Speedwell*, die allerdings
nicht hochseetauglich war. Vom
englischen Plymouth aus überquer-
ten sie dann auf einem anderen
Schiff, der *Mayflower*, den Atlantik.
Robinson war krank und blieb zurück. Er starb 1625 in Leiden.

**Die *Mayflower* bei ihrer
Atlantiküberquerung**

einer anderen Zeit wähnt, liegt
die gotische Kreuzkirche,
die großteils aus dem
15. Jahrhundert stammt. Ein
Besuch lohnt sich wegen
des schlichten
Innenraums
und der restau-
rierten Hagerbeer-
Orgel (1639–43),
einer der wenigen
mit Mitteltonstim-
mung. Auf dem
Boden des Kirchenschiffs sind
Grabplatten berühmter Männer des 17. Jahrhunderts ein-
gelassen, darunter von dem
Arzt Herman Boerhaave und
dem Maler Jan Steen.

Wappenlöwe an der Burcht

De Burcht

Burgsteeg. tägl.
Die Burcht ist eine Wehranlage
aus dem 12. Jahrhundert, deren Ringmauer noch erhalten
ist. Den Fuß des zwölf Meter
hohen künstlichen Hügels
umgibt ein schmiedeeiserner

Zaun mit heraldischen Symbo-
len. Vom Umlauf auf der Ringmauer hat man eine prächtige
Aussicht über Leiden.

Rijksmuseum van Oudheden

Rapenburg 28. (071) 516 3163.
Di–So 10–17 Uhr. 1. Jan,
27. Apr, 3. Okt, 25. Dez.
rmo.nl
Das 1818 gegründete Archäologische Museum der Niederlande ist eine von Leidens
Hauptattraktionen. Kern der
Sammlung ist der ägyptische
Tempel von Taffeh (1. Jh.
n. Chr.), der 1978 in der großen Halle zusammengefügt
wurde. Die umfangreiche
ägyptische Sammlung umfasst
einen Großteil der ersten beiden Etagen. Außerdem sind in
dem Museum Musikinstru-
mente, Textilien und Schuhe,
etruskische Bronzearbeiten
sowie römische Mosaiken und
Fresken zu sehen.

Zugbrücke über den Oude Rijn in Leiden

❺ Im Detail: Den Haag

Den Haag (amtlich auch »'s-Gravenhage«) ist Sitz der Regierung der Niederlande sowie des Internationalen Gerichtshofs, der im Vredespaleis tagt. Als Den Haag 1586 Regierungssitz wurde, war es noch eine kleine Stadt um den Binnenhof, die Burg der Grafen von Holland. An der Voorhout sowie am Hofvijver herrscht bis heute diese aristokratische Atmosphäre. Im neuen Spuiviertel liegt das moderne Den Haag mit dem Rathaus von R. Meier und dem Lucent Danstheater von Rem Koolhaas. Den Haags Westen erinnert mit seinen Dünen, Parks und Wäldern noch immer an die Sommerfrische, die er einst für die Grafen von Holland war.

★ Escher in Het Paleis
Im Paleis Lange Voorhout, wo einst Königsmutter Emma und ihre Tochter Wilhelmina lebten, widmet sich eine Ausstellung dem Werk des Künstlers und Grafikers M. C. Escher.

Gevangenpoort
Der holländische Löwe prangt auf der Mauer der Gevangenpoort, einst das Haupttor des Schlosses der Grafen von Holland. Seit dem 15. Jahrhundert diente es als Gefängnis.

Legende
— Routenempfehlung

0 Meter

Gemäldesaal von Prinz Willem V
Dies war die erste öffentliche Gemäldegalerie der Niederlande.

Jantje, bekannt aus dem Kinderlied »In Den Haag daar woont een graaf«, deutet auf den Binnenhof.

Haags Historisch Museum
Hier wird die Geschichte der Stadt vom Mittelalter bis heute gezeigt.

Infobox

Information
Straßenkarte B4. 520000.
Spui 68, 0900 340 3505.
Mo–Fr. Sandskulpturenfestival Scheveningen (Mai), Vlaggetjesdag Scheveningen (Ende Mai/Anfang Juni), Parkpop (Ende Juni), Pasar Malam Besar (Mitte Mai), Prinsjesdag (3. Di im Sep).
denhaag.com

Anfahrt
Centraal Station (CS), Koningin Julianaplein 10; Hollands Spoor (HS), Stationsplein 25.

★ Mauritshuis
Das Museum hat eine auserlesene Sammlung von Meistern des 17. Jahrhunderts, u. a. Werke von Vermeer und Rembrandt.

Tweede Kamer
Der neue Sitz der »Tweede Kamer«, der Zweiten Kammer des Parlaments, wurde von Pi de Bruijn entworfen und 1992 bezogen. Das Gebäude ist elegant mit der umliegenden alten Bebauung verbunden, deren Substanz beinahe unangetastet blieb. Plenumsversammlungen werden im Großen Saal im runden Anbau abgehalten.

★ Binnenhof
Der jahrhundertealte Komplex, entstanden aus einem Jagdschloss der Grafen von Holland aus dem 13. Jahrhundert, umfasst heute die Parlaments- und Regierungsgebäude.

Den Haag, man klopft daran, nd es klingt«, schrieb Gerrit chterberg in seinem Gedicht ssage. Die elegante überachte Geschäftspassage im Stil r Neorenaissance prägt das esicht der Innenstadt.

Straßenkarte siehe hintere Umschlaginnenseiten

Überblick: Den Haag

Den Haag hat viele Sehenswürdigkeiten und Museen, darunter so bedeutende wie das Mauritshuis *(siehe S. 226f)* und das Gemeentemuseum *(siehe S. 228)*. Am und um den Denneweg, der in die Lange Voorhout mündet, gibt es viele Buch- und Antiquitätenläden und Cafés, in der Geschäftsstraße beim Paleis Noordeinde *(siehe S. 225)* liegen die Luxusboutiquen. Hinter der Mauritskade, im vornehmen Willemspark (19. Jh.), findet man das Panorama Mesdag *(siehe S. 228)*. Im Park Clingendael *(siehe S. 228f)* kann man sich im Japanischen Garten ausruhen. Das alte Fischerdorf Scheveningen *(siehe S. 229)* hat sich zu einem lebhaften Badeort gemausert, doch in den umliegenden Dünen gibt es noch immer ruhige Plätzchen.

Binnenhof und Ridderzaal

Binnenhof. (070) 757 0200. nur Führungen. Buchung online obligatorisch. So, 3. Di im Sep. prodemos.nl

Der geschichtsträchtige Binnenhof ist ein Gebäudekomplex, der um das Jagdschloss der Grafen von Holland entstand. 1247 wurde Graf Willem zum römisch-deutschen Gegenkönig (gegen den Staufer Friedrich II.) ausgerufen und ließ den gotischen Rittersaal als Festsaal bauen. Seither diente der Binnenhof als Sitz der Statthalter und Regenten.

Der Hof von Holland sprach seit 1511 im Rolzaal Recht. Mit dem »Plakaat van Verlatinge« sagten sich die nördlichen Niederlande 1581 vom spanischen Joch los und feierten im Rid-

derzaal Willem van Oranje. Im Goldenen Jahrhundert war der Binnenhof eines der wichtigsten Zentren der europäischen Diplomatie. Aus dieser Zeit stammt auch der Versammlungssaal der Holländischen Stände, in dem heute die Erste Kammer ihre Versammlungen abhält. Die Zweite Kammer tagte bis 1992 im alten Ballsaal von Willem V, musste aber umziehen.

Führungen beginnen in den Kellern und gestatten, nach dem Besuch des Ridderzaal, auch einen Blick in die Erste oder Zweite Kammer.

Porzellanvase, Museum Bredius

Museum de Gevangenpoort

Buitenhof 33. (070) 346 0861. Di–Fr 10–17, Sa, So 12–17 Uhr. 1. Jan, 25. Dez. obligatorisch für Zellenkomplex, letzte Führung um 15.45 Uhr. gevangenpoort.nl

Das Gebäude (14. Jh.) beherbergt ein beinahe vollständig erhaltenes altes Gefängnis. Cornelis de Witt wurde hier gefangen gehalten und unter Anklage der Verschwörung gegen Prins Maurits gefoltert. Als er und sein Bruder Johan das Gefängnis verließen, wurden sie von der aufgebrachten Menge ermordet (1672).

Zu den Exponaten gehört eine große Sammlung von Folterwerkzeugen. Für Kinder unter acht ist ein Besuch nicht empfehlenswert. Das Museum hat denselben Eingang wie die Galerij Prins Willem V.

Galerij Prins Willem V

Buitenhof 33. (070) 302 3456. Di–Sa 12–17 Uhr. galerij prinswillemv.nl

Prinz Willem V war ein begeisterter Sammler von Malerei des 17. Jahrhunderts. Seine Privatsammlung war seit 1774 in dieser ehemaligen Herberge öffentlich zugänglich. Die Sammlung umfasst u. a. Werke von Rembrandt, Jan Steen und Paulus Potter (1625–1654).

Museum Bredius

Lange Vijverberg 14. (070) 362 0729. Di–So 11–17 Uhr. 1. Jan, 25. Dez. museumbredius.nl

Der Rembrandt-Experte Abraham Bredius (1855–1946) war Kunstsammler und von 1895 bis 1922 Direktor des Mauritshuis *(siehe S. 226f)*. Als er 1946 starb, vermachte er seine private Sammlung mit Kunst aus dem 17. und 18. Jahrhundert, darunter Werke von Rembrandt und Jan Steen, der Stadt Den Haag. In dem Patrizierhaus (18. Jh.) werden neben Gemälden auch Zeichnungen, antike Möbel, Silberarbeiten und Porzellan gezeigt.

Landschaft im Dämmerlicht von Albert Cuyp, Museum Bredius

...leis Noordeinde, wo die königlichen Arbeitsräume liegen

Escher in Het Paleis

...nge Voorhout 74. ☎ (070) 427
...'30. 🚃 🚋 ⏰ Di–Sa 11–17 Uhr.
⏰ 1. Jan, 25. Dez. ♿
🌐 escherinhetpaleis.nl

...ne große Auswahl aus dem
...erk von M. C. Escher (1898–
...972) ist im Paleis Lange
...oorhout zu sehen, darunter
...rbeiten wie *Tag und Nacht*,
...eppauf–Treppab* und *Bel-
...dère*. Neben Eschers grafi-
...hem Werk werden auch
...izzen, persönliche Doku-
...ente, Fotografien und Multi-
...edia-Installationen gezeigt.

🏛 Paleis Noordeinde

Noordeinde. ⏰ nur Palaisgarten:
Sonnenauf- bis Sonnenuntergang.
Statthalter Frederik-Hendrik
ließ das alte Haus, in dem
seine Mutter gelebt hatte, zu
einem klassizistischen Palais
umbauen. Seit Willem V
(1748–1806) ist es im Besitz
der Fürsten von Oranien.
Heute dient es als Arbeitspalais
von König Willem-Alexander.
Von hier aus tritt der König am
Prinsjesdag (3. Di im Sep) seine
Fahrt zur Eröffnung des Parlaments im Ridderzaal an.

🏛 Vredespaleis

Carnegieplein 2. 🚃 22, 24. 🚋 17.
☎ (070) 302 4137. ⏰ Di–So (Besucherzentrum). 🚫 Sa, So. ⏺ Feiertage und bei Sitzungen des Gerichtshofs. ♿ ♿ ✉
🌐 vredespaleis.nl

Im Jahr 1899 war Den Haag
Schirmherr der Ersten Internationalen Friedenskonferenz –
daher der Name Friedenspalais
für das Gebäude. Der Komplex
aus rotem Backstein wurde
von dem französischen Architekten Louis Cordonnier im Stil
der Neorenaissance entworfen
und 1913 vollendet. Heute hat
hier auch der Internationale
Gerichtshof der Vereinten Nationen seinen festen Sitz.

🏛 Passage

Zwischen Spuistraat, Hofweg und
Buitenhof. 🚃 🚋
In der Passage, der einzigen
erhaltenen Ladengalerie aus
dem 19. Jahrhundert, findet
man viele exklusive Läden. Der
Flügel zum Hofweg wurde
1928/29 angebaut. Die Ge-
schäfte in der Passage und in
der Innenstadt Den Haags
haben auch sonntags geöffnet.

...entrum von Den Haag

① Het Paleis
② Museum de Gevangenpoort
③ Galerij Prins Willem V
④ Museum Bredius
⑤ Ridderzaal
⑥ Passage
⑦ Mauritshuis

Legende

🟦 Detailkarte *(siehe S. 222f)*

...chenerklärung *siehe hintere Umschlagklappe*

Den Haag: Mauritshuis

Nachdem er als Kapitän-General aus Brasilien zurückberufen worden war, gab Johan Maurits van Nassau den Bau dieses Hauses in Auftrag. Es wurde 1644 von Pieter Post im nordholländisch-klassizistischen Stil mit Einflüssen der italienischen Renaissance vollendet. Von hier hat man einen prächtigen Blick über den Hofvijver. Nach dem Tod Maurits' 1679 fiel das Haus an den Staat. 1822 zog die Königliche Gemäldegalerie ein. Die Sammlung ist nicht groß, besteht jedoch fast ausschließlich aus Meisterwerken großer Künstler. Das Mauritshuis wurde von 2012 bis Mitte 2014 umfassend renoviert und erweitert.

★ *Die Anatomievorlesung des Dr. Nicolaes Tulp* (1632)
Rembrandts Bild der Ärzte, die eine Leiche untersuchen, spiegelt das Interesse seiner Zeitgenossen an der Wissenschaft wider.

Kurzführer

Die drei Stockwerke des kleinen Mauritshuis hingen immer von oben bis unten voll mit Bildern. Die Präsentation wechselte ständig, um alle Facetten der Sammlung zu zeigen. Die Highlights sind meist zu sehen, wenn auch nicht immer am selben Ort. Wer Fragen hat, kann sich jederzeit an den Informationsschalter im Goldenen Saal wenden. Durch die Renovierung kamen ein neuer unterirdischer Flügel (Plein 26) und ein Kunstworkshop hinzu. Die Ausstellungsfläche hat sich nahezu verdoppelt.

Bordellszene (1658)
Dies ist ein typisches Genrebild des 17. Jahrhunderts von Frans van Mieris d. Ä. (1635–1681) mit offensichtlicher Erotik.

Erdgeschoss

Büros und Sekretariat

Vase mit Blumen (1618)
Ambrosius Bosschaert zeigt die Schönheit der Blumen, aber auch Fliegen – als Erinnerung an unsere Sterblichkeit.

Untergeschoss

Haupteingang

Der Stieglitz (1654)
Das kleine, aber kunstfertige Bild stammt von Carel Fabritius (1622–1654), einem Lehrling Rembrandts.

Erster Stock

Wie die Alten sungen, so zwitschern auch die Jungen (1663)
Das moralisierende Genrebild *(siehe S. 127)* zeigt einen der sprichwörtlichen Haushalte von Jan Steen.

★ **Die Läusejagd (1653)**
Das Gemälde von Gerard ter Borch zeigt eine häusliche Szene, spottet aber zugleich über die damalige Besessenheit der Holländer von Ordnung, Sauberkeit und Anstand.

★ **Das Mädchen mit der Perle (1665)**
n Vermeer malte das faszinierende Porträt auf dem Höhepunkt seiner Karriere. Über die Identität des Modells kursieren viele Geschichten.

Legende
- ☐ Porträtgalerie
- ☐ 15. und frühes 16. Jahrhundert
- ▨ Spätes 16. und 17. Jahrhundert
- ☐ Goldener Saal
- ☐ 17. Jahrhundert
- ▨ Flämische Malerei (17. Jh.)
- ☐ Frühes 17. Jahrhundert
- ☐ Keine Ausstellungsfläche

Das Gemeentemuseum Den Haag gilt als einer der gelungensten Entwürfe von H. P. Berlage

🏛 Panorama Mesdag

Zeestraat 65. 🚌 22, 24. 🚋 17.
📞 (070) 310 6665. ⏱ Mo–Sa
10–17, So 12–17 Uhr. ⬤ 1. Jan,
25. Dez. ♿ 🅿 nach Vereinbarung.
🌐 panorama-mesdag.com

Panorama Mesdag ist eines
der schönsten noch erhaltenen
Panoramagemälde aus dem
19. Jahrhundert. Auf der kreis-
runden Leinwand mit einem
Umfang von 120 Metern ist
das alte Fischerdorf Scheveningen
abgebildet. Es ist ein besonderes Erlebnis, nach dem
Erklimmen der knarzen-
den Treppe plötzlich
ins Tageslicht zu
treten und sich
inmitten der
Dünen- und Mee-
reslandschaft zu wäh-
nen. Der echte Sand
und das Treibgut vor
dem Bild verstärken die
Illusion. Das Bild wurde
1881 von Künstlern der Haager Schule unter Leitung von
H. W. Mesdag (1831–1915)
und seiner Frau Sientje
(1834–1909) gemalt. George
Hendrik Breitner (1857–1923)
malte die Gruppe Kavalleristen.

🏛 Gemeentemuseum Den Haag en Fotomuseum

Stadhouderslaan 41. 🚌 24. 📞 (070)
338 1111. ⏱ Di–So 11–17 Uhr.
Fotomuseum ⏱ Di–So 12–18 Uhr.
⬤ 1. Jan, 25. Dez. ♿ 🅿 📷 ⬤
✉ 🌐 gemeentemuseum.nl

Das Gemeentemuseum ist das
letzte Werk von H. P. Berlage,
dem Gründer der Amsterdam-

se School *(siehe S. 146f)*. Das
Museum wurde 1935, ein Jahr
nach seinem Tod, vollendet. Es
besitzt die weltweit größte
Sammlung von Bildern Mon-
driaans aus allen Schaffens-
perioden und zeigt so ein einmaliges Bild der Entwicklung
des Künstlers. Eines der Highlights ist das 1998 angekaufte
Bild *Victory Boogie Woogie*
(1943). Zudem sind Bilder von
J. H. Weissenbruch und den
Brüdern Maris und Josef Israëls
zu sehen, allesamt Vertreter
der Haager Schule, die
sich durch die Küsten-
landschaft inspirieren
ließen.
Highlights der
Kunsthandwerks-
abteilung sind Delfter
Steingut und fernöst-
liches Porzellan. Die
Wunderkammern im
Untergeschoss sind ein
Labyrinth skurriler Objekte.
Teil des Museums (Eingang
nebenan) ist das **Fotomuseum**
(www.fotomuseumdenhaag.
nl) mit Wechselausstellungen
internationaler und niederländischer Fotografie.

Victory Boogie Woogie

🎬 Omniversum

President Kennedylaan 5. 🚌 24.
🚋 17. 📞 0900 666 4837. ⏱
tägl., abhängig vom Programm;
Details auf der Website. ♿ 🅿 ⬤
🌐 omniversum.nl

Das Omniversum neben dem
Gemeentemuseum ist eine
Mischung aus Planetarium und
modernem Kino. Hier gibt es
ein hervorragendes Programm
mit den Themen Weltraum-
reisen, Landschaften, Vulkan-
ausbrüchen und das Leben in
den Ozeanen zu sehen.

🌳 Park Clingendael

Zugang Alkemadelaan oder Ruych-
rocklaan. 🚌 18. ⬜ **Japanischer
Garten** ⏱ Ende Apr–Mitte Juni:
tägl. Sonnenauf- bis Sonnenuntergang.

Das alte Landgut stammt aus
dem 16. Jahrhundert, damals
hatte es noch Gärten im französischen Stil. 1830 wurde das
Gelände in einen Landschaftspark umgewandelt. Hier gibt
es einen altholländischen Garten, ein Rosarium, Rhododendren, uralte Buchen und eine
Viehweide. Überwucherte
Bunker erinnern an den Zwei-

Der malerische Japanische Garten im Park Clingendael

n Weltkrieg, als die deut-
hen Oberbefehlshaber der
esetzten Niederlande in Haus
ingendael ihr Quartier hatten.
Inmitten des Parks liegt der
panische Garten, der 1903
» Auftrag der Baronesse Mar-
uérite Mary angelegt wurde.
as Teehaus sowie alle Steine
nd Ornamente wurden da-
als mit dem Schiff aus Japan
erhergebracht.

Madurodam

eorge Maduroplein 1. 🚎 22.
9. 📞 (070) 416 2400. ⏰ tägl.
tte März–Aug: 9–20 Uhr; Sep,
kt: 9–19 Uhr; Nov–Mitte März:
–17 Uhr. 🅿 ♿ 🎁
🌐 **madurodam.nl**

er stehen Nachbauten von
storisch interessanten Ge-
uden, etwa der Binnenhof in
en Haag *(siehe S. 224)*, Ams-
rdamer Grachtenhäuser und
r Euromast von Rotterdam
ehe S. 236). Auch den Flug-
fen Schiphol, Windmühlen,
der, Tulpenfelder und vieles
ehr kann man hier sehen.
bends werden Straßen und
ebäude mit 50 000 Lämp-
en erleuchtet.
Madurodam wurde 1952
n Königin Juliana eröffnet.
M. L. Maduro entwarf die Mi-
aturstadt zur Erinnerung an
inen Sohn George, der 1945
Dachau umkam. Die Einnah-
en gehen an gemeinnützige
nrichtungen für Kinder.

Miniaturstadt Madurodam

❻ Scheveningen

Straßenkarte B4. 👥 55 000.
🚎 22. 🚉 1. 🛈 Keizerstraat 50,
0900 340 3505. 🎭 Do.
🌐 **denhaag.com/de/scheveningen**

Den Badeort Scheveningen,
einen Stadtteil Den Haags, erreicht man in 15 Minuten mit
der Tram von der Innenstadt
aus. Wie viele Badeorte an der
Nordsee hatte Scheveningen
seine beste Zeit im 19. Jahrhundert. Heute weist der Ort
eher verblichene Eleganz auf.
Doch noch immer ist er dank
seiner langen Sandstrände und
des (nun baufälligen) **Piers** ein
beliebter Ferienort.
Das **Kurhaus** im Empire-Stil,
heute ein Luxushotel, wurde
1885 erbaut, als Scheveningen
noch ein wichtiger Kurort war.
Nicht weit vom Kurhaus liegt
Sea Life Scheveningen, in dem
man durch Glastunnels Stech-

rochen, Haie und andere Mee-
restiere beobachten kann. Das
Muzee Scheveningen widmet
sich der Geschichte des Fischerdorfs und Badeorts. Hier
kann man auch eine Führung
durch den alten Leuchtturm
von Scheveningen buchen.
Am Strandboulevard liegt,
halb verborgen in einer Düne,
das von Wim Quist entworfene
Museum Beelden aan Zee. In
den Sälen und auf den Terrassen stehen Skulpturen zeitgenössischer Künstler. Jedes Jahr
wird ein Sandskulpturen-Wett-
bewerb veranstaltet.
Der Badeort hat das einstige
Fischerdorf beinahe verdrängt,
obwohl es hier immer noch
einen Hafen und eine große
Fischversteigerung gibt. Außerdem gibt es viele Fischlokale.
Am Südende des Hafens kann
man eine Fahrt auf einem Fischerboot buchen.

🐠 Sea Life Scheveningen
Strandweg 13. 📞 (070) 354 2100.
⏰ tägl. 10–18 Uhr (Juli, Aug: bis
20 Uhr). ⬤ 25. Dez. 🅿 🎁 ♿
🌐 **sealife.nl**

🏛 Muzee Scheveningen
Neptunusstraat 92. 📞 (070) 350
0830. ⏰ Di–Sa 10–17, So
12–17 Uhr. ⬤ 1. Jan, 25. Dez. 🅿
🎁 📷 🌐 **muzeescheveningen.nl**

🏛 Museum Beelden aan Zee
Harteveltstraat 1. 📞 (070) 358
5857. ⏰ Di–So 10–17 Uhr. 🅿 🎁
📷 🌐 **beeldenaanzee.nl**

suki-no-hikari (Licht des Mondes) von Igor Mitoraj in den Dünen beim Museum Beelden aan Zee

Straßenkarte *siehe hintere Umschlaginnenseiten*

❼ Im Detail: Delft

Die Geschichte Delfts reicht bis ins Jahr 1075 zurück. Der Wohlstand der Bewohner gründete sich auf Webereien und Brauereien. Im Oktober 1654 wurde jedoch ein Großteil der mittelalterlichen Stadt durch die Explosion des Arsenals zerstört. Ende des 17. Jahrhunderts war das Zentrum wiederaufgebaut, seither hat sich in der historischen Innenstadt wenig verändert – an den von Bäumen gesäumten Grachten stehen noch immer die Häuser aus Gotik und Renaissance mit ihren malerischen Fassaden. Der Markt mit dem Rathaus und der Nieuwe Kerk ist der Mittelpunkt der Stadt.

★ Stedelijk Museum Het Prinsenh
1584 wurde Willem van Oran
hier im Treppenhaus ermorde

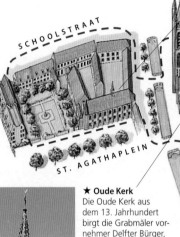

SCHOOLSTRAAT

ST. AGATHAPLEIN

HIPPOLYTUSBUURT

OUDE DELFT

★ Oude Kerk
Die Oude Kerk aus dem 13. Jahrhundert birgt die Grabmäler vornehmer Delfter Bürger, etwa von Antonie van Leeuwenhoek, dem Erfinder des Mikroskops.

An der Oude Delft
stehen Grachtenhäuser im Renaissance-Stil.

NIEUWSTRAAT

0 Meter   50

BOTERBRU

OUDE DELFT

PEPERS

Sint-Hippolytuskapel
Die schlichte Kapelle (1396) aus Backstein diente während der Reformation *(siehe S. 56f)* als Munitionslager.

Legende
— Routenempfehlung

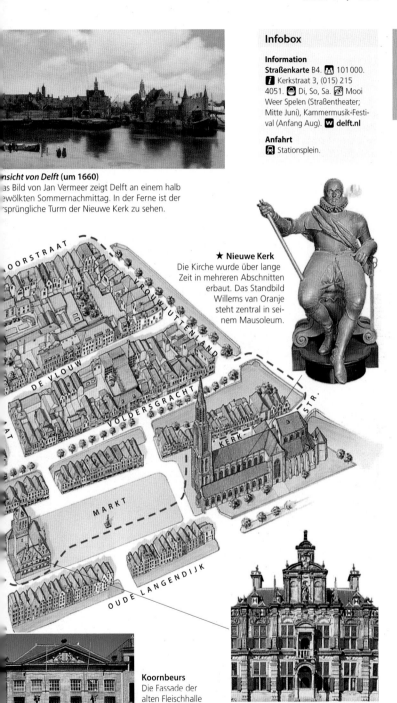

Infobox

Information
Straßenkarte B4. 🗺 101 000.
ℹ Kerkstraat 3, (015) 215
4051. 🚌 Di, So, Sa. 🎭 Mooi
Weer Spelen (Straßentheater;
Mitte Juni), Kammermusik-Festi-
val (Anfang Aug). 🌐 **delft.nl**

Anfahrt
🚉 Stationsplein.

nsicht von Delft (um 1660)
as Bild von Jan Vermeer zeigt Delft an einem halb
ewölkten Sommernachmittag. In der Ferne ist der
rsprüngliche Turm der Nieuwe Kerk zu sehen.

★ **Nieuwe Kerk**
Die Kirche wurde über lange
Zeit in mehreren Abschnitten
erbaut. Das Standbild
Willems van Oranje
steht zentral in sei-
nem Mausoleum.

Koornbeurs
Die Fassade der
alten Fleischhalle
(1650) ist mit Tier-
köpfen verziert.
Nach 1871 wurde
das Gebäude als
Kornbörse benutzt.

Stadhuis
Das Renaissance-Rathaus (1618),
entworfen von Hendrick de Keyser,
wurde um einen gotischen Turm aus
dem 13. Jahrhundert herumgebaut.

Straßenkarte *siehe hintere Umschlaginnenseiten*

Überblick: Delft

Die charmante Stadt ist in der ganzen Welt berühmt für ihr blau-weißes Steingut – und in den Niederlanden auch deswegen, weil hier Willem van Oranje (1533–1584), der »Vater des Vaterlands«, bestattet ist. Von seinem Hauptquartier in Delft leitete er den Aufstand gegen die spanische Übermacht (Beginn des Achtzigjährigen Kriegs, *siehe S. 53*). Sein Sieg brachte den Niederländern Religionsfreiheit und Unabhängigkeit. Delft war auch Geburts- und Wohnort des Malers Jan Vermeer (1632–1675).

Die imposante Renaissance-Kanze**(1548) in der Oude Kerk

⬆ Oude Kerk
Heilige Geestkerkhof 25. ☎ (015) 212 3015. ◯ Feb, März: Mo–Sa 10–17 Uhr; Apr–Okt: Mo–Sa 9–18 Uhr; Nov–Jan: Mo–Fr 11–16, Sa 10–17 Uhr. 🅿 ♿
Ⓦ oudekerk-delft.nl

Seit dem 13. Jahrhundert steht hier eine Kirche, doch der Bau wurde mehrfach umgestaltet. Der prächtige Glockenturm mit seinem auffallenden Oberbau

stammt aus dem 14. Jahrhundert. Das gotische Nordtransept baute Anfang des 16. Jahrhunderts der Brabanter Architekt Anthonis Keldermans an. Prunkstück ist die hölzerne Kanzel mit Baldachin. Der Boden ist mit Grabplatten aus dem 17. Jahrhundert bedeckt, darunter auch denen von Jan Vermeer und Admiral Piet Hein (1577–1629).

⬆ Nieuwe Kerk
Markt 80. ☎ (015) 212 3025. ◯ Feb, März: Mo–Sa 10–17 Uhr; Apr–Okt: Mo–Sa 9–18 Uhr; Nov–Jan: Mo–Fr 11–16, Sa 10–17 Uhr. 🅿 ♿ Ⓦ nieuwekerk-delft.nl

Die Nieuwe Kerk wurde 1383 1510 erbaut, doch große Teile mussten nach dem Brand vor 1536 und der Explosion des Arsenals 1645 restauriert werden. 1872 baute P. J. H. Cuypers *(siehe S. 375)* den 100 Mter hohen Turm an.

Innen fällt das Mausoleum von Willem van Oranje ins Auge. Es wurde 1614 von Hendrick de Keyser entworfen In der Mitte steht ein Standbi von Willem in Rüstung, gleich neben ihm die Statue seines Hundes, der wenige Tage nac ihm starb. Die Gräber der königlichen Familie sind in der Krypta.

🏛 Stedelijk Museum Het Prinsenhof
St. Agathaplein 1. ☎ (015) 260 2358. ◯ tägl. 11–17 Uhr. ● 1. Jan, 27. Apr, 25. Dez. 🅿 📷
Ⓦ prinsenhof-delft.nl

Der mächtige gotische Bau, e ehemaliges Kloster, beherberg heute das Historische Museu ist aber vor allem bekannt als der Ort, an dem Willem van Oranje ermordet wurde. 157 während des Aufstands gege die Spanier, beschlagnahmte Willem das Kloster als Hauptquartier. Balthasar Geraerts, ein fanatischer Katholik, erschoss Willem 1584 im Auftrag von Philipp II. von Spanie

Die Nieuwe Kerk auf dem Marktplatz von Delft

Hotels und Restaurants in Zuid-Holland *siehe Seiten 397f und 410f*

Delfter Steingut

Das Delfter Steingut *(siehe S. 32f)* hat sich aus der Fayencetechnik entwickelt, die im 16. Jahrhundert mit italienischen Einwanderern in die Niederlande kam. Die Italiener ließen sich um Delft und Haarlem nieder und stellten Wandfliesen mit niederländischen Motiven wie Vögeln und Blumen her. In der Folgezeit brachten Händler feines chinesisches Porzellan (ebenfalls im Delfter Stil) ins Land, woraufhin der Markt für das gröbere niederländische Steingut zusammenbrach. Ab 1650 wurden die chinesischen Stücke imitiert. Man entwarf neben eleganten Tellern, Vasen und Schalen mit Abbildungen niederländischer Landschaften, biblischer Szenen und Bildern des täglichen Lebens auch Menschen- und Tierfiguren. Die 1653 gegründete Fabrik Koninklijke Porceleyne Fles bietet Führungen an (www.royaldelft.com).

Handbemalte Delfter Fliesen von 1650

🏛 Vermeer Centrum Delft

oldersgracht 21. 📞 (015) 213 588. 🕐 tägl. 10–17 Uhr. ⬤ 5. Dez. 🅿 🍴 📷 ♿ 👶 🌐 vermeerdelft.nl

as Vermeer Centrum feiert as Werk des größten Künstlers der Stadt: Jan Vermeer 632–1675). Die Ausstellung, e sich auf Leben und Werk ermeers konzentriert, zeigt ne Reihe schöner Exponate, arunter eine genaue Kopie es berühmten Gemäldes *Das Mädchen mit der Perle* (1665). n Obergeschoss erfahren Besucher alles über die Maltechnik des Meisters, vor allem eine Verwendung von Perspektive, Farbgebung und Licht.

❽ Maassluis

Straßenkarte B4. 🚹 32 000. 🚉 ℹ Heldringstraat, (010) 591 1440. 🎭 Di, Fr. 🌐 vvvmaassluis.nl

Maassluis entwickelte sich an den Schleusen aus dem Jahr 1367 in der Rheinmündung. Der Handel mit Hering brachte der Stadt großen Reichtum. Im historischen Zentrum stehen zum Teil prächtige Gebäude aus dem 17. Jahrhundert, u. a. die **Grote Kerk** mit einer berühmten Orgel und das **Stadhuis** von 1650. Viele Romane von Maarten 't Hart (geb. 1944) spielen im Maassluis seiner Jugendtage. Im Sommer werden Dampfschifftouren angeboten.

❾ Schiedam

Straßenkarte B4. 🚹 76 000. 🚉 ℹ Buitenhavenweg 9, (010) 473 3000. 🎭 Di vorm., Fr. 🌐 ontdekschiedam.nu

Schiedam erhielt 1275 das Stadtrecht und entwickelte sich zum Handels- und Fischereizentrum. Allerdings wurde es bald von Rotterdam überholt. Die Jenever-Herstellung, von der noch heute die **fünf größten Windmühlen der Welt** und die alten Speicherhäuser zeugen, bescherte der Stadt im 18. Jahrhundert eine neue Blüte und prägt sie bis heute. Im **Jenever Museum** wird das alte Handwerk des Jenever-Brennens gezeigt. In der Probierstube kann man das enorme Angebot an Jenever und Likören kosten.

Das **Stedelijk Museum** für zeitgenössische Kunst und Geschichte ist im ehemaligen St.-Jacobs-Hospital untergebracht. Zu den Prunkstücken der Sammlung zählen die Werke der Gruppe CoBrA *(siehe S. 193)*.

🏛 **Jenever Museum**
Lange Haven 74. 📞 (010) 246 9676. 🕐 Di–So 12–17 Uhr. ⬤ 1. Jan, 27. Apr, 25., 26. Dez. ♿ 🌐 jenevermuseum.nl

🏛 **Stedelijk Museum**
Hoogstraat 112. 📞 (010) 246 3666. 🕐 Di–So 10–17 Uhr. ⬤ 1. Jan, 25. Dez. 🅿 🍴 📷 ♿ 🌐 stedelijk museumschiedam.nl

hiedam ist die »Hauptstadt« des Jenever

Straßenkarte *siehe hintere Umschlaginnenseiten*

⑩ Im Detail: Rotterdam

Die Routenempfehlung dieser Detailkarte verläuft durch das im Mai 1940 völlig zerbombte Gebiet im Süden der Innenstadt. Man kommt dabei u. a. am Witte Huis vorbei, einem der wenigen Gebäude, die das Bombardement überstanden haben. Ansonsten sieht man viel moderne Architektur, etwa die Würfelwohnungen, »Het Potlood« (Der Bleistift) und das Maritiem Museum, das über die Geschichte der Seefahrt informiert. Vor dem Museum steht das Monument von Zadkine, eines der Wahrzeichen Rotterdams. Die leere Fläche um den Bahnhof Blaak war vor dem Bombardement dicht bebaut.

★ **Schielandhuis**
Das Gebäude, das 1662–65 errichtet wurde, ist eines der wenigen erhaltenen Gebäude aus dem 17. Jahrhundert.

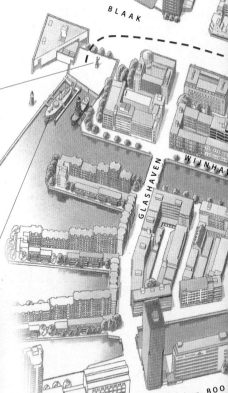

BLAAK

GLASHAVEN

WIJNHA

BOO

★ *De Verwoeste Stad*
Das Denkmal *Die zerstörte Stadt* des Künstlers Zadkine vor dem Maritiem Museum ist eines der berühmtesten der Niederlande. Es erinnert an die Bombardierung im Mai 1940.

De Buffel
Das Rammschiff *De Buffel* diente lange als Lehrschiff und kann heute besichtigt werden.

Legende
— Routenempfehlung

Erasmusbrug
Die imposante Erasmusbrücke ist schnell zu einem Wahrzeichen der Stadt geworden.

0 Meter   150

Infobox

Information
Straßenkarte B4. 631 000 (Großraum: 1,2 Mio). Coolsingel 114, (010) 790 0185; Stationsplein 20. Di–So. Filmfestival (Jan), ROBIN Rotterdam Unlimited« (Karneval; Apr), Metropolis (Popkonzerte; Juli), Zomercarnaval (Ende Juli), Welthafentage (Anfang Sep). rotterdam.info

Anfahrt
Stationsplein.

Station Blaak ist ein ungewöhnlicher Zug- und Metro-Bahnhof, entworfen vom Architekten H. C. H. Reijnders.

Het Potlood (Der Bleistift) beim Bahnhof Blaak, ein auffallender Entwurf, stammt vom Architekten der Pfahlhäuser. .

VERLENGDE WILLEMSBRUG

★ **Kubus-paalwoningen**
Die Pfahlwohnungen sind die bizarre Schöpfung (1978–84) des Architekten P. Blom. Sie gehören zu den spektakulärsten Gebäuden Rotterdams.

Willemswerf
Willemswerf ist eines der höchsten und beeindruckendsten Bürogebäude Rotterdams. Der 1989 vollendete Bau ist ein Entwurf des Architekten W. G. Quist.

Witte Huis
Das »Weiße Haus« ist eines der wenigen Gebäude, die das Bombardement 1940 überstanden. Das 45 Meter hohe Gebäude war lange Zeit das höchste Bürogebäude Europas.

Straßenkarte *siehe hintere Umschlaginnenseiten*

Überblick: Rotterdam

Rotterdam ist nicht allein das Symbol für den Wirtschafts-
aufschwung der Niederlande nach dem Zweiten Weltkrieg. Die Stadt hat mehr zu bieten als endlose Hafen-
und Industriegebiete. Immer mehr entwickelt sie sich zu
einem der kulturellen Zentren des Landes. War die Stadt
kurz nach dem Krieg noch eine kahle Fläche, so beherbergt sie heute u. a. eine große Universität, einen Park
mit wichtigen Museen und einen großen Zoo.

Gorilla mit Jungem in Blijdorp

🦏 Blijdorp
Blijdorpplaan 8. 🚌 33, 40, 44.
📞 (010) 443 1495. 🕐 Sommer:
tägl. 9–21.30 Uhr; Winter: tägl.
9–18 Uhr. 🦎🐒🍴🏛️🅿️♿
🌐 diergaardeblijdorp.nl

Der Zoo von Rotterdam, der
Tiergarten Blijdorp, ist in mancher Hinsicht einzigartig. Sein
Vorläufer wurde 1857 unter
dem Namen »De Rotterdam-
sche Diergaarde« gegründet
und lag im Zentrum der Stadt.
1937 wurde beschlossen, dass
der Tiergarten in den Polder
Blijdorp umziehen sollte, ein
Stück Land außerhalb der Innenstadt. So entstand nach
dem Entwurf van Ravesteyns
einer der weltweit ersten Zoos,
die in ihrer Gesamtheit von
einem Architekten geplant
wurden. Blijdorp hat als einer
der wenigen Zoos in Europa
eine Forschungsabteilung. Hier
werden seltene und bedrohte
Tiere, etwa Schwarzfuß-
pinguine, gezüchtet.

Seit einiger Zeit wird Blijdorp
in einen Zoo der neuen Gene-
ration umgewandelt, wo Tiere
in ihrer natürlichen Umgebung
leben. So kann man etwa in

»Asien« Tiere in nachgebildeten Landschaften bewundern.
Eine andere Neuerung ist die
Gorilla-Insel. Mit der Eröffnung
des Ozeaniums hat sich die
Gesamtfläche von Blijdorp
nahezu verdoppelt.

🚇 Delfshaven
Informatiecentrum Historisch Delfshaven, Voorhaven 3. 🚇 Delfshaven.

Das außerhalb des Zentrums
gelegene Delfshaven, das vor
allem als Geburtsort des See-
helden Piet Hein bekannt ist,
sieht so ganz anders aus als
der Rest von Rotterdam. Diese
Oase von Geschichte und Kultur besteht aus nur wenigen
Straßen mit alten Häusern und
einem kleinen Hafen mit alten
Segelschiffen. In den ehemaligen Speicherhäusern gibt es
Läden mit Antiquitäten, Kunst
und antiquarischen Büchern,
interessante Museen, eine traditionelle Bierbrauerei und Restaurants. Sehenswert ist u. a.
das Sackträgerhäuschen
(17. Jh.).

Von Delfshaven aus began-
nen die Pilgrim Fathers 1620
ihre Reise nach Amerika.

**Grachtenhäuser in einer ruhigen
Ecke von Delfshaven**

🔭 Euromast
Parkhaven 20. 🚇 Dijkzicht. 📞 (0
436 4811. 🕐 Apr–Sep: tägl. 9.3(
22 Uhr; Okt–März: tägl. 10–22 U
🍴🚻🔭🅿️🌐 euromast.nl

Der Euromast, eines der Wah
zeichen Rotterdams, ist das
höchste Bauwerk der Stadt.
Vor seiner Errichtung 1960
hatte der damalige Bürgermeister van Walsum geklagt,
dass man nur Geld für einen
50 Meter hohen Turm hätte,
eine Schande, denn der Turm
sollte höher als der Domturm
von Utrecht werden, mit
112 Metern damals das höch
te Bauwerk der Niederlande.
Daraufhin spendeten die reichen Rotterdamer Hafenbarc
ne, sodass der Turm 110 Met
hoch werden konnte. Anläss
lich der C'70 Show kam der
Spacetower dazu, der Eurom
ist damit 185 Meter hoch.

Die Rotterdamer Beurstraverse, auch Koopgoot (»Kaufrinne«) genannt

Hotels und Restaurants in Zuid-Holland siehe Seiten 397f und 410f

chtkunstwerk von Peter Struycken unter Het Nieuwe Instituut

gibt es viele Möglichkeiten, sich mittels Theater und bildender Kunst auszudrücken.

🏛 Het Nieuwe Instituut

Museumpark 25. 📞 (010) 440 1200. 🚊 4, 5. 🚌 32. Ⓜ Eendrachtsplein. ⏰ Di–Sa 10–17, So 11–17 Uhr. ⬤ 1. Jan, 27. Apr, 25. Dez. 🖼 🖼 📷
🌐 hetnieuweinstituut.nl

Das Bombardement von 1940 verwandelte die Innenstadt Rotterdams in eine Wüstenei. Nach dem Krieg wurde das Zentrum wiederaufgebaut. Heute gibt es hier mehr moderne Architektur zu sehen als in jeder anderen niederländischen Stadt. Darunter sind international bekannte Bauwerke, etwa die Pfahlwohnungen von P. Blom und das Bürogebäude der Versicherung Nationale-Nederlanden.

Het Nieuwe Instituut, ein Museum für Architektur, Design und Digitale Kultur, hat seinen Sitz im Huis Sonneveld, einem Bau, der selbst eine architektonische Sehenswürdigkeit ist.

] Kunsthal

estzeedijk 341, Museumpark. 🚊 8, 20. 📞 (010) 440 0301. ⏰ Di–Sa 10–17, So 11–17 Uhr. ⬤ 1. Jan, 27. Apr, 25. Dez. 🖼 🖼
🌐 kunsthal.nl

er strenge, nüchterne Bau urde für wechselnde Kunstusstellungen geplant. Das m Architekturbüro OMA ntworfene Gebäude gilt als volutionär und hat statt eppen lediglich Rampen. Die unsthalle bietet anderen Mu-

seen Gelegenheit, Kunstwerke aus ihren Depots auszustellen.

🏛 Kinderkunsthal Villa Zebra

Stieltjesstraat 21. 📞 (010) 241 1717. 🚊 20, 23, 25. 🚌 48. Ⓜ D. ⏰ Mi, Fr–So 12–17 Uhr (Schulferien: auch Di und Do). ⬤ 1. Jan, 27. Apr, 25. Dez. 🖼 🖼 🅿
🌐 villazebra.nl

In dem Kunstzentrum für Kinder lernt der Nachwuchs viel über Kunst und Künstler. Auch

entrum von Rotterdam

① Kunsthal
② Euromast
③ Het Nieuwe Instituut
④ Museum Boijmans Van Beuningen
siehe S. 238f

0 Meter 250

Legende
■ Detailkarte *(siehe S. 234f)*

eichenerklärung
ehe hintere Umschlagklappe

Rotterdam: Museum Boijmans Van Beuninger

Das Museum ist nach zwei Kunstkennern, F.J.O. Boijmans und D.G. van Beuningen, benannt, die ihre Sammlungen der Stadt schenkten. Die Kollektion ist eine der schönsten der Niederlande. Anfangs waren die Werke im Schielandhuis untergebracht, 1935 siedelten sie in den heutigen Museumsbau über. Das Museum hat seine Exponate unlängst neu organisiert. Obwohl es vor allem für seine Sammlung Alter Meister bekannt ist, zeigt das Museum alle Facetten niederländischer Kunst, von den mittelalterlichen Werken Jan van Eycks bis hin zu Zeitgenossen.

Die drei Marien am offenen Grab (1430)
Die Brüder Jan und Hubert van Eyck schufen das farbenprächtige Gemälde mit den drei Marien am Grab von Jesus.

Kartenschalter

Erd-geschoss

Bibliothek

Inne.

Eingang z Ausstellun

Nautilus-Pokal (1590)
Auf der Spitze des Pokals aus der niederländischen Renaissance sitzt der Gott Neptun.

Legende

- Alte Meister
- Surrealisten
- Moderne Kunst
- Grafiksammlung
- Kunsthandwerk und Design
- Wechselausstellungen
- Keine Ausstellungsfläche
- Kunst 1750–1945 und Surrealisten
- Zeitgenössische Installationen

Eingang zu Wechselausstellungen

Eingang zur Dauerausstellung

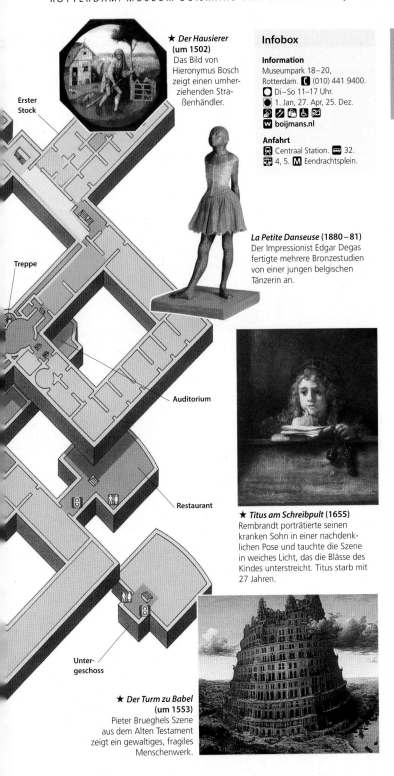

★ Der Hausierer (um 1502)
Das Bild von Hieronymus Bosch zeigt einen umherziehenden Straßenhändler.

Erster Stock

Treppe

Auditorium

Restaurant

Untergeschoss

Infobox

Information
Museumpark 18–20, Rotterdam. (010) 441 9400.
Di–So 11–17 Uhr.
1. Jan, 27. Apr, 25. Dez.
w boijmans.nl

Anfahrt
Centraal Station. 32.
4, 5. M Eendrachtsplein.

La Petite Danseuse (1880–81)
Der Impressionist Edgar Degas fertigte mehrere Bronzestudien von einer jungen belgischen Tänzerin an.

★ Titus am Schreibpult (1655)
Rembrandt porträtierte seinen kranken Sohn in einer nachdenklichen Pose und tauchte die Szene in weiches Licht, das die Blässe des Kindes unterstreicht. Titus starb mit 27 Jahren.

★ Der Turm zu Babel (um 1553)
Pieter Brueghels Szene aus dem Alten Testament zeigt ein gewaltiges, fragiles Menschenwerk.

Wasserstadt Rotterdam

Rotterdam liegt im Mündungsbereich der Nieuwe Maas, die – vereinigt mit Rhein und Waal – in die Nordsee mündet. Eine der Hauptattraktionen von Rotterdam ist der Hafen, einer der größten der Welt. Mehrere Bootslinien bieten täglich Rundfahrten durchs Hafengebiet an. Die Touren führen u. a. entlang von Containerumschlaghäfen, Schiffswerften und riesigen Trockendocks. Im Hafen werden Milliarden verdient.

Rotterdam
Im drittgrößten Hafen der Welt legen jährlich 300 000 Ozeanriesen an. Die geschlagenen Güter stammen oft aus Ruhrgebiet oder sind dafür bestimmt.

Hafen von Rotterdam

Der Rotterdamer Hafen, von dem auf dieser Karte nur ein Teil zu sehen ist, erstreckt sich von der Innenstadt bis an die Nordsee und ist in neun Gebiete unterteilt. Von Ost nach West: Stadhavens, Vierhavens, Merwehaven, Waalhaven, Eemhaven, Vondelingenplat, Botlek, Europoort (für Umschlag und Verarbeitung von Rohöl) und Maasvlakte. Der Hafen wächst noch immer, wobei vor allem in der Nordsee nach Erweiterungsmöglichkeiten gesucht wird.

Alter Delfs

Vlaardingen

Schiedam

Delfshaven

Merwehaven

Vulcaanhaven

A4

Wilhelminahaven

Nieuwe Maas

Waalhaven

2e Petroleumhaven

Pernis

Eemhaven

A4

Pr. Johan Frisohaven

Pr. Willem-Alexanderhaven

Pr. Beatrixhaven

Pr. Margriethaven

A15

Pernis
In der größten Raffinerie der Welt wird Tag und Nacht Rohöl raffiniert. In der Nacht sehen die beleuchteten Anlagen von Pernis futuristisch aus.

Trocken docks

Spido Tour
Hier liegt die Abfahrtsstelle für Hafenrundfahrten. Angeboten werden eineinhalbstündige Fahrten durch die Häfen der Innenstadt *(siehe Karte unten)* sowie Tagesfahrten, die bis zur Maasvlakte führen.

Euromast

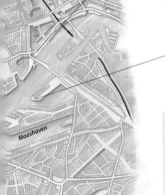

Maashaven

Zuiderpark

Filtergebäude Maastunnel

0 Kilometer   3

Legende

═══ Straße

——— Eisenbahn

Welthafentage
Anfang September locken die Welthafentage Tausende Besucher an, die die vielen verschiedenen Bootstypen bewundern.

Hotel New York
Das Hotel befindet sich im wunderschönen Hauptgebäude der früheren Holland-Amerika-Linie, erbaut zu Beginn des 20. Jahrhunderts. Auch die Ankunftshallen in der Nähe sind eine architektonische Kostbarkeit.

Der Hafen als Wirtschaftsfaktor

Rotterdam ist das Tor nach Europa: 2015 hatte der im Rhein-Maas-Delta gelegene Hafen einen Güterumschlag von 466 Millionen Tonnen. Mit etwa 100 Quadratkilometer Fläche ist der Rotterdamer Hafen mit Abstand der größte Europas und einer der wichtigsten Arbeitgeber der Stadt. Direkt und indirekt sind rund 320000 Arbeitsplätze mit ihm verbunden. Der Umsatz beträgt ungefähr sieben Prozent des niederländischen Bruttoinlandsprodukts.

Jedes Jahr werden im Rotterdamer Hafen viele Millionen Container be- und entladen

Gouda: St.-Janskerk

Die ursprünglich katholische Kirche von 1485 wurde im gotischen Stil wiederaufgebaut, nachdem sie 1552 niederbrannte. Von 1555 bis 1571 stifteten viele reiche katholische Wohltäter, darunter auch Philipp II. von Spanien, der Kirche kostbare Glasmalereifenster. Nach der Reformation *(siehe S. 56f)* wurde die Kirche protestantisch, aber auch die fanatischen Bilderstürmer brachten es nicht übers Herz, die Fenster zu zerstören. Selbst prominente Protestanten wie Rotterdams Ratsherren spendeten der Kirche bis 1604 weitere Fenster. Die »Goudse Glazen« stecken voll politischer Symbolik. Biblische Geschichten illustrieren den Streit zwischen Katholiken und Protestanten, der zum Achtzigjährigen Krieg führte.

Mittelschiff
Mit 123 Metern ist es das längste in den Niederlanden. Auf dem Boden sieht man Gedenksteine.

Judith tötet Holofernes
Dies ist ein Detail eines Fensters, das Judith zeigt, wie sie Holofernes tötet. Der Künstler Dirck Crabeth bildet Johannes den Täufer mit einem Lamm ab. Neben ihm kniet Jan de Ligne, Graf von Arenberg, in dessen Auftrag das Fenster angefertigt wurde.

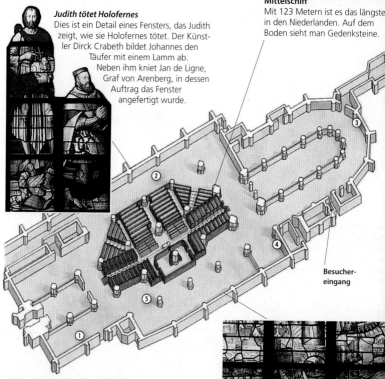

Besuchereingang

Außerdem

① *Die Ehebrecherin* (1601) zeigt Jesus in der Kutte eines Franziskaners. Er bittet die Menge um Gnade für die untreue Ehefrau, die von spanischen Soldaten bewacht wird.

② *Nördliches Seitenschiff*

③ *Taufe Jesu*

④ *Die Tempelsäuberung*

⑤ *Südliches Seitenschiff*

Die Befreiung von Leiden (1603)
Willem van Oranje war Führer des Widerstands der Leidener gegen die spanische Belagerung 1574.

Hotels und Restaurants in Zuid-Holland *siehe Seiten 397f und 410f*

Die Tempelsäuberung
Willem van Oranje stiftete das
Fenster 1567. Die Händler sehen
beunruhigt zu, wie Jesus die
Wucherer aus dem Tempel ver-
treibt, eine Anspielung auf den
Wunsch, die Spanier zu verjagen.

Taufe Jesu (1555)
Johannes der Täufer tauft Jesus im
Jordan. Das Fenster war ein Ge-
schenk des Bischofs von Utrecht.

Das Rathaus von Nieuwpoort überspannt die Stadtgracht

⓫ Gouda

Straßenkarte B4. 🚏 71 000. 🚉
ℹ Markt 35, (0182) 589 110. 🛒
Do vorm., Sa; Termine für Käsemarkt
tel. erfragen. 🌐 welkomingouda.nl

Im Jahr 1272 verlieh Floris V
Gouda das Stadtrecht. Durch
ihre günstige Lage an der
Gouwe und der Hollandse
IJssel entwickelte sich die Stadt
im 15. Jahrhundert zu einem
blühenden Zentrum der Bierbrauerei und Tuchmacherei.
Während des Achtzigjährigen
Kriegs geriet Gouda in wirtschaftliche und politische Isolation. Erst im 17. und Anfang
des 18. Jahrhunderts ging es
durch den Handel mit Käse,
Pfeifen und Kerzen wieder
bergauf.

Heute ist Gouda vor allem
für seinen Käse und den **Käsemarkt** bekannt. Der Markt
wird in den Sommermonaten
auf dem großen dreieckigen
Platz rund um das **Rathaus** abgehalten. Das mit vielen Ziertürmchen, sogenannten Pinakeln, üppig verzierte **Stadhuis**,
1450 im Stil der flämischen
Gotik erbaut, ist eines der ältesten der Niederlande. Im
ehemaligen Hospital **Catharina
Gasthuis** (14. Jh.) ist heute das
Museum Gouda zu Hause,
dessen Sammlung Bilder der
Haager Schule und seltene Altaraufsätze (16. Jh.) umfasst.

🏛 Stadhuis
Markt 1. 📞 (0182) 589 110.
🕐 unterschiedliche Zeiten, bitte tel.
erfragen. ⬤ Feiertage. 🅿 🎫 nach
Vereinbarung.

🏛 Museum Gouda
Achter de Kerk 14. 📞 (0182) 331
000. 🕐 Di–So 11–17 Uhr.
⬤ 1. Jan, 27. Apr, 25. Dez. 🅿
🌐 museumgouda.nl

⓬ Reeuwijkse Plassen

Straßenkarte B4. ℹ VVV Gouda.

Die Reeuwijker Seenplatte entstand durch Torfabtragungen.
Schmale Wege führen zwi-
schen den rechteckigen Seen
hindurch, deren Form den früheren Parzellen entspricht. Das
Dorf **Sluipwijk** scheint beinahe
im Wasser zu versinken. Am
besten erkundet man die Gegend zu Fuß oder mit dem
Rad. Im Sommer kann man
auch einen Bootsausflug in der
Seenlandschaft unternehmen.

⓭ Nieuwpoort

Straßenkarte C4. 🚏 1600.
🚌 90 von Utrecht.

Die schöne kleine Festungsstadt, die 1283 das Stadtrecht
erhielt, steht unter Denkmalschutz. Die Straßenführung
aus dem 17. Jahrhundert ist
beinahe unverändert erhalten,
dasselbe gilt für die Stadtmauern, die sowohl Schutz vor den
Franzosen als auch vor Hochwasser bieten mussten. Das
Rathaus (mit der darunterlie-
genden Flutungsschleuse)
stammt aus dem Jahr 1696,
das Arsenal von 1781. Zwischen 1973 und 1998 wurde
die Altstadt restauriert.

Straßenkarte *siehe hintere Umschlaginnenseiten*

⑭ Gorinchem

Straßenkarte C4. 🏚 35 000. 🚏
i Grote Markt 17, (0183) 631 525.
🛒 Mo vorm. **w** vvvgorinchem.nl

Im 13. Jahrhundert war Gorinchem, das zwischen Waal und Linge liegt, Eigentum der Herren von Arkel. Sie wurden von Graf Willem VI vertrieben, wodurch die Stadt zu Holland kam. Ende des 16. Jahrhunderts wurden Befestigungsanlagen errichtet, die bis heute teilweise intakt sind und von denen man prächtige Ausblicke über die Waal hat. Von den vier Stadttoren ist nur die **Dalempoort** erhalten geblieben. Der Lingehaven im Herzen der Stadt ist teilweise noch authentisch.

Umgebung: Am anderen Ufer der Waal liegt **Slot Loevestein** aus dem 14. Jahrhundert. Es hat eine höchst wechselvolle Geschichte als Zollschloss, Wehranlage der Hollandse Waterlinie und – im 17. Jahrhundert – sogar als Staatsgefängnis hinter sich. Von Gorinchem aus fährt zwischen Mai und September eine Fußgängerfähre direkt zum Schloss.

🏰 Slot Loevestein
Poederoijen. 📞 (0183) 447 171. ⏰
Mai–Sep: Di–So 11–17 Uhr (Juli, Aug: auch Mo); Okt–Apr: Sa, So 11–17 Uhr.
● 1. Jan, 27. Apr, 26. Dez. 🅿 ♿
🏰 🍴 **w** slotloevestein.nl

Glasbläser in Leerdam

⑮ Leerdam

Straßenkarte C4. 🏚 20 000. 🚏
i Dr. Reilinghplein 3, (0345) 613 057. 🛒 Do vorm., Sa nachm.
w vvvleerdam.nl

Leerdam ist für seine Glasindustrie bekannt. Die Koninklijke Nederlandse Glasfabriek wurde mit Entwürfen von Berlage, Copier und anderen Künstlern berühmt. Im **Nationaal Glasmuseum** kann man sie bewundern. Bei Royal Leerdam Kristal kann man auch bei der traditionellen Glasherstellung zusehen. **Fort Asperen** ist eine der besterhaltenen Festungen der Nieuwe Hollandse Waterlinie.

🏛 Nationaal Glasmuseum
Lingedijk 28. 📞 (0345) 614 960.
⏰ Di–Sa 10–17, So 12–17 Uhr. ♿
🏰 **w** nationaalglasmuseum.nl

⑯ Dordrecht

Straßenkarte B4. 🏚 118 500. 🚏
i Spuiboulevard 99, 0900 463 6888. 🛒 Di vorm., Fr, Sa.
w vvvdordrecht.nl

Die älteste Stadt Hollands erhielt 1220 das Stadtrecht und war bis ins 16. Jahrhundert die bedeutendste Hafen- und Handelsstadt der Provinz. Heute ist Dordrecht noch immer ein wichtiger Binnenhafen. Im alten Hafengebiet erinnern Patrizierhäuser, Speicher und *hofjes* an die Vergangenheit. Die **Grote Kerk** (13.–17. Jh.) im Stil der Brabanter Gotik ist reich ausgestattet. In den Salons eines Patrizierhauses aus dem 18. Jahrhundert residiert das **Museum Simon van Gijn** mit alten Stichen, Kleidung und Spielzeug. **Het Hof van Nederland** (1512) beherbergt den Statenzaal, in dem 1572, zu Beginn des Unabhängigkeitskampfs gegen Spanien, die Dordrechter Ständeversammlung tagte.

🏰 Grote Kerk
Lange Geldersekade 2. 📞 (078) 614 4660. ⏰ Apr–Okt: Di–Sa 10.30–16.30, So 12–16 Uhr; Nov, Dez: Di, Do, Sa 14–16 Uhr. ● Jan–März.
🏰 Apr–Okt: Do, Sa 14.15 Uhr. 🏰
w grotekerk-dordrecht.nl

🏛 Het Hof van Nederland
Hof 6. 📞 (078) 770 5250.
⏰ Di–So 11–17 Uhr.
w hethofdordrecht.nl

Bei Kinderdijk entwässerte eine Reihe von Mühlen jahrhundertelang die Alblasserwaard

Kinderdijk

traßenkarte B4. 🚌 90, 190 von
tterdam, Lombardijen Station; 19
n Dordrecht, Centraal Station. 🚢

n Zusammenfluss von Lek
d Noord stehen die berühm-
n **19 Mühlen**, welche die
olasserwaard in früheren
hrhunderten trocken hielten.
rch das Absacken des Bo-
ns waren immer wieder
ue Mühlen notwendig, um
 Höhenunterschiede über-
nden zu können.

Brielle

aßenkarte B4. 🗺 16 000.
Metro Rotterdam nach Spij-
isse, dann 103. 🛈 Turfkade 18,
81) 472 662. 🚢 Mo; Juli, Aug:
🌐 zuid-hollandse-eilanden.nl

e schöne historische Hafen-
d Festungsstadt Brielle (Den
el) mit ihren zum großen Teil
akten Wehranlagen (18. Jh.)
 denkmalgeschützt. Bis zur
ffnung des Nieuwe Water-
g (1872) hatte der Geburts-
von Admiral van Tromp
e strategische Lage.
Die Ortsgeschichte und der
rühmte Angriff der Water-
uzen im Jahr 1572 *(siehe
sten)* werden im **Historisch
useum Den Briel** illustriert.
 imposante **St.-Catharijne-
k** aus dem 15. Jahrhundert,
Stil der Brabanter Gotik er-
ut, überragt die Stadt.

Historisch Museum Den Briel
kt 1. ☎ (0181) 475 477.
Di–Sa 10–17, So 13–17 Uhr.
Feiertage. 🎫 🚻
historischmuseumdenbriel.nl

Hellevoetsluis

ßenkarte B4. 🗺 39 000.
Metro Rotterdam CS nach Spij-
sse, dann 101. 🛈 Oostzanddijk
181) 312 318. 🚢 Sa.

levoetsluis war Ende des
Jahrhunderts der Kriegs-
en der Generalstaaten von
land. Von hier liefen die
ten unter Tromp, de Ruyter
 Piet Hein zu ihren See-
achten aus. Innerhalb der
n Festung erinnern das

Die Straße bei Middelharnis (um 1689) von Meindert Hobbema

Prinsehuis, in dem die Admiralität de Maze logierte, das
Trockendock und **Fort Haerlem**
(19. Jh.) an die maritime Vergangenheit. Alles über Brände
und das Löschen lernt man im
Nationaal Brandweermuseum.

🏛 **Nationaal Brandweermuseum**
Industriehaven 8. ☎ (0181) 314
479. 🕐 Apr–Okt: Di–Sa 10–16, So
11–16 Uhr. 🚻 🎫 🌐 nationaal
brandweermuseum.nl

⁰ Middelharnis

Straßenkarte B4. 🗺 18 000.
🚌 136, 396 von Rotterdam Zuid-
plein. 🛈 Vingerling 3, (0187)
484 870. 🚢 Mi.

Im 16. Jahrhundert überholte
Middelharnis seinen Nachbarn
Goedereede als Hafenstadt.
Die Fischerei blieb bis Ende des

19. Jahrhunderts die wichtigste Erwerbsquelle. Im Ortskern
steht die Kreuzkirche (15. Jh.).
Am Rathaus (1639) hängen
Holzblöcke, die Frauen als
Strafe für üble Nachrede durch
die Stadt tragen mussten.

²¹ Goedereede

Straßenkarte A4. 🗺 1900. 🚌
Metro R'dam CS nach Spijkenisse,
dann 111 bis Hellevoetsluis, dann
104 oder 139 von Rotterdam Zuid-
plein. 🛈 Bosweg 2, Ouddorp
(0187) 681 789. 🚢 Di.

Im 14. und 15. Jahrhundert
war Goedereede eine Hafenstadt, doch die Versandung
läutete den Niedergang des
Geburtsorts von Papst Adria-
nus VI. ein. Die alten Häuser
am Hafen erscheinen wie in
einem Dornröschenschlaf.

Watergeuzen

Die Watergeuzen (»Wassergeusen«) waren eine Gruppe niede-
rer Adliger, die der Inquisition entflohen waren und als Freibeu-
ter die Nordsee befuhren. Sie plünderten andere Schiffe und
sorgten in englischen und deutschen Hafenstädten für viel Un-
ruhe. Im Frühjahr 1572 mussten sie England, wo ein Teil ihrer

Van Lumey

Flotte lag, verlassen. Ohne klaren Plan
überfielen sie unter van Lumey am
1. April 1572 die Stadt Den Briel
(Brielle), die sie danach »für den Prinzen« besetzt hielten. Andere Städte
schlossen sich den Watergeuzen an
oder wurden von ihnen mit Gewalt
eingenommen. Damit war der erste
Schritt zur Unabhängigkeit der Niederlande von Spanien, mehr oder weniger
versehentlich, getan.

Straßenkarte *siehe hintere Umschlaginnenseiten*

eeland

er Zeeland (Seeland) sagt, denkt an Wasser. Bis heute spielt
e Nordsee in dieser südwestlichen Provinz der Niederlande
ne nicht wegzudenkende Rolle. Noch 1953 wüteten hier
rheerende Fluten. Doch seit es durch Sturmflutwehre
e die Deltawerke mit dem gigantischen Oosterschelde-
urmflutwehr gezähmt wurde, ist das Meer, nicht zu-
tzt für die vielen Wassersportler, wieder zum Freund geworden.

e jüngste Vergangenheit hat es nicht
mer gut gemeint mit Zeeland. Bei der
tkatastrophe 1953 ging vieles verloren,
er auch die beiden Weltkriege haben
e Wunden geschlagen. In vielen Orten,
r allem in Zeeuws-Vlaanderen, findet
n kaum noch Häuser, die vor den
50er Jahren gebaut wurden. Überall
ht man Gedenktafeln, die an die vielen
ten der Kriege und der Überschwem-
ungen erinnern.

Doch wer sich mehr Zeit nimmt, der
nn hier noch viel Schönes und Altes
tdecken. In Städten wie Middelburg,
rikzee und Veere sowie in Dörfern wie
t Anna ter Muiden, Dreischor und
se sind die alten Ortskerne mit den
torischen Häusern teilweise noch er-

halten – oder wurden im alten Stil wiederaufgebaut. Schon im 17. Jahrhundert
legte das Hochwasser hier Spuren römischer Siedlungen frei.

Heute ist Zeeland vor allem eine Landschaft der Ruhe, des stetig wechselnden
Himmels und des weiten Raums, wo der
Wind ungehindert weht und viele Vogelarten in Naturschutzgebieten wie dem
Zwin und dem Verdronken Land (»Ertrun-
kenes Land«) van Saeftinge leben.

Im Sommer kommen viele Urlauber, vor
allem Surfer, Segler und Taucher, an die
Küsten, wo sie im Vordelta ideale Wassersportgebiete vorfinden. Naturschutzge-
biete sorgen dafür, dass die Gewässer
zwischen den Inseln großteils das Reich
der Vögel bleiben.

Rathaus aus dem 15. Jahrhundert beherrscht das Stadtbild des historischen Orts Veere

3lick auf den Strand bei Ebbe, Domburg *(siehe S. 255)*

Überblick: Zeeland

Bei Reisen in Zeeland spielt das Wasser eine große Rolle: Brücken, Dämme und Fährboote verleihen einer Fahrt oft einen Hauch von Abenteuer. Manchmal führt nur ein schmales Band durchs sturmgepeitschte, fahlgrüne Wasser, dessen weiße Schaumkronen den Himmel beinahe berühren. Auf Dämmen gelangt man zu den Inseln, von denen jede ihre ganz eigene Ausstrahlung hat. Beispielsweise Tholen: still, fast abweisend und in sich gekehrt. Oder Walcheren mit seiner wunderschönen, unberührten Natur. Immer wieder kommt man durch alte Städte und Dörfer mit eigenem Charakter. Eine Reise in Zeeland ist eine Entdeckungsreise.

In Zeeland unterwegs

Wer alle Inseln besuchen will, ist auf das Auto angewiesen. Die Straßen sind hervorragend: Die A58 und die N57 bringen einen ins Herz der Provinz, von wo aus kleinere Straßen weiterführen. Mit dem Zug erreicht man Vlissingen und Middelburg von Amsterdam aus in zweieinhalb Stunden. Die anderen Inseln werden von Regionalbussen angefahren, doch das kann Zeit kosten. Es gibt viele Fahrradwege – eine Radtour auf den Deichen ist ein Genuss.

Sehenswürdigkeiten auf einen Blick

❶ Oosterschelde Stormvloedkering S. 250f
❷ Middelburg S. 252–254
❸ Veere
❹ Domburg
❺ Vlissingen
❻ Westkapelle
❼ Zierikzee
❽ Haamstede
❾ Brouwershaven
❿ Bruinisse
⓫ St. Annaland
⓬ St. Maartensdijk
⓭ Tholen
⓮ Goes
⓯ Yerseke
⓰ Nisse
⓱ Hulst
⓲ Terneuzen
⓳ Sluis
⓴ Cadzand

Ein Zeeuwser Sport: Ringestechen

Legende

▬▬ Autobahn
▬ Hauptstraße
⋯⋯ Nebenstraße
▬ Panoramastraße
--- Eisenbahn (Neber
▬▬ Staatsgrenze
▬▬ Provinzgrenze

Weitere Zeichenerklärungen siehe hintere Umschlagklappe

9 BROUWERSHAVEN

Dreischor

skerke

N59

Duiveland

N59

BRUINISSE **10**

RIKZEE **7**

Ouwerkerk

St. Philipsland

splaat

ST. ANNALAND **11**

Tholen

12 ST. MAARTENSDIJK

N286

THOLEN **13**

256

e

14 GOES

15 YERSEKE

Kapelle

nd

NISSE

Kruiningen

Krabbendijke

N659

ELAND

A58

sdijk

Kloosterzande

NEUZEN

Vlaanderen

Zaamslag

Axel

N61

17 HULST

BELGIEN

0 Kilometer   10

Taucher bei einem der Binnenseen

Trocknende Fischnetze in Yerseke

Fruchtbarer schwarzer Lehmboden

Hotels und Restaurants in Zeeland *siehe Seiten 398 und 411f*

❶ Oosterschelde Stormvloedkering

Die Geschichte der Niederlande ist vom Kampf gegen das Wasser geprägt. Nach der schweren Flutkatastrophe in Zeeland 1953 wurden umfangreiche Maßnahmen umgesetzt, um das Meer zu zähmen. Mit der Anlage von Deichen und Wehren und dem Eindämmen von Meereszungen scheint die Hochwasser- und Sturmflutgefahr heute gebannt, allerdings veränderte das die ganze Landschaft.

Windsack
Wenn sich der Windsack bläht, ertönt ein Warnton. Dann sollte man Dämme und Brücken zwischen den Inseln nicht überqueren. Vorsicht ist hier überlebenswichtig.

Stürme
Sturm gehört zur Zeeuwsen Landschaft: Sturm am Strand oder über den flachen Poldern, Sturm, der den Kopf frei macht, oder Sturm, der Angst einflößt und lebensgefährlich sein kann.

Unglücksnacht 1953
In der Nacht vom 31. Januar auf den 1. Februar 1953 geschah, was niemand für möglich gehalten hatte. Eine Kombination von Springflut und Sturm ließ die Deiche brechen und spülte sie wie Sand davon. 1835 Menschen verloren ihr Leben.

Deltapark Neeltje Jans

Die künstlich angelegte Insel Neeltje Jans wurde bis in die 1980er Jahre für den Bau des Oosterschelde-Sturmflutwehrs benutzt. Hier wurden u. a. die Stützpfeiler zusammenmontiert, die dann auf Barken zu ihren Positionen gebracht wurden. Heute ist die einstige Arbeitsinsel für Besucher zugänglich. Im Deltapark kann man sich über die verschiedenen Delta-Projekte und die Funktionsweise des Sturmflutwehrs informieren. Man kann die Sperranlage von innen und bei einer Bootsumrundung von außen besichtigen. Es gibt ein Aquarium, eine Seehundshow und eine »Hurrikan-Maschine«, die eine Sturmflut simulieren kann.

Spielend lernen auf Neeltje Jans

Luctor et emergo
»Ich ringe und komme nach oben« heißt das lateinische Motto von Zeeland – was für 1953 sehr passend klingt. Auf dem Wappen steht der Niederländische Löwe halb im Wasser.

Betonpfeiler
Sie wurden auf der Arbeitsplattform Neeltje Jans hergestellt und dann mit Spezialschiffen zu ihrem Bestimmungsort gebracht. Die aufwendige Arbeit lockte viele Schaulustige an.

Infobox

Information
Straßenkarte A4–5. Deltapark Neeltje Jans, Faelweg 5, Vrouwenpolder. ☐ (0111) 655 655. ☐ Apr–Okt: tägl. 10–17 Uhr (Juli, Aug: bis 18 Uhr); Nov–März: siehe Website. 🅿
🖼 🚾 🏛 ♿ 🚻 🌐 neeltjejans.nl
Anfahrt
🚌 133.

Deltawerke
Das Schutzsystem gegen Hochwasser hatte weitreichende Folgen für Landschaft und Umwelt. Die Zeeuwsen Inseln sind heute mit dem Festland verbunden und so aus ihrer Isolation geholt worden.

Halb offener Pfeilerdamm
Der Bau des Sturmflutwehr dauerte 13 Jahre und kostete 3,6 Milliarden Euro, zwei Drittel der Gesamtkosten des ganzen Deltaplans. Nach langer Überlegung entschied man sich dafür, die Seezunge offen zu halten und das Gezeitenmilieu zu bewahren. Man errichtete einen halb offenen Pfeilerdamm mit 62 Tafelschützen, die im Schnitt einmal im Jahr bei schwerem Sturm geschlossen werden. So blieb das Salzwassergebiet mit seinen Groden und Schlickgebieten erhalten.

Außerdem

① **Betonpfeiler** tragen das Wehr.

② **Die Tore** werden nur bei Hochwasser verschlossen.

③ **Auf dem Damm** wurde eine Straße angelegt.

④ **Bodenverstärkung** verhindert das Wegspülen des Untergrunds.

⑤ **Die Pfeiler** ruhen auf festen Fundamenten.

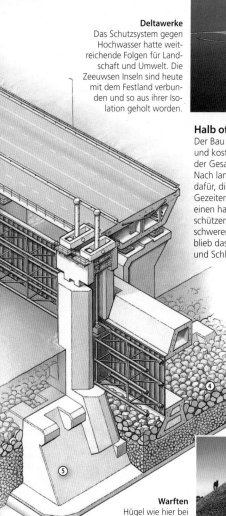

Warften
Hügel wie hier bei Borssele wurden schon im 11. und 12. Jahrhundert aufgeschüttet, um Gehöfte oder ein Dorf zu schützen.

Straßenkarte *siehe hintere Umschlaginnenseiten*

❷ Im Detail: Middelburg

Middelburg wurde 1940 durch deutsche Bomben schwer beschädigt. Vieles von dem, was heute hier zu sehen ist, wurde wiederaufgebaut, auch das Rathaus und die Abtei. In der Stadt erinnert noch viel an das Goldene Jahrhundert, als die VOC im Hafengebiet am Kai entlang gute Geschäfte machte. Es ist eine liebenswerte Stadt, in der man auf einem Spaziergang viel Schönes entdecken kann. Kinder kommen in Mini Mundi auf ihre Kosten.

★ **St. Jorisdoelen**
Der Schützenhof wurde 1582 erbaut, 1940 zerstört und 1969 rekonstruiert.

Zeeuws Archief, das Archiv der Provinz, ist heute in einem neuen Flügel des geschichtsträchtigen Van de Perrehuis an der Hofplein untergebracht.

Legende
— Routenempfehlung

0 Meter   50

★ **Stadhuis**
Das Rathaus aus dem 15. Jahrhundert brannte im Mai 1940 völlig aus und wurde teilweise wiederaufgebaut. An der Nordseite steht heute ein moderner Anbau.

Vismarkt
Der Fischmarkt besteht seit 1559. Der Gang mit toskanischen Säulen wurde 1830 erbaut.

Hotels und Restaurants in Zeeland *siehe Seiten 398 und 411f*

Mini Mundi
Die Miniaturstadt wird seit 1954 kontinuierlich erweitert. Sie umfasst heute mehr als 350 Gebäude.

Infobox

Information
Straßenkarte A5. 🗺 48 000.
🛈 Markt 51, (0118) 674 300.
🗓 Do, Sa.
🌐 **uitinmiddelburg.nl**
Mini Mundi Podium 35, Zep Middelburg 📞 (0118) 471 010.
🕐 siehe Website. 🅿 ♿
🌐 **minimundi.nl**
Abtei *siehe S. 254.*

Anfahrt
🚌 🚆

★ Abtei
Die Restaurierung dauerte Jahrzehnte, doch das Ergebnis ist besonders gut gelungen.

Lange Jan
Der Turm (91 m) der Nieuwe Kerk des Abteikomplexes besitzt einen achteckigen Grundriss und stammt aus dem 14. Jahrhundert.

Londoner Kai
Die Namen der *kaaien* beziehen sich auf die Güter, die hier früher gehandelt wurden, oder auf die Städte, aus denen sie kamen.

Straßenkarte *siehe hintere Umschlaginnenseiten*

Middelburg: Zeeuws Museum

Das Zeeuws Museum befindet sich in einem renovierten Flügel der Abtei von Middelburg. Die Geschichte der Abtei reicht bis ins Jahr 1100 zurück, als hier Norbertiner aus dem Kloster St. Michiel in Antwerpen lebten. Sie waren sehr mächtig, wurden aber 1574 durch Willem van Oranje verjagt. Danach ließ sich die weltliche Macht hier nieder. Das Museum geht auf die Geschichte der Abtei ein und präsentiert seine erlesenen Sammlungen von Porzellan, Silber, Gemälden und Tapisserien.

Infobox

Information
Zeeuws Museum. **Straßenkarte**
A5. ☎ (0118) 653 000.
◯ Di–So 11–17 Uhr.
⬤ 1. Jan, 27. Apr, 25. Dez.
Ⓦ zeeuwsmuseum.nl

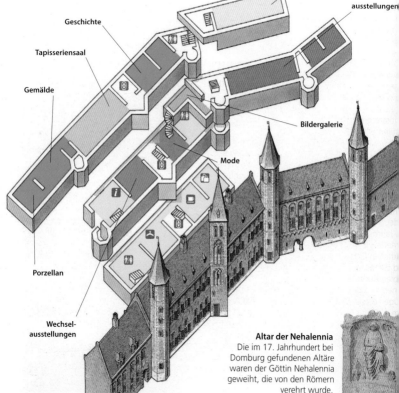

Wunder

Wechselausstellungen

Geschichte

Tapisseriensaal

Gemälde

Bildergalerie

Mode

Porzellan

Wechselausstellungen

Altar der Nehalennia
Die im 17. Jahrhundert bei Domburg gefundenen Altäre waren der Göttin Nehalennia geweiht, die von den Römern verehrt wurde.

Trachten
Das Museum hat eine Sammlung von Schmuckstücken, Accessoires und Trachten, die auch mit Videos zeitgenössischer Künstler präsentiert wird.

Kurzführer
Das Zeeuws Museum ist in einem der ältesten Flügel der Abtei untergebracht und hat verschiedene Abteilungen, die sich der Geschichte der Region, de Mode und anderen Themen widmen. Außerdem finden hier regelmäßig Wechselausstellungen statt.

Hotels und Restaurants in Zeeland *siehe Seiten 398 und 411f*

Veere

ßenkarte A5.  1500.
Oudestraat 28, (0118) 506 110.
vvvzeeland.nl

ute und Gestern treffen in
ere aufeinander. Am Kai lie-
n moderne Yachten vor den
tischen Fassaden von **Het
nmetje** (1539) und **De
uijs** (1561) vor Anker. Die
otse Huizen stammen aus
Zeit, als der Hafen noch
bedeutender Umschlag-
tz für schottische Wolle
r. Andere Monumente aus
ruhmreichen Vergangen-
t sind das **Stadhuis** (1474),
Campveerse Toren (um
00) sowie die **Onze Lieve
uwekerk** (15./16. Jh.). Beine wäre die Kirche abgeris-
worden, glücklicherweise
sie als Konzertsaal für zeit-
nössische Musik eine neue
stimmung erhalten.

Domburg

ßenkarte A5.  1600.
Schuitvlotstraat 32, (0118) 581 342.

mburg war einer der ersten
deorte des Landes. Im
Jahrhundert suchte das
nehme Europa in dem
dtchen Entspannung
d Genesung. Die
blen Kurhotels in den
nen sind prächtige
ugen dieses Elite-Tou-
mus. Pieter Cornelius
ndriaan (1872–
44) hielt sich längere
t in Domburg auf und
lte hier auch.

*Michiel de
Ruyter*

gebung: Im Landesinneren
gt zwischen Dünen und
dern der Ort Oostkapelle.
hön sind hier das Natur-
utzgebiet **De Manteling**
d Schloss **Westhove**, das bis
m 16. Jahrhundert Landsitz
s Abts von Middelburg war.
der ehemaligen Orangerie
findet sich das naturkund-
he Museum **Terra Maris**.

Terra Maris
nvlietweg 6. (0118) 582 620.
Mitte Apr–Okt: tägl. 10–17 Uhr;
/–Mitte Apr: Mi–Fr 12–16, Sa, So
–17 Uhr. terramaris.nl

Im Yachthafen von Vlissingen liegen immer viele Schiffe

❺ Vlissingen

Straßenkarte A5.  44 500.
Spuistraat 30, (0118) 715
320. Fr. vlissingen.nl

Die Häfen in Vlissingen und im
Industriegebiet Vlissingen-Oost
sowie die **Schiffswerft De
Schelde** sind die Wirtschafts-
motoren der Stadt. In der Mili-
tärbasis Vlissingen haben im
Lauf der Geschichte viele
Kämpfe ihre Spuren hinterlassen. Eines der wenigen erhaltenen Gebäude aus der
Zeit Michiel de Ruyters ist
das **Arsenaal** (1649). Ein
zweites Arsenal (1823)
ist heute der Freizeitpark
Het Arsenaal *(siehe
S. 426)*, ein Erlebniszen-
trum mit Piratenpark und
Zeeaquarium, das vor
allem Kinder anspricht.
Nervenkitzel bieten die
Reptilien und Spinnentiere, die
man im **Reptielenzoo
Iguana** ansehen kann. Die

**Fassade des schicken Badhotel
in Domburg**

Terrarien befinden sich in zwei
Herrenhäusern (18. Jh.). Das
muZEEum widmet sich maritimen Themen.

🏛 Het Arsenaal
Arsenaalplein 7. (0118) 415 400.
Ende März–Anfang Nov: tägl.
10–19 Uhr; Anfang Nov–Ende
März: Mi, Fr 12–19, Sa, So 10–
19 Uhr. arsenaal.com

🏛 Reptielenzoo Iguana
Bellamypark 35. (0118) 417 219.
Juni–Sep: Di–Sa 10–17.30, So,
Mo 13–17.30 Uhr; Okt–Mai: tägl.
13–17.30 Uhr. 1. Jan, 25. Dez.
iguana.nl

🏛 muZEEum
Nieuwendijk 11. (0118) 412 498.
Di–So 10–17 Uhr (Schulferien:
tägl.). 1. Jan, 27. Apr, 25. Dez.
muzeeum.nl

❻ Westkapelle

Straßenkarte A5.  2800.
Zuidstraat 134, (0118) 581 342. Fr.

Das Beeindruckendste an
Westkapelle ist der Deich. Der
Ort lag früher hinter Dünen,
die im 15. Jahrhundert wegge-
spült wurden. Daraufhin versetzte man Westkapelle landeinwärts und legte bis 1458
einen Deich an. Aus dieser Zeit
stammt der Leuchtturm, der
bis 1831 als Kirchturm diente.
1944 wurde der Deich von den
Engländern bombardiert, um
Walcheren zu fluten und zu
befreien. 1987 schüttete man
den Deich auf Deltaniveau auf.

Die mittelalterliche Zuidhavenpoort in Zierikzee

❼ Zierikzee

Straßenkarte A4. 🚩 9900. 🚌
🛈 Nieuwe Haven 7, (0111) 450 524. 🗓 Do. 🌐 zierikzee-monumentenstad.nl

Mit seinen 558 denkmalge-schützten Häusern liegt Zierik-zee auf der Liste der histori-schen Städte der Niederlande an achter Stelle. Schon aus der Ferne sieht man die imposan-ten Stadttore. Die vielen Ter-rassen am Havenplein bieten einen wundervollen Blick auf die zwei Hafentore und die reich dekorierten Patrizier-häuser am Oude Haven, dem Rest der **Gouwe**, eines Priels, dem Zierikzee seinen Reichtum verdankt.

Inmitten der Stadt liegt der gotische **Gravensteen** (1524–26), früher Residenz des Grafen von Holland. Heute beherbergt er einen Fair-Trade-Laden. Das Stadtpanorama wird vom un-vollendeten **Dikke Toren** (auch Monstertoren) beherrscht, des-sen Bau 1454 begonnen wurde. Er sollte mit 130 Me-tern die Krönung der **St.-Lie-venskerk** (12. Jh.) werden, die 1832 abbrannte.

Auf einem Spaziergang durch die Straßen am Alten und Neuen Hafen, z. B. durch die Meelstraat oder die Post-straat, findet man viele alte Fassaden, etwa das Haus De Haene (14. Jh.), auch Tempe-liershuis genannt, oder das ehemalige Rathaus (1550–54),

heute das **Stadhuismuseum**. An das wichtigste lokalhistori-sche Ereignis, den **Aufstand von Zierikzee** 1472 gegen Karel de Stoute, wird im Sommer mit einem Umzug erinnert.

🏛 **Stadhuismuseum**
Meelstraat 6. 📞 (0111) 454 464. 🕐 Di–Sa 11–17, So 13–17 Uhr. ⬤ einige Feiertage. 🌐 stadhuismuseum.nl

Umgebung: Das 2001 eröff-nete **Watersnoodmuseum** in Ouwerkerk erinnert an die katastrophale Sturmflut von 1953 und geht auch auf den Deltaplan ein, der 1953–97 umgesetzt wurde.

🏛 **Watersnoodmuseum**
Weg van de Buitenlandse Pers 5. 📞 (0111) 644 382. 🕐 Apr–Okt: tägl. 10–17 Uhr; Nov–März: Di–So 10–17 Uhr. 🈁 🌐 watersnoodmuseum.nl

Schloss Haamstede wurde in den 1960er Jahren restauriert

❽ Haamstede

Straßenkarte A4. 🚩 3800. 🚌
🛈 Noordstraat 45a, (0111) 450 524. 🗓 Do.

Die Häuser des ruhigen Haam-stede gruppieren sich um die Kirche. In der Nähe liegt **Slot Haamstede** (13. Jh.) mit Park.

🏰 **Slot Haamstede**
Haamstede, bei der Kirche. 🕐 nur Park; Schloss nicht zugänglich.

Umgebung: Westerschouwen, fünf Kilometer südwestlich, Zeeland wie aus dem Bilder-buch. Im Westen liegen die Dünen, teils nur mit Strand-hafer und Sanddorn, teils mit Nadelhölzern bedeckt. Im Sü-den steht der **Plompe Toren**, Kirchturm des versunkenen Koudekerke. Bei Renesse liegt **Slot Moermond**.

🏛 **Plompe Toren**
Ecke Plompetorenweg/Koudekerk-weg. 🕐 tägl. 10–16.30 Uhr.

Plompe Toren, Kirchturm des versunkenen Koudekerke

❾ Brouwershaven

Straßenkarte A4. 🚩 1400. 🚌
🗓 Mo.

Brouwershaven hat ein histo-risches Zentrum und einen neuen Hafen. Am Markt steht das Rathaus (1599). Die **St.-Nicolaaskerk** (14. Jh.) zeugt vom einstigen Reichtum. Ein zweite Blüte erlebte die Stadt bis 1870 als Vorhafen von Rotterdam. **Brouws Museum** präsentiert eine historisch-maritime Sammlung.

🏛 **Brouws Museum**
Haven Zuidzijde 14–15. 📞 (0111) 691 342. 🕐 Mo–Fr 13–17 Uhr. 🈁 🏰 🌐 brouwsmuseum.nl

Brouwershaven steht heute Erholung auf dem Wasser an erster Stelle

Bruinisse

Straßenkarte B4. 🏔 3000. 🚌
VVV Zierikzee, (0111) 450 524.
Mi.

Bruinisse ist heute vor allem
ein Wassersportzentrum.
Gleich neben dem alten Dorf
liegt am Yachthafen der Bun-
galowpark **Aqua Delta.**

Umgebung: Wer das Landleben von früher kennenlernen
will, sollte in das zehn Kilometer westlich von Bruinisse gelegene Ringdorf **Dreischor** mit
seiner Dorfkirche und dem
Rathaus fahren. Am Dorfrand
erfährt man im Landbaumu-
seum **Goemanszorg** viel über
das Landleben.

Goemanszorg
Molenweg 3, Dreischor. 📞 (0111)
402 303. 🕐 Di–So 11–17 Uhr. 🅿
🚻 🅑 🆆 goemanszorg.nl

St. Annaland

Straßenkarte B5. 🏔 3000. 🚌
siehe St. Maartensdijk.

Die am wenigsten bekannte
Zeeuwse Insel ist **Tholen**. Hier
wechseln sich Deiche mit Pappeln und Kopfweiden, Äcker
und ruhige Orte ab. St. Annaland mit seinem Hafen an
Krabbenkreek ist so eine Gemeinde. An die industrielle
Vergangenheit Zeelands erinnert das **Streekmuseum De
Meestoof**. Bis ins 19. Jahrhundert war der Anbau und das
Vermahlen von Wurzeln der

Färberröte zu roter Farbe eine
der wichtigsten Einnahmequellen in Zeeland. Die Erfindung
von künstlichen Farbstoffen
machte dem ein Ende.

🏛 **Streekmuseum De Meestoof**
Bierensstraat 6–8. 📞 (0166)
652 901. 🕐 Apr–Okt: Di–Sa
14–17 Uhr. 🆆 demeestoof.nl

⑫ St. Maartensdijk

Straßenkarte B5. 🏔 3600. 🚌
Haven 10, (0166) 663 771.

St. Maartensdijk gehört mit
anderen Orten zur Gemeinde
Tholen. In dem Städtchen erinnert noch viel an seine Schutz-
herren, die mächtigen Herren
von Borssele. In der schlanken
Kirche (14./15. Jh.) kann man

in der Grabkapelle noch Reste
der Gräber von Floris van Borssele, der 1422 starb, und seiner Gattin sehen. Viel Holz-
schnitzwerk und Fragmente
der alten Bemalung sind erhalten.

Außerhalb der Stadt sind die
Fundamente und der Graben
des 1820 abgerissenen Schlosses der Herren von Borssele zu
bewundern. Innerhalb der
Stadt ist vor allem der Markt
mit seinen Häusern aus dem
16. Jahrhundert und dem Rathaus sehenswert.

⑬ Tholen

Straßenkarte B5. 🏔 6100. 🚌
siehe St. Maartensdijk.

Tholen ist eine Zeeuwse Stadt
mit Brabanter Allüren. Vor
allem zwei Gebäude prägen
das Gesicht der Stadt: das
schöne Rathaus (1452) mit seinen robusten Zinnen und die
elegante, reich verzierte **Onze
Lieve Vrouwekerk**, die zwischen 14. und 16. Jahrhundert
erbaut wurde. Gegenüber der
Kirche steht die zum Wohnhaus umgebaute **Kapel van het
St.-Laurensgasthuis**.

Obwohl Tholen im 16. Jahrhundert zur Festung ausgebaut wurde, hat es seinen
alten Charakter nicht verloren.
Überall zeugen schöne gotische Fassaden vom früheren
Reichtum der Stadt.

Schöpfwerk in ländlicher Umgebung in der Nähe von Tholen

Straßenkarte siehe hintere Umschlaginnenseiten

⑭ Goes

Straßenkarte A5. 🚗 24 000. 🚌
🚆 ℹ️ Singelstraat 13, (0113) 235
990. 🍴 Di, Sa.

Einige historische Städte in
Zeeland sind charmant, doch
ein bisschen schläfrig. Goes
dagegen ist hellwach. Jeden
Dienstag wird hier vor der Kulisse des Grote Markt in beinahe Brabanter Atmosphäre ein
Markt mit Lebensmitteln und
Kleidung abgehalten. An einer
Seite des Markts steht das
Stadhuis (1463, umgebaut
1771–75), das mit seiner Größe die Macht des Magistrats
versinnbildlichte. Besonders
schön ist das Rokoko-Interieur
mit seinen Stuckdecken und
Grisaillen.

Hinter dem Rathaus erhebt
sich majestätisch die St.-Maria-
Magdalenakerk (15./16. Jh.),
eine aufwendig renovierte
Kreuzbasilika.

⑮ Yerseke

Straßenkarte A5. 🚗 6100. 🚌
🚆 ℹ️ Kerkplein 1, (0113) 571 864.
🍴 Fr.

Auch in Zuid-Beveland ist des
einen Tod des anderen Brot.
Durch die St.-Felix-Sturmflut
von 1530 lag Yerseke plötzlich
an der Oosterschelde. So begann die Tradition von Austernzucht und Muschelfische-
rei, die bis zum heutigen Tag
lebendig ist.

Das Zierwappen auf dem Rathaus von Goes zeugt vom frühen Reichtum

Im Naturschutzgebiet Yerseke
Moer westlich des Dorfs kann
man sehen, wie die Insel früher aussah: ein Flickenteppich
aus Böschungen, Gehöften,
Äckern, Gräben, Mooren und
Wasserstellen. Östlich von Yerseke liegt das Verdronken Land
van Zuid-Beveland, das »er-
trunkene Land«, das 1530
überflutet wurde. Mit ihm
versank die drittgrößte Stadt
Zeelands, Reimerswaal, in den
Fluten.

Ein Fischerboot in Yerseke lädt
seinen Fang aus

⑯ Nisse

Straßenkarte A5. 🚗 580. 🚌
ℹ️ siehe Goes.

Nisse ist ein typisches Bevelan-
der Dorf mit Kirche, Dorfplatz
und Brunnen. Die Kirche wirkt
von außen zwar unscheinbar,
aber im Innenraum gibt es
Fresken aus dem 15. Jahrhundert. Auf ihnen sind Szenen
aus dem Leben Marias, Heilig
und auch das Wappen der
Herren von Borssele zu sehen.
Auch die Schnitzereien des
Chorgestühls stammen aus
dem 15. Jahrhundert.

🏛️ Hervormde Kerk
Schlüssel im Sekretariat der Kirche
(0113-649 650/649 780).

Umgebung: Der **Zak van Zuid-
Beveland**, das Gebiet südlich
der Bahnlinie nach Middelburg, ist ein Beispiel für eine
harmonische Kulturlandschaft
aus Poldern, die durch blu-
menübersäte Deiche getrennt
sind. Auf manchen Deichen
weiden heute wieder Schafe.

⑰ Hulst

Straßenkarte B5. 🚗 10 800. 🚌
ℹ️ Steenstraat 37, (0114) 315 221.
🍴 Mo.

Sobald man die Westerschelde
überquert, ist man in Flandern,
aber doch noch in Holland.
Das flämische Gefühl be-
schleicht einen am stärksten in
Hulst. Von Weitem sieht man
schon die **St.-Willibrordus-
basiliek** aufragen. An dieser

Austernzucht

Austernessen will gelernt sein. Der Delikatesse werden allerlei
positive Nebenwirkungen nachgesagt, vor allem für die Potenz.
Wie dem auch sei, Austern geben jedem Essen etwas Festliches.
Die Austernzucht in den Niederlanden begann 1870, als die frei-
en Fischerei geeignete Plätze abspenstig gemacht und an Privatleute vergeben wurden. In der Oosterschelde, vor allem in Yerseke, entwickelte sich die Austernzucht zum blühenden Geschäft,

das jedoch immer durch
harte Winter und Krank-
heiten bedroht ist. Man
fürchtete, dass die Ab-
sperrung der Greveiin-
gen die Austernzucht
unmöglich machen wür-
de. Das war zwar nicht
der Fall, doch die Aus-
tern sind jetzt anfälliger
für Krankheiten.

Austern, eine geschätzte Delikatesse

che arbeiteten mehrere Generationen des Mecheler Baumeistergeschlechts Kelderans. Eine Besonderheit sind e drei »Refugien« in Hulst. s waren Fluchthäuser für e Mönche der flämischen teien Ten Duinen, Baudelo d Cambron.

Hulsterloo, das Niederländer s der mittelalterlichen Tierfal *Reinaert de Vos* (»Reinicke chs«) kennen, wurde eingeeindet

Terneuzen

aßenkarte A5. 24 500. Markt 11–13, (0115) 760 122. Mi, Fr. terneuzen.nl

rneuzen ist wegen seines fens wichtig. Imposant sind e großen Meeresschleusen 1825–27 gegrabenen **Kal von Gent nach Terneuzen**. Norden liegen Industriegete, im Westen und Osten die turschutzgebiete De Braakan und Otheense Kreek.

Sluis

aßenkarte A5. 24 000. Groote Markt 1, (0117) 461 . Fr. sluisonline.nl

Zeeuws-Vlaanderen zeigen h die Spuren der Überfluagen wie Narben in der ndschaft. Binnendeiche und lder zeugen vom Kampf gen das Wasser. Die Befreiung von Zeeuwsanderen 1944 war ebenfalls rt erkämpft und führte zur lligen Zerstörung von Orten. ch Sluis erlitt dieses Schick. Das **Stadhuis** (14. Jh.) mit nem in den Niederlanden zigartigen Belfried wurde ch 1945 wiederaufgebaut, lusive des Glockenspiels mit r Figur Jantje van Sluis.

ngebung: Zwei Kilometer stlich liegt das Künstlerdorf t Anna ter Muiden, früher e reiche Stadt am Zwin. ute stehen hier nur noch nige Häuser und ein Turmt. Im Süden liegt **Aardeng**, die älteste Stadt Zees. Die Römer errichteten

hier ein Fort gegen die Sachsen. Später wurde Aardenburg eine der mächtigsten Städte in Flandern. Davon zeugt die **St.-Baafskerk** (13. Jh.), ein Beispiel für die Scheldegotik und berühmt für ihre bemalten Sarkophage. Das **Gemeentelijk Archeologisch Museum Aardenburg** zeigt Ausgrabungsstücke aus der Römerzeit.

Gemeentelijk Archeologisch Museum Aardenburg
Marktstraat 18. (0117) 492 888. Mai–Okt: Di–Fr 10–17, Sa, So 13–17 Uhr. Okt–Apr. museumaardenburg.nl

Das flämisch beeinflusste Hulst betritt man durch die Gentse Poort

⑳ Cadzand

Straßenkarte A5. 800. Boulevard de Wielingen 44d, (0117) 391 298. Juli, Aug: Mo nachm.

Der moderne Badeort ist vor allem wegen seiner breiten Strände beliebt. Hier kann man noch fossile Haifischzähne finden. Hinter den Dünen stehen vornehme Kurhotels, ähnlich denen in Domburg. Kurz hinter Cadzand liegt das Naturschutzgebiet **Het Zwin**, das sich bis nach Knokke-Heist in Belgien erstreckt. Östlich von Cadzand liegt der Badeort Nieuwvliet.

Der breite, weiße Strand von Cadzand ist im Sommer überaus beliebt

Straßenkarte *siehe hintere Umschlaginnenseiten*

NORD- UND OSTNIEDERLANDE

Die Nord- und Ostniederlande im Überblick

Der Norden und der Osten der Niederlande sind relativ dünn besiedelt. Hier liegen die Waddeneilanden und die Provinzen Groningen, Friesland, Drenthe, Overijssel, Flevoland und Gelderland. Schon immer spielte Landwirtschaft in der Region eine wichtige Rolle. Es gibt viele Naturschutz- und Erholungsgebiete, etwa die Waddenzee, die Friesische Küste, die Lauwersseenplatte, den Hondsrug, den Nationalpark De Hoge Veluwe, den Sallandse Heuvelrug und die Oostvaardersplassen.

Waddeneilanden
Seiten 268–279

Harlingen

Leeuware

Den Burg

Fr
Seite

Bolsward

Sr

Lemmer

Emmeloorc

Im Wattgebiet *(siehe S. 272f)* sind viele Vogelarten zu Hause, auch für Zugvögel ist es eine wichtige Station auf ihrer Reise. Die Würmer, Weichtiere und Krebse sind die ideale Nahrung für Enten, Möwen und Watvögel.

Die Elfstedentocht *(siehe S. 298f)* konnte im 20. Jahrhundert nur 15 Mal stattfinden. 1997 nahmen rund 16 000 Schlittschuhläufer an dem 200 Kilometer langen Rennen teil.

Lelystad

Dronter

Flevoland
Seiten 326–33

0 Meter   20

Almere

N

Zeewolde

Erm

Nijkerk

Die *Batavia* *(siehe S. 331)* gehörte der VOC. Der Dreimaster war 45 Meter lang und bot 350 Personen Platz. Zwischen 1985 und 1995 wurde diese Replik auf der Bataviawerft in Lelystad gebaut. Jetzt wird hier am Nachbau des Flaggschiffs von Michiel de Ruyter, *De Zeven Provinciën* aus dem 17. Jahrhundert, gearbeitet.

E

Tiel

Zaltbommel

◄ **Blick auf die Festungsstadt Doesburg in Gelderland** *(siehe S. 346)*

Zur Orientierung

Uithuizen

Delfzijl

Winsum

...kum

Groningen
Seiten 280–293

Groningen

Haren

Winschoten

Drachten

Veendam

Zuidlaren

...sterwolde

Assen

Drenthe
Seiten 306–315

Emmen

Hoogeveen

Meppel

Coevorden

Ommen

Zwolle

Overijssel
Seiten 316–325

Raalte

Nijverdal

Almelo

Hengelo

Deventer

Enschede

...rn

Lochem

Haaksbergen

Zutphen

...elderland
...eiten 334–349

Doesburg

Winterswijk

Das Groninger Museum *(siehe S. 288f)*, entworfen von Alessandro Mendini, beherbergt bedeutende Sammlungen bildender Kunst und Archäologie.

Die Hünengräber *(siehe S. 310f)* wurden vor rund 5000 Jahren von der neolithischen Trichterbecherkultur errichtet. Es gibt noch 54 dieser Gräber, die fast alle in Drenthe liegen.

Giethoorn *(siehe S. 322f)*, ein Dorf im Kop van Overijssel, besteht aus einem Kanal, an dem kleine Bauernhöfe stehen. Es ist von Wäldern und Seen umgeben und wird auch das Grüne Venedig genannt.

Das Paleis Het Loo, heute Nationalmuseum *(siehe S. 338f)*, wurde 1692 als Jagdschloss für Willem III erbaut. Wichtigster Architekt war Jacob Roman, das Interieur und die Gärten wurden von Daniël Marot entworfen. Heute kann das Paleis Het Loo zum größten Teil besichtigt werden.

Umweltschutz

Die niederländische Regierung stellte in den 1990er Jahren Richtlinien auf, mit deren Hilfe die Existenz von Umweltschutzgebieten
gesichert werden soll. Für die Nord- und Ostniederlande mit den
vielen Seen, Wäldern und Poldern war das sehr wichtig. Mit der Anlage einer ökologischen Hauptstruktur – Kerngebiete, Entwicklungs-
flächen und Verbindungszonen – strebt man nach dauerhaftem
Naturschutz. Die Verbindungszonen sollen dabei den Übergang
zwischen den verschiedenen Gebieten bilden. Mit diesem Plan
könnten viele Tier- und Pflanzenarten erhalten bleiben.

Die Waterleidingduinen sind
nur teilweise zugänglich.

Legende

- Kerngebiet
- Naturentwicklungsgebiet
- •••• Bestehende oder geplante
  Verbindungszone
- ········ Bestehende oder geplante Ver-
  bindungszone zu grenzüber-
  schreitenden Schutzgebieten

0 Kilometer   10

Der Fischadler war lange
fast völlig aus den Niederlanden verschwunden.
Durch den Erfolg der
neuen Umweltschutz-
richtlinien hat sich der
Bestand heute
wieder erholt.

Um Kröten in der Paarungszeit
ein sicheres Überqueren
der Straßen zu ermög-
lichen, stellte man
Warnschilder (»Krö-
ten queren«) für
Autofahrer auf.

Schilder beachten!

Die meisten Naturgebiete im Norden und
Osten sind (teilweise) frei zugänglich. Manchmal darf ein Gebiet nur von Sonnenaufgang
bis -untergang betreten werden. Beachten Sie
deshalb bitte die Schilder. Es ist selbstverständlich, dass man die Ruhe hier nicht stört, nichts
kaputt macht und keinen Abfall zurücklässt.
Mehr Informationen erhalten Sie bei den VVV-
Büros, beim ANWB und bei der Vereiniging
Natuurmonumenten (Tel. 035-655 9933).

Die Kreuzotter, die ein
ge Giftschlange der Ni
derlande, ist sehr selte
geworden. Sie lebt noc
in Sandgebieten und
Hochmooren. Um gen
gend Nahrung zu find
benötigen Kreuzottern
einen großen zusamm
hängenden Lebensrau

TEXEL

Noord
Holland

AMSTER

Haarlem

DEN HAAG

Zuid-
Holland

Rotterdam

Ut

Zeeland

's-Hertogen

Middelburg

Antwerpen

B E L G I

SCHIERMONNIKOOG

MELAND

ING

riesland

rden

Groningen

Groningen

Assen

Drenthe

ad

Zwolle

nd

Overijssel

Enschede

Gelderland

Arnhem

DEUTSCHLAND

n

mburg

cht

Aachen

Der Otter war in den Niederlanden bereits ausgerottet. Doch die vor einiger Zeit ausgesetzten Exemplare kommen in den Naturschutzgebieten klar und beginnen sich jetzt zu vermehren.

Für den Goldregenpfeifer, der durch das Verschwinden der Hochmoore und Heidefelder bedroht war, entwickelte man einen Plan, um für diesen seltenen Graslandvogel wieder Lebensräume zu erschließen.

Verbindungszonen wurden in den Poldern von Flevoland zwischen den einzelnen Naturgebieten für Gras- und Teichfrosch, Iltis, Wasserspitzmaus, Wasser- und Seefledermaus, Blindschleiche, Biber u.a. angelegt. Für Schmetterlinge werden zurzeit spezielle Korridore entwickelt.

Der gemeine Hamster und andere geschützte Tiere verursachen Bauherren Kopfzerbrechen. Die Bebauung und Nutzung der von ihnen bewohnten Landstriche ist verboten.

Verbindungen zwischen Kerngebieten und Entwicklungsgebieten wurden in manchen Fällen durch die Anlage eines sogenannten »Ökodukts« ermöglicht. Dies ist eine »ökologische Verbindung« zwischen zwei Gebieten, die sowohl der jeweiligen Fauna als auch der Flora zugutekommt.

Typische Landschaften

Den Nordosten der Niederlande prägen viele verschiedene Landschaftsarten, beispielsweise das einmalige Wattenmeer, dessen Sand- und Lehmbänke bei Ebbe trockenfallen, das Moorgebiet in Südost-Groningen, die märchenhaften Heidefelder in Drenthe, die weite Polderlandschaft in Flevoland, die schönen Wälder in Gelderland (Hoge Veluwe und Posbank) und die prächtigen Fluss- und Seenlandschaften im Nordosten von Overijssel.

Die Oostvaardersplassen zwischen Lelystad und Almere sind ein einmaliges Naturgebiet. Die Seen sind Nahrungs- und Brutplatz für Hunderte Vogelarten.

Queller (nl. *zeekraal*) ist ein wildes Gemüse, das in Schlickgebieten am Meer wächst und als Delikatesse gilt.

Die Wasserranunkel wächst in stehenden und fließenden Gewässern.

Waddeneilanden

Die Waddenzee *(siehe S. 274f)* ist ein Gezeitengebiet, das bei Ebbe zum größten Teil trockenfällt. Hier leben viele Vogelarten, die im Watt Futter finden und brüten. Auf Texel liegt die alte Kulturlandschaft De Hoge Berg.

Raps wird in den neuen Poldern zur Verbesserung der Böden angepflanzt. Die gelben Felder erstrecken sich beinahe endlos.

Rohrkolben waren früher sehr häufig. Sie wachsen nur an klarem Wasser und stehen heute unter Naturschutz.

Polderlandschaft

Wälder (Knarbos), Seen (Oostvaardersplassen) und Polderseen (Veluwemeer) kennzeichnen die weite Polderlandschaft der »neuen« Provinz Flevoland *(siehe S. 326–333)*.

Der Eichblattfarn gedeiht im Wacholdergestrüpp und auf sandigen Waldböden.

er **Steinpilz** ist ein wohlschmeckender Speisepilz. Sammeln ist doch nicht mehr erlaubt.

Der Adlerfarn wächst in Wäldern auf kalk- und nährstoffarmen Sand- und Lehmböden und in austrocknenden Hochmooren.

Moose lieben feuchte Böden und den Wald. Schattige Plätze mit saurer Erde sind ideal für das Sternmoos.

Wälder

ines der bekanntesten und größten Waldgebiete der Niederlande ist De Hoge Veluwe in der Provinz Gelderland siehe S. 334–349). Hier leben auch viele Tiere, etwa Wildchweine und Rothirsche.

Moosbeeren wachsen zwischen Moosen in Hochmooren.

Sonnentau findet man auf nassen Heideböden und auf den Moorböden in Groningen und Drenthe.

Glockenheide gedeiht gut auf trockenen, nährstoffarmen Sandböden und in Dünentälern.

Heide

er Nordosten der Niederlande ist reich an Heidefeldern. ine der schönsten Heidelandschaften liegt in Drenthe siehe S. 306–315). Dort grasen auf dem Ellertsveld och Schafherden.

Heidekraut (Besenheide) wächst vor allem auf nährstoffarmen Sand- und Hochmoorböden.

Waddeneilanden

Wie eine Krone spannt sich im Norden der Niederlande der Bogen der Waddeneilanden (Westfriesische Inseln) von Den Helder bis zur Mündung der Eems. Nur die Insel Texel liegt, im Gegensatz zu den anderen Inseln der Kette, nicht in der Provinz Friesland, sondern in der Provinz Noord-Holland. Die aus Sandbänken entstandenen Waddeneilanden sind, zusammen mit der Waddenzee (Wattenmeer), eine einmalige Naturlandschaft in Westeuropa.

Die Waddeneilanden sind Bruchstücke eines Uferzugs, der sich nach der letzten Eiszeit von Cap Gris Nez in Frankreich bis zum dänischen Esbjerg in der Nordsee gebildet hatte. Hier findet man in einem Bogen von Den Hoorn über Den Burg nach Oosterend noch Bodenformationen aus der Saale-Eiszeit.

In der Römerzeit brach die Nordsee große Stücke aus der Uferlinie, im Mittelalter spülte das Meer den größten Teil des Sumpfgebiets zwischen den Inseln und dem Festland weg. Erst damals erhielt das Gebiet seine heutige Form. Die Inseln Griend und Rottumeroog wurden in dieser Zeit so sehr vom Meer bedroht, dass die Bevölkerung fliehen musste. Durch das Wandern der Inseln in östliche Richtung, das durch die Westwinde und die Meeresströmung nach Osten verursacht wurde, versanken im Lauf der Jahrhunderte mehrere Dörfer, die im Westen der Inseln lagen, im Meer.

Seit dem 8. Jahrhundert wurden auf den Inseln Klöster gegründet. Die Mönche lebten von Ackerbau und Fischfang und errichteten auch die ersten Deiche. Im 17. und 18. Jahrhundert wurden die Inseln durch die Ostindienfahrer und den Walfang wohlhabend.

Nach einer Periode wirtschaftlichen Niedergangs brach im 20. Jahrhundert mit dem stetig wachsenden Fremdenverkehr eine neue Blütezeit für die Waddeneilanden an. Ihr größtes Kapital ist heute ihre einzigartige Natur.

ehemaliges Kapitänshaus *(commandeurshuisje)* auf Ameland

Impression in der Abenddämmerung: traditionelles Frachtschiff auf der Waddenzee

Überblick: Waddeneilanden

Die Geschichte der Waddeneilanden (Westfriesische Inseln) wird durch Meer und Wind bestimmt. Erst im 17. Jahrhundert begann man, die großen Inseln durch Deiche zu befestigen. Den Burg (auf Texel), der größte Ort, ist eine alte Festungsstadt mit einem gemütlichen Zentrum. Gleich bei Den Burg liegt die alte Kulturlandschaft Hoge Berg, im Westen sieht man den charakteristischen Turm von Den Hoorn. Im Osten erstreckt sich das Naturschutzgebiet De Slufter. Auf Vlieland, dem Juwel der Waddeneilanden, liegt das schönste Dorf der Inseln. Terschelling, Ameland und Schiermonnikoog haben breite Strände, bewaldete Dünen und Polder auf der Wattenmeerseite.

Krabbenfischer beim Sortier

Vogelbeobachtung in der Mokbaai, Zuid-Texel

Sehenswürdigkeiten auf einen Blick

1. Noorderhaaks
2. Den Burg
3. De Koog
4. De Slufter
5. Den Hoorn
6. Vlieland
7. Griend
8. Terschelling
9. Ameland
10. Schiermonnikoog
11. Rottumerplaat
12. Rottumeroog

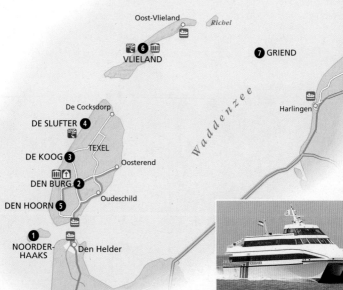

TERSCHELLING — Oosterend
Hoorn
West — Midsland

Oost-Vlieland — Richel

VLIELAND **6**

7 GRIEND

De Cocksdorp

DE SLUFTER **4**

TEXEL

DE KOOG **3** — Oosterend

DEN BURG **2**

DEN HOORN **5** — Oudeschild

Harlingen

Waddenzee

1
NOORDER-HAAKS — Den Helder

Schnellboot Koegelwieck (West-Terschel

s Watt – bei Ebbe ideal für Wanderungen

Auf den Waddeneilanden unterwegs

Texel: Nach Texel fährt die TESO (Tel. 0222-369 600), Mitnahme des Pkw und Reservieren ist nicht möglich. Nicht-Autofahrer können den Bus nach De Koog oder De Cocksdorp via Den Burg nehmen oder beim Kauf des Tickets ein Bustaxi bestellen.

Vlieland: Reederei Doeksen (Tel. 0900 363 5736), Autos nicht erlaubt. Nach der Ankunft fährt ein Bus die Passagiere nach Posthuis, wo Taxis warten.

Terschelling: Reederei Doeksen (Tel. 0900 363 5736), Reservieren für Pkw empfohlen. Auf der Insel fahren Busse, Taxis warten bei der Ankunft.

Ameland: Reederei Wagenborg (Tel. 0519-546 111), Reservieren empfohlen. Zu allen Dörfern fahren Busse.

Schiermonnikoog: Reederei Wagenborg (Tel. 085-401 1008), Autos nicht erlaubt. Zwischen Hafen und Dorf fährt ein Bus, außerdem gibt es Taxibusse.

Auf jeder Insel kann man Fahrräder leihen.

ROTTUMERPLAAT ⓫

⓬
ROTTUMEROOG

SCHIERMONNIKOOG
⓾
Schiermonnikoog

ND
○Buren
Nes

Waddenzee
Lauwersoog

Holwerd

0 Kilometer 10

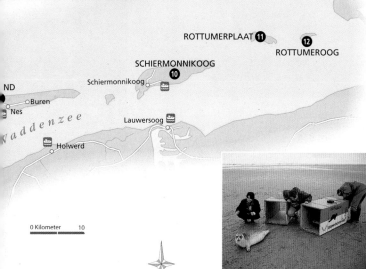

Seehunde werden von Helfern von EcoMare auf Texel wieder ausgesetzt

ende

Autobahn
Hauptstraße
Nebenstraße
Panoramastraße
Eisenbahn (Nebenstrecke)

Außerhalb der Saison fast menschenleer: Küste von Vlieland

Hotels und Restaurants auf den Waddeneilanden *siehe Seiten 398f und 412*

Vögel der Waddenzee

Die weiten Feuchtgebiete der Waddenzee sind ein wichtiger Lebensraum für Zug- und Jahresvögel. Die Nordseeseite der Inseln besteht aus Sand, in dem nur wenige Tiere leben. An der Wattenseite jedoch haben sich feiner Sand und Lehm abgesetzt und einen mineral- und nährstoffreichen Boden gebildet. Die vielen Würmer, Weichtiere und Krebse, die hier leben, sind eine ideale Nahrungsquelle für Enten, Möwen und Watvögel. In der Zugsaison (August) sind sie zu Millionen hier zu sehen.

Brachvogel
Der größte europäische Stelzläufer ist an seinem langen, gebogenen Schnabel leicht zu erkennen.

Vogelbeobachtungsstand
Aus diesen Hütten, von denen es auf den Inseln viele gibt, kann man die Vögel beobachten, ohne die Tiere zu stören.

Vogelliebhaber
Vogelliebhaber haben sich für den Vogel- und Naturschutz zu einer wichtigen Lobby entwickelt, deren Einfluss in den Niederlanden größer ist als der der Jäger. Der Vogelbund der Niederlande, Vogelbescherming Nederland in Zeist (www.vogelbescherming.nl), vertritt ihre Interessen.

Schnabelformen

Viele Menschen sind erstaunt darüber, dass so viele Vogelarten nebeneinander im Watt ihr Futter finden. Die Arten scheinen sich keine Konkurrenz zu machen – das ist in der Tat so. Schnabelformen und -längen sind dem Futter angepasst, das die Vögel im Wasser oder Boden suchen. Während Enten ihr Futter von der Wasseroberfläche schnappen, gründeln oder tauchen, suchen Stelzvögel, abhängig von der Schnabelform, verschieden tief im Boden nach unterschiedlichen Tieren. Andere Vögel (Löffler, Kormoran, Seeschwalbe) fangen Fische, suchen Muscheln (so die Eiderente), verfolgen Seevögel (Seeadler) oder jagen anderen Vögeln ihr Futter ab (Raubmöve).

Der Sandregenpfeifer
frisst an der Oberfläche.

Der Kiebitz
findet im Watt kleine Krebse.

Der Kiebitzregenpfeifer fängt kleine Sandflöhe.

Der Austernfischer holt Schaltiere aus dem Sand.

Die Uferschnepfe
frisst tiefer lebende Sandflöhe.

Der Brachvogel
holt mit seinem gebogenen Dolchschnabel Weichtiere tief aus dem Sand.

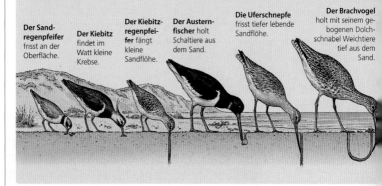

Nördliche Seeschwalbe
Der seltene Wattbrutvogel überwintert im antarktischen Gebiet. Von allen Zugvögeln legt diese Schwalbenart den längsten Weg zurück.

Große Seeschwalbe
Dieser Brutkolonievogel hat auf Griend sein größtes Brutgebiet in den Niederlanden. Die geringe Anzahl erfordert strengen Schutz.

Austernfischer
Der Austernfischer ist ein typischer Watvogel. Seine Nahrung sind Mies- und Herzmuscheln.

Vogelarten
Der Artenreichtum des Watts ist eigentlich schon Grund genug, dieses Gebiet besonders zu schützen. Düker, Sturmvögel, Kormorane, Löffler, Enten, Möwen, Raubvögel, Stelzvögel, Raubmöwen, Seeschwalben, Alke und Singvögel gibt es hier in vielen Unterarten. Für einige von ihnen ist das Watt ihr einziges Brutgebiet in den Niederlanden, auch weil es das letzte große Feuchtbiotop ist. Darum sind manche Gebiete im Watt auch nicht zugänglich. Wenn einem der Vogelreichtum am Herzen liegt, sollte man sich an die Vorschriften halten.

Säbelschnäbler
Er ist mit seinem hochgebogenen Schnabel und dem schwarzweißen Federkleid eine prächtige Erscheinung.

Schwärme von Austernfischern leben im Sommer und Winter hier.

...erschnepfe
...r rotbraune Vogel ist ...entlich ein Zugvogel, ...eibt aber manchmal im ...mmer und im Winter ...Watt.

Sandregenpfeifer
Der aktive Vogel brütet selten hier, zieht aber in großer Zahl durch.

Eiderente
Die Eiderente hat auf Texel, Vlieland und Terschelling Brutkolonien. Der Erpel ist viel auffallender gezeichnet als das Entenweibchen.

...bermöwe
...e Silbermöwe ...eine der vielen Mö...narten, die hier leben. Der impo...te Vogel erreicht mehr als ein...halb Meter Flügelspannweite.

Knuttstrandläufer
Dies ist ein Zugvogel, der manchmal auch im Sommer oder im Winter im Watt bleibt. Das robuste Tier ist immer in Bewegung.

Waddenzee

Die Waddenzee ist ein Gezeitengebiet, dessen sandige oder lehmige Platten (die eigentlichen Watten) bei Ebbe zum größten Teil trockenfallen und bei Flut wieder unter Wasser stehen. Die Waddenzee ist, mit Teilen der Inseln, das letzte große Stück unberührter Natur in den Niederlanden. Durch das große Nahrungsangebot ist es ein biologisch vielfältiges Gebiet. Es ist Nahrungs- und Brutrevier für viele Vogelarten. Zwei Seehundarten, 30 Fischarten, Garnelen und Krebse leben in der Waddenzee oder kommen zur Fortpflanzung hierher.

Die Herzmuschel (Cardium edule), die Hauptnahrung vieler Vogelarten, wird im großen Maßstab befischt. Der größte Teil des Fangs wird exportiert.

Die VVVs (Informationsbüros) auf den Inseln im Watt informieren über verschiedene Segeltörns. Man kann für einige Stunden unterwegs sein oder eine Luxuskreuzfahrt auf einem alten Dreimaster buchen. Eines der Unternehmen ist die Rederij Vooruit (Tel. 0515-531 485).

Meerlavendel oder Strandflieder (Limonium vulgare) wächst, zusammen mit der Salzaster und der Salzmelde, auf den höheren Stellen im Deichvorland. Es gibt viele verschiedene Arten.

Trockengefallene Gebiete im Watt

An vielen Stellen fällt das Watt bei Ebbe trocken. Dadurch liegt dieser kleine Hafen (siehe unten) dann beinahe völlig auf dem Trockenen. Die bei Ebbe trockenfallenden Plätze, an denen Boote anlegen können, werden jedoch immer öfter ausgebaggert.

Ebbe

Flut

lora im Watt

 der abwechslungsreichen Watt-
ndschaft gedeihen etwa 900 Pflan-
enarten. Die Vielfalt beruht auf den
elen verschiedenen Milieus, die es
er auf engstem Raum gibt: Süß-
nd Salzwasser, kalkreiche und kalk-
me Böden, nasse und trockene Ge-
ete, Lehm- und Sandböden. Ein
roßteil der Pflanzen wächst an der
selseite der alten Dünen, in Dünen-
lern. Hier findet man den Dünen-
nzian und die Kriechweide, aber
ich Gräser und Kräuter wie Binsen,
öswurz und Parnassia. In den tiefe-
n Prielen wächst Queller, weiter
en gedeiht u. a. Meerlavendel.

Queller *(Salicornia euro-
paea)* ist eine Pionier-
pflanze im Watt und in
den tiefen Stellen der
Priele. Wenn der Boden
genug getrocknet ist, sie-
delt sich diese Pflanze an.

Risse im trocknenden Schlick sind der Standort
des Quellers.

Bedrohung der Waddenzee

Unter der Waddenzee oberhalb Noord-Fries-
lands liegt laut der Ölgesellschaft NAM ein
Erdgasvorrat von 70 bis 170 Milliarden Kubikmeter im Wert von vielen Milliarden Euro.
Die Waddenvereinigung ist strikt gegen Gas-
bohrungen, weil die volkswirtschaftliche Notwendigkeit nicht erwiesen und die Auswirkungen der Gasgewinnung auf die Umwelt –
vor allem die Folgen von Bodensenkungen
für das Leben in der Waddenzee – noch unklar sind. Die Regierung hat in dieser Frage
nach dem »Vorsorgeprinzip« gehandelt: Vor-
läufig gibt es hier keine Bohrungen, dies
hängt von weiteren Untersuchungen über
die möglichen Auswirkungen ab. Die Waddenzee ist auch durch die Zucht und Ernte
von Mies- und Herzmuscheln bedroht. Seit
1992 haben die niederländischen Behörden
hier Mengengrenzen eingeführt. Es gibt auch
Überlegungen, die Muschelindustrie in der
Waddenzee grundsätzlich zu verbieten.

Verarbeitung von Muscheln

ttlaufen (Wadlopen)

rganisierter Wattlauf führt oft durchs Deich-
nd und über das *wantij*, eine Stelle unter
r Insel, an der sich zwei Flutströme treffen.
e der 1970er Jahre wurde Wattlaufen popu-
leute gibt es sechs Wattlaufvereinigungen:
ryske Waedrinners (Leeuwarden, Tel. 06-
5 96220); Dijkstra's Wadlooptochten (Pieter-
n, Tel. 0595-528 345); Lammert Kwant
ge, Tel. 0594-622 029); Stichting Uithuizer
 (Tel. 0511-522 271; nur auf Rottumeroog),
ting Wadloopcentrum Friesland (Holwerd,
)519-242 100) und das Wadloopcentum
rburen (Tel. 0595-528 300).

Noorderhaaks liegt auch bei Flut über dem Meeresspiegel

❶ Noorderhaaks

Straßenkarte B2. 🏛 keine. 🛈 Gemeinde Den Helder, (0223) 671333.

Noorderhaaks, auch *razende bol* (rasende Kugel) genannt, ist eine fast kahle Sandplatte 2,5 Kilometer vor der Küste westlich von Den Helder. Die Strömung trägt die Insel Richtung Texel. An derselben Stelle vor Den Helder entsteht dann wieder eine neue *razende bol*. Die Luftwaffe hält hier manchmal Schießübungen ab, doch ein Besuch ist nicht verboten. Schwimmen und Bootfahren sind wegen der starken Strömung gefährlich. Dennoch kommen immer wieder Besucher mit Booten oder Hubschraubern, denn die *razende bol* ist ein einmaliges Stück Wüste, auf dem man sogar eine Fata Morgana erlebt.

❷ Den Burg

Straßenkarte B2. 🏛 6000. 🚌 🚍 🛈 Emmalaan 66, (0222) 314 741. 🚌 Mo vorm. 🆆 texel.net

Den Burg ist der zentral gelegene Hauptort von Texel. Um 1300 wurde das Dorf mit Ringwall und Gracht verstärkt – dort, wo heute Burgwal und Parkstraat liegen. Auf dem Groeneplaats, dem Mittelpunkt Den Burgs mit dem modernen Rathaus, wurde früher im April und Mai ein Schafmarkt abgehalten. Heute findet hier am ersten Montag im September der Schafzuchttag statt.

Ganz in der Nähe, an der Binnenburg, steht die spätgotische **Hervormde Kerk** (15. Jh.). In der Kogerstraat findet man die **Oudheidkamer**, ein kleines Museum in einem Haus aus dem 16. Jahrhundert, früher ein Heim für Wohnungslose. Hier gibt es möblierte Salons, einen Ausstellungsraum mit Kunst- und Gebrauchsgegenständen sowie einen Kräutergarten. Rund um den Burgwall liegen hübsche Geschäftsstraßen wie die Weverstraat. In der Warmoesstraat findet man einige sehr gute Restaurants.

🏛 Oudheidkamer

Kogerstraat 1, Den Burg. 🕻 (0222) 313 135. 🕐 Apr–Okt: Mo–Fr 11–17, Sa, So 14–16 Uhr. ⬤ 1. Jan, Ostern, Pfingsten, 25., 26., 31. Dez. 🎫

Umgebung: Südlich von Den Burg erstreckt sich eine sanft gewellte Landschaft um den 15 Meter hohen **Hoge Berg**, von dem man eine schöne Aussicht genießt. Ein Spazierweg auf dem Skillepaadje führt vom Friedhof der Georgier (Meuterer, die 1945 im Kampf gegen die Deutschen fielen) an Schafställen über den Hoge Berg zum Fischerdorf Oudeschild.

Treibgutsammler auf Texel, der bevölkerungsreichsten Insel

❸ De Koog

Straßenkarte B2. 🏛 825. 🚌 🚍 🛈 Emmalaan 66, Den Burg, (022) 314 741. 🚌 Di. 🆆 texel.net

Der frühere Fischerort De Koog bestand um das Jahr 1900 aus einer Kirche (1415) mit einigen Häusern und Bauernhöfen. Die erste touristische Einrichtung war das Kurhotel, später Hotel Prinses Juliana, auf einer Düne am Meer.

Heute ist De Koog der einzige Badeort der Insel und kann rund 20 000 Gäste in Hotels, Pensionen und auf Campingplätzen beherbergen. Mittelpunkt ist die Dorpsstraat mit Cafés, Snackbars und Clubs. Attraktionen bei De Koog sind das Badeparadies Calluna und EcoMare, ein Freizeitpark und Infocenter für Waddenzee und Nordsee *(siehe S. 427).*

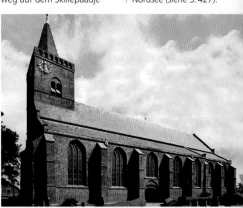

Die Hervormde Kerk (1481) in Den Burg

Hotels und Restaurants auf den Waddeneilanden *siehe Seiten 398f und 412*

De Slufter

raßenkarte B2. 🏔 keine. 🚌 🚐
🕐 ganzjährig; März–Aug: nördli-
er Teil geschlossen. 🛈 Emmalaan
, Den Burg, (0222) 314 741.

as einmalige Naturschutz-
ebiet De Slufter besteht aus
0 Hektar Deichvorland und
: für viele Vogelarten ein
ichtiger Nahrungs- und Brut-
atz, auf dem vor allem salz-
eständige Pflanzen wie Meer-
vendel und Englisches Gras
achsen. De Slufter und das
nebenliegende **De Muy**, wo
ffler brüten, sind schöne
andergebiete.

Den Hoorn

raßenkarte B2. 🏔 450. 🚌 🚐
Emmalaan 66, Den Burg (0222)
4 741. 🕐 Do.

ie Den Burg liegt Den Hoorn
f einem Geschiebelehm-
uckel. Charakteristisch ist die
ervormde Kerk von 1425 mit
em Spitzturm und dem
rchhof. Das schön restaurier-
Dorf steht unter Denkmal-
hutz.

Vlieland

raßenkarte C1. 🏔 1150. 🚌
Havenweg 10, (0562) 451 111.

eland ist die schmalste Insel
r Waddeneilanden. Der Ab-
and zwischen Waddenzee
d Nordsee beträgt hier teils
eniger als einen Kilometer.
Gegensatz zu den anderen

Salzresistente Pflanzen an der Grenze zwischen Meer und Land

Inseln besteht Vlieland nur aus Dünen, auf denen Heidekraut, Strandhafer und Sanddorn wachsen. Im Osten sorgt der um 1900 gepflanzte Wald für Abwechslung.

Südlich davon liegt das einzige Dorf, **Oost-Vlieland**, wo das Boot aus Harlingen anlegt. An der Hauptstraße stehen viele alte Häuser. Eines davon ist **Tromp's Huys** (1576), das der Admiralität von Amsterdam gehörte. Heute beherbergt es ein Museum mit Antiquitäten und Malerei des 19. Jahrhunderts.

Das Auto kann man nicht mitnehmen, nur die Insulaner dürfen hier Auto fahren. Vlieland erkundet man am besten mit dem Rad, auf dem man die Insel leicht an einem Tag umrundet. Von Oost-Vlieland aus kann man nach Westen über Dünenpfade oder entlang der Waddenzee zum **Posthuys** fahren, wo im 17. Jahrhundert die Post aus Amsterdam für die auslaufenden Schiffe besorgt wurde. Weiter westlich erstreckt sich das auch für Militärübungen genutzte Naturschutzgebiet **De Vliehors**, wo man Gefahr laufen kann, im tückischen Treibsand wegzusacken. An dieser Stelle lag einst das reiche Dorf **West-Vlieland**, das in den Fluten versank. 1736 verließen die letzten Bewohner das Dorf.

🏛 **Tromp's Huys**
Dorpsstraat 99, Vlieland. 📞 (0562) 451 600. 🕐 Di–Do 14–17, Fr 10–13, Sa 14–17 Uhr (Schulferien: Di–Fr 10–17, Sa 14–17, So 14–16 Uhr). ⬤ 1. Jan, Ostern, Pfingsten. 🖼 🌐 **trompshuys.nl**

meindehaus in Oost-Vlieland

Straßenkarte *siehe hintere Umschlaginnenseiten*

Oerol-Festival auf Terschelling

❼ Griend

Straßenkarte C1. 🚫 keine. 🏕 stark eingeschränkt. ℹ️ Vereniging Natuurmonumenten, (035) 655 9933.

Auf halbem Weg auf der Überfahrt von Harlingen nach Terschelling oder Vlieland liegt Griend. Diese Insel wurde nach der St.-Lucia-Flut 1287 von den Bewohnern verlassen. Jahrhundertelang drohte sie in den Wellen zu versinken. Erst 1988 ließ Natuurmonumenten, die Griend seit 1916 in Erbpacht verwaltet, einen Damm anlegen, der ein weiteres Abbrechen verhindert. Bei Flut ragt der höchste Punkt nur einen Meter aus dem Wasser. Das Betreten der Insel ist, außer für Vogelwächter, verboten. Hier liegen die größten Brutplätze der Großen Seeschwalbe in den Niederlanden.

Strieper Grabstein

❽ Terschelling

Straßenkarte C1. 🚫 5000. 🚢 🚌 ℹ️ Willem Barentszkade 19a, West-Terschelling, (0562) 443 000.

Terschelling ist die zweitgrößte Insel im Watt. Der Norden besteht aus Dünen, auf denen früher im Sommer das Vieh weidete, das überall *(oerol)* grasen durfte. So kam das Oerol-Festival, das jeden Juni stattfindet, zu seinem Namen. Bei West, Formerum und Hoorn sind die Dünen mit Laub- und Nadelwäldern bewachsen. Im Süden liegen das Poldergebiet und außerhalb des Wattdeichs das Deichvorland. An beiden Enden der Insel befindet sich ein Naturschutzgebiet, im Westen der Noordvaarder, im Osten die Boschplaat. Wer das Glück hat, an einem sonnigen Tag bei Niedrigwasser von Harlingen zu kommen, entdeckt auf den Sandplatten Richel und Jacobs Ruggen Seehunde beim Sonnenbad.

Die Fahrt endet in West-Terschelling. West ist ein echtes Wattdorf mit alten Häusern und einem berühmten Leuchtturm, dem **Brandaris** von 1594. Man kann ihn nicht besichtigen, doch man kann auf die hohe Seinpaalduin hinter dem Dorf klettern.

Das **Museum 't Behouden Huys** widmet sich der Ortsgeschichte und berühmten Insulanern wie Willem Barentszoon, das **Centrum voor Natuur en Landschap** erläutert die Natur im Watt.

Die beiden anderen größeren Dörfer sind Midsland und Hoorn. Midsland ist von kleinen Gehöften umgeben, die Namen aus der Zeit der friesischen Kolonialisierung tragen, etwa Hee, Horp und Kaart. Beeindruckend ist die Warft mit dem Kirchhof von Striep, wo im 10. Jahrhundert die erste Kirche Terschellings errichtet wurde. Die Umrisse sind noch sichtbar. Weiter östlich liegt Hoorn mit seiner romanisch-gotischen St.-Janskerk.

🏛 **Museum 't Behouden Huys**
Commandeurstraat 32, West-Terschelling. 📞 (0562) 442 389. 🕐 Di–Fr 10–17, Sa, So 13–17 Uhr (Juli, Aug: auch Mo 13–17 Uhr). Nov–März (außer Schulferien). 🎫

🏛 **Centrum voor Natuur en Landschap**
Burg. Reedekerstraat 11, West-Terschelling. 📞 (0562) 442 390. 🕐 Apr–Okt: Mo–Fr 9–17, Sa, So 14–17 Uhr. 🎫 ♿

❾ Ameland

Straßenkarte CD1. 🚫 3200. 🚢 🚌 ℹ️ Bureweg 2, Nes, (0519) 54 546. 🌐 vvvameland.nl

Die Dünen im Norden Amelands sind trocken – bis auf das Vogelreservat **Het Oerd**, das im Osten in einem nassen Dünental liegt. Am besten erkundet man das Gebiet mit dem Rad. Ein Radweg führt auch zum Aussichtspunkt auf einer 24 Meter hohen Düne.

In den südlichen Poldern liegen vier Dörfer. Das größte ist **Nes**, wo das Boot aus Holwerd anlegt. **Commandeurshuizen** im alten Zentrum erinnern an die Zeit, als so mancher Inselbewohner vom Walfang lebte. Wer das echte Ameland erle-

Wattrand auf Ameland: das Oerd

Hotels und Restaurants auf den Waddeneilanden *siehe Seiten 398f und 412*

s von Pferden gezogene Rettungsboot, der Stolz von Ameland

n will, muss **Hollum** besu-
en. Die Zuider- und die Oos-
laan atmen noch den Geist
n früher. Am Südrand des
rfs liegt die Kirche, umge-
von einem ovalen Friedhof
Grabsteinen, auf denen
chten die frommen Inschrif-
überwuchern.

Hinter Hollum liegt das **Red-
gsmuseum Abraham Fock**,
der Erinnerung an Ame-
ds Stolz, das durch Pferde
zogene Rettungsboot, ge-
met ist.

**Reddingsmuseum
raham Fock**
njeweg 18, Hollum. (0519)
737. Apr–Nov: Mo–Fr
-17, Sa, So 13.30–17 Uhr;
–März: variierende Öffnungszei-
meist nachm.

Schier-
onnikoog

Benkarte D1. 1000.
Reeweg 5, Schiermonnikoog,
19) 531 233 oder 531 900.

iermonnikoog oder Lytje
e (»Kleines Land«) gehörte
Mittelalter zu Klaarkamp in
sumageest, einem Kloster
Zisterzienser, auch *schiere*
inahe) Mönche genannt.
der Insel liegt der Ort
iermonnikoog mit vielen
ön renovierten Häusern.
ganze Insel ist ein Natio-
park und wird von Natuur-
numenten verwaltet. Der
and von Schier ist einer der
itesten in Europa. Vor allem

die Ostseite der Insel (Kobbe-
duinen, Het Balg und Deichvorland) ist ein schönes Wandergebiet mit reicher Flora
(viele Orchideenarten) und
einer bunten Vogelwelt.

⓫ Rottumerplaat

Straßenkarte D1. keine.
Staatsbosbeheer, (050) 520
7247.

Die 900 Hektar große, unbewohnte Insel Rottumerplaat
wird der Natur überlassen. Dieses Naturschutzgebiet steht
unter der gemeinsamen Verwaltung des Fischereiministe-
riums, des Ministeriums für
Landwirtschaft, der Staatlichen
Forstbehörde und der Stiftung
Vrienden van Rottumeroog en
Rottumerplaat (SVRR). Außen-
stehende dürfen nur selten auf
die Insel, denn sie gehört den
Vögeln und Seehunden ganz
allein. Wattwanderer dürfen

sie nicht betreten. Im Gegensatz zu »Oog« tut »Plaat«
diese Regelung gut, die Insel
wächst schnell. Meterhohe
Dünen und ein großes Deichvorland sind so entstanden.

⓬ Rottumeroog

Straßenkarte D1. keine.
stark eingeschränkt. Staatsbosbeheer, (050) 520 7247.

Die östlichste der niederländischen Wattinseln wird über
kurz oder lang im Eemsmond
verschwinden. Seit 1991 hat
die Natur hier freies Spiel. Jah-
relange Versuche, die Drift
nach Osten zu stoppen, hatten
keinen Erfolg. 1998 brachen
die nördlichen Dünen durch,
wonach die letzten Spuren
menschlicher Behausungen
entfernt wurden. Die Insel ist
kaum 300 Hektar groß, jeder
Sturm nagt an ihr. Wattwanderer dürfen sie nicht betreten.

Die unbewohnte Insel Rottumerplaat mit ihren meterhohen Dünen

Groningen

Die nordöstlichste Provinz der Niederlande zeichnet sich durch ihre abwechslungsreiche Landschaft und ihre interessante Kulturgeschichte aus. Schon in der Steinzeit war dieses Gebiet besiedelt. Im Nordwesten liegen die alten Warfen, Gehöfte oder Dörfer auf Schutzhügeln, an der Küste erstreckt sich Watt. Im Südosten findet man die charakteristischen Moorkolonien.

Westlich der lebhaften Provinzhauptstadt Groningen mit ihren prächtigen alten Häusern und vornehmen Grachten erstreckt sich das sogenannte Westerkwartier, eine ruhige Landschaft mit Feldern, Wiesen und kleinen Dörfern. Im Norden liegt das Hoogeland mit den Naherholungsgebieten rund um das Lauwersmeer, östlich davon erstreckt sich das Uithuizer Wad.

In der Landschaft fallen die vielen *terpen* (Warften) auf, Hügel, die aus der Zeit stammen, als die Bewohner sich gegen das Hochwasser schützen mussten. Oft steht auf so einer Warft noch eine romanische Kirche.

Die beeindruckenden Gutshöfe und *borgen* (Burgen) in diesem Teil Groningens stammen aus der Zeit, als hier mit der Landwirtschaft viel Geld verdient wurde. Im Süden der Hafen- und Industriestadt Delfzijl breiten sich die Moorkolonien aus. Ihr typisches Muster aus geraden Straßen und Kanälen entstand während der Urbarmachung zwischen 1600 und 1900. Die Häuser der Dörfer liegen wie an einer Schnur entlang den Kanälen aufgereiht.

Slochteren wurde durch die Entdeckung eines enormen Erdgasvorkommens 1959 landesweit berühmt. Die südöstliche Ecke von Groningen, Westerwolde, ist eine Gegend mit Wäldern, schmalen Sträßchen und alten Bauernhöfen. An der Grenze zu Deutschland liegen mehrere restaurierte Festungsstädte, etwa das schöne sternförmig angelegte Bourtange.

Kornernte in Westerwolde, in der Nähe der Festungsstadt Bourtange

Jahrmarkt am Martinitoren in Groningen *(siehe S. 284 – 289)*

Überblick: Groningen

Zu den schönsten und historisch interessantesten Burgen in Groningen gehören die mittelalterliche Fraeylemaborg in Slochteren, die Menkemaborg in Uithuizen und das reizende Slot Verhildersum in Leens. Das einmalige Naturschutzgebiet rund um das Lauwersmeer lädt zu schönen Wanderungen ein. Nicht weit davon entfernt, in Pieterburen, liegt das bekannte Seehundasyl. In Ter Apel, an der Ost-grenze, steht ein prächtiges mittelalterliches Kloster. Die Stadt Groningen *(siehe S. 284–289)* hat viel zu bieten – vom ruhigen Prinsenhof bis zum hypermodernen Groninger Museum *(siehe S. 288f)*.

Winsum, eines der schönsten Dörfer in Groningen

Naturgebiet Lauwersmeer, entstanden durch die Einpolderung der Lauwerszee

In Groningen unterwegs

Groningen ist mit dem Auto aus dem Süden über die Autobahn A28 erreichbar. Die A7 durchquert die Provinz von West (Friesland) nach Ost (Deutschland). Die Stadt Groningen selbst erkundet man am besten zu Fuß. Von Groningen aus fahren Züge nach Roodeschool im Norden, Delfzijl im Nordosten und Nieuweschans im Osten. Die meisten Orte auf dem Land sind mit Regionalbussen erreichbar. Das Groninger Land eignet sich hervorragend zum Wandern und Fahrradfahren. Vor allem die Gegend um das Lauwersmeer, das Wattgebiet und Westerwolde im Süden bieten sich dafür an.

Sehenswürdigkeiten auf einen Blick

1. *Groningen S. 284–289*
2. Grootegast
3. Leek
4. Zoutkamp
5. Lauwersoog
6. Pieterburen
7. Uithuizen
8. Appingedam
9. Slochteren
10. Fraeylemaborg
11. Winschoten
12. Veendam
13. Bourtange
14. Oude und Nieuwe Pekela
15. Ter Apel

Erholung am Paterswoldsemeer südlich von Groningen

Weitere Zeichenerklärungen *siehe hintere Umschlagklappe*

Vorgebaute Küchen in Appingedam

Oldambtster Bauernhof in Oost-Groningen

0 Kilometer 10

Eemshaven

Roodeschool

HUIZEN N46 N363 N33

Spijk

E e m s

Loppersum

Delfzijl

APPINGEDAM **8**

Termunten

N360

Eemskanaal

Dollard

Nieuwolda

RONINGEN Siddeburen

YLEMABORG **10** **9** SLOCHTEREN

Midwolda

Nieuweschans

A7

Scheemda

Hoogezand-Sappemeer

Heiligerlee

WINSCHOTEN **11**

Bellingwolde

daarder-meer

N385

VEENDAM **12**

14 OUDE PEKELA N367

Wildervank

N366

14 NIEUWE PEKELA

N33

Westerwolde

N365

Onstwedde Vlagtwedde

Stadskanaal

Stadskanaal

N365 **13** BOURTANGE

N385

D E U T S C H L A N D

Musselkanaal

N366

15 TER APEL

gende

Autobahn

Hauptstraße

Nebenstraße

Panoramastraße

Eisenbahn (Hauptstrecke)

Eisenbahn (Nebenstrecke)

Provinzgrenze

Staatsgrenze

Hotels und Restaurants in Groningen *siehe Seiten 399 und 412f*

❶ Im Detail: Groningen

Groningen ist seit Jahrhunderten das kulturelle und wirtschaftliche Zentrum der gleichnamigen Provinz. Seine Blütezeit war das 15. Jahrhundert, als die Stadt sich vom Bischof von Utrecht lossagte und ihren Einfluss bis in die heutige Provinz Friesland ausweitete. 1614 wurde die Groninger Akademie gegründet, die Vorläuferin der Reichsuniversität, wodurch das Handels- und Verwaltungszentrum Groningen auch zum wissenschaftlichen Mittelpunkt der Provinz wurde.

TURFSINGEL

SINT WALBURGSTR.

MARTINIKERKHOF

★ Prinsenhof
Im Garten des Prinsenhof, in dem 1568 der erste Groninger Bischof und später der Statthalter residierten, steht eine wunderschöne Sonnenuhr von 1730. Der Garten sieht heute wieder genauso aus wie im 18. Jahrhundert.

★ Martinitoren
Der Martinitoren (97 m) von 1469 wird, wegen der Farbe des Bentheimer Sandsteins, von den Groningern »d'Olle Grieze« (»der alte Graue«) genannt.

Die Martinikerk
stammt aus dem 13. Jahrhundert. Teile der alten Basilika sind noch erhalten. Die romanische Kirche wurde im 15. Jahrhundert im gotischen Stil umgebaut.

Stadhuis
Das Rathaus auf dem Grote Markt ist ein monumentaler klassizistischer Bau, der 1810 vollendet wurde.

Goudkantoor
Der Renaissance-Bau von 1635 heißt erst seit dem 19. Jahrhundert Goudkantoor (»Goldbüro«): Damals hatte die Zertifikatsbehörde für Gold und Silber hier ihren Sitz.

Hotels und Restaurants in Groningen *siehe Seiten 399 und 412f*

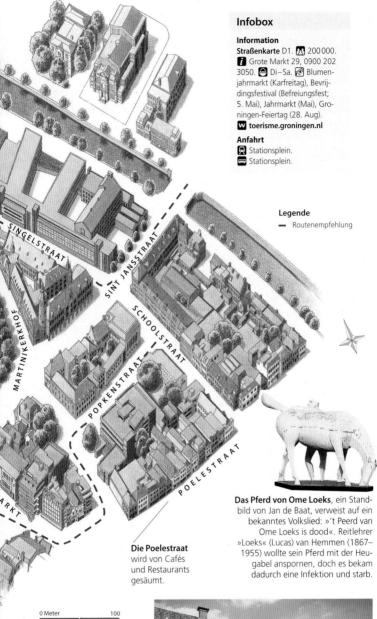

Infobox

Information
Straßenkarte D1. 🔲 200 000.
ℹ️ Grote Markt 29, 0900 202
3050. 🔵 Di–Sa. 🎨 Blumen-
jahrmarkt (Karfreitag), Bevrij-
dingsfestival (Befreiungsfest;
5. Mai), Jahrmarkt (Mai), Gro-
ningen-Feiertag (28. Aug.).
🆆 toerisme.groningen.nl

Anfahrt
🚉 Stationsplein.
🚌 Stationsplein.

Legende
— Routenempfehlung

Das Pferd von Ome Loeks, ein Standbild von Jan de Baat, verweist auf ein
bekanntes Volkslied: »'t Peerd van
Ome Loeks is dood«. Reitlehrer
»Loeks« (Lucas) van Hemmen (1867–
1955) wollte sein Pferd mit der Heu-
gabel anspornen, doch es bekam
dadurch eine Infektion und starb.

Die Poelestraat
wird von Cafés
und Restaurants
gesäumt.

0 Meter   100

★ **St. Geertruidshofje**
Das Hospiz an der Peperstraat wurde
1405 als Herberge für arme Pilger
gestiftet. Um den ersten Hof liegen
die Stiftskirche, der Speisesaal und
die Kammer des Vogts, um den
zweiten die Hospizwohnungen.

Straßenkarte *siehe hintere Umschlaginnenseiten*

Überblick: Groningen

Die alte Universitätsstadt Groningen hat viele interessante Gebäude und Museen. Das Noordelijk
Scheepvaartmuseum liefert eine Übersicht über die
Geschichte der Seefahrt. Das Groninger Museum
(siehe S. 288f) besitzt eine Kunstsammlung von internationalem Rang. Beim Besuch eines oder mehrerer
der Groninger *hofjes* findet man auch in dieser lebhaften Provinzhauptstadt Ruhe.

Das markante Gebäude der Gasunie,
im Volksmund »Affenfelsen« genannt

🏠 Martinikerk
und Martinitoren

Martinikerkhof 3. 📞 (050) 311
1277. ⭘ Apr–11. Nov: meist Di–Sa
11–17 Uhr; Details siehe Website.
📧 🌐 martinikerk.nl
Martinitoren Grote Markt. 📞 (050)
313 5713. ⭘ So, Mo 12–16, Di–Sa
11–17 Uhr. ⬤ 1. Jan, 25. Dez. 🗺

Der Grote Markt ist das alte
Zentrum der Stadt. Viele Gebäude am Platz wurden durch
Bombardements am Ende des
Zweiten Weltkriegs schwer beschädigt. Beim Wiederaufbau
erweiterte man den Markt an
der Nord- und Ostseite im modernen Stil.

Der berühmte Martinitoren
war zwar beschädigt, stand
aber noch und konnte renoviert werden. Das Glockenspiel
von d'Olle Grieze, von den
Brüdern Hemony gegossen,
hat nach einer Erweiterung
heute vier Oktaven und
49 Glocken.

Die Martini- oder St. Maar-
tenskerk zeigt noch Spuren des
ursprünglichen Mauerwerks.

Die Nord- und Südfassade des
Querschiffs sowie die Stein-
metzarbeiten und Gesimse an
der Nordseite stammen aus
dem 13. Jahrhundert. Im
15. Jahrhundert, der Blütezeit
der Stadt, wurde die Kirche im
gotischen Stil erweitert. Der
Chor mit seinen schönen
Wandmalereien von 1530, die
Szenen aus dem Leben Christi
zeigen, wurde 1425 fertiggestellt. Das Mittelschiff baute
man zur Hallenkirche um.

Östlich des Grote Markt liegt
die Poelestraat, eine Flaniermeile, die sich bei schönem
Wetter in eine einzige große
Terrasse verwandelt.

🚌 Gebouw van de Gasunie

Concourslaan 17. 📞 (050) 521
9111. ⬤ für Besucher.

Das Hauptgebäude der Nederlandse Gasunie wurde von den
Architekten Alberts und van
Huut gemäß den Ideen der sogenannten organischen Architektur geplant. Hierbei ist die
Natur die wichtigste Inspira-

tionsquelle. Der organische
Charakter des 1994 fertigge-
stellten Gebäudes ist überall
sichtbar, auch im speziell entworfenen Mobiliar. Das Gebäude erhielt von den Groningern den Spitznamen
»Affenfelsen«.

🏠 St. Geertruidshofje

Peperstraat 22. 📞 (050) 312 4082
In Groningen gibt es mehrere
zauberhafte *hofjes*, Armen-
oder Altenhäuser, die um
einen zentralen Hof herum
gelegt waren. Sie gehörten oft
zu Hospizen, karitativen Einrichtungen, die sich der Armen
annahmen. Zu den schönsten
gehört das *hofje* des Heilige
Geest- oder Pelstergasthuis
(Pelsterstraat) aus dem
13. Jahrhundert und das St.
Geertruidshofje *(siehe S. 285)*.
Das angeschlossene Peper-
gasthuis wurde 1405 gegründet. Später wurde es zu einem
hofje für alte Menschen. Die
Wasserpumpe in der Mitte des
Hofs stammt von 1829.

Poelestraat: die beliebteste Flaniermeile der Groninger Studenten

Hotels und Restaurants in Groningen *siehe Seiten 399 und 412f*

Noordelijk Scheepvaartmuseum

rugstraat 24–26. (050) 312
202. Di–Sa 10–17, So
3–17 Uhr. Feiertage.
noordelijkscheepvaartmuseum.nl

as Museum, das in zwei restaurierten Häusern aus dem Mittelalter untergebracht ist, widmet sich der Geschichte er Seefahrt in den nördlichen rovinzen von 1650 bis heute. ie Sammlung ist chronologisch geordnet. Vom Utrechter chiff geht es über die Hansekoggen, die Amerikafahrer, die orfschiffe und die Ostseefahrer zu den Groninger Küstenchiffern des 20. Jahrhunderts. uf dem Dachboden sind originalgetreue Werkstätten aufgebaut, darunter die eines immermanns nd eine chmiede.

Ornament am Groninger Provinciehuis

Prinsenhof nd Prinsenhofuin

artinikerkhof 23. (050) 317
555. tägl. 9–12 Uhr.

rsprünglich war im Prinsenof das Fraterhaus des Ordens er Brüder des Gemeinen ebens untergebracht. Später eß sich hier der erste Bischof on Groningen, Johan Knijff, ieder, der das Gebäude zu ner prächtigen bischöflichen esidenz umbauen ließ. In der olgezeit diente es bis weit ins 8. Jahrhundert hinein den tatthaltern als Residenz.
Der Prinsenhoftuin liegt wie ne Oase der Ruhe in der betriebsamen Stadt. Hier gibt es

Der Prinsenhof, in dem früher der Statthalter residierte

u. a. einen Kräuter- und einen Rosengarten. Auffällig ist das Beet mit den zwei gekrönten Wappen. In einem prangt das »W« von Willem Frederik, Statthalter von Friesland, Groningen und Drenthe, in dem anderen das »A« von Albertine Agnes, seiner Frau. An der Gartenseite der Zugangspforte steht eine Sonnenuhr *(siehe S. 284)* aus dem Jahr 1730. Im Garten kann man den Verlauf der mittelalterlichen Stadtmauer an einigen Stellen noch gut erkennen.

Hortus Haren

Kerklaan 34, Haren. (050) 537
0053. März–Okt: tägl. 10–17
Uhr; Nov–Feb: tägl. 11–16 Uhr.
hortusharen.nl

Ein kleines Stück südlich der Stadt Groningen liegt der vornehme Ort Haren mit dem Hortus Haren. Dieser Park besteht seit 1642 und wurde von Henricus Munting angelegt. Auf einem gut 20 Hektar gro-

ßen Gelände steht u. a. ein Gewächshauskomplex mit verschiedenen klimatischen Abteilungen – vom tropischen Regenwald mit vielerlei Arten exotischer Blumen bis hin zum subtropischen Glashaus mit Korkeichen und Orangenbäumen. Im Wüstenhaus wachsen riesige Kakteen, im Moussonhaus fleischfressende Pflanzen. Außerdem kann man ein traditionelles indonesisches Reisfeld *(sawah)* sehen.

1917 wurde beim Hortus ein Wildgarten angelegt, außerdem gibt es noch einen Heidegarten, ein Rosarium, ein Weidental, ein Pinetum (mit sehr alten Bäumen), ein Arboretum, einen Felsgarten und einen Kräutergarten. Vor Kurzem wurden ein Bambus- und Grässergarten und ein Garten mit allerlei verschiedenen Wasserpflanzen angelegt. In einem faszinierenden Terrarium kann man u. a. Vogelspinnen sehen.

Etwas ganz Besonderes ist der Chinesische Garten (»Das geheime Reich von Ming«), in dem einige originale chinesische Gebäude stehen, die von chinesischen Handwerkern hier aufgebaut und mit Löwen und Drachen verziert wurden. Im Teehaus bekommt man chinesische Spezialitäten.

Sehr interessant sind auch die keltischen »Gärten von Ogham«, die unlängst eröffnet wurden. Hier gibt es ein »Baumhoroskop« sowie »Zauberpflanzen«.

Vor allem im Sommer werden im Hortus Haren regelmäßig Wechselausstellungen und verschiedene Veranstaltungen organisiert.

er Hortus Haren mit seinen zahllosen Attraktionen

Groninger Museum

Zwischen dem Hauptbahnhof zur einen Seite und einer Gracht aus dem 19. Jahrhundert, an der Südseite der Stadt, liegt das Groninger Museum auf einer Insel im Verbindungskanaal. Den Museumsbau entwarf der Italiener Alessandro Mendini. Die Sammlung umfasst archäologische Artefakte, Kunsthandwerk (u. a. chinesisches und japanisches Porzellan), alte und zahlreiche zeitgenössische Kunstwerke.

★ Wendeltreppe
Die Wendeltreppe, über die man zu den Sammlungen hinabsteigt, ist Orientierungspunkt und zugleich eigenständiges Kunstwerk.

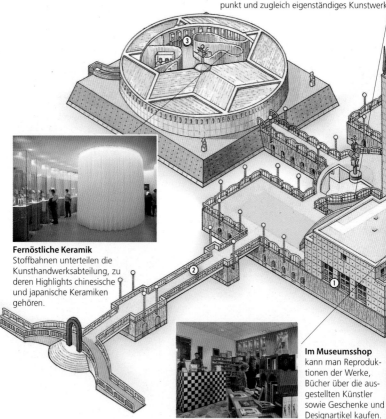

Fernöstliche Keramik
Stoffbahnen unterteilen die Kunsthandwerksabteilung, zu deren Highlights chinesische und japanische Keramiken gehören.

Im Museumsshop
kann man Reproduktionen der Werke, Bücher über die ausgestellten Künstler sowie Geschenke und Designartikel kaufen.

Außerdem

① Im **Museumscafé** steht Mobiliar von verschiedenen Designern. Die Einrichtung passt sich auf diese Weise ganz der Sammlung an.

② Eine **Rad- und Fußgängerbrücke** verbindet das Museum mit dem Bahnhofsplatz. Es gibt auch eine direkte Verbindung zum Bahnhof sowie zur Innenstadt.

③ **Wechselausstellungen**

④ Der **Mendini-Pavillon** sieht auf den ersten Blick nach Willkür und Chaos aus. Er ist ein Musterbeispiel des Dekonstruktivismus.

⑤ **Dieser Flügel** des Museums wurde von Wolfgang Prix und Helmut Swiczinsky entworfen.

⑥ **Eine Betontreppe** im Mendini-Pavillon führt zum obersten Pavillon, in dem Teile der Sammlung Bildender Kunst ausgestellt werden.

mbrandt van Rijn (1606–1669)
e Zeichnung *Saskia im Bett* von Rembrandt
manchmal im Mendini-Pavillon zu sehen.

★ De Ploeg
Die Kunstsammlung De
Ploeg (»Der Pflug«) hat
ihren eigenen Pavillon.
Neben Arbeiten von Mit-
gliedern der Gruppe sind
auch expressionistische
Werke ausgestellt. Das
Bild *Drehtür des Postamts*
des Malers H. N. Werkman
entstand 1941.

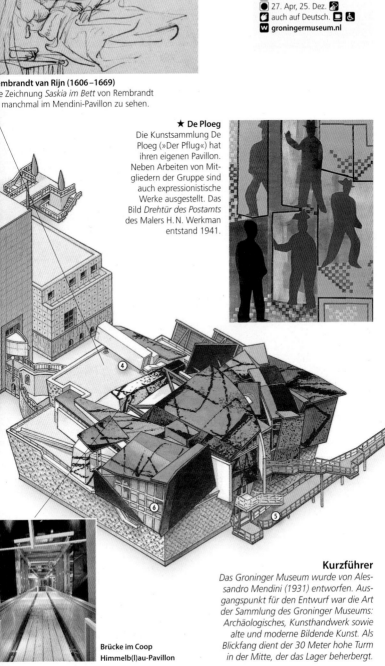

**Brücke im Coop
Himmelb(l)au-Pavillon**

Kurzführer

*Das Groninger Museum wurde von Ales-
sandro Mendini (1931) entworfen. Ausgangspunkt für den Entwurf war die Art
der Sammlung des Groninger Museums:
Archäologisches, Kunsthandwerk sowie
alte und moderne Bildende Kunst. Als
Blickfang dient der 30 Meter hohe Turm
in der Mitte, der das Lager beherbergt.*

❷ Grootegast

Straßenkarte D1. 🗻 11 500.
🚌 33, 38, 39, 98, 101, 133.
ℹ Nienoord 20, Leek, (0594) 512
100. 🎪 Fr.

Lutjegast, gleich bei Grootegast, ist der Geburtsort von
Abel Tasman *(siehe Kasten
unten)*. Im **Abel Tasmankabinet** ist eine Ausstellung über
seine Entdeckungsreisen zu
sehen. Die Sammlung umfasst
(See-)Karten, alte Bücher etc.

🏛 **Abel Tasmankabinet**
Kompasstraat 1. 📞 (0594) 613 576.
⭕ Di–Sa 13.30–16.30 Uhr.

❸ Leek

Straßenkarte D2. 🗻 19 500. 🚌
81, 85, 88, 98, 306, 316. ℹ Nienoord 20, (0594) 512 100. 🎪 Do.

In Leek steht Burg Nienoord,
die um 1524 von Wigbold van
Ewsum erbaut wurde. Im
19. Jahrhundert schienen sich
die Verhältnisse der Burg zum
Schlechten zu wenden: 1846
zerstörte der damalige Besitzer,
Ferdinand Folef Kniphausen,

Landgoed Nienoord

Hafen des reizvollen Fischerdorfs Zoutkamp

genannt »de dolle jonker«
(»der verrückte Junker«), im
Rausch alle Porträts seiner
Ahnen. Später brannten die
Orangerie und ein Teil des
Obergeschosses ab.

Im Jahr 1950 kaufte die Gemeinde Leek die Burg und
richtete acht Jahre später hier
das **Nationaal Rijtuigmuseum**
(»Kutschenmuseum«) ein. Die
Sammlung des Museums um-
fasst königliche Karossen, Post-
kutschen und Eilkutschen, aber
auch schlichte Bauernkarren.
Hier gibt es ein stilvolles Café.

🏛 **Nationaal Rijtuigmuseum**
Nienoord 1. 📞 (0594) 512 260.
⭕ Apr–Okt: Di–So 11–17 Uhr. 🅿
🖥 ♿ 🆆 museumnienoord.nl

Abel Tasman (1603–1659)

Abel Janszoon Tasman kam 1603 in Lutjegast zur Welt. Schon als
junger Mann ging er nach Amsterdam. 1633 fuhr er als Steuer-
mann der Vereenigde Oost-Indische Compagnie *(siehe S. 52f)*
nach Asien. 1642 unternahm er mit der Yacht
De Heemskerck und der Fleute *Zeehaen* eine
Reise mit dem Ziel, über die Südroute
durch den Ozean das legendäre Südland
zu finden. Tasman erreichte am 24. November 1642 die australische Insel Tasmanien. Er fertigte Karten von einem Teil
der Küste an und erreichte später die
Südinsel von Neuseeland. Am 13. Juni
1643 kam er in Batavia an, wo er bis
zu seinem Tod am 10. Oktober
1659 blieb. In seinem Testament
vermachte er einen großen Teil seines Geldes den Armen von Lutjegast.

❹ Zoutkamp

Straßenkarte: D1. 🗻 1200. 🚌 6
65, 69, 136, 163, 165. ℹ Reitdiepskade 11, (0595) 401 957.

Das Fischerdorf Zoutkamp ha
sich nach der Abdeichung de
Lauwerszee 1969 völlig verän
dert. Am Ufer (Reitdiepskade)
stehen noch einige ehemalige
Fischerhäuschen. Hier hat der
Ort seinen ursprünglichen
Charme bewahrt.

❺ Lauwersoog

Straßenkarte D1. 🗻 350. 🚌 50,
63, 163. ℹ Reitdiepskade 11,
Zoutkamp, (0595) 401 957.

Bei Lauwersoog, wo auch die
Fähre nach Schiermonnikoog
(siehe S. 279) ablegt, erstreck
sich das 2000 Hektar große
Naturschutzgebiet Lauwersmeer. Nach dem Einpoldern
der Lauwerszee wurden für
das Gebiet vier Bestimmunge
ausgewiesen: Landbau, Erholung, Naturschutz und Trup-
penübungsplatz.

Umgebung: Lauwersoog is
eine gute Basis für die Erkundung der Tuffkirchen, die
im Mittelalter in Orten wie
Doezum, Bedum und Zuid-
wolde erbaut wurden. Man e
kennt sie leicht an dem graue
oder grünlich schimmernden
porösen Gestein.

Pieterburen

Straßenkarte D1. 🏔 500. 🚌 65,
7, 68. **ℹ** Waddencentrum, Hoofd-
raat 83, (0595) 528522.

iner der bekanntesten Orte in
roningen ist Pieterburen. Hier
t das **Zeehondencrèche**
»Seehundasyl«) zu Hause, ein
on Lenie 't Hart u. a. gegrün-
etes Zentrum für kranke und
chwache Seehunde aus der
Vaddenzee. Im Wattenmeer
ummeln sich heute ungefähr
750 Seehunde, von denen
e Hälfte ihr Leben diesem
entrum verdankt.

Het Waddencentrum zeigt
ne Ausstellung über das
Vatt. Hier kann man sich auch
ber Wattwanderungen infor-
ieren.

Seehund in einem der Bassins in Pieterburen

𝄪 Zeehondencrèche Pieterburen
oofdstraat 94a. **📞** (0595) 526
26. ⏰ tägl. 10–17 Uhr.

𝄪 Het Waddencentrum
oofdstraat 83. **📞** (0595) 528 522.
⏰ tägl. 9–18 Uhr. ☕

mgebung: In Leens, zehn
ilometer südwestlich von
eterburen, steht die **Borg**
erhildersum (14. Jh.), einge-
chtet im Stil des 19. Jahrhun-
erts. Die Burg ist von breiten
räben umgeben, im Park mit
em Gartenpavillon stößt man
uf Skulpturen. Im Kutschhaus
nden Ausstellungen statt, im

Schathuis ist ein Café-Restaurant untergebracht.

🏛 Borg Verhildersum
Wierde 40, Leens. **📞** (0595) 571 430.
⏰ Apr–Okt: Di–So 10.30–17 Uhr. ☕

❼ Uithuizen

Straßenkarte E1. 🏔 5300. 🚌 41, 61,
62, 641, 662. **ℹ** Mennonietenkerk-
straat 13, (0595) 434 051. 🛍 Sa.

Die außergewöhnlich schöne
Menkemaborg in Uithuizen
stammt aus dem 14. Jahrhundert, ihr heutiges Aussehen erhielt sie jedoch um 1700. Im
Schlafzimmer steht ein Prunk-
bett aus dem 18. Jahrhundert,

in dem König Willem III im
19. Jahrhundert nächtigte. Die
Küche im Untergeschoss ist
mit Originalmöbeln eingerichtet. Bei einer Renovierung
1926 wurden die Gärten wieder im Stil des 18. Jahrhunderts angelegt. In der Schatzkammer befindet sich heute
ein Café-Restaurant. Früher
wurden in diesem Raum die
Produkte aufbewahrt, die die
Pächter zur Burg brachten.

🏛 Menkemaborg
Menkemaweg 2. 🚌 61. **📞** (0595)
431 970. ⏰ März–Sep: Di–So
10–17 Uhr (Juli, Aug: tägl.); Okt–
Dez: Di–So 10–16 Uhr. 🚫 Jan, Feb.
☕ 🌐 **menkemaborg.nl**

ochzeit in traditionellen Trachten im Park der Menkemaborg aus dem 14. Jahrhundert

Straßenkarte *siehe hintere Umschlaginnenseiten*

❽ Appingedam

Straßenkarte E1. 🏙 12 000. 🚌 40, 45, 78, 140, 178. ❓ Oude Kerkstraat 1, (0596) 620 300. 🛒 Sa.

Der einstigen Hansestadt wurde 1327 das Stadtrecht verliehen. Das mittelalterliche Stadtbild ist im Großen noch erhalten. Die **hängenden Küchen**, von der Vlinterbrug aus zu sehen, wurden aus Platzmangel an die Häuser angebaut. Direkt über dem Wasser gibt es Türen, sodass die Leute Wasser schöpfen konnten.

Im 18. Jahrhundert erlebte die Stadt eine neue Blüte, wie am **Ebenhaëzerhuis** zu sehen ist. Appingendam besitzt über 65 denkmalgeschützte Bauten.

❾ Slochteren

Straßenkarte E1. 🏙 2600. 🚌 78, 178. ❓ Noorderweg 1, (0598) 422 970. 🛒 Do.

1959 wurde Slochteren durch die Entdeckung einer Erdgasblase landesweit bekannt. Die »Blase von Slochteren« war die größte Europas. Es wird geschätzt, dass sie die niederländische Erdgasversorgung bis 2050 sichert.

Die Geschichte der alten Stadt Slochteren ist eng mit der der Herren von der Fraeylemaborg verbunden. Die Gereformeerde Kerk Slochterens ist das Überbleibsel eines romanisch-gotischen Kreuzkirchenbaus aus dem 13. Jahrhundert.

Der reizvolle Landstrich lädt zum Wandern und Radfahren ein, etwa am nahen Schildmeer. Hier kommen vor allem Wassersportler auf ihre Kosten. In der Landschaft stehen einzelne Gasförderstationen.

Dampfschöpfwerk von 1878 im Polder bei Winschoten, heute Museum

❿ Fraeylemaborg

Straßenkarte E1. ❓ Noorderweg 1, Slochteren, (0598) 422 970.

Die aus dem Mittelalter stammende, gut erhaltene Fraeylemaborg ist eine der imposantesten Burgen Groningens. In der Küche und im Bankettsaal zeugen Schießscharten von der Verteidigungsfunktion. Im 17. Jahrhundert wurden die beiden Seitenflügel angebaut, im 18. Jahrhundert der monumentale Mitteltrakt. Ein doppelter Graben umgibt die Burg. Der Park ist in einer Kombination von formalem Barockstil (18. Jh.) und englischem Landschaftsstil (19. Jh.) angelegt. Auf dem vorderen Gelände steht das Schatzhaus, das heute als Restaurant genutzt wird.

🚌 **Fraeylemaborg**
Hoofdweg 30–32. 📞 (0598) 421 568. 🕐 Di–Fr 10–17, Sa, So 11–17 Uhr. 🎟 🚫
🌐 fraeylemaborg.nl

⓫ Winschoten

Straßenkarte E2. 🏙 18 000. 🚌 1 12, 13, 14, 17, 29. ❓ Torenstraat 10, (0597) 430 022. 🛒 Sa.

Die Siedlung entwickelte sich im 13. Jahrhundert an der Handelsstraße von Groningen nach Münster (Westfalen). Heute ist die Stadt vor allem wegen ihrer drei Mühlen bekannt: »Berg«, eine Korn- und Graupenmühle aus dem Jahr 1854, »Dijkstra«, eine 25 Meter hohe Mühle von 1862, und »Edens«, ebenfalls eine Korn- und Graupenmühle von 1761. Im **Museum Stoomgemaal** ist ein Schöpfwerk von 1878 zu sehen, das die überfluteten Polder trockenpumpte.

🏛 **Museum Stoomgemaal**
Oostereinde 4. 📞 (0597) 425 070 🕐 an einzelnen Tagen, Details siehe Website. 🎟 Spende erwünscht. 🌐 stoomgemaalwinschoten.nl

Umgebung: Im Heiligerlee bei Winschoten steht das Denkmal der Schlacht bei Heiligerlee, die 1568 geschlagen wurde. Sie ist berühmt, weil sie nur zwei Stunden dauerte und wo Graf Adolf van Nassau dabei ums Leben kam. Das **Museum »Slag bij Heiligerlee«** zeigt eine Ausstellung über diese kurze, aber blutige Feldschlacht.

🏛 **Museum »Slag bij Heiligerlee«**
Provincialeweg 55. 📞 (0597) 418 199. 🕐 Apr, Okt: Di–So 13–17 Uhr, Mai–Sep: Di–So 10–17, So 13–17 Uhr. 🎟 🌐 museaheiligerlee.nl

Die historische Fraeylemaborg in Slochteren

Veendam

raßenkarte E2. 27 500. 71,
. Museumplein 5b, (0598)
4 224. Mo vorm., Do nachm.

rkstad Veendam, so genannt
egen der vielen Grünflächen
der Stadt, war jahrhunderte-
ng das (industrielle) Zentrum
r Moorkolonien (*veen*=Moor).
owohl Ende des 19. Jahrhun-
rts die Torfgewinnung an
deutung verlor und die
hifffahrt wichtiger wurde –
endam bekam sogar eine
efahrtsschule –, hat dieser
t doch den Charakter einer
oorkoloniestadt behalten.
Im **Veenkoloniaal Museum**
eine Ausstellung über die
eschichte der Veenkolonien,
r Schifffahrt, der Landwirt-
haft und der Industrie in die-
r Gegend zu sehen.
Der berühmteste Veendamer
ar Anthony Winkler Prins
817–1908), dessen Name in
r von ihm begründeten Lexi-
onreihe fortlebt.

Veenkoloniaal Museum
useumplein 5. (0598) 364 224.
Di–Do 11–17, Fr–Mo
–17 Uhr. Feiertage.
veenkoloniaalmuseum.nl

Bourtange

raßenkarte E2. 600. 70,
. Willem Lodewijkstraat 33,
599) 354 600. **bourtange.nl**

nweit der Grenze zu
eutschland liegt die schöne
stungsstadt Bourtange,
ren Geschichte bis ins Jahr
580 zurückgeht, als Prinz
illem van Oranje den Bau
ner Schanze mit fünf Bastio-
en im Sumpfgebiet an der
eutschen Grenzlinie befahl.
Lauf der Jahre wurde
ourtange immer weiter ver-
ärkt und ausgebaut, bis die
stung ihren militärischen
veck verlor.
Nach aufwendigen Restau-
erungen sehen Dorf und Fes-
ng heute wieder fast so aus
ie im 18. Jahrhundert. Stern-
rmig angelegte Felder unter-
ützen den Eindruck. Im **Mu-**
um »De Baracquen« werden
unde aus der Festung gezeigt.

Die beeindruckende Festung Bourtange aus der Luft gesehen

Museum »De Baracquen«
Willem Lodewijkstraat 33. (0599)
354 600. Mitte März–Okt: Fr
10–17 Uhr; Nov–Mitte März: Sa, So
10–17 Uhr. 25., 26. Dez.

Oude und Nieuwe Pekela

Straßenkarte E2. 13 500. 75.
Restaurant Het Turfschip, Fles-
singsterrein 3, Oude Pekela, (0597)
618 833. Mi und Do nachm.

Die Pekelas, wie die Groninger
die zwei Gemeinden nennen,
sind typische Dörfer mit dem
Charakter der Moorkolonien.
Seit dem 18. Jahrhundert wur-
den hier Kartoffelstärke und
Strohpappe hergestellt. Die
Wege entlang dem Pekelder
Hoofddiep bieten sich für
Spaziergänge an.

Ter Apel

Straßenkarte E2. 7800.
26, 70, 73. Hoofdstraat 49a,
(0599) 581 277. Do.

In Ter Apel im Westerwolde-
Gebiet zwischen Drenthe und
Deutschland liegt das **Klooster
Ter Apel**, das 1465 errichtet
wurde. 1933 wurde es gründlich renoviert, heute dient es
als Museum für kirchliche
Kunst und Religionsgeschichte.
Im duftenden Kräutergarten
des Klosterhofs wachsen unterschiedliche Heilpflanzen, darunter die Osterluzei und die
Weinraute.

Klooster Ter Apel
Boslaan 3. (0599) 581 370.
Di–Sa 10–17, So 13–17 Uhr (Juli,
Aug: Mo–Sa 10–18, So 13–18 Uhr).
1. Jan.

Restaurierter Kreuzgang im Kloster Ter Apel

Friesland

Friesland oder Fryslân, wie der offizielle friesische Name lautet, ist eine Provinz voller Charakter und ausgeprägtem Regionalbewusstsein. Zu ihr gehören die Waddeneilanden (siehe S. 268 – 279) mit Ausnahme der Insel Texel. Lang gezogene grüne Wiesen und Seen mit schilfbewachsenen Ufern wechseln sich mit sanften Hügeln und Wäldern ab, dazwischen liegen zahlreiche schöne Kleinstädte und Dörfer mit einer reichen Vergangenheit.

Die Provinz Friesland erfreut sich seit einigen Jahren steigender Beliebtheit. Das hat nicht zuletzt mit dem zunehmenden kulturellen und historischen Bewusstsein der Bewohner zu tun. Um 700 ließen sich die Friesen unter König Radboud in einem Gebiet nieder, das im Süden bis Zeeuws-Vlaanderen und Köln reichte. Geblieben sind bis heute außer der eigenen Sprache, dem Friesischen (Westfriesisch), ganz eigene Sportarten wie das *skûtsjesilen* (Segeln mit traditionellen Booten), *fierljeppen* (Stabweitspringen über Wasser), *aaisykjen* (Kiebitzeier suchen), *kaatsen* (ein Schlagballspiel) und die Elfstedentocht, die Schlittschuhtour zu den elf friesischen Städten.

Friesisch und frei sind quasi Synonyme: Der Schlacht bei Warns von 1345, bei der die Friesen das holländische Heer schlugen, wird noch heute jedes Jahr gedacht. Ein Symbol der friesischen Freiheit ist der legendäre Grutte Pier aus Kimswerd, ein Volksheld aus dem 16. Jahrhundert, der Fremde – um herauszufinden, ob jemand Friese war – den Satz sagen ließ: *Bûter, brea en griene tsiis, wa't dat net sizze kin is gjin oprjochte Fries* (Butter, Brot und grüner Käse, wer das nicht sagen kann, ist kein echter Friese). Wer sich verhaspelte, musste mit dem Leben bezahlen. Heute sind die Friesen gastfreundlicher, Besucher werden mit offenen Armen empfangen: *Jo binne tige wolkom* – herzlich willkommen.

Wartlehiem ist im Sommer ein beliebtes Ausflugsziel

Das älteste funktionsfähige Planetenmodell im Eise Eisinga Planetarium, Franeker *(siehe S. 301)*

Überblick: Friesland

Friesland ist für seine weiten Felder mit den mächtigen Kopf-Hals-Rumpf-Bauernhöfen bekannt, und doch gibt es hier große landschaftliche Vielfalt: Im Südwesten liegen die beliebten friesischen Seen, im Norden findet man Binnendeiche, Warftdörfer und Kirchtürme mit Satteldach. Im Gaasterland im Süden der Provinz wechseln sich hügelige Wälder mit steilen Tälern ab. De Friese Wouden im Südosten erinnern mit ihren Wäldern und Sandverwehungen ein wenig an Drenthe.

Seedeich bei Wierum

Sehenswürdigkeiten auf einen Blick

1. Leeuwarden
2. Dokkum
3. Franeker
4. Harlingen
5. Bolsward
6. Workum
7. Hindeloopen
8. Gaasterland
9. Sloten
10. Sneek
11. *Thialfstadion S. 304*
12. Oude Venen
13. Beetsterzwaag
14. Appelscha

Der Noorderhaven in Harlingen

In Friesland unterwegs

Friesland ist einfach und schnell zu erreichen. Die Autobahnen A7 (Ost–West) und A32 (Nord–Süd) durchkreuzen die Provinz. Zug- und Busverbindungen sind ebenfalls kein Problem. Die meisten größeren Orte haben einen Bahnhof, die kleineren sind sehr gut mit dem Regionalbus erreichbar. Von Harlingen, Holwerd oder Lauwersoog kann man mit dem Boot schnell zu den Inseln übersetzen. In der Provinz gibt es viele ruhige Landstraßen, Wanderwege und Fahrradwege.

Giebelhäuser an Het Diep in Sloten

Die Warft von Hogebeintum ist mit 8,80 Metern die höchste in Friesland

0 Kilometer   10

Legende

═══ Autobahn

─── Hauptstraße

┅┅┅ Nebenstraße

─── Panoramastraße

-⋅-⋅- Eisenbahn (Hauptstrecke)

─── Eisenbahn (Nebenstrecke)

▪▪▪▪ Provinzgrenze

Das malerische Lindevallei (Lindental) bei Wolvega

Hotels und Restaurants in Friesland *siehe Seiten 399 und 413*

Elfstedentocht

Die Elfstedentocht ist eine 200 Kilometer lange Schlittschuhtour von Leeuwarden über Sneek, IJlst, Sloten, Stavoren, Hindeloopen, Workum, Bolsward, Harlingen und Franeker nach Dokkum und wieder zurück nach Leeuwarden. Die Teilnehmer erhalten das Elfstedenkreuz nur, wenn sie alle Stempel auf der Stempelkarte haben und vor Mitternacht wieder in Leeuwarden ankommen. Auf den Gewinner wartet nichts Geringeres als ewiger Ruhm.

Das Elfstedenkruisje hat d[...] Form eines Malte[...] serkreuzes. Im Kreis in der Mitte sieht man das emaillierte Wappen von Friesland und die Aufschrift »De Friesche Elf Steden«.

Tocht der Tochten
Die Elfstedentocht besteht aus einem Wettstreit und einer offenen Tour und hat in den Niederlanden einen mythischen Status. Das Ereignis ist ein Medienspektakel, das Millionen an den Fernseher fesselt. Obwohl die Elfstedentocht im vergangenen Jahrhundert nur 15 Mal stattfand (zuletzt am 4. Januar 1997), ist das ganze Land wie elektrisiert, sobald das Thermometer unter null fällt. Bei anhaltendem Frost messen die berühmten Streckenwächter mindestens einmal am Tag das Eis. Es muss wenigstens 15 Zentimeter dick sein, damit die Tour starten kann. Wenn der Vorsitzende die erlösenden Worte *It sil heve* (»Es wird tragen«) oder *It giet oan* (»Es geht los«) gesprochen hat, verwandelt sich Friesland in einen Hexenkessel. Die Züge sind überfüllt, die Straßen verstopft, ganze Dörfer sind auf den Beinen, um die 16 000 Teilnehmer mit warmem Tee und Orangen zu verpflegen. Musikkapellen heizen das Publikum an. Das Niederländische wurde durch die Elfstedentocht um das friesische Wort *klúnen* bereichert, das so viel heißt wie »mit Schlittschuhen über Land laufen, wo das Eis nicht trägt«.

Feierstimmung in Franeker

Harns (Harlingen) ⑨

Frjentsjer (Franeker) ⑩

Harlingervaart

Boalsert (Bolsward) ⑧

Workumer Trekvaart

Dry (IJl[...]

Warkum (Workum) ⑦

Hylpen (Hindeloopen) ⑥

Starum (Stavoren) ⑤

0 Kilometer   10

Bittere Tränen
Viele Teilnehmer versuchen – trotz Schneeblindheit und Erfrierungen – doch noch, die Elfstedentocht zu Ende zu laufen. Manch einer bricht in bittere Tränen aus, wenn er hören muss, dass er es nicht geschafft hat, das begehrte Elfstedenkreuz zu erobern.

Bartlehiem

Das Gehöft Bartlehiem, der bekannteste Eislaufort in den Niederlanden, ist der psychologische Knackpunkt der Tour. Wer noch nach Dokkum muss, dem kommen hier Läufer entgegen, die den Stempel des nördlichsten Punktes der Route schon erobert haben. Viele müssen die Strecke Bartlehiem – Dokkum und zurück zudem schon bei Dunkelheit zurücklegen. Die Hölle des Nordens zieht Tausende von Zuschauern an. Die berühmte Brücke über die Finkumervaart kennt jeder Niederländer.

Zweimaliger Sieger: E. van Benthem

Evert van Benthem

Der Gewinner der Elfstedentocht ist ein Nationalheld. Evert van Benthem, ein Bauer aus Sint-Jansklooster, der sogar zweimal, 1985 und 1986, als Erster die Ziellinie auf der Bonkevaart in Leeuwarden passierte, ist nicht nur berühmt, er ist eine lebende Legende. Die eher profane Belohnung für so viel Mühe ist sowohl für den Gewinner bei den Frauen als auch bei den Männern ein Siegerkranz. Ihre Namen werden in einem Denkmal in Leeuwaarden eingraviert.

Eerste Friese Schaatsmuseum

Das Erste Friesische Eislaufmuseum in Hindeloopen *(siehe S. 302)* zeigt außer einer Sammlung von alten Schlittschuhen, alten Werkstätten, Schlitten und historischem Material auch eine einmalige Ausstellung über 90 Jahre Elfstedentocht. Viele Gewinner, darunter Reinier Paping, Jeen van den Berg und Henk Angenent, werden hier in Ehren gehalten. Zu den Höhepunkten der Kollektion gehören die Eislaufanzüge von mehreren Elfstedenhelden, die Schlittschuhe des zweimaligen Siegers Evert van Benthem und die Stempelkarte von W. A. van Buren. Ein besonders markantes Stück in der Sammlung ist der rechte große Zeh von Tinus Udding. Er verlor den Körperteil durch Erfrierung bei der eisigen *tocht* im Jahr 1963.

Schon vor Sonnenaufgang starten Zehntausende beim FEC in Leeuwarden.

Legende

▬ Route der Elfstedentocht

═ Andere Straße

Willem-Alexander, alias W. A. van Buren, nach der *tocht* 1985 in den Armen seiner Mutter, Königin Beatrix

❶ Leeuwarden

Straßenkarte D1. 🗺 108 000. 🚌
🏢 ℹ Achmeatoren, Sophialaan 4,
(058) 234 7550. 🎪 Fr, Sa.
🌐 vvvleeuwarden.nl

Die Hauptstadt Frieslands ist
durch Mata Hari, Pieter Jelles
Troelstra und Jan Jacob Slauer-
hoff bekannt. Sie war einst die
Residenz des friesischen Zwei-
ges der Nassauer (1584–
1747). Der Stadtpark, der Prin-
sentuin und der Stadhouderlijk
Hof erinnern noch an diese
Zeit. Wahrzeichen Leeuwar-
dens ist u. a. das Standbild
Us Mem (»Unsere Mutter«),
ein Ehrenmal für die meist
schwarz-weiße, friesische Kuh.

Das **Fries Museum** zeigt in
einem Patrizierhaus
(18. Jh.) Funde
aus Warften,
Trachten, Kunst
und Kunsthand-
werk. Im selben
Haus befindet sich
auch das **Verzets-
museum Fries-
land**, das sich
der friesischen
Widerstandsbe-
wegung im

Friesisches Wappen

Zweiten Weltkrieg widmet. In
Friesland wurden mehr als
600 Juden und fast 300 Widerstandskämpfer von den
Nationalsozialisten ermordet.
Die Ausstellung geht chronologisch auf den Zweiten Weltkrieg, aber auch auf Kriege
neuerer Zeit und auf Rassismus
allgemein ein.

Am Oldehoofsterkerkhof
zieht der schiefe Turm **Oldehove** alle Blicke auf sich. Als
man 1529 mit dem Bau be-
gann, sollte er der höchste
Turm des Landes werden.
Leider begannen die Fundamente abzusacken, drei Jahre
später musste man die Bauarbeiten einstellen. Seitdem ist
der Turm unvollendet – dennoch genießt man von oben
einen wunderbaren Blick über
Leeuwarden bis zur Küste.

Das Museum **Het Princessehof** befindet sich im früheren
Wohnhaus von Maria Louise
von Hessen-Kassel, die von
den Friesen liebevoll Marijke
Meu (»Tante Maria«) genannt

wird. In ihrem 1731 erwor-
nen Haus sammelte sie kostbares Porzellan aller Art: fern-
östliches und europäisches
Porzellan, moderne Keramik
sowie alte Fliesen.

Im ehemaligen Stadtwaisen-
haus ist heute das **Natuurmuseum Fryslân** zu Hause.
Sehenswert ist die Ausstellung
»Friesland unter Wasser«.

🏛 **Fries Museum**
Wilhelminaplein 92. 📞 (058) 255
5500. 🔓 Di–So 11–17 Uhr. 🈳 ⚿
🏠 🌐 friesmuseum.nl

🏛 **Verzetsmuseum Friesland**
Turfmarkt 1. 📞 (058) 212 0111.
🔓 Di–So 11–17 Uhr. ⬤ 1. Jan,
25. Dez.

🏛 **Het Princessehof**
Grote Kerkstraat 11. 📞 (058) 294
8958. 🔓 Di–So 11–17 Uhr. ⬤
1. Jan, 27. Apr, 25. Dez. 🈳 🖥 🏠

🏛 **Natuurmuseum Fryslân**
Schoenmakersperk 2. 📞 (058) 233
2244. 🔓 Di–So 11–17 Uhr. 🈳 ⚿

Oldehove, der »Schiefe Turm von
Leeuwarden« (1529)

Das romantische Dokkum, schon im 8. Jahrhundert ein wichtiger Hafen

❷ Dokkum

Straßenkarte D1. 🗺 13 000. 🚌
ℹ Op de Fetze 13, (0519) 293 8◼
🎪 Mi.

Die Handels- und Festungsstadt Dokkum war von 1596
bis 1645 Sitz der friesischen
Admiralität. Ihre Bekanntheit
verdankt sie jedoch dem Mo
am Missionar Bonifatius, der
hier im Jahr 754 von heidnischen Friesen erschlagen
wurde (siehe S. 48f). Das Reg
onalmuseum im **Admiraliteit
huis**, dem früheren Sitz des
Seminars der Admiralität, zei
eine Ausstellung über das
Leben des Heiligen, aber auc
Warftfunde, Trachten, altes
Handwerk und Volkskunst.

Außer der **Bonifatiuskerk**
gibt es in Dokkum einen Pro-
zessionsgarten mit Kreuzwe◼
stationen und eine Kapelle.
Dem Wasser des **Bonifatius-
bron** werden Heilkräfte zuge
schrieben. In der Nähe des
Brunnens steht eine Statue d
Heiligen.

Im Ortszentrum kann man
sich im **Natuurmuseum
Dokkum** über Geologie, Flor
und Fauna Frieslands inform
ren. In einem Klangkabinett
sind die Stimmen der in der
Region heimischen Vögel zu
hören.

Auf den ehemaligen **Stadt
wällen** ist ein Park angelegt.
Hier stehen zwei **Mühlen** au
dem 19. Jahrhundert. De Hc
und *Zeldenrust* sind typische
Holländermühlen (siehe S. 29
auf Niederländisch heißt dies
Typus *stellingmolen*.

Admiraliteitshuis
epswal 27. ☎ (0519) 293 134.
Apr–Okt: Di–Sa 13–17 Uhr. 🖼
■ museumdokkum.nl

Natuurmuseum Dokkum
▪ine Oosterstraat 12. ☎ (0519)
7 318. ◯ Di–Fr 13–17 Uhr
ni–Sep: auch Sa 13.30–16 Uhr).
■ Feiertage.

Franeker

aßenkarte C1. 🚶 13 000. 🚌
▪ ℹ Voorstraat 35, (0517) 392
2. 🏪 Mi, Sa.

aneker war von 1585 bis
▪11 Universitätsstadt und gilt
▪ Zentrum des friesischen
▪hlagballspiels, des *kaatsen*.
▪ der Voorstraat stehen meh-
▪e alte Gebäude, darunter
▪s Martenahuis (15. Jh.) und
▪s Botniahuis (16. Jh.). Das
▪mmingahuis, in dem das
▪atsmuseum untergebracht
, stammt aus dem 14. Jahr-
▪ndert. Das **Museum Marte-**
▪ in einem Haus aus dem
▪. Jahrhundert besitzt eine
▪mmlung über die ehemalige
▪niversität, eine Spezialkollek-
▪n von Hölzern in Buchform,
▪nst und Kunsthandwerk.
▪hräg gegenüber dem Renais-
▪nce-**Stadhuis** mit seiner reich
▪rzierten Fassade liegt das
▪se Eisinga Planetarium des
▪ollkämmers Eise Eisinga von
▪81. Seit zwei Jahrhunderten
▪eisen hier die Planeten mit
▪ößter Präzision. Neben der
▪allfahrtsstätte des friesischen
▪atsen, der Sjûkelân, steht
▪gt fen Guné (16. Jh.), das

Eise Eisinga Planetarium

älteste Studentenwohnheim
der Niederlande.

🏛 Kaatsmuseum
Voorstraat 2. ☎ (0517) 393 910.
◯ Mitte Mai–Sep: Di–Sa
13–17 Uhr. 🖼

🏛 Museum Martena
Voorstraat 35. ☎ (0517) 392 192.
◯ Di–Fr 10–17, Sa, So 13–17 Uhr.

🏛 Eise Eisinga Planetarium
Eise Eisingastraat 3. ☎ (0517) 393
070. ◯ Di–Sa 10–17, So 13–17
Uhr (Apr–Okt: auch Mo 13–17 Uhr).
🖼 🖼 🌐 planetarium-friesland.nl

❹ Harlingen

Straßenkarte C2. 🚶 15 800. 🚌 🚉
ℹ Grote Bredeplaats 17b, (0517)
430 20). 🏪 Mi vorm., Sa.

Die Hafenstadt Harlingen hat
noch viel Charme. Vor allem

die **Zoutsloot** und der **Noorderhaven** sind sehr schön restauriert. Das Standbild **Hans
Brinkers**, des Jungen, der mit
seinem Daumen den Deich
dichtete, steht bei den Fähren.
Südlich von Harlingen liegt
Pingjum, bekannt durch
Menno Simons (1496–1561),
der hier seine religiöse Laufbahn begann. Mennoniten aus
der ganzen Welt pilgern deshalb hierher.

❺ Bolsward

Straßenkarte C2. 🚶 10 000. 🚌 ℹ
Wipstraat 6, (0515) 577 701. 🏪 Do.

Das beschauliche Bolsward
entstand im 11. Jahrhundert
als Handelswarft und erlebte
seine Blüte im 15. Jahrhundert.
Aus dieser Zeit stammt die
Martinikerk, eine Basilika mit

Stadhuis mit Skulpturen, Bolsward

Satteldachturm. Das **Rathaus**
mit der **Oudheidkamer** ist der
Blickfänger der Stadt.
  Zu **Us Heit Bierbrouwerij**, der
kleinsten Brauerei des Landes,
gehört ein Museum. Im Rahmen einer Führung lernt man
allerlei übers Bierbrauen, in der
Kneipe kann man die verschiedenen Biere probieren.

🏛 Oudheidkamer
Jongemastraat 2. ☎ (0515) 578
787. ◯ Apr–Okt: Mo–Do 9–12,
14–16 Uhr. 🖼

🏛 Us Heit Bierbrouwerij
Snekerstraat 43. ☎ (0515) 577 449.
🍺 Do, Fr 15–18, Sa 10–18 Uhr.
🌐 usheit.com

Mata Hari

Die niederländische Tänzerin Margaretha Geertruida Zelle
(1876–1917), die als Mata Hari (malaysisch für »Auge des
Tages«) weltberühmt wurde, wuchs in Leeuwarden auf. In
Vincennes bei Paris endete ihr Leben
vor dem Erschießungskommando,
nachdem ein französisches Gericht sie wegen Spionage zum Tod
verurteilt hatte. Im Fries Museum
erfährt man mehr über diese legendäre Frau, die durch Filme und Bücher über ihr Leben auf der ganzen
Welt berühmt wurde. In der Grote
Kerkstraat 212, dem Haus, in dem
sie 1883–90 mit ihren Eltern wohnte, ist heute das Frysk Letterkundig
Museum zu finden.

Straßenkarte *siehe hintere Umschlaginnenseiten*

❻ Workum

Straßenkarte C2. 🗺 4000. 🚌 🚉
ℹ Merk 4, (0515) 541 045.

Das lang gestreckte Zuiderzeedorf Workum erlebte seine
Blüte um 1300 und ist bekannt
für seine schönen Häuser und
die unvollendete **Grote Kerk**
oder **Gertrudiskerk** (16. Jh.). In
der alten Werft »De Hoop«
werden noch heute traditionelle Boote gebaut. Die größte
Attraktion ist das **Jopie Huisman Museum**, das meistbesuchte Museum Frieslands, das
Werke des autodidaktischen
Malers und Schrotthändlers
Jopie Huisman ausstellt. Die
Zeichnungen und Bilder erzählen Geschichten des alltägli-
chen und armseligen Lebens,
der Mühe und Arbeit der
Handwerker, der Hausfrauen
und all der einfachen Menschen.

Die Stadtwaage aus dem
17. Jahrhundert beherbergt
das **Museum Warkums Erfskip**,
das sich mit der Geschichte
von Workum und seiner Schifffahrt auseinandersetzt.

🏛 **Jopie Huisman Museum**
Noard 6. 📞 (0515) 543 131.
⭕ Apr–Okt: Mo–Sa 10–17, So
13–17 Uhr; März, Nov: tägl.
13–17 Uhr. 🎨 ♿

🏛 **Museum Warkums Erfskip**
Merk 4. 📞 (0515) 543 155. ⭕
Apr–Okt: Mo–Sa 10–17, So
13.30–17 Uhr; Nov, Dez, Mitte
Feb–März: tägl. 13–17 Uhr. 🎨

*Die Fußballschuhe von Abe
Lenstra von Jopie Huisman*

❼ Hindeloopen

Straßenkarte C2. 🗺 850. 🚌 🚉
ℹ Nieuwstad 26, (0514) 851 223.

Hindeloopen nimmt auch
innerhalb Frieslands eine Son-
derstellung ein. Im malerischen
Seefahrer- und Fischerdorf
spricht man noch den eigenen
Dialekt, trägt seine eigene

Bank vor dem KNRM-Schuppen in Hindeloopen

Tracht und hat seinen eigenen
Malereistil. Es gibt schmale
Kanäle mit Holzbrücken und
schöne Kapitänshäuser mit
den typischen Fassaden. Sehenswert ist auch das Schleu-
senhaus (17. Jh.) am Hafen mit
hölzernem Glockenturm und
Lügenbank. Über der Tür
prangt ein Giebelstein mit dem
Stadtwappen.

Im **Museum Hidde Nijland
Stichting** lernt man das wohlhabende Hindeloopen des
18. Jahrhunderts kennen. In
stilvoll eingerichteten Salons
werden farbenfrohe Trachten
und die berühmten bemalten
Möbel präsentiert. Die Exerna-
te geben einen guten Überblick über die Entwicklung in
Hindeloopen.

Das **Eerste Friese Schaatsmuseum** *(siehe S. 299)* beherbergt eine einmalige Sammlung alter Schlittschuhe.
Zudem gibt es hier eine Ausstellung über die Elfstedentocht *(siehe S. 298f)*, mehrere
alte Werkstätten und eine
große Kollektion von Schlitten
und anderen historischen Exponaten wie alten Stichen und
Fliesen. Das Museum ist ein
Muss für jeden Liebhaber der
winterlichen Niederlande.

🏛 **Museum Hidde Nijland
Stichting**
Dijkweg 1. 📞 (0514) 521 420.
⭕ März–Okt: Mo–Fr 11–17, So,
Feiertage 13.30–17 Uhr. 🎨

🏛 **Eerste Friese Schaatsmuseum**
Kleine Weide 1–3. 📞 (0514) 521
683. ⭕ Mo–Sa 10–18, So
13–17 Uhr. 🎨

❽ Gaasterland

Straßenkarte C2. 🚌 ℹ De Brink
Oudemirdum, (0514) 571 777.

Gaasterland ist ein schönes
Wald- und Hügelgebiet in der
südwestlichen Ecke Frieslands,
das zu Wander- und Radtouren
einlädt. Der Name dieser Gegend stammt von dem Wort
gaast, einer sandigen Hoch-
ebene, die in der letzten und
vorletzten Eiszeit entstand.

Am Rand von Gaasterland
liegen steile Felsabbrüche, darunter das **Rode Klif** und das
Oudemirdumerklif, entstanden durch die Küstenformun-
gen der Zuiderzee. Bei Laaxum
ein riesiger Findling mit der Inschrift *Leaver dea as slaef*
(»Lieber tot als Sklave«), eine
Erinnerung an den Sieg der
Friesen über die Holländer in
der Schlacht bei Warns (1345).

Ideal zum Fahrradfahren: Gaasterland

Das Waldgebiet **Rijsterbos**, s voller Farne ist, stammt s dem 17. Jahrhundert und stand früher zum größten l aus Eichenbäumen. Auf m Flüsschen Luts wurde lz zu den Gerbereien ge- ßt. Im Angerdorf **Oudemir- m** gibt es eine Herberge, ige Läden und eine alte rfpumpe. Im **Informatie- ntrum Mar en Klif** erfährt n viel über die Entstehung eser Landschaft sowie der ra und Fauna. Im Naturlehr- ten steht ein Fledermaus- m. Die von Linden gesäumte s in **Balk** inspirierte Herman rter (1864–1927) zu sei- m Gedicht *Mei*.

Informatiecentrum Mar en Klif
Brink 4, Oudemirdum. ☎ (0514) 777. ⭘ Apr–Okt: Mo–Sa 10– So 11–17 Uhr. 🖳 marenklif.nl

Sloten

aßenkarte C2. 🚏 650. 🚌 Museum Stedhûs Sleat, Heeren- 48, (0514) 531 541.

eslands kleinste Stadt mit en schönen Kanälen, Wällen d Wassertoren wurde vom rühmten friesischen Fes- ngsbauer Menno van Coe- orn entworfen. Sie entstand der Kreuzung von Land- d Seewegen und erlebte e Blütezeit im 17. und . Jahrhundert. An zwei Sei- n der Stadt stehen alte Ka- nen. Die Mühle bei der

Lemsterpoort, eine achtkantige Kappenwindmühle, stammt von 1755. Das **Museum Sted- hûs Sleat** ist das Heimatmu- seum, hier gibt es zudem eine Abteilung Laterna Magica sowie eine Sammlung alter Kostüme, Mützen, Fächer und Glocken.

🏛 **Museum Stedhûs Sleat**
Heerenwal 48. ☎ (0514) 531 541. ⭘ Apr–Okt: Di–Fr 11–17, Sa, So 13–17 Uhr. 🖼

❿ Sneek

Straßenkarte C2. 🚏 33 500. 🚌 🚉 ℹ Marktstraat 20, (0515) 750 678. 🛒 Di vorm., Sa.

Das Prunkstück von Sneek ist die **Waterpoort** von 1613. Sneekweek, eine Segelveran- staltung Anfang August, lockt Segel- und Festliebhaber aus dem ganzen Land hierher. Das

Typische Treppengiebel in Sloten in Friesland

Mumie in Wieuwerd

Fries Scheepvaart Museum ist der friesischen Schifffahrt und dem Schiffbau gewidmet. Zur Sammlung gehören ein *skûtsje* und ein Bojer (Segelboote mit flachem Rumpf) sowie über 200 Modellschiffe. Die Zilver- collectie (Silbersammlung) um- fasst Stücke aus dem 16. bis 20. Jahrhundert.

🏛 **Fries Scheepvaart Museum**
Kleinzand 14. ☎ (0515) 414 057. ⭘ Mo–Sa 10–17, So 12–17 Uhr. ⬤ Feiertage. 🖼 ♿ teilweise.

Umgebung: Der Ort **Wieuwerd** (Gemeinde Littenseradeel) nördlich von Sneek ist für seine Mumien in der St. Nicholas- kerk (13. Jh.) bekannt. Sie wurden zufällig im Jahr 1765 entdeckt. Der Grund für die Mumifizierung konnte bis heute nicht geklärt werden.

Skûtsjesilen

Skûtsjesilen, das Segeln mit *skûtsjes* (traditionelle astboote, die ab dem 18. Jahrhundert bis ca. 1930 ebaut wurden und inzwischen zum Wahrzeichen rieslands geworden sind), erfreut sich in and der vielen Seen großer Beliebtheit. Die Segelwettbewerbe sind gro- ße Spektakel, sie finden im Juli und August statt und werden jeden ag auf einem anderen See ausge- ragen. Man kämpft um Tagessiege ür sein Dorf oder seine Stadt, am etzten Tag in Sneek wird der ahressieger ermittelt und gefei- rt. Während des 14-tägigen Wettbewerbs gönnen sich die Besatzungen der Boote ur drei Ruhetage.

Straßenkarte *siehe hintere Umschlaginnenseiten*

⓫ Thialfstadion

Das Thialfstadion in Heerenveen ist der Eislauftempel der Niederlande und weit über die Landesgrenzen hinaus bekannt. 2001 wurde es komplett renoviert. Ein temperamentvolles Publikum sorgt bei internationalen Wettkämpfen für eine unvergleichliche Atmosphäre. Eisschnellläufer wie Marianne Timmer, Tonny de Jong, Rintje Ritsma und Ids Postma erlebten hier sowohl sportliche wie emotionale Höhepunkte.

Infobox

Information
Pim Mulierlaan 1, Heerenveen.
📞 (0513) 637 700.
🕐 Okt–März: wechselnde Öffnungszeiten, bitte tel. erfragen oder auf Website nachsehen. ● Apr–Sep.
🅿 📧 🌐 thialf.nl

Anfahrt
🚉 Heerenveen.

Die Kunst des Eismachens
Eine gute Eisbahn zu machen will gelernt sein. Die Eismeister von Thialf streben nach der optimalen Balance von Deformation – dem Maß, in welchem das Eis sich unter den Kufen verformt – und Gleitfähigkeit.

Fans
Die Zuschauer sind bekannt für ihre bunte Aufmachung und die kreativen Spruchbänder.

Unter dem Eis
liegen ca. 70 km Kühlröhren verborgen.

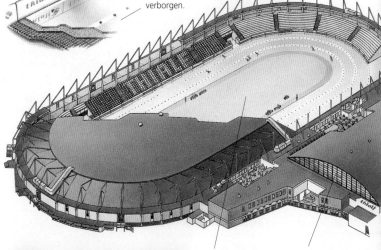

Die große Halle ist 15 000 Quadratmeter groß und hat Platz für 13 000 Zuschauer.

Die Eishockeyhalle mit 1800 Quadratmetern bietet 4000 Zuschauern Platz.

Siegerehrung
Höhepunkt jedes wichtigen Wettbewerbs im Thialfstadion ist die Ehrenrunde der Gewinner in einem von einem friesischen Pferd gezogenen Schlitten.

Klappschlittschuhe
Schlittschuhe mit einem Scharnier zwischen Schuh und Kufe führen zu deutlich höheren Geschwindigkeiten. Alle Weltrekorde wurden durch *klapschatsen* gebrochen.

Hotels und Restaurants in Friesland *siehe Seiten 399 und 413*

das stattliche Lauswolt, heute ein Luxushotel mit Restaurant

Oude Venen

Straßenkarte D2. 🚌 **ℹ** P. Miedema-
weg 9, Earnewâld, (0511) 539 500.

Das schöne Tiefmoorgebiet mit
Schilfdickicht, überschwemm-
ten Poldern und Sumpfwäl-
dern liegt zwischen Earnewâld
und Grou. Die Seen entstanden erst im 17. und 18. Jahr-

Moorlandschaft der Oude Venen

hundert durch Torfabgrabung
und sind heute Heimat von
mehr als 100 Vogel- und
200 Pflanzenarten. Hier leben
eine große Kormorankolonie
und auch so seltene Vögel wie
die Gefleckte Ralle, der Purpur-
reiher und die Rohrdommel. Im
Frühjahr sieht man zudem
Schnengänse, Pfeifenten und
Kampfläufer. Im und am Wasser wachsen Seerosen und
Wollgras. Die feuchten Wiesen
sind im Frühjahr voller Sumpf-
dotterblumen und leuchtend
gelb.
Im **Bezoekerscentrum De
Reidplûm** von *It Fryske Gea* bei
Earnewâld erfährt man Wis-
senswertes über die Umge-

bung. Das Informationszentrum ist auch Startpunkt der
Wander- und Bootsausflüge.
Neben dem Zentrum befindet
sich das Eibertshiem, eine
Zuchtstation für Störche.
   In der Gegend wird intensiv
an der Verbesserung der Was-
serqualität gearbeitet, denn
hier sollen Otter heimisch werden. Selbst im Winter ist das
Gebiet eine Augenweide –
Earnewâld ist auch bei Schlitt-
schuhläufern beliebt.

🌺 **Bezoekerscentrum
De Reidplûm**
Zugang über Veenweg 7, Earnewâld.
📞 (0511) 539 410. 🕐 Mitte Apr–
Sep: tägl. 13–17 Uhr.

⑬ Beetsterzwaag

Straßenkarte D2. 🚹 3700. 🚌
ℹ Hoofdstraat 67, (0512) 381 955.

Die Ortschaft war einst eine
Festung des friesischen Land-
adels. Darum gibt es hier einige prächtige Landsitze und
vornehme Gärten, Beispiele
sind **Lycklamahuis**, **Harinxma-
state** und **Lauswolt**.

Beetsterzwaag liegt in einer
abwechslungsreichen Land-
schaft mit Laub- und Nadelwäldern, Heidefeldern und
Mooren.

⑭ Appelscha

Straßenkarte D2. 🚹 4500. 🚌
ℹ Boerestreek 23, (0516) 431 760.

Die weiten Wälder, Sandverwehungen und farbenprächtigen Heide- und Moorgebiete
um Appelscha bilden eine
schöne Szenerie. Das Dorf entstand im 19. Jahrhundert, als
auch hier die Torfstecherei begann. Es liegt am Rand des
6100 Hektar großen **Nationaal
Park Drents-Friese Woud**. Ein
beliebtes Ziel des Nationalparks ist die Sandverwehung
Kale Duinen. Auf dem Bos-
berg, der mit 26 Meter über
NN den höchsten Punkt der
Umgebung bildet, befinden
sich ein Aussichtsturm und ein
Informationszentrum der Forst-
verwaltung.
   Typisch für den Südosten
Frieslands sind die *klokken-
stoelen* (»Glockenstuhl«).
Diese »Kirchtürme der Armen«
wurden oft mangels Geldes
statt eines echten Kirchturms
im Kirchhof errichtet. In Appelscha steht ein *klokkenstoel* von
1453. Die älteste Glocke der
Niederlande aus dem Jahr
1300 hängt in Langedijke.

Umgebung: Bei Ravenswoud,
etwa fünf Kilometer nordöstlich von Appelscha, genießt
man von einem 18 Meter
hohen Turm eine fantastische
Aussicht.

Sandverwehung in der Nähe von Appelscha

Straßenkarte *siehe hintere Umschlaginnenseiten*

Drenthe

Dass Drenthe im Mittelalter eine freie Bauernrepublik war, merkt man noch immer. Das im Nordosten an der Grenze zu Deutschland gelegene Areal ist die am dünnsten besiedelte Provinz der Niederlande. Es gibt keine großen Städte, doch die Armut des Landlebens ist Vergangenheit. Heute ist Drenthe auf Erholungsuchende eingestellt und bietet schöne Naturgebiete und eine interessante Geschichte.

Die Drenther Seele bestehe aus Jenever, Torf und Misstrauen, heißt es, doch die Menschen hier wissen es besser. Die Provinz hat sich, oft gegen den Trend der Zeit, ihre Eigenheiten bewahrt – und damit auch ihre Ruhe und ihre schöne Natur geschützt. Hier überlebte ein einmaliges historisches Erbe: 52 Hünengräber aus dem Neolithikum.

In der von der letzten Eiszeit geformten Moränen- und Endmoränenlandschaft Drenthes mit ihren weitläufigen Wäldern und Heidefeldern fühlt man sich oft wie in einer Urlandschaft. Nicht dass der Mensch keine Spuren hinterlassen hätte: Die Hochmoore sind großteils abgegraben, in die Dörfer sind neue Viertel gewachsen. Doch der ländliche Charakter ist nicht verloren gegangen. Moore, Bäche, Äcker und Schafherden bestimmen das Bild der Landschaft, dazwischen manchmal ein Findling oder ein Hünengrab.

Doch die Naturlandschaft wird nicht allein bewahrt, sondern durch Waldanpflanzungen und Rückbau der Ackerflächen sogar noch erweitert. Regionale Zentren wie Assen, Emmen und Hoogeveen sind aus Angerdörfern gewachsene Kleinstädte, denen ihr ländlicher Ursprung noch anzumerken ist. Die alten Gemeinden an den Moorkanälen mit ihrer bescheidenen Architektur fügen sich in die Landschaft ein. Viele Menschen aus der Randstad suchen hier Ruhe, in der Freizeit oder im Alter. Sie »drenthenieren«, wie der Volksmund spottet.

Pferdemarkt von Zuidlaren ist der größte seiner Art in Westeuropa

Papeloze Kerk (»Papstlose Kirche«), ein Hünengrab bei Schoonoord in Drenthe *(siehe S. 311)*

Überblick: Drenthe

Die schönsten Landschaften Drenthes sind der Hondsrug zwischen Zuidlaren und Emmen und das Ellertsveld zwischen Assen und Emmen. Auch um Dwingeloo, Diever und Norg liegt schönes grünes Heideland, das sich zur Blütezeit lila färbt. Der Osten mit seinen großen abgegrabenen Mooren und der Wildnis des Amsterdamsche Veld ist für den Fremdenverkehr noch wenig erschlossen. Die Hauptstadt Assen ist ein regionales Zentrum, genau wie Emmen, wo der Zoo Noorder Dierenpark (mitten in der Stadt) zu einer der meistbesuchten Attraktionen der Niederlande zählt. Hünengräber liegen rund um Emmen, auf dem Hondsrug und bei Havelte.

Sehenswürdigkeiten auf einen Blick

2 Assen
3 Norg
4 Eelde-Paterswolde
5 Zuidlaren
6 Hondsrug
7 Rolde
8 Borger
9 Orvelte
10 Westerbork
11 Dwingeloo
12 Diever
13 Coevorden
14 Emmen

Tour

1 *Hünengräber-Route S. 310f*

Siepelkerk (14. Jh.) in Dwingeloo

Schafherde in der Heide

Legende

Autobahn
Hauptstraße
Nebenstraße
Panoramastraße
Eisenbahn (Hauptstrecke)
Eisenbahn (Nebenstrecke)
Provinzgrenze
Staatsgrenze

Reetdecker bei der Arbeit in Havelte

Weitere Zeichenerklärungen *siehe hintere Umschlagklappe*

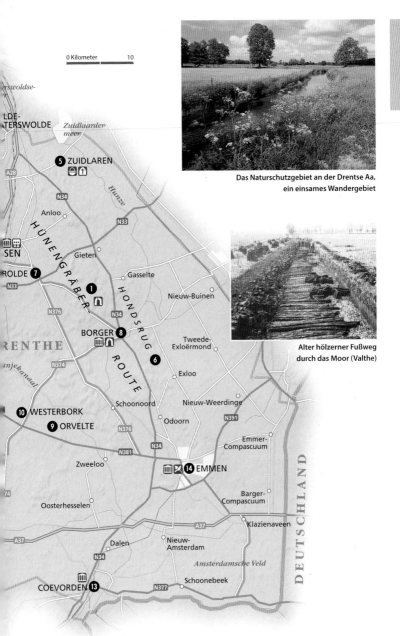

0 Kilometer 10

rswoldse-

LDE-
TERSWOLDE · *Zuidlaarder-
meer*

5 ZUIDLAREN

Anloo

HÜNENGRÄBER

SEN

Gieten

ROLDE **7**

Gasselte

1

HONDSRUG

Nieuw-Buinen

BORGER **8**

Tweede-
Exloërmond

ROUTE

6

RENTHE

njekanaal

Exloo

10 WESTERBORK

Schoonoord

Nieuw-Weerdinge

9 ORVELTE

Odoorn

Emmer-
Compascuum

Zweeloo

14 EMMEN

DEUTSCHLAND

Oosterhesselen

Barger-
Compascuum

Klazienaveen

Dalen

Nieuw-
Amsterdam

Amsterdamsche Veld

COEVORDEN **13**

Schoonebeek

Das Naturschutzgebiet an der Drentse Aa,
ein einsames Wandergebiet

Alter hölzerner Fußweg
durch das Moor (Valthe)

In Drenthe unterwegs

Jedes Jahr im Juli finden in Drenthe die »Rijwielvierdaagse« statt. Mehr als 25 000 Radfahrer sind dann vier Tage lang auf 500 Kilometern ausgeschilderter Radwege unterwegs. Die Autobahn A28 führt quer durch die Provinz, vorbei an Meppel, Hoogeveen und Assen. Parallel dazu verläuft auch die Bahnlinie. Die N371 führt entlang der Drentse Hoofdvaart von Meppel nach Assen, die N37 von Hoogeveen nach Emmen und die N34 von Emmen nach Zuidlaren. Emmen ist auch die Endstation der Bahnlinie über Coevorden nach Zwolle. Busse fahren vor allem abends und am Wochenende nur eingeschränkt.

Hotels und Restaurants in Drenthe *siehe Seiten 399f und 413*

❶ Hünengräber-Route

Von den 54 Megalithen in den Niederlanden liegen 52 in Drenthe. Sie sind die Reste von steinernen Grabkellern, die von der neolithischen Trichterbecherkultur vor 5000 Jahren aus Findlingen erbaut wurden. Was man heute sieht, ist eigentlich das Gerüst der Gräber, die unter Sandhügeln verborgen waren. Ob es sich um Massengräber oder die Ruhestätte von Herrschern handelt, ist unklar.

① »**Weiße Weiber**« (Witte Wieven) sind Geister, die in Grabhügeln wohnen, etwa in den **Negen Bergen** bei Norg. Bei Nebel tanzen sie um Mitternacht.

⑧ **Das große Hünengrab bei Balloo** erreicht man über einen Sandweg im Tumulibos, einem Gebiet mit vielen Grabhügeln.

Legende

▧	Routenempfehlung
〰	Andere Straße
▬	Eisenbahn
🪨	Hünengrab

0 Kilometer   5

Bei Diever und Havelte liegen drei Hünengräber außerhalb der hier gezeigten Route. Das größte hat 23 Tragsteine, neun Decksteine, zwei Verschlusssteine und ein Portal aus vier Trag- und zwei Decksteinen. Hier fand man 665 Tongefäße. Während des Zweiten Weltkriegs musste das Hünengrab einem Flughafen weichen, doch 1950 wurde es rekonstruiert.

⑨ **Hünengrab bei Loon**
Eines der am besten erhaltenen niederländischen Hünengräber liegt nordöstlich von Assen. Bis 1870 war über dem Grab sogar noch der ursprüngliche Deckhügel.

⑦ **Das Openluchtmuseum** (Freilichtmuseum) in Schoonoord erzählt u. a. die Sage von den Riesen Ellert und Brammert.

Errichtung der Hünengräber

Bis ins 19. Jahrhundert dachte man, dass die Gräber von Hünen, unglaublich starken Riesen, stammen – daher der Name *hunebedden*. Heute weiß man, dass die Findlinge auf Rollbalken transportiert wurden. Die Tragsteine wurden in zuvor gegrabene Löcher versenkt. Dann wurde ein flacher Hügel aufgeschüttet, auf dem die Decksteine nach oben geschleppt wurden. Bis heute hat man keine Erklärung dafür, warum die Steinzeitmenschen diese unglaublichen Strapazen auf sich genommen und wie sie diese Projekte organisiert haben.

Errichtung eines Hünengrabs (Radierung, 17. Jh.)

Dem Trichterbecher verdankt die Trichterbecherkultur ihren Namen. In den Hünengräbern fand man viele Scherben dieses speziellen Steinguts.

Becher

Schulterkrug

② **Anloo** ist eines der schönsten Dörfer von Drenthe.

Kragenflasche

③ **Das größte Hünengrab der Niederlande** misst 22,50 Meter und hat neun Decksteine auf 26 Tragsteinen. 1685 wurden in Borger Ausgrabungen unternommen, doch darüber ist nichts mehr bekannt.

④ **Flint'n Hoes, das Nationaal Hunebedden Informatiecentrum** steht neben dem größten Hünengrab der Niederlande.

⑤ **Das Halsband von Exloo,** eine 1881 im Moor gefundene Kette mit Anhängern aus Zinn, Fayence, Bronze und Bernstein, beweist, dass es zwischen dem prähistorischen Drenthe und den Ostseeländern, Cornwall und Ägypten Handelsbeziehungen gab.

Aus Feuerstein fertigten die Jäger und Sammler im prähistorischen Drenthe viele Werkzeuge: Beile, Speerspitzen, Schaber und Messer.

ünengräber *(hunebedden)*

ı komplettes Hünengrab existiert nicht mehr. ; 1734 der Handel mit Findlingen verboten ırde, waren schon Tausende als Baumaterial nutzt worden. Von 88 Hünengräbern sind ch Spuren zu sehen, 82 davon liegen in enthe. Die heute bestehenden 54 Gräber in ı Niederlanden sind alle restauriert. In den äbern fand man Tonscherben, manchmal ch Speerspitzen, Beile und Schmuck aus rnstein oder Kupfer, beides sehr kostbare ndelswaren in der Zeit um 3000 v. Chr.

⑥ **De Papeloze Kerk** (»Papstlose Kirche«) verdankt ihren Namen den calvinistischen Predigten, die hier im frühen 16. Jahrhundert gegen die päpstliche Macht gehalten wurden. 1959 wurde das Grab in den Originalzustand rückversetzt, mit einem Deckhügel über der Hälfte der Grabstätte.

❷ Assen

Straßenkarte D2. 🗺 67 000. 🚉
ℹ Marktstraat 8, (0592) 243 788.
🗓 Mi, Sa. 🆆 vvvassen.nl

Die Provinzhauptstadt Assen erhielt erst 1809 das Stadtrecht. Der **Kreuzgang** der Abteikirche Maria in Campis (1258–1600) ist heute Teil des Reichsarchivs auf der Brink. Dort steht auch das **Drents Museum**. Es ist in der Abteikirche, im Einnehmerhaus (1698), Truchsesshaus (1778) und Provinzhaus (1885) untergebracht. Zu sehen sind prähistorische Funde, Exponate zur Geschichte von Drenthe und Gemälde, darunter Werke von Bernard von Dülmen-Krumpelmann (1897–1987). Für Kinder gibt es einen »Entdeckerraum«. Drents Museum ist auch bekannt für seine großen Wechselausstellungen zu fremden Kulturen, etwa zu den Maya (2016) oder zur Liao-Dynastie in der Inneren Mongolei (2017).

Die umstrittenen Funde von Tjerk Vermaning (1929–1987), dem Amateurarchäologen, der in den 1960er Jahren die Geschichte der Besiedlung der Niederlande um Zehntausende

Bartje

von Jahren zurückdatierte, liegen in einer Vitrine. Die Kontroverse über die Echtheit der von ihm gefundenen Feuersteinwerkzeuge hält noch heute an.

Vor dem Garten des Truchsesshauses steht das Wahrzeichen der Stadt, das Standbild von **Bartje**, der Hauptfigur aus dem gleichnamigen Buch (1935) des in Assen geborenen Schriftstellers Anne de Vries (1904–1964). Bartje ist der Sohn einer armen Landarbeiterfamilie und will nicht länger für die tägliche Mahlzeit aus braunen Bohnen beten. Das Buch wurde zum Bestseller und ist auch auf Deutsch erschienen.

An der Vaart und am Markt stehen noch die typischen weißen Häuser von Assen, vornehme Wohnungen aus dem 18. und 19. Jahrhundert. Zwischen Markt und Brink erstreckt sich in der Fußgängerzone die Shopping-Meile.

Ende Juni ist die Stadt besonders gut besucht, denn dann finden auf dem **TT Circuit Assen** die TT-Motorradrennen statt (www.ttcircuit.com). Etwa 100 000 Zuschauer sind dann dabei. Assen ist die

Die romanische Kirche (13. Jh.) auf der Brink in Norg

einzige Strecke, auf der seit 1949 jedes Jahr ein WM-Rennen ausgetragen wird.

Der **Verkeerspark Assen**, d[er] größte Verkehrspark Europa[s], in dem Kinder in Miniautos und Skootern spielerisch Verkehrsregeln und Verkehrszeichen lernen konnten, wurde 2014 geschlossen. Eine ähnliche Einrichtung soll in näch[s]ter Zeit in Appelscha *(siehe S. 305)* eröffnen.

🏛 **Drents Museum**
Brink 1–5. 📞 (0592) 37 773. 🔓
Di–So 11–17 Uhr (Juli, Aug: auch Mo). ⬤ 1. Jan, 25. Dez. 🔷 🖥 [
♿ 🆆 drentsmuseum.nl

❸ Norg

Straßenkarte D2. 🗺 3500. 🚌
ℹ Brink 1, (0592) 613 128. 🗓 N[

Die romanische Kirche auf der Brink stammt aus dem 13. Jahrhundert. Die schöne[n] alten Fresken im Chorbereich[ ] sind heute leider in sehr schlechtem Zustand.

Umgebung: Die vorgeschicht[-] lichen Zeugnisse liegen um Norg zum Greifen nah. Nicht weit vom Ort befinden sich drei Hünengräber, das Noorderveld weist Grabhügel aus der Bronzezeit auf, die »Nege[n] Bergen« (»Neun Berge«). Das Norgerholt ist ein alter Eichen[-]wald, in dem schon im Mittel[-]alter die Bauernschaft zusammenkam.

Von Dülmen-Krumpelmanns *Badende Kinder am Fluss* **(um 1935)**

Hotels und Restaurants in Drenthe *siehe Seiten 399f und 413*

⑤ Eelde-Paterswolde

Straßenkarte D2. 🗺 10500. 🚌
2. 🛈 B. Boermalaan 4, (050) 309
136. 🛒 Mi.

Eelde-Paterswolde liegt zwischen dem See **Paterswoldse-meer** und dem Flughafen **Groningen Airport**, der trotz seines Namens in Drenthe legt. Der See ist ein Erholungs- und Wassersportgebiet. Den Flughafen nutzen vor allem Zubringerflüge nach Schiphol und Sportflieger.

Eines der auffälligsten Häuser des Orts ist der backsteinerne Neubau des **Museum De Buitenplaats**, entworfen vom Büro Alberts en Van Huut, die damit ist ein schönes Beispiel für ihre organische Architektur geliefert haben. Außer Wechselausstellungen finden hier Konzerte statt. Beim Museum sind ein formaler und ein klassischer Garten angelegt. Der normale liegt vor dem **Nijsinghuis** (17. Jh.), in dem der Museumsdirektor wohnt. Die Zimmer des Hauses werden seit dem Jahr 1983 von figurativ arbeitenden Künstlern bemalt. Das Haus ist manchmal auf Anfrage zu besichtigen.

In Eelde findet man das **Internationaal Klompenmuseum (Gebroeders Wietzes)**, benannt nach den letzten beiden Holzschuhmachern, die bis 1977 bzw. 1988 im Ort lebten. Im Museum sieht man Holzschuhe aus vielen Jahrhunderten und aus der ganzen Welt, unter anderem den größten Holzschuh der Welt, der 5,50 Meter lang ist.

Allee im Naturschutzgebiet Hondsrug

🏛 **Museum De Buitenplaats**
Hoofdweg 76. 📞 (050) 309 5818.
🕐 Di–So 11–17 Uhr. ⬤ 1. Jan,
25. Dez. 🅿 🖥

🏛 **Internationaal Klompen-museum (Gebroeders Wietzes)**
Wolfhorn 1a. 📞 (050) 309 1181.
🕐 Apr–Sep: Di–So 14–17 Uhr.
🌐 klompenmuseum.nl

⑤ Zuidlaren

Straßenkarte E2. 🗺 10000. 🚌
🛈 Stationsweg 69, (050) 409
2333. 🛒 Fr.

Der farbenprächtige **Pferde-markt** in Zuidlaren, heute der größte Westeuropas, ist älter als die Kirche auf der Brink aus dem 13. Jahrhundert. Der Markt findet im Frühjahr und Herbst statt. Im Oktober steigt auch ein großes Volksfest.

Das **Havezathe Laarwoud** (17. Jh.) wurde auf den Resten einer Festung der Grafen von Heiden erbaut, die im 14. Jahrhundert Herrscher über das Gebiet waren. Heute dient es als Gemeindehaus. Das **Zuid-laardermeer** bietet alles für

Wassersportler. Für Kinder gibt es das Wasserparadies Aqualaren (www.aqualaren.nl) und den Attraktiepark Sprookjeshof (www.sprookjeshof.nl) mit einem Spielplatz. Auf einer Rundtour kann man beides besuchen.

⑥ Hondsrug

Straßenkarte E2. 🚌 🛈 VVVs in
Zuidlaren, (050) 409 2333, Rolde,
Gieten, Exloo, (0591) 549 515,
Borger, Schoonoord, (0591) 381
242, oder Emmen.

Zwischen dem Drenther Sandplateau im Westen und dem Drents-Groninger Moor im Osten erstreckt sich der Hondsrug, ein bis zu 32 Meter hoher Höhenzug. Schon prähistorische Völker fühlten sich hier sicher, hier liegen auch zahlreiche Hünengräber *(siehe S. 310f)*. Besonders schön sind das Flussgebiet der Drentse Aa, die alten Dörfer Gieten, Gasselte, Exloo und Odoorn, die Sandverwehungen im Drouwenerzand und die Heide auf dem Ellertsveld.

In Exloo, einem Dorf mit hübschen reetgedeckten Häusern, die teils im 18. Jahrhundert erbaut wurden, liegt **Kabouterland**, das Zwergenland. Dazu gehört ein kleiner Zoo, in dem etwa 40 exotische Tiere leben. Hier gibt es für die Kleinen viel Platz zum Spielen.

🏛 **Kabouterland**
Zuiderhoofdstraat 11. 📞 (0591)
549 843. 🕐 Apr–Dez: unterschiedliche Öffnungszeiten, siehe Website.
🕐 Jan–März. 🌐 kabouterland.nl

Bunt präsentiert sich das Internationaal Klompenmuseum

❼ Rolde

Straßenkarte E2. 🏘 6200. 🚌
ℹ️ Onder de Molen, Grote Brink 22, (0592) 241 502.

Früher war Rolde ein bedeutender Ort. Die Grabhügel im Waldgebiet **Tumulibos** und die drei Hünengräber stammen aus prähistorischer Zeit. Zwei davon liegen auf dem Hügel hinter der Kirche. In der **Ballooërkuil** wurde im Mittelalter Gericht gehalten, später in der gotischen Kirche (15. Jh.). In der Umgebung sieht man Wälder, Moore und Sandverwehungen. Auf dem Ballooërveld grast meist eine Schafherde.

❽ Borger

Straßenkarte E2. 🏘 4700. 🚌 59.
ℹ️ Grote Brink 2a, (0599) 234 855.
🅿️ Di.

Um den Hauptort des Hünengräbergebiets liegen elf Hünengräber, darunter das größte der Niederlande. Daneben steht das **Nationaal Hunebedden Informatiecentrum** ('t Flint'n Hoes) mit einer Ausstellung über die Trichterbecherkultur sowie dem Steinsarg des bisher letzten, 1982 in Groningen (Delfzijl) entdeckten Hünengrabs.

🏛 **Nationaal Hunebedden Informatiecentrum**
Bronnegerstraat 12. 📞 (0599) 236 374. 🕐 tägl. ⬤ 1. Jan, 25. Dez. 🖼 ♿ 🖥 ✉ hunebedcentrum.nl

Umgebung: Eine besondere Attraktion ist der **Drents Boomkroonpad**, der Baumkronenpad. Auf der Straße Rode–Borger nimmt man die

Der einmalige Baumkronenpfad

Abfahrt Staatsbossen und folgt dem Weg zwei Kilometer bis zum Pfad. In dem 23 Meter langen Tunnel wird alles über Baumwurzeln erklärt. Danach geht es 22,50 Meter hoch zu einer schönen Aussicht über die Waldlandschaft.

🌳 **Drents Boomkroonpad**
Bezoekerscentrum, Drents Boomkroonpad, Steenhopenweg 4, Drouwen. 📞 (0592) 377 305.
🕐 tägl. ⬤ 1. Jan. 🖼 ♿ 🖥 🖽 staatsbosbeheer.nl/natuurgebieden

❾ Orvelte

Straßenkarte E2. 🏘 90. 🚌 22, 23.
ℹ️ Dorpsstraat 1a, (0593) 322 335.

Eigentlich ist ganz Orvelte ein Freilichtmuseum. In den restaurierten Höfen, meist Hallenhäusern vom Anfang des 19. Jahrhunderts, sind heute kleine Handwerksbetriebe zu Hause. Autos sind hier nicht erlaubt. Rundfahrten sind mit Pferdetrams und Planwagen möglich. Besonders interessant ist die Zinngießerei.

🏛 **Bezoekerscentrum**
Dorpsstraat 3. 📞 (0593) 322 335.
🕐 Apr–Okt: tägl. 🖼 ▨ ▨ 🖥 ♿

Bauern bei der Arbeit im Freilichtmuseum von Orvelte

❿ Westerbork

Straßenkarte E2. 🏘 8000. 🚌 22.
ℹ️ B. G. van Wezelplein 10, (0593) 331 381.

An der Hoofdstraat findet man die spätgotische Kirche, das **Museum voor Papierknipkunst** (Museum für Papierschneidekunst) sowie sächsische Bauernhöfe – Zeugen der einst blühenden Landwirtschaft. Am **Melkwegpad** stehen die größten Radioteleskope Europas im Dienst der Wissenschaft.

Westerbork bleibt jedoch vor allem der Ort des Durchgangslagers Westerbork aus dem Zweiten Weltkrieg. 107 000 Juden, Sinti und Roma, Homosexuelle und Widerstandskämpfer wurden von hier aus in die Vernichtungslager deportiert. Eines der Opfer war das Amsterdamer Mädchen Anne Frank *(siehe S. 112f)*.

🏛 **Herinneringscentrum Kamp Westerbork**
Oosthalen 8, Hooghalen. 📞 (0593) 592 600. 🕐 tägl. 🖼 ♿

⓫ Dwingeloo

Straßenkarte D2. 🏘 1800. 🚌 20.
ℹ️ Brink 4b, (0521) 591 000. 🅿️ Di.
🖽 dwingeloo.nl

Als Erstes fällt in dem Ort der Zwiebelturm der **Siepelkerk** aus dem 14. Jahrhundert auf. Die Sage, die dazu gehört, kann man auf einem Schild an der Kirche nachlesen.

Die Natur um Dwingeloo ist beeindruckend. Das **Dwingelderveld** ist ein Nationalpark, in dem ab April/Mai die Johannisbeersträucher blühen. Pflücken kann man die Beeren ab Juli/August. Am Rand der Dwingelose Heide steht ein Radioteleskop.

Vom nahen **Planetron** aus wird der Weltraum beobachtet. Hier kann man selbst ins All schauen, Filme im Raumtheater sehen oder sich mit Computerspielen vergnügen.

🎡 **Planetron**
Drift 11b. 📞 (0521) 593 535. 🕐 in den Schulferien tägl., sonst Di–So.
⬤ 1. Jan. 🖼 ▨ 🖥

Hotels und Restaurants in Drenthe *siehe Seiten 399f und 413*

⑫ Diever

Straßenkarte D2. ⚏ 3700. ⚏ 20.
ℹ Bosweg 2a, (0521) 591 748.

Von der Prähistorie bis ins Mittelalter war Diever ein wichtiger Ort. Davon zeugen heute noch die Hünengräber, Grabhügel und die hölzernen Fundamente der Kirche aus dem 9. Jahrhundert. Ihr romanischer Tuffsteinturm stammt aus dem 12. Jahrhundert. Der Ort liegt im **Nationaal Park Het Drents-Friese Woud**. Radfahrer und Wanderer sind hier richtig. Im Sommer finden anlässlich der Shakespeare-Aufführungen im Open-Air-Theater die **Shakespeare-markten** statt.

Umgebung: In **Vledder**, zehn Kilometer westlich von Diever, ist im ehemaligen Gemeindehaus auf der Brink heute ein Museum für Grafik, Glaskunst und für Kunstfälschungen untergebracht.

Ⅲ Museum voor Valse Kunst/ Museum voor Hedendaagse Grafiek/ Museum voor Glaskunst
Brink 1, Vledder. ☎ (0521) 383 352.
⭘ Apr–Okt: Mi–So 11–14 Uhr; Nov, Dez: Sa, So 11–14 Uhr. ⚏ ⚏

Kalköfen bei Diever

⑬ Coevorden

Straßenkarte E3. ⚏ 34 000. ⚏ ⚏
ℹ Kerkstraat 2, (0524) 525 150.
⚏ Mo.

Das **Kasteel** stammt aus dem 13. Jahrhundert. Der sternförmige Graben, die Bastionen und Stadtwälle prägen das Stadtbild. Die Fassaden in der Friesenstraat und Weeshuisstraat zeugen vom früheren Glanz des Orts. Das **Stedelijk**

Braunbären im viel besuchten Zoo Noorder Dierenpark

Museum Drenthe's Veste widmet sich der Geschichte Coevordens.

Ⅲ Stedelijk Museum Drenthe's Veste
Haven 6. ☎ (0524) 516 225. ⭘ Di–Sa 9.30–17, So 12–15 Uhr. ⚏ ⚏

⑭ Emmen

Straßenkarte E2. ⚏ 108 000. ⚏
⚏ ℹ Hoofdstraat 22, (0591) 649 712. ⚏ Fr vorm.

Die moderne Stadt ist ein Zusammenschluss der eigentlichen Stadt und mehrerer Gemeinden. Elf Hünengräber (darunter das einmalige **Langgraf op de Schimmer Es**), Urnenfelder *(siehe S. 47)* und prähistorische Äcker (die sogenannten **Celtic Fields**) um die Stadt sowie der romanische Kirchturm (12. Jh.) erzählen von der Frühgeschichte Emmens. Attraktiv ist der Zoo **Noorder Dierenpark** mit Biochron-Museum und Vlindertuin-Schmetterlingsgarten.

⚏ Noorder Dierenpark
Hoofdstraat 18. ☎ (0591) 850 855.
⭘ tägl. ⚏ ⚏ ⚏ ⚏
ⓦ dierenparkemmen.nl

Umgebung: Etwa zehn Kilometer östlich von Emmen liegt das wilde Hochmoor **Amsterdamsche Veld**, vielleicht der einsamste Ort der Niederlande. In Barger-Compascuum erinnert der **Veenpark** an die Zeit, als die Drenther ihr Leben in bitterer Armut als Torfstecher fristeten. Vincent van Gogh wohnte während eines Aufenthalts 1883 im Scholte-Fährhaus von Veenoord (Nieuw-Amsterdam). Im **Van Gogh Huis** wurden sein Zimmer sowie das Café-Restaurant im Stil der Zeit nachgebildet.

Ⅲ Veenpark
Berkenrode 4, Barger-Compascuum.
☎ (0591) 324 444. ⭘ Apr–Nov: tägl. 10–17 Uhr. ⚏ ⚏ ⚏

Ⅲ Van Gogh Huis
Van Goghstraat 1, Nieuw-Amsterdam. ☎ (0591) 555 600. ⭘ Di–So 13–17 Uhr. ⚏ ⚏ ⚏

Van Goghs Impression aus Drenthe: *Das Torfschiff* (1883)

Straßenkarte *siehe hintere Umschlaginnenseiten*

Overijssel

Overijssel ist eine Provinz zwischen IJsselmer und den Hügeln des Veluwe mit schöner Landschaft und einladenden alten Dörfern. Auf einer Fahrt durch die Provinz fallen die Höhenunterschiede zwischen den tief gelegenen, wasserreichen Naturschutzgebieten im Westen und den sanft gewellten bewaldeten Hügeln im Osten besonders ins Auge.

Auf den 3420 Quadratkilometern von Overijssel leben mehr als eine Million Menschen. Provinzhauptstadt ist die alte Hansestadt Zwolle. Ihre Blütezeit erlebte sie, wie auch die anderen Städte an der IJssel, zwischen dem 13. und 15. Jahrhundert, als die Hanse im Ostseegebiet florierenden Handel trieb.

Die Provinz wird durch den Höhenzug des Sallandse Heuvelrug in das östliche Twente und den Teil westlich von Salland geteilt. Diese Zweiteilung macht sich nicht nur geografisch bemerkbar. Die zwei Gebiete haben je einen eigenen Dialekt und verschiedene kulturelle Traditionen. Auch hinsichtlich der Religion gibt es Unterschiede. Twente ist überwiegend katholisch, der Rest von Overijssel protestantisch, manchmal, so wie in Staphorst, sogar streng protestantisch. Twente hat größere Städten und wirkt auch etwas moderner als der Rest von Overijssel. Eine Stadt wie Enschede gleicht mit ihrem kulturellen Angebot mehr den Städten in der Randstad als dem westlicher gelegenen Zwolle oder Deventer.

In Overijssel gibt es viel zu sehen. Hier liegen die schönen Freizeitparks Slagharen und Hellendoorn *(siehe S. 426)*, die historischen Innenstädte von Deventer und Kampen, Dörfer wie Ootmarsum und Giethoorn, schöne Naturgebiete wie De Weerribben, der Sallandse Heuvelrug sowie reizvolle Landschaften um Ootmarsum und Ommen. In Enschede erwarten den Besucher Cafés, Kinos und Theater.

Tische eines Restaurants im Freien vor historischer Kulisse in Zwolle

Boote am Kanal in Giethoorn, das »Grüne Venedig« von Overijssel *(siehe S. 322f)*

Überblick: Overijssel

Die beeindruckenden Zentren von Deventer und Kampen erinnern an die glorreiche Vergangenheit dieser Hansestädte. Doch nicht nur die Liebhaber alter Gebäude kommen in Overijssel auf ihre Kosten. Auch wer Ruhe sucht, ist hier richtig. In Overijssel liegen einige der schönsten Naturgebiete der Niederlande. Man kann im Sallandse Heuvelrug wandern oder eine Bootstour in den Weerribben machen. Überall findet man schöne Dörfer, etwa Ootmarsum, Delden und Giethoorn.

Ein Paradies für Kinder sind die Parks Slagharen und Hellendoorn. Natürlich gibt es in Overijssel auch viele interessante kleine Museen, beispielsweise das Zinnfigurenmuseum in Ommen.

Hafen von Blokzijl

Sehenswürdigkeiten auf einen Blick

1 Zwolle
2 Kampen
3 Vollenhove
4 De Weerribben
5 Giethoorn S. 322f
6 Staphorst
7 Ommen
8 Deventer
9 Nijverdal
10 Delden
11 Enschede
12 Ootmarsum

Die IJssel nördlich von Deventer

Weitere Zeichenerklärungen *siehe hintere Umschlagklappe*

Overijssel unterwegs

...erijssel kann man hervorragend mit dem Auto,
...er auch mit dem Fahrrad oder zu Fuß erkunden.
...oße Teile der Provinz sind gut mit öffentlichen
...kehrsmitteln erreichbar. Am Samstag und Sonn-
...g fahren die Busse jedoch deutlich seltener. So ist
...wa das Naturgebiet Weerribben am Wochenende
...t dem Bus nicht einfach zu erreichen. Auf man-
...en Linien fahren die Busse nur tagsüber, abends
...d der Verkehr dann eingestellt.

Legende

▬▬ Autobahn

▬▬ Hauptstraße

...... Nebenstraße

▬▬ Panoramastraße

⌐⌐⌐ Eisenbahn (Hauptstrecke)

▬▬ Eisenbahn (Nebenstrecke)

▪▪▪ Provinzgrenze

▪▪▪ Staatsgrenze

**Kasteel Rechteren bei Dalfsen,
zwischen Zwolle
und Ommen**

Hof am Grenzfluss Reest zwischen Drenthe und Overijssel

Hotels und Restaurants in Overijssel *siehe Seiten 400 und 413f*

❶ Zwolle

Straßenkarte D3. 🕍 125 000. 🚉
🛈 Achter de Broeren 1, (038) 421
5392. 🛒 Fr (Viehmarkt), Sa.
🌐 **zwolletouristinfo.nl**

Zwolle, die Provinzhauptstadt von Overijssel, gehörte zusammen mit Städten wie Deventer, Kampen und Zutphen zur Hanse, dem mittelalterlichen Verbund mächtiger Handelsstädte. Das sehenswerte Zentrum von Zwolle, das im Jahr 1230 Stadtrecht erhielt, war früher gut befestigt. Heute sind von den Befestigungsanlagen nur noch einige Teile der Stadtmauer, die mächtige Sassenpoort (1406) und der spätgotische Pelsertoren aus dem 15. Jahrhundert erhalten. Der Stadtgraben umgibt noch wie früher das alte Zentrum.

Wer durch die alte Innenstadt schlendert, findet am Rand des Grote Kerkplein eine Skulptur von Rodin mit dem Titel *Adam*. Sehenswert ist auch das schöne Gebäude der alten Hauptwache am Grote Markt aus dem Jahr 1614.

Die **Grote** oder **St.-Michaëlskerk** kann man besichtigen. Die aus dem Jahr 1040 stammende, ursprünglich romanische Kirche wurde zwischen 1370 und 1452 zu einer gotischen Hallenkirche mit drei Schiffen erweitert.

Im Jahr 2005 wurde das **Paleis aan de Blijmarkt** eröffnet, ein Museum für moderne und zeitgenössische Kunst. Es ist in einem klassizistischen Gebäude von 1838 untergebracht und besitzt Werke von Picasso, van Gogh und Mondriaan. Im **Stedelijk Museum**

Blick auf Zwolle in der Hansezeit (anonym, ca. 14. Jh.)

Zwolle findet man u. a. eine komplette Küche aus dem 18. Jahrhundert, einen Renaissance-Salon aus Blokzijl und ein Kupferstichkabinett aus Overijssel. Auch die Fassade des alten Teils des Museumsbaus von 1741 lohnt einen genaueren Blick.

Ganz neu ist der Freizeit- und Familienpark **TiZwolle**, der seit 2016 das Ecodrome ersetzt. In dem »activiteitenterrein« gibt es Spielgelände draußen und drinnen und u. a. ein Dinoland. 2017/18 soll auch ein Hostel eröffnet werden.

🏛 **Paleis aan de Blijmarkt**
Blijmarkt 20. 📞 (0572) 388 188.
🕐 Di–So 11–17 Uhr. ♿

🏛 **Stedelijk Museum Zwolle**
Melkmarkt 41. 📞 (038) 421 4650.
🕐 Di–So 11–17 Uhr. ♿ 🅿 📷 📶
🌐 **stedelijkmuseumzwolle.nl**

🎫 **TiZwolle**
Willemsvaart 19. 📞 (0572) 395
053. 🕐 bitte auf Website informieren. ♿ 🌐 **tizwolle.nl**

Umgebung: Kunstinstallationen im Freien kann man sich auf dem fünf Hektar großen Gelände des **Landgoed Anningahof** ansehen. Der Sammler Hib Anninga rief den Skulpturenpark ins Leben, heute f det man hier rund 80 Arbeit zeitgenössischer niederländischer Bildhauer. Mitten in de Landschaft des schön angele ten Parks stößt man auf bun Keramikkrieger oder auf ein riesiges Bronzetier – eine sch ne Möglichkeit, einen Spazie gang mit Kunst zu verbinden.

🏛 **Landgoed Anningahof**
Hessenweg 9. 📞 (038) 453 4412
🕐 Ende Juni–Okt: Mi–So
13–18 Uhr. 🌐 **anningahof.nl**

❷ Kampen

Straßenkarte D3. 🕍 52 000. 🚉
🛈 Oudestraat 41, (038) 331 35C
🛒 Mo vorm. 🌐 **stad.kampen.nl**

Kampen ist bekannt für sein theologische Universität, an der evangelische Theologen ausgebildet werden. In der schönen, eher gemütlichen Stadt stehen rund 500 denkmalgeschützte Häuser. Den schönsten Blick auf die Stad hat man vom Ufer der IJssel.

Wie gut die Stadt früher b festigt war, sieht man noch heute an den drei erhaltene Stadttoren, der Koornmanspoort, der Broederpoort und der Cellebroederspoort. In d Innenstadt stehen die präch

Klassizistische Fassade des Paleis aan de Blijmarkt

Hotels und Restaurants in Overijssel *siehe Seiten 400 und 413f*

Blick vom Wasser auf die schöne historische Hansestadt Kampen der IJssel

ge St.-Nicolaaskerk und das sogenannte Gotische Haus, in dem das **Stedelijk Museum Kampen** untergebracht ist. Auffallend ist das alte Rathaus, seine Fassade ist mit zahlreichen Skulpturen verziert.

Vom 19. Jahrhundert bis ca. 1970 war Kampen ein Zentrum der Zigarrenherstellung, folglich gibt es hier das **Kamper Tabaksmuseum**. Eher überrascht die Existenz des **Ikonenmuseum**, des einzigen in den Niederlanden. Das Museum ist in einem ehemaligen Kloster untergerichtet und besitzt rund 150 Ikonen aus der Zeit zwischen dem 15. und 19. Jahrhundert. Auch Wechselausstellungen werden organisiert. Zum ersten Mal erwähnt wurde Kampen 1227. Seine Blütezeit lag in den Jahren 1330 bis 1450. Doch Kampen war nie eine Stadt im Mittelpunkt, es stand nie unter der Regierung eines mächtigen Landesherrn. Auch dem Hanseverbund schloss es sich erst spät an. Damals herrschte Krieg zwischen Holland und den Hansestädten, Kampen schlug sich 1441 auf die Seite des einflussreichen Hansebunds.

Mit der Einpolderung des Nordostpolders und Flevolands in neuerer Zeit hat die Stadt an der Mündung der IJssel ins IJsselmeer wieder an Bedeutung gewonnen und sich zu einem regionalen Zentrum entwickelt.

🏛 Stedelijk Museum Kampen
Oude Straat 133. **(** (038) 331 7361. **⏱** Di–Sa 11–17 Uhr. 🦽

🏛 Kamper Tabaksmuseum
Botermarkt 3. **(** (038) 331 5868. **⏱** nach Vereinbarung. 🦽

🏛 Ikonenmuseum
Buitennieuwstraat 2. **(** (038) 385 8483. **⏱** Apr–Nov: Di–Sa (Juni–Aug: tägl.). 🦽

Bild im Ikonenmuseum

Umgebung: Fünf Kilometer südlich von Kampen kann man in Kamperveen die **Hertenhouderij Edelveen**, eine Hirschfarm, besichtigen. Es gibt auch einen Hofladen.

🏛 Hertenhouderij
Leidijk 10a, Edelveen. **(** (0525) 621 564. **⏱** nach Vereinbarung.

❸ Vollenhove

Straßenkarte D2. 🚌 71, 171. **ℹ** Aan Zee 2–4, 0900 567 4637. 🚢 Di.

Vollenhove ist ein schöner Ort, der früher auch die »Stadt der Paläste« genannt wurde, weil hier viele Adlige wohnten. Die Häuser dieser Adligen nannte man *havezaten*, was eigentlich Hofstellen bedeutet. Der kleine Ort hat eine überraschend große Kirche, die **Grote St.-Nicolaas-** oder **Bovenkerk**, erbaut Ende des 15. Jahrhunderts. Sehenswert ist die Gartenanlage **Tuin van Marnixveld**.

❹ De Weerribben

Straßenkarte D3.

Die Weerribben sind ein wunderschönes, wasserreiches Naturgebiet im äußersten Nordwesten von Overijssel. Hier kann man wandern, Rad fahren oder mit dem Kanu paddeln.

🎿 Natuuractiviteitencentrum De Weerribben
Hoogeweg 27, Ossenzijl. **(** (0561) 477 272. **⏱** Apr–Okt: tägl.; Nov–März: Di–Fr, So. 🅿 🖥

Seerosen im Naturgebiet De Weerribben

Straßenkarte *siehe hintere Umschlaginnenseiten*

❺ Im Detail: Giethoorn

Den Titel »Schönstes Dorf der Niederlande« würde wahrscheinlich das liebenswerte Giethoorn gewinnen. Es besteht hauptsächlich aus einem Kanal, an dem viele kleine Bauernhöfe aufgereiht sind. In einigen der Häuser sind heute interessante, manchmal winzige Museen zu finden. Giethoorn kann man zu Fuß, auf dem Fahrrad oder mit dem Boot besichtigen. Das Dorf wurde 1230 von Religionsflüchtlingen gegründet. Sein heutiges Aussehen verdankt es der Torfgewinnung, in deren Folge Tümpel und Seen entstanden. Auf den kleinen Kanälen wurde der Torf verschifft.

»**Grünes Venedig**« wird Giethoorn nicht zuletzt wegen der vielen schönen Naturgebiete und Seen ringsum genannt. Am besten lässt sich diese Gegend mit einem Boot erkunden, das man vor Ort mieten kann.

★ **Tjaskermolen**
Die Windmühle, die eine Archimedes-Schraube antreibt, steht in Giethoorn-Noord. Eine weitere Windmühle ist im Museum 't Olde Maat Uus zu besichtigen.

BINNENPAD

★ **Olde Maat Uus**
Im Bauernhofmuseum, das man bei einem Besuch in Giethoorn nicht versäumen sollte, sieht man, wie die Giethoorner früher lebten.

Legende

— Route zu Fuß
— Bootsfahrt
▓ Wasserweg

In vielen der kleinen Häuser von Giethoorn sind Museen oder andere Sehenswürdigkeiten zu besichtigen.

0 Meter   50

Inseln
Beim Torfabgraben entstanden Seen und Kanäle. Dadurch gibt es in Giethoorn viele durch die typischen kleinen Brücken verbundene Inseln.

Infobox

Information
Straßenkarte D2. 🏔 2500.
ℹ Eendrachtsplein 1, (0521) 362 124. 🎭 Straßentheater-Festival (Juni), Rock Around Giethoorn Zeilpunterwedstrijd (Juli), Gondelfahrten, Segelwettbewerb, Bluesfestival, Punterlauf (alle Aug), »Slag op 't Wiede« (Musik, Sep), Weihnachtsmarkt (Dez). 🆆 giethoorn.info

Anfahrt
🚌 70, 79.

★ Punter
Stocherkähne wurden früher zum Transport von Torf in den Kanälen Giethoorns genutzt. Heute können Besucher in diesen typischen Booten eine Fahrt durch Giethoorn machen.

Ried (Reet)
In der Umgebung von Giethoorn befinden sich viele Seen und Teiche, an deren Ufern Schilfrohr wächst. Damit werden Möbel hergestellt, aber auch Dächer gedeckt.

Ausflugsboote
Man kann auch »Flüsterboote« mieten, die von Elektromotoren angetrieben werden.

Straßenkarte *siehe hintere Umschlaginnenseiten*

In seiner Glanzzeit war Deventer größer als Amsterdam

❻ Staphorst

Straßenkarte D3. 🚠 16000. 🚌 40. 🅸 Binnenweg 26, (0522) 467 400. 🚲 So. 🚢 Mi vorm.

Staphorst ist im ganzen Land als Hochburg strengster Religiosität bekannt. In der Gemeinde herrscht der Streng Reformierte Bund innerhalb der Niederländischen Reformierten Kirche, eine der rigidesten protestantischen Strömungen.

Die alten Bauernhöfe, aufgereiht an einer Straße, sind oft monumentale Gebäude mit der für die Gegend typischen blau-grünen Bemalung. Wer mehr über das Leben in früherer Zeit erfahren will, der sollte das **Museum Staphorst** besuchen. In Staphorst wird auch, wie sonst beinahe nirgends mehr im Land, die typische schwarzblaue Tracht getragen.

🏛 Museum Staphorst
Gemeenteweg 67. 📞 (0522) 462 526. 🔲 Apr–Okt: Mo–Sa 10–17 Uhr; Nov–März: Mi–Sa 13–17 Uhr. ⬤ Feiertage. 🚶 🆆 museumstaphorst.nl

❼ Ommen

Straßenkarte D3. 🚠 17000. 🚆 🅸 Kruisstraat 3, 0900 112 237. 🚢 Di vorm. 🆆 ommen.nl

Die Gemeinde Ommen, zu der außer dem Ort selbst auch einige Dörfer und Gehöfte gehören, liegt in schöner Umgebung. Ein Drittel der Fläche von 18000 Hektar besteht aus Naturgebieten und Wäldern.

In der Hansestadt Ommen selbst gibt es kleine, aber feine Museen wie das **Nationaal Tinnen Figuren Museum** (Zinnfigurenmuseum) oder das **Streekmuseum**, das über Windmühlen informiert.

🏛 Nationaal Tinnen Figuren Museum
Markt 1. 📞 (0529) 454 500. 🔲 Apr–Okt: Di–Sa 11–17, So 13–17 Uhr; Nov–März: Sa 11–17, So 13–17 Uhr. ⬤ 1. Jan, 25. Dez. 🚶 🆆 tinnenfiguren museum.nl

Umgebung: Im Natuurinformatiepunt Natuurlijk Ommen kann man sich über die Naturgebiete der Gegend und über Wandertouren informieren. Hier gibt es auch eine Ausstellung über Geschichte und Natur des Landstrichs. Besonders sehenswert sind die Bauernhöfe in Beerze, Junne, Stegeren, Besthem und Giethmen.

🏕 Natuurinformatiepunt Natuurlijk Ommen
Hammerweg 59a. 📞 088 555 1480. 🔲 Mo–Fr 9–17 Uhr. 🆆 natuurlijkkommen.nl

Zinnsoldat

❽ Deventer

Straßenkarte D3. 🚠 99000. 🚆 🅸 Brink 56, (0570) 710 120. 🚢 F vorm., Sa. 🆆 deventer.info

Die einladende Innenstadt der alten Hansestadt Deventer, früher einmal eine der wichtigsten Handelsstädte Europas, gehört zu den schönsten der Niederlande. Hier haben sich noch viele Häuser aus dem Mittelalter erhalten, darunter das älteste Steinhaus des Landes. Sehenswert sind außerdem die schönen Häuser um die Brink und die Bergkirche.

Mitten auf der Brink steht auch die prächtige Stadtwaage von 1528, in der heute die VVV und das **Historisch Museum de Waag** zu Hause sind. Die interessante Ausstellung erzählt die Geschichte der alten Handelsstadt.

🏛 Historisch Museum de Waag
Brink 56. 📞 (0570) 693 783. 🔲 Di–Sa 10–17, So 13–17 Uhr. ⬤ Feiertage. 🚶 📷

❾ Nijverdal

Straßenkarte D3. 🚠 23500. 🚆 🅸 Willem Alexanderstraat 7c, (0540) 612 729. 🚢 Sa. 🆆 vvvhellendoorn.nl

Hauptattraktion von Nijverdal ist die Naturszenerie in der Umgebung, vor allem der Sallandse Heuvelrug, ein Hügelgebiet mit schönen Heidefeldern und Wäldern. In diese Landschaft kann man wunderbare Wanderungen unternehmen. Im **Bezoekerscentrum**

Schafherde in der schönen Umgebung des Sallandse Heuvelrug

allandse **Heuvelrug** informiert
ne Ausstellung über den
ügelzug, im »Laden des Förs-
ers« findet man eine oder
ndere Andenken.

🏠 **Bezoekerscentrum
allandse Heuvelrug**
rotestraat 281. 📞 (0548) 612
11. 🕐 Apr–Okt: Di–So
0–17 Uhr; Nov– März: Di–So
0–16 Uhr. 🌑 1. Jan, 25., 31. Dez.
🌐 sallandseheuvelrug.nl

mgebung: Der **Avonturen-
ark Hellendoorn** *(siehe S. 426)*
t ein Paradies für Kinder.

⑩ Delden

traßenkarte E3. 🗺 7000. 🚉
Langestraat 29, (074) 376 1363.
🛍 Fr nachm.

elden ist ein schönes Dorf in
rüner Umgebung – ideal zum
vandern. Der Ort bietet meh-
ere Sehenswürdigkeiten, dar-
nter auch das dem Salz ge-
vidmete **Zoutmuseum** und die
ude Blasiuskerk (12. Jh.)

🏛 **Zoutmuseum**
angestraat 30. 📞 (074) 376 4546.
🕐 Mai–Sep: Mo–Fr 11–17, Sa, So
4–17 Uhr; Okt–Apr: Di–Fr, So 14–
7 Uhr. 🌐 zoutmuseum.nl

mgebung: Zwei Kilometer
ordöstlich von Delden liegen
ie schönen Gärten **Tuinen
asteel Twickel**.

🏛 **Tuinen Kasteel Twickel**
wickelerlaan 1a, Ambt Delden.
📞 (074) 376 1020. 🕐 Ende
pr–Okt: Mi–So 10 –17 Uhr. 🌐
🌐 twickel.nl

⑪ Enschede

Straßenkarte E3. 🗺 158 000. 🚉
ℹ Stationsplein 1a, (053) 432 3200.
🛍 Di, Sa. 🌐 uitinenschede.nl

Enschede, die heimliche
Hauptstadt von Twente und
zugleich die größte Stadt von
Overijssel, war 1862 einem
schweren Brand ausgesetzt,
der nicht viel von der alten
Stadt übrig ließ. Eines der wenigen erhaltenen alten Gebäude in der einladenden Innenstadt ist die **Grote Kerk** auf
dem Oude Markt. Außer
einem gemütlichen Ausgeh-
viertel mit Konzertsälen, Theatern und Kinos gibt es in Enschede auch einige Museen,
das interessanteste ist das
Rijksmuseum Twenthe. Die
Sammlung umfasst mittelalterliche Handschriften, Skulpturen, Malerei vom Mittelalter bis
heute und zeitgenössische
Kunst aus den Niederlanden.

🏛 **Rijksmuseum Twenthe**
Lasondersingel 129–131. 📞 (053)
435 8675. 🕐 Di–So 10–17 Uhr.
🌑 1. Jan, 25. Dez. 🌐 🌐 🏠

⑫ Ootmarsum

Straßenkarte E3. 🗺 4000. 🚌 64
von Almelo. ℹ Markt 9, (0541)
291 214. 🛍 Do vorm.
🌐 ootmarsum-dinkelland.nl

Ootmarsum gehört zu den
schönsten Orten in den Niederlanden. Die Siedlung wurde
im Jahr 900 erstmals erwähnt
und erhielt 1300 das Stadtrecht, ist aber nie wirklich gewachsen, sodass sich hier in
den letzten Jahrhunderten

**Bleiglasfenster in der katholischen
Kirche von Ootmarsum**

wenig verändert hat. Darum ist
es auch kein Wunder, dass
Ootmarsum beinahe wie im
Freilichtmuseum wirkt. Zu den
Sehenswürdigkeiten zählt die
katholische Kirche, die einzige
Hallenkirche in westfälischer
Romano-Gotik in den Nieder-
landen. Sie wurde zwischen
1200 und 1300 erbaut. Inter-
essant ist neben der reichen
Ausstattung vor allem die
Gruft. Schön ist auch das frü-
here Rathaus im Rokoko-Stil
von 1778, in dem das Büro der
VVV untergebracht ist.
Wer mehr über das Leben
der Bauern in Twente wissen
will, ist im **Openluchtmuseum
Los Hoes** richtig.

🏛 **Openluchtmuseum Los Hoes**
Smithuisstraat 2. 📞 (0541) 293
099. 🕐 Jan: Sa, So 10–17 Uhr;
Feb–Okt: tägl. 10–17 Uhr; Nov, Dez:
tägl. 10–16 Uhr. 🌐 🌐 openlucht
museumootmarsum.nl

Umgebung: Ootmarsum liegt
in einem der schönsten Teile
von Twente. Die Landschaft ist
abwechslungsreich, mit kleinen
Bächen, alten Wassermühlen,
gewundenen Waldwegen,
Grabhügeln aus prähistorischer
Zeit und schönen Bauernhöfen. Vom 71 Meter hohen Kui-
perberg kann man ein wenig
Aussicht genießen.

tiepelhoes in Ootmarsum, ein Fachwerkhaus aus dem Jahr 1658

Straßenkarte *siehe hintere Umschlaginnenseiten*

levoland

voland ist die jüngste Provinz der Niederlande, sie wurde
t 1986 gebildet und liegt fünf Meter unter dem Meeres-
egel. Wo früher die stürmischen Wasser der Zuiderzee
Küste bedrohten, entstand durch ein riesiges Einpol-
rungsprojekt im Lauf des 20. Jahrhunderts ein ganz
uer Landesteil. Mit seinen Wäldern und Seen hat
voland vor allem Naturliebhabern viel zu bieten.

Jahr 1918 wurde das Zuiderzeegesetz
abschiedet, mit dem die Eindämmung
Zuiderzee und ihre teilweise Einpolde-
g beschlossen wurden. Nach dem Bau
Afsluitdijk 1932 begann die Trocken-
ung des Noordoostpolders. Zuerst
te man einen Ringdeich an, dann wur-
1500 Millionen Kubikmeter Wasser
Schöpfwerken abgepumpt. Auch die
eln Urk und Schokland wurden Teil des
tlands.
942 war der Polder trocken. Der Osten
volands wurde zwischen 1950 und
57 trockengelegt, der Süden von 1959
1968. Diese drei Polder formen seit
86 offiziell die zwölfte Provinz der Nie-
rlande. Sie ist nach »Flevo Lacus« be-
nnt, dem Namen, den der römische Ge-
nichtsschreiber Plinius der Zuiderzee
geben hatte.

Eigentlich sollten die Polder der Landwirtschaft dienen, ursprünglich waren hier
nur kleine Dörfer und Siedlungen. Das Bevölkerungswachstum der Randstad führte
jedoch zur Entstehung mehrerer Städte,
darunter Almere mit seiner experimentellen Architektur.

Flevoland ist ein wichtiges Naherholungsgebiet für die Einwohner der Randstad geworden. In den Wäldern und an
den Seen sind viele seltene Vogelarten
heimisch.

Die größte Attraktion Flevolands ist die
Bataviawerft in Lelystad, auf der der Ostindienfahrer *Batavia* originalgetreu nach-
gebaut wurde. Am Nachbau des Zwei-
deckers *De Zeven Provinciën* wird noch
gearbeitet. Das auch heute noch tradi-
tionsorientierte Fischerdorf Urk ist ebenfalls ein Besuchermagnet.

exotisch aussehende Löffler, ein Bewohner der »neuen Natur« in Flevoland

Polder- und Ackerland bei Emmeloord *(siehe S. 330)*

Überblick: Flevoland

Der Noordoostpolder, der nördliche Teil von Flevoland, ist eine typische Polderlandschaft mit viel Landwirtschaft, Obst- und Blumenzwiebelanbau. Zudem wurde hier viel Wald angepflanzt, wo man schön spazieren gehen kann. Um Emmeloord liegen einige kleine, neue Ortschaften und das alte Fischerdorf Urk. Auch im Osten und Süden von Flevoland gibt es nur wenige Ortschaften, aber dafür viel Natur. Zwischen dem modernen Almere, der größten Stadt Flevolands, und der Provinzhauptstadt Lelystad erstrecken sich die Oostvaardersplassen, ein schönes Naturgebiet. Überall an den Seen findet man einladende Strände und schöne Yachthäfen.

Der malerische Hafen des Fischerdorfs Urk

Sehenswürdigkeiten auf einen Blick

① Emmeloord
② Urk
③ Nagele
④ Schokland
⑤ Swifterbant
⑥ Dronten
⑦ Lelystad
⑧ Bataviawerf
⑨ Oostvaardersplassen
⑩ Knardijk
⑪ Zeewolde
⑫ Almere

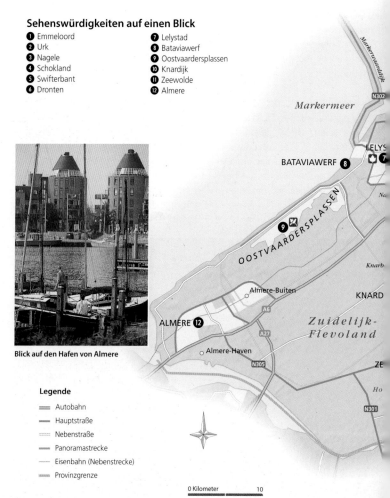

Markerwaarddijk

Markermeer

N302

LELYS

BATAVIAWERF ⑧ ⑦

OOSTVAARDERSPLASSEN ⑨

Na

Knarb

KNARD

Almere-Buiten

A6

ALMERE ⑫

Zuidelijk-Flevoland

A27

Almere-Haven

N305

ZE

Ho

N301

Blick auf den Hafen von Almere

Legende

━━━ Autobahn
━━━ Hauptstraße
═══ Nebenstraße
━━━ Panoramastrecke
---- Eisenbahn (Nebenstrecke)
▬▬▬ Provinzgrenze

0 Kilometer   10

Weitere Zeichenerklärungen *siehe hintere Umschlagklappe*

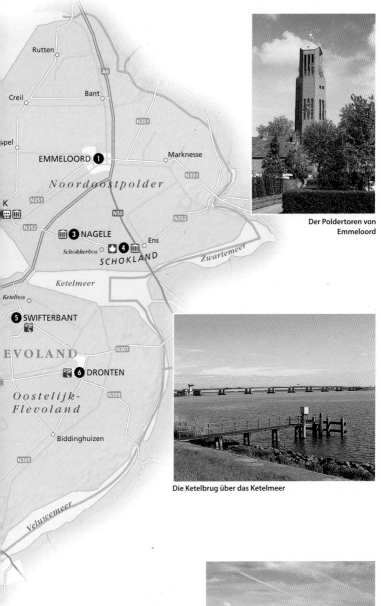

Rutten

A6

Creil   Bant

pel   N351

EMMELOORD ❶   Marknesse

Noordoostpolder   N331

K   N351   N50

N352

N352   🏛❸ NAGELE   N352

Schokkerbos ○ 🖼🏛❹ Ens

SCHOKLAND   *Zwartemeer*

Ketelmeer

Ketelbos ○

❺ SWIFTERBANT
🏕

EVOLAND   N307

🏕 ❻ DRONTEN

Oostelijk-
Flevoland   N309

Biddinghuizen

N305

Veluwemeer

Der Poldertoren von
Emmeloord

Die Ketelbrug über das Ketelmeer

◗ Flevoland unterwegs

evoland besitzt ein gutes Straßennetz. Alle
rte sind hervorragend mit dem Auto oder
em Bus zu erreichen. Überlandbusse befahren
e Route Lelystad – Emmeloord und Lelystad –
ronten. Nach Almere und Lelystad gibt es
ußerdem direkte Zugverbindungen von
msterdam aus. Die weite, offene Landschaft
evolands lädt zum Radfahren und Wandern
n. Mehrere schöne Wander- und Fahrrad-
uten sind ausgeschildert.

Flaches Ackerland – ein vertrauter Anblick

Hotels und Restaurants in Flevoland *siehe Seiten 400 und 414*

❶ Emmeloord

Straßenkarte D2. Noordoostpolder.
🏘 47 000. 🚌 ℹ️ De Deel 25a,
(0527) 612 000. 🛍 Do vorm.

Nach der Trockenlegung des ältesten Polders Flevolands entstand die »Pionierstadt« Emmeloord. Im Lauf der Jahre hat sich Emmeloord, das Zentrum der Gemeinde Noordoostpolder, zu einer sympathischen Stadt gemausert. Wahrzeichen Emmeloords ist der achteckige **Poldertoren** von 1959, ein 65 Meter hoher Wasserturm, der von einer fünf Meter hohen Windfahne in Form einer Hansekogge gekrönt wird. Das Glockenspiel mit 48 Glocken ist eines der größten der Niederlande. Im Sommer kann man von der Besucherplattform aus weit über den Polder schauen.

❷ Urk

Straßenkarte C3. 🏘 20 000. 🚢 von Enkhuizen (nur im Sommer). 🚌
ℹ️ Wijk 2–3, (0527) 684 040.
🛍 Sa vorm.

Das Fischerdorf Urk mit seinen malerischen Häuschen lockt viele Urlauber an. Bis zur Einpolderung war Urk eine Insel. Vor gut 100 Jahren war diese Insel noch viel größer und zählte fünf Orte, doch Überschwemmungen und Sturmfluten rissen immer mehr Land

weg. Die Bevölkerung drängte sich auf dem höchsten Punkt, einem Lehmhügel, zusammen.

Auch nach der Einpolderung hat die Region ihren Charakter bewahrt. Noch immer tragen ältere Bewohner die traditionelle Tracht. Außer dem alten Dorf sind auch der Fischerhafen, der Leuchtturm (1844) und die Kirche aus dem Jahr 1786 sehenswert. Im **Museum Het Oude Raadhuis** erfährt man alles über die Geschichte von Urk und die Fischerei.

🏛 **Museum Het Oude Raadhuis**
Wijk 2–3. 📞 (0527) 683 262. ⏰
Apr–Okt: Mo–Fr 10–17, Sa 10–16
Uhr; Nov–März: Mo–Sa 10–16 Uhr.
📷 🎫 🏠 ♿ 🌐 museumopurk.nl

❸ Nagele

Straßenkarte D3. 🏘 1900. 🚌
ℹ️ Emmeloord, (0527) 612 000.

Das Dorf wurde um 1950 nach Plänen von »De Acht en de Opbouw« gebaut. Diese Gruppe bekannter Architekten wie Rietveld, van Eyck und van Eesteren stand für das »Nieuwe Bouwen«, das Neue Bauen. Um ein parkähnliches Zentrum mit Läden, Schulen und Kirchen liegen die Wohnanlagen mit ihren Flachdächern. Ein Waldgürtel umgibt das Dorf. Im **Museum Nagele** kann man sich über diese besondere Architektur informieren.

Blick auf Schokland vor der Einpolderung

Blick auf Schokland nach der Einpolderung

🏛 **Museum Nagele**
Ring 23. 📞 (0527) 653 077.
⏰ Do–So 13–17 Uhr. ● 1. Jan,
25., 26., 31. Dez. 📷 🎫 🏠 ♿
🌐 museumnagele.nl

❹ Schokland

Straßenkarte C3. 🚌 ℹ️ siehe Museum. 🌐 schokland.nl

Schokland ist wie Urk eine ehemalige Insel. Funde belegen, dass es schon in prähistorischer Zeit besiedelt war. 18?? mussten die Bewohner die immer schmaler werdende Insel verlassen. Heute ist das ehemalige Eiland so winzig, dass es kaum noch zu erkennen ist. Das **Museum Schokland**, das in der Kirche und in nachgebauten Fischerhäusern untergebracht ist, widmet sich der Geologie der Gegend von der Eiszeit bis zur Einpolderung. Am Südende von Schokland sieht man die Ruine einer mittelalterlichen Kirche. Im Wald Schokkerbos liegt der **Gesteentetuin** mit Findlingen.

🏛 **Museum Schokland**
Middelbuurt 3, Ens. 📞 (0527) 25?
396. ⏰ Apr–Okt: Di–So 11–17 L
(Juli, Aug: tägl. 10–17 Uhr); Nov–
März: Fr–So 11–17 Uhr. ● 1. Jan
25. Dez. 📷 🎫 ♿
🌐 museumschokland.nl

Cornelis Lely (1854–1929)

Flevoland hat seine Entstehung großteils den Plänen und dem Durchsetzungsvermögen des Ingenieurs Cornelis Lely zu verdanken. Von 1885 bis 1891 leitete Lely bei der Zuiderzeevereinigung die Machbarkeitsstudie zur Eindämmung und Trockenlegung der Zuiderzee. 1891 wurde er Minister für Handel, Handwerk und Wasserbau. Als Politiker konnte er Regierung und Parlament von der Notwendigkeit des Projekts überzeugen, wenngleich es bis zu seiner dritten Amtsperiode (1913–18) dauern sollte, bis das Gesetz zur Eindämmung und Trockenlegung der Zuiderzee schließlich verabschiedet wurde. Daneben setzte sich Lely für die Verbesserung des Nordseekanals ein. 1902–05 war er Gouverneur von Suriname. Lely starb 1929, doch sein Name lebt in der Hauptstadt von Flevoland weiter: Lelystad.

Standbild von Lely

Hotels und Restaurants in Flevoland siehe Seiten 400 und 414

Swifterbant

raßenkarte C3. 🚶 6500. 🚌
De Rede 80–82, Dronten,
321) 313 802. 🍴 Di nachm.

...as junge Dorf ist bei Archäo-
...gen wegen der Funde aus
...m 4. Jahrtausend v. Chr. be-
...nnt, dies war die Zeit der
...vifterbant-Kultur (5300–
...00 v. Chr.). Man fand Feuer-
...eine, Werkzeuge und Kera-
...k. Im Frühjahr erstrahlt die
...rbenpracht der Blumenfelder
...n Swifterbant.

...mgebung: Im nahen Wald
...vifterbos kann man sich gut
...holen. Der Ketelbos ist ein
...hutzgebiet für Wandervögel.

Dronten

...raßenkarte D3. 🚶 40 000. 🚌
De Rede 80–82, (0321) 313
2. 🍴 Mi.

...e Gemeinde am Veluwemeer
...gt inmitten schöner Natur
...d besitzt diverse Sport- und
...eizeiteinrichtungen. Der
...eerpaal ist ein Komplex mit
...eater, Kino und Konzerthal-
...Das Airgunnersmonument
...r dem Gemeindehaus, ein
...opeller, erinnert an die im
...veiten Weltkrieg umgekom-
...enen Piloten.

Umgebung: Um Dronten bieten sich zahlreiche Wälder und
Erholungsgebiete zum Wan-
dern und Radfahren an.

❼ Lelystad

Straßenkarte C3. 🚶 77 000. 🚌
🚆 ℹ️ Bataviaplein 60, (0320) 292
900. 🍴 Sa (Gordiaan), Di (Lely-
centre). 🌐 vvvlelystadt.nl

Lelystad, die Hauptstadt der
Provinz Flevoland, hat ein modernes Zentrum mit markanten
Gebäuden. Im **Nieuw Land
Erfgoedcentrum** wird die Geschichte der Landgewinnung
und der Zuiderzee-Kultur erzählt.

Auf dem Gebiet der Airship
Plaza befindet sich das Ballon-
und Luftfahrtmuseum **Zepal-
lon**. Östlich der Stadt liegt der
Natuurpark Lelystad, in dem
u. a. Wisente und Biber erfolgreich ausgewildert wurden.
Hier kann man ein Schiffs-
wrack und ein nachgebautes
prähistorisches Dorf besichtigen. Der **Nationaal Luchtvaart
Themapark Aviodrome** am
Flughafen von Lelystad zeigt
historische Flugzeuge und the-
menbezogene Filme. Außer-
dem steht hier ein detailge-
treuer Nachbau des Flughafens
Schiphol um das Jahr 1928.

🏛️ **Nieuw Land Erfgoedcentrum**
Oostvaardersdijk 113. 📞 (0320)
225 900. 🕐 Di–Fr 10–17, Sa, So
11.30–17 Uhr. ⬤ 1. Jan, 25. Dez.
🚫 📷 📖 🚫 ♿ 🌐 nieuwland
erfgoed.nl

🌳 **Natuurpark Lelystad**
Vlotgrasweg 11. 📞 (0320) 286
111. 🕐 tägl. Sonnenauf- bis Sonnenuntergang. 🚫 nach Vereinbarung. 🚫 📖 🌐 flevo-landschap.nl

✈️ **Nationaal Luchtvaart
Themapark Aviodrome**
Pelikaanweg 50, Luchthaven Lelystad. 📞 (0320) 289 842. 🕐 Di–So
10–17 Uhr (Juli, Aug, Schulferien:
auch Mo). ⬤ 25. Dez. 🚫 📷
♿ 🌐 aviodrome.nl

❽ Bataviawerf

Straßenkarte C3. Oostvaardersdijk
01–09, Lelystad. 📞 (0320) 261 409.
🕐 tägl. 10–17 Uhr. ⬤ 1. Jan,
25. Dez. 🚫 📷 📖 🏰
🌐 bataviawerf.nl

Zwischen 1985 und 1995
wurde in der Bataviawerf die
Replik des Schiffs *Batavia* gebaut. Zurzeit wird am Nachbau
des Flaggschiffs von Michiel de
Ruyter, *De Zeven Provinciën*,
gearbeitet. Die Eintrittskarte
für die Werft ist auch für das
NISA gültig, das Niederländische Institut für Schiffs- und
Unterwasserarchäologie.

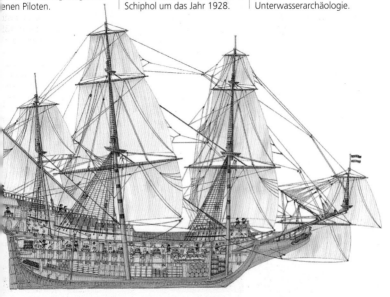

Die *Batavia* ging 1629 mit 341 Menschen an Bord vor der Küste Australiens unter

Straßenkarte *siehe hintere Umschlaginnenseiten*

Beobachtungshütte an den Oostvaardersplassen mit großem Vogelreichtum

❾ Oostvaardersplassen

Straßenkarte C3. 🛈 Staatsbosbeheer, Bezoekerscentrum, Kitsweg 1, Lelystad, (0320) 254 585.

Zwischen Lelystad und Almere erstreckt sich ein international bekanntes, 5600 Hektar großes Sumpfgebiet. Eigentlich war an dieser Stelle ein Industriegebiet geplant, doch als der Süden von Flevoland trockenfiel, blieb dieses tiefer gelegene Gebiet noch nass. Die Entwässerungspläne wurden nie verwirklicht. Man ließ das Gelände brachliegen, und innerhalb kürzester Zeit entstand ein einmaliges Naturgebiet.

Dieses größte Tiefland-Riedmoorgebiet Mitteleuropas umfasst Seen, Moore, Weidenhaine und Wiesen und ist ein beliebtes Brut- und Futtergebiet für Hunderte Vogelarten. Manche, die anderswo schon beinahe ausgestorben sind, haben sich hier wieder erholt, etwa die Weihe, das Wappentier Flevolands, und der Kormoran. Die vielen Graugänse, die hier ihr Futter suchen, verhindern ein Zuwachsen des Gebiets. Dabei helfen ihnen auch die wilden Rinder und das Rotwild, die hier ausgesetzt wurden.

Um das Gebiet möglichst naturbelassen zu bewahren, darf der Großteil von Oostvaardersplassen nicht betreten werden. Es gibt jedoch in den Randbereichen einige Aussichtspunkte für Vogelbeobachter und wenige kurze Wege. Einen etwa fünf Kilometer langen Wanderweg findet man im Gebiet **De Driehoek**. Er beginnt am Bezoekerscentrum und führt durch das Naturgebiet auch zu Beobachtungshütten.

❿ Knardijk

Straßenkarte C3. 🛈 Staatsbosbeheer, (0320) 254 585.

Der Knardijk ist die Grenze zwischen Oostelijk und Zuidelijk Flevoland, dem Osten und Süden der Provinz. Er wurde in den 1950er Jahren zwischen der damaligen Arbeitsplattform Lelystad-Haven und Harderwijk angelegt, um nicht das ganze Gebiet auf einmal einpoldern zu müssen. Nach dem Trockenfallen des östlichen Teils wurde er zum südwestlichen Ringdeich des Polders. Heute ist er vor allem für Naturfreunde interessant, von hier aus blickt ma auf die Oostvaardersplassen. Am Fuß des Deichs leben vie Vögel, u. a. Korn- und Rohrweihen. Über den Deich kann man zwei Beobachtungshütten erreichen. Im Südosten läuft der Deich am **Wilgenreservaat** entlang, einem wil entstandenen Naturgebiet au Wäldern mit Lichtungen. Auß vielen Sing-, Wald- und Raubvögeln lebe hier Rehe, Füchse und Hermeline. Ein Pfad führt durch einen Teil des Reservats. Nahe bei liegt der **Knarbos** m seiner vielfältigen Faun und Flora. Hier verläuft ein Wanderweg (6 km).

Kornweihe

Vom Knardijk aus geht der Blick in ein Naturgebiet

Hotels und Restaurants in Flevoland *siehe Seiten 400 und 414*

Zeewolde

raßenkarte C3. 21 600.
Raadhuisstraat 1, (036) 522
05. Fr.

eewolde ist dank der Lage am
nnensee Wolderwijd bei Aus-
glern beliebt. Hier gibt es
ch einen Bootshafen. Zee-
olde gibt es offiziell seit
984. Es ist die jüngste Ge-
einde in Flevoland, das sieht
an nicht zuletzt an der fanta-
ereichen Architektur, insbe-
ndere am Rathaus, an der
bliothek und der Kirche. Se-
nswert ist die Kunstbaan,
n sieben Kilometer langer
eg, den Kunstwerke säumen.

mgebung: Südlich von Zee-
olde liegt der **Horsterwold**,
it 4000 Hektar der größte
aubwald Westeuropas.

Almere

raßenkarte C3. 199 000.
De Diagonaal 199, (0369)
8 5041. Mi, Sa (Almere-Stad),
(Almere-Buiten), Fr (Almere-Haven).
vvvalmere.nl

lmere ist die am schnellsten
achsende Stadt der Nieder-
nde. Der Ortsname erinnert
n den alten Namen der Zui-
erzee im 8. Jahrhundert. Erste
edlungen gab es hier aller-

Almere ist ein Laboratorium moderner Architektur

dings schon 6000 Jahre früher. Almere besteht aus drei Wohnkernen: Almere-Stad, wo alle städtischen Einrichtungen liegen und derzeit ein umfangreiches Stadtteil-Sanierungsprogramm läuft; Almere-Buiten, der grüne Stadtteil; Almere-Haven mit dem schönen Hafen.

Liebhaber außergewöhnlicher moderner Architektur sollten unbedingt die Viertel Muziekwijk, Filmwijk und Stedenwijk in Almere-Stad sowie die farbenfrohe Regenboogbuurt in Almere-Buiten besuchen. Sehenswert ist auch das Rathaus, informativ das **PIT Veiligheidsmuseum** zu allen Fragen der Sicherheitssysteme.

PIT Veiligheidsmuseum
Schipperplein 4. (036) 844 66
37. Di–So 11–17 Uhr.
1. Jan, 25. Dez.
pitveiligheid.nl

Umgebung: Um Almere liegen viele Natur- und Naherholungsgebiete, etwa das Weerwater, die Leegwaterplas und der Beginbos, alle mit Wander-, Rad- und Reitwegen. Schön sind auch das Buitenhout, der Kromslootpark mit seiner Poldervegetation, die Noorderplassen, die **Lepelaarsplassen**, wo seltene Moorvögel leben, und die Oostvaardersplassen, die allerdings nur am Rand zugänglich sind.

Landscape Art

Hier und da stößt man in der Landschaft Flevolands auf *landart*, spezielle, oft ungewöhnliche Kunstwerke, die auf die Besonderheiten der Umgebung anspielen. Östlich von Almere-Haven steht die *Groene Kathedraal* (Grüne Kathedrale, 1987, *rechts oben*), entworfen von Marinus Boezem: 178 italienische Pappeln formen den Grundriss der Kathedrale von Reims. Das *Observatorium Robert Morris* (1971, *rechts unten*), auf halbem Weg zwischen Lelystad und Swifterbant, besteht aus zwei runden Erdwällen. Durch drei Einschnitte kann man beim Wechsel der Jahreszeiten den Sonnenaufgang beobachten. Auf dem Ketelmeerdijk steht *Wachters op de dijk* (Wächter auf dem Deich) von Cyriel Lixenberg, ein Kreis, ein Dreieck und ein Quadrat. *Aardzee* (Erdsee, 1982) von Piet Slegers, zwischen Zeewolde und Lelystad, besteht aus einer Reihe künstlicher Hügel, die Wellen darstellen.

Gelderland

Gelderland (Geldern) an der Grenze zu Deutschland ist mit über 5100 Quadratkilometern die größte Provinz der Niederlande. Ihr Aussehen wird von Wäldern, Flüssen und Schlössern geprägt. Das feudale Erbe ist hier, im sogenannten Achterhoek, noch zu spüren. Die vielen Festungsstädte zeugen vom lebhaften Handel, der diese Gegend wohlhabend machte.

Die Grafschaft Gelre (Geldern) entstand im 11. Jahrhundert nach dem Zerfall des Reichs Karls des Großen. Stammvater des Gelderschen Grafengeschlechts ist wahrscheinlich Gerard de Rossige, der die Stadt Geldern am Fluss Niers in Deutschland eroberte. Sein Enkel Gerard II van Wassenberg nannte sich ab 1104 Graf von Gelre. Die Grafen breiteten ihr Gebiet immer weiter aus, erst um die Betuwe, dann um die Veluwe, später kam auch die Grafschaft Zutphen dazu. Nachdem 1248 die Reichsstadt Nijmegen ebenfalls einverleibt werden konnte, wurde Gelre eine bedeutende Macht.

Mehrere seiner Städte schlossen sich der Hanse an, 1339 wurde die Grafschaft vom römisch-deutschen Kaiser zum Herzogtum erhoben. Die wachsende Macht Burgunds bedrohte die Unabhängigkeit Gelres. Unter dem Feldherrn Maarten van Rossum leistete man zwar noch eine ganze Weile Widerstand, doch 1534 fiel das Gebiet an Kaiser Karl V. Gelderland wurde ein Gau der habsburgisch-burgundischen Niederlande und 1815 eine der Provinzen des Königreichs.

Die Landschaft Gelderlands ist voller Kontraste: die Wälder der Veluwe, Sandverwehungen und Heidegebiete, die Flusslandschaft der Betuwe und das Ackerland im Achterhoek. Die Geschichte lebt noch in Burgen und Schlössern, doch es gibt auch moderne Städte wie Arnhem und Nijmegen mit vielen Sehenswürdigkeiten und Gelegenheiten zum Ausgehen.

Kornspeicher aus dem 17. Jahrhundert in der Nähe von Winterswijk

◀ Blick auf das nächtliche Nijmegen *(siehe S. 346f)*

Überblick: Gelderland

Gelderland ist eine übersichtliche Provinz, die aus drei klar getrennten Gebieten besteht. Im Norden liegt die Veluwe, ein weites Naturgebiet mit Wäldern, Heidefeldern und großen Sandverwehungen. Hier finden Naturfreunde ungestörte Ruhe. Im Osten liegt der Achterhoek. Die Natur hier zeigt ein völlig anderes Gesicht: kleine Äcker mit hölzernen Umzäunungen, alte Bauernhöfe, vornehme Landgüter und Schlösser. Im Südwesten der Provinz, eingeklemmt zwischen Rhein, Maas und Waal, liegt das Flussgebiet der Betuwe. In dieser Gegend mit ihren Deichen und dem grünen Deichvorland kann man herrlich Rad fahren und wandern.

Im Dolfinarium in Harderwijk

Sehenswürdigkeiten auf einen Blick

❶ Paleis Het Loo S. 338f
❷ Apeldoorn
❸ Hattem
❹ Elburg
❺ Nunspeet
❻ Harderwijk
❼ Nijkerk
❽ Barneveld
❾ Wageningen
❿ Kröller-Müller Museum
   S. 342f
⓫ Nationaal Park
   De Hoge Veluwe
⓬ Arnhem S. 344
⓭ Zutphen
⓮ Bronkhorst
⓯ Vorden
⓰ Lochem
⓱ Winterswijk
⓲ 's-Heerenberg
⓳ Montferland
⓴ Doesburg
㉑ Nijmegen
㉒ Gelderse Poort
㉓ Groesbeek
㉔ Tiel
㉕ Culemborg
㉖ Buren
㉗ Zaltbommel

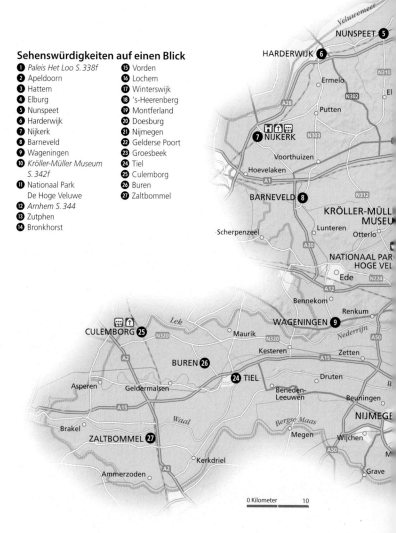

Rothirsch, König der Veluwe

In Gelderland unterwegs

Gelderland hat ein exzellentes Straßennetz. Mehrere Autobahnen führen durch die Provinz, darunter die A2 und die A50. Auch das öffentliche Verkehrsnetz ist gut, viele Orte sind mit dem Zug erreichbar. Mit Regionalbussen kommt man sogar bis weit in den Nationaal Park De Hoge Veluwe hinein. Auf den vielen Rad- und Wanderwegen kann man die Provinz gemächlich erkunden. Unterschiedlich lange Radwege sind gut ausgeschildert. Ein System von Wanderwegen, etwa der insgesamt 150 Kilometer lange Maarten van Rossumpad, durchzieht die Provinz.

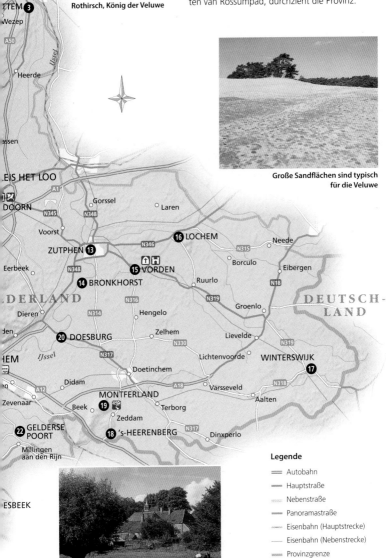

Große Sandflächen sind typisch für die Veluwe

Bronkhorst, die kleinste Stadt der Niederlande

Legende

═══ Autobahn

━━━ Hauptstraße

⋯⋯ Nebenstraße

━━ Panoramastraße

╍╍ Eisenbahn (Hauptstrecke)

─── Eisenbahn (Nebenstrecke)

▦▦ Provinzgrenze

▨▨ Staatsgrenze

Hotels und Restaurants in Gelderland *siehe Seiten 400f und 414*

❶ Apeldoorn: Paleis Het Loo

Willem III ließ Het Loo 1692 als Jagdschloss erbauen. Generationen von Oranjes diente der Palast als Sommersitz. Die prunkvolle Ausstattung trug Het Loo auch den Beinamen »Versailles der Niederlande« ein. Wichtigster Architekt war Jacob Roman (1640–1716), die Ausschmückung der Innenräume und der Entwurf der Gartenanlage stammen von Daniël Marot (1661–1752). Die strenge klassizistische Fassade verrät nichts von der Pracht im Inneren. Nach einer Renovierung wurde Paleis Het Loo 1084 als Museum eröffnet.

Dies war das Wappen (1690) von Willem und Maria, dem späteren Königspaar von England.

★ Schlafzimmer von Statthalter Willem III (1713)
Die Wandbekleidung und die Draperien des luxuriösen Schlafzimmers sind aus Damast und Seide.

Außerdem

① **Schlafzimmer von Willem III**

② **Im Kabinett von Statthalter Willem III** (1690) sind die Wände der Privatgemächer mit scharlachrotem Damast bedeckt. Hier sind Gemälde und Keramik ausgestellt.

③ **Garten des Königs**

④ **Schlafzimmer von Maria II**

⑤ **Garten der Königin**

⑥ **Im Thronsaal** liegen heute die ursprünglichen Pläne für die Gärten.

⑦ **Bibliothek**

⑧ **Gemäldegalerie**

Oldtimer
Dieser Bentley (Minerva) aus dem Jahr 1925 gehörte Prinz Hendrik, dem Ehemann von Königin Wilhelmina. In den 1910 erbauten Stallungen stehen immer noch viele historische Autos und Kutschen.

★ **Speisesaal (1686)**
Von den Marmorwänden wurden sechs
Farbschichten entfernt. Heute hängen hier
Tapisserien.

Infobox

Information
Koninklijk Park 1 (Zugang über
Amersfoortseweg), Apeldoorn.
📞 (055) 577 2400.
🕐 Di–So 10–17 Uhr (Mitte
Juli–Mitte Aug: auch Mo).
⬤ 1. Jan. 🚫 📷 🚫 ♿ Paleis
teilweise. 📷 mit Blitzlicht oder
Stativ. 🌐 **paleishetloo.nl**

Anfahrt
🚍 Apeldoorn, dann Bus 16
oder 102.

Haupteingang

★ **Formale Gärten**
Die Gärten vereinigen
Pflanzen, Skulpturen und
Brunnen im klassizistischen
Stil. Der *Brunnen der
Himmelssphäre* steht
im Unteren Garten.

Oberer
Garten

Garten der Königin

Paleis Het Loo

nterer
arten

rten des Königs

Gartenanlage

Zur Rekonstruktion der Gärten hinter
dem Paleis Het Loo zog man alte
Stiche, Entwürfe und andere Doku-
mente heran. Anstelle der alten Zier-
gärten war im 18. Jahrhundert Gras
gesät worden. 1938 wurden die
komplizierten Muster neu aufge-
zeichnet und mit der Wiederanpflan-
zung begonnen. Die Gärten sind
Ausdruck der im späten 17. Jahrhundert vorherrschenden Idee, dass
Natur und Kunst in Harmonie miteinander existieren sollten.

Grundriss der Gartenanlage

Faszinierend für alle – Begegnung mit Affen in Apenheul

❷ Apeldoorn

Straßenkarte D3. 159 000. Deventerstraat 18, (055) 526 0200. **apeldoorn.nl**

Über Jahrhunderte war Apeldoorn (793 als Appoldro zum ersten Mal erwähnt) ein kleines Bauerndorf in der Veluwe. Doch als Willem III 1692 sein Jagdschloss Het Loo *(siehe S. 338f)* errichtete, zogen in seinem Gefolge viele wohlhabende Bürger hierher.

Im Zentrum steht **CODA** (Cultuur Onder Dak Apeldoorn), ein Museum für moderne Kunst. Im Naturpark Berg en Bos liegt der Primatenzoo **Apenheul**. Hier leben mehr als 30 Affenarten, viele der Tiere laufen frei zwischen den Besuchern umher. Nur die Gorillas sind auf bewaldeten Inseln von Besuchern und den anderen Affen abgetrennt.

CODA
Vosselmanstraat 299, Ecke Roggestraat. (055) 526 8400. Di–Sa 10–17, So 13–17 Uhr. **coda-apeldoorn.nl**

Apenheul
J. C. Wilslaan 21. (055) 357 5757. Mitte Apr–Okt: tägl. 10–17 Uhr (Mitte Juli–Mitte Aug: 9–18 Uhr). **apenheul.nl**

❸ Hattem

Straßenkarte D3. 12 000. Mi nachm.

Das schöne Hattem (891 erstmals erwähnt) erhielt 1299 das Stadtrecht. Seit dem 15. Jahrhundert gehörte es zur Hanse.

Viele prächtige Häuser, etwa das von Herman Willem Daendals, dem späteren Generalgouverneur von Niederländisch-Indien, zeugen von Hattems Blütezeit. Schön ist die gotische St.-Andreaskerk, deren ältester Teil von 1176 stammt.

Das **Anton Pieck Museum** ist dem berühmten Illustrator gewidmet. Es gehört zum **Voerman Museum**, das sich dem Landschaftsmaler Jan Voerman (1857–1941) und seinem Sohn (1890–1976) widmet.

Anton Pieck Museum/ Voerman Museum
Achterstraat 46–48. (038) 444 2192 bzw. 444 2897. Di–Sa 10–17, So 13–17 Uhr (Schulferien: auch Mo 13–17 Uhr). Feiertage, 12.–31. Jan. **antonpieckmuseum.nl voermanmuseumhattem.nl**

❹ Elburg

Straßenkarte D3. 22 500. Jufferenstraat 8, (0525) 681 520. Di.

Elburg ist die am besten erhaltene Festungsstadt an der Zuiderzee. Vom einstigen Wohlstand zeugt die St.-Nicolaaskerk mit ihrer beeindruckenden Quellhorst-Orgel. Vom 38 Meter hohen Turm sieht man den regelmäßigen mittelalterlichen Straßenverlauf. Neben dem alten Stadttor **Vischpoort** steht die älteste Seilerei der Niederlande.

Früher lag Elburg viel näher an der Küste, aber im 14. Jahrhundert versetzte man die oft von Überschwemmungen heimgesuchte Stadt einfach ein Stück ins Landesinnere. Im **Gemeentemuseum** in einem Kloster (15. Jh.) kann man auch den Kräutergarten von Alfred Vogel besuchen.

Gemeentemuseum Elburg
Jufferenstraat 6–8. (0525) 681 341. Di–Sa 10–17 Uhr.

Oudheidkamer in Nunspeet

❺ Nunspeet

Straßenkarte D3. 26 600. Stationsplein 1, (0341) 274 740. Do vorm.

Nunspeet liegt am Westrand der Veluwe mit vielen Wäldern und Heidelandschaften. In der **Oudheidkamer**, dem Heimatmuseum, erfährt man alles über die Geschichte des Orts. Das nahe **Veluwemeer** ist ein Paradies für Wassersportler.

Umgebung: Ungefähr 15 Kilometer südlich von Nunspeet liegt das idyllische **Uddelermeer**, das in der letzten Eiszeit entstanden ist.

Marktplatz von Hattem mit dem Rathaus aus dem 17. Jahrhundert

Harderwijk

raßenkarte C3. 🚠 46 000. 🚍
ℹ️ Academiestraat 5, (085) 273
575. 🛒 Sa vorm.

ie Heringräuchereien sind aus
em Straßenbild verschwun-
en, doch weil immer ist Har-
erwijk ein schöner Ort mit
ner besonders interessanten
eschichte. Im 13. Jahrhun-
ert war Harderwijk durch
schfang und Tuchmacherei
o wichtig geworden, dass
raf Otto II. von Gelre ihm die
:adtrechte verlieh und es be-
stigte. Die **Vischpoort** und
ndere Teile dieser Anlagen
ehen noch heute. Zwischen
547 und 1811 besaß Harder-
ijk sogar eine Universität, an
er 1735 der schwedische Ge-
hrte Linnaeus promovierte.
  Eine große Attraktion ist das
olfinarium *(siehe S. 426)*,
er größte Meerestier-
ark Europas. Wer will,
ann am Rochenriff
nen Hai oder
nen Rochen
reicheln. Eben-
lls sehenswert ist das **Veluws
useum** in der Donkerstraat.

Rochen

Einer der beliebten Delfine im Dolfinarium in Harderwijk

Nijkerk

raßenkarte C3. 🚠 41 500. 🚍
ℹ️ Verlaat 13, (055) 526 0200.
Fr nachm.

ijkerk ist ein gemütlicher,
ter Ort mit vielen Läden und
estaurants. Die Stadt erlebte
1 18. Jahrhundert dank des
bakhandels eine Blüte. In der
rote Kerk liegt das Grab von
liaen van Renselaer, einem
er Gründer New Yorks.
  Außerhalb von Nijkerk, im
lder Arkemheen, steht das
ampfschöpfwerk **Hertog
eijnout**, das einzige Schöpf-
erk Europas mit außen lie-
enden Schöpfrädern. Bei
ochwasser ist es heute noch
Betrieb.

mgebung: An der Straße
ach Putten liegt das Landgut
:denaller mit einer Burg aus
em Jahr 1655. Das hiesige
höne Rad- und Wanderge-
et ist frei zugänglich. In Put-
n selbst sollte man sich Zeit

für das Monument **De Ge-
dachtenisruimte** nehmen.
Es erinnert an die
600 männlichen Be-
wohner des Dorfs, die
im Oktober 1944 ins
Konzentrationslager
Neuengamme depor-
tiert wurden. Nur 50 von
ihnen kehrten zurück.

🏭 **Stoomgemaal
Hertog Reijnout**
Zeedijk 6. 📞 (065) 322 5997. 🕐
Apr–Sep: Di–Fr 10–16, Sa 10–13
Uhr (Juli, Aug: auch So 11–16 Uhr).
♿ 🎫

⑧ Barneveld

Straßenkarte D4. 🚠 55 600. 🚍
🚍 ℹ️ Langestraat 85a, (0342) 420
555. 🛒 Do, Sa vorm.

Barneveld verdankt seinen Platz
in den Geschichtsbüchern dem
General **Jan van Schaffelaar**,
der am 16. Juli 1482 lieber
vom Turm der Reformierten
Kirche sprang, als sich zu ergeben. Im **Museum Nairac**
(www.nairac.nl) wird die Geschichte ausführlich erzählt.
  Heute ist Barneveld als Zentrum der Geflügelzucht bekannt. Im **Pluimveemuseum**,
(»Federviehmuseum«) kann
man viel darüber erfahren.

🏛️ **Pluimveemuseum**
Hessenweg 2a. 📞 (0342) 400 073.
🕐 Apr–Okt: Di–Sa 10–17 Uhr. 🎫
♿ 🌐 pluimveemuseum.nl

⑨ Wageningen

Straßenkarte C4. 🚠 38 000. 🚍
🚍 Mi vorm, Sa.

Wageningen am Südwestrand
der Veluwe ist ein gemütliches
Städtchen, das durch die land-
wirtschaftliche Universität geprägt wird. Die botanischen
Gärten der Universität sind für
alle geöffnet. Im **Hotel De
Wereld**, das auch heute noch
ein Hotel ist, unterzeichnete
General Johannes Blaskowitz
für Deutschland am 5. Mai 1945
die Kapitulationsurkunde.

🏨 **Hotel De Wereld**
5 Mei Plein 1. 📞 (0317) 460 444.
🚗 🍴 🌐 hoteldewereld.nl

Der Sprung Jan van Schaffelaars

Straßenkarte *siehe hintere Umschlaginnenseiten*

⑩ Kröller-Müller Museum

Das Museum verdankt seine Existenz hauptsächlich Helene Kröller-Müller (1869–1939). Sie begann 1908, zusammen mit ihrem Mann, dem Industriellen Anton Kröller, moderne Kunst zu sammeln. 1935 ging diese Sammlung als Schenkung an den niederländischen Staat, der dafür ein Museum errichten ließ. Das Kröller-Müller Museum ist für seine große Sammlung moderner Kunst – darunter 278 Werke von Vincent van Gogh – ebenso berühmt wie für seinen Beeldentuin (Skulpturengarten).

★ Beeldentuin
Jardin d'Émail von Jean Dubuffet ist eine der modernen Skulpturen, die in dem 25 Hektar großen Beeldentuin (Skulpturengarten) zu sehen sind. Hier stehen Werke von Auguste Rodin, Henry Moore, Barbara Hepworth und Richard Serra.

Mondriaan
Das Kröller-Müller Museum besitzt – neben alten flämischen Meistern – auch eine wichtige Sammlung französischer Bilder aus dem 19. und 20. Jahrhundert sowie viele abstrakte Werke von Mondriaan.

**Eingang
Beeldentuin**

**Museums-
shop**

Haupteingang

Jachthuis St. Hubertus
Das Jagdhaus wurde im Auftrag der Familie Kröller-Müller zwischen 1914 und 1920 von H. P. Berlage erbaut.

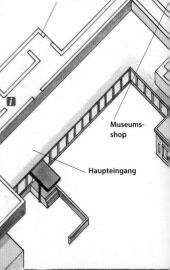

Das Atelierboot (1874)
Claude Monets Bild gehört zur Sammlung französischer Malerei des 19. und 20. Jahrhunderts.

Infobox

Information
Kröller-Müller Museum Houtkampweg 6, Otterlo. ((0318) 591 241. ☐ Di–So 10–17 Uhr; Beeldentuin 10–16.30 Uhr. ☐ 1. Jan. ☐ 🖼 W kmm.nl
Jachthuis St. Hubertus 🗓 tägl. (Jan: nur Sa, So). Reservieren auf der Website des NP De Hoge Veluwe. W hogeveluwe.nl

⓫ Nationaal Park De Hoge Veluwe

Houtkampweg, Otterlo. 🚌 Ede, Apeldoorn. (0900 464 3835 (Besucherinfo). ☐ tägl. 8 oder 9 bis 18, 19, 20 oder 21 Uhr (Juni, Juli bis 22 Uhr) – siehe Website. 🖼 W hogeveluwe.nl

De Hoge Veluwe ist – wie das Museum – das Ergebnis der Sammelwut des Ehepaars Kröller-Müller. Sie sammelten so lange brachliegenden Grund der Veluwe, bis sie ein zusammenhängendes Naturgebiet hatten. 1914 wurde sogar die Staatsstraße Otterloo-Hoenderloo gekauft.

Die 5500 Hektar Wald, Heide, Sumpfland und Sandverwehungen sind heute das größte Naturschutzgebiet der Niederlande. Der Park ist ein Paradies für Klein- und Großwild, seltene Vögel, Schmetterlinge, Pflanzen und Pilze. Hier leben Rothirsche, Rehe und Mufflons. Wer Geduld hat, kann mit dem Feldstecher Wildschweine und Rehe beobachten. Rad- und Wanderwege sind ausgeschildert, beim Besucherzentrum kann man sich kostenlos Fahrräder ausleihen.

Unter dem Besucherzentrum liegt das erste »Untergrund-Museum« der Welt, **Museonder**. Hier entdeckt man den Wurzelstock einer 140 Jahre alten Buche, spürt simulierte Erdbeben und kann sogar einen Schluck frisches Grundwasser der Veluwe trinken.

Im Park gibt es zwei Restaurants: Herberg Rijzenburg beim Eingang Schaarsbergen und das Café-Restaurant De Koperen Kop beim Besucherzentrum.

★ Van-Gogh-Sammlung
Die große Sammlung von Bildern – hier *Caféterrasse am Abend* (1888) –, Zeichnungen und Drucken van Goghs ist das Herzstück des Museums.

Informations-zentrum

Kurzführer
Das Museum und der Beeldentuin sind Ausdruck der Idee, dass Natur, Architektur und Kunst eine Einheit bilden sollen.

urant

gende
Ausstellungsräume

Museonder, das weltweit erste »Untergrund-Museum«

Hotels und Restaurants in Gelderland *siehe Seiten 400f und 414*

⑫ Arnhem

Straßenkarte D3. 🚹 154 000. 🚉
🚌 *i* Stationsplein 13, 0900 112
2344. 🛍 Fr, Sa (Kerkplein). 🌐 vvv
arnhemnijmegen.nl/arnhem

Arnhem (Arnheim), die Hauptstadt der Provinz Gelderland,
wurde schon 1544 unter
Karl V. Verwaltungszentrum
der Region. Im September
1944 wurde die Stadt bei der
Schlacht von Arnhem, einem
der schwersten Kämpfe des
Zweiten Weltkriegs, schwer
beschädigt. Alle 98 000 Einwohner mussten ihre Häuser
verlassen und konnten erst
nach dem Friedensvertrag
1945 zurückkehren. Nach dem
Krieg wurde Arnhem wiederaufgebaut, heute ist es eine
moderne Stadt.

Traditionelle Häuser im Openluchtmuseum

**Alliierte Truppen landen am
17. September 1944 bei Arnhem**

Eines der restaurierten Denk-
mäler ist die im Krieg fast völ-
lig zerstörte **Eusebiuskerk** von
1560. Der 93 Meter hohe
Turm bietet eine fantastische
Aussicht über das Rheintal.
Das **Duivelshuis**, 1545 von
Maarten van Rossum *(siehe
S. 349)* erbaut, ist ein schönes
Beispiel der Renaissance.

Auch Arnhems Parks sind
berühmt, z. B. **Sonsbeek** oder
Zypendaal. In **Bronbeek**,
einem Altersheim für Soldaten,
befindet sich ein Museum über
die ehemaligen Kolonien in
Indonesien. Nicht versäumen
sollte man **Burgers' Zoo** *(siehe
S. 426)* und das **Openluchtmuseum** (Freilichtmuseum),
das 2005 mit dem Titel »Europäisches Museum des Jahres«
ausgezeichnet wurde. Hier
führt im Stil der damaligen Zeit
gekleidetes Personal ländliche
Lebensweise und Handwerk
des 19. Jahrhunderts vor.

🏛 **Openluchtmuseum**
Schelmseweg 89. ☎ (026) 357 611
🕐 Apr–Okt: tägl. 10–17 Uhr. ♿

Umgebung: Die **Posbank** bei
Rheden in der Moränenland-
schaft der Veluwe ist ein beliebtes Ausflugsziel.

Zentrum von Arnhem

① Koepelkerk
② Postkantoor
③ Eusebiuskerk
④ Sabelspoort
⑤ Provinciehuis
⑥ Stadhuis
⑦ Stadsschouwburg
⑧ Musis Sacrum

0 Meter   200

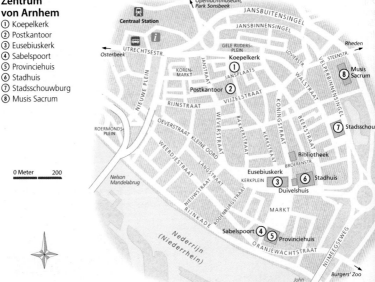

Zeichenerklärung *siehe hintere Umschlagklappe*

Hotels und Restaurants in Gelderland *siehe Seiten 400f und 414*

Librije van de St.-Walburgskerk, baut 1564

Zutphen

Straßenkarte D4. 47 000. Stationsplein 39, (0575) 519 65. Do vorm., Sa.

Die ehemalige Hansestadt Zutphen ist eine der am besten erhaltenen alten Städte der Niederlande. Das Besondere dieses 1030 zum ersten Mal erwähnten Orts ist die seit dem Mittelalter unveränderte Straßenführung. Sehenswürdigkeiten Zutphens sind u. a. die schöne **St.-Walburgskerk** mit dem Kirchplatz und die Reste der Verteidigungsanlagen. Dazu gehört auch der **Drogenapstoren** von 1444. Zutphen besitzt einige interessante Museen, darunter das **Stedelijk Museum** und das sehr gute **Grafisch Museum**. Lohnenswert ist auch die in Europa einmalige Bibliothek der St.-Walburgskerk, die **Librije**. Alle ihre 750 Bücher stammen aus der Zeit vor 1750. Es gibt hier 80 Inkunabeln, die vor 1500 gedruckt wurden. Die Bücher der aus dem Jahr 1564 stammenden Bibliothek sind festgekettet, weil dies früher eine öffentliche Bücherei war und es

damals keine Aufsicht gab. Außer dieser gibt es nur noch in England und Norditalien jeweils zwei vergleichbare »Kettenbibliotheken«.

St.-Walburgskerk und Librije Kerkhof 3. (0575) 514 178. Juni, Sep: Di–So 13.30–16.30 Uhr; Juli, Aug: Di–Sa 10.30–16.30 Uhr.

Bronkhorst

Straßenkarte D4. 160. 52 vom Bahnhof Zutphen.

Bronkhorst ist mit 160 Einwohnern die viertkleinste Stadt der Niederlande. Die Herren von Bronkhorst verliehen im 1482 das Stadtrecht. Der ländliche Ort am Fuß des zerfallenen Schlosses wuchs allerdings nie und gleicht noch heute einem Bauerndorf. Hier gibt es viele renovierte Bauernhöfe, Neubauten sind verboten. Das Auto muss man auf dem Parkplatz außerhalb des Orts stehen lassen.

Einzige Überbleibsel des einst mächtigen Schlosses der Herren von Bronkhorst, das schon im 17. Jahrhundert unbewohnbar war, sind der **Schlossberg** und die 1344 erbaute Schlosskapelle.

Die Herren von Bronkhorst gehörten mit den Geschlechtern Bergh, Baer und Wisch zu den sogenannten Baanderherren, Edlen, die unter ihrer eigenen Fahne ins Feld ziehen durften. Dieses Vorrecht verdankten sie ihrer langen Ahnenreihe.

Bronkhorst – nur ein paar wenige Häuser und dennoch eine Stadt

Vorden

Straßenkarte D4. 8400. Kerkstraat 1b, (0575) 553 222. Fr vorm.

Das Haus Vorden existiert schon seit dem Jahr 1208, das Geschlecht derer von Vorden wurde 1315 zum ersten Mal erwähnt. Sehenswert ist die **Nederlands-hervormde Kerk**, erbaut um 1300. Der berühmteste Vordener war der Dichter **A. C. W. Staring** (1767–1840), der von 1791 bis zu seinem Tod auf Schloss De Wildenborch wohnte.

Umgebung: Um Vorden liegen acht Schlösser in wunderschöner Landschaft. Eine Rad- oder Wandertour entlang den alten Bauernhöfen und Landgütern in diesem Gebiet lohnt sich auf alle Fälle.

Wassermühle bei Vorden

Lochem

Straßenkarte D3. 19 000. Tramstraat 4, (0573) 251 898. Mi vorm.

Lochem, eine der ältesten Pfarreien im Achterhoek, erhielt 1233 das Stadtrecht. Im Achtzigjährigen Krieg wurde der Ort viele Male belagert und brannte 1615 völlig nieder. Bei diesem Brand blieb nur die **Grote** oder **St.-Gudulakerk** mit ihrem 56 Meter hohen Turm verschont. Diese im 14. Jahrhundert errichtete, heute protestantische Hallenkirche besitzt einige schöne Wandmalereien aus ihrer katholischen Zeit. Das schöne **Stadhuis** aus dem Jahr 1615 ist im Renaissance-Stil erbaut.

Straßenkarte *siehe hintere Umschlaginnenseiten*

Ein alter Bauernhof in der Nähe von Winterswijk

⓱ Winterswijk

Straßenkarte E4. 🗺 29 000. 🚉
ℹ Mevr. Kuipers Rietbergplein 1,
(0543) 512 302. 🗓 Mi vorm., Sa.
🌐 vvvwinterswijk.nl

Winterswijk erging es im
20. Jahrhundert nicht immer
gut. Der große Bahnhof ist
Zeuge einer besseren Zeit.
Heute verläuft hier nur noch
eine Bahnlinie, doch man kann
noch immer sehen, dass hier
einst viele Züge verkehrten.
Sehenswert ist das **Museum
Freriks** mit Erinnerungen an
die Textilindustrie, die hier
nach dem Zweiten Weltkrieg
blühte. Das Museum zeigt auch
Drucke von Pieter Mondriaan
sen., dessen berühmter Sohn
Piet hier seine Jugend verlebte.
  Am Stadtrand liegt der hübsche Skulpturengarten **Beeldentuin De Stegge**. Zwischen
alten Obstbäumen stehen ca.
30 Werke niederländischer
Bildhauer – von Pop-Art bis hin
zu abstrakten Plastiken. Hier
finden auch Wechselausstellungen mit 3-D-Kunst statt.

🏛 **Museum Freriks**
Groenloseweg 86. 📞 (0543) 533
533. 🕐 Di–Fr 10–17, Sa, So 14–17
Uhr. 🗭

🏛 **De Beeldtuin De Stegge**
Steggemansweg 1. 📞 (0543) 521
034. 🕐 Juli, Aug: Do, Fr, Sa, So 13–
17 Uhr.

⓲ 's-Heerenberg

Straßenkarte D4. 🗺 8000. 🚌 24.
ℹ Hofstraat 1, (0316) 291 391.
🗓 Do.

Die alte Stadt 's-Heerenberg
und ihre Umgebung gehören
zu den schönsten Gegenden
im Achterhoek. Der Ort, der

1379 Stadtrecht erhielt, besitzt
ein altes Zentrum mit einigen
Gebäuden aus dem 15. und
16. Jahrhundert. **Kasteel Huis
Bergh** ist eines der schönsten
Schlösser der Niederlande.
Heute beherbergt die
Kunstsammlung des Textilfabri-
kanten J. H. van Heek.

🏛 **Kasteel Huis Bergh**
ℹ Hof Van Bergh 8, (0314) 661 281.
🕐 Mai–Okt: Di–So 12.30–16.30 Uhr;
Nov–Apr: So 12.30–16.30 Uhr. ⬤
Feiertage. 🗭 🌐 huisbergh.nl

⓳ Montferland

Straßenkarte D4. ℹ Hofstraat 1,
's-Heerenberg, (0316) 291 391.

Als eines der wenigen hügeli-
gen Gebiete der Niederlande
ist Montferland von besonderer Attraktivität. Abgesehen
von 's-Heerenberg *(siehe oben)*
gibt es Sehenswertes wie die
Orte Zeddam und Beek sowie
Naturreservate, wo man wandern, Rad fahren, schwimmen
und sogar tauchen kann. Die

Mineralquelle in Beek, »het
Peeske«, sowie die alten Bau-
ernhäuser entlang dem Lange
boomseweg in Velthuizen sind
weitere Attraktionen.

⓴ Doesburg

Straßenkarte D4. 🗺 11 500. 🚌
27/29 Arnhem bzw. 26/28 Dieren.
ℹ Gasthuisstraat 13, (0313) 479
088. 🗓 Mi vorm., Sa.

Doesburg ist eine liebenswert
Hansestadt an der IJssel. Die
Stadt, deren Zentrum seit 197
unter Denkmalschutz steht, e
hielt 1237 Stadtrecht. In Does
burg stehen 150 Denkmäler,
darunter das spätgotische Rat
haus, eines der ältesten der
Niederlande. Sehenswert ist
auch die **Grote** oder **Martinus
kerk**, eine spätgotische Basilik
mit einem 97 Meter hohen
Turm. **De Roode Toren** beherbergt das Stadtmuseum.

🏛 **De Roode Toren**
Roggestraat 9–13. 📞 (0313) 474
265. 🕐 Di–So 13.30–16.30 Uhr
(Apr–Okt: Di–Fr auch 10–12 Uhr).

㉑ Nijmegen

Straßenkarte D4. 🗺 172 000. 🚉
ℹ Keizer Karelplein 32h, 0900 11
2344. 🗓 Mo, Sa. 🌐 vvvarnhem
nijmegen.nl

Nijmegen (Nimwegen) gehört
zu den ältesten Städten der
Niederlande und verdankt
seine Entstehung der strate-

Kasteel Huis Bergh, eines der schönsten Schlösser der Niederlande

sch günstigen Lage an der
/aal. Aus Überlieferungen
eiß man, dass die Bataven
er schon vor Christi Geburt
ne Festung hatten. Seit
2 n. Chr. siedelten hier die
ömer. Eine neue Siedlung
estlich des späteren Valkhof
hielt 104 von Kaiser Trajanus
as Marktrecht. Der Name
pia Noviomagus (»Neuer
arkt«) Batavorum stammt
us dieser Zeit.

Nach dem Achtzigjährigen
rieg wurden 1678/79 ver-
hiedene Friedensverträge in
jmegen unterzeichnet. Im
veiten Weltkrieg war Nij-
egen hart umkämpft, am
2. Februar 1944 ließen Flug-
uge der Alliierten irrtümlich
omben auf die Stadt fallen –
an dachte, es sei eine deut-
he Stadt.

Zu den Sehenswürdigkeiten
ehören der **Valkhof** und sein
useum. Hier standen früher
e Festung der Bataven, römi-
he Bauwerke und später eine
er Pfalzen von Karl dem Gro-
en. Von der durch Friedrich
arbarossa wiederaufgebauten
alz sind nur noch die **St.-
aartenskapel** von 1155 und
e **St.-Nicolaaskapel**, eines
er ältesten Steingebäude der
ederlande, erhalten. Die teil-
eise von 1030 stammende
apelle ist ein in Nordeuropa
ltenes Beispiel byzantinischer
rchitektur. Ebenfalls sehens-
ert sind die ab 1254 errichte-
. St.-Stevenskerk, die **Waag**
nd der **Kronenburgerpark** mit
esten von Festungsanlagen.

Nijmegens Stadtwaage aus dem Jahr 1612

Einblicke in die niederländische Obsession für alles, was
zwei Räder hat, vermittelt das
Velorama. Auf zwei Stockwerken erfährt man vieles über die
Entwicklung des Fahrrads. Das
älteste stammt von 1817,
unter den modernen Exemplaren im Obergeschoss sind
Renn- und Liegeräder. Im Mittelpunkt steht jedoch das Rad,
mit dem in den 1940er und
1950er Jahren Königin Wilhelmina fuhr.

Auch zum Ausgehen ist
Nijmegen mit seinen vielen
Cafés und Bars ideal. Im Juli
findet in der Zeit um die Nijmeegse Vierdaagse *(siehe Kasten unten)* das **Valkhof Festival**
statt. Eine Woche lang gibt es
kostenlos etwa 100 Musikver-
anstaltungen auf drei Bühnen.
Hier kann man internationalen

Rock und Pop oder Weltmusik
hören. Auch Workshops zu
Themen wie lateinamerikani-
sche Musik und Tanz werden
veranstaltet.

🏛 **Museum Het Valkhof**
Kelfkensbos 59, Nijmegen. 📞 (024)
360 8805. ⬜ Di–So 11–17 Uhr.
⬤ 1. Jan, 27. Apr, 3. Fr im Juli,
25. Dez. ♿ 🛍 📷
🌐 museumhetvalkhof.nl

🏛 **Velorama**
Waalkade 107. 📞 (024) 322 5851.
⬜ Mo–Sa 10–17, So 11–17 Uhr.
⬤ 1. Jan, 25. Dez. 🌐 velorama.nl

Umgebung: Gleich bei Nijmegen liegt der Ooijpolder, eine
Oase für Naturfreunde. Hier
kann man Rad fahren und
wandern – und dann im Hotel-
Café Oortjeshekken rasten.
🌐 wandelenindeooijpolder.nl

ine des Valkhof in Nijmegen,
er alten Hansestadt

De Nijmeegse Vierdaagse

Jedes Jahr in der dritten Juliwoche findet der Nijmegenmarsch
statt, eine viertägige Volkswanderung, die erstmals 1909
durchgeführt wurde. Die Tages-
etappen sind zwischen 30 und
50 Kilometer lang, insgesamt kann
man also 200 Kilometer zurücklegen. In den letzten Jahren nahmen
etwa 40 000 bis 50 000 Wanderer
an dem Marsch teil, die Veranstaltung gilt als die größte ihrer Art.
Begehrt ist die Vierdaagse-Medaille,
die man allerdings nur erhält,
wenn man alle 200 Kilometer zu
Fuß zurücklegt. Je nachdem, in
welcher Abteilung man startet,
kann man dies ohne Gepäck oder
mit zehn Kilogramm Gepäck auf
dem Rücken tun – der Nijmegenmarsch war nämlich ursprünglich
eine militärische Veranstaltung.

**Teilnehmer am jährlichen
Nijmegenmarsch**

Die in der Gelderse Poort ausgesetzten Biber gedeihen prächtig

㉒ Gelderse Poort

Straßenkarte D4. 🛈 Arnhem, (0481) 366 250.

Wo der Rhein in seine beiden Hauptmündungsarme Waal und Niederrhein übergeht, erstreckt sich die Gelderse Poort. Dies ist ein Naturschutzgebiet, in dem Flora und Fauna noch frei und ungehindert gedeihen können. In der Mitte liegt die Millingerwaard. Hier strömt der Fluss besonders schnell, Hochwasser überschwemmt regelmäßig das Gebiet. Die Flussdünen, Wälder und Sumpfgebiete sind ein ideales Nistgebiet für viele anderswo in den Niederlanden schon selten gewordene Vogelarten.

🌲 **Bezoekerscentrum De Gelderse Poort**
Gerard Noodtstraat 121. 🕽 (024) 329 7070. 🔾 Apr–Okt: tägl. 9–17 Uhr.

㉓ Groesbeek

Straßenkarte D4. 🛆 19 000. 🚌 🛈 Dorpsplein 1a, (024) 397 7118.

Durch seine waldreiche, hügelige Umgebung ist Groesbeek ein beliebtes Rad- und Wandergebiet. Auch eine Route der »Nijmeegse Vierdaagse« *(siehe S. 347)* führt über den Zevenheuvelenweg von Groesbeek nach Berg en Dal, am kanadischen Soldatenfriedhof vorbei.

Groesbeek lag am Ende des Zweiten Weltkriegs unter schwerem Beschuss. Im **Nationaal Bevrijdingsmuseum** wird die Geschichte von Operation Market Garden (1944) und Operation Veritable (1945) erzählt, die zur Befreiung der Niederlande führten.

Bei Groesbeek finden sich zwei weitere Museen: das **Afrika Museum** und der **Museumpark Orientalis**, ein Themenpark für Weltreligionen.

🏛 **Nationaal Bevrijdingsmuseum**
Wylerbaan 4. 🕽 (024) 397 4404. 🔾 Mo–Sa 10–17, So 12–17 Uhr. 🔴 1. Jan, 25. Dez. 🎁 🚻

㉔ Tiel

Straßenkarte C4. 🛆 42 000. 🚉 🚌 🛈 Plein 63, (0344) 633 030. 🚢 Mo nachm., Sa.

Tiel an der Waal ist eine alte Handelsstadt, die bereits im Mittelalter von ihrer günstigen Lage am Handelsweg nach Köln profitierte. Eines der schönsten Gebäude ist das **Ambtmanshuis** von 1525. Im Garten steht die älteste Ulme der Niederlande. Das Heimatmuseum **De Groote Sociëteit** liegt am Marktplatz.

In Tiel, das schon immer Zentrum des Obstanbaus in der Veluwe war, findet jedes Jahr am zweiten Samstag im September der **Fruitcorso** *(siehe S. 38)* statt. Dann ziehen

Die großen Flüsse

Die großen Flüsse haben der Landschaft und der Geschichte Gelderlands ihren Stempel aufgedrückt. Entlang den Ufern entstanden befestigte Handelsstädte, die zu Wohlstand kamen. Teils werden immer höhere Deiche errichtet, um das Land vor Überschwemmungen zu schützen, teils lässt man Überflutungen gezielt zu.

IJssel
Deventer
Apeldoorn
Arnhem
Rotterdam
Lek
Culemborg
Tiel
Nederrijn
Rijn (Rhein)
Gorinchem
Dordrecht
Bies-bosch
Waal
Nijmegen
Hollands Diep
Bergse Maas
Oss
's-Hertogenbosch
Maas

jkhuisje (Deichhaus) an der Linge

it Früchten verzierte Prunk-
agen durch die Straßen der
:adt. Auch die Zinngießerei
at in Tiel Tradition.

mgebung: In **Asperen** liegt
n Deich des malerischen
üsschens Linge das **Fort As-**
eren, Teil der Verteidigungs-
ie Nieuwe Hollandse Water-
iie. Ein Spaziergang führt
im Ort **Acquoy** mit seinem
hiefen Turm aus dem
. Jahrhundert.

Culemborg

raßenkarte C4. 🚏 27 700. 🚗
🚍 🚌 Camping de Hogekuil, Ach-
rweg 4, (0345) 515 701. 🚌 Di.

as alte Culemborg (die Stadt
estand früher aus drei um-
auerten Orten und erhielt
318 das Stadtrecht) ist schön
m Fluss Lek gelegen. In Cu-
mborg kann man wunderbar
pazieren gehen und dabei vie-
s entdecken.

Wer durch die alte **Binnen-**
port die ehemalige Festung
etritt, landet auf dem Markt-
atz. Hier steht das spätgoti-
:he **Stadhuis**, das 1534 vom
ämischen Baumeister Rom-
out Keldermans im Auftrag
er Edelfrau Elisabeth von Cu-
mborg (1475–1555) errichtet
urde. Aus ihrem Nachlass
urde auch das Waisenhaus
isabeth Weeshuis (1560)
nterhalten, in dem heute ein
storisches Museum unterge-
racht ist.

Gut erhalten ist zudem das
uize de Fonteyn in der Ach-
erstraat, das Geburtshaus von
in van Riebeeck. Der Schiffs-
zt und Kaufmann gründete
652 Kapstadt In Südafrika.

Die große Uhr in
der Grote Kerk ist
ein Geschenk
Südafrikas zur Er-
innerung daran.
Um 22 Uhr läutet
in Culemborg
noch die *pap-*
klok: Früher war
dies das Zeichen
zum Schließen
der Stadttore.

🏛 **Museum Elisabeth Weeshuis**
Herenstraat 29. 📞 (0345) 513 912.
🕐 Di–So 11–17 Uhr. ● Feiertage.
📷 🌐 weeshuismuseum.nl

Buren

Straßenkarte C4. 🚏 1800. 🚍
🚌 Markt 1, (0344) 571 922. 🚌 Fr.
🌐 burenstad.nl

Zwischen Tiel und Culemborg
liegt Buren. Der kleine Ort
rühmt sich seiner Verbindungen zum Haus Oranien. Buren
steht als Gesamtensemble
unter Denkmalschutz. Das
Koninklijk Weeshuis, eines der
schönsten Häuser, wurde 1613
für Maria van Oranje-Nassau
erbaut. Auch sehenswert: die
spätgotische **Lambertuskerk**.

㉗ Zaltbommel

Straßenkarte C4. 🚏 27 000. 🚗
🚍 🚌 Markt 15, (0418) 518 177.
🚌 Do, Sa.

Bommel, wie die Einwohner es
nennen, ist über 1000 Jahre
alt. Im Achtzigjährigen Krieg
(siehe S. 53) war es ein wichtiges Bollwerk der Republik der
Sieben Vereinigten Niederlande. Die Stadt ist von nahezu
unbeschädigten Festungsanlagen umgeben, in denen heute
ein Park angelegt ist.

Innerhalb der Mauern steht
die **St.-Maartenskerk** (15. Jh.),
deren charakteristischer Turm
das Wahrzeichen der Stadt ist.
Auch das Kircheninnere ist sehenswert. Dasselbe gilt für das
Stadskasteel. Hier lebte Haupt-
mann Maarten van Rossum,
der 1528 durch die Plünderung
von Den Haag berühmt wurde.
Heute ist hier ein Museum mit
einer großen Sammlung von
Zeichnungen und Drucken aus
der Gegend. Zusätzlich finden
Sonderausstellungen statt.

🏛 **Stadskasteel Zaltbommel**
Nonnenstraat 5. 📞 (0418) 512 617.
🕐 Di–So 10–17 Uhr. 📷
🌐 stadskasteelzaltbommel.nl

Stadskasteel Zaltbommel, auch bekannt als Maarten van Rossumhuis

SÜD-NIEDERLANDE

Die Südniederlande im Überblick

Südlich der großen Flüsse liegen die Provinzen Noord-Brabant und Limburg, die so ganz anders sind als die nördlichen Provinzen. Hier ist es gemütlich, *gezellig*, wie man sagt, und *bourgondisch* (burgundisch). Was aus dem Süden der Niederlande kommt – vor allem gutes Essen und Trinken –, wird hoch geschätzt. Besucher kommen wegen der historischen Innenstädte von Den Bosch, Breda, Thorn und Maastricht in diesen Landstrich – auch wegen der schönen Natur in Kempen, Peel und dem Südlimburger Hügelland und wegen der modernen, vibrierenden Städte und der ruhigen Dörfer.

Zur Orientierung

Die Kathedrale Sint-Jan *(siehe S. 364f)* in 's-Hertogenbosch wurde vom Ende des 14. bis ins 16. Jahrhundert erbaut.

Heusden

's-Hertogen

Oosterhout

Breda

Tilburg

Roosendaal

Bergen op Zoom

Zundert

Noord-Brabra *Seiten 358–369*

Mit dem Bau der Grote Kerk oder Onze Lieve Vrouwekerk *(siehe S. 366f)* in Breda begann man 1410. Die Kirche im Stil der Brabanter Gotik besitzt einen 97 Meter hohen Turm, der eine fantastische Aussicht über Stadt und Umland bietet.

0 Kilometer   20

Das Van Abbemuseum *(siehe S. 368)* in Eindhoven wurde umfassend renoviert. Architekt Abel Cahen hat das alte Gebäude erhalten, jedoch einen verwinkelten, lichtdurchfluteten Anbau hinzugefügt. Die große Sammlung moderner Kunst umfasst auch Video-Installationen und andere Raumobjekte.

◀ Farbenfroher Karneval in 's-Hertogenbosch, Noord-Brabant *(siehe S. 362–366)*

Der Kasteeltuinen, der Schlosspark von Schloss Arcen aus dem 17. Jahrhundert *(siehe S. 374)*, erstreckt sich im gleichnamigen Ort an der Maas. Hier findet man u. a. ein Rosarium sowie subtropische und asiatische Gärten.

Das Bonnefantenmuseum
(siehe S. 378f) in Maastricht ist in einem auffallenden Bau des Italieners Aldo Rossi untergebracht. Es besitzt eine hervorragende Sammlung alter und zeitgenössischer Kunst.

Die Route durch das Heuvelland
(siehe S. 384f) führt über Berg und Tal, an kleinen Flüssen entlang und an schönen Schlössern vorbei, etwa an Schloss Eijsden aus dem 17. Jahrhundert oder Schloss Schaloen in Valkenburg.

Katholizismus und Frömmigkeit

Eine der Ursachen für den großen Unterschied zwischen den südlichen und nördlichen Provinzen der Niederlande ist der auch heute noch nachdrücklich anwesende Katholizismus im Süden. An den Straßen sieht man immer wieder Kreuze, die Kirchen im Stil der Brabanter Gotik oder der Neogotik sind hier prächtiger, überall finden heute noch Prozessionen statt.

SANCTA MARIA ORA PRO NOBIS
MDCCCLIII J.J. BOSTEN PASTOR

Religiöse Statuen, oft Maria mit dem Kind, sieht man häufig in Limburgs Straßen. Diese steh' in einer Fassade in Mechelen.

Die Maria Magdalenakapel (1695) in Gemert wird auch Nagelkapelle genannt, weil man hier Nägel opferte, um von Hautleiden erlöst zu werden. Am 22. Juli, dem Namenstag Maria Magdalenas, wird hier eine Messe unter freiem Himmel gefeiert.

Dekorative Schnitzereien

Kerzen dürfen bei keinem Marienbild fehlen.

Dieses Retabeldetail der Heiligen Familie befindet sich in der Basiliek van her Heilig Sacrament in Meerssen, Limburg. Abgebildet sind Maria, Josef und das Jesuskind auf der Flucht nach Ägypten. Der Altar ist mit Szenen aus dem Leben der Heiligen Familie geschmückt. Im Sakramentsturm im Chor werden die Hostien aufbewahrt. Die Kirche ist ein Beispiel für die Maaslander Gotik und stammt zum Teil aus dem 14. Jahrhundert.

Das Prunkgrab in der spätromanisch-frühgotischen Onze Lieve Vrouwe Munsterkerk in Roermond stammt aus dem 13. Jahrhundert. Hier liegen Graf Gerard van Gelre und seine Frau Margaretha van Brabant begraben. Roermond gehörte damals zur Grafschaft Gelre.

St. Anna-te-Drieën (St. Anna Selbdritt – Anna mit Tochter Maria und Jesuskind) ist ein beliebtes Motiv der sakralen Kunst. Diese Statue steht in Mechelen und trägt das Wappen der Stadt.

Marienstatue in der Kapel onder de Linden in Thorn (Limburg).

Die Basiliek van de HH. Agatha en Barbara in Oudenbosch ist eine Kopie des Petersdoms und der Lateranbasilika in Rom. Rechts sieht man die Fassade, die nach dem Vorbild der Lateranbasilika erbaut wurde. Auch das Innere ist reich verziert, doch der Schein trügt: Was wie Marmor aussieht, ist nur bemaltes Holz.

Kapel onder de Linden, Thorn

Die »Kapelle unter den Linden« im limburgischen Thorn wurde 1673 von Clara Elisabeth van Manderscheidt-Blankenheim gestiftet, die auch hier, in der Pfarrei von Thorn, begraben liegt. Diese der Maria geweihte Kapelle ist reich geschmückt mit prachtvollen Bildhauerwerken und barocken Bildern, die Szenen aus dem Leben der Muttergottes zeigen. Die Kapelle wird auch Loretokapelle genannt, nach der Nazarethkirche im italienischen Ort Loreto, die als Vorbild für den aus dem 17. Jahrhundert stammenden Teil des Baus diente.

Von der Michielskerk im Nordbrabanter Sint-Michielsgestel steht nur noch der Turm aus dem 15. Jahrhundert. Die Kirche wurde im Mittelalter zu Ehren des Erzengels Michael errichtet. Das ebenfalls nach dem Heiligen benannte Dorf wuchs um die Kirche herum. Wind und Wetter haben zwar das Kirchengebäude vernichtet, doch der mächtige Turm hat alles überstanden.

In die Kirche von Rolduc, einer ehemaligen Kanonikerabtei bei Kerkrade, die heute als katholische Schule und Priesterseminar dient, steht dieser schöne Altar mit dem Lamm Gottes. Das alte Symbol des Lamms steht für Christus, der sich selbst wie ein Opfertier hingegeben hat, um die Welt von ihren Sünden zu befreien.

Karneval

Alljährlich in der Woche vor Aschermittwoch bricht in den südlichen Provinzen die närrische Zeit aus. Während im Norden Alltag herrscht, feiert man hier, wie in vielen anderen katholischen Gegenden auch, das jahrhundertealte Fest. Überall geht es hoch her, fröhliche Narren ziehen durch die Straßen – vor allem in den Karnevalshochburgen 's-Hertogenbosch, Bergen op Zoom und Maastricht. Tagelang wird in Brabant und Limburg getrunken, gesungen und getanzt.

Carnavalsstokken (Karnevalszepter) sind das bunt verzierte Attribut von Prinz Karneval, wenn er auf seinem Prunkwagen durch die Stadt zieht.

Musik darf im Karneval nicht fehlen. Jedes Jahr wählen die Vereine ihr offizielles Karnevalslied, das unzählige Male angestimmt wird. Bekannt sind die Maastrichtse Zaate Herremienekes, Kapellen, die zu Dutzenden durch die Stadt ziehen. Sie spielen fröhliche Musik – nicht immer ganz richtig, aber laut. Am Faschingsdienstag haben sie einen eigenen Wettbewerb, den Herremienekesconcours.

Er amüsiert sich – und stellt eine Frage mit möglichem Tiefsinn (»Wo gehen wir hin?«)

Karneval – die Sorgen vergessen

Die Karnevalssaison beginnt offiziell am 11. November, dem Elften Elften, dem Tag der Narren, an dem der Elferrat Prinz Karneval ernennt. Von diesem Tag an sind die Vereine mit ihren Vorbereitungen beschäftigt. Am Sonntag – in vielen Orten heute auch schon am Freitag – vor Aschermittwoch beginnt das große Fest. Überall in Noord-Brabant und Limburg wird gefeiert, die meisten Ämter und Behörden bleiben geschlossen. Durch die Straßen der Städte ziehen die Umzüge der Prunkwagen. Die Menschen sind verkleidet – je bunter das Kostüm, desto besser. Die Funkenmariechen schwingen die Beine, jeder ist fröhlich. Nach dem Höhepunkt am »Vette Dinsdag«, dem Faschingsdienstag, findet das Fest sein Ende. Dann beginnt die Fastenzeit.

Im Karneval wird in und vor den Cafés
...ichtig gebechert

Karnevalswagen

Während des Karnevals ziehen lange Umzüge mit
fantasievoll geschmückten Prunkwagen durch die
Städte und Dörfer. Oft nimmt die liebevolle Ausstattung der Wagen Monate in Anspruch. Manchmal
zeigen diese Prunkwagen einfach etwas Witziges
oder Fröhliches, doch meist werden auch aktuelle
Ereignisse und politische Ereignisse mit viel Fantasie
auf die Schippe genommen. Mit beißendem Spott
veralbert man dann bekannte
Größen aus Politik und
Showbusiness als
Witzfiguren und
stellt Missstän-
de in Form von
lebenden Bil-
dern dar.

Karnevalswagen

Der Raad van Elf (Elferrat)
hat den Vorsitz über den
örtlichen Karnevalsverein.
Jedes Jahr ernennt der Rat
einen Prinz Karneval, der
dann während der tollen
Tage die Macht in seiner
Gemeinde übernimmt. Die
Elf ist natürlich die rituelle
Zahl des Rats, denn sie ist
die Zahl der Narren. Ab
dem 11. November berei-
tet der Rat die närrischen
Festivitäten vor. Und unter
vielen »Alaafs!« trinkt
manch einer der Elferräte
bei den Sitzungen mehr als
nur ein Bierchen.

...sistent
...n Prinz
...arnval

**Typische
Karnevals-
mütze mit
Feder**

**Prinz
Karneval**

**Buntes
Narrenkostüm**

**Eine verrückte Aufma-
chung** ist im Karneval
Pflicht. Früher trugen die
Menschen Masken, heute
verkleidet man sich auf
alle mögliche Arten,
Hauptsache fantasievoll.
Über die im Norden ver-
breitete Idee, dass das
Aufsetzen einer Pappnase
schon genug wäre, kann
man hier nur lachen.

Noord-Brabant

Noord-Brabant (Nordbrabant) ist die zweitgrößte Provinz der Niederlande und bekannt für seine Naturschönheiten. Kempen und Peel im Süden bzw. Südosten liegen relativ hoch, im Nordwesten findet man den wasserreichen Nationaal Park De Biesbosch. Einmalig sind die Sanderwehungen im Nationaal Park De Loonse en Drunense Duinen. Doch auch die geschichtsträchtigen Städte sind ein Besuchermagnet.

Noord-Brabant wurde früh besiedelt. Im 1. Jahrhundert ließen sich die Kelten hier nieder und blieben für viele Jahrhunderte. Julius Caesar *(siehe S. 47)*, der sie in seinen Schriften »Belgae« nannte, besiegte sie schließlich. Der Rhein war die Nordgrenze des Römischen Reichs, bei Cuijk fand man antike Spuren.

Nach der römischen Zeit herrschten die Franken in Toxandrië, wie Noord-Brabant damals hieß. Unter Karl dem Großen *(siehe S. 49)* wurde die Gegend wegen der Stadtgründungen an den Flüssen immer wichtiger. Im 12. Jahrhundert fiel das Gebiet an das Herzogtum Brabant. Die Herzöge von Brabant, darunter Godfried III und Hendrik I, waren nicht untätig und breiteten ihr Gebiet ansehnlich aus. Da-

mals wurden Städte wie 's-Hertogenbosch und Breda gegründet. Sie florierten bis zum Achtzigjährigen Krieg *(siehe S. 53)* im 16. Jahrhundert, als der Süden Brabants unter spanische Herrschaft kam und vom Norden, der durch die Ständevertretung beherrscht wurde, unterdrückt wurde.

Erst im 19. Jahrhundert erlebte die Provinz eine neue Blüte. Es war die Blütezeit der Textilindustrie in Tilburg und Helmond, des Tabakanbaus um Eindhoven, der Schuhindustrie in Waalwijk und später der Elektro- und Autoindustrie.

Seit der zweiten Hälfte des 20. Jahrhunderts hat sich in Noord-Brabant dank der abwechslungsreichen Landschaft und der historischen Städte der Fremdenverkehr enorm entwickelt.

Das Naturgebiet De Grote Peel im Osten von Noord-Brabant

◀ Decke der Basiliek van de HH. Agatha en Barbara in Oudenbosch *(siehe S. 367)*

Überblick: Noord-Brabant

Noord-Brabant ist sowohl durch seine reiche Geschichte als auch durch seine Naturschönheit geprägt. Die Altstädte von 's-Hertogenbosch und Breda und die malerischen Festungsstädte Heusden und Willemstad sind wahre Geschichtsbücher. Die Szenerie der Looner und Drunener Dünen, Kempen, Peel und das Biesbosch laden zu Ausflügen ein. Das Van Abbemuseum in Eindhoven, De Wieger in Deurne und viele andere Museen haben ein großes Kunstangebot. De Efteling ist einer der bekanntesten Freizeitparks in Europa.

Markiezenhof (1511) in Bergen op Zoom

Sehenswürdigkeiten auf einen Blick

❶ 's-Hertogenbosch S. 362–366
❷ Heusden
❸ Tilburg
❹ Breda
❺ Oudenbosch
❻ Willemstad
❼ Bergen op Zoom
❽ Eindhoven
❾ Heeze
❿ Nuene
⓫ Helmond
⓬ Deurne
⓭ Gemert

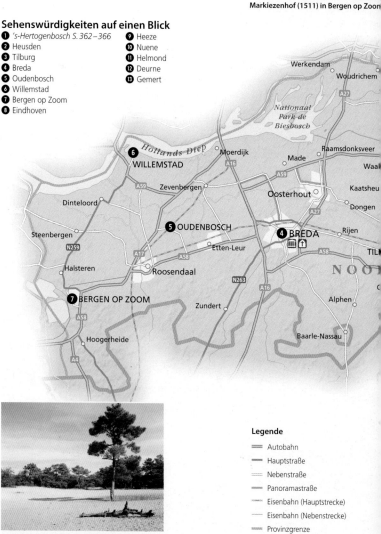

Sandverwehungen und Nadelbäume im
Nationaal Park De Loonse en Drunense Duinen

Legende

═══ Autobahn
──── Hauptstraße
┄┄┄ Nebenstraße
──── Panoramastraße
┉┉┉ Eisenbahn (Hauptstrecke)
──── Eisenbahn (Nebenstrecke)
▬▬▬ Provinzgrenze
▓▓▓ Staatsgrenze

Weitere Zeichenerklärungen *siehe hintere Umschlagklappe*

Noord-Brabant unterwegs

oord-Brabant verfügt über eine sehr gute
frastruktur. Die großen Städte und viele der
eineren Orte sind mit dem Zug erreichbar,
n dichtes Regionalbusnetz bringt Besucher
och in die kleinsten und abgelegensten
örfer. Auch mit dem Auto lässt sich die Pro-
nz hervorragend erkunden. Hier verlaufen
a. die Autobahnen A2 und A58, verbun-
en durch zahlreiche gut ausgebaute Land-
raßen. Die vielen Naturgebiete erkundet
an am besten mit dem Fahrrad.

**Schloss Heeswijk aus dem 14. Jahrhundert wurde
im 19. Jahrhundert umgebaut**

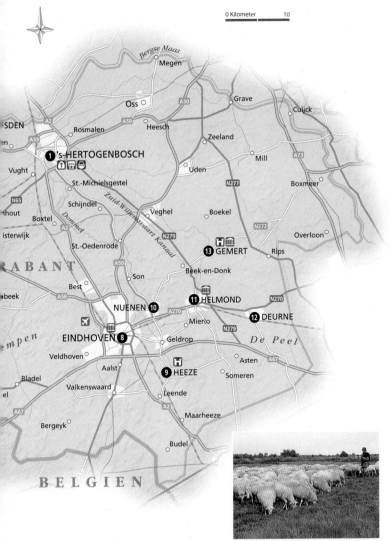

Schafe auf der Strabrechtse Heide bei Heeze

Hotels und Restaurants in Noord-Brabant *siehe Seiten 401 und 414f*

❶ Im Detail: 's-Hertogenbosch

Herzog Hendrik I. von Brabant gründete im Jahr 1185 's-Hertogenbosch. Die strategisch wichtige Stadt – oft auch Den Bosch genannt – wuchs schnell. Als Brabant im 16. Jahrhundert durch die Regierung im Norden gegenüber den anderen Gauen benachteiligt wurde, endete die Blütezeit. Mit der Ernennung zur Hauptstadt von Noord-Brabant 1815 wuchs das Ansehen wieder, heute ist 's-Hertogenbosch eine lebhafte, viel besuchte Stadt.

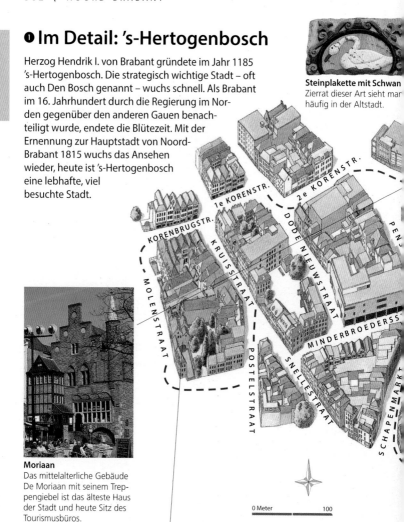

Steinplakette mit Schwan
Zierrat dieser Art sieht man häufig in der Altstadt.

Moriaan
Das mittelalterliche Gebäude De Moriaan mit seinem Treppengiebel ist das älteste Haus der Stadt und heute Sitz des Tourismusbüros.

0 Meter — 100

★ Binnen-Dieze
Die Binnen-Dieze fließt zum Teil unterirdisch, doch auf dem oberirdischen Teil kann man eine Rundfahrt entlang den restaurierten Häusern machen.

★ Sint-Jan
Die Stützpfeiler der Kirche *(siehe S. 364f)* sind mit teils skurrilen steinernen Figuren geschmückt.

Hotels und Restaurants in Noord-Brabant *siehe Seiten 401 und 414f*

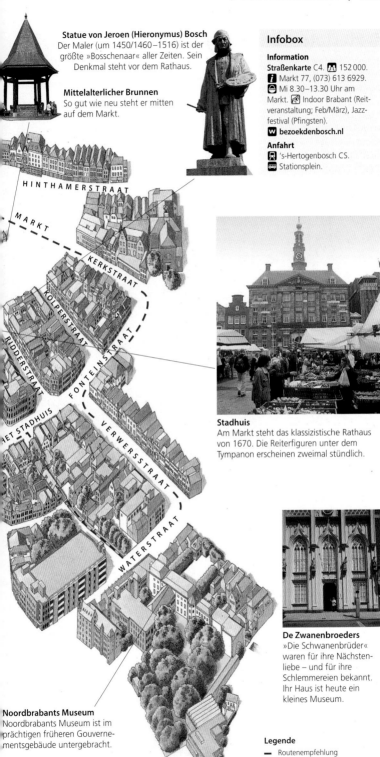

Statue von Jeroen (Hieronymus) Bosch
Der Maler (um 1450/1460–1516) ist der größte »Bosschenaar« aller Zeiten. Sein Denkmal steht vor dem Rathaus.

Mittelalterlicher Brunnen
So gut wie neu steht er mitten auf dem Markt.

HINTHAMERSTRAAT

MARKT

KERKSTRAAT

KOLPERSTRAAT

RIDDERSTRAAT

FONTEINSTRAAT

HET STADHUIS

VERWERSSTRAAT

WATERSTRAAT

Infobox

Information
Straßenkarte C4. 152 000.
Markt 77, (073) 613 6929.
Mi 8.30–13.30 Uhr am Markt. Indoor Brabant (Reitveranstaltung; Feb/März), Jazzfestival (Pfingsten).
bezoekdenbosch.nl

Anfahrt
's-Hertogenbosch CS.
Stationsplein.

Stadhuis
Am Markt steht das klassizistische Rathaus von 1670. Die Reiterfiguren unter dem Tympanon erscheinen zweimal stündlich.

De Zwanenbroeders
»Die Schwanenbrüder« waren für ihre Nächstenliebe – und für ihre Schlemmereien bekannt. Ihr Haus ist heute ein kleines Museum.

Noordbrabants Museum
Noordbrabants Museum ist im prächtigen früheren Gouvernementsgebäude untergebracht.

Legende
— Routenempfehlung

Straßenkarte *siehe hintere Umschlaginnenseiten*

's-Hertogenbosch: Sint-Jan

Schon Anfang des 13. Jahrhunderts stand in Den Bosch eine romanische Kirche dieses Namens, von der allerdings fast nichts mehr übrig ist. Die heutige gotische Kirche wurde zwischen dem 14. und 16. Jahrhundert erbaut. Die mächtige Kathedrale hat den Bildersturm (1566; *siehe S. 56*) und einen verheerenden Brand (1584) überlebt – die Ausbesserungsarbeiten dauern bis heute an.

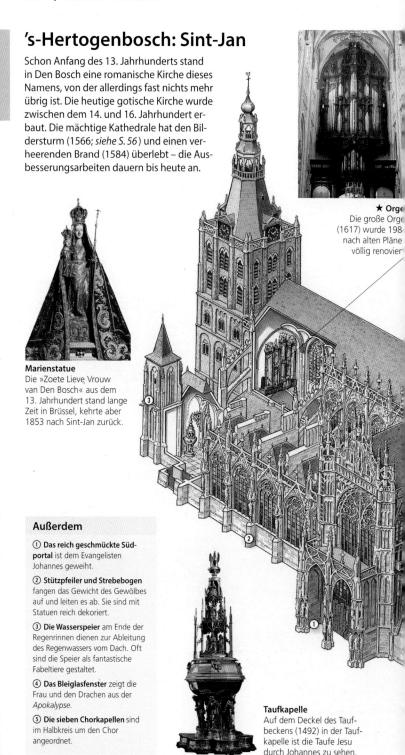

★ Orge...
Die große Orge... (1617) wurde 198... nach alten Pläne... völlig renovier...

Marienstatue
Die »Zoete Lieve Vrouw van Den Bosch« aus dem 13. Jahrhundert stand lange Zeit in Brüssel, kehrte aber 1853 nach Sint-Jan zurück.

Außerdem

① **Das reich geschmückte Südportal** ist dem Evangelisten Johannes geweiht.

② **Stützpfeiler und Strebebogen** fangen das Gewicht des Gewölbes auf und leiten es ab. Sie sind mit Statuen reich dekoriert.

③ **Die Wasserspeier** am Ende der Regenrinnen dienen zur Ableitung des Regenwassers vom Dach. Oft sind die Speier als fantastische Fabeltiere gestaltet.

④ **Das Bleiglasfenster** zeigt die Frau und den Drachen aus der *Apokalypse*.

⑤ **Die sieben Chorkapellen** sind im Halbkreis um den Chor angeordnet.

Taufkapelle
Auf dem Deckel des Taufbeckens (1492) in der Taufkapelle ist die Taufe Jesu durch Johannes zu sehen.

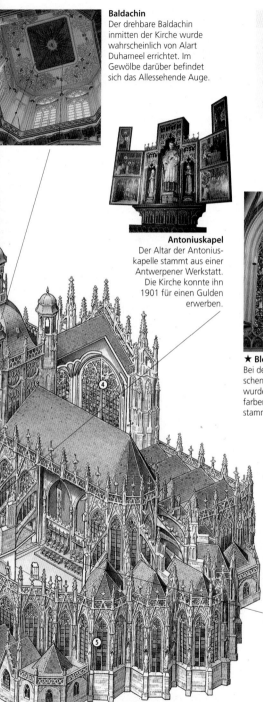

Baldachin
Der drehbare Baldachin inmitten der Kirche wurde wahrscheinlich von Alart Duhameel errichtet. Im Gewölbe darüber befindet sich das Allessehende Auge.

Infobox

Information
Torenstraat 16. ☎ (073) 613 0314. ⏰ Mo–Sa 8–17, So 9–17 Uhr (nicht bei Gottesdienst). ⏰ Apr–Okt: Di–So 14.30 Uhr; Nov–März: Mi, Sa, So 14.30 Uhr. 🌐 sint-jan.nl

Antoniuskapel
Der Altar der Antoniuskapelle stammt aus einer Antwerpener Werkstatt. Die Kirche konnte ihn 1901 für einen Gulden erwerben.

★ Bleiglasfenster
Bei der Renovierung im neogotischen Stil des 19. Jahrhunderts wurde viel verändert. Auch die farbenprächtigen Bleiglasfenster stammen aus dieser Zeit.

★ Hochchor
Der Hochchor wurde zwischen 1380 und 1425 von Willem van Kessel erbaut. Die Gewölbe zeigen u. a. die Krönung Mariens.

Überblick: 's-Hertogenbosch

Die Stadt 's-Hertogenbosch besitzt außer einem historischen Stadtkern und interessanten Museen auch viele gute Restaurants. Noordbrabants Museum zeigt Kunst aus den südlichen Niederlanden von 1500 bis heute. Unbestritten das schönste Wahrzeichen von 's-Hertogenbosch ist die gotische Kirche Sint-Jan. Auf jeden Fall sollte man das alte Stadtviertel Uilenburg mit seinen vielen einladenden Cafés und Restaurants besuchen.

Vier Putti (Walter Pompe, 1731), Noordbrabants Museum

Die prachtvolle Kirche Sint-Jan *(siehe S. 364f)* ist das Juwel von Den Bosch, doch die Stadt hat mehr zu bieten. Am Markt stehen historische Gebäude wie **De Moriaan** (teilweise 12. Jh.), das Rathaus (1670) und dazwischen das Standbild des großen Malers Jeroen (Hieronymus) Bosch (um 1453–1516), der in der Stadt zur Welt kam und lange Zeit hier lebte. Im alten Viertel Uilenburg hinter dem Markt reihen sich die Cafés und Restaurants.

Hier kommt auch die **Binnen-Dieze** an die Oberfläche. Manche Häuser sind über das Wasser gebaut. Gleich neben Sint-Jan stehen das vornehme **Zwanenbroedershuis** *(siehe S. 363)* und das Museum Slager mit Bildern der Künstlerfamilie Slager.

Het Noordbrabants Museum zeigt alte Kunst, etwa Werke von Pieter Brueghel und Teniers, aber auch moderne Malerei von van Gogh, Mondriaan, Sluyters u. a. Zudem gibt es eine Ausstellung über die Geschichte der Provinz von vorhistorischer Zeit bis heute.

🏛 **Het Noordbrabants Museum** Verwersstraat 41. 📞 (073) 687 7877. 🕐 Di–So 11–17 Uhr. ♿ 🌐 hetnoordbrabantsmuseum.nl

➋ Heusden

Straßenkarte C4. 🚩 43 000. 🚌 ℹ Pelsestraat 17, (0416) 662 100. 🗓 Do. 🌐 hbtheusden.nl

Nach einer langen Restaurierung, die 1968 begann, liegt die romantische Festungsstadt Heusden wieder wie eine glänzende Perle an der Maas. Beinahe wäre auch Heusden der Erneuerungswut der 1960er Jahre zum Opfer gefallen. Doch die Wälle, Ravelins, Wohnhäuser, **Veerpoort** und **Waterpoort** – alles wurde im alten Stil wiederhergestellt. Da in Heusden jegliche Außenreklame verboten ist, könnte man sich beinahe wie in einer anderen Zeit fühlen, wären da nicht die Autos, die man in der alten Festung leider nicht verboten hat.

➌ Tilburg

Straßenkarte C5. 🚩 213 000. 🚌 🚌 ℹ Spoorlaan 434a, (013) 532 3720. 🗓 Di–Sa. 🌐 vvvtilburg.nl

Die sechstgrößte Stadt der Niederlande war früher bekannt für die Textilindustrie, die ihre Blütezeit im 19. Jahrhundert hatte. Das **Nederlands Textilmuseum**, passenderweise in einer ehemaligen Textilfabrik untergebracht, erzählt die Geschichte der Textilindustrie und zeigt alte und neue Techniken der Textilverarbeitung.

Die **Kirmes von Tilburg**, die jedes Jahr Ende Juli stattfindet ist die größte der Niederlande. Von nah und fern kommen die Menschen, um zu feiern.

🏛 **Nederlands Textielmuseum** Goirkestraat 96. 📞 (013) 536 7475 🕐 Di–Fr 10–17, Sa, So 12–17 Uhr ⬤ Feiertage. 🌐 textielmuseum.nl

Umgebung: In Kaatsheuvel liegt der in ganz Europa bekannte Freizeitpark **De Efteling** *(siehe S. 427)*, in dem man auf beliebte Märchenfiguren trifft.

➍ Breda

Straßenkarte B5. 🚩 182 000. 🚌 🚌 ℹ Grote Markt 38, 0900 522 2444. 🗓 Di, Sa. 🌐 vvvbreda.nl

Die Festung Breda entstand am Zusammenfluss von Aa und Mark am Fuß des **Kasteel van Breda**, in dem heute die Koninklijke Militaire Academie (Königliche Militärakademie) untergebracht ist. 1252 erhielt Breda die Stadtrechte. Bei einem Spaziergang durch die Altstadt kann man die **Grote** oder **Onze Lieve Vrouwekerk** am Grote Markt nicht verfeh-

Mühlen auf dem Bollwerk der alten Festungsstadt Heusden

Hotels und Restaurants in Noord-Brabant *siehe Seiten 401 und 414f*

en. Der Bau im Stil der Brabanter Gotik begann 1410.
1995–98 wurde die Kirche
restauriert.

Am **Spanjaardsgat**, dem
»Spanierloch« beim Schloss,
soll Adriaen van Bergen im
Achtzigjährigen Krieg auf
einem Torfschiff Soldaten an
den Spaniern vorbeigeschmug-
gelt und anschließend die
Stadt befreit haben. **Breda's
Museum** in der alten Chassé-
kaserne gibt einen Überblick
über die Geschichte der Gegend.

Breda's Museum
Parade 12–14. (076) 529 9300.
Di–So 11.30–17 Uhr.

Oudenbosch

Straßenkarte B5. 12 300 (Teil der
Gemeinde Halderberge).
Parklaan 15, (0165) 390 555. Di.
hartelijkhalderberge.nl

In Oudenbosch versammelten
sich 1860–70 die Zuaven (An-
gehörige historischer Infante-
rie-Einheiten), um nach Rom
zu ziehen. Sie wollten den
Papst gegen Garibaldi verteidigen. Damit waren sie zwar
erfolglos, beauftragten aber
nach ihrer Rückkehr den Architekten P. J. H. Cuypers *(siehe
S. 375)*, eine verkleinerte Kopie
des Petersdoms zu bauen, die
**Basiliek van de HH. Agatha en
Barbara**. Sie ist 81 Meter lang,
25 Meter breit und am höchsten
Punkt 63 Meter hoch – ein Viertel der Maße des Petersdoms.

Willemstad

Straßenkarte B4. 300 (Teil der
Gemeinde Moerdijk). Hof-
straat 1, (0168) 476 055. Mo.

Die Bastionen von Willemstad
ließ 1583 Willem van Oranje
bauen. Sie sind nach den sieben Provinzen benannt. Das
Jagdschloss von Prinz Maurits,
das **Mauritshuis** (1623), ist
heute Museum. Sehenswert ist
auch die weiße Oranjemolen
(1734). Es gibt einen hübschen
Hafen sowie einen baumbe-
standenen »Hochzeitsweg«
zur Koepelkerk.

Die Basilika von Oudenbosch, eine kleinere Kopie des Petersdoms

⑦ Bergen op Zoom

Straßenkarte B5. 66 000.
Kortemeestraat 19, (0164) 277
482. Do. vvvbrabantsewal.nl

Die alte Stadt Bergen op Zoom
ist um eine St. Gertrud ge-
weihte Kapelle entstanden. Im
Jahr 1260 erhielt Bergen op
Zoom die Stadtrechte. Die
St.-Geertruidskerk aus dem
15. Jahrhundert mit ihrem
markanten Turm steht an der
Stelle der früheren Kapelle. Die
Herren von Bergen ließen den

1511 vollendeten **Markiezenhof** bauen. Neben der eleganten Einrichtung der Säle und
Galerien kann man hier im
Jahrmarktmuseum eine bunte
Sammlung rund um die Schau-
steller bestaunen. Im Markiezenhof ist auch ein Karikatur-
museum.

Markiezenhof
Steenbergsestraat 8. (0164) 27
707. Di–So 11–17 Uhr.
1. Jan, Karnevalsdienstag, Ostersonntag, 25. Dez.

Die Übergabe von Breda

Im Achtzigjährigen Krieg wurde Breda zehn Monate von den
Spaniern belagert und am 2. Juni 1625 vom spanischen General
Ambrosio Spinola eingenommen. Es war ein entscheidender
Schritt im langwierigen Kampf um die Niederlande, der über
die künftige Position Spaniens als Weltmacht entschied. Diego
Velázquez hielt den Moment der Übergabe 1635 auf einem Bild
fest, das im Madrider Museo del Prado hängt. Der Originaltitel
lautet auch *Las Lanzas* – wegen der vielen Lanzen, die im Hintergrund aufragen. Velázquez (1599–1660), Hofmaler des spanischen Königs Philipp IV., malte die Szene wohl aus dem Ge-
dächtnis. Sein Bild zeigt den Moment der Schlüsselübergabe.
Justinus von Nassau, der unterlegene Gouverneur von Breda, ist
gebeugt dargestellt. Aufgerichtet, aber auch mit der großzügigen Geste des
Schulterklopfens
empfängt ihn Spi-
nola. Damit deu-
tet der Maler die
Bedingungen der
Kapitulation: Die
besiegte Armee
Bredas durfte die
Stadt mit Fahnen
und Waffen ver-
lassen. Das Ge-
mälde gilt als ers-
tes Geschichtsbild
der neueren histo-
rischen Malerei.

Velázquez' *Die Übergabe von Breda* (um 1635)

Straßenkarte *siehe hintere Umschlaginnenseiten*

Frau in Grün (1909) von Picasso,
Van Abbemuseum, Eindhoven

❽ Eindhoven

Straßenkarte C5. 🏙 225000. 🚉
🚌 ℹ Stationsplein 17, (040) 297
9115. 🏛 Mo–Sa.

Dem alten Marktflecken Eindhoven wurden im 19. Jahrhundert die Orte Strijp, Woensel, Tongelre, Stratum und Gestel eingemeindet. Dank des weltweit erfolgreichen Elektronikkonzerns Philips wuchs die Stadt im 20. Jahrhundert enorm. Die markante **Witte Dame** (1922; Architekt Dirk Rozenberg), das bekannteste Philips-Gebäude, beherbergt heute die Designakademie, eine Bibliothek und ein Zentrum für Künstler. Das frühere Philips-Gelände in Strijp wurde in eine Wohnsiedlung mit Geschäften, Restaurants und Theatern umgewandelt.

Das Zentrum der Stadt wurde durch Bomben stark zerstört, deshalb stehen nur noch wenige alte Gebäude. An ihrer Stelle gibt es einige innovativ-

moderne Bauten, darunter das Rathaus mit imposanter Struktur, das von einem großen leeren Platz umgeben ist, dem Stadhuisplein, sowie den Bahnhof mit seinem schlanken Turm und der Glasfassade.

Das **Philips Museum** im Zentrum zeigt eine Sammlung elektrischer Objekte, die bis auf die Frühzeit des Unternehmens zurückgehen. Zu sehen sind Dutzende der ersten Glühbirnen aus dem 19. Jahrhundert, Bakelit-Radios und unförmige frühe Fernsehgeräte. Hier erfährt man zudem, wie früher Glühbirnen gefertigt wurden und wie sie aus der Kleinstadt Eindhoven ein Industriezentrum machten.

Mitten in diesem Industriezentrum findet man überraschenderweise das **Eindhoven Museum**. Das Freilichtmuseum im Genneper Park bietet die Rekonstruktion eines Dorfs der Eisenzeit, einer Wikingersiedlung und einer mittelalterlichen Kleinstadt. Schauspieler in historischen Kostümen bevölkern das Areal. Im Restaurant kann man Gerichte nach sehr alten Rezepten probieren, etwa Getreideeintopf oder Linsenbrei.

Beim Bahnhof steht das **Philips Stadion**, die Heimat des Fußballvereins PSV Eindhoven. Das Stadion ist modern, doch an demselben Platz trug die Mannschaft schon 1913 ihre Spiele aus. Bei Führungen sieht man die Umkleideräume und die Tunnel zum Rasen.

Eindhovens wichtiges Kunstmuseum ist das **Van Abbe-**

museum, das für moderne Kunst auch international Beachtung findet. Das ursprüngliche Gebäude wurde 1936 von A. J. Kropholler entworfen Schnell bekam es den Namen »Backsteinburg«. In den 1990er Jahren erhielt der

Das faszinierende Eindhoven Museum

Architekt Abel Cahen den Auftrag für einen Museumsanbau Auf geschickte Weise integrierte Cahen das Stammhaus in seinen einen großen Flügel, vervierfachte die Ausstellungsfläche und schuf zudem ein Multimedia-Zentrum sowie ein Restaurant. Königin Beatrix eröffnete das neue Museum im Januar 2003. Die Sammlung umfasst Werke von so unterschiedlichen Künstlern wie Chagall, Lissitzky und Beuys. Eines der berühmtesten Gemälde ist Picassos *Frau in Grün* (1909).

🏛 **Philips Museum**
Emmasingel 31. ☎ (040) 235 9030
🕐 Di–So 11–17 Uhr (Schulferien: auch Mo).

🏛 **Eindhoven Museum**
Boutenslaan 161b. ☎ (040) 252 2281. 🕐 Apr–Okt: tägl. 11–17 Uh

🏛 **Philips Stadion**
Frederiklaan 10a. ☎ (040) 250 5505. 📷 vorher buchen.

🏛 **Van Abbemuseum**
Bilderdijklaan 10. ☎ (040) 238 1000
🕐 Di–So 11–17 Uhr (Do bis 21 Uhr). 🎨 📷 🚻 ♿
🌐 vanabbemuseum.nl

Das Philips Stadion, Heimat des Fußballvereins PSV Eindhoven

Hotels und Restaurants in Noord-Brabant *siehe Seiten 401 und 414f*

Heeze

Straßenkarte C5. 15 000.
Schoolstraat 2, (040) 226
...544. Do vorm.

...ahrzeichen des Orts in der
...ähe von Eindhoven ist **Kas-
...eel Heeze** aus dem 17. Jahr-
...undert. Es wurde von Pieter
...ost entworfen und steht in
...chöner Umgebung. In den
...len des Wasserschlosses
...nd u. a. kostbare Gobelins
...usgestellt.

Kasteel Heeze
...apelstraat 25. (040) 226 1431.
Mai–Sep: Mi 14, So 14, 15 Uhr
...li, Aug: auch Mi 15 Uhr).

Nuenen

Straßenkarte C5. 23 000.
Berg 29, (040) 283 9615.
Mo nachm.

Nuenen, nordöstlich von
...ndhoven, wohnte Vincent
...an Gogh 1883–85. Das **Van
...ogh Village Nuenen** erzählt
...f kompetente Weise über
...an Goghs Aufenthalt.

...as schön gelegene Kasteel Heeze
...s dem 17. Jahrhundert

Die ausgedehnte Strabrechtse Heide bei Heeze und Geldrop

Van Gogh Village Nuenen
Papenvoort 15. (040) 263 1668.
Di–So 11–16 Uhr. Feiertage.
vangoghvillagenuenen.nl

⑪ Helmond

Straßenkarte C5. 90 000.
Watermolenwal 11, (0492)
522 220. Mi vorm., Sa vorm.

Als Erstes fällt in der alten
Stadt Helmond das Schloss von
1402 auf, das heute als **Gemeentemuseum** dient. Die
Sammlung umfasst histori-
sches Material und eine über-
raschende Kollektion moderner Kunst, darunter Werke von
Breitner und Toorop.

Gemeentemuseum
Kasteelplein 1. (0492) 587 716.
Di–Fr 10–17, Sa, So 14–17 Uhr.

⑫ Deurne

Straßenkarte D5. 32 000.
Markt 14, (0493) 323 655.
Fr nachm.

Das gemütliche Deurne ist ein
echtes Kunstzentrum. Das
Haus (1922) des exzentrischen
malenden Arztes Hendrik Wiegersma, der seine Patienten
per Motorrad besuchte, ist
heute das **Museum de Wieger**.
Zu sehen sind expressionistische Werke von Wiegersma
und seinen Künstlerfreunden,
etwa Ossip Zadkine, der oft bei
ihm wohnte. Auch Dichter wie
Roland Holst, Nijhoff und
Bloem waren hier zu Gast.

Museum de Wieger
Oude Liesselseweg 29. (0493)
322 930. Mi–So 12–17 Uhr.
Feiertage. dewieger.nl

⑬ Gemert

Straßenkarte C5. 14 000 (Teil
der Gemeinde Gemert-Bakel).
Ridderplein 49, (0492) 366 606.
Mo nachm.

Gemert ist historisch wichtig,
nicht umsonst spricht man von
der »Herrlichkeit Gemerts«. Bis
zum Jahr 1794 herrschten hier
die Deutschordensritter. Ihr
einstiges Schloss dient heute
als Kloster. Das **Boerenbond-
museum** ist ein Bauernhof
vom Beginn des 20. Jahrhunderts, in dem eine Ausstellung
über das Landleben in jener
Zeit zu sehen ist.

Van Gogh in Brabant

Vincent van Gogh wurde 1853 in Zundert, südlich von Breda, geboren. In
Breda informiert das Cultureel Centrum
über seine Kindheit. 1883 zog er nach
Nuenen, wo sein Vater Pfarrer war.
Dort blieb er, bis er 1885 nach Antwerpen ging. Die Zeit in Nuenen war
sehr fruchtbar für van Gogh, das Leben
der Brabanter Bauern inspirierte ihn, er
malte Höfe, Landarbeiter und Weber in
den blauen und braunen Farbtönen,
die so charakteristisch für diese Periode sind. Berühmt wurde z. B. das Werk
Die Kartoffelesser (1885).

Standbild van Goghs in Nuenen

Straßenkarte *siehe hintere Umschlaginnenseiten*

imburg

imburg ist die südlichste Provinz der Niederlande an der Grenze u Deutschland und Belgien. Ihre Grenzen sind das Ergebnis ieler Kriege und ebenso vieler Friedensverträge. Mit der :hönen Landschaft, den besonderen geologischen For- nationen, der eigenwilligen Sprache und dem südlich nmutenden Lebensgefühl nimmt Limburg unter den rovinzen der Niederlande einen besonderen Platz ein.

eologisch gesehen ist Limburg, im Ver- leich zum Rest der Niederlande, sehr alt. as Alter der Steinkohle, die hier in der rde liegt, wird auf 270 Millionen Jahre atiert. Im Bergbaumuseum Kerkrade rird gezeigt, wie der Abbau früher von- :attenging. Die Höhlen, die man vieler- rts in Südlimburg findet, sind im Mergel ntstanden, der 60 bis 70 Millionen Jahre t ist. Die bekanntesten Höhlenformatio- en sind die von Valkenburg und die im t.-Pietersberg bei Maastricht.

Seit der letzten Eiszeit war Limburg von ägern und Sammlern bewohnt, später olgten sesshafte Völker der Bandkeramik- nd Glockenbecherkultur *(siehe S. 46)*. Die ömer (50 v. Chr. – 350 n. Chr.) eroberten mburg von den Eburonen (Kelten).

Maastricht und Heerlen waren wichtige Verkehrsknotenpunkte der römischen Kolonie, im Thermenmuseum in Heerlen kann man die Relikte der römischen Kultur sehen.

Im Mittelalter war Limburg zwischen dem Deutschen Reich, Gelre, Luik und Brabant aufgeteilt, im 17. Jahrhundert teilten sich die Nördlichen und die Süd- lichen Niederlande das Gebiet.

In dieser geschichtsträchtigen Provinz stehen viele Kirchen im romanischen oder gotischen Stil des Maasgebiets. Die schö- ne Landschaft Limburgs wird noch attrak- tiver durch die vielen alten Fachwerkhäu- ser und Vierseithöfe, die Wassermühlen an den Flüssen sowie die unzähligen Bur- gen, Schlösser und Landsitze.

chwerkhäuser im südlimburgischen Ort Cottessen

Statuen in einem Burgpark von Valkenburg *(siehe S. 383)*

Überblick: Limburg

Nordlimburg ist das Land der Maas und des Peel.
Zwischen Maas und deutscher Grenze liegen
Naturgebiete mit Wald, Heide, Mooren und Flussdünen. Das früher so wilde Peelgebiet liegt an der
Grenze zu Noord-Brabant. Mittellimburg ist das
Gebiet der Baggerseen an der Maas, die heute zu
den beliebtesten Wassersportgebieten des Landes zählen. Südlimburg, das ist vor allem Maastricht, das Bergbaurevier und die Kreidelandschaft
im Süden – dort, wo Limburg am schönsten ist.

Spargelstechen in Nordlimburg

Nationalpark De Grote Peel

In Limburg unterwegs

Limburg ist sowohl mit dem Auto als auch mit
dem Zug hervorragend zu erreichen und zu
erkunden. Die Autobahnen und Eisenbahnlinien
folgen ungefähr derselben Route, nämlich Nij-
megen – Venlo – Roermond – Geleen – Maastricht,
Weert – (Roermond) – Geleen – Maastricht und
schließlich dem Dreieck Maastricht – Geleen –
Heerlen. Am Julianakanal und an der Zuid-
Willemsvaart sind lange Radwege angelegt. Vor
allem der Süden von Südlimburg ist ein ideales
Rad- und Wandergebiet. Auf der nostalgischen
Eisenbahnlinie von Schin op Geul über Wijlre,
Eys und Simpelveld nach Kerkrade fahren von
April bis Oktober sonntags sowie meist mitt-
wochs und donnerstags zweimal täglich eine
Dampflok und ein alter Schienenomnibus.

Mergelabgrabung mit alten Stollen

Weitere Zeichenerklärungen *siehe hintere Umschlagklappe*

0 Kilometer 10

MO

Nationa
Park D
Grote Pe

Nederweert

WEERT **5**

Stramproy

THORN

Maas

BELGIEN

Sustere

SITTAR

Stein

ELSLOO **15**

Bee

Meerssen

VALKENBURG **13**

MAASTRICHT **8**

N278

GULI

HEUVE

EIJSDEN **16**

18

Sehenswürdigkeiten auf einen Blick

Feldkapelle im Heuvelland

Legende

- ══ Autobahn
- ── Hauptstraße
- ═══ Nebenstraße
- ── Panoramastraße
- ▬▬▬ Eisenbahn (Hauptstrecke)
- ── Eisenbahn (Nebenstrecke)
- ▬▬ Provinzgrenze
- ▮▮▮ Staatsgrenze

Kasteel Schaloen bei Valkenburg wurde im 17. Jahrhundert umgebaut

Hotels und Restaurants in Limburg *siehe Seiten 401 und 415*

❶ Mook

Straßenkarte D4. 825. 83.
ℹ️ Witteweg 10, Plasmolen, 0900
112 2344.

Das Dorf Mook liegt an der
Maas, im nördlichsten Teil Limburgs. Am 14. April 1574
wurde das Heer des Prinzen
von Oranien auf der **Mooker-
hei** von den Spaniern vernich-
tend geschlagen. Die Heumen-
se Schans, eine sternförmige
Verteidigungsanlage aus dem
Achtzigjährigen Krieg, steht
auf einer 43 Meter hohen Mo-
räne aus der Saaleeiszeit. Von
hier hat man einen schönen
Ausblick über das Maastal.

Südlich von Mook liegen das
Naturgebiet Mookerplas und
das Landgut **Sint-Jansberg**, wo
eine alte Wassermühle restauriert wurde.

❷ Venray

Straßenkarte D5. 43 000.
27, 29, 30, 39. ℹ️ Hensenius-
plein 13, (0478) 510 505. Mo
nachm.

Nordlimburg war im Zweiten
Weltkrieg Schauplatz schwerer
Kämpfe. Venray wurde 1944
großteils zerstört. Bei Venray
liegen ein englischer und ein
deutscher Soldatenfriedhof, in
Overloon steht das Oorlogs- en
Verzetsmuseum (Kriegs- und
Widerstandsmuseum).

Die Basilika **St.-Petrus Ban-
den** (15. Jh.) erhielt bei der
Restaurierung einen 80 Meter
hohen Turm. Um das Landgut
Geijsteren an der Maas, wo
man Spuren alten Terrassenan-
baus sehen kann, erstreckt sich
ein schönes Wandergebiet.

❸ Arcen

Straßenkarte D5. 9000. 83.
ℹ️ Nieuwstraat 40–42, Venlo,
0900 040 0216.

Attraktion des herrlich an der
Maas gelegenen Orts Arcen ist
Schloss Arcen (17. Jh.) mit den
Kasteeltuinen (Schlossgärten).
Hier gibt es einen Rosengar-
ten, einen tropischen Garten,
einen fernöstlichen Garten
sowie eine Golfanlage. Ein Bad

Das prächtige Rathaus von Venlo aus dem 16. Jahrhundert

in dem aus 900 Meter Tiefe ge-
wonnenen Wasser des **Thermal-
bads Arcen** weckt die Lebens-
geister. Ganz andere Genüsse
versprechen das Arcener Bier,
der Spargel (am Himmelfahrts-
tag ist Spargelmarkt) und die
Wässerchen der Brennerei
De IJsvogel in der **Wijmarsche
Wassermühle** aus dem
17. Jahrhundert. Oberhalb von
Arcen liegt der 1500 Hektar
große **Nationaal Park Landgoed De Hamert**.

🌳 **Kasteeltuinen**
Lingsforterweg 26. 📞 (077) 473
6010. Apr–Okt: tägl. 10–18 Uhr.
🌐 **kasteeltuinen.nl**

Die Kasteeltuinen von Arcen aus
dem 17. Jahrhundert

❹ Venlo

Straßenkarte D5. 100 000.
ℹ️ Klasstraat 17, Boekhandel
Koops, (077) 354 3800. Fr
nachm., Sa.

Die Römersiedlung Venlo entwickelte sich im Mittelalter zu
Handelsstadt. Die Altstadt wu
de im Zweiten Weltkrieg fast
völlig zerstört. Erhalten bliebe
die St.-Martinuskerk, eine got
sche Hallenkirche (15. Jh.), un
das Ald Weishoes, eine Latein
schule (1611) im Gelderlände
Renaissance-Stil. Das Rathaus
wurde 1597–1600 nach Plä-
nen von Willem von Bommel
erbaut. Das **Museum Van Bom
mel-Van Dam** zeigt moderne
Kunst, das **Limburgs Museum**
archäologische Funde.

🏛️ **Museum Van Bommel-
Van Dam**
Deken van Oppensingel 6. 📞 (077
351 3457. Di–So 11–17 Uhr.
1. Jan, Karneval, 25. Dez.

🏛️ **Limburgs Museum**
Keulsepoort 5. 📞 (077) 352 2112.
Di–So 11–17 Uhr. 1. Jan;
Karneval, 25. Dez.
🌐 **limburgsmuseum.nl**

Weert

raßenkarte C5. 50 000.
Maasstraat 18, (0495) 536 800.
Sa.

Vahrzeichen von Weert ist die
:.-Martinuskerk, eine der wegen spätgotischen Hallenkir-
hen der Niederlande. (In einer
allenkirche sind die Seiten-
chiffe genauso hoch und breit
ie das Mittelschiff.) Bei der
estaurierung 1975 wurden
nter dem Putz Gewölbe-
nalereien (15./16. Jh.) ent-
eckt. Vor dem Altar, den die
aliener Moretti und Spinetti
790 schufen, liegt die Gruft
es Grafen von Hoorne. Er
urde 1568 zusammen mit
gmont auf Befehl von Gene-
al Alva in Brüssel enthauptet.
nweit der Kirche steht der
rsulinenhof, ein Neu-
au, der sich schön
s alte Stadtbild
nfügt.

Um Weert liegen
as Waldgebiet
Veerterbos und der
**ationaal Park De
rote Peel**, Überbleibsel eines
ochmoors.

Limburger Spargel

Roermond

raßenkarte D5. 57 000.
Markt 17, (0475) 335 847.
Mi nachm., Sa.

ie älteste Kirche der Bischofs-
tadt Roermond ist die spät-
omanisch-frühgotische **Onze
ieve Vrouwe Munsterkerk** aus

Innenraum der Onze Lieve Vrouwe Munsterkerk in Roermond

dem 13. Jahrhundert, ur-
sprünglich die Kirche eines
Zisterzienserklosters. Der
Innenraum ist sehenswert.
Die **St.-Christoffelkathe-
draal**, eine gotische
Kreuzbasilika mit ver-
goldetem Christopho-
rus auf dem Turm,
wurde im 15. Jahrhun-
dert erbaut. Die Blei-
glasfenster kommen
aus der Werkstatt des Roer-
monders Joep Nicolas.

Roermond liegt an den
Maasplassen, einem der größten Wassersportgebiete der
Niederlande. Das schöne Seengebiet nimmt eine Fläche von
mehr als 300 Hektar ein und
ist ca. 25 Kilometer lang. Die
Maasplassen entstanden durch
den großflächigen Kiesabbau
im Maastal, der sich bis Maas-
eik in Belgien erstreckte.

❼ De Meinweg

Straßenkarte D6. 78, 79.
Bezoekerscentrum, Meinweg 2,
Herkenbosch, (0475) 528 500.

Der 1600 Hektar große Nationaal Park De Meinweg im
Osten von Mittellimburg ist
einmalig schön und auf sechs
ausgeschilderten Wander-
wegen zu erkunden. Hier sind
auch Rundfahrten mit Pferde-
wagen möglich.

Dr. P. J. H. Cuypers

Der Architekt Pierre Cuypers
wurde 1827 in Roermond
geboren und 1921 auch hier
bestattet. Er arbeitete vor
allem in seiner Geburtsstadt
und in Amsterdam. Einer seiner Söhne sowie ein Neffe
waren ebenfalls namhafte
Architekten. Cuypers ent-
warf den Hauptbahnhof und
das Rijksmuseum in Amsterdam, rekonstruierte das
Schloss De Haar in Haarzuilens und restaurierte zahllose
Kirchen, darunter die Roer-
monder Munsterkerk. Er ist
der bekannteste niederländische Vertreter der Neogotik.

Munsterkerk in Roermond

er 1600 Hektar große Nationaal Park De Meinweg

❽ Im Detail: Maastricht

Maastricht entstand in der Römerzeit an einer Furt in der Maas, dem sogenannten Mosae Traiectum. Die Furt lag am Heerweg, der von Colonia Agrippina (Köln) nach Bononia (Boulogne) führte. Der Gründer des christlichen Maastricht war der heilige Servatius, Bischof von Tongeren, der 384 in Maastricht starb und außerhalb der damaligen Stadt, auf dem Vrijthof, begraben wurde. Über seinem Grab wurde die schöne St.-Servaasbasiliek errichtet. Ebenso sehenswert ist die romanische Onze-Lieve-Vrouwebasiliek.

Statue von Pieke
Die Skulptur in der Stokst zeigt Pieke mit seinem Hu Maoke, Figuren aus dem Buch von Ber Hollewijn.

Generaalshuis
In dem 1809 erbauten klassizistischen Palais residiert heute das Theater am Vrijthof. Um 1830 wohnte hier General Dibbets, dem Maastricht den Verbleib in den Niederlanden verdankt.

Legende

— Routenempfehlung

0 Meter — 100

GROTE GRACHT

STATENSTRAAT

HELMSTRAAT

VRIJTHOF

★ Vrijthof
Der Vrijthof, der einstige Friedhof, heute der wichtigste Platz der Stadt, lag außerhalb der Stadtmauern, als mit dem Bau von St.-Servaas begonnen wurde.

In den Ouden Vogelstruys
Das Straßencafé am Vrijthof ist meist gut besucht und ideal, um zu Mittag zu essen.

Hotels und Restaurants in Limburg *siehe Seiten 401 und 415*

★ Stadhuis
Das Meisterwerk des Nordniederländers Pieter Post wurde 1659–64 erbaut. Die Eingangshalle kann besichtigt werden.

Infobox

Information
Straßenkarte C6. ⛰ 122 000.
ℹ Kleine Staat 1, (043) 325 2121. 🏪 Mo–Sa. 🎿 Amstel Gold Race (Radklassiker, Apr), Kermis Vrijthof (Mai), St. Servaasprocessie (Mai), Preuvenemint (Ende Aug).
Ⓦ **vvvmaastricht.nl**

Anfahrt
🚉 und 🚌 Stationsplein.

St.-Servaasbrug
Die massive Brücke mit den sieben Bogen stammt von 1280. Am Wycker Ufer wurde für die Schifffahrt ein moderner Teil angebaut.

ROTE STAAT

KLEINE STAAT

M. BRUGSTRAAT

M. SMEDENSTRAAT

WOLFSTRAAT

MAASBOULEVARD

STRAAT

MINCKELERSTRAAT

PLANKSTRAAT

STOKSTRAAT

★ Onze-Lieve-Vrouwebasiliek
In einer Seitenkapelle der romanischen Kreuzbasilika steht die Statue der Maria »Sterre der Zee«.

Mauereidechse
Das Reptil hat in Maastricht sein einziges städtisches Refugium in den Niederlanden.

Straßenkarte *siehe hintere Umschlaginnenseiten*

Maastricht: Bonnefantenmuseum

Das Bonnefantenmuseum liegt am rechten Ufer der Maas in einem auffälligen, 1995 eröffneten Neubau des italienischen Architekten Aldo Rossi. Die Sammlung umfasst u. a. alte Kunst (Bildhauerwerke und Malerei aus der Zeit 1300–1650) und eine international bedeutende Kollektion moderner und zeitgenössischer Kunst.

★ Turm von Aldo Rossi
Unten befindet sich ein Restaurant, oben ein Ausstellungsraum.

La Natura è l'Arte del Numero
Die Installation von Mario Merz (1925–2003) ist eine Metapher für die Verbindung von Natur und Kultur.

Cimon und Pero
Das Motiv der Pero, die ihren im Kerker verhungernden Vater stillt, hat Peter Paul Rubens (1577–1640) wiederholt gemalt.

Außerdem

① *Plattegronden* von René Daniels (geb. 1950) zeigt die stark stilisierte Wiedergabe eines Museumssaals. Über rote Flächen setzte Daniels gelbe Quadrate, die gegen die Perspektive laufen und so desorientierend wirken.

② **Terrasse**

③ **Kuppelsaal**

④ **Innerer Turm**

★ Schnitzarbeiten
Zur Sammlung mittelalterlicher Werke gehört auch die *Heilige Anna Selbdritt*, eine Nussbaumstatue des Maastrichter Holzschnitzers Jan van Steffeswert (1470–1525).

Bonnefantopia
Das Atelier Van Lieshout (AVL), eigentlich Joep van Lieshout (geb. 1963) mit seinen Mitarbeitern, schuf diese Installation mit Polyester-Figuren und Gewichten 2002.

Infobox

Information
Avenue Céramique 250.
📞 (043) 329 0190.
🕐 Di–So, Feiertage 11–17 Uhr.
⦿ 1. Jan, Karneval, 25. Dez.
♿🏛🚻🛍
🌐 bonnefanten.nl

Anfahrt
🚌 1, 3, 50, 53, 54, 57.

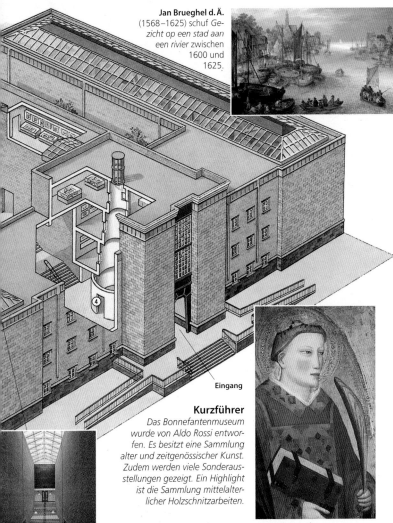

Jan Brueghel d. Ä.
(1568–1625) schuf *Gezicht op een stad aan een rivier* zwischen 1600 und 1625.

Eingang

Kurzführer
Das Bonnefantenmuseum wurde von Aldo Rossi entworfen. Es besitzt eine Sammlung alter und zeitgenössischer Kunst. Zudem werden viele Sonderausstellungen gezeigt. Ein Highlight ist die Sammlung mittelalterlicher Holzschnitzarbeiten.

★ Treppenstraße
Die monumentale Treppenstraße läuft mitten durchs Museum und führt zu den verschiedenen Flügeln und Geschossen.

Der heilige Stefanus
Wahrscheinlich war das Werk von Giovanni del Biondo (1356–1399) Teil eines Triptychons, am Holz sind Sägespuren sichtbar.

Überblick: Maastricht

Maastricht ist eine der ältesten Städte der Niederlande. Es war der erste Bischofssitz des Landes und eine nahezu uneinnehmbare Festung. Hier stehen viele imposante Denkmäler, darunter die romanische Onze-Lieve-Vrouwe-basilik, die romanische St.-Servaasbasilik mit ihrer uralten Krypta und einem reich verzierten gotischen Portal (frühes 13. Jh.), sechs gotische Kirchen, eine ehemals barocke Augustinerkirche (1661) sowie die wallonische Kirche (1733). Von den Festungsanlagen ist viel erhalten: römische Fundamente, Teile der mittelalterlichen Stadtmauer, eine Bastion aus dem 17., Verstärkungen aus dem 18. und ein Fort aus dem 19. Jahrhundert.

Die mittelalterliche Helpoort, das älteste Stadttor des Landes

🏛 Natuurhistorisch Museum

De Bosquetplein 7. 📞 (043) 350 5490. 🕐 Di–Fr 11–17, Sa, So 14–17 Uhr. ⬤ Feiertage. 📷

Das schöne Museum vermittelt ein Bild der Natur im Süden von Limburg – von der Frühzeit bis heute. Highlights der interessanten Sammlung sind u. a. die Fossilien von gigantischen Mosasauriern und Riesenschildkröten, die in den Mergelschichten des St.-Pietersbergs gefunden wurden.

🏛 Römisches Turmfundament

O. L. Vrouweplein. 📞 (043) 325 1851. 🕐 Ostern–Okt: Mo–Sa 11–17, So 13–17 Uhr.

Im Innenhof der Onze-Lieve-Vrouwebasilik, die teilweise aus Abbruchmaterial aus der Römerzeit errichtet wurde, kann man ein römisches Turmfundament besichtigen, Überbleibsel des römischen Kastells.

Das Kastell lag an der Maas, nur ein kleines Stück südlich der St.-Servaasbrücke, dort, wo sich heute das Stokstraat-Viertel erstreckt. In der Pflasterung des Platzes Op de Thermen in diesem Viertel sind die Umrisse der römischen Thermen sichtbar gemacht.

Die erste mittelalterliche Stadtmauer von Maastricht stammt aus dem Jahr 1229. Von der beeindruckenden Verteidigungsanlage sind bis heute der Onze-Lieve-Vrouwewal (hier stehen auch einige alte Kanonen) sowie der Jekertoren erhalten geblieben.

Mosasaurus hofmanni, die furchterregende Maasechse im Natuurhistorisch Museum

🏛 Helpoort

St. Bernardusstraat 24b. 📞 (043) 321 2586. 🕐 Ostern–Okt: tägl. 13.30–16.30 Uhr. 📷 Spende.

Auch die Helpoort gehört zur frühmittelalterlichen Stadtmauer von 1229. Sie liegt im Süden der damaligen Stadt und ist das älteste erhaltene Stadttor der Niederlande. Am anderen Ufer der Maas, in Wyck, blieben aus dieser Zeit das Waterpoortje, der Stener Wal an der Maas und der Maaspunttoren erhalten.

Die zweite mittelalterliche Stadtmauer wurde um 1350 angelegt. Hiervon sind der Pater Vinktoren, nicht weit vo der Helpoort, und das Mauer stück zwischen St. Pieterstraa und Tongersestraat erhalten. Hier steht auch das Wassertor De Reek over de Jeker (an de Mühle im Heksenhoek). Von der Erweiterung nach 1516 stehen noch eine Ufermauer und die Türme De Vijf Koppe und Haet ende Nijt.

Der beeindruckende Turm Pater Vink

Hotels und Restaurants in Limburg *siehe Seiten 401 und 415*

Museum Spaans
⬛uvernement

jthof 18. 📞 (043) 321 1327. 🕐
–So 10–18 Uhr. ⬤ Feiertage. 🎫

⬛as Museum ist in einem Kapi-
⬛lhaus (16. Jh.) untergebracht.
⬛ sehen sind niederländische
⬛emälde aus dem 17. und
⬛. Jahrhundert.

Centre Céramique

⬛enue Céramique 50. 📞 (043)
⬛0 5600. 🕐 Di–Fr 9–18 Uhr (Di
⬛ 21 Uhr), Sa, So 13–18 Uhr.
⬛ Feiertage. 🎫 🏛
⬛ centreceramique.nl

⬛as Zentrum verfügt über eine
⬛oliothek, ein Archiv und ein
⬛afé, zudem sitzt hier das
⬛ropean Journalism Centre.

Grotten St.-Pietersberg

⬛kerweg. 📷 Infos unter (043) 325
⬛21. 🎫 ⬛ 🚫 ⬛ maastricht
⬛derground.nl/de/grotten

⬛e Grotten entstanden durch
⬛n Mergelabbau, im Lauf der
⬛it bildete sich ein Labyrinth
⬛t über 20 000 Gängen. An
⬛n Grottenwänden sieht man
⬛unst und alte Inschriften.

⬛s gotische Bergportal (13. Jh.)
⬛r St.-Servaasbasiliek

St.-Servaasbasiliek

⬛izer Karelplein. 📞 (043) 321
⬛82. 🕐 tägl. 10–17 Uhr (Juli, Aug:
⬛l. 10–18 Uhr; Nov–Apr: So
⬛.30–17 Uhr). ⬤ 1. Jan, Karneval,
⬛. Dez.

⬛m 1000 begann der Bau der
⬛.-Servaasbasiliek an der Stel-
⬛ an der der Heilige begraben
⬛g. Auf dem Grab hatte zuvor
⬛non eine ältere Kirche ge-
⬛anden. Die ältesten Teile sind
⬛s Mittelschiff, die Krypta,
⬛s Querschiff und der Chor.
⬛e Apsis und die Chortürme
⬛ammen aus dem 12. Jahr-
⬛ndert. Zur selben Zeit wurde
⬛ch das Westwerk erbaut,
⬛fang des 13. Jahrhunderts
⬛nn das Bergportal an der
⬛dseite, einer der ersten goti-

Krypta an der Ostseite der Onze-Lieve-Vrouwebasiliek

schen Bauten im Maasgebiet.
In dem Marienportal sind
Marias Leben, Tod und Him-
melfahrt dargestellt. Die Sei-
tenkapellen und der gotische
Kreuzgang entstanden 1475.

Prunkstücke der Schatzkammer sind der Reliquienschrein
mit den Reliquien von St.-Ser-
vaas und St.-Martinus van Tongeren sowie die goldene Büste
von St.-Servaas. Letztere ist ein
Geschenk des Herzogs von
Parma nach Einnahme der
Stadt 1579 durch die Spanier.
Im 19. Jahrhundert wurde die
Kirche unter der Leitung von
Pierre Cuypers restauriert. Er
ließ den romanischen Charakter des Westwerks wiederher-
stellen sowie neue Wand- und
Deckenmalereien anbringen.
Die Restaurierung im 20. Jahrhundert erfolgte bis 1990.

🏛 Onze-Lieve-
Vrouwebasiliek

O. L. Vrouweplein. **Schatzkammer**
📞 (043) 350 4040. 🕐 Ostern–
Okt: Mo–Sa 11–17 Uhr (Juni–Aug:
Di–Sa 13–17 Uhr). **Kirche** ⬤ während Gottesdiensten.

Auch mit dem Bau der Onze-
Lieve-Vrouwebasiliek wurde
um das Jahr 1000 begonnen.
Ältester Teil ist das beeindruckende Westwerk. Nach
dessen Vollendung begann
man mit dem Bau des Mittel-
schiffs und des Querschiffs. Im
12. Jahrhundert folgte der
Chor, erbaut auf einer Krypta
aus dem 11. Jahrhundert an
der Ostseite. Die Säulen der
Apsis sind aus Mergelblöcken
errichtet und von reich verzierten Kapitellen gekrönt. Eines
davon ist das berühmte Heimo-
kapitell.

St.-Servatius-Reliquiar

Die restaurierte sogenannte Noodkist
ist ein monumentaler Reliquienschrein, der einen Teil der Gebeine
der Heiligen Servatius und Martinus
van Tongeren enthält und um 1160
von Maasländer Künstlern hergestellt wurde. Der hölzerne, mit vergoldeten Kupferplatten verkleidete
Schrein hat die Form eines Hauses.
Auf der Vorderseite ist er mit dem
Bildnis Jesu geschmückt, an den
Seiten sieht man die zwölf Apostel,
auf der Rückseite Servatius zwischen zwei Engeln und auf den
Dachflächen das Jüngste Gericht.

Reliquienschrein (12. Jh.)

Das beeindruckende mittelalterliche Kasteel Hoensbroek

⑨ Thorn

Straßenkarte D5. 🚶 2600. 🚌 72, 73, 76. ℹ️ Wijngaard 14, (0475) 561 085.

Südöstlich von Weert liegt an der A2 *het witte stadje* (»die weiße Stadt«) Thorn, die mit ihren malerischen Straßen und Häusern, den alten Bauernhöfen und der mächtigen **Abteikirche** an ein Freiluftmuseum erinnert. Gut 800 Jahre lang, bis 1794, war Thorn das Zentrum eines autonomen weltlichen Stifts, regiert von einer Fürstäbtissin.

Rund um den Dorfplatz stehen die weiß gekalkten Häuser, in denen die adligen Damen lebten. Das Äußere der Kirche aus dem 14. Jahrhundert

Weiß getünchtes Haus in Thorn

wurde Ende des 19. Jahrhunderts durch Pierre Cuypers restauriert und erhielt einen neogotischen Turm.

Clara Elisabeth van Manderscheidt-Blankenheim, Chorherrin des Stifts, gründete 1673 nördlich von Thorn die **Kapelle von Onze Lieve Vrouwe onder de Linden**.

⑩ Sittard

Straßenkarte D6. 🚶 46500. 🚆 ℹ️ Kritzraedhuis, Rosmolenstraat 2, 0900 555 9798. 🍴 Do vorm., Sa.

Sittard erhielt im 13. Jahrhundert mit dem Stadtrecht auch eine Stadtmauer, die zum Teil, etwa bei **Fort Sanderbout**, noch intakt ist. Sehenswert ist die **St.-Petruskerk** aus der Zeit um 1300. Der 80 Meter hohe Turm ist aus Lagen von Backstein und Mergelblöcken errichtet, den sogenannten Specklagen. Am Markt steht die barocke **St.-Michielskerk** aus dem 17. Jahrhundert und am Oude Markt die Basilika Onze Lieve Vrouwe van het Heilig Hart.

Das Fachwerkhaus (1530) an der Ecke des Markts und De Gats, in dem das Café De Gats zu Hause ist, ist das älteste Haus von Sittard. Das Kritzraedhuis, ein außergewöhnlich prächtig verziertes Patrizierhaus, wurde 1620 im Maasländer Renaissance-Stil erbaut.

⑪ Hoensbroek

Straßenkarte D6. 🚶 25500. 🚆 ℹ️ Bongerd 19, Heerlen, 0900 55 9798. 🍴 Fr vorm.

Bevor 1908 die staatliche Zeche Emma hier Fuß fasste, war Hoensbroek ein Bauerndorf. Im 20. Jahrhundert wurde es dann zum Zentrum des Bergbaus. Doch auch das ist Vergangenheit, denn die Zechen sind geschlossen.

Kasteel Hoensbroek existierte schon im Mittelalter. Vom ältesten Teil sind nur der runde Eckturm und das Hauptgebäude erhalten, die Anbauten stammen aus dem 17. und 18. Jahrhundert. Ein breiter Burggraben mit Wasser umgibt den Bau, in dem heute das Kulturzentrum seinen Sitz hat.

Fundamente im Thermenmuseum

⑫ Heerlen

Straßenkarte D6. 🚶 87000. 🚆 ℹ️ Bongerd 19, 0900 555 9798. 🍴 Di, Do vorm., Fr.

Unter Heerlen liegen die Reste der römischen Siedlung Coriovallum. Im **Thermenmuseum** sind die Fundamente von Thermen und antike Funde zu sehen. Die romanische **St.-Pancratiuskerk** wurde im 12. Jahrhundert errichtet.

Heerlen war im 20. Jahrhundert das Zentrum des Limburger Bergbaus, 1974 wurde der Kohlebau eingestellt. Der Architekt F. P. J. Peutz erbaute in den 1930er Jahren das Rathaus und das *Glaspaleis* genannte Kaufhaus Schunck.

🏛️ **Thermenmuseum**
Coriovallumstraat 9. 📞 (045) 560 5100. 🕐 Di–Fr 10–17, Sa, So 12–17 Uhr. ● 1. Jan, Karneval, 24., 25. Dez. 🔲 📷

Valkenburg

raßenkarte D6. 🚐 5500. 🚌
36, 47, 63. 🛈 Th. Dorrenplein
0900 555 9798. 🕐 Mo vorm., Di
rm. 🌐 **vvvzuidlimburg.nl**

der Festungsstadt Valken-
rg kann man viel besichti-
n. Außer den Stadttoren
erkelpoort und Grendelpoort,
r romanischen Kirche aus
m 13. und der Burgruine
s dem 12. Jahrhundert bie-
t der touristische Anzie-
ngspunkt auch ein Casino,
takomben, die Samthöhle,
e **Gemeentegrot** (eine Mer-
lmine aus der Römerzeit),
ne Seilbahn, die prähistori-
he Monsterhöhle, die Stein-
hlezeche und die Wellness-
lage Thermae 2000.

Gemeentegrot
uberg 4. 🕐 (043) 601 2271. 🕐
gl. 11–17 Uhr. 🔴 1. Jan, Karneval,
. Dez. 🚫 🎫 nur Führungen.

Gulpen

raßenkarte D6. 🚐 7500. 🛈
rpsstraat 27, 0900 555 9798. 🕐
Do vorm.

ulpen liegt am Zusammen-
ss von Geul und Gulp. Die
egend ist mit ihren Obstgär-
n und Wassermühlen eine
r schönsten in Limburg.
hloss Neubourg (17. Jh.), auf
n Fundamenten eines römi-
en Tempels erbaut, ist
ute ein Hotel mit Restau-

Typische Limburger Sträßchen in Elsloo am Ufer der Maas

rant. Daneben steht die alte
Neubourger Mühle mit einer
Fischtreppe für Forellen. Auch
die Brauerei kann man besuchen. In dieser Gegend ist
sogar der seltene Eisvogel an-
zutreffen, denn hier findet er
noch das für ihn zum Jagen
notwendige klare Wasser.

⑮ Elsloo

Straßenkarte D6. 🚐 8600. 🚌 🚍
31 🛈 Kritzraedhuis, Rosmolenstraat 2, Sittard, 0900 555 9798.

Bei Elsloo an der Maas fand
man Relikte der Bandkeramik-
kultur. Zu sehen sind sie im
Heimatmuseum De Schippers-
beurs. Die Waterstaatskirche
(1848) birgt eine **Maria Selbdritt** des Meisters von Elsloo.
Bei Niedrigwasser sieht man

Reste der alten Burg von Elsloo
in der Maas. Vom jüngeren
Kasteel Elsloo steht noch der
Turm, in den Nebengebäuden
ist ein Hotel mit Restaurant.

⑯ Eijsden

Straßenkarte C6.
🚐 4800 (Teil
von Margraten).
🚌 58, 59.
🛈 Diepstraat 31,
0900 555 9798.
🕐 Do nachm.

Eisvogel

Bei Eijsden, der süd-
lichsten Gemeinde
der Niederlande, fließt die
Maas ins Land. Das Dorf steht
unter Denkmalschutz. Schloss
Eijsden wurde 1636 im Maasländer Renaissance-Stil errichtet. Das Schloss ist in Privatbesitz, doch man kann den Park
besichtigen. Eijsden ist ein
guter Ausgangspunkt für Rad-
und Wandertouren.

⑰ Vaals

Straßenkarte D6. 🚐 9700.
🛈 Maastrichterlaan 73a, 0900 555
9798. 🕐 Di vorm.

In Vaals Umgebung erhebt
sich der Drielandenpunt, mit
322 Metern der höchste Berg
der Niederlande und Aussichtspunkt auf drei Länder. Aus
dem 18. Jahrhundert stammen
das Kasteel Vaalsbroek und
das Von Clermonthuis. Die
einstige Kirche De Kopermolen
ist heute Museum.

llische Natur in Limburg: das mäandrierende Flüsschen Jeker

Straßenkarte *siehe hintere Umschlaginnenseiten*

⓲ Tour: Heuvelland

Das südlimburgische Heuvelland (»Hügelland«) ist eine ganz eigene Gegend. Die Hügel und die durch die Flüsse gegrabenen Täler sind mit Löss bedeckt, der sonst nirgendwo in den Niederlanden zu finden ist. In dieser sanft gewellten Landschaft mit ihren schönen Ausblicken liegen inmitten von Feldern und Streuobstwiesen alte Dörfer und Schlösser. Dazwischen verlaufen Hohlwege, an denen Wegkreuze und Feldkapellen stehen.

③ **Der Orchideengarten** im autofreie Gerendal, einem Trockental (Tal oh Wasserlauf) zwischen Schin op Geu und Scheulder, ist der Stolz der Gegend. Der Garten mit 20 Arten wilde Orchideen liegt hinter dem Försterha

② **Die Basiliek van het Heilig Sacrament** in Meerssen wurde Ende des 14. Jahrhunderts im Stil der Maasländer Gotik erbaut. Sie ist eine der elegantesten Kirchen des Landes. Im Chor steht ein reich verzierter Sakramentsschrein.

⑧ **Kasteel Eijsden** wurde 1636 im Stil der Maasländer Renaissance errichtet. Kennzeichnend für diesen Stil ist die Kombination von Ziegel- und Naturstein, der hier für die Gesimse und Portale verwendet wurde.

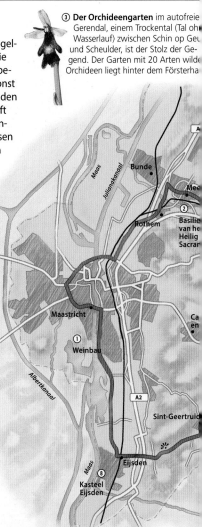

Routeninfos

Länge: 80 km. Ein Teil der Tour führt durch das Hügelgebiet mit seinen schmalen Wegen.
Rasten: Vor allem bei Noorbeek, Slenaken und Epen gibt es schöne Aussichtspunkte.

① Weinbau in Südlimburg

In früheren Jahrhunderten wurde im Süden Limburgs wesentlich mehr Wein angebaut als heute. Im 18. Jahrhundert bepflanzte man etwa rund um den St.-Pietersberg mehr als 200 Hektar mit Weinstöcken. Heute gibt es in Südlimburg nur noch einige wenige professionell betriebene Weingüter, das bekannteste ist Apostelhoeve. Auf diesem Weingut, das südlich von Maastricht auf dem Lauwerberg über dem Tal der Jeker liegt, wird aus den Rebsorten Müller-Thurgau, Riesling, Auxerrois und Pinot Gris Weißwein gekeltert.

Limburger Traube

Legende

▬ Routenempfehlung
═ Andere Straße
▬ Eisenbahn
✻ Aussichtspunkt

0 Kilometer 2

④ **Der Amerikanische Soldatenfriedhof** bei Margraten hat 8300 mit einfachen weißen Kreuzen gekennzeichnete Gräber von amerikanischen Soldaten, die im Zweiten Weltkrieg fielen.

⑤ **In Vijlen** steht die höchstgelegene Kirche der Niederlande. Die Turmspitze ist schon von Weitem zu sehen.

⑥ **Ausgedehnte Wälder** sind im Süden Limburgs rar, dennoch ist die Provinz sehr baumreich. Größere Flächen bedecken die Wälder bei Vaals, darunter der Vijlenerbos, und die Wälder der Brunssummerheide. Berühmt sind auch die Hangwälder im Süden mit ihren vielen Quellen.

⑦ **Für eine Wanderung im Geultal** gehen Sie von Epen aus Richtung Plaat. Dann nehmen Sie den Weg zur Mühle an der Geul. Dort überqueren Sie die Brücke und folgen dem Pfad flussabwärts bis nach Belgien. An der Geul stehen Pappeln, in denen Misteln wachsen. Der Pfad führt entlang der Heimansgrube, wo Gestein aus dem Karbon an der Oberfläche vorkommt.

ZU GAST IN DEN NIEDERLANDEN

Hotels

Die Niederlande bieten Hotels für jeden Geschmack und jedes Budget – von einfach und billig bis zu luxuriös und teuer. Man kann in den Häusern der großen internationalen Hotelketten übernachten oder in alten Schlössern, auf Bauernhöfen und in historischen Gebäuden, in Privatpensionen oder in Jugendherbergen. Beinahe überall findet man Bed & Breakfast.

Auch Camper kommen in den Niederlanden auf ihre Kosten, denn es gibt viele, oft landschaftlich schön gelegene Zeltplätze und Caravanparks. Wer länger an einem Ort bleiben will, kann hier entspannt und nicht zu teuer übernachten.

Wer mit Familie oder Freunden lieber in festen Mauern, aber ebenfalls länger an einem Ort bleiben will, sollte vielleicht einen der über 350 Bungalowparks *(siehe S. 392f)*, die es in den Niederlanden gibt, in Erwägung ziehen. An der Küste und in den Städten kann man auch Apartments mieten.

Hotelauswahl

Preis, Qualität und Ausstattung der Hotels sind sehr unterschiedlich. Die beste Auswahl bieten Amsterdam und die anderen Großstädte. Hier lässt sich für jeden Geldbeutel etwas finden, doch auch im Rest des Landes ist das Spektrum breit.

Neben Hotels gibt es in den Niederlanden immer mehr Bed & Breakfasts (B & B), in denen man Übernachtung mit Frühstück bekommt. Es sind beinahe immer Privatleute, die B & B anbieten, entsprechend sind die Unterkünfte sehr unterschiedlich – von einfachen Wohnhäusern bis zu stattlichen historischen Gebäuden.

Am preisgünstigsten übernachtet man in Jugendherbergen und Hostels. **Stayokay** verwaltet 24 davon im ganzen Land. Oft liegen sie in schöner Umgebung – von der Anlage im Dünengebiet bis zur mittelalterlichen Burg. Es gibt Schlaf- säle, aber auch Mehrbett-, Doppel- und Einzelzimmer.

Hotelketten

In den Niederlanden sind zahlreiche große Hotelketten vertreten, darunter **Best Western, Golden Tulip, Hilton, Holiday Inn, Mercure, NH** und **Radisson**. Die meisten findet man in den großen Städten, manche auch in Naturgebieten und in Strandnähe. Hotels dieses Typs variieren in Größe und Preis, doch es sind gute bis luxuriöse Hotels mit allen Annehmlichkeiten für Geschäftsreisende und Urlauber. Natürlich ist eine Übernachtung hier etwas unpersönlicher als in den kleinen Hotels, doch dafür bieten sie meist hervorragenden Service und allen Komfort.

Im Knast: Het Arresthuis, Roermond *(siehe S. 401)*

Hoteltypen

Alle Hotels in den Niederlanden werden nach dem Benelux-Hotelklassifikationssystem eingeteilt, das zwischen einem und fünf Sterne vergibt. Hoteliers klassifizieren sich selbst, dies wird dann kontrolliert. Die Zahl der Sterne entspricht einer bestimmten Ausstattung. Ein Hotel mit einem Stern ist einfach und serviert vielleicht Frühstück. In einem Zwei-Sterne-Hotel hat ein Viertel der Räume ein eigenes Bad oder Dusche und WC. Es gibt einen Aufenthaltsraum und bei mehr als drei Stockwerken einen Lift. Ein Drei-Sterne-Hotel ist Mittelklasse. Die Zimmer haben Zentralheizung, mindestens die Hälfte hat ein Bad. Bei vier Sternen gibt es einen Nachtportier, 80 Prozent der Zimmer haben ein Bad und alle Telefon. Ein Haus mit fünf Sternen ist ein Luxushotel mit 24-Stunden-Service, großen Räumen mit Bad, Bar und Restaurant. Meist findet man hier auch andere Annehmlichkeiten, etwa

Château De Havixhorst *(siehe S. 399)* in De Schiphorst

◀ Typisches schwimmendes Restaurant in Zuid-Holland

arbenfrohes Dekor im Harbour Crane *(siehe S. 399)*, Harlingen

Swimmingpool und Wellnessbereiche.

Leider berücksichtigt das Sternesystem nur die Ausstattung der Hotels und nicht ihre Lage oder die Atmosphäre. Aus diesem Grund sind kleine, einfache, aber dafür umso charmantere Hotels oftmals unterbewertet.

Apartments

In den Städten ist das Angebot an Apartments, in denen man sich selbst versorgen kann, begrenzt. Sie sind auch nicht gerade billig. Man kann sich bei der VVV oder in den Gelben Seiten informieren, wo man ein Apartment mieten kann. Bei Anmietung eines Apartments über eine Agentur liegt die Mindestaufenthaltsdauer meist bei einer Woche. Auch in einigen Hotels, etwa dem Renaissance Amsterdam Hotel, kann man Apartments mieten. An der Küste, in Zeeland und auf den Waddeneilanden gibt es viele Apartmenthotels, in denen man zusätzlich zum Apartment auch noch die Vorzüge eines Hotels, etwa ein Schwimmbad, Fitnessanlagen oder eine Bar, genießt.

Preise

Der Zimmerpreis beinhaltet im Regelfall alle Steuern, die Kurtaxe sowie das Frühstück. In den größeren, teureren Hotels wird das Frühstück oft extra berechnet, das Angebot am Büfett ist dann aber auch besonders umfangreich. Obwohl die Anzahl der Betten in den

Städten noch immer wächst, sind Hotels in den großen Städten, vor allem in Amsterdam, teurer als im Rest des Landes. Alleinreisende bezahlen deutlich mehr, denn ein Einzelzimmer ist meist nur 20 Prozent billiger als ein Doppelzimmer. Wer zu mehreren unterwegs ist, kann sich in vielen Hotels ein Mehrbettzimmer geben lassen – diese wiederum sind relativ günstig. Kinder unter zwölf Jahren übernachten meist kostenlos oder zu einem geringen Aufpreis im Zimmer der Eltern.

Reservierung

Im Frühling, zur Tulpenblüte, und im Sommer besuchen die meisten Urlauber die Niederlande. Wer in dieser Zeit ein Hotel buchen will, der sollte das schon einige Wochen im Voraus tun, vor allem in den großen Städten und an der Küste. In den beliebten Hotels, die an den Grachten Amsterdams liegen, muss man das ganze Jahr hindurch relativ früh reservieren.

Stempels *(siehe S. 397)* in Haarlem

Reservierungen können direkt beim Hotel online oder auch per Telefon und E-Mail vorgenommen werden. Bei Online-Buchung erhalten Sie oft Rabatt.

Falls ein Hotel oder eine Hotelkette nicht ausdrücklich die besten Rabatte garantiert, wenn auf ihrer Website gebucht wird, findet man die günstigsten Preise oft auf speziellen Websites wie www. expedia.nl, www.hotels.nl, www.anwb.nl (die vom Automobilclub ANWB empfohlenen Hotels) und booking.com.

Besondere Hotels oder große Ketten sucht man am besten unter ihrem Namen im Internet. Die Preisdifferenzen verschiedener Websites für ein und dasselbe Zimmer sind oft erstaunlich. Über Suchmaschinen wie travelsupermarket. com, lookingforbooking.com oder hotelscombined.com kann man Preise gut vergleichen. Übrigens: Die letztere Website bietet auch eine clevere iPhone-App.

Auch einfache Hotels wie CitizenM, Yotel, Qbic und easyHotel, die winzige, aber komfortable Zimmer zum niedrigst möglichen Preis anbieten, können über deren Websites gebucht werden.

Die Hostels und Jugendherbergen von Stayokay buchen man auf der entsprechenden Website (stayokay.nl). Eine größere Auswahl bietet die International Youth Hostel Federation (IYHF). Herbergen, die nicht Mitglieder der IYHF sind, erreicht man über hostels.com, hostelbookers.com oder hostelworld.com.

Ein großes Angebot an B & Bs hat bedandbreakast. nl zu bieten. Airbnb. nl hat B & Bs, Privatzimmer, Apartments und Ferienwohnungen im Angebot.

Auch bei der **VVV** (Vereniging voor Vreemdelingenverkeer) kann man Hotelzimmer überall in den Niederlanden gegen eine geringe Gebühr reservieren.

Bar des Hotels Van der Werff *(siehe S. 398)* auf Schiermonnikoog

Bezahlung

Die meisten Hotels akzeptieren die gängigen Kreditkarten. Wenn man seine Kreditkartennummer bei der Reservierung angibt, muss man meistens nicht im Voraus bezahlen. Dies gilt nicht unbedingt für spezielle Rabatte, dann kann die Kreditkarte gleich belastet werden. Sehr kleine Hotels, Pensionen, B&Bs und Jugendherbergen akzeptieren teilweise keine Kreditkarten. Hier muss man bar bezahlen.

Ermäßigungen

Wer frühzeitig bucht, erhält meist eine Ermäßigung auf den Übernachtungspreis, vor allem bei den (amerikanischen) Ketten. Gerade am Wochenende, wenn keine Geschäftsreisenden im Haus sind, wird der Kunde mit Rabatten umworben. Die beliebten Ferienhotels, die am Wochenende meist ausgebucht sind, geben bisweilen unter der Woche Ermäßigungen. Für Kinder bis 15 Jahre, deren Eltern Mitglied bei Stayokay sind, ist die Mitgliedschaft umsonst.

Pauschalangebote

Neben den einfachen Übernachtungen bieten viele Hotels, vor allem die großen Ketten, Arrangements mit einer oder mehr Übernachtungen, Frühstück und Abendessen an. Oft wird zusätzlich eine organisierte Wander- oder Radtour inklusive Mietfahrrad angeboten oder ein komplettes Wellnesswochenende mit Massagen, Saunabesuch und einer Behandlung im hoteleigenen Schönheitssalon. Informationen zu diesen Angeboten erhält man bei den Hotels selbst oder auf Websites wie Groupon.com und Living Social.com – allerdings erfordern solche Pakete eine gewisse Flexibilität, der Zeitrahmen ist bisweilen eng.

Behinderte Reisende

Die großen Hotels sind üblicherweise für Rollstuhlfahrer geeignet. Kleinere Hotels sind weniger gut zugänglich, oft liegen sie in historischen Gebäuden mit Treppen und ohne Lift. Manche Hotels ohne Lift bieten behindertengerchte Zimmer im Erdgeschoss an.

Beim ANWB gibt es mehrere Broschüren mit Informationen für Behinderte. Im Hotelführer der VVV sind die behindertengerechten Hotels ebenfalls gekennzeichnet.

Einige Websites wie hotels. com und booking.com bieten Suchfunktionen, um Hotels herauszufiltern, die behindertengerechte Zimmer anbieten. Es ist jedoch immer ratsam, sich vor einer Buchung direkt beim Hotel nach den Einrichtungen zu erkundigen.

Schwule und Lesben

Die Tage, als Amsterdam noch als Schwulenhauptstadt Europas galt, sind sicherlich vorbei, doch die Stadt heißt noch immer Schwule und Lesben willkommen. Eine Anzahl von Hotels wendet sich ausschließlich an homosexuelle Gäste, darunter das **Amistad** mit frischem Interieur und smarten Zimmern und **The Golden Bear** mit komfortablen Zimmern (obwohl nicht alle Zimmer ein eigenes Bad haben).

Daneben gibt es eine Anzahl von Etablissements, die von der International Gay & Lesbian Travel Association (lglta.org) das Prädikat »homofreundlich« erhalten haben, darunter das hippe Lloyd und das etwas überladene Grand.

Kein Amsterdamer Hotel würde ein gleichgeschlechtliches Paar zurückweisen, doch es gibt für Schwule und Lesben einfach ein paar Favoriten. Bei Frauen ist insbesondere das **Quentin** beliebt.

InterContinental Amstel *(siehe S. 397)* in Amsterdam *(rechts)*

Schwule Infozentren sind **Pink Point** beim Homomonument und **GAYtic** in der Spuistraat. Hier erhalten Besucher entsprechende Infos, von Hotels bis hin zu angesagten Hotspots der Szene.

Hotelkategorien

Die Hotelauswahl *(siehe S. 396–401)* dieses Reiseführers enthält unterschiedliche Übernachtungsmöglichkeiten. Um Ihnen die Auswahl zu erleichtern, wurden die Unterkünfte verschiedenen Kategorien zugeordnet: Hotels mit Charme, Business-Hotels, historisch, familienfreundlich, Design und Luxus. Einige Hotels sind besser als andere – und einige sind außergewöhnlich, etwa weil sie romantisches Flair, einen fantastischen Wellnessbereich oder eine grandiose Lage bieten. Für jede Region

Grand Hotel de Kromme Raake *(siehe S. 399)*, Eenrum, mit Traditionsbett

haben wir außergewöhnliche Etablissements ausgewählt – von der günstigen Jugendherberge in kubistischen Häusern, dem Hotel mit individuell gestalteten Zimmern, die sich über mehrere Häuser verteilen, bis zur Luxussuite in einer Iljuschin oder einer Unterkunft in einem Hafenkran mit Aussicht. Die **Vis-à-Vis-Tipps** heben solche Etablissements hervor – Hotels mit schönen Zimmern, historischem Flair, überdurchschnittlichem Service, grandiosem Ausblick, tollem Spa, familiärer Atmosphäre – oder einer Kombination aus allem.

Auf einen Blick

Hotelauswahl

Bed & Breakfast Nederland
Zandkasteel 43,
5658 BE Eindhoven.
((040) 762 0600.
w bedandbreakfast.nl

Hoevelogies Nederland
Breitnerlaan 13, 2391
GA Hazerswoude-Dorp.
((172) 586 340.
w hoevelogies.nl

Stayokay
((020) 551 3155.
w stayokay.com

Hotelketten

Best Western
w bestwestern.nl

Golden Tulip
((033) 254 4800.
w goldentulip.com

Hilton
(0800 4446 6677.
w hiltonbenelux.com/nld

Holiday Inn
(0800 556 5565.
w holidayinn.nl

Mercure
((020) 654 5727.
w mercure.com

NH Hotels
w nh-hotels.nl

Radisson Blu
w radissonblu.com

Reservierung

ANWB
w anwb.nl/hotels/index.jsp

Holland Tourist Information – Flughafen Amsterdam
Flughafen Schiphol,
Ankunftshalle 2.
((020) 702 6000.

Holland Tourist Information – Hauptbahnhof Amsterdam
Stationsplein 10.
((020) 702 6000.
w iamsterdam.com/de
w vvv.nl

Nederlands Reserverings Centrum
Plantsoengracht 2,
1441 DE Purmerend.
((0299) 689 144.
w hotelres.nl

VVV (Vereniging voor Vreemdelingenverkeer)
Büros *siehe S. 433.*
w vvv.nl

Websites für Hotelbuchungen

w hotels.nl
w booking.com
w expedia.nl

Websites für Herbergsbuchungen

w stayokay.nl
w hostels.com
w hostelbookers.com
w hostelworld.com

Websites für B & B-Buchungen

w bedandbreakfast.nl
w airbnb.nl

Suchmaschinen für Preisvergleich

w travelsupermarket.com
w lookingforbooking.com
w hotelscombined.com

Schwule und Lesben

GAYtic – Gay Tourist Information Centre
Spuistraat 44,
1012 DV Amsterdam.
((020) 330 1461
w gaytic.nl

Hotel Amistad
Kerkstraat 42,
1017 GM Amsterdam.
((020) 624 8074.
w amistad.nl

Pink Point
Homomonument,
Westermarkt,
1016 DH Amsterdam.
((020) 428 1070.
w pinkpoint.org

The Golden Bear
Kerkstraat 37,
1017 GB Amsterdam.
((020) 624 4785.
w goldenbear.nl

The Quentin
Leidsekade 89,
1017 PN Amsterdam.
((020) 894 3004.
w quentinamsterdam.com

Bungalowparks

Mehr als 350 Bungalowparks sind über die Niederlande verteilt. Hier kann man als Familie oder kleine Gruppe – unabhängig vom Wetter – wunderbar Urlaub machen. Die Parks bestehen aus Dutzenden kleiner Häuser für vier bis acht Personen und bieten allerlei Einrichtungen wie Supermärkte und Restaurants. Natürlich gibt es viele Möglichkeiten zur Freizeitgestaltung, sowohl draußen als auch drinnen, sollte der Wettergott schlechte Laune haben. Die Parks liegen oft in schönen Naturgebieten und bieten verschiedene Aktivitäten an. Auf diesen Seiten finden Sie eine Auswahl der schönsten Parks.

Efteling Village Bosrijk
Der Park liegt auf bewaldetem Areal in der Nähe des größte niederländischen Themenparks. In den Cottages ist Platz für sechs bis acht Personen, in den Apartments (im »Herrenhaus«) für vier Personen.

Port Zélande
Die CenterParcs-Anlage im mediterranen Stil liegt am Grevelingenmeer und bietet viele Entspannungsmöglichkeiten und komfortable Bungalows.

De Flaasbloem
Wie alle Freizeitparks bietet auch der RCN-Park in Chaam ein großes Unterhaltungsprogramm für Kinder.

0 Kilometer 40

TERSCHE
Wac
eila
VLIELAND
SLUFTERVALLEI
KRIM
PARC TEXEL TEXEL
CALIFORNIÉ CREATIEF E
PARK TEXEL

Noord-Hollan

AMSTER

ZANDVOORT
Haarlem

SOLLASI

TEEKHOO
Utrecht
Ut

DEN HAAG
KIJKDUINPARK

Zuid-Holland
Rotterdam

TOPPERSHOEDJE
PORT ZÉLANDE
DUINOORD PARK PORT GREVE
PARC
BURGH-HAAMSTEDE
DE SCHOTSMAN

EFTELING
VILLAGE BOSRIJK

DE

Middelburg
HOF VAN ZEELAND DE FLAASBLOEM BOER
ZEEBAD
PANNENSCHUUR Zeeland HET VENN

B E L G I

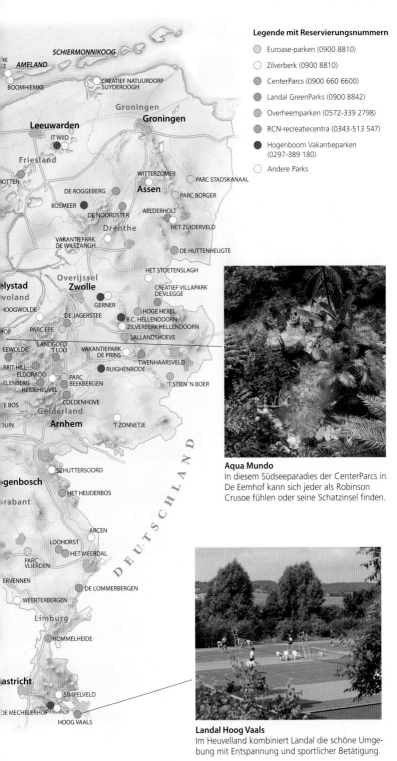

Legende mit Reservierungsnummern

- Euroase-parken (0900 8810)
- Zilverberk (0900 8810)
- CenterParcs (0900 660 6600)
- Landal GreenParks (0900 8842)
- Overheemparken (0572-339 2798)
- RCN-recreatiecentra (0343-513 547)
- Hogenboom Vakantieparken (0297-389 180)
- Andere Parks

SCHIERMONNIKOOG
AMELAND
BOOMHIEMKE
CREATIEF NATUURDORP SUYDEROOGH
Groningen
Groningen
Leeuwarden
IT WIID
Friesland
OTTEN
WITTERZOMER
PARC STADSKANAAL
DE ROGGEBERG
Assen
PARC BORGER
BOSMEER
DE NOORDSTER
AELDERHOLT
HET ZUIDERVELD
Drenthe
VAKANTIEPARK DE WILTZANGH
DE HUTTENHEUGTE
HET STOETENSLAGH
Overijssel
lystad
Zwolle
voland
CREATIEF VILLAPARK DE VLEGGE
HOOGWOLDE
GERNER
HOGE HEXEL
DE JAGERSTEE
B.C. HELLENDOORN
ZILVERBERK HELLENDOORN
HOF
PARC EPE
SALLANDSHOEVE
LANDGOED 'T LOO
EEWOLDE
VAKANTIEPARK DE PRINS
TWENHAARSVELD
BBIT HILL
ELDORADO
RUIGHENRODE
ELENBERG
PARC BEEKBERGEN
'T STIEN 'N BOER
HEIDEHEUVEL
E BOS
COLDENHOVE
Gelderland
Arnhem
'T ZONNETJE
SCHUTTERSOORD
genbosch
HET HEIJDERBOS
rabant
ARCEN
LOOHORST
HET MEERDAL
PARC VLIERDEN
ERVENNEN
DE LOMMERBERGEN
WEERTERBERGEN
Limburg
HOMMELHEIDE
astricht
SIMPELVELD
E MECHELERHOF
HOOG VAALS
DEUTSCHLAND

Aqua Mundo
In diesem Südseeparadies der CenterParcs in De Eemhof kann sich jeder als Robinson Crusoe fühlen oder seine Schatzinsel finden.

Landal Hoog Vaals
Im Heuvelland kombiniert Landal die schöne Umgebung mit Entspannung und sportlicher Betätigung.

Camping

Für viele ist Camping die schönste Form von Urlaub. Es ist billig, man ist ungebunden, und Plätze liegen meistens in schönen Naturgebieten. Es gibt zahllose Arten zu campen: das Zelt jeden Tag woanders aufschlagen oder an einem Ort bleiben, unterwegs mit Wohnwagen oder Wohnmobil, Campen in freier Natur, beim Bauern auf der Wiese oder auf dem Campingplatz. Die Niederlande bieten für Campingfreunde alle Möglichkeiten.

Auch Wanderer mit Zelt sind willkommen

man mit weniger Gepäck unterwegs ist. Auf beide Möglichkeiten gehen wir unten näher ein.

Campen in freier Natur

Wild zu campieren ist gesetzlich verboten. Doch es gibt genug legale Plätze, die »unorganisierte« Lagerfeuerromantik garantieren. Dazu zählen vor allem die sogenannten Naturcampings. Sie liegen meist in grandiosen Naturgebieten, die zum Wandern und Radfahren einladen. Hier kann man sein Zelt aufschlagen, doch es sind auch Wohnwagen und Wohnmobile willkommen. Es gibt keine festen Stand- oder Saisonplätze. Die sanitären Einrichtungen sind einfach, aber gut und sauber. Meist gibt es einen Spielplatz für Kinder. Wer auf diesen Plätzen übernachten will, muss eine *Natuurkampeerkaart* haben, die man bei der **Stichting**

Camping De Roos in Beerze liegt traumhaft an der Vecht

Natuurkampeerterreinen bekommt, zusammen mit einem Heft mit den Adressen von über 100 Plätzen. Die Plätze des Verbands *Gastvrije Nederlandse Landgoederen en Kastelen* (**LKC**) bieten eine Kombination von Natur und Kultur. Sie werden von Privatpersonen geführt und liegen auf Landgütern mit viel Wald oder bei einem Herrenhaus. Alle 28 angeschlossenen Plätze sind sehr großzügig angelegt und bieten Ruhe und viel Atmosphäre.

Camping auf dem Bauernhof verspricht einen Aufenthalt in einer ruhigen, ländlichen Umgebung. Solche **VeKaBo**-Plätze liegen meist in der Nähe eines Naturgebiets, in dem man wandern, Fahrrad fahren oder

Campingplatz-Kategorien

Die Campingplätze in den Niederlanden kann man in zwei Hauptgruppen unterteilen. Da gibt es zum einen die Naturplätze, kleine oder mittelgroße Terrains, die nur das Notwendigste bieten, aber in schönen Gegenden liegen. Zum anderen gibt es die großen Campingplätze mit allem Komfort, oft in der Nähe von Erholungsgebieten. Beide Arten findet man überall im Land, bei beiden kann man mit dem eigenen Zelt oder Wohnwagen stehen oder eine Unterkunft mieten. Der Vorteil ist, dass

Tagescampingplatz in Zeeland, beliebt bei in- und ausländischen Urlaubern

reiten kann. Auch auf dem Bauernhof selbst gibt es viel zu erleben, oft kann man im Stall oder auf dem Feld mithelfen.

Ein Dach über dem Kopf in freier Natur bieten auch die *trekkershutten*, Wanderhütten. Hier kann man auf längeren Touren übernachten. Die einfachen Unterkünfte bieten maximal vier Personen Platz. Sie stehen oft auf Campingplätzen, deren Einrichtungen man nutzen kann, man muss aber eigenes Bettzeug mitbringen.

Ruhe inmitten schöner Natur – der Traum aller Camper

Große Familien-Campingplätze

Die großen Familien-Campingplätze findet man überall, sie sind auch bei den Niederländern sehr beliebt für einen Urlaub im eigenen Land. Die *gezelligheid*, die niederländische Form der Gemütlichkeit, ist hier sehr wichtig. Man liebt die organisierte Unterhaltung, es gibt Grillabende, Karaoke, Spielnachmittage und Sportveranstaltungen. Kontakte kommen schnell zustande. Vor allem Kinder lieben diese Plätze, denn hier finden sie andere Kinder, mit denen sie toben können. Diese großen Plätze

haben alle sanitäre Einrichtungen. Für Wohnmobile gibt es Stromanschlüsse und fließend Wasser. Die Geschäfte auf dem Platz bieten so viel Auswahl, dass man das Gelände eigentlich nicht verlassen muss. Wer keine Lust zum Kochen hat, kann auch die Snackbar, die Kantine oder das Restaurant besuchen. Natürlich findet man hier auch einen Waschsalon oder sogar eine Reinigung. Sehr viele der großen Campingplätze haben zudem ein Schwimmbad, Tennisplät-

ze, Minigolf und andere Sportmöglichkeiten.

Der **ANWB**, der Automobilclub der Niederlande, hat die besten Campingplätze Europas gelistet. Die Sanitäreinrichtungen auf diesen Plätze sind exzellent, die Stellplätze großzügig, die Ausstattung ist luxuriös. Für jedes Jahr werden unter der Rubrik »BestCampings« die besten Plätze aufgeführt, viele davon in den Niederlanden (im Internet unter anwb.nl/kamperen/campings/bestcampings-2016).

Auf einen Blick

Campen in freier Natur

Gastvrije Landgoederen
De Klomp 5,
6745 WB De Klomp,
☎ (0318) 578 555.
W gastvrije landgoederen.nl

Karaktervolle Groene Campings
W kgc.nl

LKC
Nevenlandsehof 14,
7312 EX Apeldoorn.
☎ (0318) 578 555.
W gasturijeland goederen.nl

Nivon – Netwerk voor Natuur & Cultuur
Hilversumstraat 332,
1024 MB Amsterdam.
W nivon.nl

Stichting Natuurkampeerterreinen
☎ (030) 603 3701.
W natuurkampeer terreinen.nl

Stichting Trekkershutten Nederland
☎ (0224) 563 345.
W trekkershutten.nl

SVR (Stichting Vrije Recreatie)
W svr.nl

VeKaBo (Vereniging van Kampeerboeren)
☎ 0900 3336 668.
W vekabo.nl

Große Familien-Campingplätze

Roompot Parken
☎ 0900 8810.
W roompotparken.nl

Vacansoleil
☎ 0900 9899.
W vacansoleil.nl

Campingführer

ADAC Camping-Führer Nordeuropa
W adac.de
Differenzierte Punktebewertung.

ANWB Online-Buchung
W anwbcamping.nl/nederland.html
ANWB Campinggids 1 & 2, beide listen Hunderte von Campingplätzen in den Niederlanden auf (nur niederländisch).

ANWB Campinggids Kleine Campings
Über 1700 kleine Campingplätze in Europa (nur niederländisch).

ACSI Campinggids Benelux
Über 1000 geprüfte Plätze in den Niederlanden, Belgien und Luxemburg (nur niederländisch).

ACSI Campsite Guide Europe DVD
Tausende Campingplätze in Europa auf DVD mit Routenplaner.

Online-Führer
W eurocampings.de
W camping.info/niederlande
W holland.com/de tourist/unterkunfte/campingplatze.htm
W europe-camping-guide.com/de/list/netherlands
W eurocampings.de/de/europa

Hotelauswahl

Amsterdam

Oude Zijde

misc eatdrinksleep €€
Am Wasser **SP** 8 D3
Kloveniersburgwal 20, 1012 CV
☎ (020) 330 6241
W misceatdrinksleep.com
Die sechs Themenzimmer (u. a.
Rembrandt und barock) bieten
Regenduschen, Espressomaschi-
nen und kostenlose Minibar.

Vis-à-Vis-Tipp

Droog €€€
Hotel mit Charme **SP** 7 C4
Staalstraat 7b, 1011 JJ
☎ (020) 523 5059
W hoteldroog.com
Das Design-Label Droog – mit
Büro, Galerie, Shop – ist jetzt
auch ein Hotel mit nur einem
»Zimmer« für zwei. Gäste
können ein Beauty-Salon,
den begrünten Innenhof und
das Café bzw. den Teesalon
des Komplexes genießen.

The Grand €€€
Luxus **SP** 7 C3
Oudezijds Voorburgwal 197, 1012 EX
☎ (020) 555 3111
W sofitel.com
Das einstige Rathaus (17. Jh.) hat
einen üppig bewachsenen Innen-
hof. Modern eingerichtete Räume.

Nieuwe Zijde

Hotel Des Arts €€
Familienfreundlich **SP** 7 B4
Rokin 154–156, 1012 LE
☎ (020) 620 1558
W hoteldesarts.nl
Einzelzimmer sowie Räume für
Familien und Gruppen. Einige
Zimmer bieten schöne Aussicht.

Hotel Sint Nicolaas €€
Hotel mit Charme **SP** 7 C1
Spuistraat 1A, 1012 SP
☎ (020) 626 1384
W hotelnicolaas.nl
Eigenwillig: ehemaliges Hafen-
gebäude und Matratzenfabrik mit
ungewöhnlich geschnittenen
Zimmern. Frühstück inklusive.

DoubleTree €€€
Business **SP** 8 E1
Oosterdoksstraat 4, 1011 DK
☎ (020) 530 0800
W doubletree3.hilton.com
Großes Hotel mit Blick auf den
Hafen und 16 Konferenzräumen.
Moderne Informationstechnolo-
gie und Fitness-Center.

Westl. Grachtengürtel

The Times Hotel €€
Am Wasser **SP** 7 A2
Herengracht 135–137, 1015 BG
☎ (020) 330 6030
W thetimeshotel.nl
Die Grachtenhäuser von 1650
verbinden modernen Komfort mit
Tradition.

The Dylan €€€
Luxus **SP** 1 B5
Keizersgracht 384, 1016 GB
☎ (020) 530 2010
W dylanamsterdam.com
Stilvolles Haus mit individuell ein-
gerichteten Zimmern. Das Restau-
rant hat einen Michelin-Stern.

The Toren €€€
Luxus **SP** 7 A1
Keizersgracht 164, 1015 CZ
☎ (020) 622 6352
W thetoren.nl
Ein von Travellers' Choice ausge-
zeichnetes Hotel. Die Suiten zum
Garten haben Jacuzzi.

Mittlerer Grachtengürtel

The Golden Bear €
Historisch **SP** 4 E1
Kerkstraat 37, 1017 GB
☎ (020) 624 4785
W goldenbear.nl
Bekanntes Hotel der schwul-lesbi-
schen Szene in zwei Gebäuden
von 1731. Hell und freundlich.
Frühstück gibt es bis mittags.

Hotel Pulitzer €€€
Luxus **SP** 1 B5
Prinsengracht 315, 1016 GZ
☎ (020) 523 5235
W pulitzeramsterdam.com
Das Hotel liegt in restaurierten
Grachtenhäusern (17./18. Jh.). Es

Ziegelfassade des ungewöhnlichen
»Hotels« Droog in Amsterdam

bietet drei Gärten, ein Restaurant,
eine Bar und einen Weinsalon. Im
Angebot: Bootsfahrten auf den
Grachten.

Östlicher Grachtengürtel

Vis-à-Vis-Tipp

Banks Mansion €€€
Am Wasser **SP** 7 B5
Herengracht 519–525, 1017 BV
☎ (020) 420 0055
W carlton.nl/banksmansion
Das monumentale Herrenhaus
wurde mit einem »Travellers'
Choice Award« ausgezeichnet.
Die Zimmer sind großartig ein-
gerichtet, angelehnt an den
Stil von Frank Lloyd Wright. Im
Preis inbegriffen sind Frühstück
und iPads zum Ausleihen.

Museumsviertel

Stayokay City
Hostel Vondelpark €
Familienfreundlich **SP** 4 D2
Zandpad 5, 1054 GA
☎ (020) 589 8996
W stayokay.com/vondelpark
Herberge mit gutem Preis-Leis-
tungs-Verhältnis. Im Angebot:
Schlafsäle und Doppelzimmer.

Conscious Hotel
Museum Square €€
Design **SP** 4 D4
De Lairessestraat 7, 1071 NR
☎ (020) 671 9596
W conscioushotels.com
Ökologisch orientiertes, preisge-
kröntes Hotel mit prächtigem
Garten.

Vis-à-Vis-Tipp

Conservatorium €€€
Luxus **SP** 4 D3
Van Baerlestraat 27, 1071 AN
☎ (020) 570 0000
W conservatoriumhotel.com
Das Luxushotel in einem ehe-
maligen Konservatorium
wurde fantasievoll restauriert.
Designer des Atriums war
Piero Lissoni. Fast alle Zimmer
bieten eine hübsche Aussicht.

Plantage

Vis-à-Vis-Tipp

Amsterdam House €€
Familienfreundlich **SP** 7 C4
's-Gravelandse Veer 3–4, 1011 KM
📞 (020) 626 2577
🌐 **amsterdamhouse.com**
Amsterdam am Wasser – stilecht in einem Hausboot mit Kücheneinrichtung. Zimmer und Apartments sind modern und hell. Ideal für Gruppen.

Hermitage €€
Am Wasser **SP** 5 B3
Nieuwe Keizersgracht 16, 1018 DR
📞 (020) 623 8259
🌐 **hotelhermitageamsterdam.com**
Das Hotel in einem Grachtenhaus von 1733 besitzt einen Garten. Ideal für Gruppen oder Familien.

InterContinental Amstel Amsterdam €€€
Luxus **SP** 5 B4
Professor Tulpplein 1, 1018 GX
📞 (020) 622 6060
🌐 **amsterdam.intercontinental.com**
Bei Rockstars beliebt: Das Haus bietet exquisiten Service und ein Restaurant mit Michelin-Stern.

Osten und Süden

CitizenM €€
Business
Prinses Irenestraat 30, 1077 MX
📞 (020) 811 7090
🌐 **citizenm.com/amsterdam-city**
Preiswerter Luxus im Techno-Stil. Online-Buchung empfohlen.

Lloyd Hotel €€
Hotel mit Charme
Oostelijke Handelskade 34, 1019 BN
📞 (020) 561 3636
🌐 **lloydhotel.com**
Kühler Chic in einem ehmaligen Jugendheim. Viele Kulturevents.

Noord-Holland

BERGEN AAN ZEE: Blooming €€
Design **SK** B3
Duinweg 5, 1861 GL
📞 (072) 582 0520
🌐 **blooming-hotels.com**
Stylishes Hotel am Strand. Es gibt kleine Einzelzimmer und Suiten.

BROEK IN WATERLAND:
Inn on the Lake €€€
Hotel mit Charme **SK** C3
Kerkplein 11, 1151 AH
📞 (020) 331 8573
🌐 **innonthelake.nl**
B&B in einem alten Pfarrhaus mit vier Zimmern. Gute Ausstattung.

Unprätentiöse Ausstattung des Boutiquehotels Stempels, Haarlem

HAARLEM: Stempels €€
Historisch **SK** B3
Klokhuisplein 9, 2011 HK
📞 (023) 512 3910
🌐 **stempelsinhaarlem.nl**
Die frühere königliche Münze ist heute ein Boutiquehotel mit guter Ausstattung.

HEEMSKERK: Stayokay €
Historisch **SK** B3
Tolweg 9, 1967 NG
📞 (0251) 232 288
🌐 **stayokay.com**
Die Herberge liegt in einem mittelalterlichen Schloss mit Türmen. Schlafsäle und Einzelzimmer.

OUDERKERK AAN DE AMSTEL:
't Jagershuis €€€
Design **SK** C3
Amstelzijde 2–4, 1184 VA
📞 (020) 496 2020
🌐 **jagershuis.com**
Das Boutiquehotel liegt in einem malerischen Dorf an der Amstel. Alle Zimmer sind individuell eingerichtet.

Vis-à-Vis-Tipp

ZAANDAM: Inntel €€
Design **SK** B3
Provincialeweg 102, 1506 MD
📞 (075) 631 1711
🌐 **inntelhotels.nl**
Das einzigartige Gebäude dieses Vier-Sterne-Hotels erinnert an die Holzhäuser des nahe gelegen historischen Dorfs Zaanse Schans. Die modern ausgestatteten Räume weisen ebenfalls regionalen Stil auf.

ZUIDOOSTBEEMSTER:
Fort Resort Beemster €€
Hotel mit Charme **SK** C3
Nekkerweg 24, 1461 LC
📞 (0299) 682 200
🌐 **fortresortbeemster.nl**
Das Gebäude war früher Teil der Festungsanlagen von Amsterdam. Ansprechend restauriertes Haus.

Utrecht

AMERONGEN: Buitenlust €
Hotel mit Charme **SK** C4
Burgemeester Jonkheer H. v. d. Boschstraat 13, 3958 CA
📞 (0343) 451 692
🌐 **buitenlust-amerongen.nl**
Fröhliche, geräumige Zimmer in einem modernen Haus nahe am Nationalpark Heuvelrug.

AMERSFOORT:
Logies de Tabaksplant €
Historisch **SK** C4
Coninckstraat 15, 3811 WD
📞 (033) 472 9797
🌐 **tabaksplant.nl**
Das über mehrere mittelalterliche Gebäude verteilte Hotel bietet ein hübsches Restaurant.

DOORN: Landgoed Zonheuvel €
Business **SK** C4
Amersfoortseweg 98, 3941 EP
📞 (0343) 473 500
🌐 **landgoedzonheuvel.nl**
Konferenzhotel in einem alten Märchenschloss.

UTRECHT: Mary K €€
Hotel mit Charme **SK** C4
Oudegracht 25, 3511 AB
📞 (030) 230 4888
🌐 **marykhotel.com**
Zimmer aller Größenordnungen. Frühstück auf dem Boot.

Vis-à-Vis-Tipp

UTRECHT: Dom €€€
Design **SK** C4
Domstraat 4, 3512 JB
📞 (030) 232 4242
🌐 **hoteldom.nl**
Stylishe Zimmer mit Auping-Betten, Nespresso-Maschinen und Yogamatten. Gutes Restaurant und eine Bar wie aus einem James-Bond-Film.

ZEIST: Kasteel Kerckebosch €
Historisch **SK** C4
Arnhemse Bovenweg 31, 3708 AA
📞 (030) 692 6666
🌐 **kasteelkerckebosch.nl**
Waldschloss mit modernen Zimmern und gutem Restaurant.

Zuid-Holland

DELFT:
De Bieslandse Heerlijkheid €
Hotel mit Charme **SK** B4
Klein Delfgauw 61, 2616 LC
📞 (015) 310 7126
🌐 **bieslandseheerlijkheid.nl**
Rustikales B&B in einem umgebauten Bauernhof. Stadtnah.

Tische im hübschen Marktcafé der Villa Augustus, Dordrecht

DEN HAAG: Mozaic €€
Design SK B4
*Laan Copes van Cattenburgh
38–40, 2585 GB*
📞 (070) 352 2335
🌐 mozaic.nl
Boutiquehotel in einer eleganten
Umgebung. Trendy und gut ausgestattet.

DORDRECHT: Villa Augustus €€
Design SK B4
Oranjelaan 7, 3311 DH
📞 (078) 639 3111
🌐 villa-augustus.nl
Attraktives Boutiquehotel in
einem alten Wasserturm. Großartige Aussicht, reizendes Café
und ein gutes Restaurant.

ROTTERDAM: SS Rotterdam €€
Design SK B4
3e Katendrechtsehoofd 25, 3072 AM
📞 (010) 297 3090
🌐 ssrotterdam.nl
Das einstige Flaggschiff der Holland America Line ist heute ein
Hotelschiff im Stil der 50er Jahre.

Vis-à-Vis-Tipp
ROTTERDAM: Stayokay €
Hotel mit Charme SK B4
Overblaak 85–87, 3011 MH
📞 (010) 436 5763
🌐 stayokay.com
Hotel in den von Piet Blom in
den 1980er Jahren erbauten
Kubus-paalwoningen. Ausgesprochen eigenwillig, dennoch
sehr komfortabel. In der Nähe
gibt es gute Cafés und Restaurants. Verkehrsgünstige Lage.

SCHEVENINGEN: Strandhotel €
Hotel mit Charme SK B4
Zeekant 111, 2586 JJ
📞 (070) 354 0193
🌐 strandhotel-scheveningen.nl
Kleines familiengeführtes Hotel
am Strand. Hier gibt es auch
Zimmer für den schmalen Geldbeutel. Schöner Meerblick.

Zeeland

CADZAND-BAD:
De Blanke Top €
Familienfreundlich SK A5
Boulevard de Wielingen 1, 4506 JH
📞 (0117) 392 040
🌐 blanketop.nl
Das Resort bietet schöne Ausblicke
und ein gutes Restaurant.

DOMBURG: Hotel ter Duyn €€
Hotel mit Charme SK A5
P. J. Eloutstraat 1, 4357 AH
📞 (0118) 584 400
🌐 hotelterduyn.nl
Freundliches Strandhotel. Nur
Suiten mit Einbauküche.

DOMBURG: Badhotel €€€
Luxus SK A5
Domburgseweg 1a, 4357 BA
📞 (0118) 588 888
🌐 badhotel.com
Hotel in Strandnähe mit allen
modernen Annehmlichkeiten.

KRUININGEN: Manoir
Inter Scaldes €€€
Luxus SK B5
Zandweg 2, 4416 NA
📞 (0113) 381 753
🌐 interscaldes.eu
Die Luxusunterkunft bietet zwölf
Zimmer in reetgedeckten Cotta-
ges. Exzellentes Restaurant.

Vis-à-Vis-Tipp
MIDDELBURG:
Aan de Dam €€
Historisch SK A5
Dam 31, 4331 GE
📞 (0118) 643 773
🌐 hotelaandedam.nl
Das Hotel (17. Jh.) wurde vom
selben Architekten errichtet,
der auch den königlichen Pa-
last erbaute. Der heutige Ho-
telbetrieb liefert exzellenten
Service und lässt das Goldene
Jahrhundert wiederaufleben.

SINT MAARTENSDIJK: Kom! €
Hotel mit Charme SK B5
Markt 58, 4695 CH
📞 (0166) 663 000
🌐 hotelkom.nl
Modernes Boutiquehotel hinter
einer Fassade aus dem 16. Jahrhundert. Gutes Restaurant.

SLUIS: Gasthof d'Ouwe
Schuure €
Hotel mit Charme SK A5
St. Annastraat 191, 4524 JH
📞 (0117) 462 232
🌐 ouweschuure.nl
Das B&B an der belgischen Grenze
hat sieben Zimmer und ein Lokal
im ehemaligen Bauernhaus.

Waddeneilanden

Vis-à-Vis-Tipp
AMELAND: Nobel €€
Design SK C1
*Gerrit Kosterweg 16, Ballum
9162 EN*
📞 (0519) 554 157
🌐 hotelnobel.nl
Das moderne Hotel ist futu-
ristisch gestaltet. Sehr gutes
Restaurant und Café-Kneipe.
Zudem gibt es einen Schnaps-
laden und eine Destillerie.

SCHIERMONNIKOOG:
Van der Werff €€
Historisch SK D1
Reeweg 2, 9166 PX
📞 (0519) 531 203
🌐 hotelvanderwerff.nl
Legendärer Gasthof. Man erreicht
ihn mit der Fähre und einem historischen Omnibus.

TERSCHELLING: Stayokay €
Hotel mit Charme SK C1
't Land 2, West-Terschelling, 8881 GA
📞 (0562) 442 338
🌐 stayokay.com
Herberge auf einer Düne mit
schönem Meerblick. Schlafsäle
und Einzelzimmer.

TERSCHELLING:
Sandton Paal 8 aan Zee €€€
Luxus SK C1
Badweg 4, West-Terschelling, 8881 HB
📞 (0562) 449 090
🌐 sandton.eu/nl/terschelling
Das Vier-Sterne-Resort liegt auf
einer Düne mit wunderbarem
Blick aufs Meer. Fahrradverleih.

TEXEL: Zeerust €€
Hotel mit Charme SK B2
Boodtlaan 5, De Koog, 1796 BD
📞 (0222) 317 261
🌐 hotelzeerust.nl

eines modernes Hotel, ideal
zwischen dem Dorf, den Wäldern
und dem Strand gelegen.

EXEL: Bij Jef €€€
Design **SK** B2
Herenstraat 34, Den Hoorn, 1797 AJ
📞 (0222) 319 623
W bijjef.nl
Luxus-B&B in einem früheren
Farrhaus mit Aussicht. Sterne-
restaurant.

VLIELAND: WestCord
Residentie Vlierijck €€€
Luxus **SK** C1
Willem de Vlaminghweg 2, 8899 AV
📞 (0562) 453 840
W residentie-vlierijck-vlieland.nl
Kleines Apartmenthotel mit Bar,
Restaurant, Pool und Sauna.
Selbstversorger-Apartments mit
Balkon. Nahe am Fähranleger.

Groningen

TEN HAM: Piloersemaborg €€
Historisch **SK** D3
Pietse Veldstraweg 25, 9833 TA
📞 (050) 403 1362
W piloersema.nl
Gut erhaltenes Gehöft aus dem
17. Jahrhundert mit fünf luxuriö-
sen Zimmern. Sterne-Restaurant.

ENRUM: Grand Hotel
De Kromme Raake €€
Historisch **SK** D1
Molenstraat 5, 9967 SL
📞 (0595) 491 600
W hoteldekrommeraake.nl
Offiziell das kleinste Hotel der
Welt mit nur einem Gästezimmer.
Hier haben schon viele Prominen-
te übernachtet.

Vis-à-Vis-Tipp

GRONINGEN: Stee in Stad €
Hotel mit Charme **SK** D1
Floresplein 21, 9715 HH
📞 (050) 577 9896
W steeinstad.nl
Drei nebeneinanderliegende
Häuser wurden in ein charak-
tervolles B&B verwandelt. Das
ganze Vorhaben wurde als
Musterprojekt für die Arbeit
mit Behinderten ausgeführt.
Alle neun Zimmer sind indivi-
duell eingerichtet.

GRONINGEN: Asgard €€
Design **SK** D1
Ganzevoortsingel 2–1, 9711 AL
📞 (050) 368 4810
W asgardhotel.nl
Minimalistische, moderne Einrich-
tung in einem ehemaligen Diako-
nissenkrankenhaus.

GRONINGEN: Prinsenhof €€
Historisch **SK** D1
Martinikerkhof 23, 9712 JH
📞 (050) 317 6555
W prinsenhof-groningen.nl
Der Palast aus dem 15. Jahrhun-
dert besitzt eine großartige Aus-
strahlung. Herrliche Gärten.

LUTJEGAST: Erfgoed Rikkerda €€
Hotel mit Charme **SK** D1
Abel Tasmanweg 28, 9866 TD
📞 (0594) 612 928
W rikkerda.nl
Stilvolles B&B mit geräumigen
Unterkünften.

WARFHUIZEN:
De Theaterherberg €
Design **SK** D1
Baron van Asbeckweg 42, 9963 PC
📞 (0595) 572 742
W theaterherberg.nl
Hier finden Gäste ein winziges
Theater und vier nach Literatur-
themen gestaltete Zimmer.

Friesland

HARICH: Welgelegen €
Hotel mit Charme **SK** C2
Welgelegen 15, 8571 RG
📞 (0514) 605 050
W hotelwelgelegen.nl
Umgebautes Bauernhaus mit ro-
mantischer Hochzeitssuite.

Vis-à-Vis-Tipp

HARLINGEN:
Harbour Crane €€€
Hotel mit Charme **SK** C2
Dokkade 5, 8862 NZ
📞 (0517) 414 410
W vuurtoren-harlingen.nl
Ein alter Hafenkran wurde in
ein Hotelzimmer verwandelt.
Das Bett schwebt 17 Meter
über dem Erdboden, während
sich der Kran ständig um die
eigene Achse dreht und immer
neue Ausblicke gewährt.

**Imposanter Zugang zum Hotel
Prinsenhof in Groningen**

KOUDUM: Galamadammen €€
Hotel mit Charme **SK** C2
Galamadammen 1–4, 8723 CE
📞 (0514) 521 346
W galamadammen.nl
Das Hotel direkt am Bootshafen
lädt dazu ein, von hier aus die
Seen Frieslands zu entdecken.

LEEUWARDEN: Grand Hotel
Post Plaza €€
Luxus **SK** D1
Tweebaksmarkt 25–27, 8911 KW
📞 (058) 215 9317
W post-plaza.nl
Üppig eingerichtete Unterkunft in
einem früheren Bankhaus (18. Jh.).
Moderne Zimmer, Spa und gran-
diose öffentliche Bereiche.

STAVOREN:
De Vrouwe van Stavoren €
Design **SK** C2
Havenweg 1, 8715 EM
📞 (0514) 681 202
W hotel-vrouwevanstavoren.nl
Die Zimmer sind in Weinfässer
eingebaut und mit Bad und Dop-
pelbett ausgestattet. Originell.

TERNAARD: Herberg de
Waard van Ternaard €€
Hotel mit Charme **SK** D1
De Groedse 3, 9145 RG
📞 (0519) 571 441
W herbergdewaard.nl
Hier wurde ein Gasthaus aus den
1860er Jahren in ein Boutiquehotel umgewandelt. Die Zimmer
sind mit Holz und Marmor aus-
gestaltet. Exzellentes Restaurant.

Drenthe

BORGER: Bed & Brood Enzo €
Hotel mit Charme **SK** E2
Drouwenerstraat 14, 9531 JZ
📞 (0599) 858 332
W bedenbroodenzo.nl
Rustikale Übernachtungsmöglich-
keit mit Frühstück. Nur ein Zim-
mer mit Bad und Küche.

DE SCHIPHORST:
Château De Havixhorst €€€
Luxus **SK** D3
De Schiphorsterweg 34–36, 7966 AC
📞 (0522) 441 487
W dehavixhorst.nl
Üppig eingerichtete Suiten in
einem romantischen Herrenhaus
aus dem 17. Jahrhundert. Barock-
gärten und gutes Restaurant.

GIETEN: Braams €
Hotel mit Charme **SK** E2
Brink 9, 9461 AR
📞 (0592) 261 241
W hotelbraams.nl
Das familiengeführte Hotel liegt
direkt am Dorfplatz.

SK = Straßenkarte *siehe hintere Umschlaginnenseiten*

NORG: De Eshof €
Hotel mit Charme SK D2
Esweg 25, 9331 AP
📞 06 2169 0092
🌐 eshofnorg.nl
Das B & B liegt in einem umgebauten Bauernhof mit Sauna und Pool. Ideal für Radurlauber.

Vis-à-Vis-Tipp

VEENHUIZEN: Bitter & Zoet €€
Historisch SK D2
Hospitaallaan 16, 9341 AH
📞 (0592) 385 002
🌐 bitterenzoetveenhuizen.nl
»Hingabe«, »Verpflichtung« und »Bitter & Süß« – die drei Gebäude eines Krankenhauskomplexes (19. Jh.) wurden zu einem Boutiquehotel mit stilvollen Zimmern und Aparts, Sauna, Restaurant und Bäckerei umgebaut.

ZEEGSE: De Zeegser Duinen €€
Hotel mit Charme SK D2
Schipborgerweg 8, 9483 TL
📞 (0592) 530 099
🌐 hoteldezeegserduinen.nl
Vier-Sterne-Hotel in einem Naturschutzgebiet – der perfekte Ort zum Erholen.

Overijssel

BLOKZIJL: Kaatjes Résidence €€€
Design SK D2
Brouwerstraat 20, 8356 DZ
📞 (0527) 291 833
🌐 kaatje.nl
Luxuriöses B & B mit zeitgenössischer Einrichtung sowie einem Restaurant mit Michelin-Stern.

Vis-à-Vis-Tipp

HENGELO: Tuindorphotel 't Lansink €€
Hotel mit Charme SK E3
C. T. Storkstraat 18, 7553 AR
📞 (074) 291 0066
🌐 hotellansink.com
Das Grandhotel, einst Teil einer Gartenstadt für die Arbeiter von Stork, beherbergte früher Prominente und Mitglieder des Adels. Noch heute spürt man dieses Flair. Moderne Zimmer und edles Restaurant.

HOLTEN: Hoog Holten €€
Hotel mit Charme SK D3
Forthaarsweg 7, 7451 JS
📞 (0548) 361 306
🌐 hoogholten.nl
Wunderbarer Rückzugsort in einer alten Jagdhütte. Schöne Terrasse, Restaurant und Weinbar.

Ansprechende Innenausstattung im Modez in Arnhem

LATTROP:
Landgoed de Holtweijde €€
Luxus SK E3
Spiekweg 7, 7635 LP
📞 (0541) 229 234
🌐 holtweijde.nl
Fünf-Sterne-Resort in ruhiger Lage mit Suiten und Cottages, Spa, Tennis und Driving Range.

TUBBERGEN: Droste's €
Design SK E3
Uelserweg 95, 7651 KV
📞 (0546) 621 264
🌐 drostes.nl
Zeitgenössisches Gasthaus mit modernen Zimmern inmitten von Wiesen. Gutes Restaurant.

ZWOLLE: De Koperen Hoogte €€
Design SK D3
Lichtmisweg 51, 8035 PL
📞 (0529) 428 428
🌐 dekoperenhoogte.nl
Das Hotel in einem alten Wasserturm bietet luxuriöse, etwas kitschig eingerichtete Zimmer.

ZWOLLE:
Hampshire Hotel Lumen €€
Design SK D3
Stadionplein 20, 8025 CP
📞 (088) 147 1471
🌐 hotellumen.nl
Das stilvolle Vier-Sterne-Hotel liegt im Fußballstadion-Komplex. Gutes Restaurant.

Flevoland

EMMELOORD:
Hotel Emmeloord €
Business SK D2
Het Hooiveld 9, 8302 AE
📞 (0527) 612 345
🌐 hotelemmeloord.nl
Hotel nahe dem Bootshafen und 20 Minuten vom Nationalpark.

LELYSTAD:
Waterlodge de Aalscholver €
Design SK C3
Aalscholver 2, 8218 PW
📞 (036) 523 9273
🌐 hajerestaurants.com

Hotel und Restaurant liegen direkt am und im Wasser. Kunstvoll gestaltete Zimmer.

LELYSTAD:
De Groene Watertuinen €€
Luxus SK C
Groene Velden 154, 8211 BD
📞 (0320) 263 310
🌐 groenewatertuinen.nl
Das Haus in grüner Umgebung bietet zwei Suiten, Jacuzzi und Sauna.

Vis-à-Vis-Tipp

URK: De Roos van Saron €
Hotel mit Charme SK C3
Wijk 1–44, 8321 EM
📞 (0527) 688 115
🌐 roosvansaron.com
Das kleine Haus mit nur zwei Zimmern ist im Stil des 18. Jahrhunderts dekoriert. Herrliche Lage am Hafen eines alten Fischerdorfs. Moderne Annehmlichkeiten wie Minibar und Nespresso-Maschine.

Gelderland

ARNHEM: Modez €€
Design SK D
Elly Lamakerplantsoen 4, 6822 BZ
📞 (026) 442 0993
🌐 hotelmodez.nl
Faszinierendes Hotel, das von 30 Designern unter Anleitung von Piet Paris gestaltet wurde.

BRUMMEN:
Het Oude Postkantoor €€
Hotel mit Charme SK D
Zutphensestraat 6, 6971 EM
📞 (0575) 566 781
🌐 hetoudepostkantoor.nl
Die alte Dorfpost wurde in ein kleines Hotel umgebaut.

DOETINCHEM: Villa Ruimzicht €€
Hotel mit Charme SK D
Ruimzichtlaan 150, 7001 KG
📞 (0314) 320 680
🌐 hotelvillaruimzicht.nl

Einfallsreiche Küche, Design-Möbel und Kunst in einem Herrenhaus aus dem 19. Jahrhundert.

HARDERWIJK:
Harderwijk op de Veluwe €€
Luxus SK C3
Leuvenumseweg 7, 3847 LA
📞 (0341) 801 010
🌐 **hotelharderwijk.com**
Vier-Sterne-Hotel mit Jacuzzi und Regendusche in jedem Zimmer.

NIJMEGEN: Manna
Design €€
SK D4
Oranjesingel 2c, 6511 NS
📞 (024) 365 0990
🌐 **manna-nijmegen.nl**
Stylishes Boutiquehotel mit zehn individuell dekorierten Suiten.

OTTERLO: Sterrenberg
Design €€
SK D4
Houtkampweg 1, 6731 AV
📞 (0318) 591 228
🌐 **sterrenberg.nl**
Wundervoller Rückzugsort nahe dem Nationalpark Hoge Veluwe. Gutes Restaurant, Pool und Spa.

Vis-à-Vis-Tipp

TEUGE: Airplane Suite €€€
Hotel mit Charme SK D3
De Zanden 61b, 7395 PA
📞 06 1938 8603
🌐 **hotelsuites.nl**
Eine Iljuschin-18 – das Flugzeug transportierte einst sowjetische Parteigrößen – wurde in eine Suite für zwei Personen verwandelt: mit Auping-Bett, Pantry, Sauna und Jacuzzi. Das Cockpit ist noch funktionsfähig.

Noord-Brabant

BREDA: Bliss
Design €€€
SK B5
Torenstraat 9–11, 4811 XV
📞 (076) 533 5980
🌐 **blisshotel.nl**
Neun Themen-Suiten mit Jacuzzi, Kamin, WLAN und Terrasse.

GELDROP: Nijver
Design €
SK D5
Heuvel 1a, 5664 HJ
📞 (040) 286 7000
🌐 **hotelnijver.nl**
Boutiquehotel, das sich in der Zimmereinrichtung an der regionalen Textilindustrie ausrichtet.

KAATSHEUVEL:
Efteling Hotel €€€
Design SK D5
Horst 31, 5171 RA
📞 (0416) 287 111
🌐 **eftelinghotel.com**

Vier-Sterne-Hotel nahe einem Freizeitpark. Die Zimmer sind nach Märchenthemen dekoriert.

Vis-à-Vis-Tipp

NIEUWENDIJK:
Fort Bakkerskil €
Historisch SK C4
Kildijk 143, 4255 TH
📞 06 4593 4892
🌐 **bakkerskil.nl**
Das B&B in einer Festung der Nieuwe Hollandse Waterlinie bietet mehrere Übernachtungsmöglichkeiten: im Pulvermagazin, in der Waffenkammer oder der Krankenstation.

OISTERWIJK: Stille Wilde
Familienfreundlich €
SK C5
Scheibaan 11, 5062 TM
📞 (013) 528 2301
🌐 **stillewilde.nl**
Hier gibt es komfortable, einfache Zimmer mit Terrasse oder Balkon – ideal für Erholungsuchende.

OSSENDRECHT: De Volksabdij €
Historisch SK B5
Onze Lieve Vrouwe ter Duinenlaan 199, 4641 RM
📞 (0164) 672 546
🌐 **devolksabdij.nl**
Das ehemalige Kloster bietet gut ausgestattete einfache Zimmer in einem Naturschutzgebiet.

'S-HERTOGENBOSCH:
Stadshotel Jeroen €€
Hotel mit Charme SK C4
Jeroen Boschplein 6, 5211 ML
📞 (073) 610 3556
🌐 **stadshoteljeroenbosch.nl**
Stilvolles Hotel, das nach Hieronymus Bosch benannt ist. Vier Zimmer, zwei geräumige Suiten und eine Terrasse.

Airplane Suite in Teuge – wohnen in einer umgebauten Iljuschin-18

Limburg

KERKRADE: Abdij Rolduc
Historisch €
SK D6
Heyendallaan 82, 6464 EP
📞 (045) 546 6888
🌐 **rolduc.com**
Hotel mit Restaurant und Konferenzzentrum in einer 900 Jahre alten Abtei.

MAASTRICHT: Zenden
Design €
SK C6
Sint Bernardusstraat 5, 6211 HK
📞 (043) 321 2211
🌐 **zenden.nl**
Minimalistische Zimmer mit Auping-Betten und Alessi-Bädern.

MAASTRICHT:
Kruisherenhotel €€€
Luxus SK C6
Kruisherengang 19–23, 6211 NW
📞 (043) 329 2020
🌐 **chateauhotels.nl**
Opulentes Design-Hotel mit individuell dekorierten Zimmern.

Vis-à-Vis-Tipp

ROERMOND:
Het Arresthuis €€
Hotel mit Charme SK D5
Pollartstraat 7, 6041 GC
📞 (0475) 870 870
🌐 **hetarresthuis.nl**
Die Zellen eines Gefängnisses aus dem 19. Jahrhundert wurden in »Komfort-Kerker« verwandelt. Das Aufseherbüro ist nun eine Luxussuite, der Innenhof ein Patio. Statt trocken Brot gibt es Sechs-Gänge-Menüs.

SITTARD: Merici
Historisch €€
SK D6
Oude Markt 25, 6131 EN
📞 (046) 400 9002
🌐 **hotelmerici.nl**
Die Ursulinenschule (19. Jh.) ist jetzt ein Vier-Sterne-Hotel.

VALKENBURG AAN DE GEUL:
Dieteren €€
Hotel mit Charme SK D6
Neerhem 34, 6301 CH
📞 (043) 601 5404
🌐 **hoteldieterenvalkenburg.nl**
Hotel nahe der Seilbahn mit Pool und Garten. Fahrradgarage und Ladestation für E-Bikes.

VALKENBURG AAN DE GEUL:
Château St. Gerlach €€€
Luxus SK D6
Joseph Corneli Allée 1, 6301 KK
📞 (043) 608 8888
🌐 **chateaustgerlach.com**
In dem exklusiven aristokratischen Rückzugsort übernachtete auch schon der König.

SK = Straßenkarte *siehe hintere Umschlaginnenseiten*

Restaurants

Niederländer sind einfallsreich – auch auf kulinarischem Gebiet. Immer mehr Köche zeigen ihre Meisterschaft, immer mehr exotische Restaurants werden eröffnet. Gab es früher in den Städten einen Chinesen, einen Italiener und ein indonesisches Restaurant, so findet man heute Spezialitäten aus Spanien, der Türkei, Griechenland, Marokko, Israel, Japan, dem Libanon, Äthiopien, Indien, Thailand, Korea und Vietnam.

In den sogenannten *eetcafés* werden komplette mehrgängige Menüs serviert. Hier kann man in gemütlicher Atmosphäre sein Essen genießen. Die Speisekarte ist klein, doch es gibt üblicherweise ein günstiges Tagesmenü *(dagmenu)*.

Viele dieser einfachen Lokale kommen in der Qualität traditionellen Restaurants sehr nah. Aber auch die Snackbar, an der man sich sein *broodje kroket*, eine Frikadelle oder Pommes holt, ist aus den Niederlanden nicht mehr wegzudenken.

Ein um sich greifender Trend ist, dass die traditionelle niederländische Küche wiederentdeckt wird. Eine steigende Anzahl von Küchenchefs serviert Neuinterpretationen alter bzw. regionaler Gerichte. Hinzu kommt, das Essengehen mittlerweile einen hohen Stellenwert besitzt. Sichtbares Zeichen dafür ist, dass die Zahl der mit Michelin-Sternen ausgezeichneten Restaurants in den Niederlanden zugenommen hat.

Essen gehen – in den Niederlanden sehr beliebt

Restaurantarten

In den Niederlanden gibt es sehr unterschiedliche Restaurants. Niederländer gehen gern zum Essen, die Zahl der Lokale mit internationaler Küche wächst. Wegen der alten Bande mit den Indonesiern gibt es überall indonesische (»indische«) Restaurants. Auch chinesische Lokale und Pizzerien findet man sehr häufig.

Die traditionelle niederländische Küche ist eher bescheiden. Die »Fischnation« bietet natürlich – vor allem an der Küste – eine große Zahl von Fischrestaurants, in denen frische Fischgerichte auf der Karte stehen. Es dominieren aber die Restaurants, in denen französische Küche serviert wird. Deren Zahl wird größer, die Qualität immer besser. Oft verwenden die Köche bei französischen Rezepten frische

Zutaten aus niederländischem Anbau, etwa Spargel oder Fenchel. So kann man hier Wildente auf Endivien finden – ein Gericht, von dem man in Frankreich noch nie gehört hat. Niederländische Köche werden immer experimentierfreudiger.

Eetcafés

Das Speisecafé ist in der niederländischen Esskultur populär. Anfangs servierte man in einigen Cafés nur einen kleinen Imbiss zu den Getränken. Diese *borrelgarnituur* wurde immer aufwendiger, aus den Happen wurden Mahlzeiten, und so verwandelten sich viele dieser Cafés in sogenannte *eetcafés*, Lokale, in denen man mittags vielerlei für den kleinen Hunger serviert. Auch abends

stehen Mahlzeiten auf der Karte – um einiges günstiger als in normalen Restaurants.

»Braune Cafés«

Eine typische Amsterdamer Kneipe ist das *bruine café*, benannt nach der dunklen Holzverkleidung und der gemütlich-schummrigen Atmosphäre, die früher vom Zigarettenqualm stammte. Auch »Braune Cafés« servieren oft Snacks oder Mahlzeiten.

Vegetarische Gerichte

In den meisten Restaurants findet man mehrere vegetarische Mahlzeiten auf der Karte. Das gilt sowohl für niederländische und französische Lokale als auch für Ethno-Restaurants. Zudem gibt es immer mehr rein vegetarische Lokale.

In *eetcafés* werden immer raffiniertere Gerichte serviert

Cooles Interieur der Eetbar Dit *(siehe S. 415)* in 's-Hertogenbosch

Öffnungszeiten

Niederländer kannten früher ein großes Mittagessen, doch das ändert sich langsam. Immer mehr Restaurants sind heute auch über Mittag offen. Abends öffnen die meisten Lokale gegen 18 Uhr, die Küche schließt meist um 22.30 oder 23 Uhr. Außerdem gibt es, vor allem in den großen Städten, immer mehr Nachtrestaurants, deren Küche bis nach Mitternacht geöffnet bleibt.

Oft haben Restaurants am Montag Ruhetag – doch auch das ändert sich langsam.

Reservierung

Wer in einem der edleren Restaurants essen gehen will, tut gut daran, einen Tisch zu reservieren, am besten ein paar Tage vorher – oder Wochen vorher bei Sterne-Restaurants. *eetcafés* und anderen weniger förmlichen Lokalen kann es im Lauf des Abends auch voll werden, doch hier werden Reservierungen nur für große Gruppen angenommen – falls überhaupt.

Trinkgeld

Im Preis sind in niederländischen Restaurants 15 Prozent für den Service inbegriffen. Es ist aber durchaus üblich, den Rechnungsbetrag mit etwa zehn Prozent Trinkgeld aufzurunden.

Etikette und Rauchen

Die meisten Restaurants in den Niederlanden bieten ihren Gästen eine ungezwungene Atmosphäre: Zum Essengehen kann man im Allgemeinen anziehen, was man will. Es gibt jedoch auch Ausnahmen: In einigen sehr eleganten Restaurants erwartet man entsprechende Kleidung.

Rauchen in öffentlichen Gebäuden ist in den Niederlanden seit 1990 untersagt. Seit 2004 gilt eine Nichtraucherverordnung in öffentlichen Gebäuden und seit 2008 Rauchverbot in allen Restaurants, Bars und Cafés.

Preise

Bei den meisten niederländischen Restaurants hängt am

Snackbar für den kleinen Hunger

Eingang eine Speisekarte mit den Preisen. So kann man schon vor dem Betreten des Lokals abschätzen, ob das Lokal den Möglichkeiten des eigenen Geldbeutels entspricht. Im Preis eingeschlossen sind Mehrwertsteuer und Bedienung.

Es gibt Lokale, in denen man für weniger als 25 Euro ausgezeichnet essen kann. In den Top-Restaurants sollte man sich aber nicht wundern, wenn man für ein Drei-Gänge-Menü 80 Euro auf den Tisch blättern muss – und das ohne den oft auch nicht gerade günstigen Wein oder das Tafelwasser.

Behinderte Reisende

Die meisten Restaurants liegen im Erdgeschoss und sind für Rollstuhlfahrer gut zugänglich. Die traditionell engen Toiletten stellen jedoch nach wie vor ein Problem dar. In historischen Bauten liegen Toiletten teils ein Stockwerk höher oder tiefer.

Getränke

Eine wachsende Zahl von Restaurants schenkt der Weinkarte mittlerweile mehr Aufmerksamkeit. In vielen Lokalen kann man aus einem reichen Angebot von hervorragenden, meist französischen Weinen wählen. Auch die Karte mit exotischen Aperitifs und Digestifs wird in den meisten Lokalen immer umfangreicher.

Braune Cafés servieren mittlerweile Kaffeespezialitäten, smarte Cocktailbars exotische Drinks. Für viele Niederländer aber ist Heineken immer noch das Getränk der Wahl.

Restaurantkategorien

Die Restaurantauswahl *(siehe S. 406–415)* dieses Reiseführers legt Wert auf die Qualität des Essens, doch ebenso auf das Preis-Leistungs-Verhältnis, die Atmosphäre, Lage und den Service. Einige Lokale ragen besonders hervor, sei es wegen ihrer kreativen Küchenchefs, der hübschen Lage am Wasser oder der romantischen Atmosphäre. In jeder Region haben wir spezielle Restaurants ausgesucht – vom Strandclub an einer ruhigen Ecke des Strands von Zandvoort, einer winzigen Trattoria, die fantastische Krebs-Cannelloni serviert, bis hin zum Sterne-Restaurant in einem Märchenschloss, dessen Terrasse im Wassergraben zu schweben scheint. Die **Vis-à-Vis-Tipps** listen solche besonderen Häuser auf – etwa Lokale mit außergewöhnlich guten Gerichten, moderaten Preisen, Ambiente, schöner Aussicht, besonders guter Küche – oder einer Kombination aus allem.

Niederländische Küche

Die niederländische Küche basiert oft auf solider Hausmanns-kost: Fisch oder Fleisch mit Gemüse, Schinken und alle Arten von Wurst sind beliebt. Die Nordsee liefert frischen Fisch, darunter Kabeljau, Hering und Makrele sowie Shrimps. Chicorée und Grünkohl sind Bestandteil vieler Speisen, Kartoffeln scheinen bei kaum einem Essen zu fehlen. Sauerkraut kam vor langer Zeit aus Deutschland und wird heute als heimisch angesehen, Gleiches gilt für belgische Pommes frites mit Mayonnaise. Weltberühmt sind Käsesorten wie Gouda und Edamer.

Edamer Käse

Kostprobe eingelegter Heringe an einem Amsterdamer Fischstand

Amsterdams kulinarische Einflüsse

Die traditionelle niederländische Küche mag einfach und herzhaft sein, doch vor allem in Amsterdam machen sich kulinarische Einflüsse aus der ganzen Welt bemerkbar. Von Fish & Chips-Ständen über gemütliche Cafés bis zu Gourmetrestaurants findet man in Amsterdam jede erdenkliche gastronomische Variante. Über 50 Nationalitäten pflegen ihre eigenen Kochtraditionen. Dieser multikulturelle Einfluss macht sich überall im Land bemerkbar. Die Niederlande waren einst eine bedeutende Kolonialmacht, Schiffe brachten exotische Zutaten, Ideen und Einwanderer mit. Die Köche probierten neue Varianten aus, Fusionsküche

steht schon lange auf vielen Speisekarten, nicht nur in der Hauptstadt.

Schmelztiegel

Amsterdam ist seit der frühen Neuzeit eine Stadt mit ausgeprägter religiöser und politischer Toleranz. Flüchtlinge, die hierherkamen, brachten aus ihrer Heimat Essgewohnheiten und Rezepte mit. Im

Gebratener Tofu mit Sambal Oelek (Chilisauce) — **Bami Goreng (gebratene Nudeln mit Huhn und Schwein)** — **Gedämpfter Reis** — **Krab[...]**

Satay Ayam (Hühner-Saté) — **Gado Ga[...] (Salat mi[...] Erdnusss[...]**

Typische Auswahl einer *rijsttafel*

Typische Gerichte

Wer in den Niederlanden essen geht, begegnet garantiert einigen Besonderheiten. Käse, Schinken und Brot sind die Standards zum Frühstück, doch man bekommt auch *ontbijtkoek* (Ingwerbrot) und *hagelslag* (Schokoladenstreusel), die man aufs Brot streut. Schinken und Käse isst man – neben anderen, raffinierteren Zusammenstellungen – auch gern als Belag von Sandwiches am Mittag, oft begleitet

Shrimps auf Käse

von einem Glas Milch. Viele Pfannkuchenhäuser bieten den ganzen Tag über süße wie auch pikante Snacks an. Am Abend ist die Auswahl in den Lokalen am größten. Suppen und püriertes Gemüse nach holländischer Bauernart, pikante indonesische Gaumenfreuden und innovative Kochkunst – für jeden Geschmack ist das Richtige dabei.

Erwtensoep ist eine dicke Erbsensuppe mit geräucherten Würstchen, die mit Brot und Schinken serviert wird.

örbeweise Pilze auf dem Biomarkt

Indonesisches Erbe

Die Holländer begannen im 17. Jahrhundert mit der Kolonialisierung Indonesiens und lenkten die Geschicke des südostasiatischen Staats bis 1949. Indonesische Einflüsse haben die Essgewohnheiten in den Niederlanden stark verändert. Zutaten, die früher als exotisch galten, sind nun nicht mehr wegzudenken. Heute ist es üblich, Apfelkuchen und Kekse – und manchmal sogar Gemüse – mit Zimt zu würzen. Kokosnuss und Chili sind ebenfalls sehr beliebt. Eine indonesische *rijsttafel* kann zu den kulinarischen Highlights eines Aufenthalts in Amsterdam zählen.

6. Jahrhundert kamen viele uden, die vor der Verfolgung a Portugal und Antwerpen ohen, nach Amsterdam. Zu en jüdischen Spezialitäten ehören *pekelvlees* (Pökeleisch), eingelegtes Gemüse nd eine große Palette an süem Gebäck, das heute meist altmodisch anmutenden eestuben angeboten wird.
Im 20. Jahrhundert kam ein trom von Zuwanderern aus er Türkei und nordafrikanichen Ländern. Es entstanden roße arabische und türkische emeinden. In der Folge erffneten viele Restaurants mit erichten aus dem Nahen sten. Zu ihren Spezialitäten ehören gefülltes Gemüse, äftige Eintöpfe und Couscous. *Falafel* (frittierte Kicherbsenbällchen) gibt es an der Ecke. Äthiopier, Grie-

chen, Thailänder, Italiener und Japaner kamen ebenfalls in großer Zahl und bereicherten die Küche der Niederlande weiter. In letzter Zeit sind auch traditionelle britische Speisen beliebt geworden.

Gouda zum Probieren in einem Amsterdamer Käseladen

Rijsttafel

Holländische Kolonialisten in Indonesien fühlten ihren Hunger durch die in Südostasien üblichen kleinen Portionen nicht gestillt. Um satt zu werden, erfanden sie *rijsttafel* (»Reistafel«). Sie besteht aus etwa 20 kleinen, pikanten Gerichten, die zusammen mit einer Schüssel Reis oder Nudeln serviert werden. Zunächst werden Schweinefleisch- oder Hühner-Satay (Saté; kleine Spieße mit Erdnusssauce) und *kroepoek* (Krabbenchips) serviert, es folgen Fleisch- und Gemüsecurrys mit Tofu sowie Salate. In Pfannkuchenteig ausgebackene Bananen runden das Ganze ab.

rimps-Kroketten sind Shrimps Cremesauce, von Panade umntelt und goldbraun frittiert.

Stamppot besteht aus Kartoffelpüree, Grünkohl, Chicorée und gebratenem Speck.

Nasi Goreng, ein Gericht mit gebratenem Reis, Ei, Schwein und Pilzen, ist oft Teil einer *rijsttafel*.

Restaurantauswahl

Amsterdam

Oude Zijde

Café de Engelbewaarder   €
Braunes Café   SP 8 D4
Kloveniersburgwal 59, 1011 JZ
☎ (020) 625 3772
In der traditionellen Kneipe wechselt die Karte wöchentlich. Die Gerichte sind europäisch und saisonal ausgerichtet. Sonntags gibt es Jazz live.

de Bakkerswinkel   €
Bäckerei   SP 8 D2
Zeedijk 37, 1012 AR
☎ (020) 489 8000
Probieren Sie hier auch traditionelle englische Scones (Teegebäck). Gutes Frühstück. Gute Teeauswahl.

Éenvistwéévis   €€
Seafood   SP 5 C1
Schippersgracht 6, 1011 TR
☎ (020) 623 2894   ● So, Mo
Ein Paradies für Fischfeinschmecker. Die Karte richtet sich nach dem tagesfrischen Fang und der Saison. Vornehmlich organische Zutaten. Keine Kreditkarten.

Vis-à-Vis-Tipp

Greetje   €€
Traditionell   SP 8 F3
Peperstraat 23, 1011 TJ
☎ (020) 779 7450
Greetje ist laut *New York Times* das Lokal, in das Niederländer gehen, wenn sie traditionell essen wollen. Authentischer geht es nicht. Die Einheimischen lieben *Trekdrop*-Eis (Lakritzeis) und *bloedworst* (Blutwurst) mit Apfelkompott. Die Karte wechselt alle zwei Monate. Die stilvolle alte Einrichtung rundet das Erlebnis ab.

In de Waag   €€
Fusion   SP 8 D3
Nieuwmarkt 4, 1012 CR
☎ (020) 422 7772
In diesem Gildehaus aus dem Jahr 1488 fertigte Rembrandt einst seine Anatomiestudien. Das Restaurant wird durch 300 Kerzen erleuchtet. Erlesene Karte. Frühzeitig buchen.

Kilimanjaro   €€
Afrikanisch   SP 8 F4
Rapenburgerplein 6, 1011 VB
☎ (020) 622 3485   ● Mo
In dem panafrikanischen Restaurant werden Spezialitäten des ganzen Kontinents serviert. Dazu gehören Antilopeneintopf und senegalesisches Krokodil-Yassa. Keine Kreditkarten.

Blauw aan de Wal   €€€
Fusion   SP 8 D3
Oudezijds Achterburgwal 99, 1012 DD
☎ (020) 330 2257   ● So, Mo
Das einstige Lagerhaus mit rustikalem Dekor und Deckenbalken strahlt Atmosphäre aus. Gekocht werden mediterrane Köstlichkeiten. Die Karte wechselt wöchentlich. Exzellentes Weinangebot. Reservierung unerlässlich.

Nieuwe Zijde

Catala   €
Spanisch   SP 7 A4
Spuistraat 299, 1012 VS
☎ (020) 623 1141
Kosten Sie in diesem freundlichen, rustikalen Restaurant authentische katalanische Tapas. Oder probieren Sie den gegrillten Schwertfisch, die Krebse oder den Seeteufel.

Getto Food & Drink   €
Café/Bar   SP 8 D2
Warmoesstraat 51, 1012 HW
☎ (020) 421 5151   ● Mo
Ein Bar-Restaurant, in dem sich die schwul-lesbische Szene trifft. Auf der Karte: Hausmannskost. Spezialität des Hauses sind die Burger, die nach berühmten Dragqueens benannt sind, etwa »Jennifer Hopeless«.

Kam Yin   €
Surinamisch   SP 8 D1
Warmoesstraat 6, 1012 JD
☎ (020) 625 3115
Eine Institution in Amsterdam. Auf der umfangreichen Karte

Dekor im Visrestaurant Lucius, Amsterdam

Preiskategorien
Die Preise gelten für ein Drei-Gänge-Menü pro Person mit einer halben Flasche Hauswein, inkl. Steuern und Service.

€	unter 35 Euro
€€	35–50 Euro
€€€	über 50 Euro

stehen köstliche Gerichte aus China und Suriname. Die Einrichtung ist einfach. Auch die zum Haus gehörende Snackbar ist einen Besuch wert.

Tibet   €
Tibetisch/Chinesisch   SP 8 D
Lange Niezel 24, 1012 GT
☎ (020) 624 1137
Hier isst man chinesisch und tibe tisch in erlesenem tibetischem Dekor bei entspanntem Service. Mittags gibt es asiatische Nudelgerichte.

Vis-à-Vis-Tipp

Visrestaurant Lucius   €€
Seafood   SP 7 A3
Spuistraat 247, 1012 VP
☎ (020) 624 1831
Das beliebte Restaurant leitet seinen Namen vom Hecht *(Esox lucius)* ab. Gäste erwartet exzellente Fischküche. Die Gerichte sind eher einfach, die Frische steht im Vordergrund. Probieren Sie die »plateau fruits de mer« (große Auswahl an Hummer, Krabben etc.) oder die Seezunge.

ANNA   €€
Europäisch   SP 2 D
Warmoesstraat 11, 1012 JA
☎ (020) 428 1111   ● S
Gehobenes Restaurant in zwei renovierten Gebäuden. Serviert wird europäische Küche mit einem Dreh. Empfehlenswert: die geschmorten Wachteln.

D'Vijff Vlieghen   €€
Traditionell   SP 7 A
Spuistraat 294–302, 1012 VX
☎ (020) 530 4060
Speisen Sie umgeben von Original-Rembrandts und edler Möblierung aus dem 17. Jahrhundert Kosten Sie unbedingt die geräucherte Entenbrust.

Mittlerer Grachtengürte

Goodies
Mediterran   SP 7 A
Huidenstraat 9, 1016 ER
☎ (020) 625 6122
Zwanglose Gastwirtschaft mit großartigem Essen und Zutaten

rnehmlich aus organischem
nbau. Die großen Salate und die
avioli sind besonders beliebt.
ausgemachte Kuchen.

ancakes! €
ackerei **SP** 1 B5
3 Berenstraat, 1016 GH
(020) 528 9797
er gibt es niederländische und
ternationale Pfannkuchenspe-
alitäten. Das besondere Mehl
afür stammt von de Korenmo-
n, die sonstigen Zutaten aus
o-Anbau.

althazar's Keuken €€
ternational **SP** 1 B5
andsgracht 108, 1016 VA
(020) 420 2114   So, Mo, Di
utes Essen, zubereitet in einer
fenen Küche, kombiniert mit
ersönlichem Service. Die Karte
echselt wöchentlich. Jeweils
vei Gerichte und fünf Vorspei-
n stehen zur Wahl.

omads €€
uropäisch **SP** 1 A5
zengracht 133
(020) 344 6401
as Dekor ist von der Kultur der
omaden inspiriert mit weichen
ssen und warmem Licht. An
en meisten Abenden gibt es
ve-Musik und Bauchtanz.

ortugália €€
ortugiesisch **SP** 4 E1
erkstraat 35, 1017 GB
(020) 625 6490
as familiengeführte Restaurant
rviert einfache Küche. Schwer-
unkte sind Fisch und Fleischge-
chte. Kosten Sie das geräucherte
chweinefleisch und die Kartof-
ln mit Sahnesauce.

ruisvogel €€
ternational **SP** 1 B5
eizersgracht 312, 1016 EX
(020) 423 3817
as Lokal im Keller eines Grach-
nhauses ist auf ungewöhnliche
eischgerichte spezialisiert, etwa
ringbock oder schottischen
rsch.

Vis-à-Vis-Tipp

Restaurant Vinkeles €€€
Französisch **SP** 1 B5
Keizersgracht 384, 1016 GB
(020) 530 2010   So
n dem berühmten Lokal (ein
Michelin-Stern) kann man zwischen alten Backöfen (18. Jh.)
oder bei einer Grachtenfahrt
m Salonboot dinieren. Chefkoch Dennis Kuipers serviert
Gourmetküche. Empfehlens-
wert: *anjou duif* (Taube).

Appetitlich angerichtetes Essen in Balthazar's Keuken, Amsterdam

Östlicher Grachtengürtel

Kingfisher €
International **SP** 4 F4
Ferdinand Bolstraat 24, 1072 LK
(020) 671 2395
Gutes Essen und ein gutes Preis-
Leistungs-Verhältnis – das Ange-
bot reicht von Snacks bis zum
Mittagsmenü, darunter Fischge-
richte oder vegetarische Speisen.

Buffet van Odette €€
Brasserie **SP** 4 F2
Prinsengracht 598, 1017 KS
(020) 423 6034   Di
Helle Brasserie mit großartiger
Terrasse. Serviert wird Frühstück,
Mittag- und Abendessen. Die Zu-
taten stammen meist aus ökolo-
gischem Anbau. Besonders be-
liebt ist das Trüffelomelett.

de Waaghals €€
Vegetarisch **SP** 4 F3
Frans Halsstraat 29, 1072 BK
(020) 679 9609   Mo
In dem modernen Lokal isst man
köstlich zubereitete kreative Gerichte mit Zutaten aus ökologischem Anbau. Die Karte wechselt
zweimal monatlich.

Le Zinc ... et les Autres €€
Französisch **SP** 5 A3
Prinsengracht 999, 1017 KM
(020) 622 9044   So, Mo
Das stilvolle Lokal in einem frühe-
ren Lagerhaus serviert rustikale
Küche. Gute vegetarische Aus-
wahl sowie exzellente Weine und
Desserts.

Rose's Cantina €€
Südamerikanisch **SP** 7 B5
Reguliersdwarsstraat 38–40, 1017 BM
(020) 625 9797
Die Cantina ist ein alteingeses-
senes südamerikanisches Restaurant. Die Karte wird von Tacos,
Enchiladas und Quesadillas bestimmt. Die Cocktails sind großartig, ebenso die Tequilas. Am
Wochenende legen DJs auf.

Steakhouse Piet de Leeuw €€
Traditionell **SP** 4 F2
Noorderstraat 11, 1017 TR
(020) 623 7181
Das Lokal ist seit der Eröffnung
1949 bei den Einheimischen be-
liebt. Empfehlenswert: die Steaks
(Rind und Pferd), aber auch die
Fischgerichte (Seezunge, Lachs).

Sluizer €€€
International **SP** 5 A3
Utrechtsestraat 41–45, 1017 VH
(020) 622 6376
Zwei Restaurants unter einem
Dach mit extensivem À-la-carte-
Angebot und wechselnden
Menüs (Fleischgerichte, Fisch und
vegetarischen Optionen).

Museumsviertel

Het Blauwe Theehuis €
Fusion **SP** 3 C3
Vondelpark 5, 1071 AA
(020) 662 0254   Winter
Das Lokal in einem achteckigen
Stahl- und Betonbau von 1937
liegt im Museumsviertel. Die
Karte bietet französisch und
mediterran inspirierte Gerichte.

Café Toussaint €€
International **SP** 4 D1
*Bosboom Toussaintstraat 26, 1054
AS*
(020) 685 0737
Ein Juwel: Schwerpunkt des char-
manten Cafés mit offener Küche
und ruhiger Terrasse ist bekömm-
liche internationale Küche. Gute
Angebote für Vegetarier.

Due Napoletani €€
Italienisch **SP** 4 E4
Hobbemakade 61–63, 1071 XL
(020) 671 1263   Di
Hier gibt es gehobene italienische
Küche in zwangloser Umgebung.
Die Pasta al Parmigiano ist besonders beliebt. Die Bedienungen
sind jederzeit aufmerksam und
freundlich. Reservierung wird
empfohlen.

Srikandi €€
Indonesisch SP 4 E2
Stadhouderskade 31, 1071 ZD
(020) 664 0408
Das traditionelle indonesische
Restaurant bietet mit Kunstgalerie
und Musik eine authentische
Atmosphäre. Das Lokal ist für
seine *Rijsttafel* mit 18 verschie-
denen Gerichten bekannt.

The Seafood Bar €€
Seafood SP 4 D3
Van Baerlestraat 5, 1071 AL
(020) 670 8355
Der Name ist Programm. Die trendige Seafood-Bar bietet sowohl
Mittagsgerichte als auch eine
Abendkarte. Die Karte wechselt
alle drei Monate. Zu den Standards gehören Meeresfrüchte
und Fish and Chips.

Le Garage €€€
International SP 4 E4
Ruysdaelstraat 54–56, 1071 XE
(020) 679 7176
Sa, So mittags
Das elegante Bistro liegt in einer
umgebauten Autowerkstatt. Es
gibt französische und internationale Gerichte. Verwendet werden
vornehmlich Bio-Zutaten.

The College Hotel €€€
Modern niederländisch SP 4 E5
Roelof Hartstraat 1, 1071 VE
(020) 571 1511
Der umgebaute Turnsaal in einer
früheren Schule von 1895 ist sehr
elegant. Die Küche gibt sich klas-
sisch niederländisch mit modernen Einflüssen.

Plantage

Aguada €
International SP 5 C3
Roetersstraat 10w, 1018 WC
(020) 620 3782
Das kleine familiengeführte Restaurant bietet Hausmannskost
in zwangloser Atmosphäre. Spezialität des Hauses ist das Käse-

fondue. Es werden aber auch
Wildschweingerichte und italienische Kost geboten.

De Pizzabakkers Plantage €
Italienisch SP 5 C2
Plantage Kerklaan 2, 1018 TA
(020) 625 0740
Dies ist der Ort für authentische
italienische Pizza, zubereitet im
Holzkohleofen. Zudem gibt es
eine gute Auswahl an Antipasti
und vegetarischen Gerichten.

Bloem €€
Europäisch SP 6 D2
Entrepotdok 36, 1018 AD
(020) 330 0929
Wann immer möglich, stammen
Brot, Früchte und Gemüse aus
ökologischem Anbau und regionalen Quellen. Köstliche und
gesunde Küche.

Meneer Nilsson €€
Mediterran SP 5 C2
Plantage Kerklaan 41, 1018 CV
(020) 624 4846
Die mediterranen Gerichte wer-
den aus frischen Bio-Zutaten be-
reitet. Kosten Sie die gegrillten
Gemüse mit Ziegenkäse und
Honig/Dillsauce. Oder wählen Sie
ein Steak. Großartige Cocktails.

Paerz €€
Europäisch SP 6 D2
Entrepotdok 64, 1018 AD
(020) 623 2206
Mo (Winter: Di)
Bestellen Sie ein Drei- oder Vier-
Gänge-Menü, oder speisen Sie à
la carte. Alle Gerichte sind durch
die französische Küche geprägt
und werden mit saisonalen Zutaten zubereitet. Im Sommer wird
draußen serviert.

Tempura €€
Japanisch SP 5 C2
Plantage Kerklaan 26, 1018 TC
(020) 428 7132 Mo
Brasserie im japanischen Stil mit
umfangreichem Angebot an

Sushi, Yakitori, Grillgerichten
und vegetarischen Menüs. Zudem
gibt es eine große Auswahl an
Tempura-Menüs. Der Tintenfisch
ist exzellent. Keine Kreditkarten.

Vis-à-Vis-Tipp

La Rive €€€
Mediterran SP 5 B4
*Amstel Hotel, Professor
Tulpplein 1, 1018 GX*
(020) 520 3264
Mo, Sa mittags
La Rive bietet elegante Kochkunst auf der Höhe der Zeit.
Das mit einem Michelin-Stern
prämierte Restaurant liegt im
ultraluxuriösen Amstel Hotel.
Die Gäste erwarten Gerichte
mit französischen und mediterranen Geschmacksnoten
aus Produkten und Zutaten
von höchster Qualität. Exzellente Weinkarte.

Westl. Grachtengürtel

Greenwoods
Teesalon SP 7 B
Singel 103, 1012 VG
(020) 623 7071
Der einladende Teesalon im englischen Stil bietet typisch englisches Frühstück mit Speck und
Lammburger. Der Schwester-
betrieb in der Keizersgracht 465
hat auch eine Mittags- und
Abendkarte.

Pancake Bakery
Bäckerei SP 7 A
Prinsengracht 191, 1015 DS
(020) 625 1333
Dieser Familienbetrieb serviert
eine große Auswahl an Pfannkuchen. Zu den Favoriten gehören
der ägyptische (Lamm, Paprika,
Knoblauchsauce) und der holländische Pfannkuchen. Achtung:
kein Frühstück.

Piqniq
Café SP 1 C
Lindengracht 59,1015 KC
(020) 320 3669 D
Hier wird eine Vielzahl an kleinen
hausgemachten Leckereien serviert, auch glutamatfrei. Dazu ge
hören Mini-Sandwiches, Suppen
und Kuchen. Bestellen Sie eine
Auswahl oder ein Menü.

Chez Georges €
Französisch SP 7 A
Herenstraat 3, 1015 BX
(020) 626 3332 S
Ein Muss für Feinschmecker. Die
Karte mit Gerichten der Burgun-
der Küche ist saisonal ausgerich-
tet. Kosten Sie das Fünf-Gänge-
Menü mit Salat, Fischauswahl,

Elegantes Interieur des Sterne-Restaurants La Rive in Amsterdam

Restaurantkategorien *siehe Seite 403* Preiskategorien *siehe Seite 406*

schottischem Rind mit Morchelsauce und Dessert. Gute Weinkarte. Frühzeitig buchen.

De Bolhoed €€
International　　　　　SP 1 B3
Prinsengracht 60–62, 1015 DX
📞 (020) 626 1803
Beliebtes vegetarisches Restaurant mit einer Terrasse an der Prinsengracht. Serviert werden kreative Gerichte, die auf Rezepten aus Mexiko, Asien oder dem Mittelmeerraum basieren. Tägliche vegane Alternativen. Frühzeitig buchen.

Stout! €€
Fusion　　　　　　　SP 1 C3
Haarlemmerstraat 73, 1013 EL
📞 (020) 616 3664
Internationale Küche mit anregenden Geschmackskombinationen. Das »Stout Plateau« bietet zehn kleine Leckereien.Oder genießen Sie einfach den Fang des Tages.

Christophe €€€
Französisch　　　　　SP 1 B4
Leliegracht 46, 1015 DH
📞 (020) 625 0807　　⬤ So, Mo
Eine Amsterdamer Institution, in der traditionelle und moderne französische Küche mit mediterranen Einflüssen angeboten wird. Zu empfehlen ist die Boat Box für ein elegantes Picknick.

Osten und Süden

Azmarino €
Ostafrikanisch　　　　SP 5 A5
Tweede Sweelinckstraat 6, 1073 EH
📞 (020) 671 7587
Das afrikanisch eingerichtete Restaurant bietet eine entsprechende Karte. Darauf stehen *enjera* (Pfannkuchen), eine Fleischauswahl (mild bis scharf gewürzt) sowie einige vegetarische Optionen. Kosten Sie die Eier in roter Sauce. Am Wochenende gibt es auch Frühstück und Lunch.

Blauw €€
Indonesisch　　　　　SP 3 A4
Amstelveenseweg 158, 1075 XN
📞 (020) 675 5000
Blauw ist eines der bekanntesten und beliebtesten indonesischen Restaurants der Stadt. Die Einrichtung ist stylish ohne Hang zum Kitsch. Probieren Sie unbedingt die *Rijsttafel*.

Ciel Bleu €€€
Französisch
Okura Hotel, Ferdinand Bolstraat 333, 1072 LH
📞 (020) 678 7111　　⬤ So
Seinen zweiten Michelin-Stern erhielt das französische Restaurant 2011. Das Ciel Bleu ist bekannt für innovative Gerichte sowie einen herrlichen Blick auf Amsterdam.

Vis-à-Vis-Tipp

de Kas €€€
Bio
Kamerlingh Onneslaan 3, 1097 DE
📞 (020) 462 4562
⬤ Sa mittags
Das Restaurant (ein Michelin-Stern) in einem Gewächshaus der 1920er Jahre bietet ein spezielles Flair. Kräuter werden nebenan gezogen. Mittags gibt es ein Zwei-Gänge-, abends ein Drei-Gänge-Menü (mit Auswahl), das auf saisonalen, ökologisch erzeugten Produkten basiert. Sie können auch am Tisch des Chefkochs in der Küche speisen.

Noord-Holland

BLARICUM: Tafelberg €
International　　　　　SK C3
Oude Naarderweg 2, 1261 DS
📞 (035) 538 3975
Der in den 1930er Jahren als Teesalon eröffnete Betrieb hat sich inzwischen zu einem sehr guten Restaurant entwickelt. Die Terrasse ist ein idealer Ort, um sich nach einem Gang durch die Wälder zu stärken.

Vis-à-Vis-Tipp

HAARLEM: De Jopenkerk €€
Traditionell　　　　　SK B3
Gedempte Voldersgracht 2, 2011 WB
📞 (023) 533 4114
Die einstige Kirche wurde in ein grandioses Café (im Erdgeschoss) und ein Restaurant (Obergeschoss) mit eigener Brauerei umgewandelt. Die meisten Fleisch- und Fischgerichte werden mit Bier zubereitet. Zu jedem Gang gibt es auch eine Bierempfehlung. Das Jopenkerk ist bei Einheimischen sehr beliebt, im Restaurant kann es – vor allem am Wochenende – laut werden.

HAARLEM: Specktakel €€
Fusion　　　　　　　SK B3
Spekstraat 4, 2011 HM
📞 (023) 532 3841
Ruhiges Restaurant, in dem Bio-Fleisch, Fisch und exotisches Wild in ganz unterschiedlichen Kochstilen – u. a. japanisch, italienisch oder französisch – zubereitet wer-

Braukessel im De Jopenkerk, einer früheren Kirche, Haarlem

den. Hinzu kommen afrikanische, amerikanische und kreolische Einflüsse.

HAARLEM: Vis & Ko €€
Seafood　　　　　　　SK B3
Spaarne 96, 2011 CL
📞 (023) 512 7990　　⬤ Mo
Das beste Seafood-Lokal der Stadt liegt in einem wunderschön umgebauten Lagerhaus. Küchenchef Imko verarbeitet nur frischesten Fisch, direkt vom Markt. Die Festpreismenüs und der Sonntagsbrunch sind besonders empfehlenswert.

HEEMSTEDE: Southern Cross €€
Australisch　　　　　SK B3
Zandvoortselaan 24, 2106 CP
📞 (023) 521 9992　　⬤ Mo
Es gibt hier nicht wirklich australische Küche, abgesehen von gegrilltem Krokodil oder Känguru. Das Southern Cross bietet eher internationale Gerichte mit australischem Touch. Im Sommer sollten Sie im Innenhof speisen.

HILVERSUM: Surya €
Indisch　　　　　　　SK C3
Langestraat 126, 1211 HC
📞 (035) 631 9420　　⬤ Mo
Das eher ungewöhnliche indische Lokal gibt sich farbenfroh mit langen Bänken mit vielen Kissen. Gekocht wird eine große Vielfalt indischer und nepalesischer Spezialitäten. Auch vegetarische Gerichte sind im Angebot.

HILVERSUM: Rex €€
International　　　　　SK C3
Groest 23, 1211 CZ
📞 (035) 631 9529
Das ehemalige Art-déco-Kino aus den 1920er Jahren wurde in einen angesagten Club und ein Restaurant umgewandelt. Es gibt sehr gute Pasta- und Fischgerichte. Bekannt ist das Rex allerdings für sein Dry Aged Beef.

HOOFDDORP: Vork en Mes €€
Kreativ SK B3
Paviljoenlaan 1, 2131 LZ
☎ (023) 557 2963 ● So abends
Der Küchenchef des futuristischen Pavillons hat in Sterne-Restaurants gelernt und hier einen eigenen Gemüsegarten angelegt. Empfehlenswert: das fünfgängige Überraschungsmenü.

MONNICKENDAM:
Posthoorn €€€
Französisch SK C3
Noordeinde 43, 1141 AG
☎ (0299) 654 598 ● Mo
Der Charme einer alten Welt verbindet sich in diesem Restaurant mit modernem Komfort und bester Kochkunst. Mit einem Michelin-Stern ausgezeichnet.

OUDERKERK AAN DE AMSTEL:
Lute €€€
Französisch SK C3
De Oude Molen 5, 1184 VW
☎ (020) 472 2462
● Sa mittags, So
Das Lute hat eine exquisite Lage in einer Pulvermühle aus dem 18. Jahrhundert nahe an der Amstel. Die pfiffigen Gerichte werden in den Stallungen oder auf der Terrasse serviert.

SANTPOORT: Brasserie DenK €€
Französisch SK B3
Duin- en Kruidbergerweg 60, 2071 LE
☎ (023) 512 1800
Lounge-Bar und Brasserie in einem Märchenschloss aus dem 18. Jahrhundert. Die Brasserie bietet Gerichte und eine Auswahl, die eher unter die Kategorie Restaurant fallen.

ZANDVOORT: Tijn Akersloot €€
International SK B3
Boulevard Paulus Loot 1b, 2042 AD
☎ (023) 571 2547
Der Strandclub liegt am ruhigen Ende des belebten Strands von Zandvoort. Tagsüber werden

Stimmungsvoll: das arabische Restaurant Badhu in Utrecht

Sandwiches, Snacks und Suppen serviert. Abends gibt es Steinofenpizza und eine größere Gerichteauswahl.

Utrecht

AMERSFOORT:
De Pastinaeck €€
Traditionell SK C4
Hof 8, 3811 CJ
☎ (033) 737 0005 ● Mo
Die Pastinake, ein weitgehend vergessenes Gemüse, gab dem Restaurant seinen Namen und sein Programm. Hier wird traditionelle niederländische Kochkunst neu interpretiert.

AMERSFOORT: De Saffraan €€€
Französisch SK C4
Kleine Koppel 3, 3812 PG
☎ (033) 448 1753
● So, Mo, Di und Sa mittags
Ein gut 100 Jahre alter Klipper auf der Eem wurde in ein schwimmendes Restaurant (ein Michelin-Stern) umgebaut. Im Sommer wird an Deck gespeist.

BAARN: Pomodori €
Italienisch SK C3
Laandwarsstraat 15, 3743 BS
☎ (035) 541 4013
● So, Mo und Mi mittags
Winziges Lokal in einer ebenso winzigen Gasse mit exzellenter italienischer Küche. Lecker: Hirsch-Carpaccio und Krabben-Cannelloni. Im dazugehörigen Shop finden Gäste die Rezepte.

HOUTEN:
Kasteel Heemstede €€€
Französisch SK C4
Heemsteedseweg 20, 3992 LS
☎ (030) 272 2207 ● So, Mo
Restaurant mit einem Michelin-Stern und herrlicher Lage in einer alten Burg. Erstklassige Küche, exzellente Weinkarte und großartiger Service.

LEUSDEN: Bistro Bling €€
Französisch SK C4
Waarden 25b, 3831 HA
☎ (033) 433 2070 ● Mo
Das Etablissement macht seinem Namen alle Ehre, mit billigen Kerzenhaltern und barocken Spiegeln. Doch das Essen ist gut, der Service freundlich.

MAARSSEN: De Nonnerie €€
Französisch SK C4
Langegracht 51, 3601 AK
☎ (0346) 562 201
● Sa–So abends
Die kreative Küche und das angenehme Ambiente in einem früheren Kloster sind eine großartige

Erfahrung. Die Drei- bis Fünf-Gänge-Menüs bieten ein gutes Preis-Leistungs-Verhältnis.

MAARSSEN: Delice €€
Nordafrikanisch SK C4
Kaatsbaan 25, 3601 EB
☎ (0346) 284 4534 ● So, Mo
Nordafrikanische Gerichte, großartige Weine und eine zeitgemäße Einrichtung erweisen sich als hervorragende Kombination. Probieren Sie das Lamm mit Sesam und Aprikosen.

Vis-à-Vis-Tipp

UTRECHT: Badhu €
Arabisch SK C4
Willem van Noortplein 19, 3514 GK
☎ (030) 272 0444
Das Restaurant in einem umgebauten Badehaus aus den 1920er Jahren erinnert vom Dekor an ein Hamam. Das ganztägig geöffnete Lokal serviert morgens arabisches Frühstück, mittags Chai und nachmittags Mezze, nachmittags Chai und abends orientalische Gerichte sowie hervorragende Cocktails.

UTRECHT:
De Keuken van Gastmaal €€
Französisch SK C4
Biltstraat 5, 3572 AA
☎ (030) 233 4633 ● So, Mo
Es gibt nur einige wenige Tische um eine offene Küche. In dieser zaubert der Küchenchef aus Fisch und regionalen Produkten wunderbare Gerichte. Dazu gibt es hervorragende Weine.

VREELAND AAN DE VECHT:
De Nederlanden €€€
Französisch SK C3
Duinkerken 3, 3633 EM
☎ (0294) 232 326
Das mit einem Michelin-Stern bedachte Restaurant des Boutiquehotels serviert kultivierte französische Kochkunst. Die Weinkarte bietet 500 Namen. Fantastische Terrasse. Schöner Küchengarten.

Zuid-Holland

DELFT: La Tasca €€
Mediterran SK B4
Voldersgracht 13B, 2611 ET
☎ (015) 213 8535 ● So
Suchen Sie nicht nach der Karte – es gibt keine. Die Gäste sind aufgefordert, dem Koch zu sagen, was sie nicht mögen. Mit diesen Angaben bereitet er dann ein Drei- bis Fünf-Gänge-Menü.

DEN HAAG: HanTing Cuisine €€
Fusion   **SK** B4
Prinsestraat 33, 2513 CA
((070) 362 0828   ● Mo
Der Küchenchef Han verbindet
gekonnt französische Cuisine mit
orientalischen Geschmacksnoten.
Das ergibt Gerichte, die dem
Auge und dem Gaumen schmei-
cheln. Ein Michelin-Stern.

DEN HAAG Logisch €€
Bio   **SK** B4
Maliestraat 9, 2514 CA
((070) 363 5259   ● So, Mo
Im Logisch gibt es ökologische
Küche mit gutem Preis-Leistungs-
Verhältnis. Mittags werden Salate
und Sandwiches angeboten. Die
Abendgerichte reichen von ge-
grillter Ente bis zu Pasta.

DEN HAAG: The Penthouse €€€
International   **SK** B4
Rijswijkseplein 786, 2516 LX
((070) 305 1003
Nichts für Leute mit Höhenangst,
aber sicher einer der angesagtesten Plätze der Stadt. Im 42. Stock
eines Wolkenkratzers finden Besucher ein Terrassencafé, einen
Club und ein Restaurant mit
internationaler Küche.

LEIDEN: Buddhas €€
Thai   **SK** B3
Botermarkt 20, 2311 EN
((071) 514 0047   ● Mo
Große goldene Buddha-Statuen
schmücken die Wände des Restaurants. Es ist nicht ganz billig,
doch die umfangreiche Karte und
die großzügigen Portionen recht-
fertigen den Preis.

Vis-à-Vis-Tipp

NOORDWIJK: Bries €€
International   **SK** B3
*Koningin Astrid Boulevard 102,
2202 BD*
((071) 361 7891   ● Winter
Dies ist kein gewöhnlicher
Strandclub, sondern ein sehr
geräumiger Pavillon mit gutem
Design und stilvoller Einrichtung. Zum Angebot gehören
auch Massagen und Yogakur-
se am Strand. Die Speisekarte
ist umfangreich. Der Schwerpunkt liegt auf Seafood mit
Produkten von nahen Fischmarkt. Nur im Sommer offen.

OOSTVOORNE: Aan Zee €€
Traditionell   **SK** B4
Strandweg 1, 3233 CW
((0181) 820 990   ● Mo, Di
In dem imposanten Pavillon in
den Dünen ist alles auf ökologi-
sches Wirtschaften ausgerichtet.
Das Haus wurde aus unbehandel-

Strand und Meer – auf der Terrasse des Bries in Noordwijk

tem Holz erbaut. Runden Sie Ihre
Mahlzeit mit einem Ausblick vom
Wachturm ab.

ROTTERDAM: Bird €€
Italienisch   **SK** B4
Raampoortstraat 26, 3032 AH
((010) 737 1154   ● Mo, Di
Populäre Jazzbühne und Nacht-
club mit dazugehörigem Lokal.
In Letzterem wird beschwingt
sizilianisch gekocht. Es gibt nur
Festpreismenüs. Beliebt sind die
kulinarischen Kinonächte. Gegessen wird, was der Film vorgibt.

ROTTERDAM: Sänsän €€
Chinesisch   **SK** B4
Hang 33, 3011 GG
((010) 411 5681   ● Mo
Der allseits beliebte Chinese serviert traditionelle Sichuan-Küche
von Zitronengras-Fisch bis zu
scharfen Rindfleischgerichten.

ROTTERDAM: FG Restaurant €€€
International   **SK** B4
Lloydstraat 204, 3024 EA
((010) 425 0520   ● So, Mo
Nach Jahren des molekularen
Kochens in Heston Blumenthals
The Fat Duck ist François Geurds
nun sein eigener Küchenchef.
Für Vegetarier wird hier ein spe-
zielles mehrgängiges Probier-
menü angeboten.

ROTTERDAM: Zeezout €€€
Seafood   **SK** B4
Westerkade 11B, 3016 CL
((010) 436 5049
● Mo, So mittags
Sagenhaftes Seafood-Restaurant
mit exquisiter Lage im Fischervier-
tel des wohl größten Seehafens
der Welt. Auf der Karte findet
man ausschließlich frisches Seafood – je nach Saison. Schöner
Blick über die Maas.

SCHEVENINGEN: At Sea €€€
Mediterran   **SK** B4
Hellingweg 138, 2583 DX
((070) 331 7445
● So, Mo, Sa – Mo mittags

Schnittiges Restaurant in einem
alten Fischereihafen. Im Vordergrund steht Seafood, es werden
jedoch auch Fleisch- und Wildgerichte angeboten. Dazu gibt es
gute Weine. Kosten Sie die Fünf-
Gänge-Menü-Empfehlung des
Küchenchefs.

SCHIPLUIDEN:
De Zwethheul   €€€
Französisch   **SK** B4
Rotterdamseweg 480, 2636 KB
((010) 470 4166
● Mo, Sa mittags
Exklusives Restaurant mit zwei
Michelin-Sternen in schöner Lage
an einem Nebenarm der Schie.
Das Essen, das Ambiente und der
Service werden dem Anspruch
gerecht. Den Aperitif kann man
auch auf dem Boot des Restau-
rants nehmen.

STREEFKERK:
De Limonadefabriek   €€
Kreativ   **SK** B4
Nieuwe Haven 1, 2959 AT
((0184) 689 335
● Mo, Di, Sep – Mai: Sa mittags
Trotz des Namens ist dieses Restaurant keine Limonadenfabrik,
sondern ein beeindruckendes
schwimmendes Restaurant auf
dem Lek. Serviert wird hervorragende modern-kreative Küche.
Das dazugehörige Bistro ist ebenfalls ausgezeichnet.

Zeeland

BURGH-HAAMSTEDE: Panne-
koekenmolen De Graanhalm €
Bäckerei   **SK** A4
Burghseweg 53, 4328 LA
((0111) 652 415   ● Winter
Dieses Pfannkuchenlokal in einer
noch im Betrieb befindlichen
Windmühle serviert Pfannkuchen
in 35 verschiedenen süßen und
herzhaften Variationen, etwa mit
Schinken und Käse oder mit Erd-
beeren und Schlagsahne.

SK = Straßenkarte *siehe hintere Umschlaginnenseiten*

CADZAND: Pure C €€€
Mediterran SK A5
Boulevard de Wielingen 49, 4506 JK
☎ (0117) 396 036 ⬤ Mo, Di
Die jüngste Gründung von Starkoch Sergio Herman wurde kurz nach der Eröffnung mit einem Michelin-Stern ausgezeichnet.

Vis-à-Vis-Tipp
DOMBURG:
Het Badpaviljoen €€€
Seafood SK A5
Badhuisweg 21, 4357 AV
☎ (0118) 582 405 ⬤ Mo–Mi
In einem Märchenpavillon in den Dünen stößt man auf dieses ausgezeichnete Restaurant. Kennzeichen sind: klare Inneneinrichtung und klare Ausrichtung in der Küche. Geboten wird alles rund um Seafood, von Austern bis zum Hummer. Nutzen Sie bei gutem Wetter die Terrasse.

GOES: Jan Zilt Zalig Zeeuws €€
Seafood SK A5
Bierkade 3A, 4461 AV
☎ (0113) 219 974
⬤ Winter: Di, Mi
Das Fischlokal liegt im alten Hafen. Spezialitäten der Küche sind klassische Krebs- und Austerngerichte. Schöne Terrasse.

HOOFDPLAAT:
De Kromme Watergang €€€
Regional SK A5
Slijkplaat 6, 4513 KK
☎ (0117) 348 696 ⬤ Mo, Di
Das Zwei-Sterne-Restaurant liegt auf einer sogenannten Schlickplatte. Serviert wird einfallsreiche Küche. Der Schwerpunkt liegt auf Fisch und regionalen Zutaten.

MIDDELBURG: Scherp €€
Regional SK A5
Wijngaardstraat 1–5, 4331 PM
☎ (0118) 634 633
⬤ So, Mo, Apr, Juli
Küchenchef Scherp serviert etwa Zeeland-Austern mit Wasabi-Creme, Passionsfruchtschaum und Chardonnay-Essig. Seafood dominiert das Angebot, doch es gibt auch Wildgerichte.

OUWERKERK: De Vierbannen €€
Französisch SK A5
Weg van de Buitenlandse Pers 3, 4305 RJ
☎ (0111) 647 547 ⬤ Mo
Beeindruckendes Gebäude, in dem sich eine preiswerte Brasserie und ein Restaurant befinden. Das Seafood ist exzellent. Die Terrasse bietet schöne Ausblicke auf die Polderlandschaft.

In der Herberg Onder de Linden in Aduard sitzt man hübsch

Waddeneilanden

AMELAND: Boerenbont €€
Modern niederländisch SK C1
Strandweg 50, 9163 GN Nes
☎ (0519) 542 293
Das Boerenbont ist ein Mix aus Alt und Neu. Die traditionelle Küche bietet moderne Überraschungen. Die Gerichte werden auf Boerenbont-Keramik serviert, die dem Restaurant auch seinen Namen gegeben hat.

SCHIERMONNIKOOG:
Ambrosijn €€
Regional SK D1
Langestreek 13, 9166 LA
☎ (0519) 720 261
Das ruhige Lokal serviert tagsüber Sandwiches und Salate und abends Drei- bis Fünf-Gänge-Menüs. Ambro ist der Name der Äpfel, die auf der Insel wachsen. Im Restaurant wird daraus Apfelkuchen zubereitet.

TERSCHELLING: Loods €€
International SK C1
Willem Barentszkade 39, 8881 BD
☎ (0562) 700 200 ⬤ Mo, Di
Leichtes Essen in einer lichtdurchfluteten Umgebung. Die Einrichtung wird durch Design-Möbel geprägt. Sehr schöne Terrasse mit Meerblick.

TEXEL: Topido €€
Regional SK B2
Kikkertstraat 23, 1795 AA De Cocksdorp
☎ (0222) 316 227 ⬤ Mo–Mi
Hier gibt es alles, was Texel zu bieten hat. Dazu gehören Lamm, Ziege und Rind vom Weiden, Krabben und Fisch aus dem Meer, Schafskäse vom nahe gelegenen Bauernhof sowie Bier aus der lokalen Brauerei.

Vis-à-Vis-Tipp
VLIELAND: Uitspanning
Het Armhuis €€€
International SK C1
Kerkplein 6, 8899 AW
☎ (0562) 451 935 ⬤ Mo, Di
Das riesige einstige Armenhaus aus dem 17. Jahrhundert beherbergte früher Waisen, alte Menschen sowie Arme und Bedürftige. Heute liegt hier das beste Restaurant der Insel. Tagsüber ist es Bistro, abends werden Drei- oder Vier-Gänge-Menüs serviert. Sie können die raffiniert zubereiteten Gerichte drinnen oder im Garten genießen.

Groningen

ADUARD:
Herberg Onder de Linden €€€
Französisch SK D1
Burg. van Barneveldweg 3, 9831 RD
☎ (050) 403 1406 ⬤ So–Di
Der Küchenchef besitzt seinen Michelin-Stern schon seit drei Jahrzehnten. Gäste erwartet hier exzellente Qualität. Die Karte ist klein, die Menüs sind köstlich.

GRONINGEN:
Het Goudkantoor €
Mediterran SK D1
Waagplein 1, 9712 JZ
☎ (050) 589 1888 ⬤ So abends
Das Goldkontor war der Ort, an dem früher Steuern eingesammelt wurden. Heute beherbergt es ein sehr gutes Restaurant, in dem mediterran gekocht wird.

Vis-à-Vis-Tipp
GRONINGEN: WEEVA €
Regional SK D1
Gedempte Zuiderdiep 8–10, 9711 HG
☎ (050) 588 6555
Das »Gasthaus für alle« erinnert an die frühere Suppenküche von 1871, die es war. Mittlerweile hat sich die Kundschaft jedoch stark verändert. Geboten wird schnörkellose, gute Küche mit regionalen und gesunden Zutaten zu erschwinglichen Preisen, vor allem beim Tagesgericht.

GRONINGEN: Flinders Café €€
International SK D1
Kruissingel 1, 9712 XN
☎ (050) 312 3537
Das Cafè liegt in einem schiffsförmigen Pavillon im Park Noorderplantsoen. Serviert werden Früh-

tück, Mittag- und Abendessen. Auf der Karte finden sich sowohl Snacks als auch volle Mahlzeiten.

NOORDLAREN:
De Waterjuffers bij Vos €€
Regional SK E2
Osdijk 4, 9479 TC
[(050) 711 9310 ● Winter: Mo, Di mittags, Mo–Do abends
Das Lokal im Naturschutzgebiet im Zuidlaardermeer serviert fangfrischen Aal und Zander direkt aus dem See. Es gibt eine schöne Terrasse am Seeufer.

Friesland

Vis-à-Vis-Tipp

HARLINGEN: Frish 'n Dish €€
International SK C2
Grote Bredeplaats 15, 8861 BA
[(0517) 430 063 ● Mo, Di
Das moderne Restaurant serviert rund zwei Dutzend kleine internationale Gerichte, z. B. aus Frankreich (Räucherlachs), Spanien (Paella), Italien (Saltimbocca), Marrokko (baba ganoush), Indonesien (Beef rendang), Thailand (tom yum), China (Peking-Ente) und Japan (Yakitori). Die Gerichte können einzeln bestellt werden oder als Fünf-Gänge-Dinner.

HEERENVEEN: Het Ambacht €€
International SK D2
Burg. Falkenaweg 56, 8442 LE
[(0513) 232 172
● So, Mo, Sa mittags
Küchenchef Henk Markus wird auch der »friesische Jamie Oliver« genannt. Er hat eine ehemalige Schule in ein trendiges Restaurant umgewandelt. Probieren Sie lokale Köstlichkeiten wie Seeteufel oder gebratene Taube.

LEEUWARDEN:
Ooozo Grill & Sushi €
Asiatisch SK D1
Ruiterskwartier 93, 8911 BR
[(058) 213 6069
Dies ist ein hippes japanisches Restaurant im fleischlastigen Friesland. Der Koch ist Niederländer und bereitet köstliche Sushi, Sashimi und weitere asiatische Spezialitäten zu.

MAKKUM: De Prins €
Traditionell SK C2
Kerkstraat 1, 8754 CN
[(0515) 231 510 ● Mo–Do
Eine wahrlich alte Gaststätte – sie wurde 1760 eröffnet und ist nun seit drei Generationen in Familienbesitz. Achten Sie auf die handbemalten Kacheln in der historischen Schankstube.

SNEEK: Cook & Ny €
International SK C2
1e Oosterkade 24, 8605 AA
[(0515) 433 019
Das elegante, trendige Lokal bietet internationale Küche. Besonders empfehlenswert sind die Tapas. Probieren Sie die patatas bravas, die Schnecken in Knoblauch oder Seewolf-Saté.

Drenthe

ASSEN: Touché €€
Fusion SK D2
Markt 20, 9401 GT
[(0592) 769 069 ● Mo
Das Touché liegt am schönsten Platz der Stadt. Der Küchenchef interpretiert traditionelle Gerichte neu. Lecker ist z. B. der Entenbraten mit Hoisin-Sauce.

Vis-à-Vis-Tipp

BORGER: Villa van Streek €€
Regional SK E2
Torenlaan 13, 9531 JH
[(0599) 657 007 ● Mo
In der Stadt der Hünengräber findet sich eine alte königliche Kaserne, die nun diese künstlerisch gestaltete Gastwirtschaft beherbergt. Gäste finden hier eine stetig wechselnde Karte, auf der regionale Speisen zu erschwinglichen Preisen im Vordergrund stehen. Ganztags geöffnet.

RODEN: Cuisinerie Mensinge €€
Französisch SK D2
Mensingheweg 1, 9301 KA
[(050) 501 3149 ● Mo, Di
Die umgebauten Stallungen des 600 Jahre alten Herrenhauses

Geräucherter Lachs – in Friesland sollte man ihn unbedingt kosten

beherbergen heute ein wundervoll romantisches Bistro und ein Restaurant.

RODERESCH: Herberg van Es €€
International SK D2
Hoofdweg 1, 9305 TD
[(050) 501 2660 ● Mo
Die Umgebung des Restaurants ist bei Wanderern und Radfahrern beliebt. Gäste finden hier eine reichhaltige Mittags- und Abendkarte vor. In der Saison gibt es Wildspezialitäten.

ZUIDLAREN: De Vlindertuin €€€
Französisch SK E2
Stationsweg 41, 9471 GK
[(050) 409 4531 ● Mo
Der »Schmetterlingsgarten« (ein Michelin-Stern) gehört zu den besten Restaurants in Drenthe. Serviert wird kreative französische Küche in einem 300 Jahre alten Bauernhof. Ordern Sie das Acht-Gänge-Probiermenü.

Overijssel

Vis-à-Vis-Tipp

ALMELO: Amused €
International SK E3
Catharina Amaliaplein 4, 7607 JP
[(0546) 433 974 ● Mo
Der Name Amused spielt auf die hier hauptsächlich gebotenen amuse-gueules an. Sie sorgen für eine Esserfahrung à la Tapas. Wählen Sie aus rund zwei Dutzend kalten und heißen Varianten, etwa Hühnchen in Chilisauce, Lachsbrötchen oder Artischocken mit Estragon. Oder bestellen Sie das Überraschungsmenü.

DE LUTTE: De Bloemenbeek €€€
Französisch SK E3
Beuningerstraat 6, 7587 LD
[(0541) 551 224
Das Restaurant liegt sehr schön in der sanften Landschaft des Dinkeltal. Das mit einem Michelin-Stern ausgezeichnete Restaurant gehört zu einem Landhotel. Französische Küche.

DEVENTER:
Jackies NYCuisine €€
International SK D3
Grote Poot 19, 7411 KE
[(0570) 616 666
Das moderne Restaurant ist von Jackie O. und den Küchenstilen New Yorks inklusive Chinatowns inspiriert. Großartiges Essen und aufmerksamer Service in stylishem Ambiente.

SK = **Straßenkarte** siehe hintere Umschlaginnenseiten

ENSCHEDE:
Yuen's Oriental Bistro €€
Asiatisch SK E3
Walstraat 16, 5711 GH
☎ (053) 434 6042 ⬤ Mo, Di
Das moderne asiatische Lokal besitzt eine offene Küche, in der der Küchenchef aus Bio-Zutaten und den Aromen aus Thailand, Korea und der Mongolei köstliche Speisen zubereitet.

ZWOLLE: Librije's Zusje €€€
Modern niederländisch SK D3
Spinhuisplein 1, 8011 ZZ
☎ (038) 853 0001
⬤ Mo und Sa mittags
De Librije ist eines von zwei niederländischen Restaurants mit drei Michelin-Sternen. Das einstige Gefängnis und sein Schwesterlokal (zwei Sterne) bietet Küche vom Feinsten.

Sterne-Küche: das farbenfrohe Librije's Zusje in Zwolle

Flevoland

ALMERE-HAVEN: Bij Brons €€
Französisch SK C3
Sluis 3, 1357 NZ
☎ (036) 540 1126
⬤ Sep–März: Mo
Direkt am Bootshafen gelegenes Restaurant. Die Tische sind um die offene Küche gruppiert. Verwendet werden organische und saisonale Produkte. Das Überraschungsmenü mit fünf Gängen ist besonders zu empfehlen.

BIDDINGHUIZEN:
Beachclub NU €
International SK C3
Bremerbergdijk 10, 8256 RD
☎ (0321) 331 629
⬤ Winter: Mo, Di
Der Strandclub liegt an einem attraktiven Strand am Veluwe-See. In der Lounge im Erdgeschoss und auf der Terrasse gibt es Barbecue und Grillgerichte. Gerichte à la carte werden im Obergeschoss serviert.

Vis-à-Vis-Tipp

URK: Restaurant De Boet €
Seafood SK C3
Wijk 1–61/Westhavenkade 61
☎ (0527) 688 736
Das ist das pfiffigste Restaurant in Urk. Es liegt in einem ehemaligen Warenhaus und Schifffahrtskontor direkt am Hafen des Dorfs. Die Speisekarte wechselt täglich. Immer im Angebot: frischester Fisch und Meeresfrüchte. Probieren Sie die Jakobsmuscheln mit Kartoffelbrei, Bohnen und süßer Zwiebelsauce mit Senf.

Gelderland

ARNHEM:
ZafVino & StijnKookt €€
Mediterran SK D4
Zwanenstraat 22, 6811 DD
☎ (06) 5214 3150 ⬤ Di, Mi
Die Gastwirtschaft im Stil einer Vinothek strahlt Atmosphäre aus. Es gibt große Tische mit viel Platz. Die Tagesangebote stehen auf einer Schiefertafel.

BARNEVELD: De Oranjerie €€
International SK D4
Stationsweg 4a, 3771 VH
☎ (0342) 419 601 ⬤ So, Mo
Auf dem Grundstück eines Tudorschloss-Nachbaus stößt man in einem Gewächshaus im Stil des 19. Jahrhunderts auf dieses Lokal. Die Küche bietet u. a. Wildgerichte und Hummer.

BEEKBERGEN:
Het Ei van Columbus €€
Französisch SK D4
Stoppelbergweg 63, 7361 TE
☎ (055) 506 1498 ⬤ Mo, Di
Das »Ei des Kolumbus« hat eine kleine, aber exquisite Karte mit Menüs zu erschwinglichen Preisen. Drei-Gänge-Menüs gibt es für unter 30 Euro. Schöne Lage.

BERG EN DAL: Puur €€
International SK D4
Zevenheuvelenweg 87, 6571 CJ
☎ (024) 684 1452 ⬤ Di
Stilvolle Weinbar mit Restaurant. Auf der Weinkarte stehen gut 100 Weine, zwei Dutzend davon werden glasweise ausgeschenkt. Dazu gibt es kleine Speisen, etwa spanische Tapas.

ERMELO: Boshuis Drie €€
Traditionell SK C3
Sprielderweg 205, 3852 MK
☎ (0577) 407 206 ⬤ Mo
Das Lokal liegt in einem gut erhaltenen reetgedeckten Bauernhaus mitten im Wald. Serviert werden typische niederländische Gerichte, darunter Pfannkuchen zum Frühstück. Abends gibt es z. B. Wildeintopf oder Steaks.

Vis-à-Vis-Tipp

NIJMEGEN:
De Nieuwe Winkel €€
Fusion SK D4
Hertogstraat 71, 6511 RW
☎ (024) 322 5093 ⬤ So, Mo
Ungewöhnlich: Radieschen in »essbarer Erde«, serviert in einem Blumentopf, gefolgt vom »goldenen Ei« mit pochiertem Eidotter – und das sind nur die Appetizer. Außer einem kreativen Chefkoch bietet »Der neue Laden« modernes Dekor, freundliche Atmosphäre, eine übersichtliche Karte sowie Essen für Augen und Geschmacksknospen.

Noord-Brabant

BERGEN OP ZOOM:
Le Bouleau €€
International SK B5
Bemmelenberg 16, 4614 PG
☎ (0164) 258 782 ⬤ Mo, Di
Das romantisch im Wald gelegene Restaurant serviert internationale Küche, etwa Gambas mit Knoblauch oder Rib-Eye-Steaks. Das preiswerte, dreigängige Marktmenü ist eine gute Wahl.

BREDA: Wolfslaar €€€
Französisch SK B5
Wolfslaardreef 100–102, 4834 SP
☎ (076) 560 8000
⬤ So, Sa mittags
Das mit einem Michelin-Stern ausgezeichnete Restaurant liegt in einem umgebauten Kutschenhaus. Auf der Karte stehen klassische Gerichte aus Bio-Zutaten, modern interpretiert. Probieren Sie den Heilbutt mit Muscheln.

Vis-à-Vis-Tipp

EINDHOVEN: Kreeftenbar €
Seafood SK C5
Kleine Berg 21, 5611 JS
☎ (040) 236 4440 ⬤ Mo
Entdecken Sie Hummer in allen Variationen – als Suppe, im Salat, in Brötchen, ganz oder halb, gratiniert oder gekocht. Ebenfalls im Angebot: asiatische Küche von Königsgarnelen bis hin zur Peking-Ente. Die Preise sind erschwinglich, besonders bei den Menüs mit Hummer.

NDHOVEN: Smeagol €
rgentinisch SK C5
erkstraat 10, 5611 GJ
(040) 737 0298
 modernem Interieur genießen
äste saftige, zarte Steaks von
en Rindern der argentinischen
ampas. Auch empfehlenswert:
mpanadas und Fajitas.

NDHOVEN: Piet Hein Eek €€
reativ SK C5
alvemaanstraat 30, 5651 BP
(040) 285 6610 ● Mo
 der schön umgewandelten
abrik befinden sich auch Flag-
hip-Store, Atelier und Kunst-
alerie von Designer Piet Hein
ek. Die kreative Küche des
estaurants passt perfekt dazu.

aatsheuvel: De Molen €€€
nternational SK C4
aartstraat 102, 5171 JG
(0416) 530 230
 So, Mo, Sa mittags
 der Windmühle am Rand eines
aturschutzgebiets erwartet Sie
terne-Küche. Superb: das Zehn-
änge-Probiermenü.

UENEN: Olijf €€
Mediterran SK C5
erg 18, 5671 CC
(040) 291 3476 ● Mi
 diesem Dorf hat van Gogh die
artoffelesser gemalt. Heute wer-
en hier mediterrane Seafood-
erichte serviert. Preiswerte
Menüs mit guten Weinen.

S-HERTOGENBOSCH:
etbar Dit €
nternational SK C4
nellestraat 24–26, 5211 EN
(073) 614 1015
ies ist eine moderne Version des
lten niederländischen eetcafé.
leine Gerichte wie Shrimps-
roketten, rendang und Burger
estimmen das Angebot.

S-HERTOGENBOSCH:
De Verkadefabriek €€
nternational SK C4
oschdijkstraat 45, 5211 VD
(073) 681 8150
 der früheren Keksfabrik finden
ich nun ein Theater, ein Kino
nd ein Restaurant. Genießen Sie
as Essen in Industrie-Ambiente.

Limburg

GULPEN: L'Atelier €€€
ranzösisch SK D6
Markt 9, 6271 BD
(043) 450 4490
● Di, Mi, Sa mittags
ies ist sicherlich eines der bes-
en Restaurants Limburgs – mit

gutem Essen, warmer Atmosphäre, freundlichem Service und
einer exzellenten Weinkarte.

MAASBRACHT: Da Vinci €€€
Französisch SK D6
Havenstraat 27, 6051 CS
(0475) 465 979
● Mo, Di, Sa mittags
Dies ist keine Pizzeria, sondern
ein französisches Restaurant –
und nicht billig. Es wird von der
einzigen Chefköchin des Landes
geführt, die mit zwei Michelin-
Sternen ausgezeichnet wurde.

Vis-à-Vis-Tipp

MAASTRICHT: Umami €
Chinesisch SK D6
Stationsstraat 12, 6221 BP
(043) 351 0006
Umami ist eine kleine chinesi-
sche Restaurantkette mit mo-
derner Kochphilosophie. (Es
gibt auch Umami-Lokale in
Den Haag, Rotterdam und
Eindhoven.) Betreiber ist Han
Ji, Chefkoch des Sterne-Res-
taurants HanTing in Den Haag.
Sie können ein Drei-, Vier- oder
Fünf-Gänge-Menü wählen.

MAASTRICHT: SoFa €€
Mediterran SK D6
Hoge Weerd 6, 6229 AM
(043) 367 1337 ● Mo
SoFa ist die Abkürzung für
»sounds fantastic«. Es liegt im
Kutschenhaus eines Schlosses
(15. Jh.) auf einer Maas-Halbinsel.
Die Karte wird von leichten medi-
terranen Gerichten geprägt.

MAASTRICHT: Beluga €€€
International SK D6
Plein 1992 12, 6221 JP
(043) 321 3364
● So, Mo, Sa mittags
Das Restaurant schmückt sich mit
Stars und Sternen. Die beiden Mi-
chelin-Sterne ziehen viele Prominente an, die spektakuläre Kuli-
narik genießen wollen. Das Lokal
liegt direkt an der Maas und bietet eine herrliche Aussicht.

SLENAKEN: De La Frontière €€
Südafrikanisch SK D6
Grensweg 1, 6277 NA
(043) 457 4302 ● Mo, Di
Ein Hauch von Südafrika in Limburg – das Lokal ist mit Zebrafel-
len und südafrikanischer Kunst
dekoriert. Auf der Karte: Weine
vom Kap und Gerichte wie Bil-
tong-paté oder Kudu (Antilope).

UBACHSBERG: De Leuf €€€
Kreativ SK D6
Dalstraat 2, 6367 JS
(045) 575 0226
● So, Mo, Sa mittags
Das Restaurant mit zwei Michelin-
Sternen serviert kreative Gerichte,
etwa Seeigel mit Avocado oder
Taube mit cremiger Blutwurst.

VALKENBURG AAN DE GEUL:
Tapas BarCelona €
Spanisch SK D6
Berkelstraat 6, 6301 CC
(043) 852 4524 ● Mo, Di
Winzige Tapas-Bar mit andalu-
sischen Leuchten und einem
großen Osborne-Bullen an der
Wand. Serviert wird eine ansprechende Vielfalt von Gerichten,
etwa Datteln im Schinkenmantel
und pata negra.

VALKENBURG AAN DE GEUL:
Aan de Linde €€
Französisch SK D6
Jan Deckerstraat 1B, 6301 GX
(043) 601 0577 ● Di
Tagsüber ist es eine Brasserie,
abends ein Restaurant. Das Lokal
im einstigen stilvollen Casino-
Hotel ist auch bei Einheimischen
beliebt.

WELL: Brienen aan de Maas €€€
Französisch SK D5
Grotestraat 11, 5855 AK
(0478) 501 967 ● Mo
Die malerische Lage am Ufer der
Maas passt zur regional orientier-
ten Küche des mit einem Michelin-Stern ausgezeichneten Restaurants. Bei den köstlichen, nicht
billigen Gerichten auf der Karte
dominiert Seafood. Es gibt auch
erschwingliche Festpreismenüs.

Gäste in der beliebten Verkadefabriek in 's-Hertogenbosch

Shopping

Die Auswahl an Shopping-Möglichkeiten ist überall in den Niederlanden riesig. Selbst in Kleinstädten findet man die Filialen und Kaufhäuser der großen Ketten, doch daneben gibt es in allen Städten und selbst in zahlreichen Dörfern eine Vielzahl ganz besonderer Läden und Boutiquen, die von Kleidung bis hin zu regionalen Delikatessen alles verkaufen. Große Fachgeschäfte wie Einrichtungshäuser, Baumärkte und Discounter liegen meist am Stadtrand. Manchmal findet man mehrere dieser Geschäfte unter einem Dach, mit vielen Parkplätzen, Kinderbetreuung und einer Cafeteria. Die meisten dieser Shopping-Center haben auch an Feiertagen geöffnet, oft sind sie dann sogar besonders voll.

Secondhand-Fans sollten sich auf den Straßenmärkten oder in den Secondhand-Läden umsehen. Dort findet man immer wieder interessante Stücke für wenig Geld.

Trödelläden können wahre Fundgruben sein

Märkte

In jeder Stadt und in beinahe jedem Dorf findet zumindest einmal wöchentlich ein allgemeiner Markt statt. Das Angebot reicht von Lebensmitteln über Kleidung bis zu Werkzeug. Daneben gibt es auch Spezialmärkte, etwa Bauernmärkte mit frischen Landprodukten, Antiquitätenmärkte und Büchermärkte. Bekannt sind die Käsemärkte von Alkmaar, Edam und Gouda.

Ein besonderer Fall sind die Flohmärkte, auf denen Händler oder aber Privatpersonen Gebrauchtes verkaufen. Der größte Flohmarkt der Niederlande findet am Koningsdag (27. Apr), dem Nationalfeiertag, statt, an dem das halbe Land die alten Sachen vom Dachboden auf der Straße loszuschlagen versucht. Auch Jahrmärkte sind beliebt. Sie finden oft mehrmals jährlich statt. Die Handwerker des Viertels bauen dann Stände auf, auch Privatpersonen verkaufen Sachen. Märkte beginnen meist gegen 9.30 Uhr und enden um 16 oder 17 Uhr. Auf allen Märkten findet man auch gute Imbissstände.

Antiquitäten

Liebhaber von Antiquitäten sind in den Niederlanden richtig. Wer Glück hat, kann in Secondhand-Läden oder auf Flohmärkten für wenig Geld auch Antiquitäten entdecken, doch öfter wird man in echten Antiquitätengeschäften fündig. Viele Läden haben sich auf eine bestimmte Periode oder bestimmte Stücke wie Uhren oder Stiche spezialisiert. Wer seine Antiquitäten lieber ersteigert, kann das in den Filialen der internationalen Auktionshäuser wie **Sotheby's** und **Christie's** tun. Auch in kleinen Auktionshäusern kommen ab und zu besondere Stücke unter den Hammer.

Antiquitätenladen

Eine weitere Möglichkeit zum Antiquitätenkauf bieten die speziellen Märkte, die im ganzen Land regelmäßig stattfinden. In Amsterdam ist die Nieuwe Spiegelstraat die Adresse für Antiquitäten. Hier findet man Spezialisten für Keramik, Glas, alte Stiche, Malerei und Nautika. Auch in Haarlem, Middelburg und 's-Hertogenbosch gibt es viele Geschäfte mit hervorragenden Stücken. Auf dem Land findet man die Antiquitätenhändler oft in alten Bauernhöfen. Hier kann man vor allem alte Fichten- oder Eichenmöbel kaufen.

Im **MECC** in Maastricht und in den **Brabanthallen** in 's-Hertogenbosch findet jedes Jahr eine Antiquitätenbörse statt. Auch viele der renommierten Händler bieten auf diesen Fachmessen Stücke an.

Mode

Es ist schon lange nicht mehr so, dass sich die Niederländer nicht für Mode interessieren würden, im Gegenteil: Es wird immer mehr Geld für modische Kleidung von guter Qualität ausgegeben. Neben den alteingesessenen Couturiers eröffnen immer mehr junge, gerade mit dem Studium fertige Modedesigner eigene Boutiquen. Die Stücke in diesen Läden werden oft von Hand genäht und sind darum nicht billig. Bezahlbare Mode findet man in den Filialen der großen niederländischen und internationalen Modeketten. Typisch für die niederländischen Fashion Victims ist die Kombination von neuen, teuren Stücken mit Secondhand-Kleidung. Die Kollektionen der großen

Antiquitätenläden bergen viel Trödel, aber auch viel Kostbares

Von Secondhand bis Haute Couture – modebewusste
Niederländerinnen kombinieren gern

Couturiers hängen vor allem in
Amsterdam, in der P. C. Hooft-
straat, etwa Kleidung von
Hugo Boss, Armani, Yves Saint
Laurent u. a. Klassische Klei-
dung und Schuhe findet man
in den Läden am Haagse
Noordeinde von Den Haag.
Ketten wie Vera Moda verkau-
fen Mode für jeden Tag.

Kaufhäuser und Shopping-Center

Das luxuriöseste Kaufhaus der
Niederlande ist der **Bijenkorf**.
Hier findet man Trendmöbel,
neueste Mode, zahllose Bücher
und Kosmetik. Die Kaufhäuser
von Vroom & Dreesmann sind
etwas kleiner, die Preise dafür
niedriger als im Bijenkorf. Bei
Hema, noch etwas günstiger
und sehr modern, findet man
z. B. auch Leuchten und Haushaltswaren.

In den meisten Shopping-
Centern gibt es eine breite Palette von Geschäften, aber es
gibt auch welche mit exklusiven Boutiquen. Eines davon ist

Magna Plaza in
Amsterdam, wo
sich viele Mode-
läden und Juwe-
liere versammeln.
Im **La Vie** in Ut-
recht gibt es eine
gute Shop-in-
Shop-Auswahl.
De Passage ist das
bekannte Den
Haager Shopping-
Center. Das Desi-
gner-Outlet-Cen-
ter in Roermond
ist für seine güns-
tigen Preise bekannt.

Möbel

Der niederländische Top-
Möbeldesigner Jan des Bouvrie
hat sein Geschäft in einem früheren Waffenlager, dem **Studio het Arsenaal** in Naarden,
eingerichtet. Bei **Van Til Interieur** in Alkmaar werden exklusive Designermöbel angeboten. In den 75 Möbelläden der
Villa ArenA in Amsterdam-
Zuidoost kann man gut und
gern einen ganzen Tag stöbern. Auch das Woonthema-
centrum De Havenaer in
Nijkerk und Palazzo Lelystad
bieten eine interessante Auswahl an Möbeln und Wohn-
accessoires an.

Versteigerungen

Die englischen Auktionshäuser
Sotheby's und **Christie's** haben
Filialen in Amsterdam. Hier
werden besonders wertvolle
Stücke und Sammlungen auf
internationaler Ebene versteigert. Im **Eland De Zon Loth**

Gijselman in Diemen wird man
in Sachen Kunst und Antiquitäten fündig, ebenso bei **Holbein** in Rijssen. Das **Veilinghuis
de Voorstraat** in Zwolle hat
sich auf Briefmarken und
Münzen spezialisiert.

Gartencenter

Gartencenter verkaufen nicht
nur Pflanzen, Saatgut und Blumenzwiebeln, sondern auch
Töpfe und Kübel, Erde, Dünger
und Gartenmöbel. Wer auf der
Suche nach einer besonderen
Pflanze ist, der findet sie bei
einer der spezialisierten Gärt-
nereien, auf die man überall in
den Niederlanden stößt. Gartencenter liegen meist am
Stadtrand. Oft haben sie auch
an Sonntagen geöffnet.

Der Garten ist der Niederländer
liebstes Kind

Schokolade

Verkade und Droste sind die
bekanntesten niederländischen
Schokoladenfabriken. Ihre Produkte sind überall erhältlich.
Es gibt auch immer mehr Fachgeschäfte, die sich auf hand-
gemachte Pralinen spezialisieren. Sehr bekannt sind die
Läden der belgischen Kette
Leonidas. Fantastische Pralinen
bekommt man auch bei **Puccini Bomboni**.

Kaffee und Tee

Die Niederlande importieren
schon seit Jahrhunderten Kaffee und Tee. Überall gibt es
Fachgeschäfte, die ihren Kaffee oft noch selbst rösten. Die
Läden von **Simon Levelt** bieten
25 Sorten Kaffee und 100 Tee-
mischungen an. **Geels & Co** ist
ein über 150 Jahre alter Familienbetrieb mit einer eigenen
Kaffeerösterei und einem kleinen Museum.

Magna Plaza *(siehe S. 94)* hat auch am Sonntag geöffnet

Souvenirs

Andenkenläden findet man in den großen Städten und Ferienorten zuhauf. Doch oft gibt es gerade in den kleinen Läden oder selbst im Supermarkt schöne Dinge, mit denen man sich selbst und anderen eine Freude machen möchte. Blumen und Delfter Blau sind Geschenke, über die sich jeder freut. Beispiele von kulinarischen Mitbringseln wie holländischem Käse, Spekulatius oder Jenever finden Sie auf Seite 420.

Trachtenpuppen
Trachten werden in den Niederlanden fast nur noch von Puppen im Souvenirladen getragen. Hier ein Dreigestirn aus Volendam.

Steinguthäuschen
Bemalte Steinguthäuser (oftmals in Delfter Blau) sind ein beliebtes Souvenir. Manche sind mit Jenever gefüllt, andere dienen nur der Dekoration.

Bemalte Klompen
Die traditionellen Holzschuhe sind das Symbol der Niederlande. Klompen kann man in allen Farben und Größen kaufen, auch übers Internet (www.woodenshoes.com).

Blumenzwiebeln

Blutkorallen
Zu vielen alten Trachten, auch der von Volendam, gehört eine Kette aus Blutkorallen. Natürlich passt so ein Schmuckstück auch zu moderner Kleidung.

Goudse pijpen
Auch für Nichtraucher ein schönes Andenken a Gouda (siehe S. 243): Gouwenaars, Tonpfeifen mit einem langen Stiel, werden schon seit dem 17. Jahrhundert hergestellt.

Blumen
Zwiebeln und alle Arten von Schnittblumen sind das ganze Jahr über in zahllosen Blumenläden, in Gartencentern und auf Märkten erhältlich.

Stiche von holländischen Mühlen

Alte Karten und Drucke
Amsterdam war immer ein Zentrum der
Kartografie. Viele Antiquariate verkaufen
Atlanten und alte Drucke.

Reproduktionen alter Karten von Amsterdam und Russland

Diamantenbrosche

Collier mit Diamanten

Diamanten
Seit dem 16. Jahrhundert werden in Amsterdam Diamanten
geschliffen. Bis heute ist die
Stadt eines der großen Zentren
für die Edelsteine. Viele Juwe-
liere verkaufen rohe Steine oder
gebrauchten Diamantschmuck.

Diamanten in verschiedenen Farben

Tassen aus Delfter Blau

Neues Delfter Blau
Modernes Delfter Blau, bemalt mit Mühlen
oder anderen holländischen Szenen, wird
als Geschirr, Statuen, Vasen und sogar als
Delfter-Blau-Aschenbecher verkauft. Achten Sie beim Kauf immer auf das Echt-
heitszertifikat *(siehe S. 32)*.

Makkumer Steingut
Im friesischen Makkum
wird noch heute dieses
bunte Steingut, vor
allem Fliesen, Teller
und Schalen, in der
Fabrik Tichelaar *(siehe
S. 33)* hergestellt.

Spekulatius
Die mit Zimt, Nelken und Ingwer gewürzten Kekse werden vor allem zu Nikolaus gegessen.

Spekulatius

Edamer Käse mit charakteristischer Form

Edamer Käse
Der weltberühmte Käse aus Edam *(siehe S. 178)* schmeckt herrlich und ist ein schönes Mitbringsel.

Spekulatiusmodel
In den hölzernen Modeln kann man selbst Spekulatius backen. Sie sind auch als Dekoration beliebt.

Zeeuwse boterbabbelaars
Die nach Butter schmeckenden Zeeländer Bonbons bestehen aus Zucker, Sirup und Butter.

Haagse Hopjes
Die Kaffeebonbons wurden erstmals Ende des 18. Jahrhundert nach einer Idee des Den Haager Barons Hop hergestellt.

Boter-babbelaars

Hopjes

Niederländisches Bier
Niederländer lieben Bier. Neben diesen drei bekannten Marken gibt es unzählige andere Sorten.

Junger Jenever aus Korn **Sonnema Berenburg** **Zwarte Kip Eierlikör**

Zaanse Senf
Der grobe Senf wird in der Senfmühle De Huisman auf der Zaanse Schans *(siehe S. 179)* hergestellt.

Schnaps
Die bekanntesten Schnäpse der Niederlande sind Jenever (schmeckt ähnlich wie Gin, in Flaschen oder Krügen erhältlich als junger und alter Klarer oder mit Kräutern), Berenburg, der friesische Kräuterbitter, und Eierlikör aus Branntwein und Eiern.

Gewürzkuchen

Gewürzkuchen
Die herrlichen Gewürzkuchen schmecken in jedem Landstrich anders. Sie werden zum Frühstück oder einfach zwischendurch mit Butter gegessen.

Dropjes
Die urholländischen süßen oder salzigen Bonbons werden auf der Basis von Süßholz hergestellt.

Auf einen Blick

Antiquitäten

A Votre Servies
Vughtstraat 231,
's-Hertogenbosch.
Straßenkarte C4.
[C] (073) 613 5989.

Brabanthallen
Diezekade 2,
's-Hertogenbosch.
Straßenkarte C4.
[C] (073) 629 3911.
Antiquitätenmesse im
Frühjahr.

De Tijdspiegel
Nieuwstraat 17,
Middelburg.
Straßenkarte A5.
[C] (0118) 627 799.

E. H. Ariëns Kappers
Nieuwe Spiegelstraat 32,
Amsterdam.
Stadtplan 4 F2
[C] (020) 623 5356.

Emmakade 2 Antiek
Emmakade 2,
Leeuwarden.
Straßenkarte D1.
[C] (058) 215 3464.

**Jan de Raad
Antiquiteiten**
Postelstraat 64,
's-Hertogenbosch.
Straßenkarte C4.
[C] (073) 614 4979.

Le Collectionneur
Damplein 5, Middelburg.
Straßenkarte A5.
[C] (0118) 638 595.

**Le Magasin Antiek &
Curiosa**
Klein Heiligland 58,
Haarlem.
Straßenkarte B3.
[C] (023) 532 1383.

MECC
Forum 100, Maastricht.
Straßenkarte C6.
[C] (043) 383 8383.
TEFAF im März.

Paul Berlijn Antiques
Amsterdamse Vaart 134,
Haarlem.
Straßenkarte B3.
[C] (023) 5337369.

Kaufhäuser und Shopping-Center

De Bijenkorf
Dam 1, Amsterdam.
Stadtplan 2 D3.
[C] 0800 0818.

Ketelstraat 45, Arnhem.
Straßenkarte D4.
[C] 0800 0818.

Wagenstraat 32,
Den Haag.
Straßenkarte B4.
[C] 0800 0818.

Piazza 1, Eindhoven.
Straßenkarte C5.
[C] 0800 0818.

Coolsingel 105,
Rotterdam.
Straßenkarte B4.
[C] 0800 0818.

Sint-Jacobsstraat 1a,
Utrecht.
Straßenkarte C4.
[C] 0800 0818.
[W] bijenkorf.nl

De Passage
Passage, Den Haag.
Straßenkarte B4.
[C] (030) 256 5165.

**La Vie
Shoppingcentre**
Lange Viestraat 669,
Utrecht.
Straßenkarte C4.
[C] (030) 234 1414.

Magna Plaza
Nieuwez. Voorburgwal
182, Amsterdam.
Stadtplan 1 C4
[C] (020) 570 3570.

Möbel

Studio het Arsenaal
Kooltjesbuurt 1,
Naarden-Vesting.
Straßenkarte C3.
[C] (035) 695 2015.

Van Til Interieur
Noorderkade 1038,
Alkmaar.
Straßenkarte B3.
[C] (072) 511 2760.

Villa ArenA
ArenA Boulevard,
Amsterdam-Zuidoost.
[C] 0800 845 5227.
[W] villaarena.nl

Versteigerungen

Christie's
Cornelis Schuytstraat 57,
Amsterdam.
Stadtplan 3 C4
[C] (020) 575 5255.

**De Eland De Zon
Loth Gijselman**
Industrieterrein Verrijn
Stuart, Weesperstraat
110–112, Diemen.
Straßenkarte C3.
[C] (020) 623 0343.

**Holbein Kunst-
en Antiekveilingen**
Jutestraat 31, Rijssen.
Straßenkarte D3.
[C] (0548) 541 577.

Sotheby's
Emmalaan 23,
Amsterdam.
[C] (020) 550 2200.

**Veilinghuis
de Voorstraat**
Voorstraat 23, Zwolle.
Straßenkarte D3.
[C] (038) 421 1045.

Schokolade

Huize van Wely
Beethovenstraat 72,
Amsterdam.
Stadtplan 4 D5.
[C] (020) 662 2009.

Hoofdstraat 88,
Noordwijk (ZH).
Straßenkarte B3.
[C] (071) 361 2228.

Leonidas
Damstraat 15,
Amsterdam.
Stadtplan 2 D5.
[C] (020) 625 3497.

Bakkerstraat 2, Arnhem.
Straßenkarte D4.
[C] (023) 442 2157.

Passage 26, Den Haag.
Straßenkarte B4.
[C] (070) 364 9608.

Fonteinstraat 3,
's-Hertogenbosch.
Straßenkarte C4.
[C] (073) 614 3626.

Pottenbakkersingel 2,
Middelburg.
Straßenkarte A5.
[C] (0118) 634 750.

Beurstraverse 69,
Rotterdam.

Straßenkarte B4.
[C] (010) 413 6034.

Oude Gracht 136,
Utrecht.
Straßenkarte C4.
[C] (030) 231 7738.

Puccini Bomboni
Staalstraat 17,
Amsterdam.
Stadtplan 5 A2
[C] (020) 626 5474.

Singel 184, Amsterdam.
Stadtplan 1 C4
[C] (020) 427 8341.

Kaffee und Tee

Abraham Mostert
Schoutenstraat 11,
Utrecht.
Straßenkarte C4.
[C] (030) 231 6934.

Geels & Co
Warmoesstraat 67,
Amsterdam.
Stadtplan 2 D4
[C] (020) 624 0683.

Het Klaverblad
Hogewoerd 15,
Leiden.
Straßenkarte B3.
[C] (071) 513 3655.

**Koffiebrander
Blanche Dael**
Wolfstraat 28,
Maastricht.
Straßenkarte C6.
[C] (043) 321 3475.

**Simon Levelt koffie-
en theehandel**
Prinsengracht 180,
Amsterdam.
Stadtplan 1 B4
[C] (020) 6240 823.

Veerstraat 15, Bussum.
Straßenkarte C3.
[C] (035) 693 9459.

Zwanestraat 38,
Groningen.
Straßenkarte D1.
[C] (050) 311 4333.

Gierstraat 65, Haarlem.
Straßenkarte B3.
[C] (023) 531 1861.

Botermarkt 1–2, Leiden.
Straßenkarte B3.
[C] (071) 513 1159.

Vismarkt 21, Utrecht.
Straßenkarte B3.
[C] (030) 231 4495.

Stadtplan Amsterdam *siehe Seiten 154–163* **Straßenkarte** *siehe hintere Umschlaginnenseiten*

Unterhaltung

Ausgehen in den Niederlanden beschränkt sich nicht allein auf die Randstad. Auch außerhalb der großen Städte kann man viel unternehmen. Beinahe jeder Ort hat ein Schauspielhaus oder ein Kulturzentrum, in dem Theatergruppen, Kabarettisten, Orchester und Popgruppen auftreten. Es gibt auch immer mehr große Showbühnen wie ShowBizz City in Aalsmeer oder den Unterhaltungskomplex Miracle Planet in Enschede. Informationen und Karten bekommt man bei den jeweiligen Bühnen oder bei den örtlichen VVV-Büros. Ein zentrales Verkaufsbüro ist AUB Ticketshop *(siehe S. 153)* in Amsterdam. Hier kann man Informationen über Veranstaltungen bekommen und Eintrittskarten kaufen. Eine weitere Quelle für Tickets und Infos ist der telefonische Service Uitlijn (0900 0191). In überregionalen Tageszeitungen findet man jede Woche einen Veranstaltungskalender, daneben gibt es Stadtmagazine. Große Städte geben wöchentlich ein Veranstaltungsmagazin heraus. Auch das Internet liefert genügend Tipps zum Ausgehen.

Theater

In den Niederlanden gibt es viele Theater, die meisten in und um Amsterdam. Das schönste Theaterhaus der Stadt ist die **Stadsschouwburg** *(siehe S. 151)*. Hier treten auch tourende internationale Schauspielensembles auf. Das größte Theaterensemble der Niederlande, die Toneelgroep Amsterdam (TA), ist in der Stadsschouwburg angesiedelt.

Jährlicher Höhepunkt für Liebhaber von (Musik-)Theater und Tanz ist das Holland Festival, bei dem sich die internationale Kulturelite trifft. Während des Internationalen Theaterschulfestivals im Juni werden u. a. in **De Brakke Grond** *(siehe S. 153)* und im **Frascati** experimentelle Stücke gezeigt.

Im **Soeterijn** ist Theater aus Dritte-Welt-Ländern zu sehen. Die Truppe De Theatercompagnie hat unter der Leitung von Theu Boermans schon viele Preise gewonnen. De Dogtroep macht Straßentheater mit viel Spektakel, die Theatergroep Hollandia erregt Aufsehen mit ihren Vorstellungen in Flugzeughangars und anderen großen Hallen. Das musikalische Theater von Orkater ist oft in der Stadsschouwburg und auch im **Bellevue** zu sehen. Im **De la Mar** gibt es Boxoffice-Hits, Comedy und Konzerte von niederländischen Solokünstlern und Gruppen. Jugendvorstellungen finden in **De Krakeling** statt.

Seit Langem ist das **Toneelschuur** in Haarlem für außergewöhnliche Theateraufführungen bekannt. Die Gruppe De Appel zeigt im **Appeltheater** in Den Haag sowohl experimentelles als auch klassisches Theater.

Im ganzen Land gibt es zahlreiche gute Theaterensembles. Volle Säle garantiert das Zuidelijk Toneel aus Eindhoven, aber auch das Theater van het Oosten aus Arnhem und das Noord Nederlands Toneel aus Groningen zeigen spannende Inszenierungen.

Beim Festival aan de Werf in Utrecht kann man jedes Jahr im Mai ein Feuerwerk von Theater-, Musik- und Kleinkunstvorstellungen genießen.

Musical, Comedy und Kleinkunst

Die wichtigsten niederländischen Musicaltheater sind das **AFAS Circustheater** in Den Haag, das **Beatrix Theater** in Utrecht sowie das Koninklijk Theater Carré *(siehe S. 151)* in Amsterdam. Hier werden niederländische Versionen großer kommerzieller Musicals auf die Bühne gebracht.

De Kleine Komedie *(siehe S. 151)*, das in Amsterdam in einem schönen alten Haus an der Amstel gegenüber dem Muziektheater liegt, ist ein beliebtes Podium für Komödien und Comedy.

Weitere Adressen für die eher leichte Form der Unterhaltung sind in Amsterdam das **Comedy Café**, das **Toomler** und **Boom Chicago** *(siehe S. 151 und S. 153)*.

Szene aus dem Musical *Oliver!* im Theater Carré

Tanz

Die Niederlande sind stolz auf zwei weltberühmte Ballettensembles: das Nationale Ballet und das Nederlands Dans Theater (NDT). Heimatbühne des erstgenannten Ensembles ist das **Muziektheater** (siehe S. 153), das von den Amsterdamern »Stopera« genannt wird. Das moderne Haus bietet 1600 Zuschauern Platz und ist eine renommierte Bühne für Tanz und Oper. Vom Foyer aus hat man einen wunderschönen Ausblick über die Amstel.

Heimatbühne des Nederlands Dans Theater ist das **Lucent Danstheater** in Den Haag. Hier stehen viele Choreografien des früheren künstlerischen Leiters Jiří Kylián auf dem Programm. 1999 folgten ihm Marianne Sarstädt und 2004 Anders Hellström nach.

Das Scapino Ballet tritt vorwiegend in der **Rotterdamse Schouwburg** auf, bereist aber das ganze Land. Die Stücke des Leiters Ed Wubbe und junger Choreografen setzen Trends. Introdans aus Arnhem zeigt eine aufregende Kombination von Jazz, Flamenco und Ethnotanz.

Die wichtigsten Choreografen der Niederlande stellen auf dem Holland Festival ihre neuesten Schöpfungen dem Publikum vor. Während des Internationalen Theaterschulfestivals im Juni werden auch Tanzvorstellungen gezeigt. Sie finden in und um die Theater in der Nes statt, einer der ältesten Straßen Amsterdams. Julidans

Das Noord Nederlands Toneel mit
Die Möwe von Anton Čechov

Dr. Anton Philipszaal und Lucent Danstheater in Den Haag

ist ein Amsterdamer Sommertanzfestival, in dessen Rahmen zeitgenössische ausländische Ensembles auftreten.

Kino

Ein Kinobesuch ist auch in den Niederlanden ein beliebtes Abendvergnügen. In nahezu jedem Ort findet man ein oder mehrere Kinos, allein in Amsterdam gibt es über 45. Filme werden in der Originalfassung mit Untertiteln gezeigt. Das schönste Kino Amsterdams ist das **Pathé Tuschinski** (siehe S. 119), ein Art-déco-Juwel, das 1918–21 erbaut wurde und seine Einrichtung unverändert bewahrt hat. Hier finden auch die wichtigsten Premieren statt. Wer Stars und Sternchen sehen will, der muss einfach am Mittwochabend am Eingang warten.

Das Kinoprogramm hängt bei jedem Kino an der Kasse aus und wird auch in Cafés und Restaurants kostenlos verteilt. Das Programm wechselt jeden Donnerstag. In den Abendzeitungen vom Mittwoch oder den Morgenblättern vom Donnerstag wird das aktuelle Programm abgedruckt. Die Fachzeitung De Filmkrant erscheint monatlich und bringt neben den kompletten Programmen auch Hintergrundinformationen über die wichtigsten Filme. Die größten Veranstaltungen rund ums Kino sind das Nederlands

»Goldenes Kalb«

Film Festival in Utrecht (Sep/Okt) mit Premieren niederländischer Filme und der Überreichung des Preises »Goldenes Kalb« sowie das Internationale Filmfestival von Rotterdam (Jan). Das International Documentary Film Festival Amsterdam (IDFA; Nov/Dez) ist das größte seiner Art.

Klassische Musik

Das **Concertgebouw** (siehe S. 153) in Amsterdam ist traditionell das wichtigste Haus für klassische Konzerte. Der Große Saal, berühmt für seine Akustik, ist die Heimat des weltberühmten Koninklijk Concertgebouworkest. Jeden Sommer werden spezielle Sommerkonzerte gegeben.

In der **Beurs van Berlage** (siehe S. 153) war früher die Börse zu Hause, doch seit einigen Jahren ist sie die Heimat des Nederlands Philharmonisch Orkest. Hier treten auch viele andere gute Orchester und Chöre des Landes auf. Seit 2005 ist das **Muziekgebouw aan 't IJ** das Podium für moderne klassische Musik in Amsterdam.

Über die Staatsgrenzen hinaus bekannt ist auch das Rotterdams Philharmonisch Orkest, dessen Chefdirigent seit 2008 der Kanadier Yannick Nézet-Séguin ist. Die Heimat des Orchesters ist **De Doelen** in Rotterdam.

Das Amsterdamer Koninklijk Concertgebouworkest im Großen Saal

Das Residentie Orkest – ein über 100 Jahre altes Orchester mit einem großen Repertoire der klassischen Moderne – ist mit dem Den Haager **Dr. Anton Philipszaal** verbunden, nicht zu verwechseln mit dem **Muziekgebouw Frits Philips** in Eindhoven, wo das Brabants Orkest zu Hause ist.

Das Gelders Orkest tritt regelmäßig im Musiksaal **Musis Sacrum** in Arnhem auf. Heimstatt des Nederlands Symfonieorkest (bis 2011 Orkest van het Oosten) ist das Nationaal Muziekkwartier in Enschede. Das **Muziekcentrum Vredenburg** ist einer der meistbespielten Säle der Niederlande.

Kirchenmusik
Von den vielen Orgeln der Niederlande muss sicher die der **Grote Kerk** in Elburg erwähnt werden. Auf ihr wird jedes Jahr der Wettbewerb der Amateurorganisten ausgetragen.

Die Instrumente in der **Oude Kerk** und der **Nieuwe Kerk** sind die bekanntesten der insgesamt 42 Kirchenorgeln Amsterdams.

Auch in der **Waalse Kerk** und in der **Westerkerk** werden regelmäßig Orgelkonzerte gegeben. In der **Engelse Kerk** aus dem 17. Jahrhundert stehen verschiedene Musikrichtungen, von barock bis modern, auf dem Programm. In der **Domkerk** von Utrecht finden ebenfalls regelmäßig Orgelkonzerte statt.

Oper
Das 1988 eröffnete **Muziektheater** in Amsterdam ist Heimat der Nederlandse Opera. Es ist eines der modernsten Theater Europas, in dem viele international berühmte Ensembles auftreten. Auch Experimentelles ist hier zu sehen. In der Stadsschouwburg *(siehe S. 116)* auf dem Leidseplein wird ebenfalls Oper gespielt, doch wesentlich traditioneller als in der jungen Westergasfabrik.

Zusammen mit der Nationale Reisopera organisiert die **Twentse Schouwburg** in Enschede jedes Jahr im August und September das Twents Opera Festival.

Rock und Pop
Die **Heineken Music Hall** in Amsterdam, das **Ahoy'** in Rotterdam und die Vredenburg in Utrecht sind wichtige Bühnen in den Niederlanden, doch heute treten die großen Popstars auch in anderen Städten auf. Seit 1996 gibt es in Amsterdam ein Stadion für Rock- und Popspektakel, die **Amsterdam ArenA**, Heimstatt von Ajax *(siehe S. 153)*.

Amsterdamer schwören auf zwei der vielen Bühnen: **Paradiso**, das in einer ehemaligen Kirche beim Leidseplein liegt, ist am bekanntesten. **De Melkweg**, ebenfalls nicht weit vom Leidseplein entfernt, verdankt seinen Namen der Molkerei, die früher hier ansässig war. Im Sommer finden jeden Sonntag Open-Air-Konzerte in Vondelpark statt, oft mit bekannten Bands. Das Programm wird am Parkeingang angeschlagen.

Im Juni ist im Den Haager Zuiderpark Parkpop geboten, das größte Gratis-Popkonzert der Welt. Fans aus aller Welt strömen zum jährlichen Pinkpopfestival in Landgraaf (Limburg).

Jazz
Das Flaggschiff der Amsterdamer Jazzszene ist das **Bimhuis**. Wer zum ersten Mal hier ist, findet die Atmosphäre vielleicht elitär, doch die Musik steht im Mittelpunkt des weltweit bekannten Etablissements. In ganz Amsterdam wimmelt es von kleinen Jazzcafés. In den meisten treten örtliche Jazzbands auf. In der Gegend um den Leidseplein liegen das **Jazz Café Alto** und **Bourbon Street**, das bis 4 Uhr morgens (am Wochenende bis 5 Uhr) geöffnet hat. Im Alto tritt mittwochs manchmal Hans Dulfer auf, der Pate des Amsterdamer Jazz. Seine Tochter Candy spielt bisweilen in **De Heeren van Aemstel**. In **De Engelbewaarder** wird sonntagnachmittags Jazz gespielt.

Hans Dulfer

Im Nederlands Congresgebouw in Rotterdam findet jedes Jahr das hochkarätig besetzte Festival North Sea Jazz statt. Das Jazzcafé **Dizzy** ist ein Begriff in Rotterdam. Hier finden jährlich über 100 Jazzkonzerte statt.

Coffeeshops
In Coffeeshops wird Cannabis verkauft. Zwar ist der Verkauf weicher Drogen auch in den Niederlanden verboten, wird aber von den Behörden toleriert. Seit 2011 wird darüber diskutiert, dass Drogen nicht mehr an Ausländer verkauft werden sollen.

Auf einen Blick

Theater

Appeltheater
Duinstraat 6–8, Den
Haag. **Straßenkarte** B4.
☎ (070) 350 2200.

Arsenaaltheater
Arsenaalplein 7, Vlissin-
gen. **Straßenkarte** A5.
☎ (0118) 430 303.

Bellevue
Leidsekade 90, Amster-
dam. **Stadtplan** 4 D1.
☎ (020) 530 5301/02.

Chassé Theater
Claudius Prinsenlaan 8,
Breda. **Straßenkarte** B5.
☎ (076) 530 3131.

Compagnietheater
Kloveniersburgwal 50,
Amsterdam. **Stadtplan**
2 D5. ☎ (020) 520
5310.

Concordia
Oude Markt 15, Ensche-
de. **Straßenkarte** E3.
☎ (053) 431 1089.

De Flint
Coninckstraat 60, Amers-
foort. **Straßenkarte** C4.
☎ (033) 422 9200.

De Harmonie
Ruiterskwartier 4, Leeu-
warden. **Straßenkarte**
D1. ☎ (058) 233 0233.

De Krakeling
Nwe Passeerdersstraat 1,
Amsterdam. **Stadtplan** 4
D1. ☎ (020) 624 5123.

De la Mar
Marnixstraat 404, Ams-
terdam. **Stadtplan** 4 D1.
☎ 0900 335 2627.

Frascati
Nes 63, Amsterdam.
Stadtplan 2 D5.
☎ (020) 626 6866.

Orpheus
Churchillplein 1, Apel-
doorn. **Straßenkarte** D3.
☎ (055) 527 0300.

Soeterijn
Linnaeusstraat 2, Ams-
terdam. **Stadtplan** 6 E3.
☎ (020) 568 8392.

Stadsschouwburg
Leidseplein 26, Amster-
dam. **Stadtplan** 4 E2.
☎ (020) 624 2311.

't Spant
Kuyperlaan 3, Bussum.
Straßenkarte C3.
☎ (035) 691 3254.

Theater aan
het Vrijthof
Vrijthof 47, Maastricht.
Straßenkarte C6.
☎ (043) 350 5555.

Toneelschuur
Lange Begijnestr. 9,
Haarlem. **Straßenkarte**
B3. ☎ (023) 517 3910.

Transformatorhuis
Polonceaukade 27, Ams-
terdam. **Stadtplan** 1 A1.
☎ (020) 586 0710.

Musical , Comedy
und Kleinkunst

AFAS Circustheater
Circusstraat 4, Den
Haag. **Straßenkarte** B4.
☎ (070) 4167 600.

Beatrix Theater
Jaarbeursplein 6, Ut-
recht. **Straßenkarte** C4.
☎ (030) 799 0799.

Boom Chicago
Rozengracht 117, Ams-
terdam. **Stadtplan** 4 E2.
☎ (020) 217 0400.

Comedy Café
Max Euweplein 43–45,
Amsterdam. **Stadtplan**
4 E2. ☎ (020) 638 3971.

Toomler
Breitnerstr. 2, Amster-
dam. **Stadtplan** 3 C5.
☎ (020) 675 5511.

Tanz

Lucent Danstheater
Spuiplein 150, Den
Haag. **Straßenkarte** B4.
☎ (070) 880 0333.

Rotterdamse
Schouwburg
Schouwburgplein 25,
Rotterdam. **Straßenkarte**
B4. ☎ (010) 411 8110.

Schouwburg Arnhem
Koningsplein 12, Arn-
hem. **Straßenkarte** D4.
☎ (026) 443 7343.

Klassische Musik

Concertgebouw
De Vereeniging
Keizer Karelplein, Nijme-
gen. **Straßenkarte** D4.
☎ (024) 322 1100.

De Doelen
Schouwburgplein 50,
Rotterdam. **Straßenkarte**
B4. ☎ (010) 217 1700.

Dr. Anton Philipszaal
Spuiplein 150, Den
Haag. **Straßenkarte** B4.
☎ (070) 880 0333.

Musis Sacrum
Velperbuitensingel 25,
Arnhem. **Straßenkarte**
D4. ☎ (026) 372 0720.

Muziekcentrum
Vredenburg
Sint Jacobsstraat 6–8,
Utrecht. **Straßenkarte**
C4. ☎ (030) 286 2286.

Muziekgebouw
aan 't IJ
Piet Heinkade 1, Amster-
dam. **Stadtplan** 2 F3.
☎ (020) 788 2000.

Muziekgebouw
Frits Philips
Jan van Lieshoutstraat,
Eindhoven. **Straßenkarte**
C5. ☎ (040) 265 5600.

Kirchenmusik

Domkerk
Domplein, Utrecht.
Straßenkarte C4.
☎ (030) 231 0403.

Engelse Kerk
Begijnhof 48, Amster-
dam. **Stadtplan** 1 C5.
☎ (020) 624 9665.

Grote Kerk
Van Kinsbergenstraat,
Elburg. **Straßenkarte** D3.
☎ (0525) 681 520.

Nieuwe Kerk
Dam, Amsterdam.
Stadtplan 2 D5.
☎ (020) 638 6909.

Oude Kerk
Oudekerksplein 23,
A'dam. **Stadtplan** 2 D4.
☎ (020) 625 8284.

Waalse Kerk
Walenplein 157, Amster-
dam. ☎ (020) 623 2074.

Westerkerk
Prinsengracht 281, Ams-
terdam. **Stadtplan** 1 B4.
☎ (020) 624 776.

Oper

Het Muziektheater
Amsterdam
siehe S. 153.

Twentse Schouwburg
Langestraat 49, Enschede.
Straßenkarte E3.
☎ (053) 485 8585.

Rock und Pop

Ahoy'
Ahoyveg 10, Rotterdam.
Straßenkarte B4.
☎ (010) 293 3300.

De Melkweg
Lijnbaansgracht 234a,
Amsterdam. **Stadtplan**
4 E2. ☎ (020) 531
8181.

Heineken Music Hall
ArenA Boulevard 590,
Amsterdam.
☎ 0900 687 4242.

Paradiso
Weteringschans 6–8,
Amsterdam. **Stadtplan**
4 F3. ☎ (020) 626 4521.

Jazz

Bimhuis
Piet Heinkade 3, Amster-
dam. ☎ (020) 788 2188.

Bourbon Street
Leidsekruisstraat 6–8,
Amsterdam. **Stadtplan**
4 E2. ☎ (020) 623 3440.

De Engelbewaarder
Kloveniersburgwal 59,
Amsterdam. **Stadtplan**
2 D5. ☎ (020) 625 3772.

De Heeren
van Aemstel
Thorbeckeplein 5, Ams-
terdam. **Stadtplan** 5 A2.
☎ (020) 620 2173.

Dizzy
's-Gravendijkwal 129,
Rotterdam. **Straßenkarte**
B4. ☎ (010) 477 3014.

Jazz Café Alto
Korte Leidsedwarsstraat
115, A'dam. **Stadtplan**
1 B4. ☎ (020) 626 3249.

Freizeitparks

In den Niederlanden gibt es verschiedene Freizeitparks, in denen man einen schönen Tag verbringen kann. Ob man eine Delfinshow erleben will oder wilde Fahrten auf der Achterbahn, ob man eine Autosammlung besuchen will oder ein Badeparadies – für jeden gibt es das richtige Angebot. Weil das Wetter nicht immer mitspielt, haben die meisten Parks auch überdachte Attraktionen. Aus dem riesigen Angebot können wir nur einen Teil vorstellen.

Eines der Fahrgeschäfte im Avonturenpark Hellendoorn

AquaZoo Friesland

In diesem Wasserzoo leben Biber, Nerze, Iltisse und Störche in ihrer natürlichen Umgebung. Besonders stolz ist man hier auf die Otter, die in den Niederlanden in freier Natur fast nicht mehr vorkommen. Von einem Glastunnel kann man das possierliche Treiben der Otter unter Wasser beobachten. Seit 2016 kann man auch Eisbären in einem neu angelegten Terrain im Aqua-Zoo besuchen.

Archeon

Der archäologische Themenpark lässt Besucher in die Vergangenheit eintauchen. Im Open-Air-Museum wandelt man durch Frühgeschichte, Römerzeit und Mittelalter. Die Abschnitte werden durch Schauspieler zum Leben erweckt. Man sieht, wie prähistorische Jäger und Sammler wohnten und Bauern das Feld bestellten, steht in einer Römerstadt mit Thermen, Tempel und Theater oder kann in einem mittelalterlichen Ort Handwerkern zusehen. Besucher dürfen vieles mitmachen, etwa eine Fahrt in einem prähistorischen Kanu.

Het Arsenaal

Het Arsenaal in Vlissingen ist maritim orientiert. In einer Bootsschau sieht man Modelle berühmter Ozeanriesen, darunter die *Titanic*. Eine Sensation ist der Trip im Schiffbruch-Simulator. Für Kinder spannend sind die Piratenhöhle und die Schatzinsel. In der Unterwasserwelt schwimmen Haie, Krebse und andere Meeresbewohner. Vom 64 Meter hohen Turm hat man einen schönen Blick über die Westerschelde.

Avonturenpark Hellendoorn

Abenteuer locken Jung und Alt in diesen Freizeitpark. Ein paar Beispiele aus dem Angebot: die Wildwasserbahnen Canadian River (mit einem Zwölf-Meter-Sturz) und Sungai Kalimantan, die Achterbahn durch einen Orkan und in die Unterwelt, eine Seilbahn mit Dinosauriern, Jungle Trip und Montezumas Rache. Die Kleineren können das Dreumesland besuchen.

Burgers' Zoo

In Burgers' Zoo leben die Tiere in ihrer naturgetreu nachgebildeten Umgebung. In Burgers' Desert spaziert man durch eine Wüste und sieht dabei eine Oase. Burgers' Bush ist ein tropischer Urwald mit Kaimanen, Schildkröten und Vögeln. Auf der Hängebrücke überquert man einen Safaripark mit Giraffen, Nashörnern, Löwen und anderen Savannentieren. In Burgers' Ocean blickt man vom Korallenriff aus auf Meeresbewohner.

Dolfinarium

Die artistischen Delfinshows und Vorstellungen mit Seelöwen und Walrössern sind ein echter Publikumsrenner. Doch auch die Lagune, in der Delfine, Seelöwen, Seehunde und Fische schwimmen, ist ein Highlight. Man kann hier zudem zwischen den Seelöwen herumspazieren oder Rochen streicheln. In Fort Heerewich kann man erfahren, wie gestrandete Delfine versorgt werden. Spannend wird es bei den dreidimensionalen Filmen.

Duinrell

Mitten im schönen Wald- und Dünengebiet von Wassenaar liegt der Freizeitpark Duinrell. Wasserspinne, Rodelbahnen, Froschachterbahn, Splash und eine Einschienenbahn sind nur ein paar der Attraktionen. Im Sommer werden Shows gezeigt, etwa die *Music Laser*

Hängebrücke durch den tropischen Regenwald in Burgers' Bush

Light Show. Für die Kleinsten gibt es das Märchenland. Beliebt ist das **Tikibad**, ein überdachter Wasserpark mit Riesenrutschen und Wellenbad.

EcoMare

EcoMare auf Texel ist das Informationszentrum für das Wattengebiet und die Nordsee. Hier werden die Entstehung von Texel, die Natur auf der Insel und die Bewohner der Nordsee vorgestellt. Für Kinder sind vor allem das große Aquarium mit Hundshaien und das Streichelbassin mit Rochen spannend. Es gibt auch eine Pflegestation für kranke Seevögel und ein Seehundasyl. Gesunde Seehunde kann man in großen Becken beobachten.

Gestrandete Seehunde kommen in EcoMare wieder zu Kräften

Der Splash in Duinrell

De Efteling

In dem berühmten Freizeitpark in Kaatsheuvel dreht sich alles um Fantasie. Im Märchenwald begegnet man Rotkäppchen und Schneewittchen, in Fata Morgana betritt man eine orientalische Märchenwelt und überblickt vom 45 Meter hohen Fliegenden Tempel den ganzen Park. Die Achterbahnen Python, Pegasus und Vogel Rok versprechen Nervenkitzel. Wer länger bleiben will, kann im Efteling Hotel übernachten.

Linnaeushof

Der größte Spielplatz Europas bietet über 350 Attraktionen, darunter eine Superrutsche, Seilbahnen, Trampolins, eine Kletterwand, eine Skatebahn, Wasserfahrräder und Überschlagschaukeln. Wagemutige klettern auf dem »Spinnennetz« übers Wasser bis zum Piratennest. Für die Kleinsten gibt es einen eigenen Spielplatz mit Riesensandkiste und einem Verkehrsspielplatz mit Dreirädern. Falls es regnet, steht eine überdachte Spielzone zur Verfügung.

Noordwijk Space Expo

Die größte Raumfahrtausstellung Europas ist für alle Altersgruppen spannend. Hier sieht man echte Raketen und Satelliten, einen vier Milliarden Jahre alten Mondstein, den Motor einer Steuerrakete, den überzeugenden Nachbau einer Mondlandefähre und vieles mehr. Man kann eine Raumstation besuchen und spektakuläre Multimedia-Shows sehen. Kinder können auf Schatzsuche gehen und im Simulator Erfahrungen mit der Schwerelosigkeit machen.

Verkeerspark Assen

Der größte Verkehrspark Europas wurde 2014 geschlossen. In Planung/Vorbereitung ist eine ähnliche Einrichtung in Appelscha *(siehe S. 305).*

Auf einen Blick

AquaZoo Friesland
De Groene Ster 2,
8926 XE Leeuwarden.
Straßenkarte D2.
[] (0511) 431 214.
◯ tägl. 10–19 Uhr
(im Sommer länger).
W aquazoo.nl

Archeon
Archeonlaan 1,
2408 ZB Alphen a/d Rijn.
Straßenkarte B4.
[] (0172) 447 744.
◯ Apr–Okt: tägl.
10–17 Uhr.
W archeon.nl

Het Arsenaal
Arsenaalplein 7,
4381 BL Vlissingen.
Straßenkarte A5.
[] (0118) 415 400.
◯ unterschiedliche Öffnungszeiten, siehe Website. W arsenaal.com

Avonturenpark Hellendoorn
Luttenbergerweg 22,
7447 PB Hellendoorn.
Straßenkarte D3.
[] (0548) 659 159.
◯ unterschiedliche Öffnungszeiten, siehe Website.
W avonturenpark.nl

Burgers' Zoo
Anton van Hooffplein 1,
6816 SH Arnhem.
Straßenkarte D4.
[] (026) 442 4534.
◯ Apr–Okt: tägl.
9–19 Uhr; Nov–März:
tägl. 9–17 Uhr.
W burgerszoo.nl

Dolfinarium Harderwijk
Strandboulevard Oost 1,
3841 AB Harderwijk.
Straßenkarte C3.

[] (0341) 467 467.
◯ Mitte Feb–Okt: tägl.
10–17 Uhr (Juli, Aug:
bis 18 Uhr).
W dolfinarium.nl

Duinrell
Duinrell 1, 2242 JP
Wassenaar.
Straßenkarte B4.
[] (070) 515 5255.
Themenpark
◯ Apr–Okt: tägl.
10–17 Uhr (Mitte Juli,
Aug: bis 18 Uhr).
W duinrell.nl

EcoMare
Ruyslaan 92, 1796 AZ
De Koog, Texel.
Straßenkarte B2.
[] (0222) 317 741.
◯ tägl. 9–17 Uhr.
W ecomare.nl

De Efteling
Europalaan 1, 5171 KW
Kaatsheuvel. **Straßenkarte** C4. [] 0900 0161.
◯ Apr–Okt: tägl. 10–
18 Uhr (Sommer länger,
um Weihnachten offen).
W efteling.com

Linnaeushof
Rijksstraatweg 4, 2121
AE Bennebroek.
Straßenkarte B3.
[] (023) 584 7624.
◯ Apr–Sep: tägl.
10–18 Uhr.
W linnaeushof.nl

Noordwijk Space Expo
Keplerlaan 3, 2201 AZ
Noordwijk.
[] (071) 364 6489.
◯ Di–So 10–17 Uhr
(Schulferien: auch Mo).
W spaceexpo.nl

Sport und Aktivurlaub

Die wasserreichen Niederlande eignen sich bestens für alle Wassersportarten, etwa Surfen, Segeln, Kanufahren oder Tauchen. Auch auf dem Land wird Sportsfreunden vieles geboten: u.a. Golf, Tennis, Reiten. In den meisten *VVV-gidsen (siehe S. 432)* kann man nachlesen, wo man in der jeweiligen Provinz einen Golf- oder Tennisplatz findet. Hier stehen auch die Adressen von Angelvereinen, Reitställen, Bootsverleihen sowie Segel- und Tauchschulen.

Wanderer auf den Hügeln des Utrechtse Heuvelrug

Die Niederlande sind ein Paradies für alle Sportarten rund ums Wasser

Wassersport

Beliebte Wassersportgebiete sind etwa die Friese Meren, die Randmeren, das Holländische Seengebiet, das Delta im Südwesten des Landes, die Vechtplassen, die Maasplassen, das IJsselmeer und natürlich die Nordsee. Überall findet man Yachthäfen und Wassersportzentren, wo man auch die Ausrüstung mieten kann.

In den ANWB-*wateralmanakken* für den Tourismus auf dem Wasser, erhältlich beim ANWB, bei der VVV und im Buchhandel, stehen die Wasserverkehrsregeln, die Öffnungszeiten von Brücken und Schleusen, Informationen über Häfen und vieles mehr. Auch die *ANWB/VVV-waterkaarten* sind bei Wassersportlern sehr beliebt. Informationen über Segel- und Surfschulen erhält man bei der **Commissie Watersport Opleidingen** und beim ANWB.

Surfer finden an der Nordsee- und IJsselmeerküste an vielen Stellen Surfstrände und Materialverleihe. Auch auf vielen Seen wird gesurft, beispielsweise auf den Reeuwijkse Plassen, den Vinkeveense Plassen, den Randmeren, dem Veerse Meer und auf den Friese Meren.

Informationen zum Segeln, Motorbootfahren und Windsurfen erhält man beim **Koninklijk Nederlands Watersport Verbond**.

Gute Stellen zum Tauchen findet man beispielsweise an der Oosterschelde und dem Grevelingenmeer (Auskünfte beim **Nederlandse Onderwatersport Bond**). Informationen zu Fahrten mit dem Kanu erteilt der **Nederlandse Kano Bond**. Wer lieber Passagier als Kapitän ist, der findet an den Flüssen und Seen zahllose Rundfahrtunternehmen. Die örtlichen VVVs bieten Informationen zu allen Wassersportarten bzw. zu Fahrten auf dem Wasser.

Wandern und Radfahren

Wanderführer und -karten erhält man bei der VVV, beim ANWB und in (spezialisierten) Buchläden. Die VVV erteilt auch Auskünfte über Wandertouren und Wanderveranstaltungen in der Region. In der Broschüre *Er op Uit!* der niederländischen Bahn findet man zudem viele Routenvorschläge für Wanderungen zwischen den Bahnhöfen. Karten sind am Startbahnhof erhältlich.

In den Niederlanden sind rund 30 lange Wanderwege ausgeschildert. Diese Routen, die mindestens 100 Kilometer lang sind, führen oft über

Segeln

Segelkurse gibt es in den Niederlanden wie Sand am Meer. Man findet sie für alle Altersklassen und Niveaus sowie für alle Schiffstypen. Wer einen Kurs bei einer dem CWO angeschlossenen Segelschule belegt, erwirbt auch ein CWO-Segeldiplom, das international anerkannt ist. Wer etwas vom Segeln versteht, der kann sich auf die Nordsee, das IJsselmeer (Vorsicht, tückische Winde!), das Wattenmeer (Vorsicht, Untiefen!) oder die Westerschelde (Vorsicht, Gezeitenströmung!) wagen. Es gibt jedoch ungefährlichere Gewässer wie die Vinkeveense Plassen. Auch eine Kreuzfahrt ist möglich. Hollands Glorie (Tel. 010-415 6600) organisiert Fahrten mit alten Segelschiffen, u.a. auf dem IJsselmeer, dem Wattenmeer und den Friese Meren.

Segeltörn auf der Oosterschelde

Segeljolle

Golfspieler auf dem Landgut Lauswolt in Friesland

unbefestigte Wege. Bekannt ist der Pieterpad (LAW 9) von Pieterburen in Groningen zum Sint-Pietersberg in Maastricht (480 km). Die **Wandelplatform-LAW** gibt Führer für die Routen und Übernachtungsadressen heraus.

In vielen niederländischen Naturgebieten findet man Wander- und Radwege, so auch im Nationaal Park Hoge Veluwe *(siehe S. 343)*. VVV, ANWB, Forstverwaltungen (www.staatsbosbeheer.nl) oder die Vereniging Natuurmonumenten *(siehe S. 264)* informieren über schöne Routen durch diese Gebiete.

Etwas Besonderes ist das Wattlaufen, etwa bei Ebbe zu Fuß auf die Wattenmeerinseln *(siehe S. 275)*. Infos zu Radwegen und zum Radfahren finden Sie auf den Seiten 448f.

Golf und Tennis

In den Niederlanden gibt es über 160 Golfclubs, die an die Nederlandse Golf Federatie (**NGF**) angeschlossen sind. Viele Clubs lassen auch Nichtmitglieder auf ihren Plätzen spielen, verlangen aber Auskunft über das Handicap. Oft werden Kurse angeboten. Es gibt Dünen-, Wald- und Polderplätze.

In vielen Orten gibt es außer Tennisplätzen im Freien auch Tennishallen, in denen man Plätze mieten kann. Die meisten Bungalowparks *(siehe S. 392f)* haben Tennisplätze.

Ausritt auf Ameland

Angeln

Angeln ist in den Niederlanden unglaublich beliebt. In den Binnengewässern tummeln sich u. a. Brassen, Karpfen und Hechte, an der Küste und auf See Flachfische und Makrelen. Bei den Anglervereinen kann man sich erkundigen, wann man wo fischen darf. Bedingung für die Binnengewässer ist jedoch eine Angelkarte, die man bei Vereinen, in Postämtern, bei der VVV oder in Anglergeschäften bekommt. Für manche Gewässer ist eine spezielle Erlaubnis nötig. An den Küsten der Nordsee und des Wattenmeers werden organisierte Angeltörns angeboten.

Reiten

Nahezu überall in den Niederlanden kann man ein Pferd für einen Ausritt mieten. Manche Reitställe vermieten ihre Pferde nur mit Begleitung, andere verlangen einen »Pferdeführerschein« (Informationen bei Stichting Recreatieruiter – **SRR**). Für Naturgebiete, in denen man reiten darf, muss man manchmal bei der Verwaltung des betreffenden Gebiets eine Reiterlaubnis einholen. Hier muss man sich strikt an die ausgewiesenen Reitwege halten.

Ein ganz besonderes Erlebnis ist das Reiten am Strand. Bitte beachten Sie unbedingt die Schilder, denn manche Abschnitte sind, vor allem im Sommer, für Reiter verboten.

Auf einen Blick

Wassersport

Commissie Watersport Opleidingen (CWO)
Postbus 2658,
3430 GB Nieuwegein.
(030) 751 3740.

Koninklijk Nederlands Watersport Verbond
Wattbaan 31–49,
3439 ML Nieuwegein.
(030) 751 3700.

Nederlandse Kano Bond
Postbus 2658, 3430 GB Nieuwegein. (030) 751 3700.

Nederlandse Onderwatersport Bond
Landjuweel 62, 3905 PH Veenendaal. (0318) 559 347.

Wandern und Radfahren

Cycletours
Buiksloterweg 7a,
1031 CC Amsterdam.
(020) 521 8400.

Fietsvakantiewinkel
fietsvkantiewinkel.nl.

Nederlandse Wandelsport Bond
Pieterskerkhof 22, 3512 JS Utrecht. (030) 231 9458.

NTFU
Postbus 326, 3900 AH Veenendaal. (0318) 581 300.

Stichting Landelijk Fietsplatform
Postbus 846, 3800 AV Amersfoort. (033) 465 3656.

Wandelplatform-LAW
Postbus 846, 3800 AV Amersfoort. (033) 4653 660.
wandelnet.nl.

Golf

NGF
Postbus 8585, 3503 RN Utrecht.
(030) 242 6370.

Angeln

Sportvisserij Nederland
Leijensweg 115, 3721 BC Bilthoven. (030) 605 8400.
sportvisserijnederland.nl

Reiten

SRR
Postbus 3040, 3850 CA Ermelo.
(0577) 408 365.
srr-nederland.nl

GRUND-
INFORMATIONEN

Praktische Hinweise

Die Niederlande sind nicht übermäßig groß, sie verfügen über ein dichtes Straßennetz und gute öffentliche Verkehrsmittel. Reisezeiten sind hier also nie sonderlich lang. Ob man nach Amsterdam, in die Veluwe, nach Maastricht oder Zandvoort will, von jedem Ort im Land ist man mit dem Zug oder Auto im Nu am Ziel. Die flache und wasserreiche Landschaft lässt sich zudem hervorragend mit dem Rad *(siehe S. 448f)* oder vom Boot aus *(siehe S. 447)* erkunden. Oder wie wär's mit einer Fahrt in einer alten Dampflok? In den regionalen VVV-Büros hilft man Ihnen mit Informationen über Ihre Urlaubsregion, aber auch mit Auskünften über den Rest des Landes weiter.

VVV- und ANWB-Büros befinden sich oft im selben Gebäude

Information

Für allgemeine Informationen geht man am besten zu Büros der **VVV** (Vereniging voor Vreemdelingenverkeer; Fremdenverkehrsverband). Beinahe überall gibt es ein VVV-Büro, in dem man Tipps und Broschüren über Sehenswürdigkeiten, Veranstaltungen, Wanderrouten, Radwege und Ausflüge bekommt. Hier gibt es auch eine große Auswahl an Karten und Büchern. Sehr praktisch ist die Reihe *VVV-gidsen* mit Wissenswertem über die Provinzen und Landstriche. Auch kann man bei der VVV Ausflüge, Hotels und Arrangements im ganzen Land buchen und Theaterkarten reservieren. Die Museumsjahreskarte kann man hier ebenfalls kaufen. Bei kleineren VVVs erhält man Infos über die Region, das Angebot ist allerdings nicht so breit gefächert.

Auch bei den Niederlassungen des **ANWB** (eigentlich: Algemeene Nederlandse Wielrijdersbond, heute der niederländische Automobilclub) findet man Rad-, Wander- und Autoführer, Wasserkarten, Campingführer und Atlanten. Oft sind VVV und ANWB in einem Gebäude oder in einer Geschäftsstelle. Man kann sich auch zu Hause vor dem Urlaub beim **Nederlands Bureau voor Toerisme & Congressen (NBTC)** Informationen besorgen. Eine gute deutschsprachige Quelle ist die Seite des Nederlands Bureau voor Toerisme & Congressen: www.niederlande.de.

ANWB-Logo

Sprache

Die Niederländer waren schon immer ein sprachkundiges Volk, die meisten Schüler lernen neben Englisch auch Deutsch und Französisch. Vor allem in den größeren Städten kann man sich gut auf Englisch verständigen. Dennoch macht es einen guten Eindruck, wenn man ein paar Floskeln in der Landessprache beherrscht. Am besten begrüßt man einen Niederländer mit *goeden dag* (sprich: *guden daach*), bevor man ihn fragt, ob er Englisch oder Deutsch spricht. Am Ende des Buchs *(siehe S. 471f)* finden Sie weitere hilfreiche Sätze für Alltägliches.

Unterhaltung

Viele VVV-Führer enthalten einen Jahresüberblick über Veranstaltungen der jeweiligen Region. Aktuelle Infos zu Veranstaltungen, Theater- und Kinovorstellungen findet man in den Beilagen der Tageszeitungen *(siehe S. 150)* oder bei den örtlichen VVVs. Theaterstücke, Konzerte und andere Veranstaltungen werden oft auch an der Straße oder in Cafés auf Plakaten angekündigt. Die regionalen Veranstaltungsblätter, etwa der monatlich in Amsterdam erscheinende *Uitkrant* oder der *Uitloper* aus Utrecht, bieten einen Überblick über Events. Die Blätter werden gratis verteilt.

Karten für Konzerte oder andere Veranstaltungen kann man nicht nur an der jeweiligen Kasse reservieren, sondern auch über den landesweiten **Ticket Service** und bei der VVV. Manche Städte haben ein extra Reservierungsbüro. In Amsterdam ist dies das AUB *(siehe S. 153)*, in Den Haag das Bespreekbureau Haagsche Courant (Tel. 070-365 6806).

Besucher eines Open-Air-Festivals in Amsterdam

◀ Delfter Gracht mit dem Turm der Oude Kerk im Hintergrund *(siehe S. 230–233)*

Mit der Museumkaart kommt man in fast alle Museen

Museumskarte

Die *Museumkaart* ist ausgesprochen populär. Für Erwachsene kostet sie 59,90 Euro, für alle unter 18 Jahren 32,45 Euro. Die Karte bietet ein Jahr lang kostenlosen Eintritt in mehr als 400 Museen in den Niederlanden. Für Sonderausstellungen muss allerdings teilweise extra bezahlt werden.

Die Karte ist bei allen angeschlossenen Museen und bei der VVV erhältlich (Passfoto mitbringen). Man kann sie bei **Klantenservice Museumkaart** bestellen oder auch unter www.museumkaart.nl.

Behinderte Reisende

Die meisten Sehenswürdigkeiten, öffentlichen Gebäude, Museen, Sammlungen, Kinos und Theater sind für Rollstuhlfahrer gut zugänglich. Nur einige Säle in alten Gebäuden sind eingeschränkt tauglich, doch man ist immer bereit, Ihnen zu helfen. Am besten erkundigen sich Betroffene vorher telefonisch. Informationen über die Barrierefreiheit von Hotels finden Sie auf Seite 390.

In Amsterdam und anderen großen Städten sind alle Fuß-gängerampeln an den Hauptstraßen mit akustischen Signalen für Sehbehinderte ausgestattet.

Für behinderte Menschen, die im Zug reisen wollen, hat die niederländische Bahn die Broschüre *Gehandicapten* herausgegeben. Hier findet man eine Übersicht über alle Bahnhöfe und ihre Einrichtungen und auch, in welchen Rollstuhlfahrer Hilfe beim Ein- und Aussteigen bekommen können. Viele Züge haben für Rollstühle geeignete Türen, die meisten Doppeldeckerzüge haben für Rollstühle geeignete Toiletten.

Wer Hilfe am Bahnhof benötigt, sollte mindestens drei Stunden vor der Reise mit dem **Bureau Assistentieverlening Gehandicapten** Kontakt aufnehmen.

Behindertengerechtes Tourismusbüro

Öffnungszeiten

Früher waren fast alle Geschäfte nur von 9 bis 18 Uhr offen, heute schließen nur noch kleinere Läden um 18 Uhr. Viele Kaufhäuser und Supermärkte haben bis 19 Uhr oder länger geöffnet.

In vielen Orten gibt es einen verkaufsoffenen Abend, die meisten Läden sind dann bis 21 Uhr geöffnet. Meist findet dies am Donnerstag (Amsterdam und Den Haag) oder am Freitag (Utrecht) statt. In immer mehr Städten sind die Läden auch an mindestens einem Sonntag im Monat geöffnet. Viele Geschäfte bleiben an einem Vormittag – oft montags – geschlossen, doch das wechselt von Ort zu Ort.

Die meisten Banken haben werktags von 9 bis 17 Uhr geöffnet. Auch die Büros der VVV sind in der Regel montags bis freitags von 9 bis 17 Uhr besetzt, an verkaufsoffenen Abenden oft bis 21 Uhr. Samstags machen sie meist früher zu, sonntags sind die meisten geschlossen. Einige VVVs in Ferienorten schließen in den Wintermonaten.

Die meisten Museen sind am Montag zu und den Rest der Woche von 10 bis 17 Uhr offen. An Sonn- und Feiertagen machen sie oft später auf. Nahezu alle Museen bleiben am 1. Januar und am 25. Dezember zu. Freilichtmuseen und kleinere Museen haben üblicherweise während der Wintermonate geschlossen.

Auf einen Blick

Information

ANWB-Hauptbüro
Wassenaarseweg 220,
2596 EC Den Haag.
☎ (088) 269 3170.
🆆 anwb.nl

Nederlands Bureau voor Toerisme & Congressen (NBTC)
Prinses Catharina-Amaliastraat 5, 2496 XD Den Haag. ☎ (070) 370 5705.
🆆 nbtc.nl
🆆 holland.com

VVV (Vereniging voor Vreemdelingenverkeer)
🆆 vvv.nl

VVV-Büros Amsterdam
Stationsplein 10.
Flughafen Schiphol,
Ankunftshalle 2.
☎ (020) 702 6000.
🆆 iamsterdam.com/de

VVV Den Haag
Spui 68.
☎ (070) 361 8860.

VVV Maastricht
Kleine Straat 1.
☎ (043) 325 2121.

VVV Rotterdam
Coolsingel 195.
☎ (010) 271 0120.

VVV Utrecht
Domplein 9.
☎ 0900 128 8732.

Unterhaltung

Ticket Service
☎ 0900 300 1250.
🆆 ticketmaster.nl

Museumskarte

Klantenservice Museumkaart
☎ 0900 404 0910.
🆆 museumkaart.nl

Behinderte Reisende

Bureau Assistentieverlening Gehandicapten
☎ (030) 235 7822.
🆆 ns.nl

Blumenzwiebeln und Saatgut (mit Zertifikat) darf man frei ausführen

Einreise und Zoll

Reisende aus Ländern der EU benötigen für einen Aufenthalt bis zu drei Monaten einen gültigen Reisepass oder Personalausweis. Auch Kinder jeden Alters brauchen einen eigenen Ausweis. Bürger der EU dürfen unbeschränkt Waren für den eigenen Gebrauch in die Niederlande einführen. Bei Tabak und Alkohol gelten jedoch Höchstgrenzen für die Menge, die für den Eigenverbrauch zugestanden ist: 800 Zigaretten bzw. 400 Zigarillos bzw. 200 Zigarren bzw. 1 kg Tabak, 10 l Spirituosen bzw. 20 l Likör bzw. 90 l Wein (davon maximal 60 l Schaumwein) und 110 l Bier.

Zollfreier Einkauf ist bei Reisen innerhalb der EU nicht mehr möglich. Nicht-EU-Bürger können sich die Mehrwertsteuer rückerstatten lassen. Das **Douanetelefoon** gibt weitere Informationen über die genauen Zollbestimmungen.

Zeit

In den Niederlanden gilt – wie in fast ganz Europa – die Mitteleuropäische Zeit (MEZ). Die Sommerzeit beginnt am letzten Wochenende im März und endet am letzten Wochenende im Oktober.

Trinkgeld

Taxifahrer erwarten ein Trinkgeld von ungefähr zehn Prozent, außer nach langen Fahrten. In Restaurants ist es üblich, die Rech-

nung mit einem Trinkgeld von etwa zehn Prozent aufzurunden *(siehe S. 403).*

In Hotels kann man nach einem längeren Aufenthalt etwas Geld für den Zimmerservice hinterlassen, doch allgemein üblich ist das in den Niederlanden nicht.

Öffentliche Toiletten

Die Zahl der öffentlichen Toiletten in den Niederlanden ist beschränkt. In manchen großen Städten gibt es eine Anzahl öffentlicher Toiletten, die man gegen Bezahlung benutzen kann. Dass man das nächste Café oder Restaurant aufsucht, um dort die Toilette zu benutzen, wird in den Niederlanden im Allgemeinen akzeptiert. In manchen Lokalen gibt es eine Toilettenfrau, der man dann ein kleines Trinkgeld geben sollte.

In großen Kaufhäusern und in den Bahnhöfen gibt es ebenfalls Toiletten, auch hier muss man in der Regel eine Kleinigkeit bezahlen. Oft gibt es hier auch entsprechend ausgestattete Wickelräume. Ent-

Ein kleines Trinkgeld ist immer willkommen

lang den Autobahnen findet man bei allen Tankstellen Toiletten und Wickelräume.

Strom

Die Netzspannung in den Niederlanden beträgt – wie überall in Europa – 230 Volt bei 50 Hertz. Zweipolige flache Stecker passen in alle niederländische Steckdosen.

Radio und Fernsehen

Das Angebot an Fernsehprogrammen hat sich auch in den Niederlanden sehr stark verändert. Früher hatten alle Rundfunkverbände, die jeweils eine religiöse oder politische Richtung repräsentierten, Anspruch auf eine gewisse Sendezeit in den drei öffentlichen Programmen Nederland 1, 2 und 3. Seit einigen Jahren gibt es auch in den Niederlanden zahlreiche private Sender, die Hil-

Standard-Stromstecker

versum, die traditionelle Fernsehstadt des Landes *(siehe S. 195),* aus ihrem Schlaf aufgeweckt und zu einer neuen Blüte verholfen haben.

Neben den landesweiten Sendern gibt es in den Niederlanden auch viele regionale und lokale Fernsehstationen, darunter den Omrop Fryslân in Friesland, den Omroep Flevoland, Omroep Gelderland und den Amsterdamer Sender AT5. Außerdem kann man über Kabel viele ausländische Sender empfangen, darunter auch ARD und ZDF. Das Angebot der verschiedenen Netzbetreiber ist unterschiedlich.

In den Niederlanden gibt es fünf staatliche Radiosender, die alle ein eigenes Profil haben. Radio 1 sendet Nachrichten und Sport, Radio 2 Musik und Unterhaltungsprogramme, Radio 3 Rock- und Popmusik, Radio 4 klassische Musik, Radio 5 Hintergrundberichte.

Zeitungen und Zeitschriften

In den Niederlanden gibt es fünf landesweite Tageszeitungen (De Telegraaf, de Volkskrant, Algemeen Dagblad, NRC Next und Trouw) sowie zwei große Abendzeitungen (Het Parool und NRC Handelsblad). Diese sind vor allem im Westen des Landes weitverbreitet.

Daneben gibt es viele Regionalblätter, etwa Nieuwsblad van het Noorden, Friesch Dagblad, Tubantia, De Gelderlander, Utrechts Nieuwsblad, Provinciale Zeeuwsche Courant, Brabants Dagblad und Dagblad De Limburger, die Infos über regionale und lokale Veranstaltungen und Ereignisse bringen. Zu den bekanntesten Nachrichtenmagazinen gehören HP/De Tijd, Elsevier und Vrij Nederland.

In den größeren Städten sind in den meisten Buchläden und an den Bahnhöfen die wichtigsten ausländischen Zeitungen und Zeitschriften erhältlich. In Bahnhöfen bekommt man sie am Erscheinungstag.

Haustiere

Wer seinen Hund, seine Katze oder allgemein sein Haustier in die Niederlande mitnehmen will, braucht dazu den Europäischen Heimtierausweis, der nur mit Identifikation durch Mikrochip gültig ist.

Auf dem Ausweis muss eingetragen sein, wann das Tier das letzte Mal gegen Tollwut geimpft wurde. Weitere Infos zur Einreise mit Tieren in die Niederlande erhalten Sie auf der Website der Botschaft der Niederlande in Berlin (www. niederlandeweb.de).

Botschaften und Konsulate

Auswahl an Zeitungen

Besucher sollten den Verlust ihres Reisepasses oder Ausweises sofort ihrer Botschaft oder ihrem Konsulat melden. Die meisten Botschaften befinden sich in Den Haag, einige Länder unterhalten Konsulate in Amsterdam und Rotterdam.

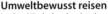

Katze im Reisekorb

Umweltbewusst reisen

In den Niederlanden ist das Umweltbewusstsein stark ausgeprägt. Es gibt viele Bauern- und Biomärkte. Bekannt ist der samstägliche Bauernmarkt auf dem Noordermarkt in Amsterdam. Die Fortbewegung per Rad ist verbreitet und wird gefördert (siehe S. 448f).

Ein Beispiel für funktionierenden Öko-Tourismus sind die **Oostvaardersplassen**, ein Wildnisgebiet, das erst durch die Einpolderung geschaffen wurde. Künftiges Ziel ist es, solche Naturgebiete bis hin zum Großschutzgebiet Nationaal Park De Hooge Veluwe zu vernetzen, damit Tierherden wieder wandern können.

Auf einen Blick

Botschaften und Konsulate in den Niederlanden

Deutschland
Botschaft
Groot Hertoginnelaan 18–20,
2517 EG Den Haag.
📞 +31 (0)70 342 0600.
🌐 den-haag.diplo.de

Generalkonsulat
Honthorststraat 36–38,
1071 DG Amsterdam.
📞 +31 (0)20 574 7700.

Honorarkonsulat
Grindweg 35,
3054 BP Rotterdam.
📞 +31 (0)10 300 7193.

Honorarkonsulat
Kennedyplein 201,
5611 ZT Eindhoven.
📞 +31 (0)40 262 6675.

Österreich
Botschaft
Van Alkemadelaan 342,
2597 AS Den Haag,
📞 +31 (0)70 324 5470.
🌐 aussenministerium. at/denhaag

Honorarkonsulat
c/o Vink & Partners,
Honthorststraat 20,
1071 DE Amsterdam.
📞 +31 (0)20 573 2121.

Honorarkonsulat
Eversheds Faasen,
Bahialaan 400,
3065 WC Rotterdam.
📞 +31 (0)10 248 8000.

Schweiz
Botschaft
Lange Voorhout 42,
2514 EE Den Haag.
📞 +31 (0)70 364 2831.
🌐 eda.admin.ch/ denhaag

Niederländische Botschaften

In Deutschland
Klosterstraße 50, 10179 Berlin.
📞 (030) 209 560.
🌐 niederlandeweb.de

Generalkonsulat
Kennedydamm 24
(Sky Office, 7. Stock),
40476 Düsseldorf.
📞 (0211) 179 3010.

Generalkonsulat
Nymphenburger Straße 20a, 80335 München.
📞 (089) 2060 267-10.

In Österreich
Opernring 5,
1010 Wien.
📞 +43 (0)1 589 390.
🌐 mfa.nl/wen

In der Schweiz
Seftigenstrasse 7,
3007 Bern.
📞 +41 (0)31 350 8700.
🌐 nlembassy.ch

Douanetelefon
📞 0800 0143.
🕐 Mo–Do 8–22 Uhr, Fr 8–17 Uhr.

Umweltbewusst reisen

Staatsbosbeheer Lelystad-Oost-vaardersplassen
Kitsweg 1,
8218 AA Lelystad.
📞 (0320) 254 585.
🌐 staatsbosbeheer.nl/ natuurgebieden/ oostvaardersplassen

Sicherheit und Gesundheit

Wer sich mit gesundem Menschenverstand an die üblichen Sicherheitsmaßnahmen hält, wird in den Niederlanden keine Probleme haben. Es ist selbstverständlich, dass man möglichst keine großen Bargeldbeträge bei sich trägt und auf seine Wertgegenstände achtet. Nie verkehrt ist der Abschluss einer Reiseversicherung, die auch Diebstahl abdeckt, sowie einer Versicherung für eventuelle Mehrkosten ärztlicher Behandlung und Reiserücktransport. Für Notfälle gibt es in den Niederlanden sehr gute Erste-Hilfe-Einrichtungen.

Notfälle
Die **Notfallnummer** für Polizei, Feuerwehr und Krankenwagen ist **112**. Diese Nummer sollte man nur in Notfällen wählen. In weniger schweren Fällen wendet man sich direkt an die nächste Polizeiwache, Klinik oder den nächsten Arzt. Im Fall einer Autopanne kann man rund um die Uhr die **ANWB Wegenwacht** über die Notrufsäulen an der Straße oder über eine kostenlose Telefonnummer erreichen. Die Kosten werden Mitgliedern des ADAC und anderer ausländischer Schwesterorganisationen der niederländischen Automobilclubs teilweise rückerstattet.

Für Sie da: Polizisten

vor, dennoch sollte man in der Nacht, insbesondere in großen Städten, dunkle Gegenden und Parks besser meiden. Frauen können am Abend ohne Risiko allein ausgehen.

Anzeige erstatten
Opfer eines Diebstahls oder eines Überfalls sollten bei der nächstgelegenen Polizeiwache Anzeige erstatten (kleinere Gemeinden haben nicht immer eine eigene Wache). Es wird ein Protokoll erstellt, in dem gestohlene Sachen oder Verletzungen festgehalten werden. Viele Versicherungen bestehen auf diesem Protokoll und auch darauf, dass ein Diebstahl binnen 24 Stunden bei der Polizei gemeldet wird.

Persönliche Sicherheit, Verlust von Wertsachen
Wie überall in Europa gilt auch in den Niederlanden: Gelegenheit macht Diebe. Tragen Sie in belebten Einkaufsstraßen und in öffentlichen Verkehrsmitteln niemals Ihre Brieftasche in der Gesäßtasche. Nehmen Sie, wenn Sie im Zug oder im Restaurant auf die Toilette gehen, Ihre Tasche mit. Lassen Sie keine wertvollen Dinge sichtbar im Auto liegen. Sperren Sie den Wagen immer und überall ab.

In den großen Städten, vor allem in Amsterdam, werden viele Fahrräder gestohlen, ein stabiles Schloss ist unerlässlich. Raubüberfälle kommen selten

Medizinische Versorgung und Versicherung
Bei kleineren Problemen kann man sich an den Apotheker wenden, doch die Verschreibung von Medikamenten unterliegt strengen Regeln. Die meisten Mittel sind rezept- und apothekenpflichtig. Apotheken sind am Logo mit dem Äskulapstab zu erkennen. Sie haben werktags von 8.30 oder 9 Uhr bis 17.30 oder 18 Uhr durchgehend geöffnet und turnusmäßig nachts und an den Wochenenden Dienst. Sollte man einmal vor einer verschlossenen Türe stehen, hängt eine Liste der nächsten diensthabenden Apotheken aus. In den lokalen Zeitungen findet man eine Übersicht der diensthabenden Ärzte und anderer Hilfsdienste in der Stadt oder Region.

In Notfällen wendet man sich an die Ambulanz der Krankenhäuser. Diese sind rund um die Uhr geöffnet. Besucher aus dem Ausland, die regelmäßig Arzneien nehmen müssen, können bei ihrem Hausarzt einen Patientenpass bekommen. Darin sind, neben der Art der Krankheit, auch die benötigten Medikamente aufgeführt. Am Zoll kann man mit diesem Dokument nachweisen, dass mitgeführte Medikamente für den Eigengebrauch bestimmt sind.

Reisende aus Deutschland und anderen EU-Ländern soll-

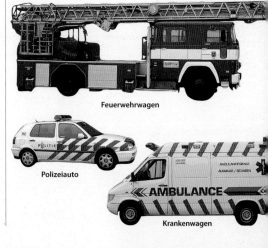

Feuerwehrwagen

Polizeiauto

AMBULANCE

Krankenwagen

ten ihre Europäische Kranken-
versicherungskarte (EHIC) mit-
führen. Sie bekommen die
Kosten einer Behandlung in
den Niederlanden in der Regel
von ihrer Versicherung zurück-
erstattet.

Fundsachen

Beim Verlust von Gegenstän-
den kann man bei der Polizei
nachfragen, ob jemand die Sachen dort abgegeben hat. Die
nächstgelegene Polizeiwache
verwahrt Fundsachen einige
Tage lang, bevor sie zum
Hauptbüro der Stadt oder Region weitergeschickt werden.
Den Verlust eines Ausweises
sollte man bei der Botschaft
oder dem Konsulat *(siehe
S. 435)* seines Heimat-
lands melden.

Wer im Zug etwas
verliert, sollte sich
zuerst am Bahnhof er-
kundigen. In kleinen
Bahnhöfen werden
Fundsachen einen Tag
aufbewahrt, bevor sie
erst zum nächstgelege-
nen großen Bahnhof
und schließlich zum
**Centraal Bureau Gevonden
Voorwerpen**, dem zentralen
Fundbüro in Utrecht, gebracht

Im dichten Gedränge sollte man auf seine Brieftasche aufpassen

SPOED-
EISENDE
HULP
OPNAME

**Schild für
Erste Hilfe**

werden. Mit einem Formular,
das man an jedem Bahnhof erhält, kann man nachfragen, ob
verlorene Sachen abge-
geben wurden. Wer in
Bus, Tram oder Metro
etwas vergessen oder
verloren hat, wendet
sich an das Büro des be-
treffenden örtlichen oder
regionalen Nahverkehrs-
unternehmens (schlagen
Sie in den Gelben Seiten
unter »openbaar ver-
voer« nach).

Der Flughafen **Schiphol** hat
eine spezielle Telefonnummer
für Fundsachen.

Drogen

In den Niederlanden sind »weiche« Drogen nicht legal, auch
wenn die Polizei bisher den Besitz kleiner Mengen und deren
Verkauf in den Coffeeshops
toleriert hat. Seit Herbst 2011
greifen Anti-Drogen-Maßnah-
men: Langfristig sollen Coffeeshops in Clubs umgewandelt
werden, in denen nur volljähri-
ge Niederländer Mitglieder
werden dürfen. Wer mit har-
ten Drogen angetroffen wird,
wird in jedem Fall strafrechtlich
verfolgt. Versuchen Sie nie,
Drogen auszuführen, es finden
überall Kontrollen statt.

Auf einen Blick

Notrufnummern

**Europäischer Notruf
(Polizei, Feuerwehr,
Notarzt)**
112.
Für Gehörlose
0800 8112.

Polizei

Polizei
Für nicht dringende Fälle:
0900 8844 (Ihr Anruf
wird an das zuständige
Polizeirevier weitergele-
leitet).
Für Schwerhörige
0900 1844.

**Politie Amsterdam-
Amstelland**
Hauptwache:
Elandsgracht 117,
1016 TT Amsterdam.
0900 8844.

Krankenhäuser
in Großstädten

**Amsterdam:
Academisch Medisch
Centrum**
Meibergdreef 9.
(020) 566 9111.

**Onze Lieve Vrouwe
Gasthuis**
Oosterpark 9.
(020) 599 9111.

**Sint Lucas Andreas
Ziekenhuis**
Jan Tooropstraat 164.
(020) 510 8911.

**Slotervaart
Ziekenhuis**
Louwesweg 6.
(020) 512 9333.

VU Medisch Centrum
De Boelelaan 1117.
(020) 444 4444.

**Den Haag:
Bronovo Ziekenhuis**
Bronovolaan 5.
(070) 312 4141.

**MCH Ziekenhuis
Westeinde**
Lijnbaan 32.
(070) 330 2000.

**Rotterdam:
Erasmus Medisch
Centrum**
's-Gravendijkwal 230.
(010) 704 0704

**Utrecht:
Academisch
Ziekenhuis Utrecht**
Heidelberglaan 100.
088 755 5555.

Fundsachen

**Zentrales Fundbüro
der Bahn (Utrecht)**
0900 321 2100.
Mo–Fr 8–20 Uhr.

Flughafen Schiphol
0900 0141.

Pannendienst

ANWB Wegenwacht
088 269 2222
(kostenlos).
anwb.nl

ADAC
(0592) 390 560
(Notrufstation Assen;
24 Std., deutsch-
sprachig).
+49 (0)89 222 222
(in D).
adac.de

Banken und Währung

In den Niederlanden gilt seit 2002 der Euro als Zahlungsmittel. Bargeld ist noch die gebräuchlichste Art des Bezahlens, Kreditkarten deshalb nicht so populär. Doch der Gebrauch von Debit- und Kreditkarten setzt sich immer mehr durch. In vielen Hotels, Läden und Restaurants kann man mit Karte bezahlen. Geldautomaten sind überall zu finden. Besucher, die Geld wechseln müssen, sollten zu einer Bank oder zum GWK gehen. Seit einigen Jahren werden alle Preise auf fünf Cent auf- oder abgerundet. 1-Cent- und 2-Cent-Münzen sind nicht mehr im Gebrauch. Achtung: Nicht alle Läden akzeptieren 500- oder 200-Euro-Scheine.

Geldautomaat

Geldautomat mit Karten-Logos

Öffnungszeiten von Banken

Banken sind in der Regel montags bis freitags von 9 Uhr bis 16 oder 17 Uhr offen. Manche Banken haben auch donnerstags länger geöffnet.

abheben. Hierfür wird eine hohe Provision berechnet. Deutlich preiswerter ist es, Bargeld mit gängigen Kredit- und Debitkarten samt PIN an einem der vielen Geldautomaten zu ziehen.

Der GWK (Grenswisselkantoor) hat stark an Bedeutung verloren

Geldwechsel

Geldwechsel ist nur für Besucher aus Nicht-Eurostaaten nötig. Fremdwährungen können bei Banken, in Postämtern, Wechselstuben und bei American Express getauscht werden.

Ein GWK (Grenswisselkantoor) bietet in der Regel angemessene Kurse und verlangt keine überzogene Provision. GWK-Büros findet man an den Grenzübergängen, am Flughafen Schiphol und in den größeren Bahnhöfen.

Geldautomaten

Mit einer Debit- oder Kreditkarte kann man bei jeder Bank, die das Logo dieser Karte führt, Geld am Schalter

Alle Geldautomaten akzeptieren Kreditkarten wie **MasterCard**, **Visa**, **American Express** und **Diners Club** sowie Debitkarten wie die **girocard** (früher EC-Karte), die es in einer Ausführung mit Maestro-Logo oder VPay-Logo gibt. Beide funktionieren in den Niederlanden. Der blaue Giromaat ist der Geldautomat der Postbank.

Geldautomaten finden Sie an und in Postämtern und Banken, in GWK-Büros, Bahnhöfen, Flughäfen, Shopping-Centern und an vielen Stellen mehr.

Kredit- und Debitkarten

In Läden, Restaurants und Hotels sieht man an den entsprechenden Logos, mit welchen Karten man bezahlen kann. Oft wird die Bezahlung mit Kreditkarte allerdings erst ab einer bestimmten Mindestsumme akzeptiert. Sie sollten also immer etwas Bargeld bei sich tragen, auch für die Bezahlung kleiner Summen in Cafés.

In den meisten Telefonzellen *(siehe S. 440)* kann man auch mit einer der gängigen Kreditkarten telefonieren.

Falls Ihnen Ihre Kredit- oder Debitkarte(n) abhandenkommt/en, sollten Sie sie unverzüglich sperren lassen. Damit ist Ihre Haftung bei Missbrauch begrenzt.

Für eine SEPA-Überweisung innerhalb des einheitlichen Euro-Zahlungsverkehrsraums brauchen Sie zusätzlich zur IBAN (International Bank Account Number; Kontonummer) lediglich den BIC (Bank Identifier Code) des Empfängers.

Kartenverlust

Allgemeine Notrufnummer
☎ +49 116 116.
🌐 116116.eu

American Express
☎ +49 (0)69 97 97 20 00.

Diners Club
☎ +49 (0)69 900 150 135 .

MasterCard
☎ 0800 022 5821.
🌐 mastercard.com

Visa
☎ 0800 022 3110.
🌐 visa.com

girocard
☎ +49 (0)69 740 987.

Währung

Der Euro (€), die europäische Gemeinschaftswährung, gilt mittlerweile in 19 EU-Staaten: Belgien, Deutschland, Estland, Finnland, Frankreich, Griechenland, Irland, Italien, Lettland, Litauen, Luxemburg, Malta, Niederlande, Österreich, Portugal, Slowakei, Slowenien, Spanien und in der Republik Zypern. Alte Guldenscheine und -münzen sind ungültig. Scheine können bei der Niederländischen Staatsbank bis zum 1.1.2032 umgetauscht werden (www.dnb.nl). Alle Euroscheine sind einheitlich gestaltet. Bei den Münzen prägt jedes Land unterschiedliche Rückseiten. Seit 2004 kann jeder Eurostaat einmal jährlich eine Zwei-Euro-Gedenkmünze herausgeben.

Eurobanknoten

Eurobanknoten gibt es in sieben Werten (5, 10, 20, 50, 100, 200 und 500 €). Die Euroscheine wurden vom Österreicher Robert Kalina (1. Serie ab 2002) und dem Deutschen Reinhold Gerstetter (2. Serie ab 2013) entworfen. Sie zeigen Architekturelemente und Baustile, eine Europakarte sowie die EU-Flagge mit den zwölf Sternen.

Alter 5-Euro-Schein (Baustil: Klassik)

Alter 10-Euro-Schein (Baustil: Romanik)

Alter 20-Euro-Schein (Baustil: Gotik)

50-Euro-Schein (Baustil: Renaissance)

100-Euro-Schein (Baustil: Barock & Rokoko)

200-Euro-Schein (Eisen- und Glasarchitektur)

500-Euro-Schein (Moderne Architektur des 20. Jh.)

2-Euro-Münze

1-Euro-Münze

50-Cent-Münze

20-Cent-Münze

10-Cent-Münze

Euromünzen

Euromünzen gibt es in acht Werten (2 €, 1 € sowie 50, 20, 10, 5, 2 und 1 Cent). Die einheitlichen Vorderseiten entwarf der Belgier Luc Luycx. Auf den Rückseiten der niederländischen Münzen wird bei Neuprägungen Königin Beatrix durch König Willem-Alexander ersetzt.

5-Cent-Münze

2-Cent-Münze

1-Cent-Münze

Kommunikation

Bis 1989 lag die Hoheit über Post und Telefon in Händen des Staatsbetriebs PTT. Die beiden daraus hervorgegangenen unabhängigen Firmen – KPN Telecom und TNT Post – gehören zu den effizientesten Dienstleistern Europas. Außer den KPN-Zellen gibt es in den Niederlanden auch öffentliche Telefone des privaten Anbieters Telfort. Sie sind vorwiegend auf Bahnhöfen zu finden.

Öffentliche Telefone

Die gläsernen, grün eingerahmten öffentlichen Telefonzellen der KPN findet man an der Straße, in Postämtern und vor Bahnhöfen. In den meisten kann man sowohl mit Telefonkarten als auch mit Kreditkarten telefonieren (beachten Sie die Logos am Telefon). Kreditkarten muss man schon am Beginn des Gespräches wieder aus dem Schlitz ziehen (Telefonkarten erst am Ende), und man bezahlt einen Zuschlag von 1,15 Euro.

KPN-Telefonzellen, die mit Münzen funktionieren, gibt es inzwischen praktisch überhaupt nicht mehr. In KPN-Zellen kann man außer mit einer Telefonkarte oder Kreditkarte auch mit einer niederländischen Geldkarte mit sogenannter Chipperfunktion telefonieren. ANWB-Mitglieder können hier mit ihrer Clubkarte den Pannendienst anrufen *(siehe S. 437)*.

KPN-Telefonkarten bekommt man beispielsweise bei Postämtern, Kiosken, in Kaufhäusern, Bahnhöfen und in GWK-Büros *(siehe S. 438)*.

Telekommunikationsladen in Amsterdam

In Bahnhofsgebäuden und auf Bahnsteigen mussten die Telefonzellen der KPN den blau-orangen Zellen und Säulen der Firma Telfort weichen. Bei diesen Telefonen kann man nicht nur mit Telefonkarten und mit den gängigen Kreditkarten telefonieren, sondern auch mit Münzen. Nicht angebrochene Münzen erhält man nach Ablauf des Gesprächs wieder zurück. Telfort-Telefonkarten sind an den Schaltern der Niederländischen Bahn, in den Bahnhofsläden von Wizzl und in GWK-Büros erhältlich.

Beachten Sie, dass Telfort-Telefone keine KPN-Karten akzeptieren und KPN-Telefone keine Telfort-Karten. Die Gebrauchsanweisungen der KPN- und Telfort-Telefone stehen auch auf Deutsch zur Verfügung.

Service-Nummern mit der Vorwahl 0800 sind kostenlos, bei 0900 müssen Sie – unterschiedlich hohe – Gebühren entrichten.

Telefonate ins Ausland

In den Niederlanden kann man auch von Telefonzellen in die ganze Welt direkt telefonieren. Wählen Sie die 00, dann die Landesvorwahl, die Ortsvorwahl (in der Regel ohne die erste 0) und danach die Teilnehmernummer. Die meisten Landesvorwahlen hängen in den Telefonzellen aus.

Achtung: Telefonate vom Hotelzimmer sind teurer als von einem öffentlichen Telefon.

Mobiltelefone

Die Netzabdeckung ist in den Niederlanden so gut wie lückenlos. Alle in Europa gängigen Smartphones sowie GSM- und UMTS-Handys funktionieren problemlos.

Nützliche Nummern

- Auskunft Niederlande: 0900 8008 oder 118 (nur eine Nummer pro Anruf).
- Auskunft Ausland: 0900 8418 www.detelefoongids.nl.
- Deutschland Direkt (R-Gespräch): 0800 022 0049.
- R-Gespräch Niederlande oder Ausland: 0800 0101.
- Vorwahl Niederlande: 0031.
- Vorwahl Deutschland: 0049.
- Vorwahl Österreich: 0043.
- Vorwahl Schweiz: 0041. Dann Ortsvorwahl ohne die erste 0, anschließend die Rufnummer des Teilnehmers.

Die Roaming-Verordnung der EU gibt verbindliche Obergrenzen der Kosten sowohl für Vertrags- als auch für Prepaid-Kunden vor: Seit 2016 dürfen die Netzbetreiber maximal

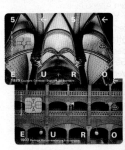

Niederländische Telefonkarten

5 Cent pro Minute für Anrufe, 2 Cent pro SMS und 5 Cent pro MB auf den Inlandspreis aufschlagen. In der Summe (Inlandspreis plus Roaming-Aufschlag) dürfen dabei folgende Höchstbeträge nicht überschritten werden: 19 Cent pro Minute für Anrufe, 6 Cent für SMS und 20 Cent je Megabyte Datenvolumen.

Die Tarife vieler Mobilfunkanbieter ermöglichen eine zeitlich begrenzte Flatrate innerhalb der EU – ideal für den Urlaub. Ab Juni 2017 sollen die Roaming-Gebühren innerhalb der EU für 90 Tage pro Jahr ganz entfallen.

Rechner mit Internet-Zugang in Amsterdams öffentlicher Bibliothek OBA

Internet

Die Anzahl der Internet-Cafés hat sich stark verringert. Dafür bieten viele Hotels für Gäste mit Notebook, Tablet oder Smartphone WLAN an, allerdings nicht immer kostenlos.

In den Touristenvierteln gibt es immer noch einige Orte, die PCs zur Verfügung stellen. Meist handelt es sich dabei um Bars oder Cafés, in denen Computer mit Internet-Anschluss stehen. Die Öffnungszeiten sind unterschiedlich, gehen aber oft bis in den späten Abend hinein.

Viele Cafés und Kaffeeketten, Schnellrestaurant-Ketten, öffentliche Gebäude und andere Einrichtungen stellen Gästen und Kunden WLAN zur Verfügung. Oft ist es kostenlos, manchmal muss man Minuten kaufen oder bekommt für jedes Getränk, das man bestellt, eine bestimmte Zeitspanne umsonst. Der benötigte Zugangscode steht dann auf der Quittung.

Amsterdam bietet im gesamten Stadtgebiet unzählige kostenlose WLAN- (WiFi-)-Hotspots an – praktisch, wenn Sie mit Ihrem Smartphone oder Tablet unterwegs sind. Eine aktuelle Liste der Hotspots finden Sie unter http://wifi-amsterdam.nl/free_wifi_internet.html.

Veranstaltungskalender

Für Amsterdam-Besucher ist die Website www.iamsterdam.de nützlich. Auf der von der Stadt finanzierten Seite findet sich eine Zusammenstellung von kulturellen Events und anderen nützlichen Informationen, etwa Adressen von Ärzten und Zahnärzten.

Time Out Amsterdam ist eine monatliche Zeitschrift, die auf Englisch erscheint und über alle relevanten Events in der Stadt informiert. Daneben findet man auch andere wichtige Adressen. Das Magazin ist in fast allen Zeitschriftenläden in der Innenstadt erhältlich, online findet man die Informationen unter www.timeout.com/amsterdam.

Post

Postämter erkennt man am TNT-Logo. Hier bekommt man Briefmarken, verschickt Pakete und holt postlagernde Sendungen ab. Man kann Geld und Reiseschecks wechseln, telefonieren und – in großen Postämtern – auch fotokopieren und Schreibwaren kaufen. In kleineren Orten gibt es oft nur Postagenturen (z. B. in Supermärkten), die ein eingeschränktes Angebot haben.

Briefe

Die meisten (roten oder orangefarbenen) TNT-Briefkästen haben zwei Schlitze. Der rechte ist üblicherweise für lokale Sendungen (achten Sie auf die Postleitzahlen über dem Schlitz), der linke für die übrige

Schlitz für alle anderen Destinationen

Schlitz für lokale Sendungen

TNT-Briefkasten

Post, auch für internationale. Die Leerungszeiten sind angeschrieben. Samstags und sonntags wird meist nicht geleert.

Postkarten und Briefe bis 20 Gramm kosten innerhalb der Niederlande 0,73 Euro (»Nederland 1«-Marke) und ins europäische Ausland 1,25 Euro (»Internationaal 1«-Marke) für die erste Preisstufe. Für schwerere Briefe braucht man zwei (bis 50 g) und mehr dieser Marken. Die neuen Briefmarken *(postzegels)* ohne Eurobetrag sind fast überall erhältlich, etwa auch in Läden, die Ansichtskarten verkaufen.

Für alle anderen Sendungen sollte man auf ein Postamt gehen und muss sich in die – leider oft lange – Warteschlange einreihen. Die meisten Postämter haben werktags von 9 bis 17 Uhr, die großen auch samstags bis 13 Uhr geöffnet.

TNT betreibt auch einen Kurierdienst, der Sendungen jeder Größe und jedes Gewichts abholt und innerhalb Europas meist am nächsten Tag ausliefert.

Postlagernd

Wenn man nicht weiß, wo man in den Niederlanden unterkommt, kann man sich seine Post auch *poste restante* an ein Postamt schicken lassen. Die Adresse erfährt man bei der zuständigen VVV. Zum Abholen der postlagernden Sendungen braucht man einen gültigen Ausweis.

Auf einen Blick

TNT
📞 0800 1234 (Kurierdienst für nationale und internationale Sendungen).
🌐 tnt.com/express/nl_nl/site/home.html

TNT Post Klantenservice
(Kundenservice)
Postbus 99180,
8900 NA Leeuwarden.
📞 (058) 233 3333 (Information zu Postleitzahlen; Beschwerden). ⏱ Mo–Fr 8–20 Uhr, Sa 9–16 Uhr.
🌐 tnt.com
🌐 postnl.nl

Reiseinformationen

Von fast jedem größeren Flughafen in Europa gibt es direkte Flüge nach Schiphol, auch aus anderen Teilen der Welt ist der moderne Flughafen südwestlich von Amsterdam hervorragend zu erreichen. Die Niederlande haben außerdem sehr gute Zugverbindungen zu den Nachbarländern. Internationale Züge, darunter der Hochgeschwindigkeitszug Thalys aus Paris, Brüssel oder Köln, laufen mehrere größere Bahnhöfe an. Das überaus dichte Straßennetz bietet sich an, die Niederlande im eigenen oder gemieteten Auto zu erkunden, aber auch mit öffentlichen Verkehrsmitteln kommt man schnell an jeden gewünschten Ort. Besonders umweltfreundlich ist man mit dem Rad unterwegs.

Autovermietung in Schiphol

Anreise mit dem Flugzeug

Auf dem Flughafen Schiphol (Luchthaven Schiphol) starten und landen jährlich rund 175 000 Maschinen aller großen internationalen Fluggesellschaften mit über 50 Millionen Passagieren. Damit hat der Flughafen die Grenzen seiner Belastbarkeit und vor allem die der Anwohner erreicht und auch teilweise überschritten.

Es gibt verschiedene Pläne für die dringend notwendige Erweiterung.

KLM (Königlich Niederländische Luftfahrtgesellschaft, seit 2004 mit Air France fusioniert) bietet Linienflüge in alle Metropolen der Welt an. Von Deutschland fliegen u. a. **Lufthansa** und KLM von jedem größeren Flughafen täglich nach Amsterdam. Auch **Austrian** und **Swiss** bieten Direktflüge an.

Flughafen Schiphol

Schiphol hat nur einen Terminal mit drei Hallen. Die Hinweisschilder haben unterschiedliche Farben. Gelbe Schilder führen zu den Schaltern und Flugsteigen, grüne zu Cafés, Restaurants und Läden. Lounge South ist für Reisende innerhalb der Schengen-Länder bestimmt. An der Schiphol Plaza kann man einkaufen, ein Hotel reservieren, ein Auto mieten und Tickets kaufen. Darunter liegen die Bahnsteige des Bahnhofs Schiphol. Von den Parkplätzen gehen Pendelbusse zum Terminal. Vom Langzeitparkplatz fährt ein automatisch gesteuerter Bus, der Parking Hopper, zu den anderen Pendelbussen.

See Buy Fly: Shopping-Center

Bar

Gate E

Lounge Center

See Buy Fly: Shopping-Center

Bar

Gate F

Lounge West

Gate G

Abflug

Gate E

Abflug

Zugfahrkarten

Zu den Zügen

Gate F

Ankunft

Hotel-reservierung

Ankunft

Gate G

SCHIPHOL PLAZA

0 Meter   100

Auto-vermietung

Taxis

Treffpun

Schiphol: wichtige Drehscheibe des internationalen Flugverkehrs

Shopping

Wer die Niederlande per Flugzeug verlässt, kommt nach der Zollkontrolle in ein großes Shopping-Center: **See Buy Fly**. Obwohl es Reisenden innerhalb der EU nicht mehr erlaubt ist, auf den Flughäfen zollfreie Waren zu erwerben *(siehe S. 434)*, können sie hier noch immer zu niedrigen See-Buy-Fly-Preisen einkaufen. Nur Spirituosen und Tabakwaren gibt es zum regulären Preis. Passagiere, die in Länder außerhalb der EU fliegen, können die Waren zollfrei kaufen. Im ebenfalls zentral gelegenen Shopping-Center **Schiphol Plaza** gelten normale Preise.

Von und nach Schiphol

Vom Bahnhof Schiphol ist jede große Stadt in den Niederlanden in wenigen Stunden erreichbar. Schiphol ist Teil des Netzes von Nachtzügen in den westlichen Niederlanden *(siehe S. 446)*. Es gibt auch gute Busverbindungen in viele niederländische Städte. Detaillierte Angaben über alle Bahn- und Busverbindungen finden Sie auf www.schiphol.nl.

Vom Flughafen zum Hauptbahnhof Amsterdam dauert die Fahrt mit dem Zug 20 Minuten. KLM bietet einen Bustransfer (KLM Hotel Shuttle) zwischen Schiphol und gut 20 Hotels im Zentrum von Amsterdam an.

Shopping in Schiphol

Natürlich stehen am Flughafen Schiphol auch immer genügend Taxis bereit, die eine bequeme, aber nicht immer ganz billige Fahrt anbieten. Zudem gibt es Sammeltaxis.

Kleinere Flughäfen

Rotterdam, Eindhoven, Enschede, Groningen und Maastricht-Aachen sind kleinere Flughäfen in den Niederlanden, die für Inlandsflüge, aber auch für einige wenige internationale Verbindungen genutzt werden.

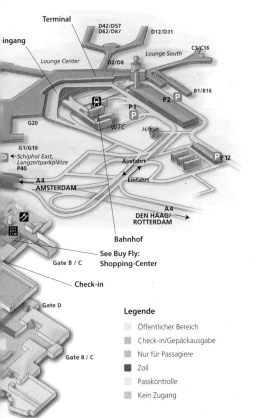

Terminal
D42/D57
D62/D87
D12/D31
ingang
Lounge Center
Lounge South
C3/C16
D2/D8
B1/B16
P2
P1
G20
WTC
Hilton
G1/G10
Schiphol East,
Langzeitparkplätze
P40
Ausfahrt
P12
Einfahrt
A4
AMSTERDAM
A4
DEN HAAG/
ROTTERDAM
Bahnhof
See Buy Fly:
Gate B / C   Shopping-Center
Check-in
Gate D
Gate B / C

Legende

- ▨ Öffentlicher Bereich
- ▨ Check-in/Gepäckausgabe
- ▨ Nur für Passagiere
- ▨ Zoll
- ▨ Passkontrolle
- ▨ Kein Zugang

Flugauskunft in Schiphol

Anreise mit dem Zug

Die Niederlande sind von den allermeisten europäischen Ländern aus hervorragend mit dem Zug zu erreichen. Von vielen Großstädten in Europa gibt es durchgehende Züge in die Niederlande, beispielsweise von Berlin, Brüssel, Köln, Mailand, München, Paris, Wien und Zürich.

Die meisten Züge kommen in den Hauptbahnhöfen von Amsterdam und Utrecht an. Viele internationale Züge laufen zudem den Bahnhof des Flughafens Schiphol an, darunter der Hochgeschwindigkeitszug Thalys über Brüssel, Antwerpen, Rotterdam und Den Haag. Der Thalys fährt übrigens auch von Köln aus. Auch andere Orte, vor allem in den Grenzgebieten, sind von Belgien und Deutschland aus gut mit dem Zug zu erreichen. In Hoek van Holland sind die Verbindungen der ankommenden und abfahrenden Züge auf die Zeiten der Fährboote von und nach Harwich in England abgestimmt.

Die Centraal Station in Amsterdam wird bis 2017 grundlegend umgebaut, einzelne Bereiche können phasenweise nicht zugänglich sein.

Günstige Fahrkarten

Für Urlauber aus EU-Ländern sind ermäßigte Zugpässe erhältlich. Mit dem InterRail-Ticket für junge Menschen bis 26 Jahre oder dem etwas teureren Ticket für über 26-Jährige kann man 22 Tage bzw. einen Monat günstig durch ganz Europa reisen. Der Inter-

Fähren legen in Rotterdam, Hoek van Holland und IJmuiden an

Rail Benelux Pass für Zugfahrten innerhalb der Benelux-Staaten (Niederlande, Belgien, Luxemburg) ist für drei, vier, sechs oder acht frei wählbare Tage im Zeitraum eines Monats erhältlich. Auch hier gelten für Reisende unter 26 Jahren günstigere Preise. Der Eurail-Pass ist das InterRail-Pendant für alle Nicht-Europäer.

Anreise mit dem Bus

Die vielen europäischen Linienbusse sind die preiswerteste Art, in die Niederlande zu reisen. Die meisten haben Toiletten an Bord und legen regelmäßige Pausen ein. Vor allem im Sommer kommen täglich Busse aus vielen Städten Europas in allen größeren Orten der Niederlande an.

Eines der größten Busnetze unterhält **Eurolines**. Deren Busse fahren von vielen europäischen Großstädten mindestens einmal wöchentlich in die Niederlande. Innerhalb der Niederlande gibt es, abhängig von der Route, verschiedene Haltestellen. Von Deutschland kann man u. a. von Berlin, Köln, Frankfurt, Stuttgart und München aus direkt nach Amsterdam und Utrecht fahren.

Bus von Eurolines

Fähren

Viele besuchen die Niederlande auf ihrem Weg nach Großbritannien, verschiedene Reedereien unterhalten Fährdienste über den Kanal. **P&O**

Ferries fährt zwischen Rotterdam/Europoort und Hull, **Stena Line** zwischen Hoek van Holland und Harwich, **DFDS Seaways** zwischen IJmuiden und Newcastle. Andere Häfen für Reisen nach England sind Zeebrugge (nach Hull) und Oostende in Belgien (nach Dover) sowie Calais und Boulogne in Frankreich (nach Dover und Folkestone). Die Überfahrt dauert zwischen 35 Minuten (Calais–Dover mit dem Tragflügelboot) und 16 Stunden (IJmuiden–Newcastle). Im Sommer sollten Sie Fähren auf jeden Fall reservieren, vor allem, wenn Sie mit dem Auto unterwegs sind.

Mit dem Auto

Dank des dichten Autobahnnetzes sind alle Teile der Niederlande gut mit dem Auto erreichbar. In der Randstad gibt es allerdings viele Staus.

Um in den Niederlanden zu fahren, muss man einen gültigen nationalen Führerschein mit sich führen, viele Autoverleiher bevorzugen jedoch einen internationalen Führerschein. Für das eigene Auto muss man den Fahrzeugschein bei sich haben. Die Grüne Versicherungskarte wird empfohlen.

Die Straßen sind in den Niederlanden in drei Kategorien unterteilt. Provinzstraßen sind mit einem »N« gekennzeich-

Hochgeschwindigkeitszug Thalys

net, die Autobahnen mit einem »A« und die internationalen Routen mit einem »E«. An allen Autobahnen stehen Notrufsäulen, über die man bei einer Panne die **ANWB** Wegenwacht *(siehe S. 436)* verständigen kann.

Falls nicht anders angegeben, beträgt die Höchstgeschwindigkeit für Pkw 120 km/h auf Autobahnen, 100 km/h auf Schnellstraßen, 80 km/h auf Landstraßen außerhalb geschlossener Ortschaften und 50 km/h innerhalb. Die zulässige Alkoholgrenze liegt bei 0,5 Promille (für Autofahrer mit weniger als fünf Jahren Fahrpraxis 0,2 Promille).

An Kreuzungen gleichberechtigter Straßen haben Autos von rechts Vorrang. Eine Ausnahme machen

Notrufsäule

Trams, die immer Vorfahrt haben (außer man befindet sich auf einer Vorfahrtsstraße). Innerhalb von Orten muss man von der Haltestelle abfahrenden Bussen Vorrang gewähren.

Parkplätze in den großen Städten sind rar. Am besten sucht man nach Parkhäusern. Wer an der Straße ohne gültiges Parkticket parkt, muss mit einem Bußgeld rechnen.

Bußgelder deutscher Urlauber werden seit 2012 auch in Deutschland vom Bundesamt für Justiz eingetrieben. Neben gelben Streifen an der Bordkante darf man nicht parken, eine unterbrochene gelbe Linie markiert absolutes Halteverbot. Entlang den blauen Linien ist die Parkscheibe zu benutzen.

Mietwagen

Um ein Auto zu mieten, muss man mindestens 21 Jahre alt und im Besitz eines gültigen Führerscheins sein. Viele Firmen verlangen zudem ein Jahr Fahrpraxis. Ohne Kreditkarte wird eine beträchtliche Kaution fällig. Internationale Firmen wie **Avis**, **Budget**, **Europcar** und **Hertz** haben Büros am Flughafen Schiphol und in allen wichtigen Städten. Einheimische Firmen sind in der Regel preiswerter.

Mit zwei Transportmitteln unterwegs: So reist das Fahrrad mit

---

Auf einen Blick

Schiphol

Information/Service
☎ 0900 0141.
☎ +31 (0)20 794 0800 (vom Ausland).
🖳 schiphol.nl

Kleinere Flughäfen

Eindhoven Airport
☎ 0900 9505.
☎ +35 (0)227 000 767.
🖳 eindhovenairport.com

Groningen Airport Eelde
☎ +31 (0)50 308 0850.
🖳 groningenairport.nl

Maastricht Aachen Airport
☎ +31 (0)43 358 9898.
🖳 maa.nl

Rotterdam The Hague Airport
☎ +31 (0)10 446 3444.
🖳 rotterdamthehague airport.nl

Fluglinien

Austrian
☎ +43 (0)5 1766 1000 (Österreich).
☎ 0900 265 8920 (Niederlande).
🖳 austrian.com

KLM
☎ +31 (0)20 474 7747 (Niederlande).
☎ 01806-254 750 (D).
☎ 0820 420 414 (Österreich).
☎ +41 (0)848 874 444 (Schweiz).
🖳 klm.com

Lufthansa
☎ (069) 86 799 799 (D).
☎ 0900 123 4777 (Niederlande).
🖳 lufthansa.com

Swiss
☎ +41 (0)848 700 700 (Schweiz).
☎ 0900 202 0232 (Niederlande).
🖳 swiss.com

Bahn

Zugauskunft Inland
☎ 0900 9292.
🖳 9292.nl

Zugauskunft international
☎ 0900 9296 (Niederlande).

Günstige Fahrkarten
🖳 bahn.de
🖳 interrailers.net

Busse

Eurolines Nederland
Busbahnhof Amsterdam Amstel, Julianaplein 5, 1097 DN Amsterdam.
☎ (088) 076 1700.
🖳 eurolines.nl

Eurolines Deutsche Touring
☎ +49 (0)6196 207 8501.
🖳 eurolines.de

Fähren

DFDS Seaways
☎ +49 (0)40 299 994 498.
🖳 dfdsseaways.de

P & O Ferries
☎ 0180 500 7161 (D).
☎ (020) 200 8333 (Niederlande)
🖳 poferries.de

Stena Line
☎ 0180 602 0100 (D).
🖳 stenaline.de

Automobilclubs

ANWB
☎ (088) 269 2888 (24 Std. kostenlos).
🖳 anwb.nl

ADAC
☎ (0592) 390 560 (24 Std.). 🖳 adac.de

Mietwagen in Schiphol

Avis
☎ (020) 655 6050.

Budget Rent a Car
☎ (020) 604 1349.

Europcar
☎ (020) 316 4190.

Hertz
☎ (020) 502 0240.

Öffentliche Verkehrsmittel

Die Niederlande verfügen über ein effizientes Netz öffentlicher Verkehrsmittel. Die großen Städte sind hervorragend mit dem Zug zu erreichen, die kleineren mit dem Regionalbus. Vor allem in der Randstad kommt es auf den Hauptverkehrsadern in den Stoßzeiten immer wieder zu Staus. Dann sollte man das Auto lieber stehen lassen und den Zug oder, auf Strecken ohne schnelle Zugverbindungen, einen der luxuriösen Interliner-Busse nehmen.

Dampflok Dieren–Apeldoorn

Dampfloks

In den Niederlanden fahren noch viele alte Dampflokomotiven, beispielsweise auf den folgenden Strecken: Dieren–Apeldoorn (22 km), Kerkrade–Schin op Geul (die »Millionenbahn«, 16 km, *siehe S. 372*), Goes–Oudelande (15,5 km), rund um das Valkenburgse Meer (Zuid-Holland) und im Hochofengebiet bei IJmuiden (21 km, Abfahrt Bahnhof Beverwijk, *siehe S. 192*). Zwischen Hoorn und Medemblik *(siehe S. 182)* fährt im Sommer eine Dampftram (20 km). Auskünfte über Fahrpläne und die saisonalen Regelungen erhält man bei der örtlichen VVV.

In den Niederlanden immer öfter zu sehen: Interliner

Bus

Das Netz der Regional- und Stadtbusse umspannt das ganze Land. In diversen Broschüren kann man sich über Strecken, Fahrzeiten und Tarife informieren. Unter der Nummer 0900 9292 bekommt man von **Openbaar Vervoer Reisinformatie** Fahrplanauskünfte.

Interliner sind grüne Luxusbusse, die auf langen Strecken eingesetzt werden. Sie steuern ihre Destination meist direkt an und halten seltener als die Regionalbusse. Am Abend fahren sie oft nicht so lange wie die Regionalbusse. Für viele Interliner-Strecken gilt die *OV-chipkaart*, ansonsten erhält man Tickets an den Interliner-Verkaufsstellen, an Bahnhöfen oder Busbahnhöfen. Interliner-Haltestellen sind grün, an jeder steht eine Informationssäule mit Fahrplaninformationen.

Trams

In Amsterdam, Rotterdam, Utrecht und Den Haag gibt es Straßenbahnen. Trams fahren in der Regel zwischen 6 Uhr morgens und Mitternacht, sonntags beginnen sie später. An den Haltestellen stehen der Name der Haltestelle, die Nummern der Linien auf dieser Route und die Haltestellen entlang der Strecke. An den Wartehäuschen hängt ein

Plan des Straßenbahnnetzes aus. Ein- und aussteigen kann man an allen Türen, bei Trams mit Schaffner nur an der hinteren Tür.

Bahn

Die niederländische Bahngesellschaft **Nederlandse Spoorwegen (NS)** betreibt eines der besten Bahnnetze der Welt. Die Züge sind sauber und im Allgemeinen pünktlich, die Tickets günstig. Die Abfahrtszeiten stehen auf gelben Tafeln in den Bahnhöfen. Karten kauft man online, in Wizzl-Läden, an Automaten im Bahnhof oder, mit einem kräftigen Zuschlag, im Zug beim Schaffner. Die NS bieten verschiedene Ermäßigungen an, u. a. für Kinder *(Railrunner)* und für Pendler. Außerdem gibt es Kombitickets für Bahn und Bus. Informationen erhält man an den Schaltern oder bei **Openbaar Vervoer Reisinformatie** (Tel. 0900 9292).

Viele Bahnlinien in Friesland, Groningen und im Achterhoek werden von den Gesellschaften NoordNed und Syntus betrieben. Auch hier sind NS-Karten gültig. Auf der Strecke Utrecht CS–Amsterdam CS–Schiphol–Leiden Centraal–Den Haag CS–Delft–Rotterdam CS fahren durchgehende Nachtzüge.

Metro

Amsterdam und Rotterdam sind die einzigen niederländischen Städte mit U-Bahn.

Ein NS-Doppeldecker fährt durch die Tulpenfelder

Beide Netze sind nicht sehr umfangreich. In Amsterdam gibt es vier Linien, drei davon halten an der Centraal Station. Die von Norden nach Süden verkehrende Linie (Noord/Zuidlijn) wird derzeit ausgebaut (Eröffnung frühestens 2018), um das Areal von Het IJ mit dem Stadtzentrum zu verbinden und den Flughafen Schiphol anzubinden. Die Arbeiten sind eine technische Hausforderung.

In Rotterdam gibt es zwei sich kreuzende Linien, die Nord-Süd-Linie vom Hauptbahnhof nach Spijkenisse und die West-Ost-Linie vom Marconiplein nach Capelle, mit einem Abzweig in Richtung Ommoord-Zevenkamp.

Die erste Metro verlässt den Hauptbahnhof wochentags gegen 6 Uhr, sonntags gegen 7.45 Uhr, die letzte U-Bahn erreicht die Endhaltestelle zwischen 0.15 und 0.30 Uhr.

Vor Besteigen der Metro müssen Sie Ihre *OV-chipkaart* entwerten

Tickets für Tram, Bus, Metro und Zug

Um die öffentlichen Verkehrsmittel in den Niederlanden nutzen zu können, benötigt man eine *OV-chipkaart*, eine Karte für den elektronischen Zahlungsverkehr. Man erhält sie für 7,50 Euro beim **GVB** (Gemeente Vervoer Bedrijf), in Tourismusbüros, Kiosken oder an Automaten. Man kann sie auch online bestellen (www.ov-chipkaart.nl). Die Plastikkarte muss mit einem Geldbetrag aufgeladen werden, entweder bei den genannten Vorverkaufsstellen oder auch online bzw. per Smartphone-App. Die Chipkarte wird dann beim Antritt der Fahrt gegen ein Kartenlesegerät (im Inneren von Bussen und Trams, bei U-Bahnen und NS-Zügen auf den Bahnsteigen) gehalten, ebenso am Ende der Fahrt, wenn man das Verkehrsmittel verlässt. Der entsprechende Betrag für die Fahrt wird automatisch abgebucht, er richtet sich nach der Entfernung, nicht nach dem Verkehrsmittel.

Es gibt zwei Typen von Chipkarten: personalisiert und anonym (kann von mehreren Personen benutzt werden).

Kinder unter vier Jahren fahren kostenlos, Senioren und Vier- bis Elfjährige erhalten Rabatte. Daneben gibt es zeitlich begrenzte Chipkarten, etwa für eine Stunde oder für einen Tag bis zu sieben Tagen.

Fahren in öffentlichen Verkehrsmitteln ist auch in einigen Kombikarten (freier Zutritt zu Museen plus Nutzung des Nahverkehrs) enthalten, etwa in der I amsterdam City Card (www.iamsterdam.com).

Taxis

Wenn Sie ein Taxi benötigen, können Sie zu einem Standplatz gehen oder die Taxizentrale anrufen (die Nummer steht im Telefonbuch und in den Gelben Seiten). Ein Taxi auf der Straße anzuhalten, ist nicht so üblich. Der Fahrpreis erscheint auf dem Taxameter und setzt sich aus dem Grundpreis, den gefahrenen Kilometern und der Dauer zusammen. Nachttarife liegen höher als der Tagestarif.

Zugtaxi

Zugtaxis

Früher gab es an vielen NS-Bahnhöfen das *treintaxi*, mit dem man billig vom Bahnhof zu einem Ziel im Ort oder etwas außerhalb oder von dort zum Bahnhof fahren konnte. Dieser Service ist seit Januar 2014 durch das *NS Zonetaxi* ersetzt. Solche Taxis für den direkten Transport zum Hotel gibt es an ungefähr 50 Bahnhöfen. Sie kosten eine Grundgebühr von sechs Euro, nach zwei Kilometern kommen drei Euro pro zwei Kilometer hinzu (Infos und Buchung online unter www.ns.nl oder telefonisch unter 0900 679 8294; Registrierung erforderlich).

In den Provinzen Overijssel und Drenthe gibt es noch sogenannte Regiotaxis, Sammeltaxis, bei denen man mit einer Wartezeit rechnen muss, die aber günstigere Tarife haben.

Grachtenfahrten

Der Canalbus ist eine exzellente Möglichkeit, sich auf den Amsterdamer Grachten zu bewegen. Die drei Rundstrecken (grüne, rote und blaue Route) treffen sich an einigen Haltestellen, u. a. vor der Centraal Station und in der Singelgracht zwischen Rijksmuseum und Leidseplein. Es gibt 17 Stopps, man kann die Fahrt beliebig unterbrechen und eine Attraktion besichtigen. Boote fahren in der Hauptsaison jede halbe Stunde von 9.30 bis 18 Uhr. Die Museumsboote eignen sich ebenfalls für Sightseeingtouren via Wasserwege, sie halten in der Nähe aller wichtigen Sehenswürdigkeiten. Zudem erhält man bei Vorlage der Tageskarte bei den meisten Museen Rabatt. Auch touristische Rundfahrten durch die Grachten von Utrecht, Leiden und Delft sind ein einmaliges Erlebnis. Die Boote haben meist Glasdächer, die bei schönem Wetter geöffnet werden. Mehr Informationen gibt es bei der jeweiligen VVV.

Canalbus in Amsterdam

Fahrrad fahren

Das Fahrrad ist das nationale Fortbewegungsmittel Nummer eins der Niederlande. Die flache Landschaft ist wie geschaffen zum Radfahren. Es gibt Hunderte von Karten und Führern für schöne Touren. Mit dem Netzwerk von LF-Routen *(siehe S. 449)* kann man seinen eigenen Tagesausflug oder einen ganzen Radurlaub selbst planen, oder man schließt sich einer der organisierten Radtouren an, die überall im Land angeboten werden.

Führer mit Fahrradtouren

Sicherheit

Auf den vielen Radwegen kann man in den Niederlanden gut und sicher Rad fahren. Achten Sie aber darauf, dass manchmal schnelle E-Bikes auf den Radwegen unterwegs sind. In einem kleinen Dorf fährt es sich natürlich ganz anders als in einer hektischen Stadt. Vor allem in Amsterdam scheint der Verkehr – gerade durch die vielen Radler, die sich wenig um Verkehrsregeln kümmern – sehr chaotisch. Wer das nicht gewohnt ist, der sollte hier besonders vorsichtig fahren.

Vorder- und Rücklicht, ein Rückstrahler und reflektierende Bereifung bzw. Reflektoren sind am Abend vorgeschrieben. Viele Radler fahren allerdings auch bei Dunkelheit ohne all dies, wodurch sie auch für Fußgänger schwer zu sehen sind.

Fahrräder mieten

Beinahe in jedem Ort der Niederlande kann man ein Rad mieten. Außer bei den normalen gewerblichen Fahrradverleihen gibt es auch an rund 100 Bahnhöfen beim *Rijwielshop* oder beim *Fietspoint* Fahrräder zu mieten.

Der Preis für ein Rad liegt in der Regel um die 8,50 Euro pro Tag. Mit einer gültigen Fahrkarte bezahlt man bei den Bahnhofsverleihen etwas weniger. Alle Fahrradverleihe bieten auch Wochentarife an, die meist günstiger sind. Viele Firmen verlangen eine Kaution zwischen 50 und 150 Euro, meist muss man auch einen Ausweis vorlegen.

An rund 100 NS-Bahnhöfen vermietet der Rijwielshop Fahrräder

Nahezu überall kann man auch Tandems ausleihen, doch damit sollten sich nur Geübte in den Stadtverkehr wagen, denn diese Gefährte sind alles andere als wendig.

Man kann mit seiner Zugfahrkarte zusammen gleich ein Ticket für den Radverleih kaufen, um damit am Zielbahnhof ein Rad zu mieten. Dieses sollte man jedoch unbedingt zuvor telefonisch reservieren. Im NS-Folder *Fiets en Trein* findet man eine Liste mit den Bahnhöfen, an denen man Räder mieten kann. Auch die Büros der VVV und des ANWB haben Listen mit den Adressen von Unternehmen, die Mieträder anbieten.

Absperren

Auch wenn Ihr Fahrrad mit einem Speichenschloss ausgerüstet ist, sollten Sie es, vor allem in großen Städten, stets mit einem Extraschloss an einem Radständer oder an einem Pfahl festsperren. Die Fahrradverleihe geben meist ein solches Extraschloss mit, auf jeden Fall in Amsterdam, wo leider sehr viele Räder gestohlen werden. Bei den meisten Bahnhöfen kann man sein Fahrrad für etwa einen Euro in einem bewachten Fahrradkeller abstellen. Lassen Sie kein Gepäck auf dem Gepäckträger, wenn Sie Ihr Rad abstellen.

Fahrräder in öffentlichen Verkehrsmitteln

Man kann sein Rad gegen Bezahlung auch im Zug mitnehmen, außer zu Stoßzeiten (Sep–Juni: Mo–Fr 6.30–9 und 16.30–18 Uhr). Dafür kauft man am Bahnhof ein Tagesticket für den Drahtesel. Diese Fahrkarte kostet sechs Euro, ungeachtet der Strecke. Eingeklappte Klappfahrräder dürfen kostenlos mitgenommen werden. Auch in der Metro und der Sneltram darf das Rad mitfahren, dafür wird auf der *OV-chipkaart* gesondert ein Betrag abgezogen. In Busse und Trams darf man das Rad nicht mitnehmen.

Organisierter Radausflug auf der Zaanse Schans

Fahrradtouren

Wer ohne viel Planung in eine schöne Gegend fahren will, der kann sich an den weiß-roten ANWB-Wegweisern und an den ANWB-Pilzen orientieren. Bei der VVV, beim ANWB und in vielen Buchhandlungen bekommt man verschiedene Karten und Führer mit interessanten kurzen oder längeren Radtouren. In diesen findet man außerdem touristische Hinweise, Übernachtungsmöglichkeiten wie Pensionen, Campingplätze oder Wanderhütten *(siehe S. 395)* und auch die Adressen der örtlichen Fahrradverleihe.

Praktisch sind beispielsweise die regionalen *ANWB/VVV-Toeristenkaarten* mit schönen Routen und die *Dwarsstapfietsmappen* mit topografischen Karten und Beschreibungen von Radtouren in der Umgebung der Großstädte. In den regionalen *ANWB/VVV-fietsgidsen* findet man Karten und Beschreibungen abwechslungsreicher Rundfahrten von 25 bis 50 Kilometern Länge. Hunderte solcher Routen sind – meist mit sechseckigen Wegweisern – ausgeschildert, von der *Amelandroute* bis zur Limburger *Maasdalroute*.

Rund 45 Routen werden als *NS-fietstocht* angeboten. Am Bahnhof, an dem so eine Tour beginnt, kann man auch eine Karte erwerben. Touren sind

Bei einer Radtour hält man gern für ein Eis an

auch im NS-Büchlein *Er op Uit!* beschrieben.

Lange Touren von mindestens 200 Kilometern sind u. a. in den Führern *ANWB/VVV Lange Fietsronde* beschrieben (so die *Elfstedenroute* in Friesland, 230 km). Auch diese Touren sind ausgeschildert.

Außerdem hat die **Stichting Landelijk Fietsplatform** *(siehe S. 429)* in den Niederlanden ein etwa 6500 Kilometer langes Netz von nummerierten Fahrradtouren zusammengestellt. Diese Routen, die meist über ruhige Seitenstraßen und Radwege führen, sind in den zwei *LF-basisgidsen* beschrieben. Auch sie sind zumeist mit rechteckigen Wegweisern ausgeschildert. Bei der VVV und beim ANWB ist auch das Büchlein *Fietsideenkaart* erhältlich. Es erscheint jährlich neu und bietet eine aktuelle Übersicht

Schild für Radweg

über die LF-Routen und andere ausgeschilderte Touren in den Niederlanden.

Wer einen organisierten Radurlaub vorzieht, der kann u. a. bei **Cycletours**, dem **Fietsvakantiewinkel** *(siehe S. 429)*, den großen VVVs und beim ANWB (nur für Mitglieder) gut geplante Radtouren in schönen Gegenden buchen, inklusive Unterkunft und auf Wunsch mit Gepäckservice. Informationen zu Touren in Naturgebieten finden Sie auf Seite 429.

Radveranstaltungen

Das größte Radevent das Jahres ist *Meimaand Fietsmaand*: Der ganze Mai ist vollgepackt mit Radtouren, -treffen und -rennen durch die ganzen Niederlande. Daran nehmen gut eine halbe Million Radfahrer teil. Informationen bietet die Nationale Radfahrvereinigung unter www.fietsplatform.nl

Örtliche Fahrradvereine organisieren gegen geringe Teilnahmegebühren regelmäßig Ausflüge durch schöne Landschaften oder zu interessanten Orten, an denen auch Nichtmitglieder teilnehmen können. Mehr Informationen erhält man bei der Nederlandse Toer Fiets Unie (**NTFU**, *siehe S. 429*).

Von Mai bis Oktober finden überall im Land Dutzende von Mehrtagestouren statt, etwa die Drentse Fiets4Daagse im Juli. Die Teilnehmer dieser *fietsmeerdaagsen* können aus Tagesrouten von 25 bis 100 Kilometer Länge wählen. Eine Übersicht findet man im NTFU-Folder *Fietsmeerdaagsen*, erhältlich bei VVV-Büros.

Die Fähre von Wijk bij Duurstede am Wijkseveerweg setzt auch Räder über

Textregister

Danksagung und Bildnachweis

Dorling Kindersley bedankt sich bei allen, die an der
Herstellung dieses Buchs mitgewirkt haben.

Dorling Kindersley London
Publisher Douglas Amrine.
Publishing Manager Jane Ewart.
Managing Editor Helen Townsend.
DTP Design Jason Little, Conrad van Dyk.
Mitarbeit Redaktion und Design Jo Cowen, Jacky Jackson,
Ian Midson, Conrad van Dyk, Stewart Wild.
Übersetzung aus dem Niederländischen Mark Cole.
Korrektur Maraya Radhua.

Hauptautor
Gerard M. L. Harmans studierte Biologie und Philosophie an
der Vrije Universiteit in Amsterdam und arbeitete anschließend
im Verlagsbereich. Er war Lexikonredakteur bei Het Spectrum,
bevor er 1989 mit Paul Krijnen *de Redactie* gründete. *De
Redactie* hat sich in wenigen Jahren zum tonangebenden
Reiseführerspezialisten der Niederlande entwickelt.

Weitere Mitarbeit
Alle Mitarbeiter arbeiten für *de Redactie*, Amsterdam. Dieses
Team von Autoren, Übersetzern und Redakteuren betreut
Bücher aus den Gebieten Natur, Umwelt, Geschichte, Kunst
und Wirtschaft bis hin zu Kinderbüchern und Romanen, wobei
sich *de Redactie* besonders auf Reiseführer spezialisiert hat.
Anneliet Bannier studierte Übersetzungswissenschaften an
der Universität von Amsterdam. Sie arbeitet als Übersetzerin
und Redakteurin von Reiseführern. Seit einigen Jahren wohnt
sie in der Zaanstreek.
Hanneke Bos ist Redakteurin und Übersetzerin. Ihre Fach-
gebiete sind Linguistik, Kulturgeschichte und Reiseliteratur.
Jaap Deinema ist gebürtiger Eindhovener und studierte
Niederländisch. Er hat als Autor, Redakteur und Übersetzer an
zahlreichen Reiseführern, Sachbüchern und
Nachschlagewerken mitgewirkt. Von ihm erschien auch die
ATO/VVV-Ausgabe *Infopocket Amsterdam*.
Jérôme Gommers, geboren in Paris, ist freier Autor und ein
großer Liebhaber der niederländischen Landschaft. Er leitete
u. a. eine Studie über Anlage und Entwicklung des
Noordoostpolders.
Ron de Heer studierte Philosophie in Amsterdam. Er arbeitet
als Übersetzer und Redakteur von Reisebüchern, Romanen
und Büchern rund ums Kochen. In seinem *Eetkalender 1996*
hat er alle diese Vorlieben vereinigt.
Marten van de Kraats schreibt und übersetzt Texte über
Reisen und Computertechnik. Jedes Jahr bearbeitet er die
niederländische Ausgabe des Rough Guide *Reisen im Internet*,
des meistverkauften Internetbuchs für Niederlande und
Belgiens.
Paul Krijnen hat sich als Sozio-Geograf in die mittelalterlichen
Marke-Verbände der Niederlande vertieft, etwa den Bund der
Erfgooier. Er arbeitete u. a. an der zehnteiligen *Spectrum
Encyclopedie van de Wereld* und *De Balans van de 20ste eeuw*
mit. Seine große Liebe aber sind Grenzgebiete aller Art.
Frans Reusink studierte Niederländisch an der VU in Amster-
dam. Er begann als Copywriter und hat sich in den letzten
Jahren auf das Schreiben von Reisereportagen und die
Redaktion von Reiseführern spezialisiert.
Theo Scholten studierte Niederländisch. Er hat viele litera-
rische Publikationen betreut. Zurzeit arbeitet er vor allem als
Redakteur und Übersetzer. Er schrieb auch Beiträge für Reiseführer über Belgien und Frankreich.
Ernst Schreuder, Redakteur und Friese, errang das Elfsteden-
kreuz 1986 und 1997. Reisen und Reisebücher sind für ihn
Beruf und Hobby zugleich.
Catherine Smit studierte in Utrecht Niederländisch und hat
als Redakteurin und Übersetzerin an zahlreichen Büchern rund
ums Thema Reisen mitgearbeitet.
Jacqueline Toscani belegte Europäische Studien an der Uni-
versität von Amsterdam. Seit 1992 arbeitet sie als Redakteurin
und Übersetzerin von Reiseführern. Sie ist außerdem Co-
Autorin des Marco Polo-Reiseführers *Vakantieplanner*.
Willemien Werkman ist Historikerin und hat sich, nach einer
Arbeit über die Geschichte der Landsitze an der Vecht, auf
Übersetzungen und Redaktion spezialisiert.

Ergänzende Beiträge
Paul Andrews, Hedda Archbold, Christopher Catling, Jaap
Deinema, Marlene Edmunds, Adam Hopkins, Marten van de
Kraats, David Lindsey, Fred Mawer, Alison Melvin, Robin
Pascoe, Catherine Stebbings, Richard Widdows, Stewart Wild.
Des Weiteren wurden Beiträge aus dem Vis-à-Vis *Amsterdam*
von Robin Pascoe und Christopher Catling übernommen, der
vor Kurzem als überarbeitete Version *(Capitool Reisgids
Amsterdam)* bei *de Redactie, boekverzorgers*, erschienen ist.

Zusätzliche Illustrationen
Peter de Vries, Mark Jurriëns, Hilbert Bolland, Gieb van
Enckevort, Armand Haye und Stuart Commercial Artists:
Jan Egas und Khoobie Verwer.

Zusätzliche Fotografien
Max Alexander, Ian O'Leary, John Whittaker.

Mitarbeit Redaktion und Design
Louise Abbot, Willem de Blaauw, Frank Bontekoning, Lucinda
Cooke, Emer FitzGerald, Willem Gerritse, Martine Hauwert,
Peter Koomen, Catherine Palmi, Ron Putto, Sadie Smith,
Susana Smith, Inge Tijsmans, Sylvia Tombesi-Walton, Pascal
Veeger, Erna de Voos, Willeke Vrij, Gerard van Vuuren, Martine
Wiedemeijer.

Bildrecherche
Harry Bunk, Corine Koolstra, Dick Polman, *de Redactie,
boekverzorgers*, Rachel Barber, Ellen Root.

Team der Überarbeitung
Tora Agarwala, Madhura Birdi, Willem de Blaauw, Neha
Dhingra, Sander Groen, Sumita Khatwani, Shikha Kulkarni,
Phil Lee, Azeem Siddiqui, Ajay Verma, Gerard Van Vuuren.

Weitere Mitarbeit
John Bekker, Wim ten Brinke, Bert Erwich, Niek Harmans, Frits
Gommers, Hans Hoogendoorn, Cathelijne Hornstra, Petra van
Hulsen, Frank Jacobs, Chris de Jong, Nina Krijnen, Mies Kuiper,
Louise Lang, Frank van Lier, Bas de Melker, Miek Reusink, Dick
Rog, Joske Siemons, Erika Teeuwisse, Wout Vuyk, Douglas
Amrine.

Bildnachweis
o = oben, m = Mitte, u = unten, l = links, r = rechts, d = Detail.

Wir haben uns bemüht, alle Urheber ausfindig zu machen und
zu nennen. Sollte dies in einigen Fällen nicht gelungen sein,
bitten wir, dies zu entschuldigen. In der nächsten Auflage
werden wir es selbstverständlich nachholen.

Dorling Kindersley bedankt sich bei allen Personen und
Institutionen, die uns die Wiedergabe von Fotografien aus
ihrem Besitz und ihren Archiven gestattet haben.
Unser Dank geht an:
4corners images: SIME/ Pavan Aldo 151ur.
aart de bakker: 353or, 353ur, 374or, 377om, 377mro,
380or, 416mlo.
Van Abbemuseum, Eindhoven: Pablo Picasso *Frau in Grün*,
1909, 1999 c/o Bildrechte Amstelveen 368ol.
AKG, London: 68ul, 105or, 126mo, 221or.
Alamy Images: Stephen Barnes/Netherlands 447ur; Tibor
Bognar 74; Bertrand Collet 405ol; Keith Erskine 150ur; f1
online 10ul; GAUTIER Stephane/SAGAPHOTO.CO 72ml; Hemis
86, 294; Peter Horree 306, 423ur; Horizons WWP 14or; Joana
Kruse 16ur, 196; frans lemmens 17um 246, 260–261, 326,
371; LH Images 125ul; David Noble 15or; David Noton
Photography 212; Ingolf Pompe 2 152ul; PjrTravel 13or;
Peter Scholey 72mlu; Paul M Thompson 368ul.
Algemeen Rijksarchief, Den Haag: 61mro.
Amsterdam Tourism & Convention Board: 111ur, 114ol,
432ur, 447ml.
Amsterdams Historisch Museum: 51mro, 51mru,
68–69m, 69ul, 70mlo, 96ol, 96ml, 96um 97ol, 97mru, 97mr,
97ur, 114u, 118ul.
AFF/Anne Frank Foundation, Amsterdam: 112ml, 112u,
113ur, 113mr (Miep Gies).
ANP: 21u, 76or, 139ol, 63mro.

ANWB Audiovisuele Dienst: 27or, 34mlu, 39or, 52ul, 63ol, 142ul, 145or, 167or, 170ul, 170ur, 171u, 172ul, 173ul, 184ul, 189u, 192ol, 192ul, 195ol, 211om, 211ur, 214or, 2m, 228o, 228ur, 234or, 234ul, 236ur, 243or, 249or, 253ur, 255or, 255m, 255um, 256um, 257ol, 283or, 293ur, 319ur, 336or, 342mlu, 357ul, 364or, 365mru, 365mru, 381ur, 382mr, 394mlo, 394u, 432mlo, 432mlu, 434mr, 434um, 435or, 436m 439m.

Archeologisch Instituut vu/f Kortlang, Amsterdam: 46–47m.

Het Arresthuis: 388mr.

The Art Archive: Museo del Prado Madrid *Die Übergabe von Breda* (1635), Diego Velázquez 367ur.

Atlas Van Stolk: 45mlu, 51ul, 52ur, 56–57m, 57ol, 57mr, 58ml, 59ol.

BADHU: 410ul.

Balthazar's Keuken: 407or.

B&U International Picture Service: 105ul, 109ur, 167ur, 216mlo.

Bonnefantenmuseum, Maastricht: 378or, 378ml, 378ul, © Rene Daniels Platte Gronden, 1986, 1999 c/o Bildrechte Amstelveen 378ur; 379ol, 379mro, 379ul, 379ur.

Henk Brandsen: 49um, 310mlo, 311ol, 311or, 311mo.

Bridgeman Art Library: Christie's London, *Grote Markt, Haarlem* von Gerrit Adriaensz Berckheijde 197m; Privatsammlung *Selbstbildnis* © Kazimir Malevič 133ur.

Bries Noordwijk: 411or.

Quinta Buma: 38o.

Harry Bunk: 37ml, 72or, 142mlu, 143ul, 143ur, 147ol, 206u, © Ossip Zadkine *De verwoeste stad* 1947, 1999 c/o Bildrechte Amstelveen 234ml; 235mro, 235mru, 235um, 241mr, © Mari Andriessen Cornelius Lely, 1983, 1999 c/o Bildrechte Amstelveen 330um, 417ul, 438ml, 440m.

Cees Buys: 27ol, 51mo, 248um, 284mlu, 287m, 291u, 303m, 308mlo, 319mro, 321o, 324ul, 325or, 325ul, 329or, 329mr, 343ur, 371u, 385mro, 392mlu.

George Burggraaff: 22o, 25ul, 32or, 36mr, 36ul, 46ml, 170or, 172or, 172mlo, 193ol, 201mo, 204mlo, 220or, 241ol, 250or, 250ur, 253mru, 258or, 259or, 259ul, 262mr, 264mlu, 265mro, 265ur, 282ur, 301mr, 305ml, 318ml, 321ur, 322mo, 322ml, 323mr, 323ur, 329ur, 337ul, 340ur, 347ul, 347or, 349ur, 357ol, 357or, 362ur, 365mo.

Catharijneconvent, Utrecht: 49mro, 54ul, 56o, 205mro, 355ol.

Centraal Museum, Utrecht: Ernst Moritz 206ur; 208mlo, 208or, 209ur, 209ul.

Cleveland Museum, Cleveland: 54–55m.

Cobra Museum, Amstelveen: © Karel Appel Foundation, Karel Appel *Frau, Kind, Tiere*, 1949, 1999 c/o Bildrechte Amstelveen 193ur;

Het Concert Gebouw: Hans Samson 150mlo.

Corbis: Arcaid/Alex Bartel 152or; Dave Bartruff 404ml; Owen Franken 405m; Frans Lemmens 268; Jean-Pierre Lescourret 64–65, 83ul; Koen Van Weel/epa 350–351.

Jan Derwig: 103or, 145ul.

Dreamstime.com: Rob Van Esch 38mr, 358; Patricia Hofmeester 34–35; Peter De Kievith 69mu; Ldambies 164–165; Ber Lybil 2–3; Mauvries 45ur; Miv 123; Neirfy 430–431; Robertlindeboom 280; Richard Semik 13ul; Pieter Snijder 334; Teo Stuivenberg 210ul; Dennis De Water 17or.

Jurjen Drenth: 32mlo, 34ul, 39ul, 47mru, 57ul, 71or, 72mlo, 72ur, 73mro, 73mr, 73or, 78u, 90or, 112or, 122or, 390ur, 403m, © Hildo Krop Berlage, 1999 c/o Bildrechte Amstelveen 146ul; 148ml, 149mr, 151or, 164–165, 167or, 170ml, 170–171m, 173ur, 175u, 177mr, 178ul, 196, 197u, 198mlu, 200ul, 201u, 202ml, 202ur, 203ur, 204ul, 205um, 207ol, 213u, 214mlo, 214mlu, 217mlu, 223mr, © Peter Struycken Lichtkunstwerk NAI 1994, 1999 c/o Bildrechte Amstelveen 237ol; 240or, 241or, 241ur, 244om, 247u, 250um, 251ur, 253ol, 256ol, 256mr, 263mru, 267ul, 270or, 270ur, 271ol, 271ur, 274–275m, 276mro, 279ur, 281u, 286u, 288or, 288mlu, 290or, 291or, 296or, 296ur, 301om, 303or, 308u, 309mr, 311mro, 314ul, 317u, 324ur, 327u, 328mlu, 342mlu, 345ol, 349ol, 352mlo, 356ml, 356ul, 357mr, 357um, 359u, 362ul, 366or, 367or, 368m, 369um, 375m, 376ul, 380mr,
384ur, 390ol, 395or, 402ml, 438mro, 438ul, 440ul.

Drents Museum, Assen: 46ur, 312ul, *Badende Kinder am Fluss*, ca. 1935 © von Dülmen-Krumpelmann 312u.

Dro-Vorm: Mirande Phernambucq 146mlo, 147ur.

Robert Eckhardt: 292ul, 372m.

Eetbar Dit: 402ur.

Efteling Village Bosrijk: 392mlo.

Joop van de Ende Producties: 420ur.

Escher in Het Paleis, Den Haag: 222mlo.

Mary Evans Picture Library: 44um.

Gert Fopma: 275ur, 277ul.

Foto Natura: 168ul (B. van Biezen), 295u (J. Vermeer), 313or und 314om (F. de Nooyer), 332o (J. Sleurink).

Fotolia: Jenifoto 98.

Frans Hals Museum, Haarlem: 69om, 190or, 190ur, 191ol, 191or, 191ur, 191ul.

Gemeentearchief Amsterdam: 103ol, 103ml, 104mlu, 105ur, 106ul, 107or, 107mr, 109r, 109or, 109mr.

Gemeentemuseum, Den Haag: © Piet Mondrian/Holtzman Trust *Victory Boogie Woogie* (unvollendet), 1942–44, 1999 c/o Bildrechte Amstelveen 228ml.

Getty Images: altrendo travel 316, Hans Georg Eiben/The Image Bank 386–387; Vincent Jannink 347ul; Frans Lemmens/ The Image Bank 174; Martin Rose 152mr.

Groninger Museum, Groningen: 261o, 288ml, 288mu, 289ol, 289mr, 289ul.

Tom Haartsen, J. Holtkamp Collection: 32ur, 32–33m.

Vanessa Hamilton: 105m.

Harbour Mrone: 389o.

Robert Harding Picture Library: age fotostock 14ur, 134; Ashley Cooper 171om; Image Broker 16or; Ingolf Pompe/ LOOK 120; Roy Rainford 20.

Martine Hauwert: 439ol.

Jan Den Hengst: 95u.

Herberg Onder de Linden: 412om.

Hollandse Hoogte: 307u, 420o; P. Babeliowsky 299ol, 299mro; Gé Dubbelman 300um; B. van Flymen 36ur, 304mro, 304ul; Vincent van den Hoogen 368mr; Rob Huibers 210ur; Jaco Klamer 321m; M. Kooren 22ul, 22ol, 39or, 45mro, 45ur, 63um; M. Pellanders 63ur; Berry Stokvis 185um; Lex Verspeek 182ul; G. Wessel 278ol, 298mlu, 299ur.

Hortus Botanicus, Leiden: 218mlo.

Hotel Droog: 396um.

Hotel Modez: 400or.

Hotelsuites.nl: 401um.

Hulton Getty Collection: 70o.

Iconografisch Bureau: 107ol.

Internationaal Bloembollencentrum: 35mr, 216ur, 217or, 217mlu, 217ml, 217mlo, 217ul.

Internationaal Instituut Voor Sociale Geschiedenis, Amsterdam: 59mru.

Wim Janszen: 262mr, 266ml, 270ml.

Wubbe de Jong: 63mlu, 113ol.

Joods Historisch Museum, Amsterdam: 71ur.

De Jopenkerk: 409or.

Jopie Huisman Museum, Workum: 302mlo.

Hugo Kaagman: © Hugo Kaagman *Flügel in Delfter Blau* 1996/97, 1999 c/o Bildrechte Amstelveen 33or.

Anne Kalkhoven: 287ul, 315or, 348ol.

Jan van de Kam: 23u, 41or, 41mro, 41mru, 41ur, 173or, 173mu, 173mru, 264ml, 264um, 265or, 265mr, 266mlo, 266mu, 266ur, 266ul, 267ol, 267mlo, 267mro, 267or, 267mru, 267mr, 267ur, 272or, 273ol, 273om, 273or, 273mr, 273mru, 273um, 273mlu, 273ul, 273ur, 273ol, 273or, 273mlu, 273ul, 274ur, 275mro, 275mru, 277or, 278ur, 282ml, 297or, 318ur, 332m, 332ur, 346ol, 352ur, 354or, 354mlo, 354mlu, 354ur, 354–355m, 355or, 355mru, 355ul, 362or, 362mlo, 363mo, 363mr, 369ml, 372mlo, 373or, 375ul, © Joep Nicolas *Pieke* 1995/1996, 1999 c/o Bildrechte Amstelveen 376or; 376mlo, 376ur, 377ur, © Mari Andriessen Maastreechter Gees 1961/62, 1999 c/o Bildrechte Amstelveen 380ul, 381ml, 382ul, 383mr, 384om, 384mlo, 384mru, 385um.

Klompenmuseum: 313ul.

Koninklijke Bibliotheek, Den Haag: 56ml.

Koninklijk Instituut voor de Tropen, Amsterdam: 60or, 60–61m.
Koninklijk Paleis, Amsterdam/RVD: 69mr, 92mlo, 92mlu, 93mru.
Corine Koolstra: © Suze Boschma-Berkhout Bartje, 1999 c/o Bildrechte Amstelveen 312m.
Peter Koomen: 182mr.
René Krekels, Nijmegen: 27mru.
Kröller-Müller Museum, Otterlo: © Jean Dubuffet *Jardin d'Émail* 1973/74, 1999 c/o Bildrechte Amstelveen 342or; 342ur, 343m.
Andries de la Lande Cremer: 269u, 282or.
Leeuwarder Courant: Niels Westra 298ul.
Frans Lemmens: 34m.
Mloude Lévesque: 356–357m.
Librije's Zusje: 414om.
Lucius Seafood Restaurant: 406um.
Mauritshuis, Den Haag: 8–9, 226or, 226m, 226ul, 227om, 227mru, 227mro, 227um, 231ol.
Multatuli Museum, Amsterdam: 61or.
Musée de la Chartreuse, Douai: 54mlu.
Museum Boerhaave, Leiden: 54um, 55ol, 55mlu.
Museum Boijmans Van Beuningen, Rotterdam: 238–239 alle.
Museum Bredius, Den Haag: 224ul.
Museum Lambert van Meerten, Delft: 233ul.
Museum de Fundatie, Paleis a/d Blijmarkt: Gerlinde Schrijver 320ul.
Museum Nairac, Barneveld: 341ur.
Museum Het Rembrandthuis, Amsterdam: 79um, 84ur.
Museum Schokland: 330or, 330mro.
National Gallery, London: 245or.
Natura Artis Magistra: 143mro.
Nederlands Architectuur Instituut: 109ml, 146–147m.
Nederlands Scheepvaartmuseum, Amsterdam: 136ul, 136mlo, 137u, 137mru, 137o.
Niedersächsische Staats- und Universitätsbibliothek, Göttingen: 48–49m.
Flip de Nooyer: 272–273m.
North Sea Jazz Festival/Rob Drexhage: 37ur.
Onze-Lieve-Vrouwebasiliek, Maastricht: 381or.
Paleis Het Loo, Nationaal Museum, Apeldoorn: E. Boeijinga 338or; A. Meine Jansen 338mlo, 339ol, 338ul; R. Mulder 338mlo.
Openbare Bibliotheek Amsterdam: 441ol.
De Paviljoens, Almere: © Robert Morris Observatorium, 1977, 1999 c/o Bildrechte Amstelveen 333ur.
Paul Paris: 28or, 70ur, 71ol, 172–173m 173ol, 194ur, 198or, 249ur, 257ur, 267ul, 272mlo, 283mro, 286or, 290mlu, 292or, 297um, 303ur, 305ur, 309or, 310mlu, 311ur, 335u, 352ul, 372or.
Dick Polman: 278m.
Robert Poutsma: 24ul, 71ol, 146or, 146ul, 147or, 147mr, 148mr, 148ur, 166ml, 179ol, 344mr, 416ur, 417ol, 418m.
Prinsenhof: 399um.
Projectbureau Ijburg: 171o; PTT
Range Pictures: 52mlo.
Herman Reis: 23m, 24m, 25or, 29ml, 56ul, 215ur, 240u, 241or, 274mlo, 276ur, 315ml, 323ul.
Rijksmuseum, Amsterdam: 30or, 30ml, 30ul, 30–31m, 31or, 31mr, 31ul, 42, 44or, 57o, 57mru, 61ol, 68mlo, 70m, 126ml, 126um, 127ol, 127m, 127ur, 128ur, 128ul, 129or, 129u, 199ul.
Rijksmuseum Muiderslot, Muiden: 55mr.
Rijksmuseum van Oudheden, Leiden: 46mlu, 47ol, 47um, 48um, 48mru, 218or.
Rijksmuseum voor Volkenkunde, Leiden: 60ul, 61mru.
Rijkswaterstaat: 250mlu, 251ol, 251mr, 276ol.
La Rive: 408ul.
Herman Scholten: 29ul, 176mlo, 179ul, 182ol, 184mo, 194ol, 199or, 203or, 206mlo, 210or, 235om, 244u, 250mlo, 252or, 252ul, 253mro, 258m, 258ul, 262u, 284mlo, 284u, 285ur, 287or, 296mlu, 300or, 300ml, 328or, 360or, 361or; 377um, 382ol.

Schoolmuseum, Rotterdam/Wolters-Noordhoff, Groningen: 50–55m, 53ol, 58–59m.
Science Center NEMO: 140mlu, 140mlo, 140mlu, 141ur, 141mro.
Singer Museum: Spezialsammlung 195ul.
Sint-Jan, Den Bosch: E. van Mackelenbergh 364mlo, 364um, 365ol.
Spaarnestad Fotoarchief: 59or, 61um, 62mlu, 62ur, 63om, 103um, 147ul.
Spoorwegmuseum, Utrecht: 205mru.
Stedelijk Museum, Amsterdam: © Gerrit Rietveld, Steltman-Stuhl 1963, 1999 c/o Bildrechte Amstelveen 70ul; 132or, © Marc Chagall *Porträt des Künstlers mit sieben Fingern*, 1912, 1999 c/o Bildrechte Amstelveen 132mlo; © Gerrit Rietveld, Rot-Blauer Stuhl, um 1918, 1999 c/o Bildrechte Amstelveen 132ul; © Piet Mondrian/Holtzman Trust Composition, *Komposition in Rot, Schwarz, Blau, Gelb und Grau*, 1920, 1999 c/o Bildrechte Amstelveen 132ur; 133ol, © Karel Appel Foundation *Mensch und Tiere*, 1949, 1999 c/o Bildrechte Amstelveen 133mo; © Jasper Johns *Ohne Titel*, 1965, 1999 c/o Bildrechte Amstelveen 133um; 133ur, *Tanzende*, 1911 © Ernst Ludwig Kirchner 133ol.
Stedelijk Museum De Lakenhal, Leiden: 50ml, 108ur, 220u.
Stedelijk Museum, Zwolle: 320or.
Stempels: 389um, 397om.
Stichting Leidens Ontzet: 39ol.
Stichting Paardenreddingboot Ameland: 279o.
Stichting Vesting Bourtange: 293or.
Stichting4-Stromenland, Tiel: 38ul.
Studio Putto, Derijp: 22ul, 24m, 37or, 45ul, 45mru, 48ur, 88or, 117ul, 177or, 177mr.
Studiopress: Guy van Grinsven 178or.
Tony Stone Images: 104or, 183mlo.
Sven Torfinn: 363ol, 363ur.
TPG Nederland: 440mru, 441um.
Hans Tulleners: 103mr, 104ur, 106m.
Van Gogh Museum, Amsterdam: 130mlo, 130mlu, 131o, 131or, 131mr.
Gerard op het Veld: 34or, 146m, 302or, 340mro, 345ul, 346ur, 360ul, 369or, 372ul, 373ur, 375or, 383or, 383ul.
Vereniging De Friesche Elf Steden 296ur.
Govert Vetten: 22or, 73ul, 85ur, 124mlu, 146–147m, 199ur, 200or, 264mlo, 416m, 428ur.
de Verkadefabriek: 415ur.
Villa Augustus: 398ol.
Volkskrant: Wim Ruigrok 26or.
Sietske de Vries, Amsterdam: 34ml.
Willeke Vrij: 35or.
Wacon-Images/Ronald Dendekker: 151ol.
Pim Westerweel: 166mr, 167mr, 168mru, 199mro, 263mro, 263u, 266mlu, 333or, 345mr, 353mr, 366ul.
West-Fries Museum, Hoorn: 60mlo.
WL/Delft Hydraulics: 168or.
Zeeuws Museum, Middelburg: Anda van Riet 254ul; 254mru.
Zuiderzeemuseum, Enkhuizen: 169or, Foto Petra Stavast © Hugo Kaagman *Modernes Delfter Blau* (www.kaagman.nl) 181ol.

Vordere Umschlaginnenseiten
Alamy Images: Hemis Rom; Peter Horree Rm; Joana Kruse Lml; frans lemmens Rmr, Rul, Lul; David Noton Photography Lm.
Corbis: Frans Lemmens Lom; Jean-Pierre Lescourret Lol.
Dreamstime.com: Rob Van Esch Lur; Robertlindeboom Ror; Pieter Snijder Rmlu.
Getty Images: altrendo travel Rmu; The Image Bank/Frans Lemmens Lor.

Umschlag
Vorderseite: **NBTC Holland Marketing**.
Buchrücken: **NBTC Holland Marketing** o.

Alle anderen Bilder © Dorling Kindersley.
Weitere Informationen unter **www.dkimages.com**

Sprachführer

Im Notfall

Hilfe!	Help!	[hɛlp]
Stopp!	Stop!	[stɔp]
Rufen Sie einen Arzt!	Haal een dokter!	[ha:l ən 'dɔktər]
Rufen Sie einen Krankenwagen!	Bel een ambulance!	[bɛl ən amby·'la:nsə]
Rufen Sie die Polizei!	Roep de politie!	[ru·p də pɔ'li·si:]
Rufen Sie die Feuerwehr!	Roep de brandweer!	[ru·p də 'brantʋe:r]
Wo ist das nächste Telefon?	Waar is de dichtstbijzijnde telefoon?	[ʋa:r ɪs də dɪxtst beʔˈzɛɪndə te·le·'fo:n]
Wo ist das nächste Krankenhaus?	Waar is het dichtstbijzijnde ziekenhuis?	[ʋa:r ɪs ət dɪxtst beʔˈzɛɪndə 'zi:kənhəʋs]

Grundwortschatz

ja	ja	[ja:]
nein	nee	[ne:]
bitte	alstublieft	[alsty·'bli·ft]
danke	dank u	[daŋk y·]
Entschuldigung	pardon	[par'dɔn]
hallo	hallo	[ha'lo:]
auf Wiedersehen	(goeden) dag	[yu·tən dax]
gute Nacht	slaap lekker	[sla:p 'lɛkər]
Morgen	morgen	['mɔryən]
Nachmittag	middag	['mɪdax]
Abend	avond	['a:vənt]
gestern	gisteren	['yɪstərən]
heute	vandaag	[fan'da:x]
morgen	morgen	['mɔryən]
hier	hier	[hi:r]
dort	daar	[da:r]
was?	wat	[ʋat]
wann?	wanneer?	[ʋɑ'ne:r]
warum?	waarom?	[ʋa·'rɔm]
wo?	waar?	[ʋa:r]
wie?	hoe?	[hu:]

Nützliche Redewendungen

Wie geht es Ihnen?	Hoe gaat het ermee?	[hu· ɣa:t ət ɛr'me:]
Wie geht's?	Hoe maakt u het?	[hu· ma:kt y· ət]
Sehr gut, danke.	Heel goed, dank u.	[he:l yu·t daŋk y·]
Bis bald.	Tot ziens.	[tɔt zi:ns]
Das ist gut.	Prima.	['pri·ma·]
Wo ist/sind ...?	Waar is/zijn ...?	[ʋa:r ɪs/zɛɪn]
Wie weit ist es bis ...?	Hoe ver is het naar ...?	[hu· fɛr ɪs ət na:r]
Wie komme ich nach ...?	Hoe kom ik naar ...?	[hu· kom ɪk na:r]
Sprechen Sie Deutsch?	Spreekt u Duits?	[spre:kt y· dəʋts]
Sprechen Sie Englisch?	Spreekt u Engels?	[spre:kt y· 'ɛŋəls]
Ich verstehe nicht.	Ik snap het niet.	[ɪk snap ət ni:t]
Könnten Sie langsamer sprechen, bitte?	Kunt u langzamer praten, alstublieft?	[kont y· 'laŋza·mər 'pra:tən alsty·'bli·ft]
Tut mir leid.	Sorry.	['sɔrɪ]

Nützliche Wörter

groß	groot	[yro:t]
klein	klein	[klɛɪn]
warm	warm	[ʋarm]
kalt	koud	[kaʋt]
gut	goed	[yu·t]
schlecht	slecht	[slɛxt]
genug	genoeg	[yə'nu·x]
offen, geöffnet	open	[o:pən]
geschlossen	gesloten	[yə'slo:tən]
links	links	[lɪŋks]
rechts	rechts	[rɛxts]
geradeaus	rechtdoor	[rɛy'do:r]
nah	dichtbij	[dɪxtbɛɪ]
weit	ver weg	[fɛr ʋɛx]
oben	omhoog	[ɔm'ho:x]
unten	naar beneden	[na:r bə'ne·dən]
früh	vroeg	[fru:x]
spät	laat	[la:t]
Eingang	ingang	['ɪŋɑŋ]
Ausgang	uitgang	['əʋtxɑŋ]
Toilette	wc	[ʋe:'se:]
besetzt	bezet	[bəˈzɛt]
frei (nicht besetzt)	vrij	[frɛɪ]
frei (kostenlos)	gratis	['yra:tɪs]

Telefonieren

Ich möchte ein Ferngespräch führen.	Ik wil graag interlokaal telefoneren.	[ɪk ʋɪl yra:x ɪntərlo·'ka:l te·le·fo·'ne:rən]
Ich probiere es später noch einmal.	Ik probeer het later nog wel eens.	[ɪk pro·be:r ət 'la:tər nɔx ʋɪl e:ns]
Kann ich eine Nachricht hinterlassen?	Kunt u een boodschap doorgeven?	[kənt y· ən 'bo:tsxap 'do:ryeːvən]
Können Sie etwas lauter sprechen?	Wilt u wat harder praten?	[ʋɪlt y· ʋat hardər 'pra:tən]
Ortsgespräch	lokaal gesprek	[lo·'ka:l yə'sprɛk]
R-Gespräch	collect call	[kɔlɛkt kɔl]

Shopping

Wie viel kostet das?	Hoeveel kost dit?	[hu'fe:l kɔst dɪt]
Ich möchte gern ...	Ik wil graag ...	[ɪk ʋɪl yra:x]
Haben Sie ...?	Heeft u ...?	[he:ft y·]
Ich schaue mich nur um, danke.	Ik kijk alleen even, dank u.	[ɪk kɛɪk ale:n e:vən daŋk y·]
Akzeptieren Sie Kreditkarten?	Accepteert u credit cards?	[aksɛp'te:rt y· kre'di·t ka:rts]
Wann öffnen Sie?	Hoe laat gaat u open?	[hu: la:t ya:t y· o:pən]
Wann schließen Sie?	Hoe laat gaat u dicht?	[hu: la:t ya:t y· dɪxt]
dies hier	deze	['de:zə]
das da	die	[di:]
teuer	duur	[dy:r]
billig	goedkoop	['yu·tko:p]
Kleidergröße	maat	[ma:t]
weiß	wit	[ʋɪt]
schwarz	zwart	[zʋart]
rot	rood	[ro:t]
gelb	geel	[ye:l]
grün	groen	[yru:n]
blau	blauw	[blɑʋ]

Läden

Antiquitätenladen	antiekwinkel	[an'ti·kʋɪŋkəl]
Apotheke	apotheek	[apo'te:k]
Bäckerei	bakker	['bakər]
Bank	bank	[baŋk]
Buchhandlung	boekwinkel	['bu·kʋɪŋkəl]
Feinkostgeschäft	delicatessen	[de·li·ka·'tɛsən]
Fischgeschäft	viswinkel	['fɪsʋɪŋkəl]
Friseur	kapper	['kapər]
Gemüseladen	groenteboer	['yru·ntəbu·r]
Käseladen	kaaswinkel	['ka·sʋɪŋkəl]
Kaufhaus	warenhuis	['ʋa·rənhəʋs]
Konditorei	banketbakkerij	[baŋˈkɛtbakə'rɛɪ]
Markt	markt	[markt]
Metzgerei	slager	['sla·yər]
Pommes-frites-Bude	patatzaak	[patat'za:k]
Postamt	postkantoor	['pɔstkanto:r]
Reisebüro	reisbureau	['rɛɪsby·ro·]
Schuhgeschäft	schoenenwinkel	['sxu:nənʋɪŋkəl]
Supermarkt	supermarkt	['sy·pərmarkt]
Tabakladen	sigarenwinkel	[si·'ɣa:rənʋɪŋkəl]
Zeitungsladen	krantenwinkel	['krantənʋɪŋkəl]

Sightseeing

Bahnhof	station	[stas'jɔn]
Bibliothek	bibliotheek	[bi·bli·o·'te:k]
Busbahnhof	busstation	[bəstas'jɔn]
Garten	tuin	[təʋn]
Haus	huis	[həʋs]
Kathedrale	kathedraal	[kate·'dra:l]
Kirche	kerk	[kɛrk]
(Kunst-)Galerie	galerie	[yala·ri:]

Museum	**museum**	[my·'ze:jəm]
Platz	**plein**	[plɛin]
Rathaus	**stadhuis**	[stɑt'høʏs]
Straße	**straat**	[stra:t]
Tourismusbüro	**VVV**	[ve:ve:ve:]
an Feiertagen	**op feestdagen**	[ɔp 'fe:stdaxən]
geschlossen	**gesloten**	[ɣə'slo:tən]

Im Hotel

Haben Sie freie Zimmer?	**Zijn er nog kamers vrij?**	[zɛin ɛr nɔx 'ka:mərs frɛi]
Doppelzimmer	**een tweeper-soonskamer**	[ən tʋe:pər 'so:nzka:mər]
mit Doppelbett	**met een twee-persoonsbed**	[mɛt ən tʋe: pər'so:nzbɛt]
mit zwei Betten	**met twee bedden**	[mɛt tʋe: 'bɛtən]
Einzelzimmer	**eenpersoons-kamer**	[e:npər'so:nz ka:mər]
Zimmer mit Bad	**kamer met bad**	['ka:mər mɛt bɑt]
Dusche	**douche**	['du·ʃə]
Schlüssel	**sleutel**	['sløɪtəl]
Ich habe reserviert.	**Ik heb gereserveerd.**	[ɪk hɛp ɣərezɛr've:rt]

Im Restaurant

Haben Sie einen Tisch frei?	**Is er een tafel vrij?**	[ɪs ɛr ən ta:fəl frɛi]
Ich möchte einen Tisch reservieren.	**Ik wil een tafel reserveren.**	[ɪk ʋɪl ən ta:fəl rəzɛr've:rən]
Die Rechnung, bitte.	**Mag ik afrekenen.**	[max ɪk 'afre:kənən]
Ich bin Vegetarier/in.	**Ik ben vegetariër.**	[ɪk bɛn fe:ɣe·'ta:ri·jər]
Kellnerin	**serveerster**	[sɛr've:rstər]
Ober	**ober**	['o·bər]
Speisekarte	**de kaart**	[də ka:rt]
Gedeck	**het couvert**	[ət ku·'fɛːr]
Weinkarte	**de wijnkaart**	[də 'ʋɛinka:rt]
Glas	**het glas**	[ət ɣlɑs]
Flasche	**de fles**	[də flɛs]
Messer	**het mes**	[ət mɛs]
Gabel	**de vork**	[də fɔrk]
Löffel	**de lepel**	[də 'le:pəl]
Frühstück	**het ontbijt**	[ət ɔnt'bɛit]
Mittagessen	**de lunch**	[də lənʃ]
Abendessen	**het diner**	[ət di·'ne:]
Hauptgericht	**het hoofdgerecht**	[ət 'ho:ftɣərɛxt]
Vorspeise	**het voorgerecht**	[ət fo:rɣərɛxt]
Nachspeise	**het nagerecht**	[ət 'na:ɣərɛxt]
Tagesmenü	**het dagmenu**	[ət 'dɑxməny·]
Café/Bar/Kneipe	**het café**	[ət kɑ'fe:]
Café	**het eetcafé**	[ət 'e:dkɑfe:]
blutig	**rare**	[ra:r]
medium	**medium**	['me:dɪjʏm]
durchgebraten	**doorbakken**	['do:rbɑkən]

Auf der Speisekarte *(siehe auch S. 404f)*

aardappels	['a:rdɑpəls]	Kartoffeln
azijn	[a·'zɛin]	Essig
biefstuk	['bi·fstøk]	Steak
bier	[bi:r]	Bier
boter	['bo:tər]	Butter
brood/broodje	[bro:t/'bro:tjə]	Brot/Brötchen
chocola(de)	[ʃɔko'la:də]	Schokolade
citroen	[si·'tru·n]	Zitrone
cocktail	['kɔkte:l]	Cocktail
droog	[dro:x]	trocken
eend	[e:nt]	Ente
ei	[ɛi]	Ei
garnalen	['ɣɑr'na:lən]	Garnelen
gebakken	[ɣə'bɑkən]	gebacken
gegrild	[ɣə'ɣrɪlt]	gegrillt
gekookt	[ɣə'ko:kt]	gekocht
gerookt	[ɣə'ro:kt]	geräuchert
geroosterd brood	[ɣə'ro:stərt bro:t]	Toastbrot
groenten	['ɣru:ntən]	Gemüse
ham	[hɑm]	Schinken
haring	['ha:rɪŋ]	Hering
hutspot	['hətspɔt]	Eintopf
ijs	[ɛis]	Eis, Eiscreme
jenever	[jə'ne:fər]	Jenever (Gin)
kaas	[ka:s]	Käse
kabeljauw	[ka·bəl'jɑu]	Kabeljau
kip	[kɪp]	Huhn
knoflook	['knɔflo:k]	Knoblauch

koek/taart/ gebak	[ku·k/ta:rt/ ɣə'bɑk]	Kuchen/Torte/ Gebäck
koffie	['kɔfi:]	Kaffee
kool, rode/witte	[ko:l 'ro:də/'ʋɪtə]	Kohl, roter/weißer
kotelet	[kɔtə'lɛt]	Kotelett
kreeft	[kre:ft]	Krebs, Hummer
lamsvlees	[lɑmsfle:s]	Lamm
lekkerbekje	['lɛkərbɛkjə]	frittierte Schellfischfilets
mineraalwater	[mi·nə'ra:lʋa:tər]	Mineralwasser
mosterd	['mɔstərt]	Senf
olie	['o:li·]	Öl
paling	['pa:lɪŋ]	Aal
pannekoek	['pɑnəku·k]	Pfannkuchen
patates frites	[pɑtɑt'frɪt]	Pommes frites
peper	['pe:pər]	Pfeffer
pils	[pɪls]	Pils
poffertjes	['pɔfərtjəs]	kleines halbkugeliges Gebäck
rijst	[rɛist]	Reis
rijsttafel	['rɛista:fəl]	Reisgerichte (indonesisch)
rookworst	['ro:kʋɔrst]	geräucherte Wurst
rundvlees	['rɔntfle:s]	Rindfleisch
saus	[sɑus]	Sauce
schaaldieren	['sxa:ldi·rən]	Schal(en)tiere
scherp	[sxɛrp]	scharf
schol	[sxɔl]	Scholle
soep	[su·p]	Suppe
stamppot	['stɑmpɔt]	Wursteintopf
suiker	['sœykər]	Zucker
thee	[te:]	Tee
tosti	['to·sti]	Käsetoast
uien	['œyən]	Zwiebeln
varkensvlees	['fɑrkənsfle:s]	Schweinefleisch
vers fruit	[fɛrs frœyt]	frisches Obst
vis	[fɪs]	Fisch
vlees	[fle:s]	Fleisch
wijn, witte/rode	[ʋɛin 'ʋɪtə/'ro:də]	Wein, weiß/rot
worst	[ʋɔrst]	Wurst
zout	[zɑut]	Salz

Zahlen

1	**een**	[e:n]
2	**twee**	[tʋe:]
3	**drie**	[dri·]
4	**vier**	[fi·r]
5	**vijf**	[fɛif]
6	**zes**	[zɛs]
7	**zeven**	['ze:vən]
8	**acht**	[ɑxt]
9	**negen**	['ne:ɣən]
10	**tien**	[ti:n]
11	**elf**	[ɛlf]
12	**twaalf**	[tʋa:lf]
13	**dertien**	['dɛrti:n]
14	**veertien**	['fe:rti:n]
15	**vijftien**	['fɛifti:n]
16	**zestien**	['zɛsti:n]
17	**zeventien**	['ze·vənti:n]
18	**achttien**	['ɑxti:n]
19	**negentien**	['ne:ɣənti:n]
20	**twintig**	['tʋɪntəx]
30	**dertig**	['dɛrtəx]
40	**veertig**	['fe:rtəx]
50	**vijftig**	['fɛiftəx]
60	**zestig**	['sɛstəx]
70	**zeventig**	['se·vəntəx]
80	**tachtig**	['tɑxtəx]
90	**negentig**	['ne:ɣəntəx]
100	**honderd**	['hɔndərt]
1000	**duizend**	['dœyzənt]
1 000 000	**miljoen**	[mɪ'lʲju:n]

Zeit

eine Sekunde	**een seconde**	[e:n sə'kɔndə]
eine Minute	**een minuut**	[e:n mi·'ny:t]
eine Stunde	**een uur**	[e:n y:r]
eine halbe Stunde	**een half uur**	[e:n hɑlf y:r]
Montag	**maandag**	['ma:ndɑx]
Dienstag	**dinsdag**	['di:nzdɑx]
Mittwoch	**woensdag**	['ʋu:nzdɑx]
Donnerstag	**donderdag**	['dɔndərdɑx]
Freitag	**vrijdag**	['frɛidɑx]
Samstag	**zaterdag**	['za:tərdɑx]
Sonntag	**zondag**	['zɔndɑx]

VIS-À-VIS-REISEFÜHRER

Ägypten • Alaska • Amsterdam • Apulien • Argentinien
Australien • Bali & Lombok • Baltikum • Barcelona &
Katalonien • Beijing & Shanghai • Belgien & Luxemburg
Berlin • Bodensee • Bologna & Emilia-Romagna
Brasilien • Bretagne • Brüssel • Budapest • Chicago
Chile • China • Costa Rica • Dänemark • Danzig
Delhi, Agra & Jaipur • Deutschland • Dresden
Dublin • Florenz & Toskana • Florida
Frankreich • Gardasee • Gran Canaria
Griechenland • Großbritannien • Hamburg
Hawaii • Indien • Irland • Istanbul • Italien • Italienische
Riviera • Japan • Jerusalem • Kalifornien • Kambodscha & Laos
Kanada • Karibik • Kenia • Korsika • Krakau • Kreta • Kroatien
Kuba • Las Vegas • Lissabon • Loire-Tal • London • Madrid • Mailand
Malaysia & Singapur • Mallorca • Marokko • Mexiko • Moskau
München & Südbayern • Myanmar • Neapel • Neuengland • Neuseeland
New Orleans • New York • Niederlande • Nordspanien • Norwegen
Österreich • Paris • Peru • Polen • Portugal • Prag • Provence & Côte d'Azur
Rom • San Francisco • St. Petersburg • Sardinien • Schottland
Schweden • Schweiz • Sevilla & Andalusien • Sizilien • Slowenien
Spanien • Sri Lanka • Stockholm • Straßburg & Elsass • Südafrika
Südtirol & Trentino • Südwestfrankreich • Teneriffa
Thailand • Thailand – Strände & Inseln • Tokyo
Tschechien & Slowakei • Türkei • Umbrien •
USA • USA Nordwesten & Vancouver • USA Südwesten &
Las Vegas • Venedig & Veneto • Vietnam & Angkor
Washington, DC • Wien • Zypern

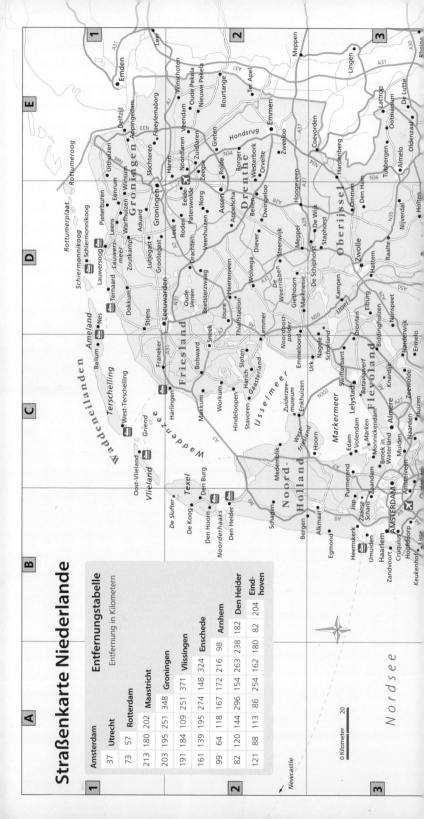

Straßenkarte Niederlande

Entfernungstabelle
Entfernung in Kilometern

Amsterdam	Utrecht	Rotterdam	Maastricht	Groningen	Vlissingen	Enschede	Arnhem	Den Helder	Eindhoven
37	Utrecht								
73	57	Rotterdam							
213	180	202	Maastricht						
203	195	251	348	Groningen					
191	184	109	251	371	Vlissingen				
161	139	195	274	148	324	Enschede			
99	64	118	167	172	216	98	Arnhem		
82	120	144	296	154	263	238	182	Den Helder	
121	88	113	86	254	162	180	82	204	Eindhoven

Nordsee

Newcastle

0 Kilometer 20